奉贤区林业志

FENGXIANQULINYEZHI

《奉贤区林业志》编纂委员会　编

主　编　褚可龙

方志出版社

图书在版编目（CIP）数据

奉贤区林业志 /《奉贤区林业志》编纂委员会编．—北京：方志出版社，2018.1
ISBN 978-7-5144-2951-0

Ⅰ.①奉… Ⅱ.①奉… Ⅲ.①林业史—奉贤区 Ⅳ.①F326.275.13

中国版本图书馆CIP数据核字（2018）第029618号

奉贤区林业志

编　　者：	《奉贤区林业志》编纂委员会
责任编辑：	张　颢
出 版 人：	冀祥德
出 版 者：	方志出版社
	地址　北京市朝阳区潘家园东里9号（国家方志馆4层）
	邮编　100021
	网址　http：//www.fzph.org
发　　行：	方志出版社发行中心
	电话　（010）67110500
经　　销：	各地新华书店
印　　刷：	上海光扬印务有限公司
开　　本：	787×1092　　1/16
印　　张：	31
字　　数：	621千字
版　　次：	2018年1月第1版　　2018年1月第1次印刷
印　　数：	0001-1000册
ISBN 978-7-5144-2951-0	定价：330.00元

[生态风光]

湿地森林

沿海防护林

水源涵养林

农田林网

申亚片林

[河路绿化]

金汇镇河道造林

海湾镇防护林

公路通道林

防护林

[园林绿化]

申隆生态园

会议中心广场绿化

古华公园雪景

文化广场绿化

[农田林网]

农田林网

农田林网

[田园风光]

庄行镇潘垫村梨园

青村镇张弄村桃园

金汇港林带

[居住区绿化]

南桥镇众望苑绿地

南桥镇江海花园外绿地

新发展街头绿地

[古树名木]

新塘村千年古银杏

“白沙恒苑”（原齐贤李家村）200 多年古国槐

吴塘村 400 年的“江南第一牡丹”

被誉为“江南第一梅”的南桥东街 150 年古蜡梅

[野生动物]

红腹锦鸡

白鹇

绿头野鸭

绿孔雀

白鹭

奉城镇洪庙涵春鹿苑

[滨海湿地]

奉贤区海湾镇滨海湿地

海湾国家森林公园湿地的鸟群

杭州湾北岸湿地

[花卉花展]

柘林海上花园艺公司的红掌

柘林东方红村扶郎花圃

柘林绿都合作社社员采摘鲜花供应市场

上海鼎丰酿造公司菊花展

古华公园菊花展

四团镇年年办菊花展

[复合经济]

申隆生态园林中种植铁皮石斛

梨园草鸡

林中鸡群

林中火鸡

桃花源中白鹅高歌

梨园鹅群

[农林旅游]

庄行花海游

桃花丛中留个影

城里娃娃乡下游

早春赏梅游

[科技服务]

科技指导

科技研讨

2010 年，特色果蔬产业发展论坛

区林业署玉兰花品种引进筛选，获上海市政府科技进步三等奖

古华公园盆景制作示范

果农在庄行镇新叶村观摩履带式风送喷雾机在果园中作业

[林木保护]

病虫害防治检疫

车载式高扬程喷雾器防治森林病虫害

金汇森林病虫害测报点

子弟兵抗台抢救树木

认养树木

扶正被台风刮倒的树木

[植树造林]

1998 年 3 月 11 日，奉贤县组织机关干部 200 余人，在 S4 高速公路两侧植树

2000 年 3 月 14—15 日，上海市文明办等单位组织的“为 21 世纪上海播种更多绿色，再造海湾世纪林”植树活动

2001年3月10日，奉贤区组织植树造林活动

2002—2003年，上海现代农业园区开展恢复自然生态园植树造林

2002年3月12—13日，奉贤区开展创建上海市园林城区大型植树活动

[活动荟萃]

2010 年，上海奉贤黄桃节开幕式

第三届“心心”牌有机葡萄采摘节开幕仪式

2014 年，海湾国家森林公园牡丹文化艺术节

2014 年，上海城市生态音乐会

2015 年，海湾国家森林公园梅花节

[主要荣誉]

证书
经检查验收确认奉贤县为
林业工作站建设合格县

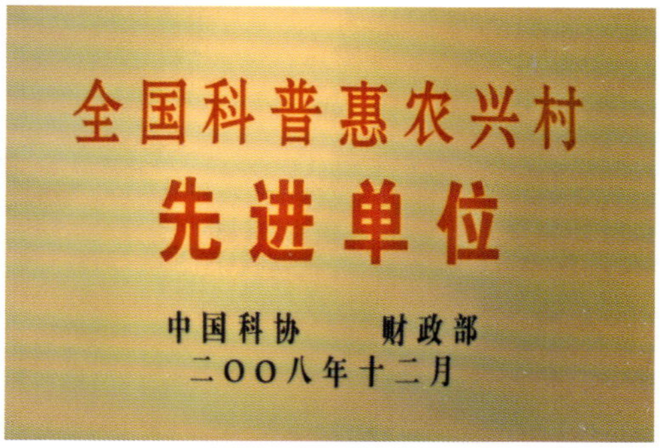
全国科普惠农兴村
先进单位
中国科协　财政部
二〇〇八年十二月

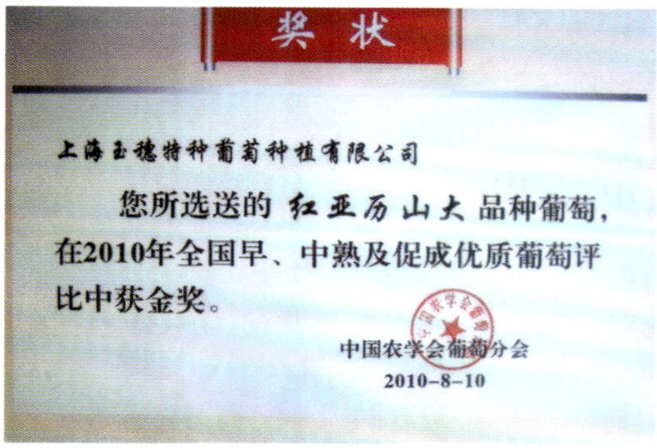
奖状
上海玉穗特种葡萄种植有限公司
您所选送的 红亚历山大 品种葡萄，在2010年全国早、中熟及促成优质葡萄评比中获金奖。
中国农学会葡萄分会
2010-8-10

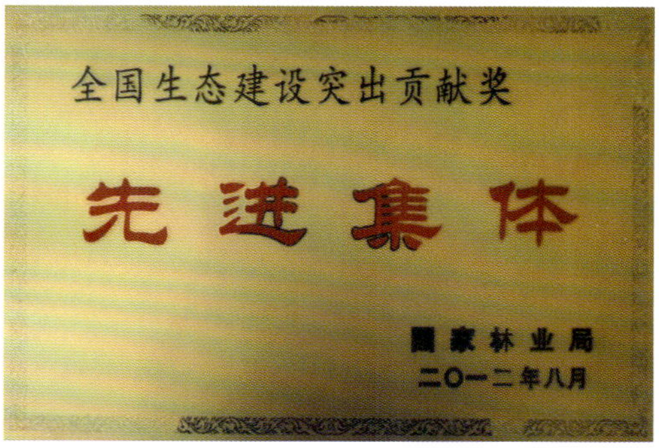
全国生态建设突出贡献奖
先进集体
国家林业局
二〇一二年八月

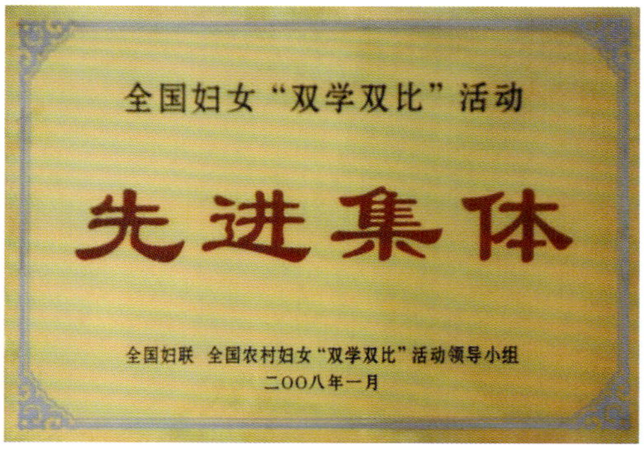
全国妇女“双学双比”活动
先进集体
全国妇联　全国农村妇女“双学双比”活动领导小组
二〇〇八年一月

获奖证书
奉贤区林业署 荣获
中国林业产业突出贡献奖
国家林业局
中国农林水利工会
全国委员会
二零一四年二月

荣誉证书
上海市奉贤区金汇镇垂奇果园：
您单位选送的“锦绣黄桃”荣获2014年上海市优质黄桃评比活动金奖。
上海市瓜果行业协会
上海市园艺学会
上海市农业技术推广服务中心
二〇一四年八月

荣誉证书
上海花厅果林发展有限公司：
您单位选送的“锦绣黄桃”荣获2014年上海市优质黄桃评比活动金奖。
上海市瓜果行业协会
上海市园艺学会
上海市农业技术推广服务中心
二〇一四年八月

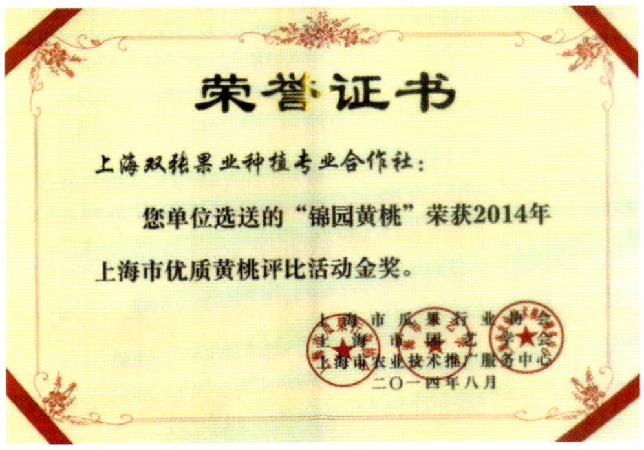
荣誉证书
上海双张果业种植专业合作社：
您单位选送的“锦园黄桃”荣获2014年上海市优质黄桃评比活动金奖。
上海市瓜果行业协会
上海市园艺学会
上海市农业技术推广服务中心
二〇一四年八月

荣誉证书
上海市农工商现代农业园区开发有限公司：
你单位选送的“巨峰”荣获“2015年上海市优质葡萄评比”金奖。
上海市农业技术推广服务中心 上海市林业总站
上海市瓜果行业协会 上海市果品商业行业协会 上海市园艺学会

荣誉证书
HONORARY CREDENTIAL
上海小水果研究所：
你单位选送的‘新凤蜜露’品种在2015年中国园艺学会桃分会“宁波杯”全国赛桃会中荣获金奖！
中国园艺学会桃分会

2012年上海市柑橘生产科技示范户“评优、推优”活动
金奖
上海市瓜果行业协会 上海市园艺学会
上海市农业技术推广服务中心 上海市林业总站
二〇一二年十一月

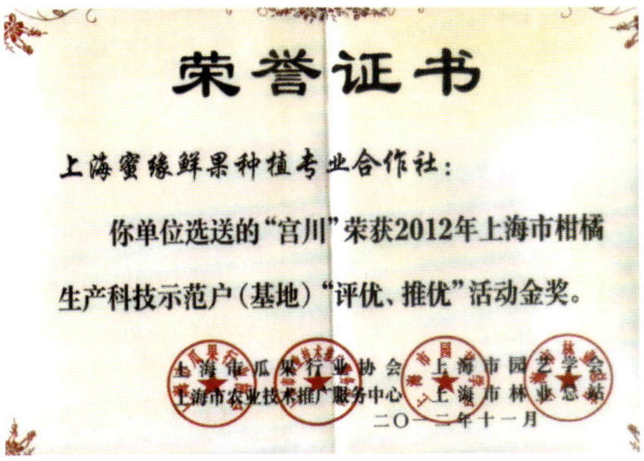
荣誉证书
上海蜜缘鲜果种植专业合作社：
你单位选送的“宫川”荣获2012年上海市柑橘生产科技示范户（基地）“评优、推优”活动金奖。
上海市瓜果行业协会 上海市园艺学会
上海市农业技术推广服务中心 上海市林业总站
二〇一二年十一月

2014年上海市优质黄桃评比
金奖
上海市瓜果行业协会
上海市园艺学会
上海市农业技术推广服务中心
二〇一四年八月

奉贤区林业署办公地址

奉贤区林业署办公楼

奉贤区林业署现任党政领导班子人员

奉贤区林业署全体工作人员

《奉贤区林业志》老领导审稿会

《奉贤区林业志》专家审稿会

《奉贤区林业志》林业署人员审稿会

《奉贤区林业志》编纂室人员

《奉贤区林业志》编审人员（单位）名录

《奉贤区林业志》编纂委员会

主　　任：吴四军　王　震(中)　张建龙(中)　陈建平(后)

副 主 任：潘文萍　费秀莲(后)　张　锋　夏根龙　徐新根(后)

王桂龙　王　平(中)

委　　员：吴丹杰　邵春华(后)　徐　进　翁吉明(后)　张之桐

褚可龙　廖鸣峰

《奉贤区林业志》编纂室

主　　编：褚可龙

执行主编：王昌年

编　　辑：王昌年　陈铭槃　周生明

办 公 室：赵　娟

文　　印：黄群英

特约编审：周生明

《奉贤区林业志》审稿人员

姜金余　蒋永石　李伯才　陈建平　何文光　方炳权　费秀莲

潘文萍　夏根龙　王　平　徐新根　廖鸣峰　顾首育　王永平

马莉苑　姚金祥　张燕伶

《奉贤区林业志》审稿单位

上海市奉贤区地方志办公室

《奉贤区林业志》资料采集员

（按姓氏笔画为序）

卫永章	马以菘	马永林	方卫星	王士均	王　成	王佳斌
王明贵	王新民	叶黎红	平海龙	朱爱民	宋伯龙	吴南圭
陈炳章	陈继鸣	陈　浩	陈　磊	汤纪红	何洪平	沈吉明
沈国平	李宝庆	周焕新	项进兴	邬利勇	陆志兴	金益天
张　璇	张林山	张秀龙	张连龙	张均强	钟光龙	施国贤
费国良	费　超	费丹樱	顾新海	顾国林	顾保龙	顾品强
赵　娟	赵菊林	翁炜双	蒋文忠	蒋新官	蒋士章	裴　峰
薛耀英	侯德明					

《奉贤区林业志》摄影人员

（按姓氏笔画为序）

王昌年	王佳斌	王　英	方国政	方海泉	池海波	刘梦樱
张士荣	顾元欢	顾龙如	钟长根	夏其林	潘益飞	瞿　军

序　一

古往今来，盛世修志，功在当代，惠及千秋。《奉贤区林业志》的编纂出版，是由奉贤区人民政府主持，区农委领导、区林业署精心组织，区方志办指导，编纂人员辛勤笔耕的结果，是一项浩大的文化建设工程，也是奉贤林业繁荣的象征，更是一件慰藉前人、启迪后人的大好事，值得庆贺。

林业建设的兴衰事关国家和民族振兴的大业。保护和发展、利用森林资源，就是尊重自然、遵循社会发展规律，构建生态文明建设的重要举措。加强林业建设，建设美丽中国，营造和谐的生态环境，是一项功在当代、荫及子孙的伟大事业。奉贤区把造林绿化纳入社会主义现代化建设的总体布局，突出林业在生态文明建设中的重要地位，聚焦绿色发展、循环发展、低碳发展，取得了造林绿化、发展林业经济的可喜成绩。

《奉贤区林业志》汇集大量历史文献和档案、口碑资料，通贯古今，去粗存精。从奉贤林业发展的实际出发，横排门类、纵述史实、体例完备、结构合理、图文并茂，清晰翔实地勾画奉贤林业发生、发展、改革创新和与时俱进的历史轨迹。同时，也填补了上海郊区尚未有林业专志的空白。

以史为鉴。《奉贤区林业志》所揭示的林业发展的实践说明，在历史的长河中，森林与人类的关系十分密切。森林是人类的养育者，人类又是森林的开发者和培育者。林业生产搞得好坏，不仅在地区经济发展中具有重要地位，而且直接关系到人民的福祉。造林绿化在生态文明建设中有着改善生态、净化环境的重要作用。

“志贵在用。”要发挥好《奉贤区林业志》的借鉴、资政、教化作用，为奉贤构筑完善的林业生态体系、发达的林业产能体系、繁荣的生态文化体系服务。

“生态兴则文明兴，生态衰则文明衰。”林业是生态建设的主体，是生态文明建设的关键领域，是构建美丽中国的核心元素。保护和发展森林、湿地、野生动植物等林业资源，进而实现生态文明和美丽中国的宏伟目标。我坚信，在“创新、协调、绿色、开放、共享”的发展理念引领下，奉贤林业的发展定能赓续不断，再造辉煌。

是为序

上海市绿化和市容管理局（上海市林业局）

党组书记、局长

2017年9月6日

序　二

《奉贤区林业志》在全国人民喜迎党的十九大召开，全区人民同心同德打造“奉贤美、奉贤强”的新时期付梓出版，这是奉贤区“贤文化”建设的又一成果，可喜可贺。

中华人民共和国成立后，特别是改革开放以来，随着党和国家林业政策的贯彻落实，全民义务植树的广泛开展，奉贤的林业建设取得了举世瞩目的成绩。2015年，全区林业产业实现产值7.42亿元，森林覆盖率达12.39%，城区绿化覆盖率达28.85%。先后被评为上海市园林城区、全国平原绿化先进单位和达标区（县）、全国林业科技示范区、全国生态建设突出贡献先进集体、全国休闲农业和乡村旅游示范区（县）等。这是奉贤历届区（县）委、区（县）政府举全区（县）之力，在“林”字上做文章，在“绿”字上下功夫，走生态建设、绿色发展之路的硕果。

《奉贤区林业志》是奉贤建县以来的第一部林业专志，它客观地反映了奉贤林业生产、造林绿化的历史与现状，是奉贤乃至上海郊区林业发展的一个缩影。全书尊重历史，求真务实，忠实地记述了奉贤人民造林绿化、发展林业经济的光辉业绩，也记载了自然灾害以及人为的失误与教训。

修志不易。《奉贤区林业志》付梓出版，是集体智慧的结晶。在整个编纂过程中，区农委、区地方志办领导的重视，专业部门周密组织，编修人员辛勤笔耕，有关单位积极支持，热心人士主动参与，专家学者精心指导，保证了修志的顺利进行和志书的质量。在此，谨向为《奉贤区林业志》不辞辛劳、勤奋笔耕的编纂人员和关心、帮助、指导的所有单位和个人，表示诚挚的感谢。

修志为用，这是志书的意义和价值所在。古人云：“治天下者以史为鉴，治郡国者以志为鉴。”《奉贤区林业志》为我们了解奉贤林业、认识林业区情、进行林业发展决策和制定措施提供了重要的科学依据，裨益当代，惠及后代。奉贤的林业，将以“奉贤美、奉贤强”为目标，聚焦绿色发展，守住绿色底线，加快生态公益林和商品林建设，加大生态环境保护力度，提高森林资源利用效率，大力推进生态保护区、生态景观区、生态休闲区、生态经济区的创建工作，全面提升经济、社会、生态效益，努力为子孙后代留下天蓝、地绿、水清的美丽奉贤，为人与自然的和谐永续发展赢得光明的未来。

以史为鉴可知兴替。我们对奉贤林业的未来充满信心，豪情满怀。

中共奉贤区委农村工作办公室主任
中共奉贤区农业委员会委员会书记
奉 贤 区 农 业 委 员 会 主 任

2017年9月6日

凡　例

一、本志以马克思列宁主义、毛泽东思想、邓小平理论、“三个代表”重要思想、科学发展观、习近平新时代中国特色社会主义思想为指导，坚持辩证唯物主义和历史唯物主义立场、观点和方法，坚持实事求是，力求客观地、系统地记述奉贤造林绿化发展的历史轨迹和现状。

二、本志记述内容上限基本以中华人民共和国成立起，综述和部分章节力求追溯到古代，下限至2015年年底。大事记上溯至事物发端年，下延至2016年。略古详今，着重记述改革开放以来的史实。

三、本志横排门类，纵述始末，采用章、节、目、子目4个层次编写。全志共分13章、60节、251目、135子目。序、凡例、综述、大事记置卷首。全志有地图2幅，示意图15幅，卷首彩色照片95帧，串文照片145帧，表格104张。卷末设专记和编后记。

四、本志以述、记、志、图、传、表、录为主要表述形式，彩照彩图集中于卷首，造林绿化等照片和表图随文。

五、本志用现代汉语书面语言记述，行文用记述体。

六、本志以公元纪年，凡述1949年5月（奉贤解放）前的史实，采用历史纪年，括注公元纪年。志中出现的“70年代”“80年代”等时间表述，均指20世纪的有关年代。

七、本志采用的统计数据，原则上以奉贤区林业署（站）的统计年报为准，报表上个别数据有误，本志根据其他有关资料进行更正。

八、本志使用计量单位，市制、公制并存。面积用亩、平方米。质量用公斤、吨。长度用公里。宽度用米。货币均为人民币。

九、本志“人物”章，分设“人物传略”“人物简介”“人物表录”。“传略”坚持“生不立传”;“简介”“表录”所记人物较多，以突出以人为本理念。

十、本志资料来源于林业署（站）的文书档案，各版《奉贤县志》（包括续志），文史资料和市、区统计资料汇编及区林业署各科室、各镇撰稿员提供的文字资料及口述资料等。

照片　地图
《奉贤区林业志》编审人员（单位）名录
序　一
序　二
凡　例

目　录

第一章　境域　地理

第二章　森林资源

第三章　植树造林

第四章 经济林果 竹林 蚕桑

第五章 种苗 花卉

第六章 古树名木

第七章　野生动植物与湿地保护

第八章　林业经营

第九章 林业旅游

第十章　林业科技

第十一章　林业管理

第十二章 林业文化

第十三章 人物 荣誉

专 记

编后记

综　述

奉贤区位于上海市区的南郊，有逶迤13.7公里黄浦江岸线和31.6公里的海岸线。区境东与浦东新区接壤，西与金山区和松江区毗邻，南濒杭州湾，北与闵行区隔江相望（黄浦江）。地理坐标北纬30度47分4秒～31度零9秒，东经121度21分～121度46分5秒。境域东西长约41公里，南北宽23.5公里。全境西宽东窄。区域总面积720.44平方公里。

早在新石器时代晚期（距今4000余年），奉贤境内即有先民栖息。考古发掘柘林、江海两处古文化遗址属良渚文化、马桥文化遗存。秦汉两晋南北朝至隋唐宋元明，奉贤先后属海盐、华亭县境。清雍正四年（1726年）自华亭县析出置奉贤县。县名奉贤，取意"敬奉贤人"而得。民国年间（1912—1949年），奉贤隶江苏省第三行政督察专员公署。中华人民共和国成立后，先后隶苏南行政公署松江专区、江苏省松江专区、江苏省苏州专区。1958年11月奉贤划归上海市。2001年1月9日，国务院批准奉贤撤县设区。是年8月24日，奉贤区正式挂牌成立，终结了奉贤置县275年的历史。区治南桥镇，为全区政治、经济、文化中心。

2015年，奉贤区辖有8个镇（南桥镇、奉城镇、四团镇、金汇镇、庄行镇、青村镇、柘林镇、海湾镇）、2个社区（奉浦社区、金海社区）、1个街道（西渡街道），177个村民委员会、111个居民委员会。全区户籍人口52.85万人，常住人口115.99万人，其中外来常住人口59.93万人，占常住人口比重的51.7%。是年，全区国民经济实现增加值685.84亿元；财政收入264.88亿元。其中，区级地方财政收入84.89亿元。实现农业总产值41.59亿元，林业产业产值7.42亿元，占农业总产值的17.84%。农村居民年人均纯收入22988元，城镇职工年平均工资66661元，年末城乡居民储蓄656.1亿元。

一

奉贤气候条件优越，境地广阔平坦，孕育、繁衍出丰富的森林资源和众多的动植物种类。新石器时代晚期，杭州湾北岸有柘湖，湖中有小山，山上柘树成林，境地有地名曰柘林。秦时湖面有5119顷（含金山境地），唐后逐渐湮塞，宋时成为芦苇之场。可见，奉贤境域时有丰富的森林生态环境。

奉贤植树造林有着悠久的历史。唐咸通六年（865年），唐侍郎蔡赞在柘林舍宅建方广教寺，并植银杏树，1951年，已有1086年树龄的古银杏遭到砍伐。五代十国前蜀乾德二年（920年），前蜀丞相潘葛之妻李氏，葬于今庄行潘垫冷泾之东，因李氏生前喜爱杏花，墓地沿冷泾遍植杏树，故冷泾又名"杏泾"。宋元时期，经济较为繁荣，官府提倡广种桑、枣、榆、柳，并采取奖励、减免税，设立农师、禁止乱樵采等保护森林措施，尤其是对经济林的发展起到了一定的推动作用。宋神宗元丰元年（1078年），奉城设青墩盐场，后绿树成荫，故称青林。宋乾道八年（1172年）筑里护塘后，盐民、渔民群居，渐成村落，青林遂改名青村。宋乾道七年（1171年），华亭捍海塘堰筑成，次年诏令“趁时栽种芦苇，不许樵采”。元末，松江八大富豪之一的陶舆权，在其居住地（今青村镇陶宅村）建有“南园”，为奉贤有史记载的第一所园林。明代，比较重视林木保护，对毁伐树木者，以窃盗刑法论罪。明弘治年间（1488—1505年），江南华亭白沙人（今邬桥社区）宋诩、宋公望父子，编著《竹屿山房杂部》一书，共5部32卷，其中树畜部、植部，都是有关果林种植和食用方面的著述。该书于弘治十七年（1504年）六月成书刻印，明刻本入《四库全书》，现藏北京图书馆。明万历年间（1573—1620年），杰出书画家、礼部尚书董其昌赠同窗好友金学文（邬桥吴塘村人）名贵牡丹2株及亲笔手书“瑞旭堂”匾额1件。清代雍正重视植树和森林保护，下谕“劝导民众舍旁田畔以及荒山不可耕种之处，量度土宜，种植树木……”。清雍正十一年（1733年）岁修里护塘，因塘身多浮沙土，遂栽种干戈，塘每筑高3尺，种干戈1带，自下而上种干戈3带，以固土。清代，每次海塘大修后，除在塘外广种芦苇外，还在塘身种植杞柳、干戈等植物。清代，萧塘籍隐士张啬甫建有“啬圃”，有记云：“圃中种竹千百竿、梅花三十株、橙橘二、三十株、蕉三十株，有‘绿天树屋’三楹，读书灌园，不求闻达，怡然自乐”。这是境地建果园者最早的文字记载。

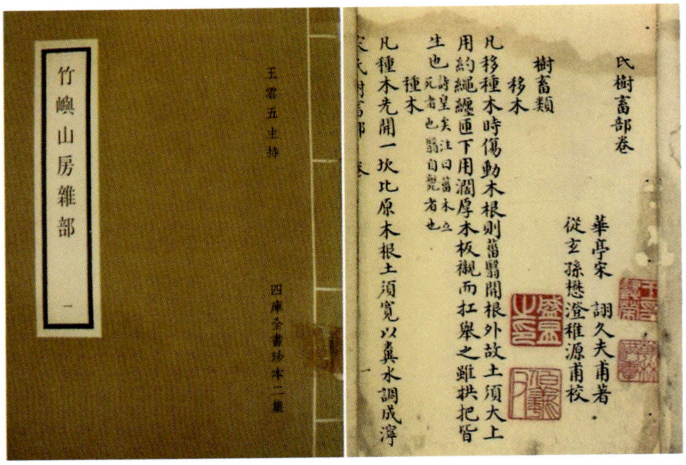

自唐至清朝中期，随着人口增长和历代对农业的开发，原始林木逐步减少，并逐渐被农民植树种竹所取代。农民在宅前屋后种植树木、竹子，一些农舍、村庄掩映在绿树翠竹之中。至2015年，奉贤境内保存下来树龄百年以上古树名木64株，树龄80～99年古树后续资源21株。

据清乾隆《奉贤县志》载，境地栽种的树木有桑、榆、樟等26种，果有梅、桃、李、橙等22种，花有梅、桂、玉兰等52种，竹有燕竹、哺鸡竹等8种，野生动物有獾、香狸、獭等6种，野禽有野鸡、鹭、鹰、鹊等19种。

鸦片战争以后，特别是清朝末年，鉴于资本主义列强入侵中国，清政府丧权辱国，朝野有识之士提出“变法图强”，其中有振兴林业的主张。光绪帝为潮流所趋，调整官制，农林事业也开始实行新法。朝廷设农工商总局，其下设农务司，具体掌管农林事宜。

民国期间，政府重视林业立法工作，制定公布不少保护和发展森林的法规，并建立林业行政管理机构。民国元年（1912年），北洋政府设立农商部。民国三年（1914年），农商部公布中国第一部《中华民国森林法》和《中华民国狩猎法》。翌年，又公布《中华民国森林法施行细则》和《中华民国造林奖励条例》。民国四年（1915年），北洋政府宣布每年清明节为植树节。民国五年（1916年），农商部制定林业公会规则，“使乡村得设林业公会，以保护现有森林，恢复荒废林野，或育苗造林”。民国十六年（1927年），中国国民党在南京成立国民政府。翌年，完成北伐，成立农矿部，其林业行政司根据总理（孙中山）遗训，通令全国划分林区，广设苗圃，积极造林。民国十七年（1928年）四月，国民政府废止旧历清明节为植树节，规定每年3月12日（孙中山逝世纪念日）为植树节，“每年举行植树式及造林运动，以资唤起民众，注意造林”，“各省县市每年举行植树式，至少植树500株或造林10亩”。上海市政府每年在这一天举行隆重的植树仪式。奉贤县也随之组织开展植树造林活动。民国三十二年（1943年），教育部和农林部共同公布了《学校造林办法》，要求全国各级学校造林，中等以上学校至少需有林地20亩，中心小学校和国民学校造林则不限亩数。每一学生每年至少应植树5株，毕业班要造纪念林。民国期间，政府虽然倡导与奖励人民植树，但举措不多，监督与检查不力，以致造林成效不大。

在抗日战争前，奉贤县的林业，尤其是桑果业有所发展。民国八年（1919年），据《江苏省实业考察报告》中记载：“奉贤县每年产茧仅七百余担”。当时，奉贤的一些地方官绅，为了振兴蚕桑，积极采取措施进行宣传推广，取得了一些成果。是年，江海人唐银虎建“唐家梅园”，种植梅树8亩。柘林奉海村建“张家梅园”。柘林陆家村建“陆家枇杷园”。民国十九年（1930年），青村镇东北吴家驳岸吴泗渔创办“延陵桃园”，初辟地9亩，从奉化引进“玉露”“五月早”等蜜桃品种，经精心培育，第三年结果，品质优良。“驳岸里水蜜桃”与“龙华水蜜桃”同为上海市最有名品种。民国二十九年（1940年）扩至31.8亩，年上市桃15000余公斤。是年，新寺人蒋文麟从日本青山农业大学学成回故里，辟建“蒋家桃园”。民国二十一年（1932年）七月，因县治观瞻，在南桥镇县农业良种场划出土地10亩种植果树。其中，山东肥城桃2亩、天津水蜜桃2亩、奉化玉露桃2亩、牛奶葡萄1亩、龙眼葡萄1亩。但在抗日战争和解放战争期间，树木竹林受到日军和国民党军队的极大破坏。民国三十一年（1942年）八月，日伪奉贤区署强令砍伐竹子，全境沿彭公塘自东而西打篱笆墙，搞封锁线，分段设“检问所”，实行“清乡”，奉贤县的竹园被砍1440余亩，到抗日战争胜利时全县竹园仅剩3860亩。奉贤解放前夕，国民党军队为构筑工事，也曾砍掉大批竹木。这一时期，奉贤县的果树面积只扩展22.8亩。

二

1949年5月14日奉贤解放。新政府成立伊始，百废待兴，医治战争创伤，发展国民经济的任务十分繁重。奉贤的林业工作也肩负着恢复和发展、造林绿化家园的重任。

1949年5月25日，为了保护沿海滩涂上的芦苇，颁发了由县长滕维明签署的《奉贤县人民政府布告》，严禁滩涂割青。1950年5月，中央人民政府政务院发布《关于全国林业工作的指示》，提出了“普遍护林、重点造林”的林业生产方针，全国上下有组织的植树造林运动全面展开。由于完成土地改革后，农民分得了土地，生产力得到了解放，所有制基本稳定，同时政府采取各种措施，恢复和发展林业生产，调动了群众性开展护林、育苗、造林的积极性。

1951年，奉贤县政府设立农林科，主管全县农业和植树造林工作。1952年9月，奉贤县在吉安公墓和新寺大操场辟建防风林苗圃，总面积52.5亩。1953年，县政府作出规定：砍伐树木应予禁止，保护路基、堤岸边的树木，树木胸径不足20厘米，一律禁止砍伐。是年，县政府还制定了《林业生产计划（草案）》，提出了当年公私合作造林1000亩、育苗82亩的造林育苗任务。1954年，贯彻“谁种谁有，伙种伙有，村种村有”的林业政策，农民广泛在宅前屋后、河沟浜滩上种植树木。是年春，县防风林苗木出圃，无偿供应给农户种植，平均每户5株，全县79万株。1955年，新民主主义青年团奉贤县委举办200余名团干部参加的培训班，在柘林海塘沿线营造“青年林”，种植乌桕树2000余株。1956年，毛泽东主席发出“绿化祖国”的号召，中共奉贤县委、县政府积极响应，组成绿化工作队，到全县各地发动群众，开展绿化造林活动。是年，奉贤县在庄行建立奉贤县苗圃，面积600亩（县防风林苗圃归并奉贤县苗圃）。青村、江海、邬桥建集体苗圃3个，面积40亩。1957年，县政府发出紧急通知，禁止滥伐树木。同时开展全县林业资源普查。至1957年，全县树木保存量为146万株。

1958—1959年，在“左”的思想影响下，“大炼钢铁”“大办食堂”、大搞“一平二调”和浮夸风，造林只求数量，不讲质量，株数、面积虚报情况严重。大面积的阔叶树被砍用于烧炭，许多古树也难逃厄运。1959年11月，建立奉贤县林场，面积1500亩，主要任务是营造沿海防护林带。1963—1965年，由于全面贯彻中共中央“六十条”“林业十八条”和国务院颁布的《中华人民共和国森林保护条例》，人民公社实行“三级核算、队为基础”，落实了林地权属，森林资源得到了较好恢复与发展。1963年，全县植树123万株。同时引进梨树苗，种植梨树83亩。1964年，奉贤县从川沙县引进芦竹根，在县管的人民塘（东门港至焦墩港区间）试种获得成功。随即，市属农场管理的人民塘1、2、4地段也种植芦竹。

1966年以后的一段时期，在“文化大革命”和“农业学大寨”运动的影响下，康复中的奉贤林业又一次遭受严重挫折。“以粮为纲”，毁林造田，森林资源再度遭受严重损失。这一时期，奉贤的林业生产在艰难曲折中徘徊。1967年，齐贤公社从浙江黄岩引进无核蜜橘，栽种42亩，建立奉贤县第一个橘园。1968年，新寺公社新塘三队社员杨育林，在庭院中种植葡萄获得成功，后种植户逐年增加，户户种葡萄，到1976年，新塘村被誉为“葡萄村”。1969年，奉贤县从河北省清河县、安徽省颍上县引种杞柳，种植100亩。1971年，奉贤县革命委员会组织各公社（场）林业干部到浙江等地学习水杉种植经验，并引进水杉树苗推广种植。是年，奉贤县革命委员会还按照中央“积极恢复、大力发展蚕桑生产”的方针，免费供应蚕农桑树苗，鼓励农民种桑养蚕。至年末，全县植桑2909万株，饲养蚕种4218张，产茧总产1812担。

1971年，中央召开了全国林业工作会议，掀起了群众性植树造林的热潮。奉贤县自70年代初起，“四旁”植树开始由宅前屋后零星隙地植树，发展到以建设农田林网为重点，建立带、网、片相结合的防护林体系。

1971年，奉贤县从浙江引进水杉枝条扦插。1972年，在县林场试验水杉扦插育苗获得成功，即在全县推广。1973年，奉贤县又从浙江慈溪引种6万株水杉小苗培育。由于水杉树种的优良性状，以及群众较快地掌握了繁育的栽培技术，因此，水杉迅速得到大面积推广，成为“四旁”植树、农田林网成片造林的主要树种。自1974年起，人民塘内渐次废芦竹植树，营造防风林带。至1983年，团结塘也随即改芦竹为植树造林。1975年，县林场试用樟树种子培育香樟壮苗获得成功。1978年12月，奉贤县革命委员会发出保护绿化通告，要求各人民公社、城镇机关、工厂、学校等企事业单位都要植树造林，林场种植属国家所有. 集体种植属集体所有，社员在住宅四周种植属个人所有，严禁擅自砍伐，破坏绿化。

1975—1978年，奉贤县的植树造林重点转移为全面贯彻绿化上《纲要》要求，大力开展“四旁”植树，平原绿化由零星的“四旁”植树转入有组织、有计划的农田林网建设新阶段。至1978年，全县“四旁”植树累计为919.6万株。泰日、庄行、齐贤3个公社基本实现农田林网化。

三

1978年12月，中国共产党第十一届三中全会召开，标志着中国开始进入改革开放的新时代。改革的劲风吹遍奉贤大地，奉贤的林业建设从此进入改革发展的新阶段。

变革林业经济管理体制，调动农民经营林业的积极性。农村经济随着生产力的发展，生产关系得到不断变革与发展。奉贤的农村经济体制，经历个体生产、农业生产互助组、初级农业生产合作社、高级农业生产合作社、人民公社和在集体经济基础上的农业生产家庭联产承包责任制等多次变革。林业生产经营体制基本上是以农村经济体制变革为转移的。在不同时期，出现与农村经济发展相适应的林业生产经营的新组织形式和新的体制、机制。

1981年3月8日，中共中央、国务院发布《关于保护森林发展林业若干问题的决定》，在全国开展稳定林权，划定林地和确定林业生产责任制的林业“三定”工作方针。根据《决定》，中共奉贤县委、县政府进一步放宽林业政策，明确规定林业生产应以家庭经营为主要形式。经过仅3年时间的努力，基本确定了以家庭经营为基础的统分结合的林业双层经营体制。林业生产责任制的建立和完善，符合生产关系要适应生产力发展的规律，使农民获得了充分的经营自主权，极大地解放了生产力，促进了林业的发展和农村经济的繁荣。1981年，新寺公社新塘三队户户种植葡萄，年均每户增收200余元。是年7月5日，《文汇报》作了“葡萄村”专访。1982年春，县政府在新寺公社召开葡萄生产现场会，推广新塘大队发展庭院经济，建设“葡萄村”的经验。是年8月，上海市农委、市财办在新寺公社新塘大队召开推广“葡萄村”经验现场会，并拍摄《葡萄村》电视片。是年，上海市副市长陈宗烈到新寺公社考察葡萄生产。到1989年，新寺乡大力发展庭院经济，葡萄产值占全乡副业收入的20%以上，全乡5920户农户，庭院果树种植户占96%。新寺乡被誉为“葡萄乡”。

1985年1月1日，中共中央、国务院发布《关于进一步活跃农村经济的十项政策》。中共奉贤县委、县政府认真贯彻落实中央《十项政策》，进一步放宽林果用地政策，完善林业双层经营体制，由集体造林、营林为主，转变为依靠千家万户造林、护林、营林，积极培育“两户一体”（专业户、重点户、经济联合体）。是年，县委、县政府召开“两户一体”代表会议，表彰先进典型12个。1986年，县政府提出调整林业结构，实施林、果、花一起上的要求，推动全县经济果林、苗木花卉业的发展。1988年3月，县政府批转县绿化委员会《关于深化改革振兴奉贤林业实施意见的请示》。1992年，光明镇解放村马炎龙等三兄弟合股发展鲜切花生产，建造30个塑料大棚，成为奉贤最早的鲜切花生产营销专业户。1994年，金汇镇金星村王永兵在村里租地30亩，建立金兰园艺场，培育花草及观叶类盆栽植物，开展为机关、企事业单位摆花服务。1995年，胡桥镇以永革村为重点，种植鲜切花、草坪、苗木。至2000年，胡桥镇形成双桥草坪基地1000亩，永革村花卉基地600亩，大树村苗木基地500亩。2000年，贯彻国家林业局《关于完善集体林权制度的意见》，做好集体林地确权登记和颁证工作，稳定集体林地承包关系，加强林地权益保护，放活林地经营权，盘活林业资源，在提高农民收益的同时，提高农民管护林地的积极性。同时，依法、有序地推进集体林地的适度规模经营。至2001年，奉贤县有专业户、联合体、有限公司等林地适度规模经营的农业新经济组织104家。

全民参与，义务植树不断推进。1979年2月23日，第五届全国人大常委会第六次会议原则通过并颁布《中华人民共和国森林法（试行）》，并通过了每年3月12日为植树节的决议。1981年12月13日，第五届全国人民代表大会第四次会议通过《关于开展全民义务植树运动的决议》。翌年2月27日，国务院又发布《关于开展全民义务植树运动的实施办法》。1982年2月12日，上海市人民政府发出《关于本市开展全民义务植树运动的通知》。是年3月，奉贤县政府决定，由县畜牧水产局绿化股转建奉贤县林业站。5月14日，成立奉贤县绿化委员会，副县长陈秀娟兼任主任，并下设办公室。此后，每年植树节期间，掀起全民义务植树高潮。自1982—2000年，奉贤县义务植树的重点是“四旁”植树、农田林网、平原绿化达标县建设。1984年，奉贤县“四旁”树木保存数为257.3万株，到1989年为462.89万株，比1984年增加205.59万株，增长79.9%。1999年，奉贤县“四旁”树木保存数为629.84万株，比1989年增加166.95万株，增长36.07%。这一期间，有大型造林活动3次。例如1999年3月12—13日，由上海市文明办、市总工会、共青团市委、市妇联等联合主办的上海市民营造世纪林活动，在奉贤县海湾旅游区举行，160余个市文明单位的6000余名干部、职工，以及市劳动模范、市新长征突击手、市三八红旗手和驻奉部队官兵、青年志愿者、新婚夫妇等共1万余人参加植树，前后2天栽树6万余株。

农田林网化助推奉贤平原绿化达标县建设。1996年，奉贤县政府与上海市政府签订平原绿化达标责任状，实施林业建设“五大战略”（沿路战略、沿江战略、沿海战略、品牌战略、生态环境战略）。是年，钱桥镇西张村被命名为“全国造林绿化千佳村”。1997年，奉贤县被评为“上海市平原绿化达标县建设先进单位。”1998年，齐贤镇被评为“1996—1997年度全国造林绿化百佳镇”。2000年，奉贤县被评为“1999—2000年全国平原绿化先进单位”；洪庙镇被评为“上海市绿化示范镇”。2001年2月28日，奉贤县被评为全国平原绿化达标县。

经济果林发展较快。1979年冬，光明公社建立金汇港外贸果园光明基地，在金汇港两岸高坡地上试种黄桃获得成功。1980年春，中共奉贤县委书记陆嘉书带领县机关干部50余人，到金汇港沿岸高坡地上种植果树，并鼓励开展集体经营、个人承包责任制。是年，光明、钱桥两公社在金汇港两岸高坡地种植桃树、橘树1120亩。1985年8月18日，光明公社种植的“沪401”黄桃由国家农业部命名为“锦绣”黄桃。1997年，光明镇政府召开“调整农业结构，实现万亩果镇”三级干部动员会，提出全镇按人均保留0.5亩口粮田外，其余承包田全部种植黄桃。当年规划种植黄桃8700亩。是年，农业部授予光明镇“全国百家特产乡镇”和“中国锦绣黄桃之乡”称号。至1999年，通过第二轮土地延包，光明镇种植黄桃面积近万亩。黄桃树成了农民增收致富的“摇钱树”。

1998年，庄行镇从杭州果树研究所引进“黄花”“翠冠”梨苗4.3万株，在潘南、姚泾两村58户农户试种518亩，到2001年，梨树进入初产果期，亩净收入达2000余元。是年冬，庄行镇梨树种植发展到1200亩。1998年，建立奉贤特色小水果基地，占地750亩，引种推广以鲜枣为主的特色水果。2000年2月9日，中共奉贤县委、县政府召开会议，提出在全县开展以“九小”经营项目为主的“万家富”工程，其中包括发展“小果园、小苗圃、小庭院”，争取用3年时间，使4万农户年净收入超万元。至2001年，全县“小果园”经营户548户，户均收入达1.2万元；“小苗圃”户223户，户均收入达2万元。

至2001年，全县果树面积3.13万亩，总产量3.25万吨。其中，桃树面积1.29万亩，总产量1.65万吨；柑橘7875亩，总产量1万吨；生梨1500亩，总产量1300吨；葡萄3045亩，总产量1500吨，其他果树5910亩，总产量3200吨。

四

2001年1月9日，国务院批准上海市《关于撤销奉贤县建立奉贤区的请示》。是年8月24日，举行撤县建区仪式，结束奉贤275年的县治历史。

进入21世纪，奉贤区的林业由“四旁”植树为主转向生态林建设为主。以建设“低碳、生态、智慧、宜居”的滨海新城为总目标，大力发展现代林业，逐步建立以森林植被和经济果林为主体的比较完备的城市生态系统，使南桥新城成为宜商、宜居、宜游城市。逐步形成以大型经济果林、生态片林、生态绿廊、城镇公园、大型绿地景观和旅游景区绿化为精华，“果、林、廊、园”相结合的绿地系统结构。

造林绿化摆上生态环境建设优先位置，推进生态文明建设。2001年3月11日，中共上海市委常委、组织部部长罗世谦，市委常委、宣传部部长殷一璀和市委组织部、宣传部的机关干部，以及市级文明单位、绿化先进单位代表，文艺界、体育界及各界人士代表和奉贤的干部群众计6000余人，到海湾世纪林植树。市委副书记龚学平题写“海湾世纪林”纪念碑。开启了新世纪奉贤区造林绿化的新里程。

奉贤的全民义务植树成为了一项制度，并向规范化、基地化、科学化方向发展。在实践中探索了一套行之有效的办法，即科学制定规划，依法分配任务，合理搭配树种，有计划、有步骤组织实施。

2003年6月25日，中共中央、国务院作出《关于加快林业发展的决定》，提出“在贯彻可持续发展战略中，要赋予林业以重要地位；在生态建设中，要赋予林业以首要地位。”由此，生态林建设进入全面发展的新阶段。是年，奉贤区完成了3项市级生态林工程项目。其中，奉贤现代农业园区生态片林3369亩，黄浦江水源涵养林1255亩，沿海防护林1255亩。同时完成新横泾至金汇港段浦南运河生态景观河综合整治工程。

自2003年起，奉贤林业进入以建设生态林为主的新时代，实施生态林、经济果林、园林绿化一起上的发展战略，重点推进防护林、通道林、水源涵养林、防污染隔离林、大型片林、园林和经济果林建设，并以工程化造林方式推进，有力地推进了奉贤区的生态文明建设。在林业投资主体结构上，政府出资建设生态公益林，企业结合自身产业投资开发建设大型片林，农民重点投资建设经济果林、苗木花卉，形成政府、企业、农民一起上，各类林地齐推进的造林绿化格局。至2014年，全区完成工程化造林项目62项，造林面积33868.28亩，总投入资金逾7亿元。

2004年，中共十六大指出，把生态良好作为全面建设小康社会的重要指标，实现经济发展与人口、资源、环境和谐协调。根据党的十六大以及《关于加快林业发展的决定》精神，2005年，奉贤区政府编制《奉贤区林业发展十一五规划》。规划以国家森林城市评价指标体系为基准，提出“城乡一体化、森林生态系统完善、人居环境优越、生态文明发达”的森林城市建设总目标，全面实施绿色村庄、城市绿肺、立体绿化、森林资源和生物多样性保护，构筑“碧水、蓝天、绿地”的城市环境格局，把南桥新城打造成“让城市融入森林，让森林拥抱城市”的生态型滨海新城。至2009年，奉贤区有森林面积98571.72亩，全区森林覆盖率9.56%。

编制《奉贤区林地保护利用规划（2010—2020年）》。结合奉贤经济、社会发展和环境建设的需要，统筹林地保护利用和经济社会协调发展，合理配置林地资源。确定林业和生态建设发展用地，在增加森林资源总量的基础上，做到分级保护、分类管控、科学经营、持续利用林地资源，形成布局合理、功能完备、持续高效的林地结构。规划期限，至2015年为近期规划，至2020年为远期规划。

在规划的指导下，至2015年，全区实有林地面积14.71万亩，比2009年净增4.83万亩，增长49.23%；森林保有量12.78万亩，比2009年净增2.93万亩，增长29.75%；森林覆盖率12.39%，比2009年增长2.83个百分点；全区林分蓄积达到23.20万立方米。2015年，全区公益林面积11.58万亩，比2009年的8.55万亩增长35.44个百分点。经济果林面积4.4万亩，比2009年减少7.95%。“十二五”期间，奉贤林业结构得到合理调整，林业产能效益迅速提高。

统筹推进城乡造林绿化，全面提升造林绿化水平。2002年12月，国务院公布《退耕还林条例》。奉贤区政府切实贯彻《条例》精神和市政府的退耕还林的目标任务，制定退耕还林实施细则，调动农业企业、农民参与退耕造林的积极性。至2003年年底，全区完成退耕造林面积4.36万亩。其中，果林1.95万亩，用材林0.28万亩，苗圃2.14万亩。市政府补贴奉贤区退耕造林专项资金1305.9万元。

2002年8月，奉贤区政府成立以区长沈慧琪为组长的奉贤区园林城区创建工作领导小组，继后又成立以分管副区长为总指挥的园林城区创建工作指挥部，全面推进南桥城区、建制镇、开发区、村庄绿化，促进城乡造林绿化协调发展。奉贤区政府以创建上海市园林城区为载体，坚持城乡一体化发展理念，把发展林业作为推进农业产业结构调整，改善城乡环境的有效手段，从而建设比较完整的林业生态体系和比较发达的林业产业体系。以林业示范工程及“万家富”工程为抓手，推进林业“六绿”建设（绿色项链、绿色屏障、绿色森林、绿色通道、绿色景点、绿色产业）。2003 年 3 月，奉贤区举行以“创建国家园林城市，共建绿色美好家园”为主题的造林绿化宣传咨询活动，许多单位和市民纷纷捐款，为创建园林城市添绿。

2005 年年底，奉贤区创建上海市园林城区实现三大指标，即：人均公共绿地 9.98 平方米，绿地率 40.84%，绿化覆盖率 41.45%。是年 11 月，被正式命名为“上海市园林城区”。

至 2010 年，奉贤区先后建成上海申亚生态园、上海申隆生态园、上海申亚乡村度假农园、奉浦四季生态园、海湾国家森林公园并对外开放。其中，2008 年，古华公园被评为“上海市五星级公园”。至 2015 年，全区有公益性和休闲旅游性公园 15 座。

至 2012 年，全区有 3000 平方米以上的广场绿地 24 处，面积 1000 亩。南桥镇城区绿地总面积达 5613.3 亩。

至 2013 年，全区建有市级园林式小区 24 个，区级园林式小区 31 个。全区居住区绿地面积达 5415 亩。全区拥有全国绿化模范单位 2 家，上海市花园单位 48 家，上海市绿化合格单位 139 家。全区单位绿化面积 5430 亩。全区街道绿化面积 9694 亩。南桥镇创建成上海市林荫街道 6 条，总长 9.4 公里。

至 2015 年，全区实有绿地 2846.78 万平方米。其中，公园绿地 455.83 万平方米，居住区绿地 398.86 万平方米。区绿化覆盖率 28.85%，区绿地率 28.47%，人均公共绿地面积 12.63 平方米。

2007 年，奉贤区开展“创绿色家园，建富裕新村”活动。到 2009 年，青村镇解放村被评为“全国绿色小康村”，邵志荣、夏仁火等 20 户被评为“全国绿色小康户”。南桥镇被评为“上海市绿色小康示范镇”，青村镇解放村、庄行镇潘垫村被评为“上海市绿色小康示范村”，张建忠、马炎龙、陆林章等 20 户被评为“上海市绿色小康示范户”。2015 年，庄行镇潘垫村、南桥镇杨王村、柘林镇海湾村被农业部评定为“中国最美休闲村”。

按照上海市园林城区三年一次复验的要求，奉贤区确立“完善长效管理机制，促进区域绿化发展”的主题，制定方案，落实措施，绿化总量和质量有了新的提高。2008—2014 年，奉贤区成功通过 3 次上海市园林城区复验。

2015 年，奉贤区政府决定，从林地布局着手，推进造林绿化工作，统筹协调基本农田保护与林地发展矛盾，确保林带成线、林地成块、林网成格，发展最大的生态效益，营造具有滨海城市特色的生态奉贤。

名特优经济果林和苗木花卉产业发展迅速。2004 年 1 月，上海奉叶蜜梨专业合作社成立，为奉贤第一家果林专业合作社；2004 年 6 月，上海花厅果林发展有限公司成立，为奉贤第一家果林专业经营公司；2004年11月，上海鲜切花园艺专业合作社成立，为奉贤第一家花卉产销合作社。至2015年，全区有果林、花卉合作社37家，造林绿化工程公司资质企业22家，大型花卉批发市场2个，花卉经营门店180余家。在林业龙头企业和生产基地的集聚下，奉贤林业加快产能结构的调整，发展了一批名特优经济果品和名贵花卉。

实行标准化生产，品牌化营销，提高经济效益和生态效益。至2015年，全区有林果农产品获绿色食品认证11个，认证面积1470.02亩，产量1640吨；有林果无公害农产品58个，认证面积2.77万亩，产量3.77万吨；有林果有机食品认证2个。全区有24个林果产品商标。“奉贤黄桃”“庄行蜜梨”获国家地理标志保护产品。2015年，全区实现林业产值7.42亿元。

五

纵观65年奉贤林业的建设和发展，是遵循尊重自然、顺应自然、保护自然的生态文明理念，坚持全党动员、全民动手、全社会造林绿化的基本方针，实现生态奉贤，建设绿色滨海新城目标的奋斗历程。自中华人民共和国成立起，尤其是党的十一届三中全会后，乘着改革开放的春风，奉贤的林业建设走上了可持续发展之路，森林面积、森林覆盖率、森林蓄积等均有大幅增长。

造林绿化成绩显著。2015年，全区林地面积14.71万亩，占全区土地总面积的14.27%。其中，有林地面积10.51万亩，占林地总面积71.45%。全区森林面积12.78万亩，森林覆盖率12.39%。全区公益林面积11.58万亩。全区经济果林面积4.4万亩。花卉草坪面积5700亩。笋竹林面积5300亩。

拓展林业经营新领域，提升林业经营效益。2015年，全区实现林业总产值7.42亿元。其中，经济果林产值4.46亿元，花卉草坪销售8513万元，营林产值1.90亿元。

林业复合经济就是以林地资源为依托，进行合理种植、养殖和发展生态休闲旅游业。林地质量关系着林业复合经济发展的态势，关系着生态休闲旅游的景观效果。林地养护工作由过去的“事不关己”向主动管护转变。林子越来越美，游客才会越来越多。进入21世纪后，奉贤林业复合经济以市场为导向，形成林果、林种、林养、林游相结合的生态格局，大力发展优质、高产、高效林业复合经济。2015年，全区林业复合经济收入9123万元。其中，林下种植收入3023万元，林下养殖收入6100万元。林业旅游方兴未艾。至2015年，全区建有国家级森林公园1座，经营面积1.6万亩。休闲公园14座。有农林旅游景点58个，年接待游客67.8万人次，森林旅游收入2078万元。

加强森林资源林政管理，实行依法治林。开展严格的林政执法工作，做到有法可依、有法必依、执法必严、违法必究。加强森林防火体系建设，建立立足基层、夯实基础、镇村会战，群防群治，自防自救的森林防火新机制。森林病虫害防治认真贯彻“预防为主、综合防治”的方针，全面推行目标管理责任制。加强古树名木、珍稀动植物和湿地资源保护和利用。预防与查处乱砍滥伐、乱捕滥猎等破坏森林及动植物资源的违法犯罪行为。加强林地管理。建立和健全征占用林地审批、补偿和许可证制度，严格实施林地用途管制制度，把林地管理纳入规范化、法制化轨道。林业养护队伍和林政执法管理队伍不断加强。

林业科技硕果累累。全区形成以区林业署、区林业科技推广站为龙头，各专业研究所（协会）为骨干，镇（开发区）林业站为基础的林业科技推广体系。2011年，奉贤区被林业部评为“全国林业科技示范区”。至2015年，完成研究课题22项，制订标准化操作规范6件，取得良好的经济效益、社会效益和生态效益。培养和造就了一批林业科技人才。全区林业科技贡献率为47%，科技成果转化率为44%。

回顾65年奉贤林业，是在改革中前进，在前进中发展。既取得瞩目成绩，但也存在一些问题，如森林质量不高，林业生产效能较低，可代资源贫乏，防风险和保护生态功能脆弱，林业产业化滞后，林业队伍素质和林业管理水平有待进一步提高。这些都需要通过进一步深化改革，与时俱进加以解决。

“生态兴则文明兴，生态衰则文明衰”。习近平总书记指出：“生态环境保护是功在当代，利在千秋的事业。”良好的生态环境，是最公平的公共产品，是最普惠的民生福祉。奉贤的林业，将以“奉贤美，奉贤强”为目标，以发展绿色农业、绿色城镇为主线，以提高环境质量为核心，以解决生态环境领域突出问题为重点，加大生态环境保护力度，提高森林资源利用效率，践行绿色发展理念，守住绿色底线，建设生态安全、绿色发展的美好家园，努力为子孙后代营造天蓝、地绿、水清的美丽奉贤，为人与自然的和谐永续发展赢得光明的未来。

大事记

新石器时代晚期（前 2500 年前后）

杭州湾北岸有柘湖，湖中有小山，山上柘树成林，后该地遂称柘林。秦时湖面有 5119 顷（含金山境地），唐以后逐渐湮塞，宋时成为芦苇之场，湖已无几。

唐咸通六年（865 年）

唐侍郎蔡赞在柘林舍宅建方广教寺，并植银杏树。1951 年，已有 1086 年树龄的银杏树被砍伐。

五代十国前蜀乾德二年（920 年）

前蜀丞相潘葛之妻李氏，葬于今庄行潘垫冷泾之东，因李氏喜爱杏花，墓地附近沿冷泾遍植杏树，故冷泾又名杏泾。

宋元丰年间（1078 — 1085 年）

宋神宗元丰元年（1078 年），奉城设青墩盐场，后绿树成荫，改称青林。南宋乾道八年（1172 年）筑里护塘后，盐民、渔民群居，渐成村落，青林遂改名青村。

南宋乾道七年（1171 年）

华亭捍海塘堰筑成，次年诏令“趁时栽种芦苇不许樵采”。明成化年间（1465 — 1487 年）海塘大修后，也在塘坡广植芦苇“以闭潮汐之冲”。

元末

松江八大富豪之一的陶舆权，在其居住地（时为东南沿海重镇陶宅）建造“南园”，为奉贤有历史记载的第一所园林。

明弘治年间（1488 — 1505 年）

江南华亭白沙人（今奉贤邬桥地区）宋诩、宋公望父子，编著《竹屿山房杂部》一书，共 5 部 32 卷，其中树畜部、植部，都是有关果林种植食用方面的著述。该书于弘治十七年（1504 年）六月成书刻印，明刻本入《四库全书》，现藏于国家图书馆。

明正德四年（1509 年）

冬天大寒，竹梅多枯死，橙橘绝种。

明万历年间（1573—1619年）

杰出书画家、礼部尚书董其昌，赠吴塘村（原属郛桥，现划入奉浦社区）同窗好友金学文名贵牡丹2株及亲笔手书“瑞旭堂”匾额1件。1995年，金家后人将现存的“粉妆楼”牡丹及匾额捐赠给国家。

文士钟薇在陶宅“尝畜二鹤，调其鸣舞，善领人意”，万历丁巳年（1617年）二鹤亡故，钟薇在陶宅建“瘗鹤冢”，并有《瘗鹤记》刻石。

清雍正十年（1732年）

皇佑里护塘遭大风潮损坏后抢修。因塘身多浮沙土，遂栽种干戈，塘每筑高3尺，种干戈1带，自下而上种干戈3带，以固土。

清雍正十二年（1734年）

两江总督赵宏恩疏请紧贴“石塘再筑土塘一层，在外护塘与石塘间开小河一道，开河之土用作贴石塘，河之外犹多空间，宜酌种芦苇柳株，日久根深盘结，既可以固塘基，又可资民用……”。

清乾隆年间（1736—1795年）

《奉贤县志》载，境地栽种的树木有桑、榆、樟等26种，果有梅、桃、李、橙等22种，花有梅、桂、玉兰等52种，竹有燕竹、哺鸡竹等8种，野生动物有獾、香狸、獭等6种，野禽有野鸡、鹭、鹰、鹊等19种。

清代

隐士张啬甫在萧塘建“啬圃”，有记云，“圃中种竹千百竿、梅花三十树、橙桔二、三十株、蕉三十株，有‘绿天树屋’三楹，读书灌园，不求闻达，怡然自乐”。似为奉贤地区建果园者之最早文字记载。

民国三年（1914年）

北洋政府农商部公布《中华民国狩猎法》和《中华民国森林法》。

民国四年（1915年）

7月，北洋政府决定每年清明节为植树节。

民国五年（1916年）

北洋政府公布《中华民国造林奖励条例》。

民国八年（1919年）

江海唐银虎建立“唐家梅园”，种植梅树8亩。

柘林奉海建“张家梅园”。萧塘公谊因有梅园称“梅园头”。柘林陆家建有“陆家枇杷园”。

民国十七年（1928年）

国民政府将植树节改为3月12日（孙中山逝世纪念日）。

民国十九年（1930年）

青村镇东北吴家驳岸吴泗渔创办“延陵桃园”，初辟地9亩，从奉化引进“玉露”“五月早”等蜜桃品种，经精心培育，3年结果，品质优良，“驳岸里水蜜桃”与“龙华水蜜桃”同为上海市场最有名果品。民国二十九年（1940年）扩至31.8亩，年上市桃15000余公斤，市场供不应求。

新寺人蒋文麟，从日本青山农业大学学成回国，辟建“蒋家桃园”。

民国二十一年（1932年）

7月，因县治观瞻，在南桥镇县农业良种场中划出土地10亩，实行第三主业，种植果树：山东肥城桃2亩、天津水蜜桃2亩、奉化玉露桃2亩、牛奶葡萄1亩、龙眼葡萄1亩。

9月16日，国民政府经过修改充实，重新发布《中华民国森林法》。

民国二十七年（1938年）

交通部公路总局修筑沪杭公路，要筑路工人在包土石塘和外护塘土坡上大量种植豆蔬植物，沿线农民争先效尤，削塘坡种植农作物十分普遍。

民国三十一年（1942年）

8月，伪奉贤区署下令砍伐竹园，全境沿彭公塘自东而西修筑篱笆墙封锁线，分段设“检问所”，实行“清乡”。奉贤砍伐竹子147万支左右，竹园因此受到毁灭性摧残。抗战胜利时，全县尚存竹园3860亩。

民国三十五年（1946年）

“九华果园”顾寅滨引种“玉露桃”8亩。

民国三十六年（1947年）

“曙光果园”张信履（医生）引种蟠桃等品种14.8亩。

民国三十七年（1948年）

南桥镇推行群众性植树，征集苗木1000株。

中华人民共和国（1949年）

5月25日，为保护滩涂芦苇、秧草，颁发由县长滕维明签署的《奉贤县人民政府布告》，严禁滩涂割青。

1952年

9月，在原吉安公墓和新寺大操场建立防风林苗圃，面积52.5亩，职工20人。

是年，县政府作出规定：“竹园不作耕田面积，谁种谁有。”鼓励农民在宅前屋后种竹。

1953年

县政府作出规定：砍伐树木应予禁止，保护路基、堤岸边的树木，树木胸径不足20厘米，一律禁止采伐，贯彻“自愿、互利、合作”原则，推广合作造林。

1954年

春季植树造林，落实“谁种谁有”的政策，农民广泛在宅前屋后、河沟浜滩种植树木，木材生产实行计划采伐、订约收购试点。

秋，南桥区西湾乡发生一起严重毁蜂事件，由于有些群众缺乏科学知识，误认为蜜蜂采花会影响棉花收成，焚毁蜜蜂110余群，使川沙蜂农王德才饲养的蜂群全部被毁。政府及时采取措施，防止事态扩大。

1955年

春，新民主主义青年团奉贤县委举办的团干部培训班200余人，列队从南桥步行至柘林，在柘林海塘沿线营造“青年林”，种植乌桕树2000余株。

11月，奉贤县人民委员会水利科拆分为农林科、水利科。

1956年

2月，江苏省单独设立林业厅，并成立沿海造林局，抽调干部1000名，组成绿化工作队，到沿海各地发动群众，开展绿化造林。

是年，毛泽东主席发出“绿化祖国”号召。

是年，青村、江海、邬桥建集体苗圃3个，面积40亩。

1957年

全县林业普查，树木保存量有146万株。

是年，奉贤县人民委员会发出紧急通知，禁止滥伐树木。

1958年

6月，抽调300余人赴江西山区采伐毛竹，历时2个月，运回毛竹4万余支，供“大炼钢铁”工地搭建棚舍。

11月21日，国务院决定将江苏省的奉贤、松江、金山、青浦、川沙、南汇、崇明7个县划归上海市。

11月28日，奉贤试种毛竹，从江苏宜兴引进毛竹苗610株，重点种植在庄行公社冷泾两坡。

是年，刮起“一平二调”共产风，大炼钢铁，大办食堂，乱砍滥伐林木，林木竹园资源遭受严重破坏。

是年，县苗圃迁至胡桥乡红旗大队，土地面积600亩，职工144人，培育林果桑26个品种。

1959年

11月，建立奉贤县林场，地址在胡桥公社公平大队里护塘北侧，主要任务为营造沿海防护林带，土地面积1500亩。

是年，农业部在无锡召开蚕桑工作会议，县农林局副局长王炳山、蚕桑技术员闻琴棣参加会议。

1960年

江海公社蜂场参加中国农科院养蜂研究所在上海成立的蜂王浆研究协作组，在杭州进行试验性生产获得成功，为奉贤生产蜂王浆奠定技术基础。

1961年

6月，中共中央发布“林业十八条”，重申林业“谁种谁有”政策，植树造林迅速恢复发展。

是年，全县5108群蜜蜂，产蜂王浆400公斤。

1962年

6月，撤销县畜牧局、水产局建制，建立县畜牧水产局，两局机构、人员合并，林业工作仍隶属县农业局。

是年，实行以生产队为基本核算单位的三级所有制，并实行以生产队为单位的粮食统购统销大包干。

1963年

6月下旬，新寺公社蜂场在河南省新郑县放蜂时，夜间突遇洪水暴发，冲走蜂群200箱；返回新寺后，又遇秋季雨涝，损毁蜂群200余箱。

是年，全县种树123万株。同时引进梨树苗，全县种植梨树83亩。

1964年

新寺公社奉海大队至胡桥公社漴缺大队沿里护塘、人民塘两滩，附近社员开垦种田，挖毁林地60余亩。

是年，从川沙县引进芦竹根，在县管的人民塘第三段（东门港至焦墩港区间）试种，获得成活。市属农场管理的人民塘1、2、4段旋即也种植芦竹。至70年代初，整条人民塘除第5段塘段种植草皮外，芦竹茂密，几近封堤。

1966年

4月，林业生产由农业局划归畜牧水产局领导，建立多种经营办公室。

是年，奉贤县林场被林业部评为“全国模范林场”。

1967年

2月，齐贤公社从浙江黄岩引进无核蜜橘苗，栽种42亩，建立县内第一个橘园。

1968年

新寺公社新塘三队社员杨育林，在庭院中种植葡萄取得成功，葡萄种植户逐年增加。至1976年全队36户户户种植，形成“葡萄村”。

是年，奉贤由财政拨款17万元，引进竹苗15.1万株，种植在8个公社，面积532亩。

1969年

7月，县农业局、畜牧水产局、农机水利局三局合并，成立农业管理站革命委员会，1972年改称农业局。

是年，从河北省清河县、安徽省颍上县引种杞柳100亩。

是年，奉贤组织林业干部去浙江等地参观水杉种植，引进树苗，推广水杉。1987年，水杉普及全县，全县水杉保存量达200万株。

是年，奉贤县按照中央“积极恢复、大力发展蚕桑生产”方针，免费供应蚕农桑苗，鼓励农民种桑养蚕，蚕茧持续增产。全县有桑树2909万株，饲养蚕种4218张，蚕茧总产1812担。

1970年

3月12日上午11时至13日早晨，20小时内降雪34毫米，对林木造成损害。

1971年

从浙江引进水杉枝条扦插。

1972年

4月，日本友好青年代表团访问萧塘公社程河浜桃园。

是年，县林场试验水杉扦插育苗成功，向全县推广。

是年，从河南兰考县引进泡桐根，在全县大量种植。后因为传言“泡桐根含有致癌物质”而停止种植。

1973年

从浙江慈溪引种6万株水杉小苗培育，作为农田林网的主要树种。自此，奉贤的“四旁”植树，开始由宅前屋后的零星隙地种植，发展到建设农田林网为重点。

1974年

6月，恢复县畜牧水产局建制，林牧副渔生产管理职能由农业局分出，仍由畜牧水产局管理。

是年，人民塘内坡渐次废芦竹，改为植树，营造防风林带。自1983年起，团结塘也改芦竹为植树造林。

1975年

县林场用樟树籽作种子培育香樟壮苗获得成功。

1976年

全县植树造林159万株。

1977年

4月14日夜21时至22时，胡桥、新寺、钱桥、青村下冰雹，一般有0.8厘米，最大的有2厘米，大风8～9级，给林木造成损害。

5月，林业部副部长到奉贤县林场考察林业工作。

1978年

12月，奉贤县革命委员会发出保护绿化通告，要求人民公社、城镇、机关、工厂、学校、企业、事业单位都要植树造林，林场种植属国家所有，集体种植属集体所有，社员在住宅四周种植，属个人所有，严禁擅自砍伐，破坏绿化。

是年，五四农场在果园一连办起苗圃，1983年在此基础上成立大华绿化公司，是上海13家最早的绿化公司之一。

1979年

3月，宣传贯彻《中华人民共和国森林法（试行草案）》。

冬，由市农科院研究员庄恩及主持育成的“沪401”黄桃，在光明公社金汇港两岸沙坨上试种。光明公社建立金汇港外贸果园光明基地，在金汇港两岸试种“沪401”“明星”“丰黄”等品种黄桃97.5亩，次年春又扩种33亩。1983年开始向泰康食品厂提供黄桃，加工罐头。

1980年

春季，县委书记陆嘉书带领县领导班子及县级机关干部50余人，到金汇港沿岸高坡种植果树。当年，钱桥、光明两公社在高坡地种植桃树、橘树1120亩。

8月，林业部副部长郝玉山到奉贤考察林业工作。

是年，开展第一次全国林业资源普查，全县摸清“四旁”树木保存数有499.6万株。其中，6厘米径级以上的278.3万株，6厘米径级以下的221.3万株，社队集体种植的占22.4%。

1981年

3月，首批欧美杨在奉推广试种2.55万株。

6月，县政府发文成立奉贤县林业站。

7月5日，《文汇报》以《访问市郊“葡萄村”》为题，报道新寺公社新塘三队社员普遍种植葡萄，年平均每户增收200余元。

1982年

2月12日，上海市人民政府发出《关于本市开展全民义务植树运动的通知》，奉贤开展全民义务植树活动。

3月，奉贤县林业站挂牌，由县畜牧水产局绿化股转建。

5月14日，成立县绿化委员会，由县各相关部门领导组成，副县长陈秀娟兼任主任。

8月，市农委、市财办等有关市委办局，在新寺公社新塘三队召开推广“葡萄村”经验现场会，市农委、市财办负责人参加，并拍摄《葡萄村》电视片。

8月12日，上海园艺学会副理事长、市农科院园艺研究所副主任庄恩及和上海、奉贤相关专家、专业工作者一行20余人，考察新寺公社葡萄村，并进行具体指导。

是年，县政府在新寺公社召开葡萄生产现场会，推广新塘大队发展庭院经济、建设葡萄村经验。

是年，上海市副市长陈宗烈到新寺公社考察葡萄生产。

是年，上海水产学院在奉贤县进行海涂资源调查，县境内沿海潮间带生物平均每平方尺42.92克，其中软体动物41克，甲壳动物0.89克，多毛动物0.75克，腔肠动物0.22克，其他生物0.06克。调查初步鉴定生物种类有125种，分属35科、48属。

1983年

9月15日，《奉贤县林业资源区划调查报告》进行成果鉴定，验收通过。

10月13日，上海市人民政府颁布施行《上海市古树名木保护管理规定》。

1984年

5月，奉贤县花卉协会成立，有会员200余名，并在县体育中心举办首届花卉盆景展，参展花卉盆景5000余盆，观展者上万人。

9月，《中华人民共和国森林法》颁布。

10月1日，“古华园”第一期工程动工。

是年，奉贤县经普查上报上海市古树名木保护工程办公室认定，奉贤县第一批古树名木共36株。

是年，全县第二次林业资源普查，摸清“四旁”树木保存数257.3万株，全县森林覆盖率2.6%。

1985年

2月15日，县委、县政府召开“两户一体”（农业专业户、重点户和经济联合体）代表会议，会议表彰12个先进典型。

8月18日，光明公社种植的“沪401”黄桃由农业部命名为“锦绣黄桃”。

1986年

3月12日，县内胡桥食品厂生产的鲜橘汁，被评为农牧渔业部1985年度优质产品。

7月10—11日，日本横滨市蔬菜、果汁饮料代表团，到奉贤考察光明乡水果基地、胡桥食品机械总厂、胡桥食品厂、金汇饮料设备机械厂和江海供销社饮料厂。

10月1日，“古华园”一期工程建成开放。

是年，县政府提出调整林业结构，林果花一起上，推动建立花木苗圃。

1987年

3月12日，市绿化委员会、市农村党委、市农委、市农业局领导倪鸿福、徐正泰、易声龙、夏德润、周国其等及所属机关干部60余人，与县四套班子领导及县级机关干部50余人，到奉新乡民兵训练基地植树。

8月1日，市作物学会特种经济作物学组一行17人，在上海农学院教授梅松龄及市农场局高级农艺师蔡象元的带领下，到奉贤葡萄之乡新寺乡进行考察。

1988年

3月，县政府批转绿化委员会《关于深化改革振兴奉贤林业实施意见的请示》。

是年，县农业技术推广中心组建花卉组织培养育苗中心，设置组培室3000平方米，对月季、玉簪等进行组培育苗，年培育玉簪苗30余万株，出口荷兰、日本，为奉贤打造了现代种苗标准化生产的新模式。

1989年

全县开展第三次林业资源普查，摸清“四旁”树木保存数462.89万株，全县森林覆盖率3.61%。

是年，新寺乡大力发展庭院经济，葡萄产值占全乡副业产值20%以上，全乡5920户农户，庭院果树种植户占96%。

1990年

5月，奉贤县园林管理所成立。

1991年

4月1日，县农技推广中心生产的1.22万株名贵花卉“玉簪”组培苗，出口花卉王国荷兰。市园林局专家认为，中国花卉组培苗打入欧洲市场，奉贤为第一家。是年出口花卉组培苗82844株。

是年，光明镇解放村马炎龙等马氏三兄弟合股发展鲜切花生产，建造30余个塑料管棚，成为全县最早鲜切花生产专业户。

是年，奉贤县林学会建立，由县内林业技术骨干组成，主要从事林果花卉方面的理论研讨、传递交流信息和技术协作。

1992年

1月15日，县果品公司建立市郊首家水果交易批发市场，邀请水果地产商将水果直运奉贤销售，连续3年，销售量及利润居市郊同行之首。

3月12日，县四套班子领导与机关干部赴青村乡泰青港两岸义务植树。

4月6日，县林业科技推广站成立，与县林业站合署办公。

6月29日，县畜牧水产局总公司成立，该公司是集猪、禽、蛋、奶、林、果、渔于一体、产供销一条龙的经济实体，下设花卉、苗木等专业公司。

8月8日，奉贤首家民营股份有限公司——上海美森特种珍稀动物养殖股份公司，在奉新乡成立。公司饲养七彩山鸡、乌骨鸡、珍珠鸡、波斯猫、海狸鼠等14种珍稀动物，拥有孵化、育雏、饲养、繁育等一整套设施，形成生产、销售、加工规模化优势。

1993年

12月，县编制委员会下发《关于乡镇农机管理站、水产站（渔政）、林业站等单位配备县集体事业编制的实施意见》。

是年，奉贤果树面积迅速增长，全县达15046.5亩，比上年增加30.8%。

1994年

3月，金汇镇金星村王永兵，在村里租地30亩，建立金兰园艺场，培养草花及观叶类盆栽植物，开展为机关企事业单位摆花服务。

是年，全县开展第四次林业资源普查，摸清“四旁”树木保存数492万株，全县森林覆盖率5.68%。

1995年

8月26日，中共上海市委常委、市政协主席陈铁迪一行，到奉贤考察珍稀动物养殖和奉浦大桥工程。

9月，邬桥镇吴塘村金家后人金书林，因老宅基动迁，将明代牡丹及董其昌手书“瑞旭堂”匾额献给国家。

是年，邬桥镇举行第一届牡丹文化节，赏牡丹、画牡丹、写牡丹、唱牡丹。此后每年一次。至2003年，邬桥镇与庄行镇合并后停办。

是年，胡桥镇以永革村为重点，种植鲜切花，至2000年形成3大基地：双桥村草坪基地1000亩，永革村花卉基地600亩，大树村苗木基地500亩。

1996年

3月，钱桥镇西张村被全国绿化委员会命名为“全国造林绿化千佳村”。

7月11日，上海市副市长孟建柱、冯国勤等考察青村园艺一场。

8月，县内第一个镇级公园江海镇“望春园”建成对外开放，占地12.6亩，镇政府投入450万元。

8月22日，中共中央政治局委员、上海市委书记黄菊一行，到奉贤考察新寺镇前胜村果园队陈瑞英家的葡萄园等庭院经济。

9月21日，上海市副市长冯国勤等一行，到奉城镇永益村考察庭院经济发展情况。

秋，位于金汇镇新强村的奉贤现代农业园区建成，共植树造林2.8万株，合计52.5亩，形成农田林网化。市领导黄菊、陈铁迪、龚学平、孟建柱、罗世谦、张惠新、冯国勤等先后到农业园区考察，农业部、国土资源部的两位副部长和荷兰农业大臣相继到园考察。

是年，上海市园林科学研究所在邬桥镇吴塘村租赁土地210亩，作为上海园林新品种的引种、繁育、中试和推广示范基地，繁育色叶树新品种600余个，推广种苗1000余万株。

1997年

3月11日，县四套班子领导和县直机关干部150余人，赴海湾风筝放飞场植树。

3月，列为当年市郊绿化重点工程的奉贤县四号线（南段）绿化林带工程全面动工，上千民工在长达10.6公里的公路边营造70米宽，乔、灌、花、草结合的立体林带，绿化总面积达60万平方米。

3月，奉贤新建花木苗圃2800亩，经有关部门实地核查，通过验收，两年内全县绿化苗木自给率可达80%。

4月25日，市老领导陈国栋、胡立教、汪道涵考察江海镇“望春园”。

6月，光明镇被农业部中国特产之乡推荐宣传活动组委会评为“全国百家特产乡镇”和“中国锦绣黄桃之乡”。

11月17日，奉贤县农业委员会成立。该委由原来农业局、畜牧水产局、政府蔬菜办撤并而成，是政府主管全县农、林、牧、副、渔工作的职能部门。

12月，奉贤县被评为“上海市平原绿化达标县先进单位”。

是年，是奉贤县绿化年，全县投入2500万元，创历史纪录，完成高优高绿化配套工程18个，新增绿化面积26.2万平方米。

1998年

3月11日，县四套班子领导和县级机关干部200余人，赴4号线公路西侧绿化带植树。

4月4日，上海市政府颁发《关于批转上海市征用林地补偿费管理实施办法的通知》。

4月29日，第九届全国人大常委会第二次会议修改通过《中华人民共和国森林法》，由中华人民共和国主席令公布。

4月，齐贤镇被评为“1996—1997年度全国造林绿化百佳镇”。该镇从1991年起坚持不懈抓农田林网建设，到1997年年底，全镇14个村，已有13个村初步实现农田林网化。

8月20日，上海市市长徐匡迪，副市长韩正、左焕琛考察江海镇“望春园”。

11月，在竹港两岸营造20公里的笋竹林带工程。竹港北起黄浦江，南接杭州湾，是境内南北骨干河之一，流经西渡等6个镇，营造1条宽15米～20米的林带，总面积981亩，在年底基本完成。

是年，青村镇桃园场建设“青村世外桃园”，在奉贤首家开展农林旅游。

是年，奉禾特色小水果基地建立，共750亩，引种示范推广以各种鲜食枣为主的特色水果。基地后改名为“花果山百枣园”。

是年，“玉穗绿苑”建立，占地150亩，以种植各种提子类和欧美杂交种葡萄为主，又名“上海玉穗特种葡萄种植场”，利用林果特色资源开展农林旅游。

12月17日，市政府副秘书长周太彤、市农委副主任施兴忠、市农林局局长陈文泉、副局长沈兰全和10个郊县有关负责人以及新闻单位共70余人，到奉贤考察奉贤县竹港竹林带营造工程。

1999年

3月12—13日，由市文明办、市总工会、市团委、市妇联等单位联合主办的上海市民营造世纪林活动，在海湾旅游区举行，160余个市文明单位6000余名干部群众，以及市劳模、市“新长征突击手”、市“三八红旗手”和解放军指战员、青年志愿者、新婚夫妇，共有万余人，前后两天种下6万株树苗。

4月，区农委主任蒋永石获全国绿化委员会授予的全国绿化奖章。

5月，海湾国家森林公园开工建设，由光明食品集团与上海城建投资开发公司共同投资8.65亿元。公园共占地1.6万亩，东西长5.3公里、南北宽2公里。上海市副市长韩正为筹建公司揭牌。

7月，经光明镇上海新光农贸实业公司申报，黄桃被国家工商总局商标局注册为“锦绣”商标。

9月6日7时40分左右，龙卷风袭击四团镇张家、小荡、沈家、夏家4村，由西南向东北形成1条宽约百米，长约3千米的侵袭带，造成人伤、屋塌、物损，经济损失约400多万元，树木受损150余株。

10月，全县再次普查古树名木，第二批普查认定古树名木29株，后续资源21株。两批合计古树名木65株，后续资源21株。

11月，上海申隆生态园建设工程启动。

是年，胡桥镇花卉营销户孙国平被评为上海市“十佳”营销大户。

是年，全县开展第五次林业资源普查，摸清“四旁”树木保存数有629.84万株，全县森林覆盖率8.37%。

2000年

1月13日，《新民晚报》一版报道，被市园林管理部门誉为“江南第一梅”的奉贤县南桥镇东街百年古蜡梅，数年前遇到旧区改造，由于社会各界呼吁，县政府与有关开发商商定，少建5套计450平方米商住房，保护了古蜡梅。目前古蜡梅在新建的绿花园区中繁花满枝、傲寒怒放，百年幽香得以延续。

2月9日，县委、县政府在全县开展以“九小”经营为中心的“万家富”工程，其中包括小果园、小苗圃、小庭院，争取在3年内，使4万农户年净收入超过万元。

2月，经市绿化委员会考核，洪庙镇成为奉贤首家上海市绿化示范镇。该镇镇区绿化483亩，开放性公园67.5亩，绿化覆盖率39%。

3月14—15日，由市文明办策划，市绿化办、农林局、园林局、文联和奉贤县政府主办，奉贤海湾旅游区承办的“为21世纪上海播种更多绿色”再造世纪林万人植绿活动在海湾旅游区举行。

3月22日，350余位日本客人到海湾世纪林营造“中日友谊林”。

3月23日，市作协20余名作家，在市作协领导徐俊西、叶辛等带领下，到海湾世纪林种植“作家林”。

4月，文化广场竣工投入使用，占地面积1.92万平方米，其中绿地面积1.13万平方米。

10月，时代广场竣工投入使用，占地面积1.65万平方米，其中绿地面积9512平方米。

10月，县林场整建制划归上海化工区奉贤分区。

11月，奉贤首届优质农产品评比揭晓，52个优质农产品榜上有名，其中花卉瓜果8个。

12月，奉贤县被全国绿化委员会评为“1999—2000年度全国平原绿化先进单位”。

12月，县林业站站长王月仙获全国绿化委员会“全国营造林先进工作者”称号。

2001年

1月9日，国务院批准，奉贤撤县建区。8月24日奉贤举行撤县建区仪式。

2月28日，奉贤县被全国绿化委员会确定为“全国平原绿化达标县”。

3月11日，市委常委、组织部部长罗世谦，市委常委、宣传部部长殷一璀和市委组织部、宣传部机关干部，以及市文明单位、绿化先进单位代表、文艺界、体育界及各界人士代表和奉贤县干部群众6000余人，到海湾世纪林植树。市委副书记龚学平题写“海湾世纪林”纪念碑。

9月，奉贤区组织参加上海国际都市农业展览会，柘林镇的欣昌花卉，邬桥镇的猕猴桃、银柳，光明镇的黄桃，新寺镇的葡萄成为展览会的抢手货。

是年，区农委主任蒋永石获全国绿化委员会、人事部、林业局颁发的“全国绿化劳动模范”奖章。

是年，“锦绣黄桃”编入《中国果树志·桃卷》。

是年，奉贤花卉生产单位已有29个，种植面积4836亩，年产值3627万元，成为奉贤林业又一新兴产业。

2002年

2月2日，奉贤现代农业园区和欣昌花卉公司1500余盆蝴蝶兰、仙客来、红掌、凤梨、郁金香等盆花，空运北京，供中央机关摆花。

3月7日，撤县设区后的奉贤区，调整区绿化委员会成员，由副区长俞凯丰任主任，区农委主任李伯才、区计委主任陶建雄任副主任，成员有区相关部委办局负责人9人。委员会下设办公室，李伯才兼任办公室主任，褚可龙、马国华、蒋卫东任副主任。

3月11日，区领导林湘、胡镇寰、周林官等与机关干部200余人在现代农业园区植树造林。

3月29日，比利时王国首相伏思达一行在副市长周慕尧的陪同下，到该国USB集团庄行工厂参观，并在厂区与陪同的领导一起植下象征两国人民友谊万古长青的松树。

7月10日，几内亚比绍国家农林牧部部长路易斯·奥伦多·门德斯一行到奉贤考察，参观上海申隆生态园。

8月23日，区政府成立以区长沈慧琪为组长的奉贤区园林城区创建工作领导小组。

9月，奉禾特色果业有限公司（小水果基地）被国家林业局授予“全国特色种苗基地”。

11月13日，中共上海市委常委、副市长冯国勤考察上海申隆生态园。

11 月 25 日，“奉贤区园林城区创建指挥部”成立，副区长刘海生为总指挥。

12 月 9 日，中共上海市委常委、市政协副主席黄跃金考察上海申隆生态园。

12 月 28 日，上海申隆生态园万亩规划形成，园区面积 1.18 万亩。

12 月，撤销奉贤区园林管理所，成立奉贤区绿化管理局（二级局）。

12 月，奉城镇永益村无核方柿获农业部科技进步二等奖。

是年，上海市奉贤现代农业园区实施恢复自然生态林造林工程。至 2009 年，园区造林 8965.5 亩，成为南桥新城造绿制氧的“绿肺”。

2003 年

2 月 25 日，国家林业局副局长雷家富考察上海申隆生态园。

3 月，奉贤开展黄浦江水源涵养林建设，至 2005 年底基本建成，分布在庄行、南桥 2 个镇 6 个村的江滨，总面积 2815 亩，林带宽度 200 米～500 米。

3 月 9 日，以“创建国家园林城市，共建绿色美好家园”为主题的绿化宣传咨询活动在文化广场举行，许多单位和市民纷纷捐款，为创建园林城区添绿。

3 月 11 日，奉贤区创建上海市园林城区全面启动，动员大会在会议中心召开。

4 月 21 日，区政府批准钱桥镇政府《关于建设上海申隆生态园大型片林的请示》。

6 月 1 日，全国政协副主席经叔平考察上海申隆生态园。

6 月 25 日，中共中央、国务院发布《关于加快林业发展的决定》。

7 月 25 日，区机构编制委员会批复同意，奉贤区林业站更名为奉贤区林业署，机构级别由副科升为正科。

10 月 8 日，市第三届农民运动会开幕式在上海申隆生态园举行，市人大常委会副主任刘伦贤、副市长唐登杰出席。

10 月，市及区两级投资 5 万元，为新寺镇新塘村 1050 年的古银杏装上避雷针。

11 月 5 日，区农委建立林业瓜果管理科。

年底，完成浦南运河东段（新横泾—金汇港）综合整治工程，这是奉贤对河坡和河岸进行林木、地被、花卉、亭榭有序结构布局的首段生态景观河段，并规划继续分年分段实施浦南运河生态景观河段建设。

是年，申亚生态片林（泰日地块）建成开放，林中建设“申亚瑞地怡园”，为生态休闲基地。

是年，完成市级生态林工程项目 3 个：奉贤现代农业园区生态片林 3369 亩，黄浦江水源涵养林 1255 亩，沿海防护林 1255 亩。

2004 年

2 月，区实施林业养护项目，区农委成立千人就业林业养护项目指导小组，推进项目实施。

3月9日，区四套班子领导与机关干部、部队官兵、志愿者等400余人，赴申隆生态园植树造林。

5月14日，区农委撤销林业瓜果管理科，成立农林科，其职能归农林科。

6月，胡桥镇扶郎花卉种植合作公司与上海大地园艺种苗公司合作，以永革村、团泾村为中心，建成2000亩规模的非洲菊鲜切花出口生产基地，带动农户1000余户。生产的鲜切花进入中国香港和日本、东南亚、俄罗斯等市场，年产值6000万元。

6月17日，奉贤公共绿地首次开展树木认养活动。

7月12日至8月25日，全区开展第六次森林资源普查，摸清森林面积有9.5万亩，全区森林覆盖率9.21%。

8月9日，庄行镇种植的5000余亩蜜梨，有3600余亩进入产果期，有4000余吨优质蜜梨供应市场。《解放日报》《新民晚报》《东方城乡报》《上海科技报》《劳动报》《奉贤报》等报刊，报道“上海蜜梨重现沪上市场”的喜讯。

10月，申隆生态园建成，正式对外开放。

是年，申亚乡村度假农园（青村地块）建成投入运营。

是年，引进WT－35机动喷雾机，实施新型农药机具更新示范工程，在庄行蜜梨生产区、申隆生态园、现代农业园区等成片林使用。

是年，全县开展林业有害生物普查，并整理2003—2004年奉贤区有害生物普查名录。

2005年

3月12日，第25个全民义务植树节，区领导张立平、沈慧琪、周伟民、胡镇寰与各界人士，以“绿色人生、绿色守望”为主题，在A30公路南侧南桥段和邬桥黄浦江水源涵养林浦秀段两个植树点举行植树造林，1000余人参加。

3月12日，古华公园开始实行免费开放。

3月25日，驻沪三军官兵800余人分别在上海警备区副司令员张先汉、海军上海基地副政委胡剑波、空军上海指挥部副司令员王讯漠、武警上海总队副总队长冯光远、南京政治学院上海分院副院长王国平带领下，到奉贤黄浦江畔种植各类树木6000余株，共同营造黄浦江水源涵养林。

5月31日，古华公园解放中路沿线破墙透绿工程竣工验收，绿化面积1.2万平方米。

8月5日，受台风“麦莎”影响，庄行全镇即将成熟的2800余亩晚熟蜜梨受损60%～70%。

9月24日，奉贤市民绿色之旅——千人喜看家乡绿化新面貌活动举行出征仪式。

9月，奉贤区农业旅游协会成立，为上海市郊首家。

11月17日，经检查验收，奉贤区被上海市政府正式命名为“上海市园林城区”。

11月26—28日，“全国葡萄根域限制栽培及观光葡萄园建设学术研讨会”在奉贤举行。

12月，申隆生态园被评定为奉贤首家“全国农业旅游示范点”。

12月31日，区政府下发《加强绿化林业行业长效管理》文件。

2006年

3月10日，区领导张立平、沈慧琪、周伟民、胡镇寰等和各界人士1000余人，在南奉公路（改线段）和黄浦江水源涵养林（西渡段）分别进行全民义务植树活动。

4月，上海首家区县级农业旅游办公室——奉贤区农委旅游办公室成立。

7月25日，中共上海市委副书记罗世谦考察上海申隆生态园。

8月，上海市农业科学院和奉贤区农委联合成立“奉贤区黄桃研发中心”。

12月，柘林镇玉穗绿苑被农业部批准为“全国农业旅游示范点”。

2007年

3月12日，在庄行农业先行园区开展“绿色人生，绿色守望”为主题的全民义务植树活动，共400余人参加。

3月，区绿化局局长徐新根获全国绿化委员会颁发的“全国绿化奖章”。

7月，“玉穗”牌葡萄成为奉贤首个绿色食品认证产品。

8月29日，中共上海市委书记习近平到庄行考察，了解庄行蜜梨生产情况，品尝了蜜梨，称赞庄行蜜梨品质不差。

8月29日，上海市委书记习近平考察海湾国家森林公园。

是年，市领导陈铁迪、夏克强、胡延照等也先后考察海湾国家森林公园。

9月，区林业署和7个镇林业站，经过3年创建，完成标准站建设工作，并于同年11月通过国家林业局验收。

11月13日，古华公园被市绿化和市容管理局评为“五星级公园”。

12月，区委宣传部、文明办、绿委、农委根据市和全国的部署，开展“创绿色家园，建富裕新村”活动。青村镇解放村被评为“全国绿色小康村”，邵志荣、夏仁火等20户家庭被评为“全国绿色小康户”。

2008年

年初，“五四葡萄研究所”成立，研究种植有机葡萄，注册“心心牌”，每年7～9月，举办“五四心心牌有机葡萄节”。

2月1日，奉浦四季生态园开园，全园面积18万平方米，绿化覆盖率达70%，设

11个园中园。

3月12日，区领导张立平、周伟民、韦源等和各界人士在奉城镇神州路义务植树。当天全区有1800余人参加植树活动。

11月11日，上海市副市长胡延照到奉贤参观四团镇菊花展。

12月，奉贤“锦绣黄桃”，由上海名牌产品推荐委员会评选为“上海名牌产品”。

是年，四团镇“口之缘蜜桃种植合作社”生产的“口之缘”牌蜜露桃，在由中国中轻产品质量保障中心举办的评比活动中，被评为“中国著名品牌”。

2009年

1月15日，在市委宣传部、市文明办、市绿委、市绿化局开展的“创绿色家园、建富裕新村”活动中，南桥镇被评为“上海市绿色小康示范镇”，青村镇解放村、庄行镇潘垫村被评为“上海市绿色小康示范村”，张建忠、马炎龙、陆林章等20户被评为“上海市绿色小康示范户”。

2月，奉贤区绿化和市容管理局成立。

3月12日，区领导和各界人士600余人，在奉柘路、浦东铁路沿线开展义务植树。

6月，“锦绣”牌黄桃通过中国绿色食品发展中心“绿色食品”认证。

6月，国家桃产业技术体系首席科学家研究员姜全，岗位科学家、研究员俞明亮、王志强、张帆、彭福田、叶正文，以及兰州综合试验站站长、研究员王发林、研究员马云胜等莅临奉贤黄桃基地指导工作。

5月中旬，首届“申亚春桃节”举行。

7月8日，上海市推进农业旅游工作现场会在庄行召开，副市长胡延照、赵雯出席会议并讲话。会上区内7家农游景点被评为“上海市农业旅游推荐单位”。

8月15日，在中国科学院武汉植物园李绍华研究员、上海市农科院林果所叶正文研究员陪同下，美国德克萨斯农工大学Darid Byrne教授、美国克莱姆森大学Desmond R Layne教授、美国加州大学戴维斯分校Yong Luo教授、美国肯塔基大学Douglas D Archbold教授、美国农业部果树研究站Ralph Scorza教授、澳大利亚农业食品部Tomy portman先生、日本东京农业大学Masami Yamaguchi教授、西班牙农业技术研究所Juan Bonany教授等国际知名桃专家，莅临奉贤黄桃基地考察指导工作。

12月，撤销区绿化管理局，建立区绿化管理署。

是年，奉贤区开展第七次森林资源普查，摸清森林面积有9.86万亩，全区森林覆盖率9.56%。

2010年

1月，“锦绣”牌黄桃系列产品被中国国际品牌发展协会、中国品牌企业联合发展促进会评为“中国著名品牌”。

2月23日，调整奉贤区绿化委员会成员，由副区长徐剑萍担任主任，区绿化市容局局长宗斌、区农委主任吴四军、区政府办副主任卫永明担任副主任，由区相关单位领导24人担任委员。

3月10日，区四套班子领导张立平、时光辉、周伟民、韦源等以及机关、部队、企事业人员、社会志愿者500余人，在瓦洪公路进行“共建绿色家园，同庆世博盛会”义务植树活动。

4月，经国家质量监督检验检疫总局批准，奉贤黄桃实施“中华人民共和国地理标志产品保护”。

4月，海湾国家森林公园正式开园。

5月，上海命名第一批“世博观光农园”，奉贤区10家农游景点获此荣誉。

5月，青村镇“锦绣黄桃”在通过上海市绿色食品及上海名牌产品认证的基础上，又被国家质量监督检验检疫总局认定为重点推广产品，并授予高标准高品质中国优质产品荣誉证书。

6月3日，上海市副市长胡延照考察青村镇申亚农业科技园。

8月，青村镇“南上海特色农产品交易（黄桃）市场”在浦星公路、南奉公路口落成，占地面积25.05亩，拥有摊位630个，投入资金800万元，内设黄桃田头学校、田头超市、黄桃研究所等。

8月18日，奉贤区政府、上海市农科院在“南上海特色农产品（黄桃）交易市场”举办首届上海奉贤黄桃节暨奉贤黄桃“国家地理标志产品保护”揭牌仪式，上海市副市长胡延照宣布首届上海奉贤黄桃节开幕。市委农办、市农委主任孙雷作贺词，区委书记张立平致辞，市质监局局长黄小路宣读奉贤黄桃获国家地理标志产品保护公告，国家质监总局副巡视员裴晓颖与副区长徐剑萍为“奉贤黄桃国家地理标志产品保护”揭牌。

8月12日，中共上海市委常委沈红光等考察海湾国家森林公园。

9月19日，中共中央政治局委员、上海市委书记俞正声视察海湾国家森林公园。

9月，奉贤区制定绿化“十二五”发展规划。

10月29日，区农委主任吴四军被国家林业局评为“全国林木种苗先进工作者”，授予“全国生态建设突出贡献奖”。

2011年

1月，“锦绣”牌黄桃系列产品荣获中国国际品牌发展协会、中国品牌企业联合发展促进会授予的“中国行业领先十大品牌”荣誉称号。

1月，庄行镇潘垫村、南桥镇杨王村被评为上海市十大“我最喜爱的乡村”。

3月24日，区四套班子领导张立平、时光辉、陆兴祥、韦源等与机关干部、部队官兵及各界人士500余人，在林海公路两侧植树。

3月，国家工商行政管理总局商标局，批准注册“奉贤黄桃”商标。

3月，青村镇“奉贤黄桃标准化示范基地”被国家标准化管理委员会批准为第七批全国标准化示范区。

4月11日，上海市委副书记、市长韩正到上海申隆生态园调研。

4月，庄行镇潘垫、潘南、芦泾等村有107户1373亩正在开花的蜜梨，花叶发生枯黄，经查，属梨农在防治梨锈病时，购买使用了上海悦联化工有限公司生产的20%三唑酮乳油药剂，导致药害。经协调，由悦联公司赔偿100万元，区政府补助50万元，弥补梨农损失。

5月19日，全国人大常委会副委员长桑卫国到奉贤考察海湾国家森林公园。

7月12日，徐华兵被定为第三批上海市非物质文化遗产奉城木雕技艺代表性传承人。

8月，上海市首次万头青蛙野放活动在奉贤海湾国家森林公园举行。活动由上海市绿化市容管理局与奉贤区政府共同举办，奉贤区农委承办。

是年，奉贤区获“全国林业科技示范区”称号。

是年，区林业署署长褚可龙获国家林业局“全国优秀林业科技工作者”称号。

是年，区林业署技术员叶黎红被全国绿化委员会、国家林业局评为“全国林业有害生物防治工作先进个人”。

2012年

3月12日，由团市委上海保护母亲河绿色希望工程领导小组主办，团区委、海湾旅游区管委会承办的“绿色上海，青春同行——2012年度上海市保护母亲河青少年植树行动”在海湾旅游区举行。

3月27日，区大型义务植树活动在奉城镇万佛阁东侧举行，区委书记时光辉、区长庄少勤、区人大常委会主任陆兴祥、区政协主席陈洪凡及区、镇机关人员、驻奉部队代表、社会志愿者410人参加植树，共植树4000余株。

5月，鼎康农业合作社在四团镇拾村村租赁土地40.05亩，投资250万元，建立红心火龙果基地，从台湾引入火龙果种苗1.5万株，2013年开始产果。

6月19—20日，美国威斯康辛州麦克兰山鸡养殖公司总裁、世界知名山鸡育种专家比尔·麦克兰及夫人一行，前后两天考察奉城镇上海红艳山鸡孵化专业合作社，理事长袁红艳向客人介绍合作社发展及生产情况。

8月，国家林业局授予奉贤区林业署“全国生态建设突出贡献先进集体”称号。

9月，庄行镇潘垫村荣获“全国生态文化村”称号。

9月，上海申隆生态园成功创建“全国休闲农业与乡村旅游四星级企业（园区）”。

11月，庄行镇潘垫村种植的上海蜜梨，被农业部命名为“全国一村一品示范村”。

12月4日，区政府建立“奉贤区保护发展森林资源目标责任制工作领导小组”，副区长陈勇章为组长，区农委主任吴四军为副组长，成员由区相关委局领导组成，农委副主任夏根龙兼任办公室主任。

12月，人力资源社会保障部、国家林业局授予奉贤区农委副主任夏根龙“全国林业系统先进工作者”称号。

2013年

2月19日，奉贤区政府发出通告，奉贤区划定为野生动物禁猎区。

3月12日，古华公园举行“3·12”义务植树主题宣传系列活动，展出200余盆盆景，并向市民赠送200余盆盆花。

4月11日，奉贤老年书画社晚晴诗社在吴塘村牡丹苑共同举办“江南第一牡丹情”诗会。

8月7日，极端最高温度达40.3℃。是年，全区遭受1959年有气象记录以来最强的高温干旱天气，造成当年栽种树木成活率低、绿化管理水成本剧增、黄桃等水果严重减产。

是年，区政府制定农田林网化三年行动计划，将农田林网化列入2013年政府实事项目，力争到2015年全区新增林地1.1万亩。

是年，奉贤区成功创建“全国休闲农业与乡村旅游示范县（区）”。

是年，区农委主任吴四军获全国绿化委员会颁发的“全国绿化劳动模范奖章”。

2014年

3月9日，中共中央政治局原常委、十一届全国人大常委会委员长吴邦国一行，在中共上海市委常委、市委秘书长尹弘陪同下，考察海湾国家森林公园。

3月11日，区四套班子领导周平、庄木弟、陆兴祥、陈洪凡等带领600余人，赴南桥大居挥锹植树。

3月，区内引种东方杉6350株，该树种耐盐碱、耐水渍、抗风性强，是适合沿海造林的优良树种，全区共在沿海种植10万余株。

6月，金汇镇申亚森林病虫测报点森防员李国胜，被国家林业局授予全国“最美森林医生”称号。

是年，全区开展第八次森林资源普查，摸清森林面积有10.37万亩，全区森林覆盖率10.05%。

是年，庄行镇潘垫村获首批“上海市美丽乡村示范村”称号。

2015年

1月29日，区林业署署长褚可龙被评定为享受国务院特殊津贴的专家。

2月15日，海湾国家森林公园被国家旅游局、环保部评为“国家生态旅游示范区”。

2月16日至3月22日，上海梅花节在海湾国家森林公园举行。梅花节期间，吸引游客20万人次，实现旅游收入403.93万元。

3月12日，区领导周平、庄木弟等带领机关工作人员、驻奉部队官兵、民主党派人士及社会各界代表近500人，在南桥新城及南桥东大居义务植树2300余株。

3月，农业部以2277号公告确认，“庄行蜜梨”获“国家农产品地理标志登记”。

4月14—26日，2015年海湾森林牡丹文化艺术节在海湾国家森林公园举行。活动期间，吸引游客4.72万人次，实现旅游收入159.14万元。

6月，农业部以2314号公告确认，“奉贤黄桃”获“国家农产品地理标志登记”。

7月1日至9月10日，上海荷花展之“海湾森林低八度的夏日”主题休闲活动在海湾国家森林公园、上海小木屋会务中心、农工商现代农业园区举行。活动推出“赏千亩荷花”“采有机葡萄”“品盛夏光年”“住芬兰木屋”“玩激情盛夏”5个主题活动，配以冷雾降温和夜场灯光秀。吸引游客4万人次，实现旅游收入173.9万元。

8月18日，南桥镇杨王村、庄行镇潘垫村、柘林镇海湾村、四团镇五四村、青村镇解放村入选国家旅游局首批“中国乡村旅游模范村”。

是年，农业部公布，奉贤区庄行镇潘垫村、南桥镇杨王村、柘林镇海湾村为“中国最美休闲乡村”。

是年，庄行镇新叶村获第二批“上海市美丽乡村示范村”称号。

是年，全区实现林业产业产值7.42亿元，其中经济果林实现产值4.46亿元，比上年增长5.6%。

2016年

年初，在“全国互联网＋现代果蔬产业发展年会暨第十三届中国果蔬产业论坛”上，奉贤黄桃荣登2015年“全国互联网地标产品（果品）50强”称号。

3月11日，区四套班子领导周平、庄木弟、陆兴祥、陈洪凡与机关干部、社会各界人士近600人在“上海之鱼”及上海化工区（奉贤区域）防污林植树2200余株。

3月18日，上海市绿化工作会议在奉贤召开，市绿化林业部门及各区县农委与林业部门领导40余人参加。与会人员参观了庄行镇新叶村农田林网建设项目和上海市化工区（奉贤区域）环境整治防污林建设项目，并交流了情况。

4月1日，奉贤2016年“桃香新韵”桃文化节在青村镇解放村开幕，持续至4月18日闭幕。

5月9日，奉贤区2016年上海市经济作物（林果）质量安全追溯体系建设实施工作领导小组成立。年内，向上海市农技中心推荐31家果园参与质量安全追溯体系创建，创建规模达14350亩。是年，全区31家林果合作社共使用二维码标签72.34

万个，折合应用面积8987亩。

7月28—29日，市绿化市容局委托第三方对全区116个生态公益林项目计1.6万亩及2个经济果林项目计253亩中的28个项目进行抽查验收。其中，6个项目达标，13个项目基本达标，达标率为68%。

8月26日，杨王村荣获国家林业局、中国生态协会颁发的“全国生态文化村”金字奖牌。

是年，完成建设规模化、标准化经济果林120亩。

是年，开展“五违”整治后林地生态修复建设，西渡街道五宅村、南桥镇六墩村、奉城镇东新市村、四团镇长堰村为试点村。

是年，编发《森防简讯》10期，受理复检复查绿化工程24件，办理“出省木材运输证”1570份，“植物检疫证书”1650份。

是年，投入50万元添置森林防火设备。

是年，启动《奉贤区林地建设专项规划（2016—2018）》编制工作。

是年，投入48.8万元，对区内6株古树进行围栏新建、植被铺设、防腐修枝、改良土壤、排水设施建设等技措防护工作。

是年，组织专家对柘林镇新塘村的皂角树进行鉴定，确认其为120年树龄的二级古树。

是年，“双增双减”工作，全区推广套袋7072.64万只，实施面积1.22万亩；推广无公害农药2.94万公斤，实施面积1.99万亩；推广商品有机肥1.46万吨，实施面积3.47万亩，共涉及补贴资金1080余万元。

是年，林政执法共组织重点执法检查175次，出动265人次。救助野生动物14只。其中，国家级保护野生动物5只、市级重点保护动物1只、“三有”名录野生动物8只。

绿荫深处

第一章 境域 地理

奉贤区地处长江三角洲东南，属于成陆时间较晚的长江三角洲冲积平原的一部分。地理坐标北纬30度47分4秒～31度零9秒，东经121度21分～121度46分5秒。区域东西长约41公里、南北宽23.5公里。全境西宽东窄。南临杭州湾，北枕黄浦江，东与浦东新区（原南汇县）接壤，西与金山区、松江区毗邻。有31.6公里海岸线，13.7公里黄浦江岸线。四至交界线总长103.83公里。2015年，全区区域面积720.44平方公里。常住人口115.99万人，其中户籍人口52.85万人。

奉贤境内地理资源较为丰富。海涂资源：70年代前期，淤涨明显，共围圈土地169717.5亩，并使奉贤境域向南延伸至4公里之多。生物资源：植物类有食用植物、观赏植物和水生植物，还有饲养动物和野生动物。水利资源：境域地表水总量平均在39.3亿立方米，其中地表径流2.23亿立方米，潮量37.07亿立方米。主要纳潮河道8条，每天日、夕2次纳潮入境，年最大引潮量44亿立方米，潮量称丰。地下水补给量每年约2.29亿立方米，浅层地下水静储量约为6600万立方米。

境域地势东高西低，里护塘外高于里护塘内，大部分地区为吴淞高程4米～4.5米，西部洼地最低高层为3.1米，夹塘地区高程在4.5米左右。土壤类型比较复杂。西部以青黄土和沟干土为主，东部以黄泥土为主，南部以夹沙土为主，北部有潮沙泥土，地质疏松层厚度为190米～200米以上，最厚处奉城镇为253米。上海地区历史上涌现5条冈身，其中3条逶迤奉贤入杭州湾，将奉贤地貌无形中分为冈身以西地区、冈身地区、中部地区、东部地区和外塘地区。

奉贤属亚热带季风性湿润气候，温暖湿润、四季分明。年平均温度为16.1℃，常年无霜期225天左右。雨量充沛，年平均降雨量1191.5毫米，年雨日约132天，年平均日照1900.2小时，影响境域的自然灾害较多，有旱灾、台风、龙卷风、大暴雨、寒潮、冰雹等。

第一节 境 域

一、境域变迁

1．海岸变迁

据1987年版《奉贤县志》记载，在上海地区西部，有一条西北—东南走向的贝壳沙带，古称“冈身”。据出土文物考证，冈身西界（今奉贤沙港附近一线）为距今约6000年前的海岸线，东界（今奉贤竹港附近一线）为距今约4000年前的海岸线。

西晋（4世纪）奉贤境域海岸线已伸展到今金汇以东、青村以西的钱桥附近一线。

唐代中期（8 世纪）奉贤境域海岸线已向东伸展到约今梁典，高桥附近一线；到唐代晚期（10 世纪）海岸线伸展达头桥、奉城以东附近一线。

奉贤境域的古海岸线均为纵向，略呈西北—东南的弓背形（10 世纪海岸线弓形较为明显）。到北宋晚期（11 世纪晚期），今浦东新区南汇的土地陆续成陆，奉贤东界已不临海。自此，奉贤境域的海岸线不再是纵向，而成横向（即杭州湾北岸线）。

在海岸线向东南伸展的同时，西部大陆南缘曾发生严重陆沉。这一陆沉过程持续至清代初期始告稳定。南宋初期（12 世纪），奉贤境域海岸线约在今四团镇、奉城镇、褚家聚和朱蒋村以南一线。其中，奉城以东地区系 10 世纪以后新成陆，奉城以西地区系陆沉后杭州湾北岸后移的岸线。

至 20 世纪末，奉贤海岸线东部（四团、奉城）已伸展到北距 12 世纪海岸线 8 公里～10 公里外的地方，中部（塘外、钱桥）已伸展到北距 12 世纪海岸线 5 公里～7 公里外的地方，西部（柘林）重向南淤伸到北距清雍正三年（1725 年）始筑的海塘 3 公里外的地方，已超越或接近 12 世纪时的海岸线。

自唐至清，奉贤境域先后筑海塘 8 条段，大部分为土塘，但也有上海历史上第一座石塘——明崇祯的漴缺石塘和号称“四十里金城”的清雍正石塘（奉贤境内段今称“华亭东石塘”）。

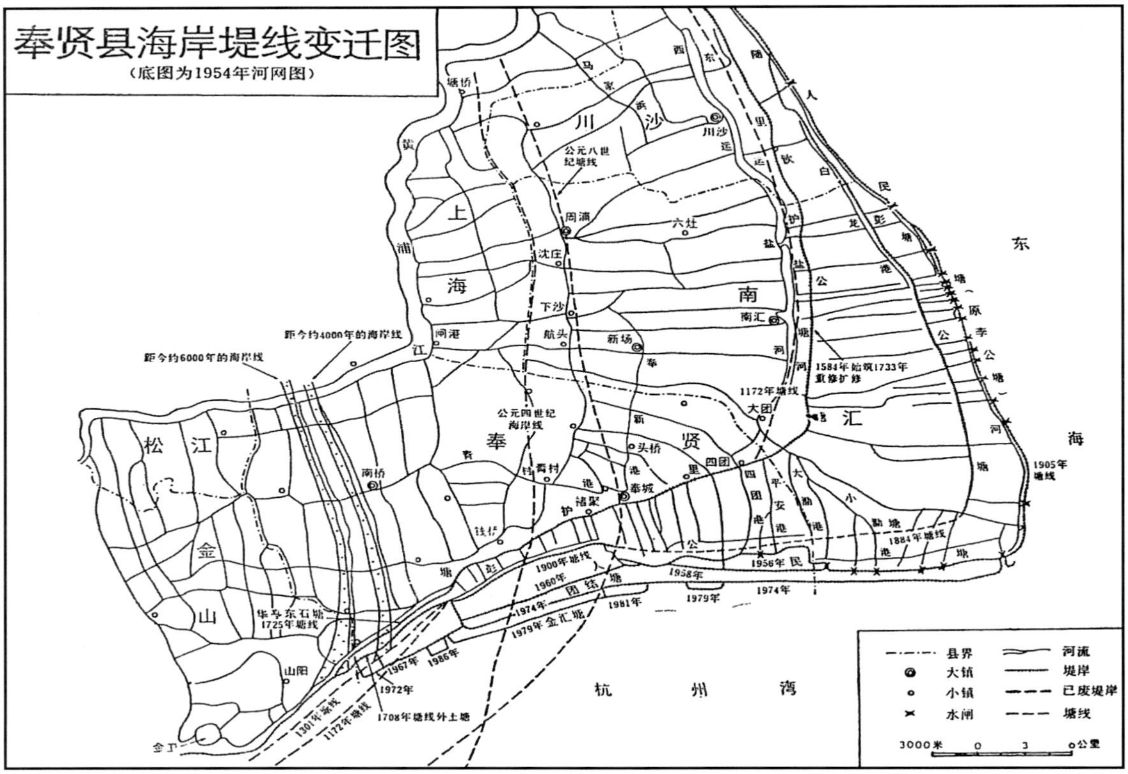

据民国《奉贤县志稿》记载，至光绪二十六年（1900年）“当地人士鉴于居民海塘蓄淡，翻种花者渐多，为免潮汐泛滥，亦为一劳永逸计，在捍海塘外更筑新塘……”，这条新塘，长度25公里之多，即今称的（奉贤）彭公塘。这是始筑于新中国成立前的奉贤境内的最后一道海塘。民国时期未曾修筑海塘。

中华人民共和国成立后至2001年，奉贤境内先后围垦18次，共筑海塘16条段，使海岸线又向外延伸4公里之多。至2001年，奉贤海岸线全长31.6公里，临海第一位置的海塘总长40.26公里，主堤都已建成“百年一遇”下限标准的达标工程。

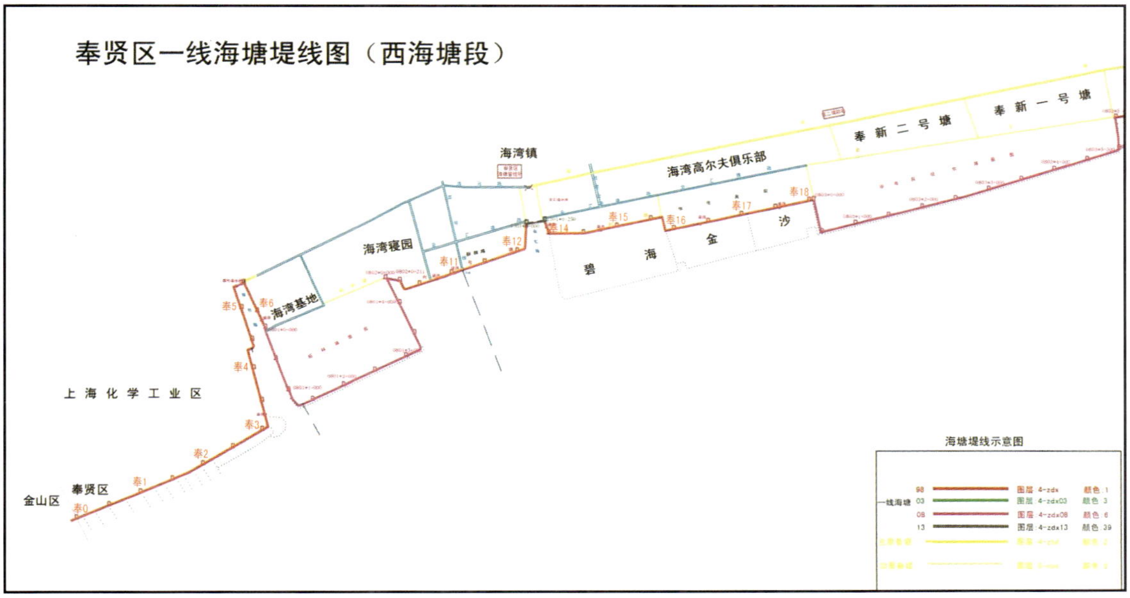

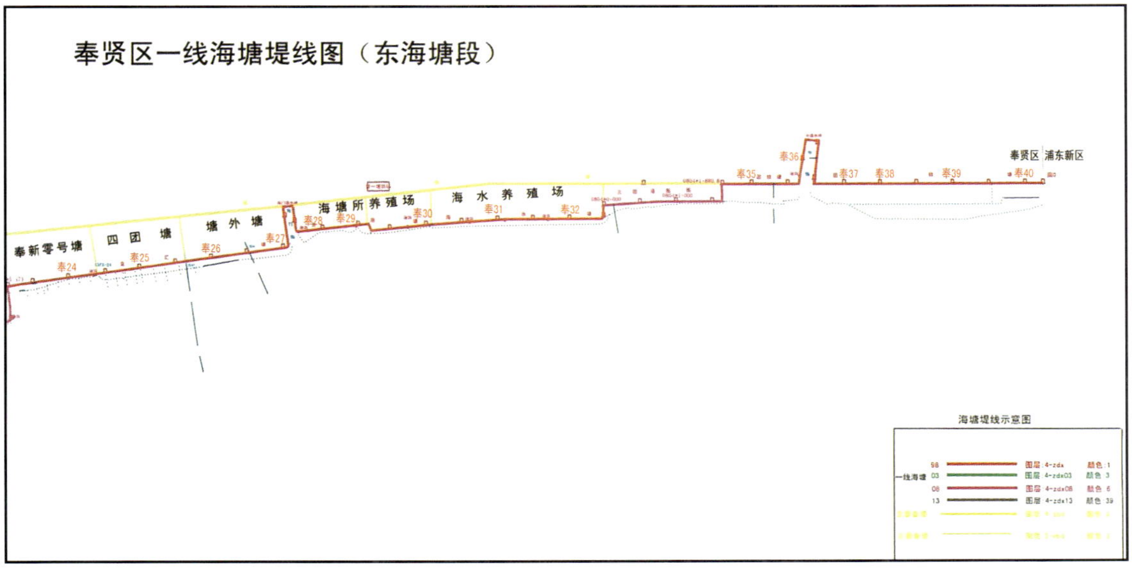

2．**境域演变**

据《奉贤县志》记载，清朝时期，奉贤建县后，东南以翁家港为奉（贤）南（汇）界河，北至萧塘，以顾望塘为南汇县界，西北至虹桥，以千步泾与华亭县为界，西南望湖泾与华亭县为界，西南环抱华亭县的漕泾、濮缺、柘林和华家角，以龙泉港、上横泾、下横泾与华亭县为界。县境东西相距 34.5 公里，南北纵深 24.5 公里。

民国时期，奉贤金汇桥和萧塘以北至黄浦江这一狭长地区，为南汇县大平乡插花地带，东西长 10 余公里，南北宽仅 1.5 公里，为南汇县西南僻地，在奉贤却为北境鲠喉之骨。民国二十二年（1933 年），两县迭次会商，将以金汇塘西滨黄浦江南岸的南汇县大平、南大等 15 个乡镇，计 3.5 万余亩农田，划归奉贤管辖。经过县界整理，奉贤境域四至为：北起黄浦江，南至杭州湾，东自五墩，西到龙泉港。

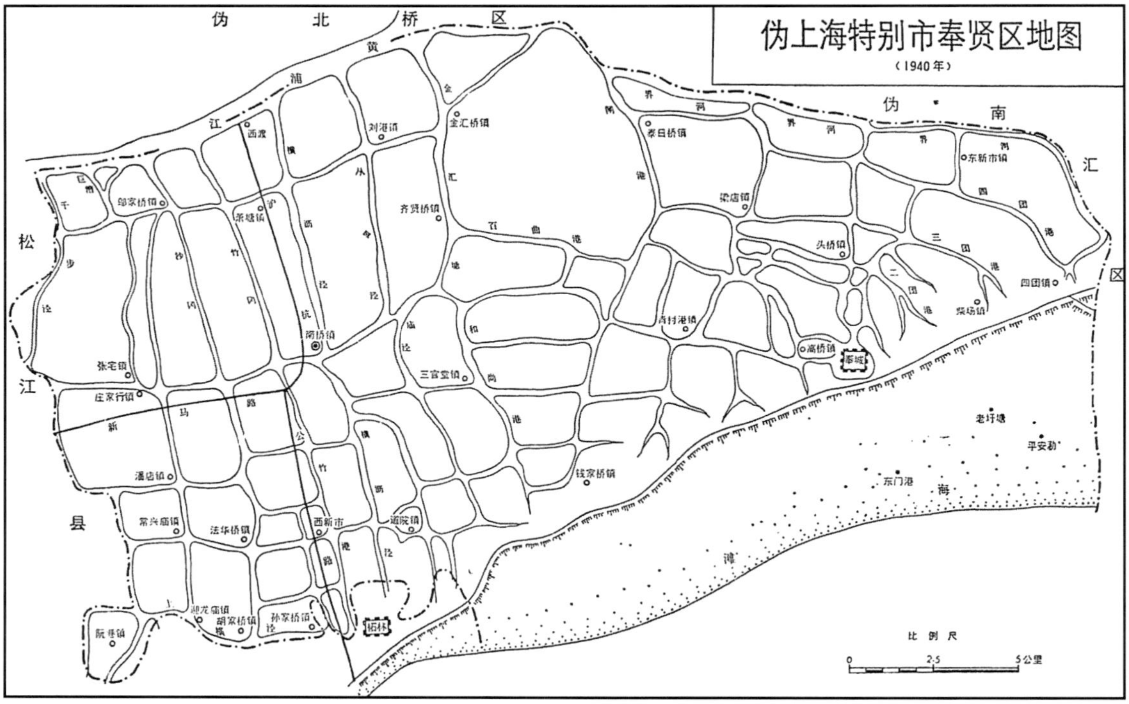

伪上海特别市奉贤区地图
（1940年）

民国三十一年（1942 年）九月，日军开始“清乡”，将整个奉贤、南汇地区圈起竹篱笆墙。原属松江县的柘林镇，因犬错于奉贤境内，“清乡”时亦圈入封锁线内，故归伪奉贤特别区管辖。而原属奉贤的阮巷镇被封锁线分隔为一镇一乡，于是，西南部的阮巷镇由松江县代管。

民国三十五年（1946 年）夏，奉贤县政府奉令接管袁浦、青村两盐场所辖的里护塘以外荡田（东至原南汇县接界，西至今海湾旅游区）。

中华人民共和国成立后的 1950 年 5 月，由政务院批准，将奉贤县延伸在松江县腹地的阮巷镇划入松江县；将松江县插在奉贤县境内的濮缺地区划入奉贤县，由南桥区管辖。

1953年春，将奉贤泰日区景仰乡的八、九、十、十一、十二村和四、六村的一部分，划给上海县鲁汇地区。

1966年10月，松江县将漕泾公社的黄沙、花园、南迎龙3个大队和砂碛大队的1个生产队划入奉贤县，由胡桥乡管辖。

至2015年，奉贤区境域总面积720.44平方公里，比1949年的595平方公里增加125.44平方公里。

二、建置区划

1. 建置沿革

据《奉贤县志》记载，从位于冈身地带南端出土的石器和陶具表明，距今4000年前，境内西部地区已有古人类居住生息。春秋时属吴地。战国时先属越后属楚。秦、汉、南北朝时归会稽郡海盐县。唐天宝十年（751年）置华亭县后至清初，境地一直属于华亭县。清雍正四年（1726年）置奉贤县，辖原华亭县东南部白沙、云间两乡。

奉贤县，民国时期隶属江苏省第三行政督察专员公署。民国二十二年（1933年）冬，南汇县15个乡镇3.5万亩农田划入奉贤，县境从此滨浦。中华人民共和国成立后，首隶于苏南行政公署松江专区，1952年，隶江苏省松江专区，1958年3月，撤松江专区改隶苏州专区。1958年11月划归上海市。2001年8月24日，奉贤撤县建区。2003年11月至2006年11月，市属五四农场、星火农场、燎原农场以及星火开发区先后划归奉贤区。

2. 行政区划

奉贤自置县至清宣统元年（1726—1909年），奉贤县共辖云间、白沙2乡、4保、18区、147图。民国初年（1912年），实行市乡制，辖奉城城市、南桥县治和7个乡。民国二十六年（1937年）“七七事变”前，全县整编为5个区、领77个乡镇。抗战胜利后，民国政府实行保甲制度。民国三十六年（1947年），全县划分为15个乡镇、219保、3238甲。中华人民共和国成立后，建立区、乡、村政权组织。1950年，全县设6区1镇72乡。1957年，撤区并乡，全县辖1个镇、15个大乡、290个农业生产合作社。1958年，建立人民公社，实行“政社合一”。1959年，建奉贤盐场。是年，从三官人民公社析出钱桥地区，建立钱桥人民公社。1961年，由新寺公社析出胡桥地区建立胡桥人民公社。1962年，分别从青村、奉城划出10个大队，建立塘外人民公社。是年，从金汇人民公社析出齐贤地区，建立齐贤人民公社。1979年，建新海人民公社（筹）（1984年5月改名奉新乡，今海湾镇海湾旅游区）。1983年，全县辖有1个县属镇、18个人民公社、1个盐场。1984年4月起，全县各公社先后实行政社分设，建立乡人民政府。是年5月，新寺乡析5村1队和奉贤盐场建立柘林乡。1985年，奉城乡改为县属镇。1986年，建立邵厂乡、洪庙乡。1994—1995年，全县各乡渐次建镇。2002年4月，奉贤区镇级行政区划调整，由22个镇撤并为16个镇。2003年11月，奉贤区行政区划作再次调整，由16个镇调整为7个镇。是年，市属五四农场、燎原农场、星火农场划归奉贤，建立海湾镇（筹）。2006年，上海星火经济技术开发区划归奉贤。2011年，成立奉浦社区、金海社区。至2015年年末，全区辖有8个镇（南桥镇、奉城镇、四团镇、金汇镇、青村镇、庄行镇、柘林镇、海湾镇），2个社区（奉浦社区、金海社区），1个街道（西渡街道），6个经济技术开发区（上海市工业综合开发区、奉贤海湾旅游区、奉贤生物医药产业园区、上海市杭州湾综合经济开发区、上海海港综合开发区、上海星火经济技术开发区），177个村民委员会，111个居民委员会。

三、境域面积

1949年，奉贤境域面积有595平方公里。1984年，境域面积为674.58平方公里。1987年，奉贤境域面积扩展至687.39平方公里。至2014年，奉贤区境域面积增至为720.44平方公里。其中，农业用地57.04万亩，非农用地18.22万亩，水域16.93万亩，未利用土地16.47万亩。在农业用地中，林地面积11.8万亩，占农用地面积的21%。

第二节 地 理

一、地质地貌

奉贤境内地势低平，基底岩石埋藏较深，覆盖层厚190米～230米，是由第四纪和新第三纪的冲积层组成。广布于境内基底岩石，主要是中生代侏罗纪上统天马组、松隐组地层，由火山熔岩和火山碎屑岩组成。在萧塘、烟灯头分布有古生代震旦纪上统金山组地层；在新寺、泰日有中生代的黑云母辉石闪长岩、二长岩、正长岩等岩浆岩。在基岩上覆盖的第四纪地层，由黏土、粉砂会同细砂组成，为海陆交替相沉积物，厚实一般在190米和200米以上。在奉城最厚的第四纪地层达253米。

从基岩的地质构造看，境内有一条北东向断裂带，横贯全境。此断裂带在中生代、新生代曾经历数次较强烈的活动，第四纪以后断裂活动大大减少。但从近代地震记录表明，该断裂带仍在活动。

境内广阔平坦的土地系江、海、湖、河堆积物迭置在古三角洲上所形成。古代海岸线——冈身地带将境域分割成两部分，冈身以西为河湖交互沉积母质，冈身以东以江海冲积物为主母质。里护塘东西横贯，又将奉贤分为塘外、塘内两个地区。

境内地势，塘外高于塘内，东部高于西部。大部分地区为吴淞高层4米～4.5米间，夹塘地区高程在4.5米左右，西部洼地高程为3.1米。

二、土　壤

经1979年奉贤县第二次土壤普查结果，境内土壤主要有水稻土、盐土、潮土3个土类，7个亚类、15个土属、44个土种。其中以水稻土5个土属为主。

西部低洼区，70%以上土壤为水稻土中的青黄土系列，有沙性青黄土、灰底性青黄土、贝壳底青黄土等土种。土壤有机质含量在2.5%～3.5%。由于地势低洼，地下水位高，土壤透气性差，易对农林作物造成渍害。

南部夹塘地区，土壤为类沙土系列，以黄夹沙、沙夹黄、贝壳沙为主。土壤含沙率比较高，有机质含量在2%以下，土质疏松、透气性好。但境内人民塘以南片，多为原生盐碱土，一般土中含盐度在1‰～3‰，有盐碱之害。

塘内地区，土壤为干沟土、潮沟泥、青黄土系列，土壤有机质含量在3%以上，质地适中，是境域土壤较好地区。

三、河　道

境内有市、区级河道19条，总长度240.45公里。其中市级河道金汇港，北起黄浦江、南入杭州湾，纵贯区域全境，全长21.8公里，是全区主要的引、排、航干河，通航能力300吨级。

19条河道分布为纵向16条，横向3条。16条纵向河道，自西向东依序为（河道名称按1994年9月政府办公室发布的标准名称）：巨潮港、南沙港、南竹港、贝港、南横泾、新横泾、金汇港、泰青港、航塘港、奉新港、南门港、洪庙港、三团港、四团港、中港、大泐港，合计长度153.13公里。在16条纵向河道中，金汇港、南竹港都“北通黄浦南通海”纵贯区域全境；泰青港、航塘港、奉新港各衔接原上海县、南汇县境内的同名河道而与市级河道大治河沟通。南门港、中港各南排流入杭州湾。

3条横向河道自北而南分别是浦南运河、人民塘随塘河、团结塘随塘河，总长度87.32公里。其中，浦南运河西起界河龙泉港，东终大泐港，全长40公里多，横亘区域全境，流程贯串16条纵向河道中除中港外的其他15条河道。

镇级河道244条，总长度781.46公里，原市属3个农场级河道16条，总长度66.54公里。区治南桥镇境内皆为区级河道而无镇级河道。

全区有村级主要河道212条，总长度约400公里。

四、公　路

1949年，奉贤境内只有沪杭公路和南亭公路，全长31.54公里。1985年，奉贤境内公路也仅有南奉、南亭、沪杭公路等20条主干道，全长197.49公里。经过“九五”至“十二五”规划建设，至2015年，奉贤已形成以高速公路、省（国）道、县道为主干道和纵横交叉的乡村公路为一体的公路网络。全区各类公路有541条，总长度为1414.02公里，公路密度为每平方公里1.96公里，比1985年的每平方公里0.28公里增加5.9倍。其中，上海绕城、沪金、沪芦高速公路3条，全长77.44公里，占全区公路总里程的5.48%；沪杭、大叶、林海、浦星、南奉、南亭、川南奉等省（国）道7条，全长127.68公里，占全区公路总里程的9.03%；平庄、奉柘、金大、团青等县道60条，全长375.1公里，比1985年增长90%，占全区公路总里程的26.53%；北横路、胡阮路等乡村路444条，总长815.56公里，占全区公路里程的57.7%。专用公路12条，总长29.92公里，占全区公路总里程的2.14%。

五、气　候

据1987年版《奉贤县志》载，奉贤境域地处中纬地带，又滨海洋，受寒暖气流的交替影响，故四季分明，冬夏长，春秋短，春季温凉多雨，夏季炎热湿润，秋季先湿后干，冬季寒冷干燥。平均气温为16.1℃。终霜期在3月下旬前后，初霜期在11月中旬前后。4—9月各月平均雨量均接近100毫米或以上，光照140小时以上，为作物生长盛期。

春季　一般于4月上旬至6月中旬。4月上旬至4月中旬是天气多变期，天气变化快，冷暖变化大，常有春雷和低温、晚霜。4月下旬到5月中旬，是春雨最多期，天气温暖，常有雷雨或连绵阴雨，总雨量为130毫米以上。5月下旬到6月中旬是春雨之后，天气渐热，常有晴几天雨几天的迎梅天气。

夏季　一般于6月中旬至9月下旬。6月中旬到7月上旬是梅雨期，天气闷热、潮湿，忽晴忽雨，多雷雨和连绵性大雨、暴雨。7月中旬到8月中旬是全年最热期，日照强烈，晴热少雨，除台风雨和雷阵雨外，常有连续30天以上不下透雨的伏旱现象。8月下旬到9月下旬是秋雨和台风最多期，天气由热转凉，前期多“秋老虎”，后期多秋风秋雨，9月平均雨量有157.8毫米，常有低温出现。9月下旬的低温是农林果后熟作物的致命威胁。

秋季　通常于10月上旬至11月中旬。这时期多晴少雨，前期多秋高气爽天气，后期有晚秋雨和早霜出现。

冬季　一般于11月下旬至次年3月中旬。11月下旬到12月下旬是全年雨量最少期，在寒潮影响下，多暴冷天气和霜冻。1月上旬到2月上旬冰冻常见，是全年最冷期。2月中旬到3月下旬是全年阴天和春雪最多期，温度回升缓慢，天气阴冷。

以上四季特点是境地一般气候规律，但年与年之间气候差别很大，常有超出这一般规律的异常天气出现。

1981—2010 年奉贤区主要气象要素平均值情况表

表 1-1

要素 \ 月份		1 月	2 月	3 月	4 月	5 月	6 月	7 月	8 月	9 月	10 月	11 月	12 月
平均气温（℃）		4.1	5.7	9.1	14.4	19.6	23.6	27.8	27.5	23.6	18.5	12.6	6.5
极端最高气温（℃）		23.0	27.6	28.1	33.1	35.8	36.5	39.0	40.3	36.5	33.9	28.5	24.9
极端最低气温（℃）		-10.1	-9.6	-5.3	-0.4	6.9	10.4	17.0	18.1	10.5	1.2	-5.0	-9.3
5 厘米地温（℃）		5	6.6	10.2	16	21.6	25.4	30.3	30.2	25.6	19.9	13.3	7.1
太阳辐射（千卡 / 厘米）		5.95	6.22	8.48	9.68	10.81	10.96	14.06	13.93	9.81	8.69	6.58	5.76
降水量（毫米）		61.6	63.7	107.3	97.1	104	181.5	146.6	154.5	116.3	58.8	58.4	41.6
降水日数（天）		10.6	10.6	13.7	12.8	11.6	14.2	11.5	12.3	10.3	8.2	8.3	7.5
日照时数（小时）		121.4	117	131.1	157.6	180.7	143.6	221.4	213.2	168.5	163.3	140.9	141.9
日降雨量	≥ 5.0 毫米日数（天）	4.2	4.4	6.9	5.8	5	7	5.4	5.7	4.1	2.7	3.3	2.8
	≥ 10.0 毫米日数（天）	1.9	2.2	4	3.4	3.2	5.2	4	4	3.2	1.7	1.8	1.5
	≥ 25.0 毫米日数（天）	0.3	0.3	0.8	0.7	1.2	2.4	1.8	1.9	1.5	0.7	0.4	0.1
	≥ 50.0 毫米日数（天）	0	0	0.1	0.1	0.1	0.8	0.8	0.6	0.5	0.1	0	0
	≥ 100.0 毫米日数(合计天)						3	5	4	6			

1981—2010 年气候平均值、极值情况表

表 1-2

要素	数据	要素	数据
年平均气温（℃）	16.1	日最大降水量（毫米）	340.7
极端最高气温（℃）	40.3	年平均太阳总辐射量（千卡 / 厘米）	110.94
极端最低气温（℃）	-10.1	年平均日照时数（小时）	1900.2
年平均降水量（毫米）	1191.5	≥ 100.0 毫米出现日数（天）	18

说明：①平均值为 1981—2010 年 30 年气候统计值；

②极值为 1959—2015 年统计值

奉贤区霜期、四季分布及各界限温度初终期情况表

表 1-3

要素 / 项目	初日	终日	初终期日数（天）	
霜期（指日最低气温≤ 4℃）	11 月 14 日	4 月 2 日	140	
冬季	11 月 28 日	3 月 23 日	116	
春季	3 月 24 日	5 月 31 日	69	
夏季	6 月 1 日	9 月 22 日	114	
秋季	9 月 23 日	11 月 27 日	66	
界限温度	初日	终日	初终期日数（天）	活动积温（℃）
日平均气温大于 5℃	2 月 26 日	12 月 14 日	292	5552.9
日平均气温大于 10℃	3 月 30 日	11 月 21 日	237	5081.5
日平均气温大于 15℃	4 月 25 日	10 月 30 日	189	4419.5
日平均气温大于 20℃	5 月 26 日	10 月 2 日	130	3297.4

说明：1981—2010 年 30 年气候平均值

境地历年太阳辐射总量年平均为每平方厘米 110.94 千卡，日照 1900.2 小时。各年阴雨天有多有少，日照时数的年际变化较大，最多年与最少年差 668 小时。全年日照分布以 7 月最多，历年平均为 221 小时；2 月最少，历年平均为 117 小时。太阳的辐射以夏季为最强，冬季为最弱，与温度年变化基本一致。

境地历年年平均气温 14.9℃～17.2℃。每年 7 月平均气温为 27.8℃，1 月平均气温为 4.1℃，气温温差 23.7℃。春季平均气温升至 10℃以上，基本上不出现 0℃以下冰冻天气。夏季平均气温升到 22℃以上，7—8 月为最热期，平均气温 27℃～30℃。秋季气温 10 月下旬后常因受寒潮南下影响而降温快，通常于 11 月 20 日后降到 10℃以下。冬季平均气温在 10℃以下。此期间最低温度在 0℃以下平均每年有 45 天，最多的是 1967—1968 年度，共 71 天。冬季极端最低气温为 − 10.1℃（1977 年 1 月 31 日）。全年气温最低期是 1 月上旬到 2 月上旬，历年平均气温 3.7℃～4.5℃。

境地平均年雨量在 1191.5 毫米，年雨日 132 天。其特点：一是降雨的年间变化大。二是季节变化明显，冬季寒冷少雨，夏季暖湿多雨。汛期（6—9 月）降雨量约占全年降雨量的 50%。雨量主要集中在 3 个雨季：春雨期，历年平均雨量为 201 毫米（4—5 月）；梅雨期，历年平均雨量为 328 毫米（6—7 月）；秋雨期，主要集中在 8 月下旬到 9 月中旬，降雨强度大，大雨暴雨多，特大暴雨大多集中于此期。

六、自然灾害

春夏至夏秋之交，每年影响奉贤的台风有 1～3 个，雷暴、龙卷风、冰雹等强对流天气频繁出现，冬季寒潮、低温雨雪冰冻天气时有发生。进入 21 世纪后高温热浪、暴雨、阶段性洪涝、连阴雨等天气灾害呈增多和增强的趋势。

1．台风

台风又称热带气旋，是指发生在热带或副热带洋面上的暖性低压系统。奉贤地处亚热带东海之滨、杭州湾北岸，每年都要遭受台风袭击，是影响奉贤地区最为严重的一种灾害性天气。

1959—2015年，奉贤地区平均每年有影响台风1.9次，台风影响最多年份达5次（1961年和2000年）。历史上台风影响最早时间为5月19日（1961年第3号台风），台风影响最晚时间为11月18日（1967年第21号台风）。6—10月是台风主要发生季节，8月最多（占39%），其次分别为7月和9月（占27%和20%），7—9月所占台风总次数的86%，10月、6月台风10～15年一遇，11月很少出现，12月至次年5月几乎没有台风影响。奉贤历史上影响最大的两次台风分别是：（1）1963年9月11—14日第12号台风，台风过程雨量为351.4毫米，其中13日最大降水量196.6毫米，全县普遍出现11级大风，造成严重的内涝风灾，死亡4人。（2）2005年8月6—7日第9号“麦莎”台风，台风过程雨量为235.7毫米，其中7日最大降水量为146.6毫米，最大风力达10级，全区直接经济损失达2.8亿元。

2．暴雨（雪）

气象上规定日降水量达到或超过50毫米为暴雨，暴雨造成的影响和损失仅次于台风灾害。奉贤地区每年平均暴雨出现3.1次，最多年暴雨次数达12次（1999年），最少年为0次。全年有80%暴雨集中在6—9月，11月至次年2月很少出现暴雨。1959—2015年暴雨连续2天以上的连续暴雨次数有15次，平均3～4年一遇，分别为6—7月梅雨降水和8—10月台风降水所致。最大连续性暴雨的累计降雨量为348.2毫米（1963年9月12—13日）；最长连续暴雨天数为3天（1999年6月25—27日），累计降水量为191.6毫米。日雨水量≥100毫米的大暴雨共出现18次，平均4年一遇。历史上1日（24小时）最大降水量为340.7毫米（1963年9月12日08时至13日08时）。

暴雪 气象上将一次积雪深度≥5厘米的降雪天气作为暴雪日。奉贤地区平均初雪日期为1月10日，平均终雪日期为3月5日。积雪深度≥1厘米的日数年平均为1.5天。历史上降雪最早为12月10日（1975年），最晚为3月23日（1964年）。历史上积雪深度≥5厘米的暴雪次数出现11次，平均5年1遇；积雪深度≥10厘米的降雪次数共有4次（分别为1964年、1970年、1977年和2008年），平均14年一遇。历史上最严重一次雪灾出现在1970年的3月13日，最大积雪深度为15厘米，此次降雪和积雪天气造成5000余根电线杆折断，3人死亡，畜舍压塌，牲畜死伤无数。其次2008年1月28—29日和2月1—2日连降暴雪天气，其最大积雪深度分别为5厘米和10厘米，设施大棚等损毁严重，是全球气候变暖背景下发生的一种极端天气事件。

3．雷暴

是积雨云体当云层间或云与大地之间地位差达到一定程度后所发生的颇为壮观

的声、光、电现象，常伴有大风、阵性降雨或冰雹等剧烈天气。常年平均雷暴日数为25.4天，1—12月都有雷暴天气记录，以7月、8月最多，分别为6.2天和7.1天，这两月合计占全年雷暴日数的近50%。1963年雷暴日数最多，为51天，1978年雷暴日数最少只出现10天。平均初雷日期为3月20日，平均终雷日期为9月30日。

4．寒潮

气象上当冷空气侵入后，24小时内日平均气温下降幅度在6℃以上，同时最低气温降至5℃以下，为一次寒潮天气过程。1959—2015年平均每年寒潮天气1.5次，1969年寒潮天气出现最多达5次。寒潮天气除4月出现过一次外，均发生在11月至次年3月。寒潮出现最早为1962年11月4日，寒潮出现最晚为1969年4月4日。历史上24小时日平均气温降温幅度最大（最强）的寒潮是1968年11月9日，24小时日平均气温下降12.4℃。

5．低温

气象上规定当日最低气温≤－5.0℃时作为1个低温日或称之严寒天气。1959—2015年≤－5.0℃的低温日数年均出现4.1天，低温日数最多的1963年达22天。低温出现最早日期为1976年11月24日（为－5.0℃），出现最晚日期为1978年3月1日（为－5.3℃）。85%的低温天气出现在12月至次年2月，1月低温日数最多，平均为2.1天，占低温日数一半多。低温以连续出现2～3天的居多，低温持续时间最长为6～8天（1963年1月21—26日）。年极端最低气温为－10.1℃（1977年1月31日）。1987年进入气候变暖以来影响最大的一次低温冰冻天气出现在1991年12月27—30日，27日降大雪，28—30日最低气温分别为－6.6℃、－7.5℃和－6.5℃，连续4天出现3～5厘米的积雪和低温冰冻天气。

6．高温

气象上规定当日最高气温≥35℃时作为1个高温日。1959—2015年年均出现高温日数4.9天。95%高温天气集中出现在6—8月。2013年高温日数出现最多，达26天，其次为1971年，高温日数为18天。高温出现最早日期为1963年5月20日，高温结束最晚日期为1967年9月8日。历史上极端最高气温为40.3℃（2013年8月7日）。进入21世纪，年均高温日数增至8.3天，夏季高温日数增多、高温强度增强的变化特征十分明显。

7．霜冻

气象统计上通常采用日最低气温≤4℃初日、终日来推定初霜日、终霜日以及无霜冻天数。常年平均初霜日期（日最低气温≤4℃初日）为11月14日，平均终霜期（日最低气温≤4℃终日）为4月2日，平均无霜冻天数为225天。历史上初霜期最早为10月24日（1981年），最晚为12月5日（1994年）；终霜期最晚为4月28日（1962年），最早为3月6日（2002年）。无霜冻天数最长年为256天（1998年），最短年为193天（1980年），最长年与最短年无霜冻天数相差63天。

8．冰雹

境域冰雹主要发生季节为3—9月，尤其以春季（4—5月）和夏秋过渡季节（8—9月）最容易发生。历史上有冰雹记录以及境内有灾损记录的冰雹天气共有26次，平均2年1遇。冰雹最早出现在2月24日，最晚出现在9月30日。20世纪90年代以来冰雹天气呈减少趋势。历次下冰雹范围一般不大，局部性强，持续时间一般为几分钟至十来分钟，最长为半小时至1小时。冰雹直径一般为2～6毫米，较大的为蚕豆、黄豆般大小，最大的如鸡蛋、汤圆。奉贤地区影响最为严重的冰雹天气发生在1977年4月14日，当天晚上21时突降冰雹，自胡桥公社黄沙大队东部起，经新寺、钱桥至青村公社消失，历时1小时，小者如蚕豆，大者似拳头，麦子、油菜等夏熟作物受灾严重。

9．龙卷风

1959—2015年奉贤有灾损记录的龙卷风共出现11次，平均每间隔4～6年出现一次龙卷风。龙卷风集中出现在5月和7—9月。龙卷风出现最早为5月21日，最晚为9月11日。龙卷风影响最严重的是1999年9月6日四团镇张家、小荡、夏家和沈家等4个村遭受龙卷风袭击，直接经济损失560余万元。

10．干旱

奉贤地区干旱主要有7—9月伏旱、10月至次年2月秋冬旱期，发生频率均为5年3～4遇。伏旱大多持续25～43天，最长伏旱持续85天（1971年6月26日至9月18日），累计雨量58.1毫米，只有常年同期1成；秋冬旱期大多持续35～70天，最长持续122天（1988年9月6日至1989年1月5日），累计降水量为29.1毫米，雨量为常年同期的一成，秋冬连旱严重影响麦子和油菜等秋冬季作物生长，麦子出苗困难、油菜长势差，部分田块出现干枯死苗现象。境内大部分内河沟水源缺乏，用水、用电异常紧张，火灾事故频繁发生。

七、病虫灾害

1985年，柑橘发生溃疡病，遍及奉贤所有果园，有6万余株柑橘受害。通过烧毁有病橘苗，砍伐重病橘树，夏秋两头剪梢，并辅以链霉素药剂防治等措施，控制了疫病。

1989年9月，奉贤境内的水杉树发生大面积油桐尺蠖为害，采用以菌治虫的办法，用多角体病毒制剂进行防治，取得一次喷药、多代控制的效果，不但挽救了大片水杉林，还解除了虫害对全县“四旁”树木的威胁。

2002年6月，奉贤区光明镇首次大面积发生桃潜叶蛾为害，面积4497亩，分布所属12个村、2268户桃农。全市有27个乡镇发生桃潜叶蛾为害，面积1.44万余亩。为此，副市长冯国勤作批示，要求有关部门加强研究，做好桃潜叶蛾的防治工作。是年，光明黄桃受桃潜叶蛾为害，造成桃产量减收148万公斤，直接经济损失

444.3万元。

2006年9月，奉贤海湾旅游区"碧海金沙"景区内新植的1000余株加拿利海枣发现受红棕象甲为害。经现场实地勘查，确认10株受红棕象甲为害严重。经对危害植株茎秆解剖，共检测到幼虫60头、成虫5头、蛹茧40个。同时，将危害严重的10株海枣就地烧毁并挖坑深埋，对其余海枣树用辛硫磷或氧化乐果药剂浇灌，同时对茎秆用窗纱围裹，防止扩散。

2007年12月，区林业署对地处柘林镇上海海上花花卉园艺有限公司培育的红掌盆花进行调查，对该公司培育的18个品系4万盆红掌分品种取样品送上海市植保站检测。检测结果：其中2个品系5000盆红掌受香蕉穿孔线虫病感染。2008年1月，市植保站出具书面告知，责令该企业停止对外销售红掌盆花，对已感染的2个品种共5000盆红掌集中销毁，对其余16个品种用0.2克3%克百威/盆/周喷药防治，并用10%苯线磷颗粒剂消毒处理（包括使用的工具和花盆），区林业署负责对该公司的用药指导，并每周取样品检测，杜绝该病情的感染和发生。

2009年9月，庄行镇张塘村柑橘园发现橘小实蝇为害，受害面积30亩，柑橘大量落果，经查，全区各橘园也发生不同程度的为害。9月28日，区林业署召开橘小实蝇联防联治会议，下发实蝇类专用微胶囊和美塞药物进行防治。同时，加强各测报点监测，按测报点监测诱捕的橘小实蝇成虫信息，准确发布对橘小实蝇防治的最佳时间和方法。

2014年9月，奉贤海湾旅游区海湾路两旁种植的加拿利海枣发生林业检疫性有害生物红棕象甲为害。经现场全面检查和检疫确认，将4株受红棕象甲为害的海枣送至指定地点销毁处理。对其他海枣进行药剂防治，防止了疫情扩散。

第三节　生态环境

森林是陆地生态系统的主体，是人类生存与发展的基础。中华人民共和国成立以来，奉贤区的生态环境变迁表明，改善生态环境的根本途径是坚持不懈地搞好植树绿化和森林资源保护。

一、森林生态环境

距今三四千年前，境域西南部柘林一带已有人类居住。地连柘山，山上有柘树成林，故名"柘林"。可见奉贤境域内有极佳的森林生态环境。随后，由于人口骤增、伐林垦殖、开发农业、发展经济作物等，使森林日趋减少，森林生态系统随之越来越不稳定。至清代末期，奉贤林业素不发达，境内没有森林。至20世纪40年代，滥伐竹木迭起，特别是日军侵占奉贤后，建检问所、打竹篱笆，修筑"清乡"封锁线，掠伐竹木更甚，原有林竹几乎被破坏殆尽，生态环境趋向恶化，生态灾难凸现。

中华人民共和国成立后至1957年，贯彻落实中央人民政府政务院发布的《关于全国林业工作指示》，采取“谁造谁有，民营公助”的办法，发动和组织群众开展植树造林运动。1956年，积极响应毛泽东主席“绿化祖国”的号召，进一步掀起了群众性的绿化造林高潮。

1958—1977年，这一时期，国家政治经济生活中先后出现“大跃进”“人民公社”“大办钢铁”“大办粮食”和“文化大革命”，奉贤的林业建设也受此影响，遇到了挫折，森林数度遭到破坏，林业机构受到冲击。

1958年，全国性掀起了“大跃进”高潮，接着实现人民公社化。这年的“大跃进”“大办钢铁”“大办食堂”等的重大社会变革，事与愿违，反映在林业建设上，破坏性较大，成片林竹和大量宅前屋后、四旁竹林被砍伐充作柴炭。同时，在生产上“放卫星”，搞瞎指挥，追求高指标，“大呼隆”造林，不注意适地适树和造林质量，成活率和保存率很低。在三年困难时期（1959—1961年），粮食紧张，毁林种粮普遍，森林环境再度遭到破坏。1966年以后的一段时期，在“文化大革命”和“农业学大寨”运动的影响下，绿化造林又一次遭受了严重挫折，造林面积和质量连续几年下降，到1977年，奉贤县的林地面积只有3400余亩，不少地方把农民种植的竹、树作为“资本主义尾巴”砍掉。一些地方在“农业学大寨”运动中搞“穷过渡”（核算单位由生产队向大队过渡），出现了新的“一平二调”，又一次刮起乱砍滥伐之风，森林环境再遭劫难。

1978年12月，党的十一届三中全会召开，标志着中国开始进入改革开放的新时期。奉贤的森林环境建设也拨乱反正，从此进入了全面发展的新阶段。至1984年，全县有树木257万株，林地面积8412.64亩，森林覆盖率为2.6%。1985年后，林业发展以绿化为重点，大搞植树造林运动。90年代后期起，制定林业发展分期实施规划，采取沿江、沿海、沿河、沿路、多廊、多点造林绿化措施，重点发展生态林、经济果林。至2001年，全区林地总面积增至6.18万亩。显然，奉贤的森林生态环境已大有改观。至2015年，全区实有林地面积14.71万亩，森林保有量12.78万亩，森林覆盖率为12.39%。

二、园林绿化生态环境

元末，陶宅镇（今青村陶宅村）陶舆权建南园，又名“云所园”。据清乾隆《奉贤县志》载，陶舆权在陶宅“树表迎鹤，筑馆求仙，园锁烟云，湖集歌舞，建修梁而通后泾，举渔火以清市尘”。“遐迩游观者骈臻于是”。陶宅当时有“西湖晓色”“南园霁景”“道院幽栖”“园桥纵步”“东庵华表”“北宅故墟”“镇鼓更楼”“市港渔灯”等八景，“园桥”“西湖”等即为南园主要景物。明初袁凯、张弼等有《陶舆权云所两首》和《陶溪八景总咏》赞颂之。后毁于倭患。

自明清至民国，奉贤境内曾有刘氏花园、后圃、白沙、小谷、光园、秋水园、一邱园、曹家花园、孙家花园、顾家花园、遂园、野园、朱家花园、沈家花园等。可惜，至今，除沈家花园尚存外，均废。以上所述可见，奉贤园林在历史上存有辉煌一页。

1984年10月，奉贤县动工兴建古华公园。1995年，原江海镇建成望春园。1999年起，建海湾国家森林公园。进入21世纪后，随着经济发展和人民生活水平的提高，奉贤在加快城乡林业绿化建设的同时，启动兴建了一批公益性和旅游性公园。

进入21世纪后，奉贤区把建设"低碳、生态、智慧、宜居"的滨海新城为总目标，以大型经济林地建设为主，以生态绿廊为骨架，以城镇公园、大型绿地景观和旅游景区绿化为精华，"果、林、廊、园"相结合的绿地系统结构。黄浦江涵养林、农业园区片林、申隆、申亚生态园、海湾国家森林公园片林等大型生态林地以及正在建设中的占地4.78平方公里的新城中央公园，构成了风景林地的生态绿化板块，G1501、S4、平庄公路、林海公路、川南奉公路、新四平路等道路防护绿地构成了生态绿化廊道；古华公园、四季生态园、西渡江边公园、世茂海滨公园等公园绿地成了景观节点和亮点。林业绿化点、线、面的科学布局，优化了结构，保护了城市生态系统的平衡，缓解了城市污染和热岛效应，降低了台风、水土流失等生态灾害发生的风险，发挥了美化环境和防灾避险的功能，为城市综合环境改善，建设生态文明发挥了重要作用。至2013年，全区有3000平方米以上的公园、大型公共绿地66块；全区单位绿化面积361.97万平方米，拥有上海市花园单位48家，市绿化合格单位139家，全区居住区绿化面积361.38万平方米，有24个居住区被评为市级园林式小区；全区有道路绿化面积647.55万平方米，其中南桥城区有105.71万平方米，占全区道路绿化总面积的16.37%。至2015年，全区实有绿地2846.78万平方米。其中，公园绿地455.83万平方米，居住区绿地398.86万平方米。区绿化覆盖率达28.85%，区绿地率28.47%，人均公共绿地面积12.63平方米。

三、野生动植物生态环境

据《奉贤县续志》记载，奉贤境内野生动物有兽类、禽类、鱼类、蛇虫类。其中，兽类有黄鼠狼、鼠等8种；禽类有鹁鸪、喜鹊、乌鸦等19种；1985年，经县林业站会同市鸟类专家历时1年调查，境内有鸟类共150余种；鱼类有大黄鱼、带鱼、鲫鱼、黑鱼等53种；蛇虫类有蝴蝶、蜻蜓、蝉、蛇等27种。1985年后，新增加19种。

饲养动物主要有畜类、禽类、鱼类、虾蟹类和爬行类以及观赏类动物。其中，畜类有牛、狗、羊、貂等12种。1985年后，狗增加狼犬、警犬、宠物犬，羊增加波尔山羊，其他增加鹿、蓝狐、黑熊、果子狸等；禽类有鸡、鸭、鹅、鱼鹰、鹌鹑等。1985年后，鸡的品种增加11种，鸭的品种增加4种，鹅的品种增加3种，另有乳鸽、蓝孔雀、鹦鹉、鸵鸟、鹧鸪、鸳鸯等；鱼类有鳊鱼、青鱼、鲢鱼等9种，1985年后，饲养品种增加14种；虾蟹类，1985年后饲养东方对虾、南美白对虾、罗氏沼虾、斑节对虾、青虾和中华绒螯蟹、锯蟹等9种；爬行类动物，1985年后饲养牛蛙、蝎子、蛇等；观赏类动物，1985年后饲养的有锦鲤鱼、猴、梅花鹿、鸵鸟等22个品种。

野生动物主要受森林植被、猎捕和环境污染等因素制约。20世纪40年代，境内森林植被每况愈下，兽类栖息场所被破坏，生存难以为继。60～70年代，受“三年自然灾害”和“文化大革命”的影响，农村宅前屋后的大树及竹园等被“以粮为纲”所挫损，致使在大树的树洞中筑巢孵雏的鸟，如老鹰、喜鹊、八哥、乌鸦、啄木鸟等鸟类种群数量锐减。至90年代后，通过生态公益林、经济果林及生态公园建设，森林植被日渐恢复和扩展，野生动物的生存环境不断改善。在50～60年代被列为“四害”之一的麻雀回归故里。80～90年代，蛇类（蝮蛇、眼镜蛇、五步蛇）等遭滥捕杀，致使蛇类资源枯竭。电鱼、毒鱼、捕蛙、捕蟾等一度成风，以及农田长期施用农药和水源污染，致使蛙类、蛇类、鱼类、龟类等野生动物的生存环境质量低劣，种群数量受制约。至2015年，奉贤共记录到野生动物241种。其中，两栖类7种、爬行类10种、鸟类209种、兽类15种。

野生植物，据《奉贤县续志》记载，境内有菌类植物29种，竹木类植物176种，观赏植物80种，野生中药材45种。

20世纪70年代，农田、旱地复种指数高，精耕细作，杂草难以孳生蔓延。“四旁”隙地上的野生植物被牛羊啃食，采集野菜作蔬菜食用或作猪饲料，削铲草皮沤肥等，因人为干扰多，野生植物种群数量、增幅数量普遍较小。80年代起，随着农村劳力向城镇转移，野生植物人为干扰趋少，除了水稻田、蔬菜园地使用除草剂灭杂草外，基本处于自然生长状态。一些借助风力传播的种子繁殖的野生植物，如蒲公英、荠菜、大蓟等形成块状群落；在水湿地段有成片的水芹、鱼腥草等群落；在田塍地塝上生长马兰、野艾蒿、地榆、白茅、梨头草等野生植物。这些植物基本上处于“一岁一枯荣，春风吹又生”的相对稳定的生态系统中。据2015年野生植物调查，奉贤境内野生植物有42科98种，有湿地近17.91万亩，其中近海与海岸湿地、沼泽湿地4.28万亩。

第二章　森林资源

奉贤有优越的自然地理条件，孕育繁衍出丰富的森林资源和野生动植物。早在新石器时代晚期（距今4000余年），境内即有先民栖息。根据考古发现的柘林、江海两处古文化遗址属良渚文化和马桥文化遗存。柘林地连柘山，山上柘树成林而名，滨海沼泽地区有乔木、灌木、沼生植被。在植物区系上，奉贤属于泛北植物区，构成奉贤自然林的典型属种，常绿树有山毛榉科青冈属的青冈，锥栗属的苦槠，樟科的樟属、润楠属，冬青科的冬青属，落叶树有山毛榉科的栎属，榆科的朴属、榉属、榆属，胡桃科的化香属，大戟科的野桐属等。野生动物有兽类、禽类、鱼类、蛇类（爬行类）、两栖类等栖息于林中。随着历代对农业的开发，原始林木逐步缩小，并逐步为农民耕耘种植粮棉所取代。清朝、民国时期人口增加，农业生产的内容进一步拓展，竹林经销活跃，尤其是抗日战争的烽火蔓延到奉贤，人为因素影响了森林的变化，境内原始林竹被毁严重，一些陆生野生动物也渐渐消失。至晚清，由于国外一些先进理念的传入，重视林业，发展森林，已逐步被朝野所认同，开始把林业当成一项产业归口管理。光绪二十七年（1901年），设立了农工商矿局；宣统元年（1909年），各省又改设劝业道，并通令各县设劝业员，以掌管农林等项事宜。但因内扰外困，无所作为。

民国时期，战乱不断，社会环境动荡，境内森林深受影响。

辛亥革命后，许多有识之士纷纷主张发展实业，提倡植树造林，林业生产渐受重视。民国元年（1912年），北洋政府设立农林部。民国三年（1914年）北洋政府公布《中华民国森林法》。民国四年（1915年）决定每年清明节为“植树节”。民国五年（1916年），北洋政府又公布《造林奖励条例》。民国十七年（1928年），改3月12日为“植树节”。其间，响应孙中山先生指出的“防止水灾和旱灾的根本方法，都是要造森林”的号召，奉贤在“植树节”时，也发动和组织人员植树造林。中华人民共和国成立后，政府鼓励农民在宅前屋后种植树木、竹林，一些农舍、村庄掩映在绿树翠竹之中。至2015年，保存下来的古树有65株，其中千年以上的古银杏1株，600～850年古银杏8株，300～550年古银杏8株。这些古树一般都栽种在寺庙、祠堂、花园等处。境内林木种类约有150余种，竹子的品种也很丰富，至今仍保留的百年竹园10余处。不少村庄因盛产桃、梅等果品而得名，如“桃园”“梅园”。种桑养蚕历史悠久，至今仍保留着百年古桑树6株。花卉种植多为达官绅士，至今仍保留着“江南第一牡丹”“江南第一梅”等。

中华人民共和国成立以后，奉贤的林业经历了发展、挫折、再发展的历程，森林资源不断丰富提升。解放初期，通过土地改革和农业合作社，农村“四旁”植树迅速发展，海岸、江堤开始营造防护林，森林资源开始恢复，并出现了良好的增长势头。1951年，县建立农林科，1952年，建立县防护林苗圃，1956年，建立县苗圃，1959年，建立奉贤县林场。其间，各公社建立了果园，桃、梨等果树生产也有较快发展，花卉生产也日益旺盛。1957年，全县“四旁”树木保存数为146万株。但是到50年代后期至60年代，接连发生“大跃进”“三年困难时期”“文化大革命”等政治运动和自然灾害，植树造林及森林资源受到重挫。1958年，农村工作中的“共产风”“瞎指挥”“浮夸风”等失误，一度出现乱砍滥伐林木的现象，林木遭受不小损失。1960年后的三年困难时期粮食紧缺，为度饥荒，毁林种粮。1963年起，情况有所改变，造林面积逐年上升，森林资源得到恢复和发展。1966年起的“文化大革命”，把种花养草当作“封资修”来进行批判，林业生产又横遭摧残而一落千丈，森林资源再次遭受破坏。

1975年，贯彻全国第一次农业学大寨会议精神，提出“水、田、河、路综合治理”，全县掀起以“四旁”植树为主的造林热潮。1978年，党的十一届三中全会后，中共奉贤县委贯彻粮畜并举、多种经营、全面发展的生产方针，林业工作进入了稳定发展的兴旺时期。1982年起重视开展全民义务植树活动，每年完成60万～80万株计划植树任务，沿海海塘和江堤每年按计划营造防护林，农村开展的“农田林网化”规划逐年得到建设和扩大。到1989年，全县“四旁”树木保存数462.89万株。人均10.5株，亩均9.5株，森林覆盖率达到3.61%。与1957年全县“四旁”树木保存数146万株相比，增加2.17倍。果品生产随着柑橘、黄桃试种成功并大面积推广，草莓、葡萄新品种的引种成功和推广，逐步形成了桃、橘、葡萄、柿、草莓五大果品生产结构，产量与品质逐年提高，供应期也不断延长。城镇绿化建设步伐开始加快。1982年起，首辟解放新村居住区绿化。1984年南桥城区古华公园动工兴建，许多乡、镇都种上了行道树，利用空隙地营造“小绿地”建造小公园。机关、企业、学校等单位绿化普遍种植花、草、树木，美化环境。

90年代，奉贤县政府以市绿化达标竞赛活动为动力，实施林业发展“八五”“九五”规划。

1996年，县政府与市政府签订了平原县绿化达标责任状，实施林业建设“五大战略”(沿路战略、沿江战略、沿海战略、品牌战略、生态环境战略)，重点实施了金汇现代农业园区，光明镇锦绣黄桃示范基地、竹港竹林带防护林工程，奉贤城镇生态旅游农业示范区等一系列示范工程建设项目，各乡镇以农田林网化要求开展植树造林活动。至1999年，全县树木保存数630万株，农田林网控制率达到87.5%。2000年，经市级验收评为全国平原绿化达标县。

进入21世纪，围绕上海创建国家园林城市，在《上海市绿化建设系统规划》和《上海市“十五”林业发展规划》指导下，奉贤区（县）政府坚持把发展林业，推进农业结构调整，改善城乡生态环境为抓手，紧密围绕建设比较完整的林业生态体系和比较发达的林业产业体系两大目标，按照市政府指定的林业“六绿”（绿色项链、绿色屏障、绿色森林、绿色通道、绿色景点、绿色产业）建设规划，大力推进林业建设，营造森林组团，凸现规模效益，以大工程带动大发展，进入了建设生态片林为主的新时代，森林资源总蓄积量呈现快速增长态势。2002—2003 年，完成退耕造林面积 4.36 万亩。至 2014 年，共实施沿海防护林、黄浦江水源涵养林、通道防护林、防污染隔离林、现代农业园区生态片林、申隆生态园、申亚生态园、海湾世纪林、海湾国家森林公园等林业重点工程建设项目 62 项，完成造林面积 3.39 万亩。2015 年，全区林地总面积 14.71 万亩，森林面积达到 12.78 万亩，森林覆盖率达到 12.39%。

第一节　森　林

一、森林面积和覆盖率

奉贤的林业生产，历来以农户宅前屋后植树种竹为主，形成小竹园及零星果园，历经抗日战争和解放战争的破坏，至中华人民共和国成立前夕，境内无成片森林和育林苗圃。解放后，人民政府十分重视林业的恢复和发展，贯彻落实“谁种谁有”的林业政策。1951 年，县建立农林科统管全县农、林、牧、副、渔生产。1952 年，建立县防护林苗圃，面积 52.5 亩。1956 年，建立奉贤县苗圃，面积 600 亩。1959 年，建立奉贤县林场，面积 1500 亩。其间营造了沿海防护林 590 亩，这是奉贤史上首次营造的人工林。1958 年，全县各公社建立起公社果园，种植桃、梨、柑橘 3041 亩。至 1979 年，上海郊区首次林业资源清查结果，奉贤县共有林地面积 9753 亩。其中，防护林 590 亩、经济林 3201 亩、竹林 4408 亩、灌木林 539 亩、苗圃 615 亩、其他林业用地 400 亩。“四旁”树木覆盖面积 1.5 万亩，“四旁”树木保存数 499.58 万株，森林覆盖率 2.97%。

1984 年，上海郊区开展第二次森林资源普查，普查结果奉贤全县有林地 8273.53 亩。其中，防护林 954.10 亩、经济林 3542.76 亩、竹林 3055.07 亩、桑园 30 亩、苗圃 691.6 亩、“四旁”树木保存数 257.26 万株，覆盖面积 15548.3 亩，森林覆盖率 2.6%。与 1979 年相比，林地面积减少 1975.28 亩，防护林面积增加 269.84 亩，竹林面积减少 1353.23 亩，果园面积减少 146.09 亩，苗圃面积增加 76.2 亩，森林覆盖率减少 0.37%。

人造森林

1984 年奉贤县第二次森林资源普查各镇（场、所）情况表

表 2-1　　单位：亩

镇别	林地面积	防护林	竹林	经济林	桑园	苗圃	四旁树覆盖面积	森林覆盖率（%）
奉贤县	8273.53	954.10	3055.07	3542.76	30	691.6	15548.3	2.6
林场	703.24	553.24				150.0		
江海	611.80		195.60	322.00		94.2	1284.9	3.3
萧塘	495.00		407.50	73.00		14.5	538.0	2.1
邬桥	473.92		406.70	7.02		60.2	1605.2	3.9
庄行	604.80	10.80	424.90	98.00	27	44.1	947.7	2.3
新寺	315.15		73.35	200.00		41.8	671.4	2.6
胡桥	113.30		30.00	73.00		10.3	652.9	1.2
齐贤	498.42	92.40	8.40	363.62		34.0	909.8	3.4
泰日	395.50		343.30	17.50		34.7	1183.8	2.2
金汇	450.10	6.00	126.90	300.00		17.2	703.3	2.9
头桥	269.30		213.00	32.00		24.3	667.9	1.2
光明	687.87	98.97	52.50	511.30		25.1	910.8	4.6
钱桥	853.07	89.17	149.50	590.80		23.6	686.4	3.6
塘桥	121.15		99.15	12.00		10.0	507.5	2.0
青村	513.65	4.95	44.50	436.00		28.2	745.2	2.4
奉城	460.17		250.22	192.55	3.0	14.4	849.9	2.1
四团	309.85		144.95	143.00		21.9	918.3	2.2
平安	190.61	4.31	79.60	85.00		21.7	651.9	1.2
柘林	85.00		5.00	75.00		5.0	603.7	2.8
奉新	16.40					16.4	2.1	
海塘	105.23	94.26		10.97				

1989 年，上海开展第三次郊区森林资源普查，普查资料经市林业站汇总，奉贤全县保存林地 7600 亩。其中，防护林 900 亩、经济林 4300 亩、竹林 2400 亩，另有苗圃 500 亩，与 1984 年相比，防护林面积增加 40.16 亩，经济林面积增加 1156.09 亩，竹林面积减少 654.77 亩，苗圃面积减少 191.2 亩，“四旁”树木保存数 462.89 万株，全区森林覆盖率 3.61%，覆盖率增长 1.01 个百分点。

1990 年起，奉贤按照“八五”林业发展规划，加快植树步伐，加强对林木的养护管理，制止乱砍滥伐林木、林业建设取得了有效的发展，据上海市 1994 年第四次森林资源普查结果，全县林地面积达到 2.28 万亩，“四旁”树木保存数 492 万株，农田林网控制面积 5.03 万亩，骨干河道宜林段绿化率达到 35%，村庄绿化率达 40%，森林覆盖率达到 5.68%，与 1989 年第三次森林资源普查相比，林地面积增加 1.52 万亩，面积总量增加 3 倍，“四旁”树木保存数增加 29.11 万株，森林覆盖率增加 2.07 个百分点。

1994年上海市第四次森林资源普查奉贤县各镇情况表

表2-2

镇别	林地面积（万亩）	四旁树保存数（万株）	森林覆盖率（%）	林田控制面积（万亩）	林用控制（%）	骨干河道宜林绿林（%）	村庄绿化率（%）
合计	2.28	492.0	5.68	5.03	13.5	35	40
江海	0.08	28.3	5.30	0.40	14.1	50	50
萧塘	0.10	25.1	6.00	1.00	34.0	40	50
邬桥	0.12	29.4	6.60	1.16	39.0	50	50
新寺	0.07	24.0	7.20	0.80	40.0	40	50
胡桥	0.10	31.2	5.70	0.82	25.0	30	50
庄行	0.05	31.6	5.60	1.48	41.0	50	50
齐贤	0.06	35.1	7.80	1.03	50.0	50	50
金汇	0.09	21.1	5.80	0.24	17.5	50	50
泰日	0.05	37.8	5.60	0.50	14.3	35	50
头桥	0.07	38.9	6.30	0.30	11.0	30	30
奉城	0.08	20.9	3.90	0.20	10.0	30	30
四团	0.05	19.0	2.50	0.33	12.1	20	30
平安	0.04	16.5	5.40	0.29	12.0	20	30
塘外	0.04	15.5	4.50	0.23	20.0	20	30
青村	0.09	22.9	4.50	1.30	56.0	35	40
光明	0.51	22.6	13.50	0.60	36.0	45	50
钱桥	0.36	26.5	9.34	0.30	21.0	35	40
柘林	0.06	9.6	4.00	0.30	33.0	30	30
奉新	0.04	4.7	5.10	0.05	83.0	35	30
洪庙	0.21	23.5	12.60	0.40	26.0	30	30
邵厂	0.10	7.8	2.04	0.30	24.0	20	30

“九五”期间，奉贤县紧密围绕林业部颁布的平原县绿化达标的标准，加快农田林网建设步伐。1996年，县政府与市政府签订了平原绿化达标责任状，实施林业建设（沿路、沿江、沿海、品牌与生态环境）五大战略，各级领导把造林绿化工作列为年度实事项目之一来抓，全县上下积极开展创建平原绿化达标县活动，至1999年，上海市第五次森林资源普查结果，新增林田面积1.51万亩。“四旁”树木保存数达到630万株，农田林网控制面积35.93万亩，控制率达到87.5%，森林覆盖率为8.37%。与“八五”期间相比，“四旁”树木保存数增加138万株，森林覆盖率增长2.69个百分点。1997年，被上海市农林局表彰为上海市平原绿化先进单位。2000年，评定为全国平原绿化达标县。

1999 年上海市第五次森林资源普查奉贤县各类林地情况表

表 2-3　　单位：亩

单位	林地	防护林	特用林	果	竹	苗圃
合计	39800.9	4239.2	716.8	20610.1	7607.8	6627
奉城镇	2028.0	32.9	250.8	1331.3	244.0	169
西渡镇	1871.8	22.2	—	1204.6	530.0	115
庄行镇	1540.3	121.3	—	741.0	558.0	120
齐贤镇	1830.8	239.6	—	534.0	871.2	186
金汇镇	912.3	238.1	—	172.2	423.0	79
泰日镇	1685.9	303.5	—	527.4	615.0	240
头桥镇	709.1	—	—	309.1	290.0	110
四团镇	1373.7	126.4	—	361.3	650.0	236
平安镇	357.8	56.0	—	126.8	120.0	55
青村镇	1803.4	70.4	—	1042.0	376.0	310
钱桥镇	2759.3	65.8	—	911.5	282.0	1500
奉新镇	1308.0	536.9	—	335.0	184.1	252
洪庙镇	614.6	16.0	—	453.6	35.0	110
新寺镇	2348.0	396.0	—	1184.0	551.0	217
胡桥镇	2017.2	84.5	—	856.7	165.0	911
光明镇	9053.5	194.0	—	8613.5	116.0	130
柘林镇	564.7	5.4	—	189.2	270.1	100
江海镇	2309.3	137.7	466.0	879.6	438.0	388
邬桥镇	2803.8	444.2	—	476.0	758.6	1125
塘外镇	712.6	124.6	—	244.0	115.0	229
邵厂镇	153.1	—	—	102.3	15.8	35
海塘管理所	895.8	880.8	—	15.0	—	—
奉贤林场	142.9	142.9	—	—	—	—

2001 年，奉贤撤县建区后，区政府大力推进林业建设，营造森林组团，凸现规模效应，以大工程带动大发展，进入了以建设生态林为主的新时代。其间，黄浦江水源涵养林建设工程、奉贤区现代农业园区生态片林、申隆生态园、申亚生态园等一大批规模化林业重点工程实施。至 2004 年，上海市第六次森林资源普查结果显示，奉贤区林地面积达到 10.88 万亩，森林覆盖率达到 9.21%，比 1999 年林地面积增加 6.9 万亩。森林覆盖率增长 0.84 个百分点。

2004 年上海市第六次森林资源普查奉贤区各类林地情况表

表 2-4　　单位：亩

单位	林地面积	乔木林地	竹林	疏林	灌木林地	苗圃	森林覆盖率(%)
合计	108830	58818.78	8400.78	5.01	35342.33	1325.04	9.21
奉城	13963.41	4885.05	1795.09	—	5270.78	217.39	6.62
农场	6335.99	5743.61	6.80	—	585.59	—	7.10
庄行	13515.55	5120.25	1698.86	2.88	6693.56	—	10.72
柘林	9072.94	6029.93	1029.03	0.99	2012.99	—	7.54
南桥	12786.77	8152.31	583.89	—	3002.73	1047.84	8.05
金汇	16438.40	11064.41	2065.17	1.14	3264.39	43.29	10.30
青村	16789.27	5666.01	353.54	—	10769.72	—	12.98
四团	4120.46	999.39	124.14	—	2996.93	—	3.60
海湾	3267.52	2644.95	318.23	—	304.34	—	13.14
星火	431.39	299.22	—	—	132.17	—	2.40
世纪森林	8733.99	8213.22	196.08	—	309.17	15.52	52.54

“十一五”期间，奉贤区继续加强林业建设的力度，开展以创建上海市园林城区活动为中心，结合市绿化合格单位创建、园林式居住小区创建、河道整治绿化以及区万亩森林公园的建设，使奉贤区的森林覆盖率得到大幅提高，经济林果产值逐年递增，野生动物的种类和数量有明显增加，生态环境得到显著改善。至 2009 年，上海市第七次森林资源普查结果，全区林地面积达到 12.59 万亩，森林覆盖率 9.56%，比 2004 年，林地面积增加 1.71 万亩，森林覆盖率增加 0.35 个百分点。

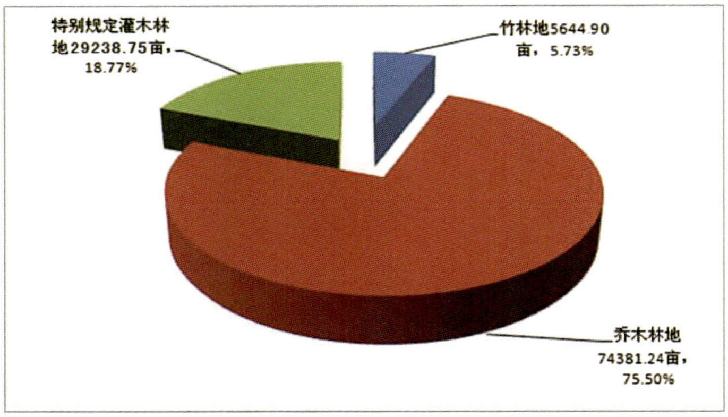

图 2-1　2009 年奉贤区各类森林面积结构图

2009 年上海市第七次森林资源普查奉贤区各类林地情况表

表 2-5　　单位：亩

单位	林地面积	乔木林地	竹林	疏林	灌木林	森林覆盖率(%)	林木绿化率(%)
合计	125907.00	74381.24	5644.90	86.20	29238.75	9.56	13.12
奉城	10417.31	5078.39	906.70	—	2914.53	2.35	4.04
庄行	11559.50	7823.15	689.60	—	1979.12	9.59	12.33
柘林	10852.98	4774.92	587.24	41.18	1800.92	5.84	9.61
南桥	19272.69	10915.82	613.71	45.06	4988.79	11.61	19.33
金汇	8298.44	4752.71	1105.73	—	1269.50	6.19	8.56
青村	20549.94	7629.57	537.29	—	9611.12	15.46	18.85
四团	5608.89	2190.45	340.00	—	2235.77	5.12	8.92
海湾	7491.45	5226.59	145.98	—	1867.80	15.48	21.75
现代农业园区	8965.58	7425.57	314.70	—	886.65	86.85	115.10
奉浦工业区	1119.63	431.82	18.83	—	435.02	35.83	44.52
光明集团	21770.21	18132.27	385.13	—	1249.56	68.54	75.54

2009 年后，由于确保粮食生产用地的需要，同时随着奉贤区南桥新城、上海市工业综合开发区、上海化学工业区、出口加工区等建设，林地与其他用地矛盾日益突出，奉贤区政府根据市林业发展“十二五”规划，按照上海市建设“资源节约型、环境友好型”城市的发展目标，结合奉贤区经济、社会发展和环境建设的需要，制定《奉贤区林地保护利用规划（2010—2020 年)》，确定林业生态建设发展用地在增加森林资源总量的基础上，做到依法保护、科学经营、持续利用林地资源，形成布局合理、功能完备、持续高效的林地结构，充分发挥森林的生态、经济、社会和文化效益，为全面推动奉贤经济社会可持续发展奠定优美生态环境。

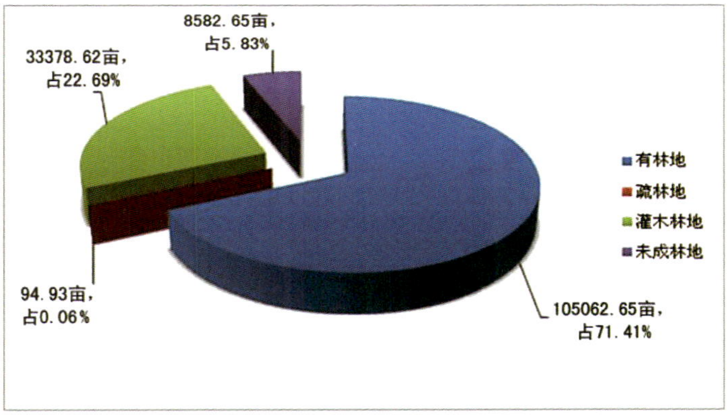

图 2-2　2015 年奉贤区林地面积结构图

2015 年，全区林地面积 14.72 万亩，占全区土地总面积的 14.27%。

在林地面积中，有林地面积 10.51 万亩，占林地总面积的 71.41%；疏林地面积 94.93 亩，占 0.06%；灌木林地面积 3.34 万亩，占 22.69%；未成林地面积 8582.65 亩，占 5.83%。

有林地中，乔木林地 9.98 万亩，占有林地面积的 94.94%，竹林地 5313.45 亩，占 5.06%。灌木林地中，国家特别规定灌木林地2.27万亩，占68.12%，其他灌木林地1.06万亩，占31.88%。

2015年奉贤区林地面积情况表

表2-6　　单位：亩

单位	合计	林地面积			
		有林地	疏林地	灌木林地	未成林地
合 计	147118.85	105062.65	94.93	33378.62	8582.65
奉城镇	13461.44	9523.62	—	3511.09	426.72
庄行镇	13725.57	7340.94	—	6012.24	372.39
柘林镇	15460.72	11985.49	47.56	2373.97	1053.69
南桥镇	20259.19	14812.35	47.37	4393.42	1006.05
金汇镇	11332.69	7729.72	—	1473.63	2129.34
青村镇	23627.46	11973.31	—	9689.10	1965.04
四团镇	7067.65	5165.79	—	1951.83	490.03
海湾镇	8338.31	6694.82	—	1453.83	189.66
现代农业园区	8233.77	7453.92	—	584.17	195.67
工业综合开发区	1590.41	826.98	—	672.90	90.53
光明集团	23481.64	21555.70	—	1262.41	663.53

2015年，全区森林面积为12.78万亩，森林覆盖率为12.39%。其中，光明集团最高达29.15%，最低四团镇为6.14%。

2015年奉贤区森林面积、森林覆盖率情况表

表2-7　　单位：亩

单位	森林面积				森林覆盖率(%)
	合计	乔木林	竹林	国家特别规定灌木林	
合 计	127798.68	99749.21	5313.45	22736.02	12.39
奉城镇	11709.76	8650.09	873.53	2186.15	7.11
庄行镇	12865.62	6535.03	805.91	5524.68	12.35
柘林镇	13307.85	11295.93	689.56	1322.35	9.28
南桥镇	15944.56	14297.92	514.42	1132.22	11.96
金汇镇	8877.41	6830.58	899.14	1147.68	8.33
青村镇	20799.78	11463.60	509.72	8826.46	19.03
四团镇	6725.77	4850.17	315.62	1559.98	6.14
海湾镇	6864.88	6582.11	112.71	170.07	13.77
现代农业园区	7469.97	7261.27	192.65	16.05	26.45
工业综合开发区	1438.01	802.26	24.72	611.03	19.69
光明集团	21795.06	21180.22	375.48	239.35	29.15

二、森林蓄积

中华人民共和国成立前，奉贤境内无成片森林，也未有森林蓄积量的调查和记载。中华人民共和国成立后，林业生产由县建设科和农林部门管理。1953年，奉贤县人民政府规定砍伐树木如影响农田水利者应予禁止，保护路基和堤岸的树木禁止采伐，采伐标准按照华东区森林采伐管理办法第八项第三条规定，杉木胸径不足20厘米，其他树木不足30厘米一律禁止采伐。并规定集体种植的树木采伐需经地方政府或林业部门批准，制止乱砍滥伐，保护森林资源增长。据上海市农业志林业篇记载，奉贤县境内金汇港和浦南运河两条市级骨干河道，经多年来营造防护林，至1989年，两岸有防护林19.5亩，木材蓄积量165.9立方米。全县实有防护林263.7亩，活立木蓄积量1425立方米。又据1979年，上海市第一次森林资源普查，奉贤县四旁树木保存数499.58万株，活立木总蓄积量5.36万立方米。1984年，上海市第二次森林资源普查结果，奉贤县四旁树木保存数257.26万株，活立木蓄积量4.77万立方米，与1979年相比，森林资源分别减少242.32万株和5899.8立方米。

1999年，奉贤第五次森林资源普查结果，全县林业用地面积3.98万亩，占全县土地总面积的8.37%。其中，有林地面积3.32万亩，占林业用地面积的43%。其中林分0.5万亩，占有林地面积的15%；经济林2.06万亩，占62%；竹林0.76万亩，占22.9%；苗圃地面积0.66万亩。全县活立木蓄积量21.95万立方米，其中林分蓄积量6.29万立方米占28.7%；四旁树保存数629.84万株，蓄积量15.66万立方米，占71.3%。按林龄分：幼龄林面积3695亩，占林分面积74%，蓄积9129立方米，占林分蓄积14.5%；中龄林面积1087亩，占林分面积的22%，蓄积1.15万立方米，占林分蓄积18.3%。林分蓄积量与1994年蓄积量11.38万立方米相比，蓄积量增10.57万立方米，增幅92.8%。

2004年，上海市开展了第六次森林资源普查，由上海市林业总站与华东林业调查规划设计院对奉贤区各镇（单位）森林面积和活立木蓄积量全面测算。各镇林地林木蓄积量合计9.12万立方米，全区四旁树蓄积量8.08万立方米，全区森林总面积10.88万亩，活立木总蓄积量17.11万立方米，与1999年相比森林总面积增加7.9万亩，活立木蓄积量减少4.85万立方米。

2004年奉贤区各镇（单位）森林面积蓄积量情况表

表2-8

单位	林地面积（亩）	蓄积量（立方米）
合计	105455.69	90130
奉城	13963.41	4242
农业园区	6335.99	29082
庄行	13515.55	4764
柘林	9072.94	9698
南桥	12786.77	7977
金汇	16438.4	13336
青村	16789.27	4907
四团	4120.46	794
海湾	3267.52	8088
星火	431.39	347
世纪森林	8733.99	6895

说明：此表不含“四旁”树蓄积量80785立方米

2009年，上海市开展第七次森林资源普查，全区活立木蓄积26.61万立方米。其中，森林蓄积18.86万立方米，占70.86%，疏林地蓄积42立方米，占0.02%，散生木蓄积1391立方米，占0.52%，四旁树蓄积7.61万立方米，占28.6%。与2004年相比，活立木总蓄积量增加9.51万立方米，增幅达55.6%。

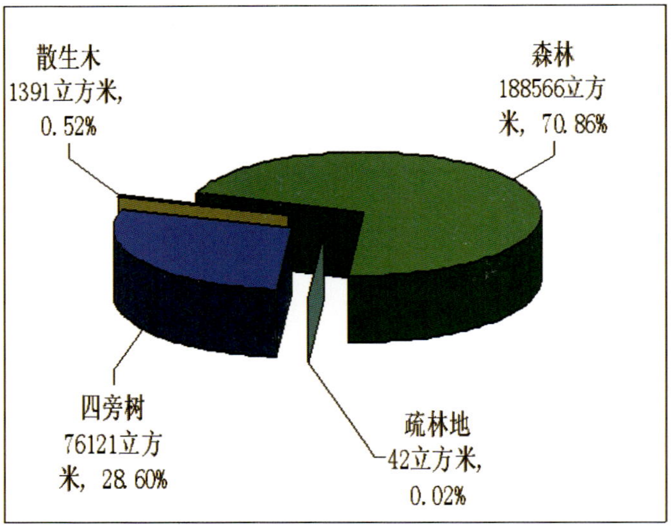

图2-3　2009年奉贤区各类森林、林木蓄积量结构图

2009 年奉贤区各单位活立木蓄积量情况表

表 2-9 单位：立方米

单位	合计	森林	疏林	散生木	四旁树
合计	266120	188566	42	1391	76121
奉城镇	18492	7248	—	300	10944
现代农业园区	19670	16923	—	7	2740
庄行镇	21052	13009	—	63	7980
柘林镇	14519	6101	25	78	8315
南桥镇	44598	29150	17	535	14896
金汇镇	25402	19142	—	141	6119
青村镇	28644	19709	—	158	8777
四团镇	11565	2614	—	1	8950
海湾镇	17435	14749	—	53	2633
奉浦工业区	1339	1133	—	27	179
光明集团	63404	58788	—	28	4588

2013 年，由国家林业局华东林业调查规划设计院对奉贤区森林资源动态监测成果显示，全区森林蓄积量 20.19 万立方米。

2013 年奉贤区各镇（单位）森林蓄积量情况表

表 2-10 单位：立方米

单位	森林蓄积量	单位	森林蓄积量
合计	201894	金汇	17227
奉城	10306	青村	17408
现代农业园区	10959	四团	4394
庄行	19453	海湾	14217
柘林	30267	奉浦工业区	2085
南桥	24375	光明集团	51203

与 2009 年相比，全区活立木蓄积量减少 6.42 万立方米，减少的主要原因是在林地结构调整中，对易遭受台风侵害，而导致树枝断裂的欧美杨这一树种，逐年淘汰所致。

第二节 林 地

一、林地面积

由国家林业局华东林业调查规划设计院在 2010 年的调查报告中确认，2009 年奉贤区共有林地面积 12.59 万亩。其中，有林地面积 8.01 万亩，占林地总面积的 63.56%；疏林地面积 86.24 亩，占 0.07%；灌木林地面积 2.92 万亩，占 23.22%；未成林地面积 1.66 万亩，占 13.15%。

有林地面积中，乔木林地面积7.44万亩，占92.95%，竹林地面积5644.91亩，占7.05%。

灌木林地中，国家特别规定的灌木林地面积1.85万亩，占63.26%，其他灌木林地面积1.07万亩，占36.7%。

未成林地面积1.65万亩，占99.92%。

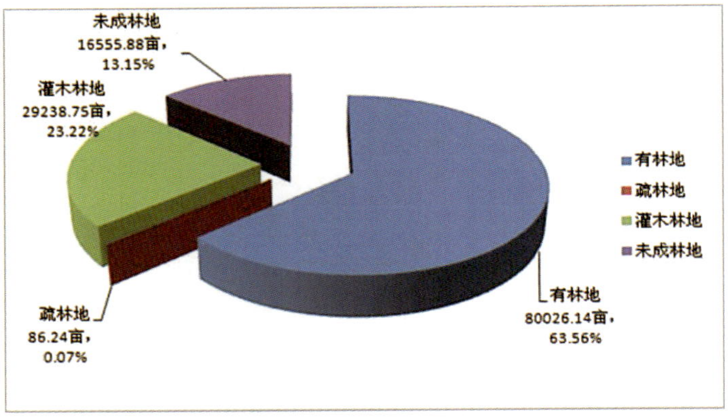

图2-4 2009年奉贤区林地结构图

2009年奉贤区各镇林地面积情况表

表2-11 单位：亩

单位	土地总面积	林地总面积	有林地	疏林地	灌木林地	未成林地
合计	1031085	125907.00	80026.14	86.24	29238.75	16555.88
奉城	162870	10417.31	5985.09	—	2914.53	1517.69
庄行	104310	11559.50	8512.76	—	1979.12	1067.63
柘林	143490	10852.98	5362.16	41.18	1800.92	3648.74
南桥	113490	19272.69	11529.53	45.06	4988.79	2709.32
金汇	106530	8298.44	5858.43	—	1269.50	1170.51
青村	109290	20549.94	8166.86	—	9611.12	2771.97
四团	109395	5608.89	2530.46	—	2235.77	842.67
海湾	78990	7491.45	5372.57	—	1867.8	251.09
奉浦工业区	31200	1119.63	450.62	—	435.02	233.97
光明集团	45420	21770.61	18516.59	—	1249.56	2003.66
现代农业园区	27735	8965.58	7740.27	—	886.65	338.66

林地面积按国家林种划分，全区防护林面积2.77万亩，占林地总面积28.13%，特种用途林面积4.68万亩，占47.67%，经济林面积2.38万亩，占24.2%。

防护林面积中：水源涵养林面积2557.41亩，占8.15%，蓄积8275立方米。沿海防护林面积3414.89亩，占10.88%，

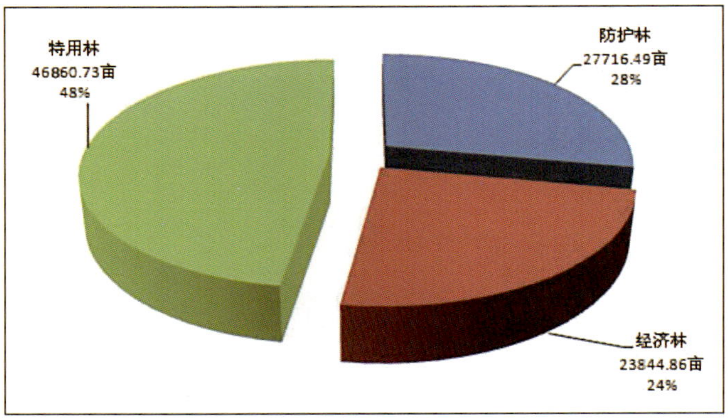

图2-5 2009年奉贤区森林各林种面积结构图

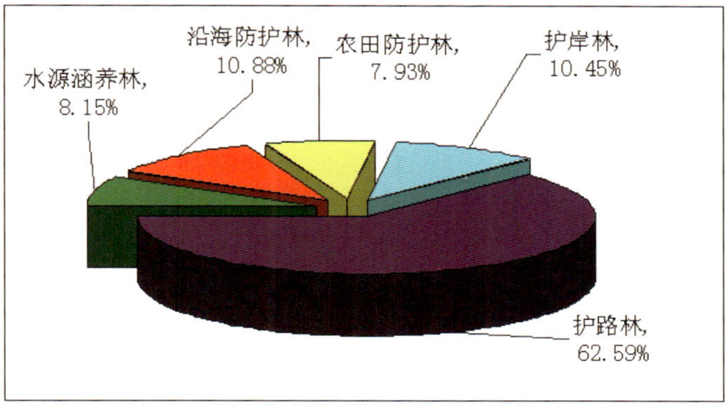

图 2-6　2009 年奉贤区防护林分林种面积结构图

蓄积 1.2 万立方米。农田防护林面积 2489.81 亩，占 7.93%，蓄积 1.02 万立方米。护岸林面积 3278.36 亩，占 10.45%，蓄积 1.42 万立方米。护路林面积 1.96 万亩，占 62.59%，蓄积 4.56 万立方米。

特种用途林中：环境保护林面积 4.43 万亩，占 81.92%，蓄积 7.8 万立方米。风景林面积 9786.14 亩，占 18.08%，蓄积 2.03 万立方米。

经济林面积 2.38 万亩，其中，乔木经济林面积 5348.93 亩，占 22.43%，灌木经济林面积 1.85 万亩，占 77.57%。

乔木经济林面积中，梨树面积 4763.09 亩、李树面积 13.13 亩、枣树面积 376.5 亩、柿树面积 89.86 亩、银杏面积 7.41 亩、其他乔木果树面积 83.96 亩。

灌木经济林面积 1.85 万亩中，柑橘类面积 2025.09 亩，占 10.95%；桃树面积 1.63 万亩，占 88.22%；其他灌木果树面积 149.06 亩，占 0.81%；蚕桑面积 5.43 亩，占 0.03%。

全区竹林面积 5644.91 亩。全区无用材林资源。

二、林地分类

按照国家林业局、财政部《重点公益林区划界定办法》的规定，林地宜划为国家公益林和地方公益林。地方公益林则按照《上海市公益林区划指导意见》的规定划分，各级公益林的树种、事权和保护等级，按《生态公益林建设规划设计通则》等有关技术规程规定执行，商品林地划分标准按照国家林业局颁布的《森林资源规划设计调查主要技术规定（2003 年）》执行。

奉贤区在上海市第七次森林资源普查中，由国家林业局华东林业调查规划设计院划定为：2009 年，按国家林种划分，奉贤全区公益林地总面积 8.56 万亩。

公益林地面积按事权等级划分，2009 年，奉贤区有国家级公益林面积 6462.69 亩，占 7.56%；市级公益林面积 3.38 万亩，占 39.53%；区级公益林面积 2.56 万亩，占 29.87%；其他公益林面积 1.97 万亩，占 23.04%。

公益林地面积按保护等级划分，2009 年，奉贤区有特殊保护林面积 1.01 万亩，占 11.71%；重点保护林面积 3.02 万亩，占 35.38%；一般保护林面积 4.53 万亩，占 52.91%。

商品林地。2009 年全区商品林地总面积 4.04 万亩（包括其他未成林造林地 1.65

万亩，占林地面积的32.08%)。

商品林地中，经济林面积2.38万亩，占商品林林地的59.04%。

商品林地按林木使用权划分，个人商品林地3.68万亩，占商品林地的91.10%；其余为国有和集体商品林地700.52亩，占1.74%；其他商品林地2892.53亩，占商品林地的7.16%。

地方林种。根据上海市的传统叫法和资源管理的实际状况，将上海市林地划分为沿海防护林、水源涵养林、通道林、污染隔离林、生态片林，其他特用林、竹林和经济林，统称为“上海市地方林种”。

全区林地面积按上海市地方林种划分：

①沿海防护林面积3414.89亩，占全区林地总面积的2.71%。

②通道林面积2.56万亩，占全区林地总面积的20.35%。

③水源涵养林面积2557.41亩，占全区林地总面积的2.03%。其中，黄浦江水源涵养林2392.62亩，占水源涵养林的93.56%。

④生态片林2.31万亩，占全区林地总面积的18.35%。

⑤其他特用林3.08万亩，占全区林地总面积的24.47%。

部门林地3万亩，其中，各类公园114.63亩，居住区林地6255.59亩，机关、企事业单位林地2.37万亩。

⑥经济林面积2.38万亩，占全区林地面积的18.94%。

⑦其他面积1.65万亩，占13.15%。

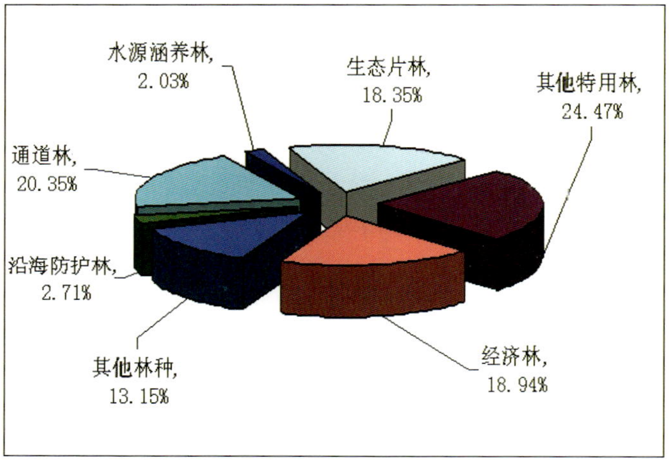

图2-7 2009年奉贤区林地面积分林种比例结构图

2015年，全区有公益林面积11.58万亩。公益林按上海林种划分：沿海防护林3858.05亩，占3.33%；通道林4.34万亩，占37.44%；黄浦江水源涵养林2410.39亩，占2.08%，其他水源涵养林51.51亩；污染隔离林513.87亩，占0.44%；部门林5.44万亩，占46.92%；风景林1080.25亩，占9.33%。

在公益林地面积中，管控林地面积3.08万亩，占公益林地面积32.93%。

2015年，全区商品林面积3.13万亩，均为经济林面积。其中，经济果林2.27万亩，占经济林面积的72.51%；其他经济林61.77亩，占0.19%；苗木经济林8535.82亩，占经济林面积的27.29%。

第三节　森林资源消长动态监测

2009年，上海市第七次森林资源普查后，为了更好适应新时期林业发展和生态建设的需要，准确掌握森林资源现状，并巩固森林资源调查成果，实现区域内林地资源种类、数量、质量及其分布的常态化、规范化的动态更新，切实保障《奉贤区林地保护利用规划（2010—2020年）》的顺利实施，在上海市林业局的组织领导下，在上海市林业总站、上海市绿化和市容管理信息中心的技术支撑下，根据《上海市林业局关于开展2012年上海市森林资源数据动态更新工作的通知》，奉贤区自2012年起，开展了森林资源消长动态监测工作。

一、动态监测工作领导小组和技术小组

2012年，奉贤区成立了由区农业委员会副主任夏根龙为组长的动态监测工作领导小组，并建立了由区林业署署长褚可龙，副署长张秀龙、薛耀英以及综合管理科等派员参加的动态监测技术小组。各镇林业主管部门也相应成立了组织领导机构和工作班子，负责森林资源动态监测工作的具体实施。要求在对2010—2011年新增和减少的森林资源实施年度现场勘验、核实、测算、更新，完善动态监测工作，更新森林资源档案，服务森林资源管理综合分析与判估的基础上，提出全区森林资源培育、保护和利用意见，制定区域林业发展规划。根据2011年航片底图，用GPS定位仪测查实施，把1亩以上的林地小班逐一绘制上图，并撰写奉贤区森林资源动态更新成果报告。

二、森林资源动态监测工作

森林资源动态监测工作，坚持严格执行《中华人民共和国森林法》第十四条，《中华人民共和国森林法实施条例》第十一条、第十二条的规定，依据《上海市森林资源规划设计调查操作细则》和《2012年上海市森林资源数据动态更新办法》（试行）以及《奉贤区2012年森林资源数据动态更新方案》进行组织实施。全面采用由上海市林业局提供的分辨率为1米的1∶6000近期航空照片，同时结合最新在线航片，通过相互结合、对照，使图像的显示与现实更加吻合，确保资源数据的精度。

三、森林资源动态监测成果

2012年以来，根据森林资源动态连续监测成果显示，全区森林面积连续增加。2015年达到12.78万亩，比1999年增加5.11万亩，增加幅度达到66.61%；有林地面积达到10.51万亩，比1999年增加7.19万亩，增加幅度达到216.78%，森林覆盖率从1999年的8.37%到2015年的12.39%，提高4.02个百分点，增加幅度达到48.03%，森

林面积连续增长的主要原因，是政府强力推动造林绿化工作，各种社会力量积极参与林业生态建设，使林地面积不断扩大。与此同时，由于大型社区建设、新城开发、工业区开发、土地平整、退林还耕等原因，也造成了不少林地的流失。据2010—2011年两年间的调查，因规划调整等造成各种原因森林资源流失面积5448.6亩。其中，灌木经济林减少1203.56亩，其次是由于农村居民点改造导致村庄附近植被损失，竹林面积减少227.18亩。2015年，全区森林总面积12.78万亩，有林地面积10.51万亩。

1999—2015年奉贤区森林资源消长动态情况表

表2-12

年度	森林面积（亩）	有林地面积（亩）	森林蓄积量（立方米）	森林覆盖率（%）	林木绿化率（%）
1999	76699.99	33166.01	219500	8.37	—
2004	94970.96	67224.57	171005	9.21	11.60
2009	98522.07	80026.14	266120	9.56	13.12
2012	99501.11	82208.73	—	9.65	15.60
2013	102809.46	85040.66	2018.94	9.97	15.50
2014	112019.79	89790.26	—	10.86	15.90
2015	127790.21	105063.41	—	12.39	26.00

2012—2015年奉贤区森林资源动态监测成果情况表

表2-13

单位	森林面积（亩）				森林覆盖率（%）			
	2012年	2013年	2014年	2015年	2012年	2013年	2014年	2015年
合计	99489.12	102809.48	112019.80	127798.80	9.65	9.97	10.86	12.39
奉城	7795.65	8377.91	9633.15	11709.75	2.4	2.58	2.97	7.11
庄行	10127.85	10404.68	10797.89	12865.65	9.72	9.99	10.37	12.35
柘林	7306.99	8567.48	10941.33	13307.85	6.63	7.78	9.93	9.28
南桥	12620.63	13000.94	14203.32	15944.55	11.12	11.46	12.52	11.96
金汇	6646.20	6607.38	6827.76	8877.45	6.24	6.20	6.41	8.33
青村	16407.96	16648.83	17918.89	20799.75	15.01	15.23	16.40	19.03
四团	4763.42	4949.13	5403.60	6725.85	5.47	5.68	6.20	6.14
海湾	6033.47	5954.76	6263.34	6864.90	18.07	15.52	16.32	13.77
现代农业园区	6945.32	6885.11	6903.63	7470.00	85.59	84.84	85.07	26.45
奉浦工业区	779.28	1019.59	1226.45	1438.05	37.1	48.55	58.40	19.69
光明集团	20071.35	20393.67	21900.44	21795.00	73.24	74.42	79.91	29.15

说明：1. 南桥镇含西渡街道、奉浦社区部分区域；四团镇含海港经济开发区；海湾镇含海湾旅游区、海塘沿线、星火开发区；奉浦工业区含吴塘村、灵芝村

2. 由于2015年行政区划调整，使柘林、南桥、四团、海湾镇以及奉浦社区、光明集团的行政区划比2014年扩大，从而出现森林面积比上年增加，而森林覆盖率比上年下降的情况

第四节 森林植被

奉贤地理环境优越，历史悠久，孕育繁衍了丰富的植物种类，在植物区系上奉贤属于泛北植物区，中国—日本森林植物亚区。在古代陆域以壳斗科、山茶科、樟科、榆科、桑科等科属植物为主的植被所覆盖，由于历史的演变和人为影响，以及战争的破坏，森林植被损失严重。中华人民共和国成立后，在党和政府加强与发展林业工作的一系列政策指导下，奉贤境内次生植被和人工植被增量明显。2015 年，全区森林植物有 73 科 256 种，针叶树种，主要有水杉、池杉等，阔叶树种主要有樟树、榉树等，竹类品种丰富，有燕竹、哺鸡竹等，灌木树种有夹竹桃、黄杨、红花檵木等，原始植被仅存少量的古树名木，次生植被生长繁茂。

据上海市 2009 年第七次森林资源调查报告，奉贤森林植被区，既有中国—日本森林植物亚区的许多基本特点，又有其本身的特点，构成奉贤自然林的主要树种都是中国—森林植物区系的典型属种，常绿树如山毛榉科青冈属的青冈，锥栗属的苦槠，樟科的樟属，润楠属，冬青科的冬青属，落叶树如山毛榉科的栎属，榆科的朴属、榉属、榆属，胡桃科的化香属，大戟科的野桐属等。

奉贤区主要自然植被为沿江滩涂的沼生植被。

一、植被类型

1．亚热带常绿阔叶林

主要是以香樟为主的典型常绿阔叶林群系。在奉贤区大型片林中，现代农业园区、申隆生态园、申亚生态园等都有较大面积的香樟纯林，林下植物有灌木类以及八角金盘等耐荫植物。

2．常绿落叶混交林

在区黄浦江水源涵养林建设工程中，根据地段特点采纳了 3 种常绿与落叶混交模式，在地势偏低，选择了耐水湿的湿地生态植物群落，段面划分为：水杉＋重阳木＋夹竹桃、池杉＋桤木＋海桐、垂柳＋水杉＋小叶女贞。为体现生态景观功能段面，林种划分为：香樟＋栾树＋栀子花、金合欢＋重阳木＋蚊母、杜英＋合欢＋小叶女贞、广玉兰＋喜树＋火棘。为发挥综合生态效益和社会经济效益作用，段面林种划分为香椿＋女贞＋夹竹桃、银杏＋杜英＋石楠。

3．针叶林

在地势低洼地段多分布水杉、池杉、落羽杉片林。在 1994 年森林资源普查中，区林地中针叶纯林占 50% 以上。

4．常绿落叶灌丛

分布于公园、广场绿地，凸显观赏、休闲功能。常绿树种有雪松、香樟、广玉兰等；落叶树种有玉兰科的白玉兰、紫玉兰；榆科的榉树、朴树；豆科的合欢等；灌木群系有木樨科桂花；槭树科鸡爪槭、羽毛枫；蜡梅科蜡梅等。地被植物有萱草科、鸢尾科、兰科、菊科、瑞香科等众多植物种类。

5. 草坪

主要分布于大型广场、休闲场所。草坪种类有冷季型草坪高羊茅、黑麦草；暖季型草坪有马蹄筋、马尼拉、狗牙根等；混合型草坪有果岭草等。

6. 竹林

多分布于农村宅旁，也用于公园绿地。1957年，全县竹园面积达5307亩。2014年竹林面积5324亩，竹类品种有燕竹、哺鸡竹、早园竹、雷竹、淡竹、刚竹、毛竹；观赏竹品种有凤尾竹、紫竹、慈孝竹等。

7. 经济林

2009年第七次森林资源调查，全区经济果林总面积4.78万亩，2015年经济林面积4.4万亩，占全区林地总面积的34.67%。经济果林树种主要有桃、梨、柑橘、柿、李、枇杷、枣等。

8. 特用林

农田防护林 可划分为以水杉、池杉、香樟等树种为主的防护林群系。2009年，全区农田防护林面积2489.8亩，占7.93%。

果园防护林 主要由水杉、枸橘、珊瑚林群系构成。

护路风景林 全区市区级公路两旁都建成通道林。2015年，全区通道林面积3.05万亩，占全区林地面积的23.19%，树种有香樟、欧美杨、栾树、无患子等乔木组成，并辅以观赏类花灌木，增添景观效应。

风景园林 城区公园以及各镇居住区都建有公共绿地，庭院都种植香樟、桂花、广玉兰等乔灌木，并配植彩叶植物银杏、红枫以及观赏类花木，以及球类植物，兰科、菊科，草本植物等配系。

二、2015年奉贤区主要森林植物目录

奉贤区森林植物种类

裸子植物门 GYMNOSPERMAE

（一）苏铁科 CYCADACEAE

苏铁 Cycas revoluta Thunb 地方名：铁树

（二）银杏科 GINKGOACEAE

银杏 Ginkgo biloba Linn 地方名：白果

（三）松科 PINACEAE

雪松Cedrus deodara (Roxb.) G. Don

湿地松P. eliottii Engelm

马尾松 P. massoniana Lamb　地方名：松树
五针松P. parviflora Sied. et Zucc
黑松 P. taiwanensis Hayata
金钱松Pseudolarix Kaempferi(Lindl.) Gord

（四）杉科 TAXODIACEAE

柳杉Cryptomeria fortunei Hooibrenk ex Otto et Dietr　地方名：温杉
日本柳杉 C. japonica (L.f.) D. Don
水杉Metasequoiq glyptostroboides Hu et Cheng
北美红杉Sepuoia sempervirens (D. Don) Endl
落羽杉T. distichium (L.) Rich
墨西哥落羽杉Taxodium mucronatum
池杉Taxodium ascendens Brongn
东方杉Taxodium mucronatum XCryptomeria Fortunei

（五）柏科 CUPRESSACEAE

侧柏 Platucladus orientalis (Linn.) Franco　地方名：扁柏
花柏C. pisifera (Sieb. et Zucc.) Endl.
中山柏Cupressus Iusitanicacv Zhong Shong Shanbai
千头柏cv. Sieboldii
龙柏 cv. Kaizuca
铅笔柏 S. virginiana (L.)　Ant　别名：北美圆柏
蜀桧Sabina cv. Pyramiaalis

（六）罗汉松科 PODCARPACEAE

竹柏Nageia nagi Kuntze
罗汉松Podocarpus macrophylluS (Thunb.) D. Don
短叶罗汉松var. maki(sieb) Endl

（七）红豆杉科 TAXACEAE

红豆杉Taxus wallichiana Zucc. Var. Chinensis (Pilger) Florin

被子植物门 ANGIOSPERMAE

双子叶植物纲 DICOTYLEDONEAE

（八）杨柳科 SALICACEAE

意大利 214 杨 P. Curamericana cv.‘-214’
毛白杨 P. Tomentosa Carr
垂柳 Salix babylonica L　地方名：倒柳
银叶柳 S. Chienii Cheng　地方名：小叶杨柳

龙爪柳Salix matsudana cv.Tortuosa Rehd

（九）杨梅科 MYRICACEAE

杨梅 Myrica rubra (Lour.) Sied. et Zucc 地方名：山杨梅

（十）胡桃科 JUGLANDACEAE

枫杨 Pterocarya stenoptera

（十一）桦木科 BETULACEAE

桤木Alnus cremastogyne Burk

（十二） 壳斗科 FAGACEAE

板栗 C. molissima Blume 地方名：大栗

（十三）榆科 ULMACEAE

朴树cv. Tetrandra Roxb. ssp. sinensis (pers.) Y.C.Tang

榔榆 U. Parvifolia Jacq 地方名：榔树

珊瑚朴Celtis julianae

白榆U. pomila linn

青檀Peteroceltis tatarinowii

榉树Zelkova schneideriana Hand.-Mazz

糙叶树 Aphananthe aspera

（十四）桑科 MORACEAE

柘树C.tricuspidata (Carr.) Bur. ex Lavall

构树Broussonetia papyrifera

桑树 Morus alba L

无花果 Ficus carica L

薜荔 F. Pumila L 地方名：凉粉冻

（十五） 蓼科 POLYGONACEAE

虎杖 Polygonum cuspidata Sieb. Et Zucc 地方名：活血龙

（十六）毛茛科 RANUNCULACEAE

牡丹Paeonia suffruticosa Andr

（十七）木通科 LARDIZABALACEAE

木通Akebia quinata (Thunb.) Decne

（十八）小檗科 BERRERIDACEAE

十大功劳 M. fortunei (Lindl.) Fedde 别名：狭叶十大功劳

阔叶十大功劳 Mahonia bealei (Fort.) Carr 地方名：土黄柏

南天竹Nandina domestica Thunb

（十九）石竹科 CARYOPHULLACEAE

石竹Diantnus chinensis L

（二十）木兰科 MAGNOLIACEAE

鹅掌楸 Liriodendron chinense (Hemsl.) Sarg　别名：马褂木

白玉兰Magnolia denudata

广玉兰 M. Grandiflore L　别名：荷花玉兰

紫玉兰 M.liliflora Desr　别名：辛夷

厚朴M. officinalis Rehd.et Wils

山玉兰 M. Delavayi Franch

乳源木莲 M.yuyuanensis Law　别名：狭叶木莲

红花木莲M.insignis (Wall.) Bl

乐昌含笑Michelia chapensis

含笑M.flgo (Lour.) Spreng

深山含笑 M.Maudiae Dunn

二乔玉兰Magnolia soulangeana Soul.-Bod

黄玉兰Michelia champaca L

金叶含笑Michelia foveolata

灰绒含笑Michelia velutina

阔瓣含笑Michelia platypetala

杂交鹅掌楸Liriodendron chinense × L.lulipifera

美国鹅掌楸Liriodendron tulipifera

乐东拟单性木兰 Parakmeria lotungensis

光叶拟单性木兰 Parakmeria nitida

（二十一）蜡梅科 CALYCANTHACEAE

蜡梅Cahimonanyhus praecox(L.) Link

素心蜡梅var. concolor Makino

（二十二）樟科 LAURACEAE

香樟 C. Camphora (Linn.) Preal　别名：樟树

红楠 M. Thunbergii Sied. et Zucc　地方名：表樟

大叶樟 C. septentrionale Hand.-Mazz　别名：银木

黄樟Cinnamimum porrectum

猴樟Cinnamimum bodinieri

沉水樟Cinnamimum micranthum

舟山新木姜子 Neclisea sericea

（二十三）虎耳草科 SAXIFRAGACEAE

溲疏Deutzia ningpoensis Rehd

绣球花H.macrophylla (Thunb.) Ser

虎耳草 Saxifraga stolonifera Meerb 地方名：金丝荷叶

（二十四）海桐科 PITTOSPORACEAE

海桐P.tobira (Thunb.) Ait

（二十五）金缕梅科 HAMAMELIDACEAE

蚊母 D.racemosum Sied.et Zucc 地方名：干心

枫香 L.formosana Hance 地方名：枫树、路路通

红花檵木var.rubrum.Yieh

北美枫香Liquidambar styraciflua

（二十六）景天科 CRASSULACEAE

垂盆草S. Sarmentoum Bunge

景天Sedum alfredii Hance

（二十七） 杜仲科 EUCOMMIACEAE

杜仲Encommia ulmoides Oliv

（二十八）悬铃木科 PLATANACEAE

二球悬铃木 Platanus × hispanica Muenchh 别名：英国梧桐

（二十九）蔷薇科 POSACEAE

木瓜海棠 Chaenomeles cathayensis (Hemsl.) Schneid 别名：木桃

木瓜C. Sinensis (Thouin) Koehne

贴梗海棠 C. Speciosa (Sweet) Nakai 别名：木瓜

垂丝海棠M. Halliana Koehne

棣棠花Karria japonnica (L.) DC

海棠花M. spectabilis (Ait.) Borkh

椤木石楠P. Davidsoniae Rehd.et Wils

石楠P. Serrulata Lindl

杏 Prunus armeniaca L 地方名：杏梅

红叶李 P.cerasifera Ehrhaart cv.Atropurpurea

梅 P. mume(Sied.) sied. et Zucc 地方名：杏梅

桃 P. Persica (Linn.) Batsch

樱桃P. Pseudocerasus Lindl

李 P. Salicina Lindl. 别名：嘉应子 地方名：李儿

日本樱花 Pr × yedoensis Matsum 别名：樱花

火棘Pyracantha foruneana(Maxim.) Li

枇杷Eriobotrya japonica (Thunb.) Lindl 地方名：丝杷

沙梨P. Pyrifolia (Burm. f.) Nakai

蟠桃cv. Compressa(Loud.) Bean

月季花 R.chinensis Jacq　地方名：月月红
野蔷薇花R.multiflora Thun6
七姐妹 cv. Carnea　地方名：十姐妹
玫瑰花 R. Rugosa Thunb
麻叶绣线菊 S.cantoniensis Lour　别名：麻叶绣球
蛇莓Duchesnea indica (Andr.) Focke

（三十）豆科 LEGUMINOSAE

合欢Albizia julibrissin Durazz
山合欢 A.Kalkora (Roxb.) Prain　地方名：谷荞柴
紫穗槐 Amorpha fruticosa L
紫荆Cercid chinensis Bunge
皂荚G.sinensis Lam
刺槐 Robinia pseudoacacia L　地方名：洋槐
龙爪槐 var. Pendula Lour　盘槐
国槐Sophora japonica
紫藤Wisteria sinensis (Sims) Sweet
伞房决明 Cassia tora L
白花三叶草Trifolium repens

（三十一）　芸香科 RUTACEAE

代代花 var.amara Engl
柚 C.Maxima (Burm) Merr　地方名：香抛
枸橼 C. medica.L
香泡 Citrns medica
柑橘 C.retuculata Blanco　别名：宽皮橘
甜橙 C. Sinensis (L.) Osbeck
杞橘 Poncirus trifoliate（L.）Raf

（三十二）楝科 MELIACEAE

苦楝 Melia azedarach
香椿 T. sinensis (A.Juss.) Roem

（三十三）大戟科 EUPHOBIACEAE

重阳木Bischofia polycarpa (Levl.) Airy-Shaw
乌桕S.sebiferum(Linn.) Roxb
野梧桐M.japouicus (Thunb.)Muell.-Arg
铁海棠 Euphorbia milii Des Moul　别名：虎刺

（三十四）黄杨科 BUXACEAE

黄杨 B.sinica(Rehd. et Wils.)Cheg ex M.Cheng 地方名：瓜子黄杨

匙叶黄杨 B.bodinieri Level 地方名：雀舌黄杨

（三十五）苦木科 SIMAROUBACEAE

臭椿Ailanthus altissima Swingle

（三十六）冬青科 AQUIFOLIACEAE

构骨 I.cornuta Lindl 地方名：老虎刺、六角刺

大叶冬青 I.latifolia Thunb 地方名：苦丁茶

矮冬青 I.lahfauensis Merr

（三十七）槭树科 ACERACEAE

三角枫 Acer burergerianum Miq 别名：三角枫

鸡爪槭A.palmatum Thunb

红枫cv. Atropurpureum

羽毛枫 cv. Dissectum

青爪榨槭 A.davidii Franch 别名：青枫

（三十八）无患子科 SAPINDACEAE

无患子 Sapindus mukorossi Gaertn 地方名：油皂子

黄山栾树Koelreuteria bipinnata Franch.var.integrifoliola (Merr.) T.Chen 别名: 全缘叶栾树

（三十九）卫矛科 CALASTRACEAE

扶芳藤 E.Fortunei (Turcz.) Hand.-Mazz 地方名：爬山老虎

冬青卫矛 E.japonicus Thunb 地方名：大叶黄杨

银边卫矛 cv. Albo-marginatus 地方名：银边黄杨园艺品种

金心卫矛 cv. Aureo-marignatus 地方名：金心黄杨园艺品种

（四十）鼠李科 RHAMNACEAE

枣Ziziphus jujuba Mill 地方名: 红枣

（四十一）葡萄科 VITACEAE

葡萄 V. Vinfera L

（四十二）杜英科 ELAEOCARPACEAE

爬山虎Parthenocissus Tricuspidata

杜英 E. decipiens Hemsl 地方名：山橄榄

（四十三）锦葵科 MALVACEAE

木芙蓉 Hibiscus mutabilis L. 别名：芙蓉花

木槿 H. Syriacus L. 地方名：新米花

秋葵Abelmoschus manihot

滨海木槿 Hibiscus hamabo

（四十四）梧桐科 STERCULIACEAE

梧桐 Firmiana platanifolia (L.f.) Marsili 地方名：羹瓢儿子、青桐

（四十五）猕猴桃科 ACTINIDIACEAE

中华猕猴桃 A. chinensis Planch

（四十六）山茶科 THEACEAE

茶梅 C. hiemalis Nakiai 地方名：冬红茶梅

山茶 C. Japonica L 地方名：红山茶

油茶 C. Oleifera Abel 地方名：茶籽

木荷 Schima suoerba Gardn et Champ 地方名：歪茶

厚皮香 Ternstroemia gymnanthera (Wigth et Arn.)Sprague 地方名：猪血柴

（四十七）柽柳科 TAMARICACEAE

柽柳Tamarix chinensis Lour

（四十八）藤黄科 GUTTIFERAE

金丝桃 Hypericum monigynum Linn. 别名：金丝海棠

金丝梅 H. Patulum Thunb 地方名：端午花

（四十九）千屈菜科 LYTHRACEAE

紫薇 Lagerstroemia indica Linn 地方名：怕痒树

（五十）瑞香科 THYMELAEACEAE

瑞香Daphne odora Thunb

结香 Edgeworthia chrysantha Lindl 别名：水菖花 地方名：三椏皮

（五十一）安石榴科 PUNICACEAE

安石榴 Punica granatum Linn 地方名：石榴

重瓣红石榴 cv. Pleniflora

（五十二）蓝果树科 NASSACEAE

喜树 Gampotheca acuminata Decne. 别名：旱莲木

（五十三）五加科 ARALIACEAE

常春藤 Hedera helix L.

中华常春藤 Hedera nepalensis k. koch var. sinensis (Tobl.) Rehd. 地方名：三角枫

（五十四）桃金娘科 MYRTACEAE

七叶桉Eucalyptus robusta Smith

赤桉Eucalyptus camaldulensis

红千层Callistemon rgidus

（五十五）杜鹃花科 ERICACEAE

春鹃Rhododendron Simsii Planch

夏鹃Rhododendron pulchrum

西洋杜鹃Rhododendron sp

(五十六）柿树科 EBENACEAE

柿D. Kaki Thunb.

君迁子 D. Lotus Linn 别名：鸡心柿

(五十七）木犀科 OLEACEAE

女贞 L.lucidum Ait 地方名：冬青

小叶女贞Ligustrum quihoui

桂花 O. fragrans(Thunb.) Lour 地方名：木犀

迎春J.nuduflorum Lindl

茉莉花 J.sambac (L.) Ait

金叶女贞 L.vicargi Reha

金桂cv. Thunbergii

银桂cv. latikolins

丹桂 cv.Aurantiacus

紫丁香Syringa oblate

黄馨Jasminum mesnyi

四季桂Osmanthus fragrans cv. Semperflorens

(五十八）夹竹桃科 APOCYNACEAE

夹竹桃Nerium oleander L

络石 T. Jasminoides (Lindl.) Lem 地方名：白花藤

花叶蔓长春藤Vinca major cv.Variegata

(五十九）玄参科 SCROPHULARIACEAE

白花泡桐Paulownia fortonei (Seem.) Hemsl

(六十）萝藦科 ASCLEPIADACEAE

夜来香 Telosma cordata （Burm.f.）Merr

(六十一）茜草科 RUBIACEAE

栀子 Gardenia jasminoides Ellis 地方名：黄桅儿

虎刺Damnacanthus indicus (Linn.) Gaerth.f

六月雪Serissa japonica (Thunb.) Thunb

(六十二）忍冬科 CAPRIFOLIACEAE

忍冬 L.japonica Thunb 地方名:金银花

珊瑚树V. Odoratissimum Ker-Gawl.var.awabuki (K. Koch) Zabal ex Rumpl. 别名：法国冬青

(六十三）菊科 COMPOSITAE

菊花Dendranthema morifolia (Ramat.) Tzvel

（六十四）马鞭草科 VERBENAECEAE

海州常山 C. Trichotomum Thunb　别名：臭梧桐

（六十五）紫葳科 BIGONIACEAE

凌霄Campsis grandiflora (Thunb.) Schum

（六十六）山茱萸科 CORNACEAR

桃叶珊瑚Aucuba chinensis

洒金珊瑚Aucuba japonica cv.variegata

光皮毛梾Cornus wilsoniana

（六十七） 美人蕉科 CANNACCEAE

美人蕉Canna indica

单子叶植物纲 MONOCOTYLEDONEAE

（六十八）禾本科 GRAMINEAE

孝顺竹Bambusa multiplex (Lour.) Raeuschel

凤尾竹var. Riviereorum (R.Maire) Chia et H. L. Fang

箬竹I.tessellatus (Munro) Keng f

花哺鸡竹 P. Glabrata S.Y.Chen et C.Y. Yao

水竹 P. Heteroclada Oliv

红壳雷竹 P. Incarnata Wen

紫竹 P. Nigra (Lodd.) Munro　地方名：乌竹儿

早竹 P. Praecox C.D.Chu ex C.S.Chao

毛竹 P. Heterocvcla (Carr.) Miford cv. Pubescens

刚竹 cv. Viridis　地方名：石竹、斑竹

乌哺鸡竹 P. Vivax Mcclure

（六十九）棕榈科 PALMAE

棕竹Rhapis excelsa (Thunb.) Henry ex Rehd

棕榈 Trachycarpus forunei (Hook. f.) H. Wendl　地方名：毛棕

长叶刺葵 Phoenix canariensis Hort. ex Chabaud　地方名：加拿利海枣

蒲葵Livistona chinensis R.Br

（七十）百合科 LILIACEAE

玉簪H. Plantaginea (Lam.) Aschers

黄花菜 H. Citrina Baroni　地方名：金针菜

麦冬Ophiopogon japonicus (L. f)Ker - Gawl

（七十一）石蒜科 AMARYLLIDACEAE

晚香玉Polianthes tuberosa L

朱顶兰 Hippeastrum Uittotum（L’Her）Herb

水仙Narcissus tazettavar. Chinensis Roem

（七十二）鸢尾科 IRIDACEAE

鸢尾Iris tectorum Maxim

黄菖蒲 Iris pseudacorus L

（七十三）兰科 ORCHIDACEAE

春兰Cymbidium goeringii (Rchb. f.) Rchb. f

建兰C. ensifolim (L.) Sw

蕙兰 C. faberiRolfe

铁皮石斛Bulbophyllum kwangtungense Schltr

红叶紫薇

美人梅

金叶国槐

紫叶矮樱

第三章　植树造林

奉贤的植树造林，主要是“四旁”（村旁、宅旁、河旁、路旁）植树绿化，海岸、江堤防护林建设，还包括竹、果等经济林木和花卉种植和栽培。近代奉贤林业的发展跌宕起伏、几经曲折，20世纪80年代开始，进入稳定发展时期。21世纪起，进入建设生态林为主的新时代，实施生态林、防护林、经济林与环境绿化建设一起上，并以工程化造林方式推进。

据史籍载，新石器时代晚期（约前2500年）杭州湾北岸有柘湖，湖中有小山，山上柘树成林，后此地段遂称柘林（今柘林镇）。清乾隆《奉贤县志》载，境地栽种树木之属有桑、榆、槐、朴、楝、银杏、柳等26种。果之属有梅、桃、李、橙等22种。花之属有梅、兰、牡丹、桂花等52种。竹之属有燕竹、蔑竹、哺鸡竹等8种。野生动物有獾、香狸、獭等6种。野禽有野鸡、鹭、鹰、鹊等19种。随着历代农业的发展，原始林木逐步缩小，并逐步为农民植树、种竹所取代，一些陆生野生动物也随之消失。农民在宅前、屋后种植树木和竹林，一些农舍、村庄掩映在绿树翠竹丛中，至今保存下来的古树有65株，后续资源21株。树龄在千年以上的银杏1株，800年树龄以上的有3株。这些古树一般都栽种在寺庙、祠堂、花园等处。历史上许多村庄因盛产桃、梅等果品而得名桃园、梅园。种桑养蚕历史悠久，至2015年仍保留有百年树龄的桑树6株。花卉栽培以名人、绅士、达官之园，境内曾有花园14个，有明代的“陶溪八景”（今青村镇陶宅村），清代胡桥镇陈宅的“兰桂厅”，民国初王宅的“野园”（今头桥镇联工七队），南桥镇“一邱园”，面积44亩，以及沈梦莲建的“沈家花园”等。有江南第一牡丹，树龄400余年，江南第一梅（蜡梅），树龄130余年。但在抗日战争和解放战争中，许多村庄的林木，包括古树、竹林、花园被砍伐殆尽，林业资源损耗严重。据《民国奉贤县志稿》记载，全县的林业产值为8.6万元，仅占全县农业产值的0.3%。

30年代初的奉贤造林运动大会

中华人民共和国成立后，党和国家十分重视林业的恢复和发展，奉贤的林业经历了发展、挫折、再发展的历程。解放初期的林业，县内没有林场和苗圃，植树基本是农户收集野生苗木自由种植，大多数农户在宅前屋后种些零星树木、杂竹，沿海没有防护林带，林业发展缓慢。经过土地改革和农业合作社后，落实了“谁种谁有”的林业政策，并且规定农户在宅前屋后种植的树木归农户所有，沿江、沿河、沿塘为集体造林归集体所有，树苗由县苗圃免费供应，每户5株，农村“四旁”植树迅速发展。1952年，建立奉贤县防风林苗圃，面积52.5亩。1956年，建立奉贤县苗圃，面积600亩。1959年，建立奉贤县林场，面积1500亩。至1957年全县普查树木保存量146万株。

同时，政府积极鼓励发展经济林果生产，尤其是建立人民公社的头两年，全县新建公社、生产队级果园66个，面积2144亩，新辟毛竹园500亩、桑园300亩，营造防风林带910亩。但是，到了50年代后期，由于受农村工作中的“共产风”以及“大跃进”中的“浮夸风”的影响，“造林大呼隆，过后一场空”，发展步子太快，只讲数量，不讲质量，缺乏科学观念，违背自然规律，盲目引种，有些项目试验失败。以后又遭受三年经济困难时期影响，为了加快粮食生产，大批林地被改种粮食。1958年11月，全民大炼钢铁，县防风林苗圃被炼钢小高炉占用，新寺大操场苗圃交当地人民公社管理，奉贤县苗圃也改为水稻良种场，畜牧场也挤进了公社与队级果园，林业又遭受不少损失。1961年6月，中共中央发布《林业十八条》和国务院颁布的《森林保护条例》，重申“谁种谁有”的林业政策，林业所有制得到保证，人心逐步稳定，植树造林又迅速恢复和发展。1963年，全县植树123万株，其中农户种植75.38万株，国营造林种植34.8万株，其中县林场造林1100亩，集体“四旁”种植12.82万株。1958—1966年，全县种植楝树、榉树、榆、桑、松、柏、桃、梨、胡桃、板栗、油桐、乌桕等树木共124万株。“文化大革命”期间，社会秩序混乱，无政府主义思潮泛滥，植树造林工作几乎停顿，乱砍滥伐情况严重。据县林场统计，被乱砍滥伐的成材树就有10万余株，海塘防汛防风林带被淹、被占60余亩，幼树被破坏的情况更为严重，许多地方的“四旁”植树，年年植树不见林，把种花、养草当作“封、资、修”进行批判，林业工作又遭重伤，尤其是花卉生产横遭摧残而一落千丈。

1971年，召开全国林业工作会议。1972年，掀起林业基地建设和农村“四旁”植树为重点的造林运动。县内的“四旁”植树，开始由宅前屋后零星隙地植树，发展到以建设农田林网为重点，建立带、网、片相结合的防护林体系。据统计1970—1978年，全县“四旁”植树累计为919.6万株，这部分种植的树木质量比较好，成活率有了提高。其中，泰日、庄行、齐贤3个镇结合农田基本建设大搞农田林网化，基本实现了农田林网化（以亩田达到15株为标准）。据1979年上海郊区第一次林业资源清查结果，奉贤共有林地面积9753亩，其中，防护林590亩、经济林3201亩、竹林4408亩、灌木林539亩、苗圃615亩、其他林业用地400亩。“四旁”树木覆盖面积1.4987万亩，“四旁”树木保存数499.58万株，森林覆盖率为2.97%，平均每亩耕地占有9.9株，按人口平均拥有树木11.3株，其中农户个人所有占77.6%，集体所有占22.4%，其次国家和集体在沿江堤岸、沿海两旁种植的防护林总长度37.8公里，县林场营造的沿海防护林面积590亩，交通部门在公路两旁种植的行道树有165公里。另外，各公社发展果园3041亩，利用清坎和杂边地种植杞柳539亩，利用塘涂、高坡种植桑树160亩，年产果品1371吨，蚕茧150余担、竹子2000担、柳条7000余担、芦竹5万余担、年出圃苗木30万～40万株，加上部分成材利用，年林业总产值145万元，占全县农业总产值的3.6%。

1979年奉贤县各公社“四旁”树木情况表

表3-1

单位	农业耕地面积（万亩）	四旁树木（万株）	人均/株（株）	亩/株（株）	四旁树木覆盖面积（万亩）	覆盖率%
合计	50.5059	499.58	11.3	9.89	14987.16	2.97
江海	3.1457	26.81	9.99	8.52	804.00	2.56
萧塘	2.6377	15.18	6.44	5.76	455.37	1.73
邬桥	3.1591	37.03	15.45	11.72	1111.36	3.52
新寺	2.7567	32.97	13.00	11.23	929.05	3.37
胡桥	3.4995	29.18	11.58	8.34	835.20	2.50
庄行	4.1683	66.38	23.90	15.92	1991.16	4.78
齐贤	2.1768	30.08	15.76	13.82	902.30	4.14
金汇	2.1155	21.42	11.11	10.12	642.69	3.04
泰日	3.6801	66.76	23.68	18.14	2002.72	5.44
头桥	2.9871	20.59	7.50	6.89	617.57	2.07
奉城	3.8838	22.16	6.97	5.70	664.65	1.71
四团	3.3109	28.51	8.70	8.60	855.35	2.58
平安	4.3053	42.42	11.67	9.85	1072.54	2.96
塘外	1.8732	5.32	3.62	2.84	159.59	0.86
青村	2.6636	29.43	13.61	11.05	882.92	3.31
光明	1.8439	7.50	5.50	4.07	224.99	1.22
钱桥	2.2513	19.66	9.73	8.73	589.32	9.73
新海	0.0474	0.20	1.11	4.21	6.00	1.11

80年代始，奉贤的林业工作进入稳步发展的兴旺时期。1982年5月，奉贤县绿化委员会成立，迅即认真贯彻中共中央《关于深入开展植树造林、绿化祖国运动的通知》和全国平原绿化工作会议精神，广泛宣传提高全民义务植树法定性、全民性、义务性的认识，积极开展全民义务植树活动。1984年，全县参加全民义务植树有33.53万人次，植树64.14万株，以后每年都开展义务植树，年植树80万～120万株。

80年代植树造林工作的重点是以“四旁”植树为主，加快实现农田林网化，又要搞好海塘、江堤林带化，城镇园林化，同时，挖掘地区优势发展经济林果，合理调整林木结构布局，提高林业生产的经济效益，增加森林覆盖率。

1984年，全县参加全民义务植树33.53万人次，植树64.14万株

“四旁”植树仍以发挥集体和个体两种积极性，贯彻“社造社有、队造队有、合造共有”的政策，社员宅前屋后和自留地上种树、栽果，永远归社员所有，允许继承。1983年，全县开始落实林业生产责任制，并提出集体造林注重突出重点，每个公社每年要重点完成一条河、一条路的植树绿化，海塘、江堤两侧要划出30米～100米，营造防护林带，对已种植的37公里芦竹，逐年采伐，更新植树，按市农业局计划，每年营造50～100亩海塘防护林，城镇园林化要纳入城镇建设规划。1984年，建设南桥镇古华公园，面积160亩。1995年江海镇建造望春园，面积13亩。同时扩大街道、新村绿地，每年要抓好一个新村、一所学校、一个单位、一条道路的绿化，把绿化工作列入文明单位评比的条件之一。1985年，邬桥乡完成植树4.4万株，育苗165亩，新增果树200亩，竹林43亩。同时，建成道路林带3条，总长15公里，全乡森林覆盖率达到3.9%，为全县之最。

据1989年上海郊区第三次林业资源清查结果，全县“四旁”树木保存数462.89万株，人均10.5株，亩均9.5株，森林覆盖率达3.61%，比1979年增加0.64%。

90年代，奉贤实施林业发展“八五”“九五”规划，以市绿化达标竞赛活动为动力，加快植树造林步伐。1996年，县政府与市政府签订了平原绿化达标责任状，实施林业建设“五大战略”（沿路战略、沿江战略、沿海战略、品牌战略、生态环境战略），同时突出强调县内各级领导，把造林绿化工作列为年度10件实事项目之一来抓，有效地促进了全县植树绿化的健康发展。重点实施了金汇现代农业园区示范绿化工程，面积1200亩，植树2.8万株；光明镇经济林示范工程，面积8700亩；奉贤竹港林带防护林示范工程，面积816亩；奉城镇生态旅游观光农业示范工程，面积1200亩和1999年海湾世纪林，面积1500亩等项目，并列入市级林业重点工程建设。

同时，紧紧围绕林业部颁布的平原县绿化达标的标准：（1）森林覆盖率达到8%；（2）农田林网控制面积占宜林网耕地面积的70%以上；（3）境内的公路、铁路、江（海）堤、骨干河道两侧宜林段绿化率达85%以上，并且树种合理配置、林相整齐、密度适中；（4）村庄绿化面积占宜绿化面积的95%；（5）平原绿化要集中力量抓好以骨干河道、骨干道路两侧绿化为主体的大框架绿化和以农业示范区绿化、乡镇绿化为重点的窗口绿化工程，做到乔、灌、花草结合，生态、经济、社会三大效益综合发挥的功能，全县上下，积极开展创建平原绿化达标县活动。

1996年起，县政府分别与各镇签订绿化责任状，把各项指标层层分解，予以落实。经过5年的切实努力，至2000年，各项指标均达到并超过绿化责任状所规定的要求，取得跨越式的发展，具体为：（1）新增林地面积1.51万亩，总面积达到3.32万亩；（2）新增“四旁”树木34万株，实际保存数达到630万株；（3）新增农田林网化控制面积30.4万亩，林网控制总面积达到35.93万亩，占宜林网化耕地面积的87.52%；（4）全县森林覆盖率为8.37%，比1989年3.61%，增加4.76个百分点。鉴于奉贤县平原绿化的扎实工作，措施有力，成绩突出的表现，1997年，被上海市农林局表彰为市平原绿化先进单位；1999年，被评定为全国经济林建设示范县；2000年，通过市级验收评定为全国平原绿化达标县。

进入21世纪，上海面临创建国家园林城市，加快推进城乡一体化的进程，在《上海市绿化建设系统规划》和《上海市“十五”林业发展规划》的指导下，区政府领导明确指示，坚持把发展林业作为推进农业结构调整、改善城乡生态环境，以林业示范工程、形象工程、“万家富”工程为抓手，紧密围绕建设比较完整的林业生态体系和比较发达的林业产业体系两大目标，按照市政府指定的林业“六绿”建设计划与要求（绿色项链、绿色屏障、绿色森林、绿色通道、绿色景点、绿色产业），大力推进林业建设，营造森林组团，凸现规模效应，以大工程带动大发展，进入了以建设生态林为主的新时代。

根据2002年12月14日国务院令第367号公布《退耕还林条例》规定，奉贤区政府切实贯彻上海市政府关于退耕还林的指示，制定退耕还林的实施细则，调动农业企业、农民参与退耕造林的积极性。在2002—2003年内，全区共完成退耕造林面积4.36万亩，其中，果林1.95万亩，用材林0.28万亩，苗圃2.14万亩。根据退耕造林项目三级投资的原则，市政府补贴退耕造林专项资金1305.9万元。

2002—2003年度奉贤区退耕造林面积情况表

表3-2　　单位：亩

镇别	退耕还林面积	其中		
		果林	用材林	苗圃
合计	43598	19479	2761	21358
青村	2565	1319	174	1072
金汇	1685	705	—	980
西渡	1091	137	9	945
泰日	3257	539	8	2710
柘林	1927	954	170	803
头桥	2070	1114	175	781

续表 3-2 单位：亩

镇别	退耕还林面积	其中		
		果林	用材林	苗圃
四团	1962	1426	—	536
光明	2541	2407	—	134
平安	1570	621	123	826
南桥	3804	424	—	3380
邬桥	2442	1087	180	1175
新寺	1937	168	388	1381
胡桥	1482	761	64	657
庄行	5174	4798	75	301
钱桥	3595	699	870	2026
奉城	4341	1922	476	1943
奉浦	1162	392	35	735
海湾	993	6	14	973

2004 年，中共中央十六大提出，把生态良好作为全面建设小康社会的重要指标，提出要实现经济发展与人口、资源、环境相协调，而森林是陆地生态系统的主体，林业是一项重要的公益事业和基础产业，会议期间颁发了《中共中央国务院关于加快林业发展的决定》（中央 9 号文件），这是中国新时期林业工作的纲领性文件，也标志着中国林业发展进入了一个新的历史阶段。在中央 9 号文件精神指引下，上海市委、市政府高度重视林业建设，从林业是有生命的城市基础建设高度，立项开展城市规划研究，并把城市森林规划纳入上海城市发展的总体规划，提出要将城市森林建设先于其他基础设施建设予以推进，进一步加大生态片林建设力度，实行郊区、市区联动，林网水网结合，3 环 19 片为重点。奉贤在区委、区政府领导下，重点推进沿海防护林、通道林、水源涵养林、防污染隔离林、大型生态片林和经济果林六大工程建设，制定各林种的造林技术规程，实施质量管理，为林业可持续发展打好基础，在林业投资主体结构上，政府出资建设生态公益林，企业资金结合二、三产业开发建设大型片林，农民投资重点建设经济果林，形成了政府、企业、农民一起上，各类林地齐推进的造林格局。

2004年奉贤区林业建设任务分解情况表

表3-3 单位：亩

单位	沿海防护林	水源涵养林	通道防护林	防污染隔离林	生态片林	经济林	合计
合计	450	4000	5450	2100	3000	7000	22000
南桥镇	—	500	300	—	—	500	1300
青村镇	—	—	3000	—	—	1500	4500
奉城镇	—	200	800	—	—	1000	2000
四团镇	—	300	200	—	—	1500	2000
庄行镇	—	350	250	—	—	1500	2100
柘林镇	—	650	600	1000	—	500	2750
金汇镇	—	200	—	—	3000	500	3700
农业园区	—	1700	—	—	—	—	1700
海湾旅游区	—	100	100	—	—	—	200
上海综合工业开发区	—	—	200	—	—	—	200
化学工业区奉贤分区	—	—	—	1100	—	—	1100
区林业署	450	—	—	—	—	—	450

2000—2014年，奉贤共实施林业重点工程建设项目62项，完成造林面积3.39万亩，基本建成以沿海防护林、水源涵养林、通道防护林、污染隔离林、大型片林为主要骨架的林业生态网络。其中，2015年，根据市政府与区林业发展“十二五”规划目标，区委、区政府在深入贯彻党的十八大和十八届三中全会精神下，坚持以科学发展观为指导、以深化改革为动力，继续抓住城市化发展社会主义新农村建设和农业产业结构调整，围绕建设生态宜居城市和美丽奉贤目标，落实林业建设目标责任状，加大农田林网、沿海防护林、河道和道路通道林等的建设力度，加宽林带，在高速公路、铁路和高压走廊沿线和村宅周边等加大植树造林力度，坚持“深挖潜力，确保增量”和“建管并举，提升林地功能”的工作思路，举全区之力，全力推进全区的植树造林工作。至2015年，先后建成现代农业园区片林5178.84亩、申隆生态林6998亩、申亚生态林2301亩、黄浦江水源涵养林2815亩、竹港竹林带240亩、化工区防污染隔离林3448.51亩、公路通道林1.22万亩。全区实有林地总面积达到14.71万亩，森林保有量12.78万亩，森林覆盖率达到12.39%。

第一节 义务植树

民国四年（1915年）七月三十一日，北洋政府正式颁令清明节为全国植树节，开始宣传和组织民众植树造林，并开展植树典礼等活动，促进全民植树造林。民国十七年（1928年）四月七日，南京国民政府将清明植树节改为3月12日，“总理逝世纪念植树式”。民国十八年（1929年），国民政府农矿部颁发《总理逝世纪念植树式各省植树暂行条例》，这是中国历史上第一个有关人员必须参加义务植树的官方文件，该条例规定，“各省市县每年举行植树式，每处至少植树500株，或造林10亩。植树地点如无相当荒山时，得于堤岸或道旁举行之。举行植树式时政府各机关长官、职员、各学校师生及地方各团体民众均应一律参加躬亲栽植”。民国十九年（1930年），为了扩大义务植树运动的宣传和带动作用，国民政府农矿部以部令形式将每年3月5日至3月19日定为“造林运动宣传周”。

中华人民共和国成立初期，义务植树虽然没有统一规定，但各地民众仍自发地开展植树活动，1956年，毛泽东主席发出了“绿化祖国”的号召。是年，上海市政府决定3月为全市绿化活动月。此后，义务植树活动更趋频繁，市、县级机关及其领导也纷纷参加植树活动。

1979年2月23日，五届全国人民代表大会常务委员会第六次会议通过决定，每年的3月12日为中国植树节。1981年9月，在中共中央副主席邓小平的倡议下，由党中央书记处讨论提出，第五届全国人民代表大会第四次会议于1981年12月13日通过《关于开展全民义务植树的决议》（以下简称“决议”）规定，“凡是条件具备的地方，年满11周岁的中华人民共和国公民，除老弱病残者外，因地制宜，每人每年义务植树3～5株，或者完成相应劳动量的育苗、管护和其他绿化任务”。为了贯彻全国人民代表大会的决议，1982年2月27日，国务院常务会议通过并颁布《国务院关于开展全民义务植树运动的实施办法》（以下简称《办法》），规定“凡是中华人民共和国公民，男11周岁至60周岁，女11周岁至55周岁，除丧失劳动力者外，均应承担义务植树任务，各单位要将人数如实统计上报当地绿化委员会，作为分配具体任务的依据”。接着，国务院于1982年2月28日成立中央绿化委员会，负责统一领导全民义务植树运动和整个城乡造林绿化工作。随后，上海市人民政府也发出《关于本市开展全民义务植树的通知》在全郊区广泛开展全民义务植树运动。1982年5月14日，奉贤县成立县绿化委员会，由县各相关部门领导组成，副县长陈秀娟任县绿化委员会主任，下设县绿化委员会办公室，积极开展义务植树运动的组织、宣传和发动工作。各公社由分管社长负责，成立公社绿化领导小组，加强造林绿化工作的统筹和领导；各级领导和林业部门通过报纸、电台、广播等舆论工具，广泛宣传五届人大四次会议的《决议》和国务院常务会议通过的《办法》，使全县人民和各级领导干部对义务植树有一个正确的认识，加深其对全民性、法定性和义务性的认识；领导带头植树，每年植树节县党政军的领导率领机关干部、部队官兵走出大院，参加植树节活动。1984年3月6日，奉贤县人大常委会三十次会议批转了县绿化委员会《关于本县开展全民义务植树运动》的请示。会后，与会70余名代表在南桥新村幼儿园种植花灌木230株。3月7日，县委、县人大、县政府、县政协领导和机关干部100余人，在奉贤县林场种植防护林150

株以及育苗4200株。由于领导重视，以身作则，有力地推动了全县的义务植树活动，县级各机关、社会团体、驻奉部队官兵，相继掀起了植树高潮。是年全县参加义务植树达33.53万人次，植树64.14万株。此后，每年都掀起了轰轰烈烈的植树活动。1987年3月12日，市绿委、市农村党委、市农委、市农场局等领导倪鸿福、徐心泰、易声龙、夏德润、周国其等及所属机关干部60余人，与县委书记姜燮富、县人大常委会主任崔永进等四套班子领导与干部50余人在奉新乡民兵训练基地冒雨参加义务植树。1998年9月，经市政府批准，奉贤县撤销奉新镇，设立海湾旅游区。为了加快滨海地区旅游业的发展，市政府及市级相关部门领导，在海湾旅游区开展多次轰轰烈烈的义务植树活动。1999年3月12—13日。由市文明办等多部门举办的上海市民营造“世纪林”活动中，有市级文明单位160个，近6000名干部、群众以及100余名市劳动模范、市“新长征突击手”、市“三八红旗手”为期两天共植树6万株。2000年3月14—15日，由市文明办、绿化办、市农林局、园林局、市文联和奉贤县政府主办“再造世纪林万人植树活动”中有市级领导和机关干部100余人，市级文明单位150个和市级绿化先进单位50个各40名代表，以及市劳动模范、市“新长征突击手”、市“三八红旗手”、市“十佳”好事代表100余名与志愿者、市民1万余人参加，共种植欧美杨5万余株。2000年3月22日，海湾世纪林迎来了350余名日本客人，营造“中日友谊林”。2000年3月23日，在市作协徐俊西、叶辛等领导带领下，共20余名作家在“世纪林”中栽植了一片“作家林”。2001年3月11日，由上海市委组织部部长罗世谦、市委宣传部部长殷一璀与奉贤县委书记施南昌、县长沈慧琪等市、县领导、机关干部、97个文明单位、17个绿化先进单位以及文艺界、体育界等代表5000余人，在海湾世纪林参加植树活动。中共上海市委副书记龚学平为植树活动题写“海湾世纪林”纪念碑名。2002年，在文化广场由区建委和区绿化管理局组织举办以“建设生态城市，爱我绿化上海”为主题的植树节宣传活动。2003年3月12日，区人大常委会副主任庄解、副区长刘海生、俞凯丰等机关领导赴现代农业园区、申隆生态园，与南桥镇机关干部100余人，以及驻奉部队官兵一起种植雪松1000余株。

2001年3月10日，市县领导在海湾植树

2005年3月12日，区委书记张立平、区长沈慧琪等区四套班子领导及各镇镇长到A30高速公路南侧，与近千名区直机关干部、群众、民主党派人士、驻奉部队官兵、企事业单位职工一起参加义务植树活动，种植香樟、水杉、桂花等6000余株。

是日，又在黄浦江水源涵养林建设工地浦秀村地段种植香樟、红叶李、瓜子黄杨、红叶小檗等乔灌木3000余株。据全区统计，是日参加义务植树1000余人，植树1.32万余株，种植面积75亩。

2006年3月10日上午，全民义务植树活动分别在南奉公路（改线段）及黄浦江涵养林（西渡段）两个地方进行。在南奉公路植树点，区委书记张立平、区长沈慧琪等四套班子领导及区直机关、区建交委系统和青村镇干部职工群众、南中路幼儿园小朋友、曙光中学学生等600余人，在2000米的公路两边绿化带上种下了桂花、杜英、香樟、紫玉兰、女贞等乔灌木计2251棵。在黄浦江涵养林植树点，有300名义务植树者，在15亩土地上植树2500棵。

2007年3月12日，奉贤区掀起了以“绿色人生，绿色守望”为主题，形式多样的群众性种绿、爱绿、护绿行动。在庄行农业先行园区的区级义务植树点，区四套班子领导和各民主党派人士、驻奉部队官兵、机关干部、普通市民等400余人，种下雪松、香樟、白玉兰等树木2万余棵，绿化面积1万余平方米。据统计，此日共有镇级义务植树点18个，近2000名群众参加了义务植树活动，植树面积达195亩。

2008年3月12日上午，奉贤区四套班子领导和各民主党派人士、驻沪部队官兵、机关干部、普通市民代表一起到奉城镇神州路，参加全民义务植树活动。此日，全区有1800余人参加植树活动，绿化面积近4万平方米，种植各类乔、灌木4000余株。

2009年3月12日上午，区委书记张立平、区长时光辉带领区四套班子领导和机关干部，到浦星公路（奉柘公路—浦东铁路）植树地段，与各民主党派人士、驻奉部队官兵、青村镇政府、绿化市容局、建交委、农委以及社会各界人士一起，参加由区绿委办举办“共建绿色家园，共迎世博盛会”为主题的义务植树活动。据统计，此次活动参加人数为600人，植树面积90亩。市绿化市容局、上海阳光集团、海证期货有限公司的人员从市区赶来参加植树；区老年骑游队、区长跑委的退休老人也前来参加植树。

2010年3月10日上午，区四套班子成员30人和直属机关干部80人，到瓦洪公路（五四公路—友谊路）植树点与区绿化市容局、区建交委、海湾镇政府以及各民主党派人士、驻奉部队官兵、社会各界人士一起，参加由区绿委办举办“共建绿色家园，同庆世博盛会“为主题的义务植树活动。此活动参加人数500人，种植落羽杉、香樟、香花槐、广玉兰等2100株，种植面积30亩。市药监局、奉贤自来水公司、宜家奉贤分公司、奉贤工业中专的干部职工以及区老年长跑队、解放路骑游队的退休老人也前来参加植树。

2010年3月，由上海与区内的知青在奉贤海湾园共建“知青林”。

2011年3月24日上午，区四套班子成员和直属机关干部来到林海公路（光泰路南侧）植树点，参加由区绿委办举办的以“植树造林，我们在行动”为主题的奉贤区2011年义务植树活动。此活动种植落羽杉、香樟、桂花、合欢等3000株，种植面积4万平方米，参加人数630人。

2012年3月12日，由共青团上海市委员会上海“保护母亲河，绿色希望工程”领导小组主办，奉贤区团委、海湾旅游区管委会、上海海湾园共同承办的“绿色上海青春同行”——2012年度上海市保护母亲河青少年植树行动在海湾旅游区进行，来自海湾地区的150余名青少年代表参加植树活动。

2012年3月27日上午，区绿化委员会在奉城镇举办以“奉贤低碳经济，促进生态文明”为主题的2012年奉贤区全民义务植树活动。区委书记时光辉、区长庄少勤等四套班子领导，与社会各界人士一道参加植树活动。此活动共种植池杉、香樟、桂花、广玉兰等4000余株，绿化面积3.5万平方米，参加人数420人。

2014年3月，由海湾旅游区绿化委员会牵头，海湾旅游区属下10余家企事业单位，200余名干部群众参加的“同追绿色梦想，共建生态上海”为主题的全民义务植树活动。

2015年3月12日，区委书记周平、区长庄木弟、区人大常委会主任陆兴祥、区政协主席陈洪凡等四套班子领导，带领20支队伍，在南桥新城和大居13地块开展“绿化走进你我，绿色改变生活”为主题的全民义务植树活动，种植香樟、榉树、广玉兰、桂花等各类乔木1200余株，绿化面积3.2万平方米。

奉贤区的全民义务植树在区政府和各级领导的率先垂范下已经成为一项制度，义务植树工作向规范化、基地化、科学化方向发展，并在实践中探索了一套行之有效的办法，即科学制定规划，依法分配任务，合理安排劳力，有计划、有步骤地组织实施，使义务植树活动成为公民的共同意识，进一步推动了全民义务植树运动的持续发展。

附：

2002年奉贤区开展全民义务植树宣传标语

1. 创建园林城区，美化生活环境
2. 绿化奉贤、美化家园
3. 热爱家乡、爱护环境、爱护绿化
4. 珍惜绿化就是珍惜生命
5. 情系奉贤、播种绿色、播撒文明
6. 植绿、洁绿、护绿、爱绿
7. 创建园林城区、改善生态环境、生活环境和投资环境
8. 认真贯彻十六大精神，努力建设上海生态型城市
9. 义务植树是每个公民应尽的职责

10．提倡建绿、护绿、提升区域品位
11．创建绿化文明行业、树立行业新形象
12．以创建园林城区为抓手，提高奉贤绿化水准和城市综合管理水平
13．全民动手建绿化，人民生活更美好
14．绿色人生、绿色守望
15．绿色进家庭，一家一盆花

一、计划植树

中华人民共和国成立前，县内植树尚无计划下达，也没有育苗地，农户植树习惯于收集野生树苗。民国三十七年（1948年），《奉贤民众报》载，南桥镇推进群众性植树，征集苗木1000株。中华人民共和国成立后，党和政府十分重视林业工作。奉贤在1951年设立农林科，主管全县的植树造林、绿化工作，并认真贯彻中央在农业发展纲要40条中指出的，在宅旁、村旁、路旁、水旁及荒山、荒地上都要有计划地种起树来。为了有效地搞好植树工作，1952年，建立县防风林苗圃，面积52.5亩，培育苗木无代价供应农户种植。1953年，县政府规定，砍伐树木，应予禁止，保护路基、堤岸的树木，禁止采伐，杉木胸径不足20厘米、其他树木不足30厘米一律禁止采伐。是年，县在林业生产计划草案中提出，为保障农业生产的丰收，适应国家建设的需要，结合群众利益，在县内沿海受台风侵袭最严重地区，积极做好防风林建设的一切准备工作，有领导地在互助合作基础上，发动群众合作造林和发展群众苗圃，当年的任务是以奉城、青村、南桥为重点，公私合作造林1000亩，育苗82亩。

1959年，奉贤全面贯彻中央关于人民公社六十条，林业十八条和国务院颁发的《森林保护条例》，根据市委关于郊区绿化为工、农业生产服务，为城市建设服务，为国防建设服务，改善居住环境，提高人民生活的方针，除继续大力开展群众性植树运动以外，首先向海滩、荒地进军，并密切结合生产、水利、道路和市镇居民点的绿化建设。采取国家造林、人民公社集体造林和个人种树相结合，两条腿走路的方针，有计划、有步骤、有重点地进行绿化，计划今冬明春种树896万株，育苗面积保证800亩，争取1200亩。具体任务分解为海防林2600亩，种树260万株，争取390万株，公路绿化15万株，“四旁”种植树木551万株，私人植树60万株。

1959年奉贤县植树、育苗计划任务情况表

表3-4

单位	植树（万株）	育苗（亩）	单位	植树（万株）	育苗（亩）
合计	896	800	金汇	43	50
南桥	8	5	泰日	40	25
江海	50	35	头桥	35	25
萧塘	50	30	奉城	60	55
新寺	63	55	四团	41	50
庄行	40	35	平安	40	55
邬桥	35	25	青村	48	40
三官	25	30	林场	260	150
钱桥	43	35	公路	15	—
农场	—	100			

说明：植树株数包括杞柳、芦竹、桑树在内

据1957年普查，全县树木保存数有146万株。1963年，全县植树120.2万株。其中，个人植树75.38万株、集体植树10.02万株、国营植树34.8万株。1958—1966年，全县植树2124万株，其中受“左”的路线影响，浮夸风盛行，虚报现象严重，植树成活率低。1967—1976年，全县植树857万株。1977—1984年，全县植树604.3万株，水杉、池杉占总植树数的80%。这一阶段的计划植树，由于种苗规格较小，质量较差，只讲数量，不讲质量，以及重种轻管等原因树木保存率较低。1979年，全县普查“四旁”树木保存数449.6万株，覆盖面积1.5万亩，其中个人植树占77.6%，集体植树占22.4%。

1954—1978年奉贤县计划植树情况表

表3-5　　单位：万株

年份	植树数	年份	植树数	年份	植树数
1954	20.00	1963	120.20	1972	165.00
1955	20.00	1964	21.70	1973	54.50
1956	49.20	1965	55.30	1974	40.60
1957	49.30	1966	55.70	1975	116.00
1958	70.00	1967	53.00	1976	159.00
1959	840.00	1968	25.00	1977	97.00
1960	507.40	1969	30.00	1978	74.10
1961	429.00	1970	119.00	—	—
1962	121.60	1971	94.40	—	—

党的十一届三中全会后，贯彻粮畜并举、多种经营、全面发展的生产方针，奉贤县按照市农林局的统一部署，在市林业处每年下达的计划植树（含海塘造林）任务后，根据林业建设年度工作重点和林业发展规划要求，每年3月初召开县林业工作会议，总结上年度植树绿化工作的经验和成效，表彰为植树绿化作出积极贡献的先进集体和先进工作者，落实年度植树造林工作的重点，强调各公社在年度植树造林工作中，树立典型，重点搞好一个林网化村、一条河、一条路、一个企业，并突出在“管”字上下功夫，坚持一种就管，管护工作落实地段，责任到人，确保植树成活率达到90%以上，并将计划任务下达到各公社。

1984—1999年奉贤县计划植树任务情况表

表3-6

年份	植树任务（万株）	海塘造林（亩）	年份	植树任务（万株）	海塘造林（亩）
1984	64.1	94.3	1992	175.0	104.0
1985	65.0	100.0	1993	156.6	—
1986	82.0	100.0	1994	121.8	—
1987	84.0	102.0	1995	138.5	—
1988	86.0	102.0	1996	155.0	—
1989	84.4	100.0	1997	161.6	—
1990	87.1	100.0	1998	142.5	107.0
1991	104.0	100.0	1999	137.7	670.0

2000年起，按照市委、市政府提出以生态林业建设为主，抓住城市化发展、社会主义新农村建设和举办世博会等历史性机遇，坚持“城乡统筹、绿林一体”的发展思路，探索实践“政府主导、政策激励、社会参与”的发展模式，奉贤县委、县政府依据市委、市政府的指导，认真制定林业发展“十一五”规划，确立建设以沿海防护林、水源涵养林、通道防护林、污染隔离林、大型片林为主要骨架的林业生态网络，努力推进奉贤林业实现跨越式发展，计划植树任务也转为以年均万亩造林任务下达。

2001年，全区新增成片林面积1.23万亩，其中，营造沿海防护林1266亩，植树造林110万株，新增育苗面积1813亩。全区育苗总面积9500亩，花卉面积达到3500亩。

2002年，计划造林2.4万亩，奉贤区万亩生态片林建设工程在奉贤现代农业园区启动，从而拉开了奉贤生态公益林建设的序幕。年内完成以现代农业园区为主的大型生态片林8000亩，以产业化区域特色发展的桃、梨、葡萄、枣等经济林1200亩，完成海塘和河道造林4000亩。

2003年，完成造林面积2.21万亩。其中，黄浦江水源涵养林建设工程1255亩，沿海防护林970亩，现代农业园区生态片林3369亩。由社会企业投资建设的申隆生态园、申亚生态园、欧美亚生态片林计5849亩以及区域特色的桃、梨等产业化经济林1.06万亩。

2004年，完成泰日镇申亚生态片林2301亩，现代农业园区沿江通道林1791亩以及化工区防污染隔离林、申隆生态园二期工程、A4通道林、奉城镇通道防护林带等，合计2.13万亩。

2006年起，由于土地资源约束等诸多因素，造林用地和耕地保护的矛盾日益突出。是年，市下达奉贤区的工程化造林任务950亩，区政府积极挖掘土地潜力，完成A30（青村段、奉城段）通道林600亩，上海化工区防污染隔离林250亩，新增经济林2708亩。

2007—2014年，全区共造林2.66万余亩。其中，经济林8903亩，实施工程化造林（通道林、生态片林以及农田林网等四类林）共1.77万余亩。

2015年，为全面完成“十二五”林业发展规划所制定的目标任务，区政府研究决定，从林地布局着手推进造林工作，突出在沿海、沿江、沿河、沿路、沿高压走廊建设林地的创新理念，协调好基本农田保护与林地发展矛盾，确保林带成线、林地成块、林网成格，在提高林田数量的同时，发挥最大的生态效益，从改变林相着手推进造林工作。在丰富造林树种的同时，提升林地结构、季相变化丰富，营造出具有海滨城市特色的美丽奉贤。同时，区林业绿化部门积极与区规土局、区建交委等相关职能部门沟通协商、深挖造林空间，破解造林用地难题，并与各镇政府，以目标责任状形式签订，加以层层落实推进。是年，完成公益林1.17万亩、经济林146亩，合计植树101.58万株。

二、社会认建认养活动

2004年，奉贤区公共绿地首次开展社会认建认养活动。是年6月17日上午，由区创建园林城区指挥部办公室和区团委主办，区建设局团工委、教育局团工委、区绿化局联合承办的“创造奉贤区青少年绿色文明园绿地认建认养启动仪式”在时代广场举行，区绿化局局长徐新根与绿地认养单位签订了协议书。是年，区建管委、教育局、绿化局、市政署在园林工程公司、公路发展公司、古越市政公司、城乡投资公司等单位，率先出资认养新发展广场、时代广场、体育场、新建西路等10余块公共绿地。

2005年1月22日，区创建上海市园林城区指挥部在南桥文化广场开展“三位一体”启动仪式，发出了“认养一片绿地、美化绿色家园”——绿地认建认养活动倡议书，区建管委率先出资3.2万元认养文化广场绿地。区建管委、教育局、农委3家团委捐款1.5976万元认养3260平方米住宅局基地绿化。

2006年，奉贤绿化行业开展树木认养活动，区绿化局干部、职工认养古华公园10余株树木。

2007年，区绿化管理局提出“献出一份爱、呵护一片绿”——树木绿地认养活动，吸引全区700余名市民、10家单位参与。活动有父母为孩子认养的“成长树”，有情侣双双认养的“爱情树”，有金婚老人认养的“纪念树”，也有家庭认养的“和谐树”等等。区工商局机关党支部以缴纳一份特殊党费形式，认养原住宅局绿地、古华公园和文化广场460株树木。

认养树木

2008年，区绿化委员会在文化广场、古华公园等大型公共绿地，开展树木、绿地认建认养，有5000余名市民和20余家单位共认养树木1400余株，认养绿地1.52万平方米。奉城镇在兰布拉大街开展认养活动，有1500人和12家单位参加，共认养树木500株，认养绿地5万平方米。

2009年，南桥地区300名市民、5家单位共认养树木150余株，认养绿地6000平方米，其他各镇（社区、开发区）共设认养点21个，有400余人参加活动，认养树木300株，认养捐款3万余元。

2010年，市民350人，单位5家，认养树木195株，认养绿地3260平方米。

2011—2013年春季，绿化署在古华公园南大门设立区级认建认养报名点，其他各镇、开发区也相应设立报名点。3年，参与认建认养单位57家次，市民参加673人次，收到认养资金59.83万元。

2013年6月1日，区绿化署、教育局组织52名中小学生在海湾森林公园开展“绿色六一”亲子游。当天，孩子和家长在自己认养的树木上挂牌共同许下了爱绿、护绿的承诺。

至2013年年底，全区认建认养人数累计4106人。

第二节　工程化造林

奉贤大型植树工程，始于1959年。奉贤县林场建立后，为防御台风侵袭，保障农业生产和群众生活安全，营造沿海防护林带。造林范围：里护塘、人民塘和部分夹塘田（漴缺—西湾）；造林规格：标准株距一尺五寸，行距四尺，林带宽50米；种植树种有楝树、刺槐、乌桕、枫杨、椿、桑树等。是年，夹塘田种板栗120亩，臭椿、梨163亩，历时3个月，完成造林1100亩，共植树105.5万株。植树借用临时工161名，后45人固定为林场职工。

1978年，奉贤境内的市级骨干河道——金汇港疏浚后，国家拨款18.05万元，在两岸种植水杉10.55万株，面积435亩；河坡上种植杞柳330亩；两岸堆土形成的高坑田上，种植黄桃、柑橘、芦笋等经济林1120亩。

1997年3月，奉贤四号线通道绿化列为奉贤县重点绿化工程，全长10.6公里，两侧各20米绿化带，东侧并建50米果林带，造林总面积900亩，其中果林面积495亩。工程由奉贤县林业站负责实施，组织千余民工，至5月1日前竣工。造林树种香樟、广玉兰、桂花、夹竹桃、水杉等，林内乔、灌、花、草相结合，落叶树与常绿树相搭配，层次分明，开启了奉贤县绿色通道建设的序幕。

1998年，经县政府批准，由县农委立项建设竹港竹林带工程，北起黄浦江，南至杭州湾出海口，全长20.64公里，贯穿县境南北的主要水上通道，途经西渡、邬桥、江海、庄行、新寺、柘林6个镇和南桥地区。工程由县林业站负责实施，在竹港两侧各营造15米～20米宽的竹林带，造林株行距1米×1米，从浙江安吉引进早竹类品种“早园竹”，共种植13.63万株，竹林带总面积816亩。

1999年10月，由上海申隆储油公司投资，兴建申隆生态园，始建面积705亩。2001—2003年，园区面积增加到1.18万亩，地域涉及钱桥、青村、塘外3个镇的朱蒋、滕家、丁夏、竹筱、朱桥、李窑、姚家、钟家、朱店、盐行10个行政村，1739家农户，5224人口。生态园是集休闲度假、休养康复、旅游观光为一体的绿色生态片林，人工造林7005亩，种植乔、灌、花品种有111个，植树4744万株，并有158株直径达50厘米以上的大树银杏、紫薇。种植果林300亩，品种有桃、梨、枣、等3.32万株，造林总投资2553.4万元。

2000—2001年，县境内31.6公里海岸线建设海塘达标工程，配套建设沿海防护林，实施总面积625.5亩，种植树木主要树种有香樟、水杉、女贞、蜀桧等10余种，投资658万元。

2002—2005年，奉贤现代农业园区大型生态片林建设，由上海成事林业规划设计有限公司设计，林地分为恢复自然生态园及沿江、沿路通道林，造林总面积6267.8亩，总投资8459.57万元。种植乔木树种有香樟、榉树、雪松、广玉兰、马褂木、女贞、杜英等10余种，种植花灌木有杜鹃、樱花、红枫、紫薇、鸡爪槭、含笑、罗汉松、南天竹、石楠等20余种。

2003—2004年，列为市级林业重点工程项目之一的黄浦江水源涵养林（邬桥镇段浦秀村、渔沥村）建设工程，按照上海成事林业规划设计有限公司设计，造林宽度200米～500米，造林面积2845亩。

2005年，由上海亚绿实业投资有限公司投资，在区内泰日镇开发建设大型片林，区域涉及泰日镇明星村12个生产组、国光村第二、第七生产组，一期造林面积2402亩。该造林由上海鼎绿园林公司设计并实施，对林地规划造形、辟建具江南风格的小桥流水，种植树种丰富，乔木、灌木、地被、水生植物等300余种，总量40万株，是奉贤区林业旅游的景点。

上海海湾国家森林公园自1999年开始建设，于2009年9月对外开园，历时10年。森林公园建设面积16000亩，由光明食品（集团）有限公司与上海城市建设投资开发总公司共同出资建设，总投资8.63亿元（详见本章第四节片林建设）。

1999年始，开展大型植树工程

2002—2014年奉贤区林业建设重点工程项目竣工情况表

表3-7

序号	年份	项目名称	投资（万元）	造林面积（亩）	地点	主要树种
1	2002	上海申隆生态片林一期工程	5114.43	1785	奉柘公路以北、沿钱公路以东	香樟、无患子、合欢、羽毛枫
2	2003	沿海造林工程	514.90	794	奉贤海塘一线等	广玉兰、香樟、蜀桧柏、水杉、合欢
3	2003	黄浦江水源涵养林建设工程	2302.80	1237	邬桥镇	杜英、蚊母、红叶李
4	2003	奉贤现代农业园区生态林	3872.80	4177	现代农业园区	香樟、女贞、无患子、广玉兰
5	2004	化工区防污染隔离林	2460.00	2101	目华两侧、运石河两侧、S4公路沿线	无患子、湿地松、青枫、杜英
6	2004	黄浦江水源涵养林建设工程	1011.60	843	邬桥浦秀村、叶家村、西渡洪宝村	女贞、香樟、银杏、喜树、栾树
7	2004	奉城镇通道防护林	1469.13	814	A30公路南侧沿线，东至奉干路，西至燎钦公路、东门港西侧	女贞、香樟、广玉兰、意杨
8	2004	沿江通道林工程	3609.00	1791	金汇港西侧50米～200米，北至大叶公路，南至浦南运河	香樟、垂柳、女贞、广玉兰
9	2004	上海申隆生态片林（二期）	15257.06	3983	平庄公路南侧沿线，西至沿钱公路，东至跃进港、焦盐港两侧，南至奉柘公路	白玉兰、香樟、合欢、垂柳

续表 3-7

序号	年份	项目名称	投资（万元）	造林面积（亩）	地点	主要树种
10	2004	泰日生态林建设工程	639.00	450	泰日镇明星村	香樟、蜀桧柏、金合欢、夹竹桃
11	2004	S4 通道林柘林段建设（一期）工程	4463.00	1280	南临奉柘公路，西靠 S4 公路，东至新农河，北至新寺镇交界	香樟、欧美杨、水杉、杜英、金合欢
12	2005	黄浦江水源涵养林工程	600.00	445	S4 公路以东，金汇港以西，沿黄浦江南岸 200 米宽范围内	栾树、苦楝、青桐、杨树
13	2005	A30 通道防护林建设工程	5867.50	1000	A30 公路南侧，S4 公路至沪杭公路（南桥段）	喜树、香樟、杨树、桂花
14	2005	现代农业园区通道林建设工程	1129.10	501	现代农业园区	香樟、银杏、乐昌含笑、栾树、马褂木
15	2005	竹港防护林工程	722.59	240	沪杭公路竹港桥至南庄公路以南 180 米	雪松、蜀桧柏、龙柏、广玉兰
16	2005	青村（申亚）通道林工程	544.00	292	亭大公路南侧（沿钱公路至浦东铁路段）	雪松、红叶李、杜英、乐昌含笑
17	2005	沿海防护林工程	638.00	452	奉贤一线塘内青坎平台至团结塘青坎平台	金合欢、栾树、毛白杨、桂花
18	2005	现代农业园区通道林工程	2618.00	1230	S4 公路、叶大公路、汇丰北路、广丰路、望园路、奉浦大道、高丰路、金海路组成的通道林工程	水杉、香樟、女贞、玉兰
19	2005	竹港防护林建设工程	440.00	300	A30 公路—奉浦大道段，沿竹港两岸各 50 米	蚊母、白蜡、龙柏、雪松
20	2006	奉柘公路通道林工程	143.24	135	奉柘公路（钱桥至航塘公路）	杜英、广玉兰、桂花、红叶李
21	2006	A30（奉城段）通道工程	348.22	284	A30 高速公路北侧（永福塔陵—航塘公路）	香樟、女贞、马褂木、水杉
22	2006	A30（青村段）通道林工程	216.00	180	A30 高速公路北侧，沿钱公路段	意杨、青桐、垂柳、蜀桧柏
23	2007	S4 通道林工程	278.00	260	S4 高速公路（柘林段）两侧，北靠平庄公路，西至俞泾塘	女贞、香樟、栾树、重阳木
24	2007	南亭公路通道林工程	75.20	75	南亭公路两侧、东至叶庄路，西至龙泉路	桂花、女贞、红枫、枫香

续表3-7

序号	年份	项目名称	投资（万元）	造林面积（亩）	地点	主要树种
25	2007	化工区防污染隔离林	310.00	300	化工区联合路、新沪杭公路、苍工路、银工路、漴缺村	女贞、香樟、栾树、蜀桧柏
26	2007	沿海防护林建设工程	70.40	123	团结塘	水杉、蜀桧柏、灌木等
27	2008	浦星公路通道林	107.70	103	浦星公路东侧（南航公路至浦南运河段）	香樟、夹竹桃、杜英、蚊母
28	2008	光泰路通道林工程	319.00	211	光泰路两侧等（沿浦公路至墩头路段）	香樟、夹竹桃、广玉兰、梓树
29	2008	化工区奉贤分区防污染隔离林建设工程	51.80	42	化工区奉贤分区内	夹竹桃、蜀桧柏、栾树、女贞
30	2008	沿海防护林建设工程	42.00	102	团结塘（奉新0号塘、1号塘、2号塘）	水杉、蜀桧柏、女贞、栾树
31	2008	科工路通道林工程	466.48	300	科工路、观工路、驰华路、楚华路、发工路	香樟、青桐、桂花、槐树
32	2009	A30青村段通道林	258.55	268	青村镇	香樟、广玉兰、女贞
33	2009	神州路通道林	512.64	532	奉城镇	香樟、雪松、女贞
34	2009	高压走廊通道林	125.88	131	柘林镇	香樟、女贞、栾树
35	2009	浦星公路通道林	142.32	148	青村镇	雪松、广玉兰、无患子
36	2009	南庄公路通道林	113.69	118	庄行镇	香樟、女贞、杜英
37	2009	海兴路通道林	25.58	27	海湾镇	香樟、红叶李、水杉
38	2009	联欢路通道林	34.60	36	南桥镇	香樟、女贞、红玉兰
39	2009	平庄公路通道林	395.00	410	沿路各镇	香樟、水杉、栾树
40	2009	金聚路通道林	162.28	168	金汇镇	香樟、杜英、广玉兰
41	2009	航塘公路通道林	157.26	163	金汇镇、奉城镇	香樟、广玉兰、无患子
42	2009	四平公路通道林	264.06	274	海港开发区	杜英、香樟、雪松
43	2009	防污染隔离林	283.39	295	化工区	东方杉、银杏、香樟
44	2009	沿海防护林	115.85	120	海塘管理所	池杉、香樟、梓树
45	2010	申亚通道林	193.16	220	金汇镇	香樟、女贞、银杏
46	2010	北港路通道林	131.70	150	青村镇	香樟、广玉兰、池杉
47	2010	大叶公路通道林	144.87	165	金汇镇	香樟、广玉兰、无患子
48	2010	红卫路通道林	127.31	145	海港开发区	香樟、水杉、雪松
49	2010	柘林镇联业路通道林	131.70	150	柘林镇	香樟、广玉兰、栾树

续表 3-7

序号	年份	项目名称	投资（万元）	造林面积（亩）	地点	主要树种
50	2010	奉城镇洪西村农田防护林	35.12	40	奉城镇	香樟、广玉兰、榿木
51	2010	化工区防污染隔离林	175.60	200	化工区	香樟、水杉、银杏
52	2010	沿海防护林	201.94	230	海湾旅游区	香樟、棕榈、樱花
53	2010	生态公益林基础设施△	245.78	3000（平方米）	庄行镇、南桥镇	黑色路面、砂石路、白色路
54	2010	生态公益林抚育△	180.44	5300	南桥镇、金汇镇、青村镇	香樟、女贞、水杉、栾树
55	2011	黄浦江水源涵养林	17.42	20	庄行镇	红叶椿、广玉兰、无患子
56	2011	防污染隔离林	274.36	315	化工区	香樟、东方杉、女贞
57	2011	团南公路通道林	34.84	40	金汇镇	香樟、桂花、紫薇
58	2011	红星港通道林	78.39	90	奉城镇	香樟、桂花、女贞
59	2011	瓦洪公路通道林	261.30	300	奉城镇	香樟、女贞、广玉兰
60	2011	林海公路通道林	169.84	195	青村镇	香樟、喜树、无患子
61	2011	海振路通道林	121.94	140	海湾镇	红叶椿、广玉兰、无患子
62	2011	生态公益林基础设施△	328.99	4000（平方米）	青村镇、奉城镇	水泥道路水泥明沟
63	2011	生态公益林抚育△	128.58	3000	青村镇、奉城镇	香樟、栾树、女贞
64	2012	沿海防护林	114.39	129	星火农场	香樟、女贞、东方杉
65	2012	防污染隔离林	110.90	125	化工区	女贞、水杉、香樟
66	2012	奉贤区通道林	357.28	402	各镇	香樟、女贞、水杉
67	2012	生态公益基础设施△	184.33	2000（平方米）	化工区、柘林镇	白色路、防护围栏
68	2012	生态公益林抚育△	200.50	5000	化工区、海湾旅游区、青村镇	香樟、女贞、栾树、水杉
69	2013	奉贤区生态公益林△	3720.00	2294	各镇	香樟、水杉、女贞
70	2013	奉贤区疏林地改造△	752.68	1500	各镇	香樟、枫香、广玉兰
71	2014	柘林镇农田防护林	93.60	78	柘林镇	香樟、女贞、栾树
72	2014	庄行镇农田防护林	174.00	145	庄行镇	香樟、女贞、栾树
73	2014	庄行镇萧塘港防护林	77.64	65	新叶村	香樟、女贞、栾树
74	2014	南桥镇农田防护林	116.40	97	南桥镇	香樟、女贞、栾树
75	2014	南桥镇通道防护林	152.40	127	光明村	香樟、水杉、栾树
76	2014	青村镇农田防护林	221.64	185	青村镇	香樟、女贞、栾树
77	2014	奉城镇农田防护林	160.80	134	奉城镇	香樟、水杉、栾树
78	2014	奉城镇奉干公路通道林	38.76	32	洪东村、城东村	香樟、女贞、栾树

续表 3-7

序号	年份	项目名称	投资（万元）	造林面积（亩）	地点	主要树种
79	2014	G1501 高速公路通道林（奉城段）	91.92	77	奉城镇	香樟、女贞、栾树
80	2014	A2 高速公路通道林（四团段）	55.20	46	新桥村	香樟、女贞、栾树
81	2014	四团镇港阳路通道林	139.08	116	新四团经济园区	香樟、女贞、栾树
82	2014	金汇镇农田防护林	154.80	129	金汇镇	香樟、女贞、栾树
83	2014	奉浦社区竹港防护林（程河浜段）	120.00	100	程河浜村	香樟、女贞、栾树
84	2014	金海社区汇丰北路通道林	96.60	81	金海社区	香樟、女贞、栾树
85	2014	奉浦社区竹港防护林（萧塘村段）	176.88	147	萧塘村段	香樟、女贞、栾树
86	2014	沿海防护林	188.40	157	海湾旅游区	香樟、女贞、栾树

说明：“△”为基础设施及疏林地改造等相关项目

2002 年起，奉贤区政府积极推进以黄浦江水源涵养林、沿海防护林、海塘防护林以及生态片林的建设，并列入市级工程化造林建设项目。至 2015 年，共立项 178 项，新增林地 4.68 万余亩，投资 8.32 亿元。2015 年，造林重点是各镇生态公益林建设，共立项 92 项，造林 1.4 万亩，投资 1.4 亿余元。

2015 年奉贤区各镇生态公益林建设情况表

表 3-8

镇别	生态公益林建设面积（亩）	财政投入（万元）
合计	14065.32	14145.76
柘林镇	1957.98	1615.53
四团镇	1852.87	1527.41
奉城镇	2509.55	2017.75
金汇镇	1718.49	1408.62
青村镇	2292.25	1894.41
南桥镇	1365.07	1118.90
庄行镇	1186.81	972.80
化工区	70.51	58.00
奉浦社区	97.89	80.11
海湾镇海振路	111.55	90.63
海湾镇人民塘	191.27	156.30
海塘管理所	185.10	152.40
“三防”体系林	897.98	4012.31

第三节　农田林网建设

一、“四旁”植树

奉贤农村历来有宅前屋后，河边路旁植树种竹的习惯。据史书记载，明清时期许多村庄都掩映在绿树翠竹中，有“日不见村、夜不见灯”之说。农谚有“阳坡杏、阴坡桦、沟沟岔岔果安家”“前院植树后院桑、子孙后代多占光”。民国四年（1915年），民国奉贤县政府倡导种植桑、槐、桃、李、柳、柏、榆、榉、松、冬青、梧桐等树。在农村许多宅基地，屋后有高大挺拔的榉树，不少富裕农户还在庭院中种植石榴，图“子孙满堂”“屋后种竹园，图子孙吃鱼肉”的期望。

中华人民共和国成立初期，“四旁”植树基本上是群众自发形成的植树活动。1956年，毛泽东主席发出了“绿化祖国”的号召。是年，《全国农业发展纲要》中规定，“在一切宅旁、村旁、路旁、水旁，只要是可能的都要有计划地种起树来”。1958年，毛主席又发出了实现“大地园林化”的号召。是年，市政府积极倡导“四旁”绿化。1961年6月，中共中央发布《林业十八条》，县政府贯彻落实“谁种谁有”的林业政策，鼓励农户在宅前屋后种树。1963年，全县“四旁”植树123万株，其中私人种植75.38万株、国营种植34.8万株、集体种植12.8万株。

1971年全国林业工作会议，提出了“四旁”植树上纲要的标准为人均有树100株。是年，市农业局提出大力开展“四旁”植树，大力发展集体“四旁”绿化，全面实现绿化上“纲要”的目标。1967—1976年，全县植树857万株。

1979年林业资源普查结果，全县“四旁”树木保存数有449.6万株。其中，6厘米径级以上的有278.3万株，6厘米径级以下的有171.3万株。其中，个人占77.6%、集体占22.4%。这一阶段的“四旁”植树，由于种苗基础差，苗木质量低、规格小，并且存在着种树大呼隆和“重种轻管”的现象，植树的成活率、保存率很低。

1984年，奉贤实行育林补贴，庄行、青村、四团，齐贤、奉城等公社采取公社出苗，生产大队出劳，树随田走的办法，谁管护、谁得益，调动了社员植树、造林、管林的积极性。部分公社在大搞“四旁”植树的同时，贯彻《上海市植树造林绿化管理条例》做到植树管护一起抓。县政府在贯彻落实国务院和市人民政府发出的制止乱砍滥伐林木的通知后重申：（1）农村人民公社、城镇、机关、工厂、学校都要大搞植树造林；（2）在公路、海塘、林场种植的树木归国家所有，集体种植的树木属集体所有，社员在不影响集体作物的前提下，在住宅四周种植的树木，属社员所有；（3）凡公路、海塘、林场及集体绿化区的树木，其他任何单位和个人不准擅自砍伐。对破坏绿化造林造成严重后果者，由公安部门依法惩处。对保护绿化有功的干部和群众则进行表彰，成绩显著的并给予物资奖励。此后，砍树毁林的情况才得以制止。

1989年，上海市第三次森林普查结果，奉贤县“四旁”树木保存数462.89万株，为全县人均有树10.5株，亩田平均有树9.5株，森林覆盖率3.61%，处于全市中等水平。此后，在全民义务植树运动深入持久的发展中，“四旁”植树的成活率和保存率逐年提高，奉贤名列上海郊区前列。

1998年上海市“四旁”植树情况表

表3-9

县（区）	四旁植树数量（万株）	平均成活率（%）	其中（%）			
			农田林网	农业示范区绿化	骨干河道	骨干道路
合计	1081.60	87.50	87.30	95.30	82.90	91.10
闵行	135.50	93.60	96.00	91.70	84.00	91.90
宝山	64.50	80.00	89.70	93.60	90.00	93.00
浦东	132.90	86.30	78.00	89.00	83.60	91.00
南汇	144.20	83.20	77.10	94.00	未报	89.00
奉贤	142.50	96.40	95.00	97.00	93.00	98.00
松江	114.90	87.10	89.00	95.40	76.60	92.00
金山	91.50	79.30	75.00	90.30	84.90	80.00
青浦	153.20	88.00	85.00	98.00	81.10	92.00
崇明	102.40	81.60	79.60	93.70	87.10	97.70

1999年，全国第五次森林资源普查，对“四旁”绿化划分为“小四旁”“大四旁”两类。“小四旁”是指农户宅前屋后植树栽竹，树木保存数583.36万株。“大四旁”是指沿河、沿路两旁的绿化，树木保存数388.92万株。全县合计“四旁”有树972.28万株，全县人均有树22.1株，亩均有树19.95株。2000年起，奉贤加大沿江生态林和沿海防护林的建设。至2001年，全县“四旁”植树实有2464.91万株，全县人均有树56株，亩均有树50.6株。2001年后，连续开展沿海沿江防护林、水源涵养林、大型生态片林、防污染隔离林等一系列市级林业重点工程建设。至2014年，全区林地面积达到8.98万亩。

1984—2013年奉贤区（县）四旁树木年末保存数情况表

表3-10　　单位：万株

年份	四旁树木	年份	四旁树木	年份	四旁树木
1984	299.67	1994	760.04	2004	1058.75
1985	365.13	1995	564.56	2005	1041.92
1986	354.39	1996	721.00	2006	1050.20
1987	419.15	1997	782.66	2007	1081.55
1988	447.00	1998	920.67	2008	1096.29
1989	481.39	1999	972.28	2009	1151.77
1990	539.47	2000	1573.55	2010	1169.83
1991	615.69	2001	2464.91	2011	1159.33
1992	690.56	2002	1228.63	2012	1156.36
1993	782.66	2003	970.52	2013	1157.69

二、农田林网

1956年，奉贤县贯彻中央提出的积极恢复大力发展蚕桑生产的指示，县政府从浙江引进桑苗，免费供应给大队、生产队、牧场种桑养蚕。1969年，全县种植桑树2909万株，大搞以桑为主的农田林网。

70年代初期，县里组织庄行、青村、泰日、光明等公社赴浙江慈溪县参观考察水杉。1973年引种6万株水杉小苗培育，作为农田林网的主要树种。自此，奉贤的"四旁"植树绿化，开始由宅前屋后的零星隙地植树，发展到以建设农田林网为重点，建立带、网、片相结合的农田防护林体系。至80年代还是以"小四旁"为主，沿河、沿路的"大四旁"种植较少，农田林网建设缓慢。

1978年，县域境内最大的水利工程，列为市级骨干河道的金汇港开挖后，国家拨款18.05万元，在两岸种植水杉10.55万株，面积435亩，拉开了奉贤"大四旁"绿化建设的帷幕。全县的植树造林从零星的"四旁"植树转变为有组织、有计划的农田林网建设。历年来随着县镇级骨干河道的疏浚，各镇"大四旁"均以河道、道路造林为主体，构建了农田林网的大网络。1979—1991年，金汇镇镇域内共有14条骨干河道，造林长度56.6公里，种植以水杉为主计17.64万株，形成水杉林地面积683.6亩。四团镇对镇级河道10条，建成农田林网折合面积228亩，镇级主要道路建成农田林网长度40.7公里，折合面积91亩。至1991年，全县村级道路建成林网长度296.4公里，种植乔木5.81万株。

80年代，奉贤县植树造林工作的重点是农田林网建设，县政府在植树造林工作中强调要提高认识，植树造林是治理国土、造福子孙后代的重大国策，是保障农业生产、改善生态环境的重要举措。把每年的计划植树任务，作为地方政府任期内的目标责任制。要求各乡、镇在年内植树中突出重点，营造好一个农田林网"样板村"，基础好的乡镇可发展3～4个农田林网化村，原则以河、渠、路为主体，统一规划林带网格。网格要求每100亩、200亩、300亩农田形成一个完整网格。据1989年郊区林业资源普查结果，奉贤县农田林网控制面积0.32万亩，占耕地面积的0.6%。

金汇镇农田林网一角

90年代起，结合大面积土地整治，在乡间小道、机耕路、小河两旁植树造林，实现农田林网化。1992年，县内开展"乡、村绿化达标竞赛"活动，要求各乡（镇）在完成水利建设的基础上，对河、田、路、村、宅、厂进行林网建设规划，综合治理树立样板，抓好典型，推进农田林网建设。年内，新建农田林网化村23个。1993年，完成“四旁”植树156.6万株，新建农田林网化村55个，建设林网长度461公里，林网控制面积增加4.2万亩。1994年，全国第四次森林资源普查结果，全县有林地面积2.28万亩，“四旁”树木保存数492万株，森林覆盖率5.68%，林网控制面积5.03万亩，林网控制率13.5%，骨干河道宜林段绿化率35%，村庄绿化率40%。

1994年奉贤县各镇农田林网建设情况表

表3-11

乡名	土地总面积（万亩）	耕地面积（万亩）	育林地面积（万亩）	四旁树保存数（万株）	森林覆盖率（%）	林网控制面积（万亩）	林网控制率（%）	骨干河道绿化率（%）	村庄绿化率（%）
合计	91.64	47.74	2.28	492.00	5.68	5.03	13.50	35	40
江海	5.51	2.76	0.08	28.30	5.30	0.40	14.10	50	50
萧塘	4.87	2.25	0.10	25.10	6.00	1.00	34.00	40	50
邬桥	5.27	3.74	0.12	29.40	6.60	1.16	39.00	50	50
新寺	3.46	2.00	0.07	24.00	7.20	0.80	40.00	40	50
胡桥	6.37	3.27	0.10	31.20	5.70	0.82	25.00	30	50
庄行	6.60	3.86	0.05	31.60	5.60	1.48	41.00	50	50
齐贤	4.18	2.02	0.06	35.10	7.80	1.03	50.00	50	50
金汇	3.92	2.07	0.09	21.10	5.80	0.24	17.50	50	50
泰日	6.53	3.42	0.05	37.80	5.60	0.50	14.30	35	50
头桥	5.71	2.76	0.07	38.90	6.30	0.30	11.00	30	30
奉城	4.74	3.03	0.08	20.90	3.90	0.20	10.00	30	30
四团	4.89	2.71	0.05	19.00	2.50	0.33	12.10	20	30
平安	3.77	2.10	0.04	16.50	5.40	0.29	12.00	20	30
塘外	2.96	1.65	0.04	15.50	4.50	0.23	20.00	20	30
青村	5.07	2.27	0.09	22.90	4.50	1.30	56.00	35	40
光明	3.44	1.68	0.51	22.60	13.50	0.60	36.00	45	50
钱桥	4.14	2.03	0.36	26.50	9.34	0.30	21.00	35	40
柘林	3.44	0.92	0.06	9.60	4.00	0.30	33.00	30	30
奉新	1.42	0.06	0.04	4.70	5.10	0.05	83.00	35	30
洪庙	3.07	1.81	0.21	23.50	12.60	0.40	26.00	30	30
邵厂	2.28	1.23	0.10	7.80	2.04	0.30	24.00	20	30

1998年，新建农田林网化村33个，林网植树28万株，林网控制面积22.61万亩，林网控制率47.3%。1999年，全国第五次森林资源普查，全县耕田面积45.27万亩，宜林网化面积41.08万亩，当年新建农田林网化村41个，林网植树19.56万株，林网控制面积35.93万亩，林网控制保护率达87.5%，比1994年林网控制率13.5%增加74个百分点。2000年开始，农田林网化建设的重点是补植与完善，巩固林网控制保护率。

至2000年，全县有完整网格11719个。其中，100亩以下完整网格902个，101亩～200亩的完整网格5484个，201亩～300亩的完整网格3778个，301亩～400亩的完整网格1555个，非完整网格974个。

农田林网优良的主栽树种以水杉、池杉为主，树干挺拔，遮阴面积较小，适应性强，对防御风沙灾害的侵袭、保障农业丰收有重要的作用。90年代后，增加香樟、广玉兰、蜀桧、紫薇等树种。

三、平原绿化达标县建设

1988年起，全国开展平原绿化达标县建设。1989年，市农业局制定了《上海市1989—2000年造林绿化规划》，提出要全面实现平原县绿化标准，确保全国平原绿化规划目标的全面实现。按照市政府办公厅批转的市农业局《关于加快实现上海郊区平原绿化步伐的意见》，在全面推进农田林网建设的发展中制定了平原绿化规划目标责任制。1996年3月，县政府与市政府签订平原绿化达标责任状。县政府把平原绿化达标工作列为“九五”林业工作重点，分别与各镇相应签订了绿化责任状，并实施林业建设“五大战略”（沿路战略、沿江战略、沿海战略、品牌战略、生态环境战略）。一是各级领导把平原绿化达标工作列入了重要的议事日程，并作为每年的10件实事之一来抓，从而有效地促进了全县绿化的健康发展。二是从农村产业结构调整角度，尊重农民的意愿，发展成片果树和庭院经济，推动农村经济发展。三是实施市、县级林业生态工程，加快了林业向生态型发展的步伐。四是抓种苗基础工程，加大对林业建设资金的投入。1997年起，对全县新增育苗面积给予亩田补助1000元，经济林建设亩田每年补助300元连续3年，并实行免征农林特产税。五是加强和完善林业服务体系，认真贯彻落实国家《关于稳定农业推广体系的通知》精神，紧密围绕林业工作“组织、管理、指导、服务”的宗旨，不断提高县、镇两级林业服务体系。六是加强资源保护管理，强化林业行政执法力度，在总体上保障了平原绿化建设的成效。

1995年，市农业局依据中华人民共和国林业部颁布的《南方平原县绿化标准》制定了上海市郊区（县）平原绿化标准（2000年前）：（1）全县森林覆盖率达到8%；（2）农田林网控制面积占宜林网化耕地面积的70%以上；（3）境内的公路、铁路、江（海）堤、骨干河道两侧宜林段绿化率达85%以上，树种配置合理、林相整齐、密度适中；（4）村庄绿化面积占宜林面积的95%以上。

为保证平原绿化各阶段目标的实现，由县农委、县林业站组织力量，对照各镇平原绿化责任状所列绿化目标和任务分解指标实施检查，检查内容包括当年植树造林实绩，“四旁”树保存数和消长动态监测数，有林地面积消长动态监测和大环境造林绿化质量评估等方面，当年植树造林实绩核查成活率株数（面积）和上一年度植树造林保存率。“四旁”树消长动态监测以1994年第四次森林资源连续清查的抽样样本进行全面调查，并予以对照，大环境绿化检查重点是农田林网框架建设，河道、道路绿化，集镇、企事业单位绿化，并重点评估设计思想、总体布局、工程质量、社会效果等方面。

经过5年的努力，2005年，全县林业各项指标均达到并超过“绿化责任状”所规定的要求，依据1999年第五次全国森林资源普查结果，撰写了平原绿化达标县自查报告。

1．新增有林地面积1.51万亩，总面积达到3.32万亩；

2．新增“四旁”树木34万株，实际保存数达到630万株；

3．新增农田林网化面积30.4万亩，林网控制总面积达到35.93万亩，占宜林网化耕地面积的87.5%；

4．全县森林覆盖率8.37%。其中“四旁”树覆盖率4.75%，比原定目标超0.37个百分比，各项指标都超额完成和超过了市规定的平原绿化达标县的目标。1997年被市农业局表彰为平原绿化先进单位，2000年通过了市级验收，评定为全国平原绿化达标县。

第四节　防护林建设

奉贤县营造防护林历史悠久。唐开元元年（713年）起，就有修筑海塘、营造海塘护坡、防风林之记载，而民间在房前屋后栽种“风水树”的习俗源远流长，留下了大量的古树、竹林和村庄绿化带。中华人民共和国成立后，全县的植树造林由零星的“四旁”植树转变为有组织、有计划的农田林网建设。1982年起又有计划地营造海塘防风林。至1999年全区防护林面积3.14万亩。2000年，完成海塘造林达标工程。2001年起，又重点实施一系列市、县级林业生态工程建设，基本建成了以绿色屏障、绿色通道、绿色项链、绿色走廊为骨架的林业生态网络。2014年，全区防护林面积4.45万亩，比1999年增长41.82%。

一、江堤防护林

奉贤县境域南临杭州湾，海岸线全长31.6公里，北临黄浦江，岸线长13.7公里，境域内河网纵横，列入市、县级骨干河道19条（16纵3横），总长240.45公里，其中列入市级河道1条，即贯穿奉贤南北的金汇港，总长21.8公里。镇级骨

江堤防护林

干河道计260条，总长848公里。村级河道212条，总长400公里。江堤防护林建设是县境内固堤、固土、涵养水源极为重要的防护林工程。

1. 黄浦江水源涵养林

黄浦江水源涵养林是市级林业工程化造林的重要项目。2002年，市农林局下发关于开展生态公益林建设文件及生态公益林建设导则，要求宽度达到500米，林种丰富、林相整齐，充分发挥林木的生态功能。据此精神，在区政府领导下，与区域内庄行镇政府、南桥镇政府及所辖村签订土地流转协议、农民工流转保障和涵养林建设规划，于2003年春开始实施。上海成事林业规划设计有限公司对造林地进行设计，选择3种树木群落的配置模式。

黄浦江水源涵养林

黄浦江水源涵养林建设工程自2003年始至2005年，先后在邬桥镇渔沥村、浦秀村，西渡镇洪宝村、南渡村实施，完成造林面积2815亩，种植树种47个，其中乔木品种28个，灌木品种19个，各类树木计28.8万株，有针叶树、阔叶树种、花灌木类、彩叶树类，造林层次错落有致，林相景观丰富，构成了一道绚丽的绿色屏障。

黄浦江水源涵养林整个造林工程总投资1975.2万元。其中，市财政投入1351.2万元，区财政投入624万元。至2010年，市政府落实土地流转保障人数2929人，保障资金1.28亿元。

2. 金汇港绿化带

金汇港是奉贤县境内唯一的一条市级河道，贯穿奉贤南北，北起黄浦江，途经金汇、齐贤、光明、钱桥、奉新5镇，南入杭州湾入海口，全长21.8公里，1978年、1979年分两年开挖，是奉贤重要的水上交通命脉。

1980年，由奉贤农林、水利部门协调规划，在两岸河坡上种植杞柳，面积330亩，河坡上配置3米宽的机耕道，两岸青坎上种植各15米～20米宽的水杉林带，计种植水杉10.55万株，两岸的堆土种植经济果林1120亩。金汇港绿化带的建设是奉

金汇港林带

贤县“大四旁”绿化的典范，管护工作比较好，各镇都配备了老党员、老干部组成的管护队伍，树木成活率、保存率为县内典型。1989 年，全市森林资源普查结果，两岸水杉林带保存面积 243.7 亩，活立木蓄积量 1259.1 立方米。

3．浦南运河造林

浦南运河位于县域南北境的中部，横贯奉贤区东西的全境，流程为庄行、南桥、江海、光明、青村、奉城、洪庙、四团、平安、邵厂 10 个镇境域，并串汇全区纵向市、县级河道 16 条，全长 46.2 公里，是全区水上交通的枢纽，更是农业灌溉、市民饮用水水源安全、卫生的源头。

浦南运河造林绿化，自 70 年代中期开始，被列为奉贤县河堤防护林建设的重点规划，在河道两岸 10 米宽的青坎上种树。在河坡上种植杞柳，并由各镇组成护林队伍管护，有效地保证了防护林的正常生长。据 1989 年林业资源普查结果，两岸有防护林 19.5 亩，活立木蓄积量 165.9 立方米，河堤造林树种以水杉为主。

2001 年 7 月，浦南运河水源涵养林建设列为奉贤县林业“十五”规划的重点，经实地调查，两岸河堤宜绿长度为 32.7 公里，规划在河道两侧各建 50 米宽的林带，建设面积 4900 亩。林带分为两部分，两岸河坡建 20 米宽的生态林带，面积 1960 亩，生态林带的内侧各建 30 米宽的经济林，面积 2940 亩，并申报列为 2002 年上海市林业重点工程建设项目。2004 年，四团镇境域在浦南运河两侧造林 19 处，面积 44.8 亩，奉城镇造林 56 亩，种植香樟、女贞、栾树、榉树等树木长势良好。2005 年后，由于政策未落地，浦南运河水源涵养林建设项目终止实施。

4．镇、村骨干河道造林

奉贤主要河道通称为“骨干河道”，经历数次梳理于 90 年代初形成“16 纵 3 横”的主要河道格局。其中，金汇港列为市级河道，其余 18 条均为县级骨干河道，合计总长 240.45 公里。至 2000 年 12 月，全县有镇级和市属农场级河道 260 条，总长 848 公里，村级主要河道 212 条，总长约 400 公里。

河道造林历来是奉贤农民“四旁”绿化的习俗，用以防风、固土。河道造林作为农田林网建设的主要骨架，是境内农村绿化的重点。1980 年起，各镇都把每年的造林绿化任务，落实在每年重点建设一条河、一条路的造林绿化上。

据 1994 年森林资源普查结果，全县镇、村骨干河道造林绿化率，各镇都在 20% 以上，其中江海、邬桥、庄行、齐贤、金汇 5 个镇，镇村骨干河道绿化率达到 50%。

二、沿海防护林

奉贤境域南临杭州湾，一线海塘总长 41.33 公里，多潮灾、多海患。为保护农田和聚落的生产和安全，唐开元元年（713 年）起，有海塘修筑之举，自唐至清奉贤境内先后筑海塘 8 条（段），即唐开元海塘，北宋皇祐里护塘、大德海塘、明漴缺石塘、清康熙土塘、雍正石塘和彭公塘，其中明崇祯七年（1634 年）筑的漴缺石塘，为石塘之始也是上海市第一座石塘。中华人民共和国成立后，为开发奉贤境内的杭州湾滩涂资源，多次实施筑塘围海造地工程。自1955—1997年，先后共筑海塘16条（段），累计海塘长度107.05公里，围海造地11.99万亩。

为了防止台风侵袭和潮汐冲刷海塘，奉贤有着植物固塘的悠久历史。最早见于文字记载的是距今800多年前的南宋乾道年间，捍海塘筑成后，诏令“适时栽种芦苇、不许樵采”。距今500多年前的明成化年间（1469—1487年），海塘大修后也在塘外广植芦苇“以闭潮汐之冲刷”。明万历二十一年（1593年），海塘筑成后，“植桑其上，有桑千顷”。以后清代每一次海塘、江堤大修后，都广植芦苇、柳树等植物。民国六年（1917年），奉贤县曾在海塘植树造林，抗日战争期间，海塘、江堤上的树木屡遭日军焚烧砍伐。解放前夕，国民党军队为了修筑碉堡之事，再次大规模滥伐林木。

1949年，上海解放后，人民政府十分重视海岸防护林建设。至1973年，奉贤县境内一线海塘堤外都有300米～500米宽的芦苇高滩和秧草滩，并且以行政手段禁止在滩地放牧、割青，保护芦苇滩。1959年，奉贤县林场建成后，在漴缺至西湾地段的里河塘、人民塘一带，营造防护林1380亩。1966年，奉贤县委书记曹匡人从川沙县引入芦竹2000担，种植在团结塘内坡及金汇塘西坡。1974—1981年，县海塘管理所在滩地种青中，共栽植芦苇1.3万亩，约561万穴。1970—1982年，县海塘管理所收割芦竹2.6万余吨销售浙江造纸厂，收入19.8万元。1969年，从河北省清河县和安徽省颍上县引种杞柳100亩。到1971年，面积扩展到470亩，年产柳条收入1.2万元。在这一阶段，县海塘管理所实施的“滩地种青”起到了滞浪、消浪作用，又减轻了海潮冲刷海塘所导致水土流失，同时也增加了不小的经济收入。但这一阶段的植树，由于未能掌握适地、适树和土壤含盐量偏高等因素，加上管护工作没有及时跟上，因此造林的成活率偏低。据《上海市1959年造林工作总结》记述，保存下来可望成林的保存率仅为36.1%。

除了滩地广种芦苇外，还在塘身种植杞柳、干戈等植物，并加以管理保护。清雍正十一年（1733年），修筑里护塘，因塘身多浮沙土，遂种植干戈，塘每筑高三尺种干戈一带，自上而下共种3带以固土。民国时期，县境内海塘不仅绿化未增，反而是削塘坡，种植农作物之风启行。奉贤解放后，海塘塘坡以种植芦竹为主。1974年起，渐次废竹，改为植树、种草和其他人工植被。

从1964年起，根据市林业部门的指示，贯彻并探讨“适地适树”的原则，筛选一批耐盐碱、抗性强、生长较好的树种，以刺槐、白榆为主更新改造原有的树种，逐步形成第二代防护林。

1982年5月22日，上海市农业局召开了沿海6县海塘防护林建设工作会议，提出从1983年开始，有计划、有步骤地营造沿海防护林，会同计划植树一并下达每年海塘造林任务，市、县两级组织核查验收，市财政每年提供资金补助，平均亩田造林补助400元。奉贤县自1983年开始，按照市每年下达的海塘造林50亩～200亩任务，在县政府领导下实施。县林业站根据“适地适树”的原则，负责树种选择和施工技术指导，县海塘管理所实施团结塘内坡造林，逐年挖除内坡栽种的芦竹和整地作业，自东向西分期植树造林。1999年，全市森林资源普查结果，奉贤沿海防护林面积3419亩。

团结塘林带。1983—1990年连续8年，建成团结塘内坡林带。1984年、1994年，分别对金汇西塘撑塘内坡植树造林。1990年在团结塘金汇港两侧外坡植树2380株。1992—1993年，分别在海塘桥西侧2300米塘段、南门港东侧3000米塘段外坡建设林带。1995年起，着重对已植树林带的抚育管理。2001年，对宜林的南门港西侧至奉新3号塘，全长8324米的团结塘外坡植树造林。至2001年，团结塘植树造林总长4.29万米，其中内坡2.59万米，外坡1.48万米，相关撑塘0.22万米，造林地面积计1047亩，种植水杉、池杉17.84万株。至此，团结塘防风林带内、外坡绿树成荫，堤坡植被连片，绿色屏障对防风、固堤、挡浪起到了重要作用。

一线海塘林带。奉贤区临海第一线海塘重点是内坡保护，以植被为主，并适当配植花灌木。1999年，对区境内上海化学工业区围海大堤实施内坡保护，绿化面积3万平方米，除全部栽种草皮外，还种植水杉7650株。金南西塘由奉贤海湾旅游区景观建设规划，种植观赏类乔灌木和花卉等。华电灰坝、市海水养殖场利用原有的内坡植被。团结塘自三团港、延东港塘段，则利用原有的海塘防护林带，其余塘段于2000年起在实施海塘达标工程中种植。2001年，对柘林东塘、金南东塘、东港塘内坡植树绿化，被列为上海市海塘保滩种青工程，由上海市海塘达标工程建设管理指挥部直接招标实施，总投资298.81万元，3条海塘种植林带长2450米，面积188亩。

海塘绿化达标工程。2000年起，在市、县两级政府财政投入和有关局的支持下，对奉贤境内31.6公里海岸线建设绿化达标工程（含坡、整地、绿化项目）分两年进行。2000年，实施两个标段，有金汇西塘东段和金汇中塘，合计绿化长度7130米，面积14.24万平方米，种植水杉、池杉1.42万株、香樟0.36万株、蜀桧柏0.96万株、瓜子黄杨1.26万株、金叶女贞0.54万株、杜仲0.12万株、白花三叶草（地被）5.4万平方米，实支苗木费89.58万元。

海塘防护林

2001年，实施柘林东塘的内坡绿化，长度2000米，面积3.7万平方米，种植水杉3.52万株、白花三叶草4.2万平方米；金南东塘的内坡绿化，长度1800米，面积4.87万平方米，种植水杉1.38万株、栀子花2万株、红叶小檗2.66万株、金叶女贞2.66万株、黄馨2.22万株、珊瑚0.56万株、瓜子黄杨1.92万株；东港的内坡绿化，长度1900米，面积3.97万平方米，种植榿木0.12万株、栀子花5.25万株、珊瑚1.26万株、鸢尾13.44万丛、白花三叶草2.1万平方米。3条海塘内坡绿化合计苗木费298.81万元。海塘达标工程种植质量较好，并落实管护队伍，树木成活率达90%以上。是年底，经市有关部门验收合格，达标工程完成造林面积401.7亩，工程总投资658万元。

1984—2013年，10年内共营造海塘防护林总长76.17公里（包括撑塘），造林面积2099.42亩，种植草坪22.71万余平方米。至2013年，海塘防护林造林工程基本完成，转入养护管理。

三、通道防护林

史籍载“古人于官道之旁必栽树，……以荫行旃”。据《中国农史秦、汉植树造林考述》记载，秦始皇统一中国后，在全国范围内，大规模统一种植行道树。《汉书·贾山传》载，当时秦“为驰道天下、东穷齐、燕，南极吴、楚江湖之上，濒海之观毕至。道广五十步，三丈而树，厚筑其外，隐以金椎，树以青松，为驰道之丽于此”，南极吴、楚，说明官道绿化已遍及江苏、上海，因而各地对道路的保护，路边树木的留养都十分重视。

中华人民共和国成立初期，国民经济极为薄弱，奉贤境内只有西乍线（沪杭公路），全程47公里，西亭线（南亭公路）全程46公里，西团线，全程49公里，沪塘线，全程16公里，路边行道树种植以悬铃木、枫杨为主。路基边坡杂草丛生，养护与管理较差。县境的公路管理归闵行公路站管理养护，沪杭公路沈陆村设养护点。1957年成立县公路养护工区。1960年更名为县工务所，1977年又易名为公路管理所。

60年代，交通建设迅猛发展，特别是改革开放后，中共奉贤县委、县政府坚持“奉贤经济要腾飞，造桥、修路是关键”的工作思路，在资金紧张的情况下，统筹兼顾，确保全县的基础设施建设，特别是路、桥建设取得突破性的进展。

80年代初期，县公路管理所对已有的绿化路段加强养护和补植，逐年淘汰易遭风灾、易受病虫危害的行道树白榆、悬铃木，对新建和改建公路做到工程竣工，当年栽树。90年代中期起，道路建设规划和绿化规划同步进行，基本实现路成树就。并认真贯彻交通部提出的公路工作“畅、洁、绿、美”的四字方针以及公路绿化“乔、灌、花、草”一起上的要求，加大公路绿化建设力度。1995年，投入资金2348万元，种植乔、灌木50余万株。公路两边的绿化带，放宽至20米～30米，如团青公路、平庄东路、航塘公路、平庄西路、新四平公路、西港西大道等，两侧20米宽的绿化带有80公里长，并建成绿化分隔带，中央绿化带。1996年，投资3.46亿元用于绿化建设，公路绿化面貌大为改观。1998年后，公路绿化的重点是消灭空白地段，优化公路绿化景观工程。区内公路行道树品种有香樟、广玉兰、榉树、银杏、悬铃木、马褂木、栾树、合欢、重阳木等，并增设公路绿化景点，改善城镇区域绿化窗口景观布局。

1996年，县林业部门对大叶公路、大亭公路、莘奉金高速公路两侧规划建设“两横一纵”通道绿化工程。

至2013年，全区公路绿化总里程1060.17公里，绿地面积1.22万亩，公路行道树乔木计57.77万株。

2013年奉贤区公路绿化设施情况表

表3-12

公路按行政级别分类	乔木实有数（百株）				花灌木地被实有量			绿地面积（万平方米）	绿化里程（公里）
	合计	其中：行道树			花灌木（百株）	球型植物（百株）	地被（含草皮）（万平方米）		
		胸径<10厘米	胸径11～20厘米	胸径>20厘米					
总计	5976.75	804.26	3359.75	107.59	6163.54	127.57	355.40	812.35	1060.17
其中：省道	688.46	32.39	181.95	18.00	—	893.14	—	59.34	73.05
县道	1969.61	354.99	303.96	61.40	3788.19	—	13.44	252.21	355.74
乡道	3113.23	329.94	2758.12	25.17	1465.21	120.83	339.16	499.65	575.97
村道	63.22	4.05	56.15	3.02	—	6.74	—	1.15	37.20
未接管	142.23	82.89	59.57	—	910.14	—	2.80	—	18.21

2013年奉贤区区管公路行道树种类数量情况表

表3-13　　单位：百株

公路按行政级别分类	乔木实有数合计	其中典型树种										
		香樟	水杉	悬铃木	柳树	杜英	广玉兰	栾树	池杉	女贞	意杨	其他
总计	5802.75	2443.83	1273.59	8.12	47.60	107.68	183.18	98.66	31.77	172.70	82.63	1352.99
其中省道	688.46	243.68	285.89	2.73	—	—	24.41	—	—	6.40	0.79	124.60
县道	1769.61	764.52	417.97	5.39	22.99	3.18	106.93	2.00	6.33	114.4	41.15	286.00
乡道	3113.23	1379.51	501.80	—	20.40	100.00	45.50	94.20	25.44	36.95	38.75	883.00
村道	63.22	27.89	36.60	—	3.93	—	0.23	2.46	—	—	—	1.95
未接管	142.23	28.23	31.33	—	0.28	4.50	6.11	—	—	14.95	1.94	57.44

2013年奉贤区省、县道主要公路绿化情况表

表3-14

公路等级和名称	起止地点	树木数量（百株）	绿地面积（万平方米）	绿化里程（公里）	主要树种
省道小计		688.46	59.339	73.053	
东奉线	浦东区界—新奉公路	67.90	8.474	12.54	香樟、水杉、池杉
东新线	南芦公路—松江县界	494.86	44.352	32.913	香樟、水杉、杜英、广玉兰
奉亭线	新奉公路—金山区界	125.7	6.513	27.60	香樟、水杉、夹竹桃、银杏
县道小计		1769.61	252.2057	355.738	
沿浦公路	闵行区界—大叶公路	26.61	0.381	1.909	香樟、水杉、白玉兰
航南公路	南汇交界—浦卫公路	53.79	14.616	18.065	香樟、水杉、雪松、红叶李
新奉公路	南汇区界—大亭公路	48.60	9.00	9.335	香樟、水杉、广玉兰、凤尾竹
芦五公路	南汇交界—五四公路	14.65	0.70	2.95	香樟、水杉、女贞
沪杭公路	航南公路—漴缺	253.78	21.42	20.29	香樟、水杉、广玉兰、悬铃木
新四平路	南芦公路—五四公路	43.89	11.17	7.841	香樟、水杉、棕榈、夹竹桃
航塘公路	南汇区界—平庄东路	49.27	11.08	11.568	香樟、水杉、杜英、夹竹桃
大亭公路	庄良路—龙泉港	11.02	1.50	3.407	香樟、水杉、紫薇
新杨公路	浦东运河—五四农场	44.06	1.62	5.227	香樟、水杉、栾树
金大公路	林海公路—金钱公路	2.65	0.98	5.855	香樟、水杉、杜英、意杨
四平公路	川南奉公路—五四公路	62.02	3.80	5.782	香樟、水杉
洪朱公路	川南奉公路—随塘河路	—	1.16	6.076	香樟、水杉、欧美杨
奉干公路	跨线桥南侧—五四公路	9.55	0.97	3.947	香樟、水杉
燎钦公路	奉柘公路—燎原大桥	16.70	0.85	4.876	香樟、水杉、欧美杨
海思路	奉炮公路—南海公路	4.70	2.00	2.525	香樟、茶花、桂花
泰青公路	航南公路—团青公路	19.92	1.6	5.574	香樟、水杉、广玉兰
沿钱公路	大叶公路—奉柘公路	157.22	5.94	10.820	香樟、水杉、瓜子黄杨
两港大道	浦东区界—新四平公路	—	—	3.140	香樟、水杉、海枣、棕榈
金闸公路	闵行区界—大叶公路	21.55	1.510	2.704	香樟、水杉、桂花、海枣
金钱公路	金汇—奉柘公路	80.93	1.28	14.071	香樟、水杉、法国梧桐
奉海公路	团青公路—跨线桥南堍	—	—	1.869	香樟、瓜子黄杨
环城西路	西闸公路—航南公路	9.57	1.35	6.659	香樟、水杉、黄杨、红叶李
奉炮公路	奉柘公路—海马路	7.97	1.10	3.003	香樟、水杉、龙柏球、夹竹桃
沪杭支路	南桥路—运河路	1.92	0.54	0.811	香樟
南桥路	沪杭改线段—南亭公路	3.30	0.09	2.039	香樟、法国梧桐
庄胡公路	南亭公路—胡桥	18.78	3.80	7.803	香樟、水杉、龙柏
胡滨公路	胡阮路—楚工路	3.79	0.06	1.999	香樟
奉苗公路	奉干公路—随塘河桥	1.57	0.11	1.106	香樟、海桐、石楠
西闸公路	金汇港—光辉港	59.75	7.30	9.947	香樟、水杉、悬铃木
六团公路	大叶支路—A2跨线桥	8.58	1.24	3.671	香樟、水杉

续表3-14

公路等级和名称	起止地点	树木数量（百株）	绿地面积（万平方米）	绿化里程（公里）	主要树种
泰西路	航南公路—大叶公路	8.81	0.61	0.567	香樟、水杉、红叶李
奉庄公路	环城西路—浦卫公路	—	—	3.393	香樟、水杉、红叶李、石楠
奉燎公路	新奉公路—燎钦公路	3.92	0.78	1.098	香樟、水杉、欧美杨
奉柘公路	A30—沪杭公路	204.60	19.33	17.558	香樟、水杉、珊瑚、广玉兰
五四公路	五四老场部—奉干公路	36.20	2.069	8.813	香樟、李树、榆树、龙柏
五四支路	五四场部—变电所	17.80	0.418	2.143	香樟、水杉、榆树
星火公路	奉柘公路—海农公路	4.26	—	1.678	香樟、水杉、石楠
西闸支路	西闸公路—环城东路	1.14	0.567	0.650	香樟、意杨
海湾路	A4出口—海鸥路	—	—	5.398	香樟、水杉、海枣、石楠
庄邬公路	南亭公路—大亭公路	39.14	1.20	6.250	香樟、水杉、广玉兰
庄良公路	南亭公路—南庄路	1.96	1.10	1.690	香樟、水杉、红叶小捏
扶港路	西闸公路—大叶公路	10.58	0.79	2.595	香樟、水杉、夹竹桃、冬青树
环城东路	环城南路—新林路	9.71	3.49	3.730	香樟、水杉、夹竹桃、凤尾竹
瓦洪公路	团青公路—随塘河路	28.00	4.49	6.942	香樟、水杉、凤尾竹、石楠
金海公路	团南公路—平庄西路	25.63	6.03	9.360	香樟、水杉、意杨、广玉兰
团青公路	川南奉公路—于庄	—	—	17.971	香樟、水杉、夹竹桃、凤尾竹
平庄西路	浦星公路—浦卫公路	55.68	11.33	12.527	香樟、水杉、木槿
海农公路	奉柘公路—人民塘东路	11.01	2.79	3.178	香樟、海枣
海兴路	青年桥—海农公路	3.18	1.51	3.969	香樟、水杉、柳树
海泉路	奉炮公路—海湾路	6.23	4.00	1.424	香樟、水杉、柳树、悬铃木
南海公路	新林路—海思路	10.56	8.10	3.905	香樟、水杉、柳树
平庄公路	区界—沿钱公路	137.09	50.166	20.483	香樟、柳树、悬铃木、杜英
环城东路	大叶公路—航南公路	66.85	9.01	4.426	香樟、水杉、夹竹桃、雪松
江海南路	江南路—平庄西路	39.12	5.55	2.357	香樟、法国梧桐、水杉、意杨
奉浦大道	S4—环城西路	5.80	6.06	2.633	香樟、石楠、水杉
金齐路	金海公路—S4	6.20	5.51	3.337	桂花、红叶李、石楠、杜英
浦卫公路	胡阮路—区界	—	—	0.932	已经栽种、未移交接管
新林公路	金海路—沪杭公路	—	—	4.267	已经栽种、未移交接管
观工路	南海公路—庄胡公路	—	—	5.130	已经栽种、未移交接管
燎星路	燎钦公路—青年桥	—	—	2.415	已经栽种、未移交接管
南庄路	杨牌路—庄良公路	—	—	8.475	已经栽种、未移交接管
北沪杭路	西渡—闵浦二桥南堍	—	—	1.575	已经栽种、未移交接管

1999年，奉贤县开展第5次资源普查，根据上海市地方林种划分，全县通道林面积2.56万余亩。其中，护路林面积1.61万亩，占通道林总面积的62.84%，护岸林面积3278.4亩，占12.8%，走廊林面积213亩，占0.83%，农田防护林面积2489.8亩，占9.72%，外环林面积3539.4亩，占8.82%。

2004年起，区政府根据市委、市政府对生态文明建设的新要求，紧紧围绕林业发展规划，进一步分解落实林业建设任务，进一步强化林业工作管理要求，进一步明确促进林业持续健康发展的政策措施，将通道林建设事项列入林业建设重点工程项目，强化了通道林建设管理的任务和政策扶持。2004—2012年，奉贤区列入通道林建设工程项目共35项，通道造林面积1.26万亩，投入资金2.43亿余元。

至2014年，全区通道林保存面积3.05万亩。

2004—2012年奉贤区通道林建设工程项目情况表

表3-15

年份	项目名称	造林面积（亩）	投入资金（万元）	造林地段
2004	沿江沿路通道林	3885.50	9540.13	金汇港、奉城镇、A4
2005	公路通道林	3022.80	9029.50	青村、A30、农业园区
2006	公路通道林	603.00	707.50	A30、奉柘公路
2007	A4通道林	335.00	353.20	A4、南亭公路
2008	公路通道林	613.90	893.18	浦星公路、光泰路、科工路
2009	区镇公路通道	2143.72	2065.98	青村、奉城、柘林、庄行
2010	申亚通道林	830.00	728.74	申亚、海港、大叶公路
2011	林海公路通道林	765.00	666.31	金汇、青村、奉城
2012	区、镇通道林	402.34	357.28	各镇
合计		12601.26	24341.82	

1．“二横一纵”通道林造林工程

按照市农林工作会议提出的“六个绿”（绿色项链、绿色屏障、绿色通道、绿色森林、绿色景点、绿色产业）工程建设要求，1996年，县政府县长常务会议作出决定，在县内“两横一纵”公路建设通道绿化工程，即在横跨县境东西的大叶公路（全长32.5公里），大亭公路（全长45.2公里），以及贯穿县境南北的莘奉公路（S4，全长15.7公里），两侧各20米宽建设生态林带。是年3月起，绿色通道工程正式启动，经春秋两季建设，共植树2540亩。2001年继续推进至竣工，实为奉贤首批道路的景观绿化工程。

莘奉公路（S4）通道林　北起奉浦大桥，南至南桥镇，全长15.7公里，是奉贤通往上海市区的首条高速公路（S4）。1996年，根据县政府的决定，由奉贤县林业站负责规划实施两侧20米景观林带，林带东侧50米为经济林带。景观林带乔木树种以香樟、广玉兰、欧美杨、栾树为主，灌木有桂花、木槿、夹竹桃、海桐等，并配置火棘、黄杨类灌木，组合构成自然流畅的隔离带，树种丰富、林相整齐、层次分明，共植树面积20万平方米。经济林带，种植柑橘、柿子，由钱桥一果农承包，种植面积40万平方米。2000年，为提升绿化的景观效果，由县公路管理所进行调整改造，在公路中间建中央绿化隔离带4万平方米。绿化隔离带内种植灌木，大色块分段面布局，提高公路交通的品位，凸现了奉贤北大门公路景观绿化的亮点。

至2014年，莘奉公路两侧通道林面积共2892.3亩。

大叶公路通道林 大叶公路，横跨县境东西，东起南汇县界，途经原头桥、泰日、金汇、齐贤、萧塘、邬桥6个镇，西与松江区叶榭镇相连，全长32.5公里，是奉贤县自筹资金建设的公路。1997年建成通车，列为县“二横一纵”通道林建设工程之一。初期规划，南北两侧20米绿化带。1998年，由奉贤县林业站实施（原金汇镇、齐贤镇通道林样板地段），在绿化带20米外开挖1米的排水沟，并系统地进行土地平整，种植广玉兰、香樟、蜀桧、红叶李、银杏等树种，造林面积125亩。管理由原金汇、齐贤两镇林业站负责。在造林和管理工作中，两镇林业站干部认真负责，植树成活率达95%以上。大叶公路途经原邬桥、金汇、泰日镇区地段以种植香樟、广玉兰等行道树为主，邬桥镇区还辟建小型花坛，种植花灌木，泰日地段种植凤尾竹、龙柏、蜀桧、红叶李等观赏类植物。

2010年，在通道林建设中，大叶公路又被列为林业重点工程项目，实施地段原金汇镇区域，财政扶持144.87万元，当年新增林地165亩，种植香樟、广玉兰、栾树、无患子等树木2.2万株。

大叶公路通道林，除穿越镇区地段种植行道树外，其余地段两侧通道林宽度一般在8米～10米，部分地段宽至30米。至2014年森林资源普查结果，大叶公路总绿化里程33.11公里，种植行道树7963株，绿化面积740.4亩，两侧通道林面积计1249亩。

大亭公路通道林 大亭公路（初名亭大公路），是上海市郊区环线之一，东起原南汇县大团镇，途经奉贤区原邵厂、平安、洪庙、奉城、塘外、青村、光明、江海、庄行9镇，西至金山县亭林镇，奉贤段全长46.6公里。1997年7月，大亭公路奉贤段竣工通车。

2005年，A30通道林建设工程列入市、区林业建设重点工程项目，计划实施地段位于A30公路两侧（S4公路至沪杭公路），市、区两级财政投入5867.5万元，共造林面积1000亩，种植香樟、国槐、杨树、桂花等乔灌木10万余株。2005年，在大亭公路南侧（青村段）实施通道林建设工程，市、区财政投入544万元，造林面积292亩，种植雪松、红叶李、杜英、乐昌含笑等乔灌木3万余株。

2006年，又分别对A30高速公路奉城段、青村段和S4平庄公路出口处，建造景观通道林，投入资金1100.77万元，实施面积992.32亩，种植香樟、女贞、马褂木、水杉、意杨、青桐、垂柳、蜀桧柏、栾树、重阳木、广玉兰等混交林，林种丰富、林相整齐。

2007年，又在大亭公路庄行段至金山区界龙泉港营造通道林，投入资金75.2万元，完成造林面积75亩，种植桂花、女贞、红枫、枫香、花石榴等乔灌木。至2015年，大亭公路通道林总面积1246.7亩。

2．高压走廊林

2009年起，为了加快林业建设的进程，奉贤区按照《上海市城市森林规划》和《造林技术规程GB/715776－1995》等文件精神，由区农委申请立项，经区发展改革委员会批复，并报送市绿化和市容管理局审核，对沿海防护林、水源涵养林、通道防护林、高压走廊林等“四类林”进行立项建设。针对区内化工区的落成建设和投产及高压输电网的配套建设，为确保生产和生活的安全，规定在高压输电网下全部建成林地。2009年，市、区投资186.25万元，在柘林镇孙桥村，立项建设高压走廊林，面积183.8亩，种植乔木有香樟、女贞、栾树等2.4万余株，由上海怡绿造林公司负责施工和养护。

3．市、区级公路绿化带

浦星公路绿化带　浦星公路，原称沿浦公路，北段与闵行区丰南公路连接直达市区，南经原金汇、齐贤、光明、星火开发区、海湾5镇1区，全长19公里。2002年6月建成通车，系一级公路，路宽32米，中间设宽2米的绿化隔离带，公路界限桩之间的绿化带、隔离带之间的绿化由市公路管理所规划和实施。

2008年，加大对浦星公路通道林建设力度，列入林业重点工程项目建设。投资资金107.7万元，在航南至浦南运河公路段造林103亩，种植香樟、夹竹桃、杜英、蚊母等乔灌木1.7万余株，成活率85%以上，树木长势旺盛。

2009年，对浦星公路所处的青村段，又列入林业重点工程建设项目，投资142.32万元，完成通道造林147.7亩，种植观赏树种有雪松、广玉兰、无患子等1.1万株，增添了通道绿化的景观功能。

至2014年，浦星公路绿化里程19公里两侧种植行道树9531株，球类植物4833株，绿地面积133亩。

林海公路绿化带　林海公路位于奉贤中部浦星公路以东，北接杨高南路、南至平庄东路，奉贤段全长12.75公里。2011年6月建成并通车，是上海市规划公路网中黄浦江以东的南北干线，也是奉贤经济发展和滨海旅游开发的快速通道。2011年，地处青村段列入市林业重点工程建设项目，投资169.84万元，种植香樟、喜树、无患子等乔木2.15万株，建成通道林面积195亩。

沪杭公路绿化带　沪杭公路，自上海徐家汇起至浙江杭州（《上海市地名词典》改为起自奉贤西渡口）奉贤境内长24.78公里，曾称沪闵南柘公路，是国内早期辟筑的一条联省公路。民国十年（1921年）上海士绅李显漠等人兴办沪闵南柘长途汽车公司，民国十一年（1922年）十二月通车。路边植树廖廖，断断落落，树种以枫杨、悬铃木等为主。

1959年，奉贤县林场建立后，开始建造防风林，自柘林至漴缺，在公路两侧路坡种植刺槐、乌柏、女贞等树木，面积300余亩。

1973年，为配合金山石化总厂筹建，公路裁弯取直，路面放宽至10.5米～14米，并全线规划行道树，品种以香樟、广玉兰、悬铃木、水杉为主。路坡根据自然立地情况种植水杉林、女贞林以及棉花、油菜等农作物。80年代起，为加大农田林网建设，逐年增强路坡的造林工作。2000年后，实施通道林建设规划，对全线路坡种植农作物的土地全部改作林地。至2014年，沪杭公路总宜绿地段21.19公里，有林地面积330.46亩，种植香樟、悬铃木、水杉、池杉、女贞等行道树2.59万株。

平庄公路绿化带 平庄公路，东连原南汇区经原邵厂、平安、四团、奉城、塘外、钱桥、青村、光明、南桥、庄行10个镇与金山区相接，全长37.21公里。

2009年，奉贤区在实施“四类林”建设工程中，将平庄公路通道林建设列入林业重点工程实施，投入资金360.71万元，在沿钱路—富阳路段，完成造林面积360亩，种植树种有香樟、栾树、无患子、女贞等乔木3.6万余株，种植木槿、夹竹桃、栀子花等花灌木3万余株。

平庄公路涉及四团镇五四、龙尖、渔洋3个村，通道造林15个断面，通道造林面积49.3亩。

四平公路绿化带 四平公路，由原五四农场老场部，经原平安镇至四团镇而得名，起自川南奉公路至五四公路，绿化里程5.78公里，绿化面积3.8万平方米，种植行道树6202株。新四平路，起自南芦公路至五四公路，绿化里程7.83公里，绿化面积11.17万平方米，种植行道树4389株。

2009年列入区通道林重点工程项目建设，自A30—浦东铁路段，投资资金276.58万元，造林274.04亩。四团镇涉及五四、三坎、新桥、团南、龙尖等6个村，涉及四平路通道造林面积263亩。

4．镇级主干道林带

奉贤公路交通发展迅速，形成“九纵六横”主干公路网，总里程190.27公里。至2001年，全县新建改建市级公路9条，新建改建县镇级公路36条。与此同时，各镇直属经济园区相继建成一批镇区道路，其中已定名称的362条。至2013年，全区公路总长度1060.17公里，其中，乡、镇公路总长度613.17公里。

70年代起，镇级公路就列为农村绿化工作的重点，普遍种植行道树，树种由悬铃木、枫杨、白榆、水杉、香樟等更迭，没有片林通道，并且公路绿化归县公路管理所管辖。农村中机耕路段，种植水杉为多，但由于机械、牲畜及人为的因素的影响保存率较低。南桥镇对集体机耕路旁种植的水杉，曾编写口头语“春天种树夏天荒，秋天树枯黄，冬天进柴仓。”80年代起，奉贤县的植树工作的重点以建设农田林网为主。对乡、村公路、机耕路、河道旁种植作为农田林网的骨架，县里曾组织各镇林业干部，赴青浦、松江等地考察学习，加强了对农田林网的保护，乡、村道路树木的保存率逐年有所提高。80年代后期起，随着经济的发展和公路建设的迅速发展，各镇为改善生态环境、改善投资环境而高度重视，镇级主干道的造林绿化，逐步形成了“路成树就”的格局。2004年起，在贯彻市府下达的林业建设计划下，区政府、区发改委、区农委联合成立了奉贤区“四类林”建设项目领导小组，以改善区内农村生态环境为主旨，为实现《上海城市森林规划》目标，对“水源涵养林，通道防护林、防污染隔离林、生态公益林”简称“四类林”，列为市级工程造林项目，每年报上海市林业局审批。并根据《上海市绿化林业建设项目管理办法》和《上海市生态公益林建设技术规程》等要求，逐年审报与实施“四类林”建设项目，得到了市政府的大力支持，上海市财政给予的补助资金占总投资额的60%，区财政和企业自筹资金占40%。2004—2012年，区内通道林建设列入市工程项目有35项，投入资金2.43亿余元，完成通道林造林面积1.26万余亩。

2008年，金汇镇泰日社区主干道，光泰路通道林列入市工程化造林项目，由上海怡绿造林工程有限公司设计，两侧各10米宽的绿化带。是年，投入资金319万元，完成造林面积210.9亩，种植女贞、栾树、水杉、蜀桧柏等乔灌木及球类植物2.5万余株。对柘林镇科工路、理工路、驰华路、楚华路、发工路5条公路也同期列入工程化造林项目，投入资金466.48万元，完成造林面积300亩，种植香樟、青桐、桂花、槐树等乔灌木4万余株。

奉贤区海湾镇通道林

2015年奉贤区通道林面积情况表

表3-16　　　单位：亩

单位	面积	单位	面积
合计	30494.58	奉城镇	3618.72
庄行镇	1929.23	柘林镇	4552.89
南桥镇	5027.81	金汇镇	1987.73
青村镇	2168.54	现代农业园区	1416.83
四团镇	2052.37	奉浦工业区	390.41
海湾镇	1249.23	光明集团	6102.86

第五节 生态片林建设

“十五”时期始，全国上下认真贯彻《中共中央关于加快林业建设若干问题》的文件精神，上海市委、市政府高度重视生态文明建设和城市化发展，以及社会主义新农村建设，对林业生态建设提出了更高的要求。奉贤区委、区政府在编制“十五”林业发展规划中强调，要集中体现林业可持续发展的思想，体现奉贤滨海城市发展的特色，规划人与自然相和谐的生态环境，突出4个原则（生态性、系统性、多样性、产业化），以生态效益为核心，增强林业系统功能，丰富植物群落。强化地域特色发展。在2000年完成平原绿化达标县的基础上，坚持“城乡统筹、绿林一体”的发展思路，积极探索实践“政府主导、政策激励、社会参与”的发展模式，加速推进沿海防护林，黄浦江水源涵养林，沿江、沿路绿化带，海湾世纪林，现代农业园区生态林，申隆生态园，申亚生态园等大型片林建设。结合农业产业调整，发展具有地域特色的经济林建设。2001年起，平均每年以1.5万亩片林建设的速度推进。

一、现代农业园区生态林

2000年4月，奉贤区现代农业园区成立，是上海市首批市级现代农业园区，涉及原金汇、齐贤、西渡、江海、光明、奉浦5镇1区，包括18个行政村，110个村民小组，占地18.48平方公里。园区重点开发农业综合加工贸易区，农业高新技术示范区，恢复自然生态区。2001年10月，按照市林业规划设计有限公司的总体规划设计，种植设计图、施工图，遵照上海市工程化造林质量标准进行土地平整，沟渠整治等前期准备工作。2002年3月，实施恢复自然生态园造林工程，东起金汇港，西至S4高速公路，南自浦南运河，北至航南公路。3月12日，区委、区政府带领区农委等机关干部1000余人参加义务植树，拉开了恢复自然生态园造林的帷幕，年完成造林面积1643亩。2003年1月，开展第二标段（欧美亚段）造林，北至奉浦大道，造林面积2532.8亩。造林于2004年5月结束，实际完成造林面积4175.8亩，造林总投资3872.8万元。其中，市级补贴1021万元，自筹资金2851.8万元，整个造林工程由区林业署监理，上海农艺绿化有限公司承包施工。2004年10月，由市、区两级林业主管部门验收，造林成活率普遍达到90%以上。其中70%的造林面积植树成活率达95%。种植乔木树种有香樟、广玉兰、雪松、栾树、桤木、榉树等25万余株，种植灌木树种桂花、红叶李、紫薇、红枫、含笑、黄杨等30余万株。

2004年2月，对整个园区地域所辖的金汇港、浦南运河、大庆河，列入市、区沿江通道林造林工程项目，至2004年5月结束。经验收，造林面积1592亩，造林投资3457.77万元。其中，市级补贴955.2万元，区财政补贴636.8万元，自筹资金

1865.77万元。造林树种按“适地适树”原则，种植榆树、朴树等乡土树种，造林成活率普遍达到90%以上。

2005年2月，对园区内所辖的莘奉金高速公路、汇丰西路、望园路、金海路、奉浦大道、广丰路、高丰路、岚丰路共8条主干道，列入市、区2005年工程化通道造林项目，至5月下旬结束，共造林面积500.08亩，造林投资1129万元。其中，市区财政补贴各300万元，自筹资金529万元。在望园路通道林建设中，由华昌集团从江西、湖南引进大规格野生香樟，胸径30厘米～50厘米，共500余株，野生多杆香樟，每丛3杆～10余杆，综合胸径100厘米～150厘米，共100余株，野生香樟根桩直径100厘米～150厘米，共200余株丛，以及大规格银杏，胸径40厘米～50厘米。在移栽技术方法上，采取大骨架重截回缩的方式，移栽成活率达到90%以上。其间，华昌集团公司从湖南、江西引进野生香樟2000余株，胸径20厘米，截干2.8米～3米，土球80厘米～100厘米，经过精心养护，成活率达95%以上。这是奉贤区大规格苗木移栽的先例，经多年勘查、观察，大规格香樟移栽后的成活率高、生长势正常，但大规格银杏移栽，表现恢复期较长。大树移栽能早绿化、早成林、早见效，对城市、单位及景点绿化，能起到速成绿化的目的。

园区内的单位造林绿化，位于金齐路1000号的上海市农业科学院，自2004年起，先后共造林绿化面积240亩，种植品种有250余个，其中主要有香樟、银杏、榉树、雪松、罗汉松、广玉兰、桂花、红枫、鸡爪槭等珍贵品种，由上海市上农绿化公司、上海柚森绿化公司施工，单位绿化覆盖率达38%。

现代农业园区片林

据2009年上海市森林资源普查结果，奉贤现代农业园区土地面积2.77万余亩，林地面积有8965.5亩，森林覆盖率达到28.34%，林木绿化率33.66%。

二、海湾国家森林公园生态林

上海海湾国家森林公园（原五四农场境地）始建于1999年，由上海光明食品（集团）有限公司与上海城市建设投资开发总公司共同出资建设，总投资8.65亿元。公园是在上海城市环境建设大背景下，把森林引向城市，让城市坐落于森林自然生态之中。以乔木为主，乔、灌、花、草相结合，多树种、多林种、多层次的大型人工森林建设项目。公园地处海湾镇，南依杭州湾、北靠奉城中心镇、东接临港新城、西临星火开发区，总面积1.6万亩。历时10年，2010年4月28日正式对外开放，是上海市最大的郊野公园。公园根据海滨地区特殊的立地条件，由南京林业大学按生态学原理为主导进行规划设计，以“适地适树”为原则的树种选育，按生物多样性要求，借鉴宫胁昭造林法配置植物群落，探索人工营造贴近自然的混交林，并通过地形处理，堆造了地貌形态不一的土丘185座，开挖水域面积2582.42亩，其中百鸟湖面积580亩，梅园探香湖172亩，形成以湖泊、河流、丘陵、坡地、洼地相结合的多种生态境域格局。构筑了林间道路205公里，桥涵66座，驳岸1.28万余米，建成苗圃2000亩，培育苗木270万株，植物种类达79科，342种，植树420万株，其中乔木95.6万株、灌木74万株、竹类30.4万株，铺设草坪32万平方米，林地面积6000余亩。其中，沉水樟、舟山新木姜子、黄檗、连香树等18种，为国家珍稀濒危树种。北美红杉、墨西哥落羽杉、北美枫香、北美黄松等10个树种引种成功。主要优势树种有湿地松、榉树、香樟、落羽杉、无患子、乌桕等，形成针叶林、针阔混交林、阔叶混交林、竹林、竹木混交林、风景林、湿地林等多种植物群落，林相优良。

园内有兽类6种，野生鸟类10目32科161种，植物、动物和微生物的生态链正在形成，森林野化已初步显现。园内四季有景，初春赏梅，建有全国规模最大的梅花园，面积2000亩，引进梅花品种126个，4万余株，并专设梅花厅。有200余年古梅桩36盆，精品梅桩百余盆、盆栽梅花300余盆，有梅花名贵品种墨梅、早花绿萼、骨里红等。观花植物还数谷雨牡丹，建有牡丹文化园，占地面积2万平方米，品种70种，并有芍药21个品种相伴，共4800余株。夏日赏荷花、睡莲，又有花石榴、紫薇桩景，繁花似锦。秋时赏叶，有观赏植物红枫、日本红枫、北美枫香和槭树科植物10种，更有银杏、无患子等秋景。时冬又有蜡梅5000余株。2014年，举办首届梅花节、牡丹展、樱花节、菊花展，年游园人数达到60万人次，年旅游收入3000万元。

海湾国家森林公园

三、申隆生态片林

上海申隆生态园

申隆生态园，始建于1999年10月，由上海市申隆储油公司（法人代表姚建国）投资建设，初建于原钱桥镇朱蒋村，以林果业、养殖业为主，面积705亩。2001年秋，园区面积增至1240.5亩。2002年9月，园区又向原钱桥镇滕家村、丁夏村、塘外镇盐行村、青村镇李窑村、姚家村、钟家村、朱桥村、朱店村扩展至大亭公路南侧，面积扩至1.05万余亩。2002年3月29日，奉贤区发展和计划委员会批复同意建立上海申隆生态园项目，并增加农民中心村居民住宅使用面积1264.5亩，增设接待中心、休闲别墅、健身场所、游泳池等文化设施，总面积达到1.18万亩，其中，林地面积7305亩，水面积2649亩，中心村房屋建筑及道路面积1826.4亩。2005年建成并对外开放。

申隆生态园涉及原钱桥、青村、塘外3镇的朱蒋、滕家、丁夏、竹筱、朱桥、李窑、姚家、钟家、朱店、盐行10个行政村，农户1739家，常住人口5224人，动迁民房33.7万平方米。2003年，生态园建设进入发展阶段，四周开挖界河，建设办公楼、上海申隆残疾人康复中心、别墅群、宿舍楼、餐饮部、游泳馆、健身房、绿地广场、接待中心等设施，建成天鹅湖、申隆湖、鸟语岛、农耕文化展示馆等景观点。园区中辟建森林大道、中心大道、银杏大道、畅心大道等白色路面3.84万余平方米，人工景观河6325平方米，公路桥梁6座，景观区人行桥17座，投入资金1.7亿元。生态园功能定位为休闲度假、休养康复、旅游观光为一体，具有江南水乡特色的绿色生态园。园内以生态林业为主，至2003年年底，种植果林300亩，计3.3万株，人工造林7305亩，种植香樟、桂花、广玉兰、银杏等为主的林木品种111个4744万株。其中，移栽胸径0.5米以上的银杏158株、紫薇6株，林业投资额2533.4万元。

2004年，申隆生态园防护林二期工程列入林业建设重点项目，造林地段自G1501南侧沿线、西至沿钱公路、东至跃进港、南至奉柘公路，造林面积3983亩，投资1.53亿元。

2005年，申隆生态园被列为全国农业旅游示范点，年接待游客18万人次。

2007年，申隆生态园由区政府收购，总价为1.98亿元。是年，申隆生态园整体划归奉贤区国有资产监督管理委员会。

四、申亚生态片林

申亚生态片林

申亚生态园位于金汇镇明星村12个生产组、国光村第二、第七生产组，由上海申亚房产集团所属上海亚绿实业投资有限公司投资，于2003年3月至2004年10月，分3期实施建设大型片林。造林规划由上海鼎绿园林公司设计，区域总面积3800亩。其中，造林面积2402亩，水系面积219亩，道路面积66亩。区域内地貌进行全面改造，开挖小河，辟建具有江南风格的小桥流水，堆造起伏多变的丘陵山坡，配植丰富的景观树种，共种植各类乔木、灌木、花、草、地被以及水生植物等300余种，40万株。

2004年12月，成立金汇明星林业养护社，养护员293人。2005年，经批准建立区森林病虫害测报点，除经常性监测森林病虫发生的信息外，并制作各类昆虫标本38个科，190余种。2007年，被评为上海市生态公益林标准养护社。2007—2008年度，被评为上海市先进林业养护社。

五、化工区防污染隔离林

1996年8月，经国务院批准设立上海化学工业区后，奉贤县政府认定以市化工区为依托，并充分接受其产业延伸和辐射。于2000年6月，经市政府批准，成立化学工业区奉贤分区。化工区南临杭州湾，西与金山区漕泾镇接壤，境内的柘林镇冯桥村、胡桥镇胡滨村、朱家村，以及县林场、临海养殖场整建制划入。

1999年，在围海大堤上营造海塘防护林带，计长度4293.5米，造林宽度31米～37米，完成造林面积228.4亩，按“适地适树”原则，种植欧美杨、柳树、夹竹桃

奉贤化工区防污染隔离林

和香樟，并铺设草坪。

2003年，贯彻市政府《新三年环保行动计划》和上海市2003—2007年林带建设任务要求，并依据《上海市城市森林规划》，区政府注重生态环境的建设和保护。自2004年起，在上海化学工业区、奉贤化工分区建设防污染隔离林，并列入市级林业重点工程项目。至2012年，共建成防污染隔离片林面积3467亩，财政扶助资金3682.59万元，种植耐盐碱、抗性强的造林树种有欧美杨、无患子、湿地松、青枫、女贞、栾树、夹竹桃、东方杉、香樟、水杉、池杉、蜀桧等乔灌木40余万株。

六、海湾世纪林

海湾世纪林地处海湾旅游区。1999年起，旅游区营造海湾世纪林，并列为市政府重点扶持、规划建设的五大人造森林之一。地域处原奉新5号塘内，东起世纪佳苑，西至原莘奉金公路南段（今海湾路），北起团结塘，南抵金汇塘路，占地600亩。是年3月12日，由上海市文明办、市绿化办、市文学艺术联合会和奉贤县人民政府等联合发起，组织535个单位，3万余人参与的“万名市民营造海湾世纪林”活动，其中，包括外国友人42人。连续3年共植树40余万株，总投资2000万元。

海湾世纪林共分3个林区与1个科技游乐园。林区分为竹林区，有早园竹、毛竹、红竹、紫竹、黄金竹等10余个品种，占地160亩。果林区种植柿树、枣树、柑橘、枇杷等品种，面积180亩。生态林区种植香樟、雪松、桂花、海枣等几十个观赏品种，面积190亩。科技游乐园中陈列兵马俑、沙雕、海螺馆、卡通乐园等科技游乐设施，并设置假山、小桥、竹楼、茅屋等休闲游乐场所。

2014年起，因建设学校、医院等公益性项目需要，原世纪林中心路以北迁移重置，仅留中心路以南地块190亩。

七、奉城地中海片林

奉城地中海都市农庄，由上海保赛企业（集团）有限公司承建，地处奉城镇塘外社区，东起奉干线，西至燎钦公路，北靠亭大公路，南至浦东铁路。规划面积1200亩。2003年8月28日，奉城镇人民政府与上海保赛企业（集团）有限公司签约，并举行都市农庄奠基仪式。

2004年，列入奉贤区发展和计划委员会工程化造林项目。此项目为奉城镇通道防护林带，北至A30，南至浦东铁路，东至奉干公路，西至燎钦公路，通道造林面积814.5亩，建设资金1469.13万元。后因投资方资金不足而撤离。至2010年，保留造林面积803亩，造林品种主要有杨树、香樟、柏树、龙柏、栾树、桃树、桂花、柿树、金合欢、杜英、女贞、银杏、夹竹桃、水杉。2014年起，由奉城镇林业养护社管理和养护。至2015年，奉城地中海片林保存面积554亩。

第六节 城镇绿化

一、公园广场绿化

至1985年，奉贤园林仅有2处，分别为民国时期建造的沈家花园和1984年10月动工兴建的古华公园。90年代后，随着经济的发展和人民生活水平的提高，奉贤在加快城乡绿化建设的同时，启动新建了一批公益性公园。1996年建望春园。1998年建文化广场，同时开始建设海湾国家森林公园。2000年后，时代广场、正阳景观公园、奉浦四季生态公园、西渡江边公园等相继建成。至2012年，区内的公园、广场绿地粗具规模，遍布各镇、社区。全区面积在3000平方米以上的广场绿地24处，总面积1003亩。“十一五”期间，建成正阳体育公园、海城绿地、海港行政中心绿地等大型公共绿地1650亩。南桥城区公共绿地总面积达5613.3亩。2015年，全区实有公园绿地455.83万平方米。

时代广场绿化

1996—2012年奉贤区（县）3000平方米以上广场绿地情况表

表3-17　　单位：平方米

序号	绿地名称	位置	面积	建设时间
1	贝贝幼儿园东侧绿地	秀南路、贝贝幼儿园东侧	3060	1996年
2	望春园	菜场路167号	8400	1996年
3	文化广场	解放路南，南中路北；宏伟路西，南桥路东	19200	1998年始建，2005年改建
4	江海花园广场	江海花园内	9000	2001年
5	时代广场	区会议中心东侧	16900	2001年
6	奉秀路绿地	S4高架桥下	130000	2004年始建
7	正阳中央公园	东正环路与西正环路之间	27000	2004年
8	原住宅局绿地	南中路立新路口	3260	2005年
9	中心医院北侧绿地	现中医院北侧，立新路东侧	3450	2005年
10	育秀园绿地	古华路、育秀路口	5700	2005年改建
11	加油站绿地	南奉公路、环城东路口	3000	2005年
12	二严寺绿地	沪杭公路、八字桥路口	3000	2005年

续表 3-17　　单位：平方米

序号	绿地名称	位置	面积	建设时间
13	渔人码头	海湾路最南端	80000	2005年
14	海城绿地	五四公路、场中路口	28000	2006年
15	四团文化广场	新四平路、鹏程路口	4600	2006年
16	沪杭路南亭路绿地	沪杭公路、南亭路口	9006	2006年
17	电影院东侧绿地	南桥路新建路口	3000	2007年
18	海港行政中心绿地	海杰路、新四平路口	100000	2007年
19	正阳体育公园	正阳三期南侧、G1501 北侧	56000	2008年
20	两路一带绿地	百秀路、百通路	60000	2009年
21	星火健身公园	海湾镇海滨二村南侧	15000	2010年
22	西渡江边公园	西渡轮渡口东侧	58000	2011年
23	大润发东侧绿地	环城西路、南亭路口	3000	2012年
24	西渡社区公园	扶港路西、大同小区北	20000	2012年

二、居住区绿化

1982年，南桥镇解放新村首辟居住区绿化。1984年，扩建运河新村辟建绿地3219平方米。至1987年，解放新村一、二、三村先后完成绿化建设，绿地面积3.41万平方米。至1993年，南桥居住区绿地面积达25.2万平方米。1994年后，南桥住宅建设规模不断扩大，江海、贝港、育秀、正阳、曙光等居住小区陆续动工兴建，也相继建成较大面积的居住区绿地。至2001年，就南桥镇有居住区绿地面积42.25万平方米。绿地内置凉亭，水池、叠石以及健身器材等一应俱全，居民休息、健身锻炼可在小区绿地内进行。

江海小区绿化

2004年起，开展创建园林式居住小区活动。按照《上海市绿化管理条例》和《新建居住区绿化环境建设条例》，提高居住区绿化的品位，确保居住区景观功能精品化，实现居民对“地绿、水清、气顺、景美”人居环境的渴望。

2005年起，居住区绿化纳入行政审批事项，并规定：新建居住区绿地面积必须达到居住区总面积的35%，改建居住区绿化面积不得擅自减少。

至2011年，全区有市级园林式小区24个，区级园林式居住区31个，区级绿化合格小区15个。至2013年，全区居住区绿地面积达5415亩。至2015年，居住区实有绿地398.86万平方米。

2004—2011 年奉贤区市级园林式居住小区情况表

表 3-18　　单位：平方米

序号	年份	名称	小区面积	绿化面积
1	2004	九华苑	15400	58500
2	2004	绿庭玫瑰	58500	25000
3	2004	古华 A 区	59871	21647
4	2004	贝港花苑	139860	56000
5	2004	奉浦花苑	161200	46000
6	2004	蓝天苑	82163	35330
7	2004	育秀六区	74726	25181
8	2005	棕榈滩别墅	224419	121533
9	2005	水岸家苑	63590	25436
10	2005	万龙新村	122371	20264
11	2005	曙光新区	82674	16767
12	2005	阳光园	476051	100440
13	2006	锦梓家园	25000	19474
14	2007	奉苑新村	33789	5500
15	2007	贝港三区	61486	14599
16	2007	育秀四区	75561	24398
17	2007	育秀二区	112978	19657
18	2008	棕榈滩小区	141939	121534
19	2008	贝港二区	84476	11586
20	2008	古华一区	190000	43256
21	2008	解放四区	48824	13963
22	2009	九华新苑	154000	58500
23	2009	阳光四季苑	181900	31867
24	2011	海港新苑	137140	51800

三、单位绿化

80 年代初，奉贤各机关、企事业单位结合治理三废（废水、废气、废渣）污染和创建文明单位活动，普遍进行绿化建设。1988 年，奉贤县市政管理所等 8 家单位成为市级首批绿化合格单位，县政府机关大院等 5 家单位被评为市绿化先进集体。1990 年，南桥城区有 91 家单位辟建绿地，有 25 家单位成为市级绿化合格单位。

南桥镇政府门前绿化

“十五”规划初始，奉贤绿化管理部

门以创建市级花园单位、市级绿化合格单位和复查复验工作为抓手，加强对创建花园单位的规划设计、植物配置、苗木选择和养护管理的技术指导和服务，积极引导企事业单位投资建绿、护绿，吸引全民参与，增加单位绿化，提升单位绿化品位，培养和造就了一大批绿化先进单位。

1992年，南桥污水处理厂被评为县内首家市级花园单位。1996年，上海滨海古园被评为全国绿化模范单位。1997年，上海师范大学奉贤校区也被评为全国绿化模范单位。

至2013年，全区单位绿化面积达5430亩。拥有全国绿化模范单位2家，上海市花园单位48家，上海市绿化合格单位139家。

至2013年奉贤区市级花园单位情况表

表3-19　　单位：平方米

序号	单位名称	地址	绿化面积	总面积	绿地率(%)
1	奉贤区排水运行管理中心	南桥镇新建东路144号	11624	23000	50.54
2	上海市自来水奉贤有限公司第三水厂	庄行镇浦秀五组547号	55612	86666	64.17
3	奉贤区水闸管理所（金汇北闸管理站）	南桥镇华苑路15号（西闸路15号）	16870	25308	66.66
4	上海市电力公司奉贤供电分公司	奉贤南桥镇南桥路688号	4590	15318	29.96
5	上海海湾寝园有限公司	海湾旅游区金汇大道28号	91108	239760	38.00
6	上海华昌企业（集团）有限公司	奉贤现代农业园区汇丰路1189号	66000	146700	44.99
7	上海永福园陵有限公司	奉城镇洪庙社区	38756	101990	38.00
8	上海滨海古园	奉贤五四农场境内	468620	670500	69.89
9	上海市公路管理处奉城会务中心	奉城镇奉干公路1号桥	39453	77562	50.87
10	奉贤区福利院	南桥镇古华南路98号	7300	16400	44.51
11	奉贤区殡仪馆	光明社区金钱公路3008号	15128	25214	60.00
12	奉贤区中医医院	南桥镇江海路338号	3050	10500	29.05
13	奉贤实验中学	南桥镇秀南路99号	6400	22260	28.75
14	奉贤区萧塘中学	萧塘南中二路115号	10872	21925	49.59
15	奉贤区育秀学校	南桥古华南路261号	23813	34373	69.28
16	奉贤区金汇中学	金汇镇中学路1号	6600	14000	47.14
17	奉贤区邬桥中学	大叶公路2658号	13800	27753	49.72
18	奉贤区平安学校	四团镇四平公路1249号	5040	12460	40.45
19	奉贤区五四学校	海湾镇五四社区水闸路100号	57723	89500	64.49
20	奉贤区庄行学校	庄行镇中学路15号	6320	15800	40.00
21	奉贤区新寺学校	柘林镇新寺社区新北路2号	9190	20258	45.36

续表 3-19　　单位：平方米

序号	单位名称	地址	绿化面积	总面积	绿地率(%)
22	奉贤区教师进修学院	南桥镇菜场 1132 号	2676.4	9558	28.00
23	奉贤致远高级中学	南桥镇秀龙路 115 号	6282	22330	28.13
24	奉贤景秀高级中学	四团镇四新路 2 号	5795	16086	36.03
25	奉贤区西渡学校	南桥西渡社区扶港路 1150 号	15000	33040	45.04
26	奉贤区惠敏学校	南桥镇陈桥路 626 号	5924	13320	44.47
27	奉贤区头桥中学	奉城镇冯平村	10172	25751	39.05
28	金豆豆幼儿园	奉贤区奉城镇头桥中路 162 号	1938	5035	38.49
29	奉贤区星辰幼儿园	奉贤区南桥镇江海花园 88 号	2599	8426	30.85
30	新贝艺术幼儿园	南桥环城西路贝港花苑 72 号	1400	4000	35.00
31	奉贤区奉城第二小学	西门港路 1 号	4400	9963	44.16
32	奉贤江海第一小学	南桥镇秀龙路 925 号	4179	11027	37.90
33	奉贤区金贝幼儿园	南桥镇秀南路 296 号	1842	5543	33.23
34	奉贤区泰日学校	金汇泰日社区泰青路 142 号	3974	12812	31.02
35	奉贤区奉浦幼儿园	国顺路 328 号	2500	5000	50.00
36	上海师范大学奉贤校区	奉炮路 553 号	490000	1102200	44.46
37	奉贤区华亭学校	南桥镇建贤路	12039	32700	36.82
38	奉贤区教师进修学院附属实验中学	南桥镇新建中路 586 号	11819	45335	26.07
39	奉贤区实验小学	南桥镇贝港小区秀南路 161 号	7689	16590	46.35
40	奉贤区实验小学（西校区）	南桥镇解放西路 666 号	3757	12462	30.15
41	上海申能星火热电有限公司	星火开发区民乐路 315 号	39468	131540	33.30
42	上海金海岸度假村有限公司	星火开发区民乐路 9 号	12500	25380	49.00
43	奉贤区解放路小学	南中路 299 号	7553	16380	30.60
44	奉贤区弘文学校	南桥镇正环路 389 号	12274	32150	38.10
45	奉贤区教师进修学院附属实验学校	环城东路 885 弄	7839.7	19000	33.90
46	奉贤区西渡幼儿园	奉贤西渡口沿浦路	4700	13585	32.03
47	奉贤区古华中学	南桥镇曙光路 89 号	12745	36271	30.40
48	奉贤区绿叶幼儿园	奉浦社区环城东路885弄336号	2690	7500	35.80

四、街道绿化

1964 年开始，南桥镇在新建西路、解放路、立新路、红卫路等种植行道树，至今绿树成荫。各公社集镇街道也很重视种植沿街行道树。至 1984 年，据县公路管理所统计，全县行道树共 7.36 万余株，树种以悬铃木、香樟、水杉为主。

1985 年，南桥镇实施总体规划，由市、县两级投资，陆续辟建环城北路、古华路、振贤路、塘南路等 10 余条街道，并延伸解放路、新建路、人民路、南中路等主要街道，镇区道路网逐步形成。是年，全镇 14 条街道有行道树 2742 株。1988 — 1992

年，南桥城区相继完成27条街道绿化建设，植有行道树5119株，各类花木4609株。

1988年，洪庙集镇种植香樟、雪松等行道树3000余株。1997年，又种植行道树7070株。至2001年，洪庙镇区街道绿化5万余平方米，获得“上海市绿化示范镇”称号。

1998年，建立海湾旅游区后，集镇面积扩大，绿化配套齐全。至2001年，种植以香樟、棕榈、梧桐、加拿利海枣等行道树100余万株，为全区各集镇之首。

2003年，对解放路、古华路、环城南路、环城西路、环城东路以及南桥路等主要街道的行道树树穴进行扩大，在树穴内种植吉祥草、扶芳藤等地被植物，在非机隔离带内种植栾树、朴树等色叶乔木。至2013年，全区街道绿化面积9694亩，其中南桥城区街道绿化面积达1590亩。

古华路林荫道

2011年起，南桥城区开始创建上海市林荫道路活动。至2014年，经市绿化委员会评定的市级林荫道路有6条（段）。其中，年丰路林荫道路更是标志性的景观道路，树种除香樟外，还有银杏、栾树、朴树等色叶树种。

2011—2014年南桥城区市级林荫道路情况表

表3-20

创建年份	道路名称（起讫点）	长度（米）	树种	数量（株）
2011	古华路（解放路—环城南路）	1200	香樟	300
2012	南星路（南亭路—江南路）	1000	香樟	250
2013	解放中路（城乡路—南桥路）	2200	悬铃木	550
2013	菜场路（轿行路—江南路）	1000	香樟	250
2014	环城西路（浦南运河—环城南路）	2000	香樟	500
2014	年丰路（望园路—金海路）	2000	银杏、朴树	500

五、园林城区创建

2002年8月，奉贤区以“阳光海湾、自然森林、绿色家园”为主题，开展上海市园林城区创建活动。是年8月23日，成立由区委副书记、区长沈慧琪为组长，20个委、办、局行政主要领导为成员的创建领导小组。同时成立由分管副区长任总指挥的创建指挥部。各镇开发区和创建责任单位也相应设立工作机构，形成全区上下联动的创建工作网络。区创建指挥部制定“创建工作目标责任书”，将各项任务层层分解，并与各镇、开发区和有关部门签订协议，落实责任。创建工作和养护管理工作紧密结合，实行定人定岗制度，把城区7200亩绿地划分为60个网格区域，建立绿化养护新机制，推行“市民评判、社会评判和专业评判制”三评考核机制，养护管理达到“八无三规范”要求，“八无”：无垃圾、无大型杂草、无黄土裸露、无设施破损、无积水、无枯萎树、无病虫害、无水面漂浮物，达到“种植、修剪、养护”三规范。

2003—2005年，共拆除旧房2.5万平方米，新建和扩建3000平方米以上公共绿地9块。

在园林城区创建工作中，结合市政道路建设，加快推进道路绿化建设。2004年，新增道路绿化面积59.5万平方米。2005年，在A30南桥镇区段南侧新建宽400米林带，新增绿地面积108万平方米，建成S4高速公路（镇区段）两侧50米绿化带，建成解放东路、南亭公路、环城北路、奉浦大道、航南公路、金海公路、海湾路，道路两侧宽度为15米以上绿化带。

从2005年年初始，结合河道整治，加快推进河道绿化建设。对南桥镇竹港西侧3.5万平方米地块内各类违章搭建、堆场进行拆除和搬迁，沿线3900米护坡和16万平方米绿化全面建成。将浦南运河（城区段）3800米改建为景观河道，建成3万平方米绿地。南桥镇区、浦南运河、贝港、老横泾港、新横泾港归入江海河道一并整治，改建、扩建绿地，呈现城区河道两侧桃红柳绿，林木生长郁郁葱葱。

结合绿化合格单位，园林式居住小区创建，加大绿化建设和管理制度，先后对解放新村、育秀小区等更新公共设施，调整改造70余万平方米，新建居住区绿地面积21.14万平方米，为居民提供良好的生活环境。

在创建工作中，2004—2005年，区创建办先后举办“播种绿色、播撒文明”征文竞赛，“青少年绿色文明园”绿地认建认养活动，“园林城区杯”百科知识竞赛，“十优百佳”绿色阳台评比，“奉贤市民绿色守望”等活动，提高广大市民知晓率，吸引群众参与。在3月12日“绿色人生，绿色守望”义务植树节上，150名癌症患者种下寄予希望的“绿谷生命林”，20对新人在“绿色婚典”上携手种下“同心树”，112家市、区两级文明单位，46家机关事业单位志愿者，坚持每周1小时，参与绿地保洁养护，50名市民组成的绿化环境巡防团定期开展检查。

2005年11月，经市建交委批准正式命名为上海市园林城区。

按照三年一次复验的要求，奉贤区确立“完善长效管理机制，促进区域绿化发展”的复验主题，制定复验的工作方案，全区上下同心协力，绿化总量和质量有了新的提高。2008年11月，通过了第一次园林城区复验。2011年、2014年又通过了第二、三次园林城区复验。

沿河绿化

第四章　经济林果　竹林　蚕桑

奉贤经济林果物种、品种资源丰富，栽培历史悠久，主要经济树种为果树、竹林、蚕桑。至20世纪末，形成奉贤黄桃、庄行蜜梨等规模化生产基地，以及遍布乡、村的葡萄园。2015年，全区果品产值达4.46亿元，成为农业增效、农民增收、农村致富的支柱产业。

早在南宋绍熙《云间志》中，就有记载境域内农户种植桃、李的历史。开始，农民种植果树，只作为庭院点缀，自种自食。乾隆年间（1736—1795年），县境内果树有桃、梅、李、杏、枇杷、石榴、枣、柿、葡萄、苹果等品种。民国八年（1919年），今柘林镇奉海村“张家梅园”有梅园12亩；今南桥镇公谊村有梅园而得名“梅园头”；今南桥镇五星村二组的“唐家梅园”在四乡八里颇有名气，故有“唐家梅园头”之称；今柘林镇陆家村有“陆家枇杷园”；民国十九年（1930年），新寺乡蒋文麟，从日本青山农业大学学成回国，辟建蒋家桃园；青村乡驳岸里吴泗渔建“延陵桃园”（今青村桃园场）。

民国二十一年（1932年）7月，奉贤县治在施政计划中记载，因接近县治观瞻关系，划出七八亩田，施行第三主业，栽培果树。又在奉贤县农业良种场三年计划书（五）中，详细记述了这一事件：“一、目的：提倡果树为农民之模范。二、面积：十亩。三、品种分配：山东肥城桃二亩、天津水蜜桃二亩、奉化玉露水蜜桃二亩、青梅二亩、牛奶葡萄一亩、龙眼葡萄一亩。四、地点：南桥。”

20世纪20—40年代，头桥王玉振，新寺蒋桃明、蒋学仁，青村方墩翁进府，南桥张信履、顾寅兵等财主户也先后建桃园，面积都在10亩左右。

至解放前夕（1949年），全县有果园面积104.4亩，以桃为主。其中，桃园面积98.4亩，品种有玉露蟠桃、玉露桃、黄金桃、杭州桃、五月桃等。解放后，经过土地改革，政府制定了鼓励果树生产的政策，广大农民在宅前屋后陆续栽种果树、竹林。农业合作化以后，果树生产得到较快发展，尤其是建立人民公社后的头两年，为了增加对上海市区的水果供应，建立了以集体所有制为基础的公社果园，其中有江海公社牧场果园、齐贤公社齐贤园艺场、新寺公社新寺果园、青村公社桃园场、奉城公社果园、庄行公社牧场果园、四团公社牧场果园、萧塘公社程河浜果园，面积均在百亩以上。其间，其余公社也相继建立果树生产基地，村级果园也逐步涌现，胡桥公社立新、光明、窑桥、法华、永革等村队8处建集体果园。至1959年年底，全县有果园66个，果园总面积2144亩，江海、青村、齐贤等果园面积均在200亩以上。在果园总面积中，桃树栽培面积2058亩，占96%，其余为梨和其他果树的品种。是年，全县果品总产80吨。

60年代初，由于遭受自然灾害影响，且又贯彻“以粮为纲”方针，村级果园大多改作粮田，公社畜牧场挤掉了公社果园。1961年，全县果园面积减至512亩。至1969年，全县果园面积1355.36亩。其中，桃1059.66亩，梨289.7亩，其他6亩。由于栽培管理技术的逐步普及与提高，是年，全县果品总产达到2383吨，比1959年果品总产80吨提高30倍。在这一时期，除了桃树仍占绝对比重外，梨栽培面积增加较快，品种大多从市内果树生产基地引入，有黄蜜、菊水、长十郎、铁头梨等砂梨品种，由于梨肉嫩、汁多、石细胞少，味甜，受到消费者欢迎，农户在宅前屋后栽培者甚多，尤其是果园周边的农户较普遍。

1973年，五四农场原老八队1、2、3、4队开始建立果园，以三团港为界，港东为果园一连，港西定为果园二连，两队总面积1200亩，果树种植面积1000亩，主要以栽种桃、梨为主。桃以"奉化玉露""白凤"为主，生梨以"上海蜜梨""黄蜜"为主，1975年又重点引种"无核蜜橘"，以"宫川"品种为主，到80年代，两个果园年生产鲜果达2000吨。（因机构划归市农场局，其面积和产量未列入奉贤县果品面积产量统计之内）。

1978年，县境内最大的水利工程金汇港开挖后，河滩两岸的堆土成了高亢田。县委、县政府决定将果林种植定位在金汇港沿线的光明公社种植黄桃、钱桥公社种植柑橘、齐贤公社种植芦笋。1979年2月，由副县长陈秀娟牵头与上海市轻工食品工业公司、上海泰康食品厂签订合同，收购果品加工罐头食品，形成县内历史上第一个外贸果品出口基地。是年，光明种植黄桃432亩，钱桥种植橘、桃、枇杷等果树624亩，同时各镇在种植业结构调整中相继拓展了果树种植。是年，全县果树面积达到2236.9亩，其中桃1496.4亩，梨448.2亩，橘89.3亩，其他203亩。

自1978年改革开放以来，随着农业产业结构深入调整和生产责任制的完善，以及果品价格的放开，奉贤的果树生产呈现新的发展高潮。进入21世纪，为适应国际型大都市的市场需求，特别是市区两级政府对林业生态工程的高度重视和财政支撑，使经济果林作为林业生态系统的重要组成部分而呈现跨越式发展，全区基本形成"一镇一品"的发展格局，以青村镇黄桃、庄行镇蜜梨、四团镇蜜桃、奉城镇小水果等为代表的特色果品，在食品安全监管和科技进步的推动下，果品生产和品质得到了市场认可，跨出了历史的新纪元。

进入80年代中期，随着农业产业结构的逐步调整，特别是果品价格放开后，县内在金汇港果园基地，经济效益逐年显著提高的影响下，各镇的果树生产出现了新的发展高潮，农村四旁零星种植果树每年新增10万余株，成片果园面积逐年扩大，水果产量也逐年提高。到1990年，全县果园面积达到7882.5亩，各类水果总产量达到5145吨。是年，新寺乡葡萄面积570亩，总产量562吨，产值达367万元。1996年，奉城镇无核方柿面积1500亩，总产量375吨，果品销售收入450余万元。1997年，光明镇黄桃面积8202亩，总产量1.04万吨，年产值2664.3万元。

2001年始，上海的林业进入了跨越式发展的阶段，经济林作为林业发展的主要组成部分，区政府将果树生产纳入发展林业与种植业结构调整的重点项目，而且明确规划，由零星种植转向“一镇一品”特色发展，成片规模化生产，商品化经营。区林业科技部门在奉贤县桃（鲜食）、黄花梨、藤稔葡萄、梨枣、油桃等方面，科学制定了栽培技术操作规范，列为奉贤区农业标准发布。2001年，全区果树种植面积达到31264.5亩。总产量3.66万吨。与此同时，一批果树新品种陆续引进，庄行蜜梨、头桥猕猴桃、新寺欧亚种葡萄、塘外梨枣等，且均形成一定规模，成为新的果品生产基地。

黄桃园

2003年始，市政府出台了财政扶持经济林发展政策，在种植头三年内，亩田补助300元，连续补3年。区农委于每年10月，结合扶持规划，以文件形式把经济林果的发展指标落实到基层，并且把完成情况作为对各镇的考核内容之一。各镇也把指标分解落实到每个村，做到层层分解、层层落实。2003年，经济林面积共补助金额72万元。

为进一步提高果品质量，2008年起，对经济果林实施“双增双减”，即减少经济果林生产中化学肥料和化学农药的使用，增加有机肥和高效低毒低残留农药使用量，减少化肥及高残留农药的使用。对使用双增双减中推荐的农药、有机肥和机械的农户给予一定的经济补贴。2008年补助金额304.56万元。

2011—2012年，推行“安全优质信得过果园”的创建活动，加大对果园环境、质量、生产设施、管理制度等生产全过程的监管，并积极引导果园开展果品无公害、产地与产品认证，推进标准化生产基地建设。至2015年，制定了果树生产操作技术规程8个，通过市认证中心认证的绿色果品6个，建成市级果树标准化生产基地2个、区级20个。

在推进果树生产向规模化、品牌化、标准化生产方向发展和创建“安全、优质、信得过果园”的进程中，以“2010年上海世博会”举办为契机，全区推进果品无公害生产。至2015年，全区完成无公害农产品及以上认证的果树面积2.9万亩，通过产品认证企业49家，64个品种通过认证，其中绿色食品认证3家，全区经国家商标局批准使用的果品品牌有“玉穗葡萄”“锦绣黄桃”“奉叶蜜梨”等13个，其中，“奉叶”“锦绣”被评为上海市著名商标。经服务世博领导小组和技监部门的考查，在“农资仓库管理操作规范”“田间档案记录操作规范”等方面，通过了果品品质的安全、卫生和优质的考核标准，全区确立了“奉叶蜜梨”“锦绣黄桃”“玉穗葡萄”等

6家单位为“服务世博果品供应基地”。

梨园

为提高广大果农果树生产中的技术水平，和做好产销过程中的服务，以及提升果品质量和经济效益，2005年起，果树种植专业合作社应运而生。合作社设生产技术部、质量监管部、销售部，制度健全，职责分明，实行公司+基地+农户的经营方式，整个生产过程采用GB/T19001-2000《质量管理体系要求》和Q/VABN-2005质量技术标准组织生产，按照ISO9000质量标准体系，结合《安全卫生优质水果生产技术规范》的要求，严格各种监管措施，实行统一供药、供肥、供袋，统一指导管理，确保商品安全、卫生、优质标准。2015年，全区有林果合作社37家，入社户3702户，经营面积2.23万亩，年产值达2.17亿元。

1949—1982年奉贤县各公社果园面积分年统计表

表4-1　　单位：亩

单位＼年份	1949	1959	1969	1979	1982
合计	98.40	2143.93	1345.08	2236.91	3060.74
江海	22.80	408.90	304.80	329.00	321.00
萧塘	1.00	131.50	78.50	54.90	84.00
邬桥	—	25.00	12.00	4.00	17.80
新寺	22.00	70.35	82.76	240.00	240.00
胡桥	—	43.60	29.90	59.00	59.00
庄行	—	115.90	43.80	97.70	98.00
齐贤	—	274.80	161.90	138.40	199.00
金汇	3.30	—	16.93	15.00	15.00
泰日	—	69.30	14.00	20.90	22.00
头桥	10.00	57.28	36.05	55.00	30.00
奉城	—	122.00	148.00	260.00	280.00
四团	—	67.50	43.00	33.00	47.00
平安	—	83.80	66.15	38.30	93.00
塘外	—	—	5.60	10.00	16.00
青村	39.30	240.50	254.69	449.21	418.94
光明	—	14.50	16.00	182.50	480.00
钱桥	—	24.00	24.00	250.00	640.00
农场	—	385.00	—	—	—
县苗圃	—	10.00	7.00	—	—

1959—1984年奉贤县水果产量表

表4-2　　单位：吨

年份	水果总产	年份	水果总产	年份	水果总产
1959	80.2	1968	3005.0	1977	1415.3
1960	62.3	1969	2383.0	1978	1479.0
1961	132.2	1970	2917.0	1979	1518.6
1962	174.0	1971	1366.5	1980	1263.5
1963	186.6	1972	1517.0	1981	828.0
1964	360.2	1973	589.8	1982	1370.9
1965	567.5	1974	2404.0	1983	545.0
1966	500.0	1975	555.0	1984	1498.9
1967	600.0	1976	1477.0		

1985—2015年奉贤区（县）果树面积、产量情况表

表4-3

年份	果树面积（亩）	水果年产量（吨）					
		合计	柑橘	生梨	葡萄	桃	其他
1985	4603.5	2501.0	213.0	208.0	507.0	1573.0	
1986	6081.0	2535.0	175.0	172.0	375.0	1813.0	
1987	8052.0	2456.0	775.0	95.0	537.0	1049.0	
1988	9355.5	4232.0	533.0	255.0	1015.0	2429.0	
1989	7330.5	3692.0	1100.0	80.0	880.0	1632.0	
1990	7882.5	5145.0	1350.0	113.0	1158.0	2524.0	
1991	8152.5	5003.0	1341.0	124.0	1162.0	2376.0	
1992	10410.0	8609.0	1923.0	96.0	1384.0	5206.0	
1993	15046.5	13279.8	4530.8	139.5	1746.5	6830.2	32.7
1994	14451.0	13855.0	3414.8	135.2	1299.5	8964.0	41.5
1995	14827.5	16655.0	4802.0	99.0	1347.0	10016.0	391.0
1996	17626.5	21034.3	6521.0	132.9	1070.8	12203.9	1105.7
1997	18915.0	24273.6	9125.6	217.4	1323.3	11780.5	1826.8
1998	20944.5	22280.0	7456.0	300.0	1073.0	11315.0	2136.0
1999	30844.5	30206.0	12815.0	423.0	1074.0	15844.0	1550.0
2000	26152.5	30448.0	10329.0	1017.0	1556.0	16180.0	1366.0
2001	31264.5	36577.0	13455.0	1478.0	2136.0	18142.0	1366.0
2002	40605.0	42888.0	13584.0	2631.0	2573.0	18204.0	5896.0
2003	46495.5	46709.9	15903.6	3221.3	4042.3	17915.7	5627.0
2004	46732.5	40432.0	10382.0	3482.0	3941.0	15266.0	7361.0
2005	46057.5	33903.0	6381.0	4506.0	4285.0	16806.0	1925.0
2006	44106.0	48555.0	7383.0	8949.0	6443.0	20028.0	5752.0

续表 4-3

年份	果树面积（亩）	水果年产量（吨）					
		合计	柑橘	生梨	葡萄	桃	其他
2007	43618.5	50093.0	6891.0	9856.0	9613.0	20489.0	3244.0
2008	47874.0	52975.5	7806.0	8871.0	12800.0	20156.0	3342.5
2009	47797.5	59968.5	5567.8	8786.0	18245.0	24562.0	2807.7
2010	46998.0	56947.3	4746.7	8871.0	20079.5	21291.4	1958.7
2011	39514.5	52684.0	1623.0	9484.0	24292.0	16662.0	627.0
2012	43443.0	52149.3	1813.0	9411.7	25770.2	14691.0	463.5
2013	44792.8	49291.5	1832.3	8449.4	26083.7	12509.4	416.8
2014	45012.0	55748.0	1836.7	9193.5	27770.9	16518.3	428.6
2015	44031.0	53543.4	882.6	6818.6	27514.0	17879.8	448.4

第一节 果品生产

至2015年，奉贤的果品生产占经济林总面积的90%，以桃、梨、葡萄、柑橘为主的大宗水果外，还有猕猴桃、李、柿、枣、枇杷等众多的小水果品种，销售渠道有交易市场、直销、产地批发、零售等。

果品以鲜食为主。70年代前，延陵桃园、蒋家桃园等众多果园种植的玉露水蜜桃，成熟时甜香、口味好、果肉多汁、果皮薄，稍破一点果皮，即可吮入。今可用吸管吸入肉汁，采摘的桃子用竹篮、笼格放置而上市销售，不能堆压。80年代起，改用纸箱包装上市。

解放初期，很多农户还有制作青梅蜜饯，熬制梅酱、桃酱的经验。

1979年，建立县内首家外贸果品出口基地，金汇港沿线的光明、钱桥、齐贤三镇种植的黄桃、柑橘，由市泰康食品厂加工罐装黄桃和柑橘，出口香港、新加坡。进入90年代后，外销日减，罐头加工停止。进入21世纪，上海作为农业部全面推进“无公害食品行动计划”的试点城市，先于全国开展食用农产品安全监管的试点工作，经济林果产品纳入安全监管的内容之一。对此，奉贤在贯彻农业部指令，在市林业总站与相关职能部门的指导下，专门确定了经济林生产示范基地、监管基地和生产示范大户，对生产中使用的农药、化肥等农业投入品进行跟踪记载，宣传和培训安全生产的知识。至2015年，全区有51个果树生产企业的69个产品，通过上海市无公害农产品认证和绿色食品认证，并引领果品生产以质量为抓手，以安全、卫生为前提，创品牌。经市级多部门的考查和评审，区内的品牌水果有“上禾”牌鲜枣、“锦绣”牌黄桃、“玉穗”牌葡萄、“奉叶”牌蜜梨、“田甜”牌油桃等。

果品销售，解放初期，农户以自产、自销为主，提篮小卖。计划经济年代，为了增加市区的水果供应，县内果品由县果品公司，对各果园分配上市任务，直接送市区果品市场。进入80年代，在改革开放的新形势下，果品价格也随之放开，实行随行就市优质、优价，全区的果品生产出现了新的发展阶段，尤其是区政府积极引导大力发展庭院经济，果品销售问题又摆到各级政府的议事日程上。2001年，光明镇率先在南奉公路金钱公路口辟建了全区首家果品交易市场，面积7200平方米。2010年青村镇投资800万元，在浦星公路南奉公路口拓建果品交易市场，占地1.6万平方米，拥有630个摊位，内设黄桃展示馆、田头超市、田头课堂、田头研究所等，2010年黄桃销售盛期，5天内共销售鲜桃3500吨。2009年，庄行镇在潘垫村南庄路庄良路口辟建蜜梨交易市场，占地3200平方米，投资110万元。果品交易市场的辟建，为区内果品生产构建了产、销平台，并展示了奉贤果品生产的特色，更是奉贤区政府强农、务农、塑农的主要举措。

2013年奉贤区各镇果林品种种植、产量、产值情况表

表4-4

镇别	果林面积（亩）	其中（亩）					总产量（吨）	总产值（万元）
		桃	梨	葡萄	柑橘	小水果		
合计	44792.8	16335.8	6374.4	19310.5	1472.3	1299.8	49291.5	46015.9
南桥	5186.4	927.7	138.8	3911.0	27.6	181.3	7806.2	5791.2
庄行	8683.0	1388.0	5271.0	1558.0	255.0	211.0	10976.0	9612.0
柘林	4900.9	1153.7	240.3	3133.9	300.0	73.0	6232.9	6178.2
金汇	4200.4	813.4	318.3	3022.3	30.4	16.0	2953.1	2837.2
青村	12935.0	8757.0	167.9	3542.8	121.3	346.0	11900.1	12574.2
奉城	5953.0	1652.0	224.0	3630.0	172.0	275.0	7288.2	6811.2
四团	1904.1	1644.0	14.1	52.5	26.0	167.5	1216.6	1983.1
海湾	1030.0	—	—	460.0	540.0	30.0	918.5	528.8

一、桃

桃在区境内栽培历史较长，人们常用“仙桃”“寿桃”来象征桃之吉祥。据上海市农业志林业篇中记载，南宋绍熙四年（1193年）《云间志》中已有“园中小桃今结子”以及“醉隐亭子三十载，桃红李白摇春风”等文字记载。明天启元年（1621年），王象晋在他的《群芳谱》中，最早记述了上海水蜜桃“水蜜桃独上海有之，而顾尚宝西园（即露香园）所出尤佳”。

民国十九年（1930年），新寺乡蒋家桃园（今新寺果园），青村驳岸里延陵桃园（今青村桃园场），都以种植玉露水蜜桃而“遐迩闻名”。此后，头桥、青村方墩、南桥小九华、树浜、四团秦树村等地，先后建桃园，至解放前夕（1949年），全县桃园98.4亩，品种有玉露蟠桃、玉露桃、黄金桃、杭州桃等。

全国解放后，政府制定了鼓励发展果树生产的政策，提高了广大农民种植果树的积极性，奉贤桃树栽培作为地区性的水果，有了较快的恢复和发展，1954年，农

民零星种植桃、李、梅、梨等果树31750株，以桃为主的果园面积有180亩。但由于管理技术落后，病虫危害严重，产量偏低，全县平均亩产8担（0.4吨），最高的青村马家桃园（今朱店村果园）、平均亩产19担（0.95吨），新寺果园、青村桃园场种植的杭州桃，亩产达到25担（1.25吨）。

1978年后，在中共十一届三中全会精神的指引下，县政府领导在农村产业结构调整和果品市场放开的形势下，扶持对金汇港开挖后的钱桥、光明、齐贤公社在金汇港两岸的高坡上种桃、橘1125.5亩，成为外贸出口基地。1983年产果后，调动了种桃果农的积极性。1985年，光明乡黄桃亩产量达到1.5吨，亩产值超1000元，经济效益之好在当时有口皆碑。光明乡牌楼村32户农户，其中28户农户就以黄桃收入为主，购置了商品房。1989年，光明乡政府提出了全乡农户种植黄桃户均1亩，人均0.3亩，免征农业税的扶持政策，全乡加快发展种植黄桃。至1993年，全镇黄桃种植面积5010亩。总产量4595吨，总产值1109.1万元，黄桃种植面积占农田总面积三分之一，其果品产值占全镇农副业净收入50%以上。1985年，“锦绣黄桃”获上海市科技进步一等奖，2001年，光明镇种植黄桃面积5667.45亩，总产量8169.5吨，产值2816.28万元。

奉贤桃树种植的变迁可分为50年代末的零星种植，80年代稳步扩种，90年代大力发展，21世纪初全面推广的发展历程。品种不断优化，以青村镇的黄桃，四团镇大团蜜露桃、奉城镇油桃三大品系为主体。2015年，全区桃树面积17226.5亩，年产鲜果上市17879.8吨，年产值1.6亿元，已成为“产品特色鲜明、管理技术先进、品牌效应突出、经济效益领先”的特色精品产业。

1．**品种演变**

奉贤桃栽培品种，均为南方桃品种群。解放前，曾引种过山东肥城桃，但因该桃属北方桃品种，休眠期较长，又由于南方地区高温多湿、病虫为害严重，引种栽培未获成功。

区内种植的桃种类，有普通桃、油桃与蟠桃。桃的果肉分白肉与黄肉两大类，果肉的肉质又分为硬溶质和软溶质，成熟期有特早熟、早熟、中熟、晚熟、特晚熟。软溶质桃果实极不耐储运；普通桃品种，果皮上有茸毛；而油桃的果皮光滑，且光泽、色彩鲜艳、无茸毛；蟠桃的果形扁平，有茸毛。境内栽培的主要品种有：

特早熟桃，成熟期5月下旬至6月上旬，如春蕾、春花；早熟桃，成熟期6月中旬至7月上旬，如雨花露、布目早生、锦香黄桃；中熟桃，成熟期7月中旬至8月上旬，如白凤、凤露、湖景蜜露、大团蜜露、新凤蜜露、玉露桃、玉露蟠桃；晚熟桃，成熟期8月中旬至9月中旬，如锦绣黄桃、白花桃；特晚熟桃，成熟期9月下旬至10月，如迎庆桃。蟠桃品种有早熟蟠桃76-2-19、玉露蟠桃。油桃品种有沪油002、沪油004、沪油018。

解放以前，桃栽培的品种有“毛桃”“李光桃”“蟠桃”“水蜜桃”“五月桃”“黄金桃”“墨桃”“杭州桃”等，其中以新寺、青村等果园所产的玉露水蜜桃、玉露蟠桃、杭州桃的品质最佳，它的特点是个大、核小、皮薄、色艳、汁多、味甜、入口即化、清香扑鼻，最受人们喜爱。

解放以后，通过引进外地品种选育和对当地品种改良，逐步形成了水蜜桃的种群。1958—1959年，公社及村级果园建立期间，从浙江、江苏等省先后引进六林桃、雨花露、大仓桃、白凤、白花桃等品种。经多年试种，江海公社曙光牧场果园的雨花露个大，色艳，早熟，曾一度为市场所青睐。1998年，因建设发展、征地等因素而搬迁。白花桃因属硬溶质，晚熟，还需搭配授粉品种，而逐年减少，保留的优良品种光明解放村的白凤桃曾在1998年上海市果品评比中获得金奖，该品种与湖景蜜露、大团蜜露、新凤蜜露、凤露、玉露桃构成为奉贤优质水蜜桃优良的代表品系。60年代，从市农科院引进日本品种布目早生，在各大果园栽培表现早熟丰产。70年代，从市农科院、园艺所引进用胚培法育成的果实发育期仅56～58天的特早熟桃“春蕾”“春花”桃，在新寺、江海、齐贤等果园栽种。5月28日成熟上市，果实鲜艳、丰产，特别受儿童们青睐，但由于果实生育期短，可溶性固形物仅7%，离核品质略差而逐年淘汰。80年代从市农科院园艺所引进沪401（后定名为锦绣黄桃）以及市轻工食品集团从浙江引进的罐藏加工桃品种，有“丰黄”“明星”“罐五”“澄艳”黄肉型桃等品种。沪401桃果实个大、色艳、丰产，果肉硬溶质、糖度高，为鲜食加工兼用的优良品种，1986年获市科技进步一等奖，在区内广为推广栽培。其余品种丰黄、明星、罐五、澄艳，桃果肉酸度高，不宜鲜食，又因罐装桃加工、销售与出口量的减少而淘汰。1997年，光明镇从市农科院引进早熟黄桃品种锦香，成熟期6月下旬，果实外观鲜艳唯糖度略低。2003年，上海锦光黄桃种植专业合作社邱金荣，又从上海农科院引进锦园、锦花黄桃，并列为市农科院中试基地，2005年获上海市果品新品种奖，2008年在市果品评比中获得金奖。自此，奉贤黄桃栽培品种有锦香、锦园、锦绣、锦花，鲜果上市从6月下旬至9月中旬，持续80～100余天。

2. **技术进步**

育苗。桃树实生繁殖易发生劣变，故早在南宋时，就已有李砧、梅砧接桃的经验，现全区均采用嫁接繁殖苗木，主要用毛桃作砧木。另外，还用高接方法更换品种。

砧木选择野生毛桃，种子采集后砂藏层积处理，育苗地选择前茬未栽植桃等同类果树园地，苗床土壤需经冬天充分风化，播种前一周对园土用杀菌剂进行消毒，因桃根癌病发生情况较为严重，育苗地块切忌连作重栽。

80年代末，光明镇用毛桃种子育苗比较普及，年育苗达100余万株。1994年，县林业站从河南省三门峡市采集野生毛桃种子质量较好，南方浙江嵊州市、奉化市地区的毛桃苗根癌病较为严重，种子播种时间2月上旬，密播、苗床上设小环棚，上覆聚乙烯薄膜增温育苗，幼苗显现三叶后，需喷甲基托布津1：800～1000防苗木立枯病，幼苗长到 10～12 厘米时可进行移栽定植，除了自己种籽育苗外，县内大部分毛桃幼苗，均从江苏省张家港市乐余镇引入。

嫁接。桃苗嫁接有芽接、枝接两种方法，枝接于每年 2 月下旬至 3 月中旬完成，芽接方法应用比较普遍，每年 8 月下旬至 9 月上旬完成。

80 年代前，本县芽接仅一年一次，于秋季进行。80 年代后，推广速成成苗培育技术，就是将当年幼苗在 4 月初定植后，于 5 月下旬至 6 月中旬进行嫁接，当年可培育成苗、出圃，育苗周期缩短一年，在嫁接技术上，原习惯应用“T”字形嵌芽接，速度较慢，县内光明乡、钱桥乡、西张村、新寺乡的果农，推广贴皮嫁接技术，每一劳动日能嫁接 1200 余株，嫁接工效提高 30%～40%。1996 年获奉贤县群众性科学实验和技术成果一等奖。

栽植。《水蜜桃谱》中曾指出“桃宜密，夫密者，谓成行列而枝不相碍，非交枝叶之谓也”。此栽植方法，由上海市农科院园艺所庄恩及研究员推广，谓主干型栽植。在光明镇果园试点，此方法取得了早期密植早丰产的成果，果实由于光照充足而品质提升，但后期由于主干的逐年延伸而管理困难，易受风灾等因素而减少推广。目前全区桃园普遍应用自然开心型，即在主干上培养出三大主枝。在主枝上左右配备侧枝，在侧枝上选留结果母枝，树冠开张，通风透光良好，管理方便，栽植株行距 4 × 4 或 4 × 5，亩田 30 株～40 株，亩田产量控制在 1.2 吨～1.5 吨，优质果比例达到 80%～90%，此树型不足之处是下层果实的光照不足而品质稍欠。1998 年后，县林业站曾几次组织赴全国优质水蜜桃基地无锡阳山等地考察取经，光明镇、钱桥镇在无锡引进反光地膜，铺设地面，运用反光地膜的折射光改善树冠下部的光照条件，提高下层果实的品质很有成效。同时抑制地面杂草生长和土壤保湿，有效地提高了果园的管理水平。

桃忌湿，奉贤地势低洼，地下水位偏高，故栽植桃树应坚持深沟高畦的原则，田间，畦沟、横沟、围沟与排沟配套，80 年代前，果园普遍反映出梅后，桃树叶在发黄，甚至脱落，更有桃树死亡的，原因就是桃园内田间排水不畅，梅雨期长期积水所形成。

整型修剪。50 年代始，奉贤桃树的整型修剪，普遍引用无锡的“三叉六股十二枝”的“杯状形”整枝，主、侧枝布局不够明显，大枝多而密集，平面结果产量低，平均亩产 500 千克左右，60 年代起改为“自然开心形”整枝，树冠通风透光，立体结果产量高，每亩单产稳定在 1200 千克～1500 千克，全县果园普遍应用。2003 年光明镇从市农科院引进锦园、锦花黄桃，采用主干型整枝技术，取得了早期密植早丰产的效益，但随着主干的逐年延伸，增加了管理的难度和风害的影响而停止推广，70 年代在修剪整形时，采用“长长短短、伸伸缩缩、高高低低”十二字方法，防止了桃树早衰和大小年结果。80 年代起，县内桃树修剪突出强调了夏季修剪，用摘心、扭梢来调整生长势，及时地疏除徒长枝、过密枝、交叉枝来改善树冠的通风透光条件，选留结果母枝，及时有效地调整和分配枝组生长和生长期养分的累积，增强树势，大大地减少了冬季修剪的强度。

桃树科技研究。解放初期，奉贤尚无果树科技队伍和活动，农户以“自产、自销”小本经营方式。60年代起为增加上海大城市的果品供应，由县果品公司引导果品上市的质量要求。70年代后期，市林业站设置园艺科行使果树生产“组织管理、指导服务”的职能。是期，上海市农科院园艺所、上海农学院园艺系、上海市园艺学会等机构加强了上海市果树生产科研工作，组织学术交流活动。在桃栽培管理工作中，重点立项开展研究的课题有：桃蛀螟的发生与防治、桃青斑病的发生与防治、桃缩叶病的发生与防治、桃炭疽病的发生与防治、桃根癌病防治技术研究、桃潜叶蛾的发生与防治。

2001年，由区林业署研订奉贤黄桃（鲜食）栽培技术操作规范并列为奉贤区农业标准发布。

诸多课题的实施，全面梳理了奉贤桃树生产管理中一系列问题，管理技术深入普及，果品质量显著提升，品牌效益突出，经济效益领先，桃栽培已成为奉贤农村的精品产业。

1959—2015年奉贤区（县）桃生产情况表

表4-5

年份	面积（亩）	产量（吨）	年份	面积（亩）	产量（吨）
1959	2055.0	822	1999	11314.5	15844
1969	1059.0	741	2000	11263.5	16180
1979	1495.5	1196	2001	12915.0	18142
1985	1930.5	1573	2002	13695.5	18204
1986	2380.5	1813	2003	18906.0	17916
1987	3450.0	1409	2004	18081.0	15266
1988	3712.5	2429	2005	17797.5	16806
1989	3381.0	1632	2006	17529.0	20028
1990	3589.5	2524	2007	17815.5	20489
1991	3547.5	2376	2008	18688.5	20156
1992	4969.5	5206	2009	19015.5	24562
1993	7575.0	6830	2010	18514.5	21291
1994	8577.0	8964	2011	15045.0	16662
1995	8086.5	10016	2012	15930.0	14691
1996	9214.5	12204	2013	16335.0	12509
1997	9387.0	11781	2014	17137.5	16518
1998	9051.0	11315	2015	17226.5	17879

黄桃

油桃

盛姆春桃

水蜜桃

二、梨

梨为奉贤果树栽培中第二大宗水果。2015年，全区梨的种植面积为6375亩，占全区果树总面积的14%，年产生梨9500吨，占水果总产量的20%。

梨树栽培在奉贤也有相当长的历史，诗经中曾有记载“湿有树檖”，“檖”即梨，意即是宜在湿地栽种梨树，“树”为栽培的意思。

30年代初，新寺乡蒋文麟从北京某农场引进2株长十郎梨（日本品种），单果重200克左右，品质中等，但由于树势中等，树冠矮小，果心偏大而未推广。60年代初，青村、齐贤、江海、新寺、庄行、奉城等公社果园引种生梨，品种有长寿、新世纪、今村秋、晚三吉、早酥、铁头梨等品种。1961年，全县梨树面积83亩，种植面积最多的庄行牧场果园面积42.8亩。1964年起普及到全县种植，栽培品种不断增加。1983年，全县梨种植面积368亩。同时，农村庭院种植较多，尤其是果园周围的农户种植梨树较普遍，果品总产545吨，达到历史最高水平。其间，由于对梨树栽培管理技术尚为落后，更由于在植树造林工作中，对柏科类树种龙柏、侧柏、花柏、千头柏种植过多，导致梨锈病的发生愈来愈盛。此病发生期为4月中上旬，初发时为橙黄色小点，后扩展到直径2厘米金黄色，如在叶上，病斑在叶背面会凸出，并长出许多“羊胡子”，病菌随风雨扩散，重复感染和蔓延导致梨树严重的落叶、落果，树势减弱，其他病害梨黑星病、梨轮纹病等趁虚而入，病害防治不力严重减产，由此，逐年砍伐梨园。80年代后，栽培面积急剧下降。1997年，上海市园艺学会组织去浙江省慈溪市周巷镇考察。该镇种植翠冠（8-2）黄花梨，面积逾万亩，平均亩田产梨果达2吨，高产田块每亩达5吨，听取了慈溪市林业局科技人员，周巷镇技术人员在栽培、管理病虫防治等方面的经验介绍，参观了种植现场。1998年，庄行镇政府开始黄花梨引种，试点村姚泾村种植150亩，潘南村种植156亩并由县林业站举办种植现场会，负责种植、栽培、病虫防治和整形修剪的技术指导。2000年，初产果实皮薄肉嫩、汁多无渣、味甜如蜜，极受市场欢迎，由此镇政府洞察民意，再次组织全镇各村农副主任赴浙江省杭州市果树研究所、慈溪市周巷镇考察取经，推进全镇的蜜梨种植。2000年年底，种植面积2500亩。2003年，种植面积达到6612亩。是年，庄行蜜梨成为“一镇一品”的特色农业。2007年8月29日，时任上海市市委书记习近平亲临梨园视察，习书记对梨农的丰收表示欣慰，同时勉励地方政府要以民生为着眼点，提高产质量，创品牌，做好产前、产中、产后的服务工作，为农业增效、梨农增收当好人民的公仆。

1. **品种演变**

梨有很多种，欧美国家梨栽培品种主要是西洋梨，须后熟后方可食用。中国栽培的主要是东方梨，属硬肉梨（肉质脆硬），主产在华北平原和西北地区，多属白梨系统，如鸭梨、酥梨、雪花梨、库尔勒香梨等。南方地区栽培梨的主要品种属砂梨系统，有翠冠、长寿、黄花梨、新世纪、菊水梨、丰水梨等品种。这些栽培品种因起源于日本，一般称其为日本梨。

20 世纪 50 年代起，市农业科学院开展了杂交育种工作。奉贤引种的早生新水，早熟、适应性强、品质好，在 70 年代梨树生产发展中与新世纪、幸水、丰水等，作为主栽品种。

1998 年，奉贤在杭州市果树研究所、浙江省慈溪市周巷镇考察后，引种黄花梨和翠冠作为庄行蜜梨的主栽品种。黄花梨、翠冠均由浙江省农业大学园艺系与杭州市果树研究所合作育成。黄花梨以黄蜜为母本，三花梨为父本杂交选育而成，易丰产、稳产；翠冠以幸水为母本、杂交单株 6 号（杭青新世纪）为父本杂交选育而成，成熟早（7 月下旬），果大均匀、肉质脆嫩、汁多味甜，自花结实性强，且丰产、稳产，并作为黄花梨授粉树种搭配种植。2001 年，又从杭州市果树研究所引种清香、西子绿，果实品质上等且丰产，成熟期介于翠冠、黄花梨之间。

至 2006 年，庄行蜜梨由翠冠、西子绿、清香、黄花梨为主栽品种，果实成熟期由 7 月中旬延续到 9 月中旬。2007 年梨果上市达 9850 吨。

翠冠梨

黄花梨

2. **技术进步**

种植。梨的生长发育需要充足的水分，如水分供应不足，枝条生长和果实发育都会受到抑制，砂梨品系耐湿性明显强于秋子梨、西洋梨品系，但在多雨与高湿的情况下，果皮的果点较大，果皮粗糙，缺乏该品种固有的光洁与色泽。由此，生梨种植必须坚持深沟高畦的原则，降低地下水位，伏旱季节应适当注水。

树型。梨是喜光果树。奉贤栽培的梨树在整形修剪中普遍应用疏散分层形，而不同于桃的自然开心形，这是依据梨芽的萌芽率强，成枝率低，很少产出二次枝的特点，逐年培育主枝，二层至三层。同时采用拉枝的方法，培育成熟的短枝，减少基部的盲芽。冬季修剪在树形疏散分层的基础上，疏除过密枝、重叠枝、直立枝、短截结果枝。

疏花疏果。梨花芽极易形成，一般年份着果率偏高，容易造成果实偏小，树势衰弱，因此，除在冬季修剪时按间隔30厘米左右留一结果枝外，并剪取一部分花芽，初花时应及时疏除多余花蕾，疏花蕾的原则是疏小留大、疏弱留强、疏腋留顶、疏上留下，疏果在落花后10天进行，分两次进行，定果以控制亩产量为标准，一般亩产3000千克，以留果1.5万只左右为宜。

病虫害防治。为害梨主要的病害有黑星病、锈病、轮纹病，主要的虫害有梨小食心虫、蚜虫、梨木虱、刺蛾、金龟子、梨叶锈壁虱。防治的原则是以防为主，防治结合，农药防治与物理防治相结合，农药防治在萌芽前打铲除剂，生长期使用高效低毒的农药，物理防治主要做好冬季清园工作，生长期使用黄板诱杀和杀虫灯诱捕等方法。

1985—2015年奉贤区（县）蜜梨生产情况表

表4-6

年份	面积（亩）	产量（吨）	年份	面积（亩）	产量（吨）
1985	319.5	208.0	2001	1500.0	1478.0
1986	304.5	172.0	2002	5010.0	2631.0
1987	295.5	95.0	2003	7921.5	3221.3
1988	192.0	255.0	2004	8004.0	3482.0
1989	180.0	80.0	2005	7624.5	4506.0
1990	202.5	113.0	2006	7405.5	8949.0
1991	180.0	124.0	2007	7042.5	9856.0
1992	175.5	96.0	2008	7342.5	8871.0
1993	192.0	139.0	2009	7267.5	8786.0
1994	201.0	135.0	2010	7312.5	8871.0
1995	217.5	99.0	2011	6567.0	9484.0
1996	240.0	132.0	2012	6435.0	9412.0
1997	225.0	217.0	2013	6375.0	8450.0
1998	471.0	300.0	2014	5926.5	9193.5
1999	1197.0	423.0	2015	5830.5	6818.6
2000	1444.5	1017.0			

三、葡　萄

上海地区葡萄，最早见于文字记载的是清嘉庆《松江府志》，当时称之为“蒲萄”。民国二十一年（1932年），奉贤县治在施政计划书关于园艺中记载，栽种龙眼葡萄1亩。

解放前，奉贤农村中，少部分富裕农户在庭院“天井”中搭建葡萄棚架种植葡萄，盛夏季节，作为掩阳、纳凉、饮茶、休闲的场所。解放后，农户在庭院中种植几株葡萄，逐步形成，但栽培管理粗放，病虫危害防除不力，收获甚少。1968年，新寺公社新塘三队社员杨育林，从道院镇买进2株葡萄苗，种植在宅前场地上，搭起了葡萄棚架，品种有白香蕉和金皇后。由于精心管理，串串葡萄晶莹透亮，引发了周边邻居的慕爱，左邻右舍纷纷模仿种植，渐渐成风。

1978年，中共十一届三中全会后，党和政府出台了一系列鼓励和发展农村经济的政策、措施，激发了农民种植的积极性。奉贤县政府遵视民意，提出了发展庭院经济致富农民的号召。新寺公社新塘三队36户农户，户户种植葡萄为典型，宅前、屋后、杂边地、自留地、河浜滩涂、道路空间搭起葡萄棚架，共种植葡萄237株，年产葡萄7.52吨，新寺“新塘葡萄村”由此诞生。

1982年，新寺公社根据“新塘葡萄村”的诞生和群众的积极性，引导向全社推广，列为社特色产业发展。是年，与上海市农科院建立技术协作关系，在市农科院园艺所李世诚研究员指导下引进欧美杂交种巨峰系葡萄，公社建立了葡萄良种场（原新寺养殖场），作为全社葡萄种植、推广和生产示范基地，还健全葡萄生产组织和技术指导服务体系，庭院葡萄就此进入发展的高潮期。1987年，新寺乡葡萄种植户4200户，占全乡总户数的79.97%，共栽植葡萄8.5万株。1990年，葡萄种植户上升至5100户，占总户数的86.35%，种植面积570亩，葡萄10.25万株，上市量562吨，果品收入367万元，每公顷产值9.66万元，大大高于种植粮、棉的产值。广大农户在葡萄种植中尝到了甜头，种植、管理积极性更为高涨，新寺“葡萄之乡”由此得名。1989年，乡政府在市农科院的指导下，在北宅村建立了市郊第一个鲜食葡萄优质品种中试及苗木繁育基地，每年培育葡萄优良种苗1万余株，为全乡葡萄生产由庭院跨入大田栽培提供优质种源。2001年，全镇大田种植葡萄1500亩，年产葡萄达到1800吨。

1998年，由浙江上虞盖北乡农民沈玉良在新寺东方红村租田50亩，建立玉穗特种葡萄种植基地，聘请上海农学院王世平教授为顾问，先后引进国内外优质高产葡萄良种和欧亚种葡萄、日本红提、青提品种等42个，开展了葡萄避雨栽培的新模式，基地生产的果品大多进超市销售，每年培育10万余株种苗供应大户，部分销往外省市及市郊各地。

2000年注册成立了“上海玉穗特种葡萄种植有限公司”。2005年联合周边80户农户成立了上海绿穗葡萄种植专业合作社。2009 年被评为“上海服务世博果品供应基地”。玉穗公司（绿穗合作社）是区内葡萄种植的龙头企业，对全区葡萄生产向高产、优质、安全、卫生的方向发展起到了积极的示范作用。“新寺葡萄乡”的誉名，既集约利用了土地和空间，又给农民带来了较高的经济利益。1985 年，庄行乡东风村二组共 27 户农户，其中 23 户农户种植葡萄 27 亩，年产葡萄 40 吨，果品收入 24 万元。典型示范户张小弟夫妻俩种植葡萄 4.5 亩，年产葡萄 7.5 吨，果品收入 5 万余元。他以自己葡萄园为榜样，带动本村三组、八组 40 户农户种植葡萄 52.5 亩，他指导左邻右舍葡萄的整型修剪，防病除虫等技术管理，使所有的葡萄种植户都能丰产、丰收，成为全镇葡萄种植的示范村，其本人 1988 年被评为奉贤县先进工作者，1995 年被评为奉贤县文明家园，1996 年被授予奉贤县农、副业葡萄种植能手称号。1995 年，穗轮村葡萄种植大户顾一章引进种植藤稔葡萄，采用双十字“Y”架栽培，通风透光，培育葡萄精品，葡萄粒大、肉质肥厚、汁多甘甜、可溶性固形物达 15%，创造出公顷产值 15 万元的高效益，并申请注册“穗丰”牌葡萄商标。2001 年获国家商标局批准，成为庄行镇农民种植葡萄申请注册商标第一人。是年，庄行镇种植葡萄 465 亩，总产量 814 吨，产值 325 万元。

奉城镇三角洋村，2009 年 11 月注册成立了上海藤丰葡萄种植专业合作社，入股农户 11 户，带动周边种植农户 11 户，种植葡萄 460 亩，品种有巨峰、巨玫瑰、醉金香、藤稔、夏黑等优良葡萄品种。合作社加强对农户的技术指导，组织技术培训，不断提高果农的技术管理水平，并引导社员向标准化、优质化、高产化生产发展，平均每亩葡萄园产优质葡萄 1.5 吨，产值 2 万余元，成为一家集品种研发、技术服务、生产示范、营销为一体的葡萄种植专业合作社。

奉城镇洪庙农业观光园区，2000 年镇政府建造 6 个连栋大棚，面积 6.9 亩，投资 130 万元，由朱新村分管农副业副主任夏爱国种植大棚葡萄，从浙江海盐县农科所引进藤稔、超藤、无核白鸡心和红提（大紫王）葡萄品种，他勤奋好学、钻研技术、精细管理。2003 年葡萄果实销售收入 18 万元，并且年年丰收。2010 年农业观光园区动迁后，他自筹资金 50 余万元，在自己种植基地建造连栋大棚，种植葡萄和甜橙，成为奉贤葡萄种植的专业户，也是区内大棚葡萄栽培的先行者。

2000 年 5 月，上海农工商现代农业园区光明食品集团五四有限公司种植 202 亩葡萄，2005 年获得有机果品认证，是南方地区首家经国家环保总局有机产品认证中心（OFDC）认证的有机葡萄生产基地，并注册商标“五四心心牌有机葡萄”。2008 年、2010 年连续两届在上海市优质葡萄评比中获得金奖，并评为上海服务世博果品特供基地。从日本引种的欧亚种葡萄，果实的可溶性固形物达 18% 以上，品质上等。2013 年被上海市农委授予上海市区域特色农产品生产基地，首批获得“上海市安全优质信得过果园”。

2013 年，全区葡萄栽培面积 1.93 万亩，占果树总面积的 43%，果品总产量 2.61

万吨，占全区果品总产量的53%，葡萄果品总产值2.34亿元，平均每公顷葡萄产值18.17万元。2015年，全区葡萄栽培面积1.95万亩，总产量2.78万吨，总产值1.94亿元。葡萄产业成为果树生产中经济效益极为显著的一项产业。

1．**品种演变**

中国的葡萄，最早是前139—115年，由西汉张骞出使西域时带回，至今已有2100多年的栽培历史。欧亚种葡萄（人们俗称为提子），起源于里海和黑海沿岸的高加索，中亚细亚、小亚细亚和叙利亚一带。17世纪，为提高葡萄的抗性，园艺专家鉴于欧亚种葡萄的优质但抗性差，美洲种葡萄抗性强，品质略欠的特性，将两者进行杂交育种，选育了生产中占有很大比例的欧美杂交种。

解放以前，上海一些县志记载的葡萄品种（俗名）有“婴奥”“山葡萄”“水晶葡萄”等，都因栽培管理技术和品种不对路没有发展。60年代，新寺镇庭院葡萄种植的品种有白香蕉、金皇后，在初期也着实为市民所喜爱。70年代，新寺果园、齐贤园艺场引种“北醇”“北红”等品种，但果粒太小，也遭淘汰，80年代末，在市农科院指导下，上海葡萄栽培技术有了突破，开始引种欧美杂交种，巨峰系葡萄，品种有巨峰、先锋、红富士、红伊豆、红瑞宝、龙宝、大宝、高宝、高墨、黑奥林、伊豆锦等20余个品种。这些品种均表现了果穗整齐、果粒大、着色鲜艳、抗病性强、可溶性固形物高的特点。原庭院种植的白香蕉、金皇后品种就此淘汰。80年代起又从市农科院、浙江金华、海盐地区引种藤稔、无核白鸡心、超藤等品种。其中，藤稔葡萄果粒特大，平均粒重14克～18克，最大粒重超过30克，由此“乒乓”葡萄成名。

葡萄大如乒乓球

2000年起，在葡萄避雨栽培技术推广和大棚葡萄栽培管理技术应用的基础上，开始引种欧亚种优质葡萄。2004年，玉穗葡萄种植基地从山东平度引进42个葡萄品种。2008年，玉穗基地又从浙江金华地区引进夏黑、醉金香、巨玫瑰3个品种1.5万余株。2007年上海市农工商现代农业园区在引进国内外葡萄新品种60余个及优质砧木15个的基础上，成立“上海有机果树研发中心”，建有葡萄新品种种质资源圃和种苗扩繁基地，为上海市及南方地区葡萄品种的更新和升级换代储备了丰富的种质资源。经多年的栽培试验和果品综合性状的比较，至2015年奉贤葡萄栽培优质品种的现状见下表。

2015年奉贤区葡萄栽培品种现状情况表

表4-7

种类	成熟期	主要品种	正在试种品种	备注
欧美杂交种	早熟 中熟 晚熟	夏黑、京亚、醉金香、 巨峰、巨玫瑰、藤稔、 甬优1号、红富士、金手指	喜乐	喜乐为无核品种，早熟
欧亚种	早熟 中熟 晚熟	维多利亚、矢富罗莎、 里扎马特、红亚历山大、 红地球、白罗莎里奥（比昂扣）	红巴拉多、黑巴拉多、阳光玫瑰、红罗莎里奥	晚熟葡萄品种因易发生病虫害以及遭到台风危害而逐渐被淘汰

说明：露地或简易避雨栽培条件下，7月31日前成熟为早熟，8月1—31日成熟为中熟，9月1日及以后成熟为晚熟

2. 技术进步

育苗。奉贤葡萄育苗习惯应用硬枝扦插繁殖，通常利用冬季修剪下来的一年生成熟枝条，进行沙藏保存，待翌年春季进行扦插，其方法简单，条件易行，所以被广泛应用。80年代起，开始用黑地膜扦插育苗，成活率高，苗木质量好，而且能免除中耕除草，省工省时。80年代中期起，又运用营养钵、电加温育苗，其特点是发根早，育苗期短，成活率高，5月上旬可直接应用于大田建园，精细管理，第二年即可投产。

嫁接育苗。选择优良品种与砧木品种进行嫁接育苗的方法，在园艺先进的国家应用比较普遍，对提高果实品质有较大影响。砧木的利用可增强葡萄耐干旱、耐渍涝的抗性，奉贤区使用的砧木品种有5BB、SO4、华佳8号、贝达等，嫁接有硬枝嫁接和绿枝嫁接两类，嫁接方法可采用楔心形成层对接法，嫁接育苗往往又应用于葡萄品种改良。

栽培。葡萄是藤本果树，60年代前都采用棚架栽培，新寺庭院葡萄均为棚架。80年代起，在市农科院等部门对巨峰葡萄栽培技术普及推广下，葡萄园开始推广篱架栽培，每亩种植180株～300株不等，篱架栽培普遍应用双主蔓扇形整枝，培养副梢为结果母枝的技术方法，成为提高“巨峰”葡萄产量的重要措施。

90年代后期起，推广避雨栽培，以及有条件的地方应用大棚或连栋大棚栽培葡萄，其架式仍以篱架为主。避雨栽培可大大减少葡萄病害的蔓延，提高果实品质。

设施栽培。2000年5月，上海市农工商现代农业园区开发有限公司，经国家环保总局认证的有机葡萄生产基地，注册商标为五四“心心”牌有机葡萄，开拓了葡萄设施栽培技术的新领域。2008年成立五四葡萄研究所与上海市农科院、上海交大农学院、中科院上海植生所合作，承担了多项国家和上海市的科研项目，已经完成的科研项目有“优质葡萄有机栽培技术研究与示范”“设施葡萄有机高效栽培技术示范与推广”“早熟、大粒、无核及抗病鲜食葡萄品种的引进”“优质大粒、抗病鲜

食葡萄新品种的引选与示范”“设施葡萄有机标准化生产关键技术集成示范与推广”等8项。正在实施的“数字精准作业与设施葡萄高效栽培技术的集成示范推广”课题，是依据栽培区域内的气象参数，设施葡萄栽培的环境参数，葡萄生长机理状态变化，利用无线传感通讯技术，由传感器采集的实时区域参数，含区域的温湿度、光照量、土壤墒情、施肥养分、病虫监测等信息由现场执行器反馈到网络平台，达到远程实时监测及控制，这是上海市葡萄设施栽培中，科学、先进的典范。

在科学研究中，该公司的“葡萄根域限制栽培技术示范与推广”项目，于2010年获科技部农村科技创新大赛中获“二等奖”、“葡萄有机型栽培技术”获上海市科技进步“二等奖”、“设施农业数字化技术应用与开发”获科技进步“二等奖”。2011年，公司科研团队荣获国家科技部“十一五”国家星火计划执行优秀团队奖。

管理。葡萄管理工作具有系统性。冬季修剪应确定结果母枝的合理留枝量，进行引缚；生长期管理有摘心、去卷须、副梢删留和引缚；花穗整形应在花前一周进行，去副穗、剪穗尖；落花后7天～10天进行疏穗、疏果粒，及早控制全园的留果量。疏果粒结束后，应用白色葡萄专用纸袋套袋。套袋是生产优质果实的重要措施，可有效防止果实病虫害的传染，减少农药污染，增加果实的光洁度，提高外观的商品性。

生长调节剂的应用。90年代，区内曾应用赤霉素（GA3），观察能增大无核葡萄果粒80%～100%，一般在花后3天～10天为适宜时期。巨峰系葡萄（先锋）无核化处理，在花前10天～14天，盛花后14天使用25毫克/升赤霉素水溶液处理花穗各1次，能得到理想的大粒无核果实。

1985—2015年葡萄生产面积与产量情况表

表4-8

年份	面积（亩）	产量（吨）	年份	面积（亩）	产量（吨）
1985	187.5	507	2001	3045.0	2136
1986	441.0	375	2002	3630.0	2573
1987	931.5	537	2003	4021.5	4042.3
1988	1183.5	1015	2004	4084.5	3941
1989	1195.5	880	2005	4818.0	4285
1990	1213.5	1158	2006	5854.5	6443
1991	1225.5	1162	2007	7558.5	9613
1992	1281.0	1384	2008	11443.5	12800
1993	1455.0	1746	2009	13090.5	18245
1994	1303.5	1299	2010	14149.5	20079.5
1995	1240.5	1347	2011	15474.0	24292
1996	1156.5	1071	2012	19309.5	25770.2
1997	1156.5	1323	2013	19309.5	26083.7
1998	952.5	1073	2014	20408.6	27770.9
1999	894.0	1074	2015	19508.3	27514.0
2000	1038.0	1556			

四、柑　橘

柑橘

柑橘是亚热带常绿果树，南方诸省浙江、福建等生产。上海地区种植柑橘较早见于文字记载的是明嘉靖《上海县志》中讲到“湖乡多柑橘”（含奉贤境）。清代和民国时期的上海地方志，较详细地记载了上海柑橘的种类、品种等。当时柑橘作庭院点缀，自种自食，种类有柑、橘、橙、柚等，也有制作蜜饯、庭院观尝、绿篱等，栽培数量不多。至2000年，青村桃园场附近还保留着橙，结实不多，味酸苦，不宜鲜食。

20世纪60年代，县内各公社果园开始大规模引种和成片栽培柑橘。1967年，齐贤公社果园从浙江省黄岩地区引入黄岩蜜橘嫁接苗，种植42亩，品种有尾张、朱红、宫川、兴津等。为县内第一个橘园。1972年，新寺、青村、泰日、平安公社、江海九华大队果园亦栽种柑橘，面积57亩。1975年起，县自产蜜橘上市销售平均亩产柑橘900千克。1978—1980年，在金汇港两岸的钱桥公社的石桥、海边、花角大队，光明公社的解放六队、张弄八队、友谊五队等种植黄岩蜜橘395亩。至1983年全县柑橘种植面积600亩，其间农户庭院种植柑橘也极为普遍。

奉贤发展柑橘生产的最大障碍是冻害。乾隆《奉贤县志》记述，“明正德四年（1509年），是冬极寒，竹柏多槁死，橙橘绝种数年”。1977年，奉贤亦遭遇罕见的冻害，各公社橘园受冻严重，但在防护林带下的柑橘受冻较轻。1992年1月，又遭遇－8℃的低温，各公社橘园普遍受冻严重，邬桥张云村橘园冻死达50%。由此，建立橘园必须选择抗寒品种，同时，须在橘园西北方向配造防风林带。1967年，齐贤园艺场种植柑橘42亩，建园时配造了3道防风林带，橘园周围种植枸橘，枸橘的外围种植珊瑚高绿篱，其外又种植水杉防风林带，有效地减弱寒风的侵袭，柑橘受冻程度明显减轻。另外，选择耐寒品种，在温州蜜橘品种中，选择了宫川、尾张、兴津等早、中熟品种，生长结果表现丰产、稳产，开创了奉贤“南橘北移”的成功经验。唯在十年一大冻的年份有冻梢的表现。

20世纪70～90年代初期，奉贤柑橘种植列为发展农村庭院经济的主体项目之一，农户宅前、屋后、自留地广种柑橘，个别农户租借邻户土地办起了个体橘园。1991年，泰日镇光辉村7组邵志荣建柑橘园240亩，主栽品种宫川，全园平均每亩产柑橘1.2吨，高产田块亩产果3.5吨，年柑橘总产量450余吨，年销售收入120余万元。1994年，钱桥镇西张村（黄岩柑农罗昌友夫妇俩）种植柑橘75亩，年产柑橘

150吨，销售收入40余万元。同时还培育柑橘苗，每年嫁接柑橘苗木20余万株，是全县柑橘种植生产和技术管理的典范。

90年代中期起，柑橘上市销售问题渐趋凸现，橘农卖橘难，更由于浙江等外省市柑橘涌入上海上市，本地柑橘价格升值幅度狭窄。同时，水果市场的开放丰富了市民的果盘子，市民的消费向高档水果发展，由此，柑橘种植渐趋降温。

进入21世纪，奉贤果品生产在桃、梨、葡萄创品牌优势下，经济效益显著，每亩的桃、梨、葡萄三大果品产值均达到万元以上，而柑橘的亩产值低于0.5万元。由此，柑农砍橘改种桃、葡萄的趋势逐步呈现。至2013年，全区柑橘种植面积仅为1472亩，总产量1832吨，仅为2001年柑橘总产量的13.7%。2015年，全区柑橘种植面积仅存470.7亩，总产量为883吨。

1. **品种演变**

清代和民国时期的《上海县志》记载的柑橘品种没有什么变化，其种类有橘、柑、橙、橼、柚等。

60年代从浙江黄岩地区引种温州蜜橘、甜橙、脐橙等，因甜橙、脐橙品种对温度要求高，冬天容易受冻，没有发展起来。

奉贤栽培的柑橘品种，绝大部分是温州蜜橘。60～70年代，以中熟“尾张”品系为主。80年代经栽培结果的表现认证，早熟“宫川”“龟井”“兴津”等品种，在果品抗寒性和丰产性等诸方面比较优于中熟品种“尾张”，作为区内优质丰产品种发展，并对中熟“尾张”品种进行高接换种。

90年代，引种特早熟柑橘品种“德胜”“宫本”“桥本”。青村桃园场宋佰龙，种植特早熟柑橘19.5亩，果实9月下旬成熟上市，果形稍扁平，果皮橙红色细薄具光泽，肉质细嫩、汁多、少核具香味，适口性好。金汇镇光辉村邵志荣对中熟“尾张”品种进行回缩，嫁接“吉田”“清家”等脐橙品种，嫁接成活率80%以上。嫁接后第三年结果，果型比“尾张”大，可溶性固形物高，果实色泽鲜艳，产量比“尾张”高两三成，单价比“尾张”高一倍。胡桥镇黄沙村橘农黄关清，对60年代引种的“尾张”改接早熟“宫川”品种外，引进“华盛顿脐橙”“朋娜脐橙”“纽荷尔脐橙”，果实为椭圆形，果皮橙红，可溶性固形物11%～13%，风味浓甜有香气，品质上等，鲜食极佳。其中，“朋娜脐橙”这一品种表现丰产，可在适宜区域推广发展。

在柑橘引种中，四团、邵厂曾引种橘类优良品种“椪柑”“本地早”，“椪柑”又称“芦柑”，“本地早”又名“天台山蜜橘”，其果实可溶固形物达15%，都是品质极佳的品种，但抗寒性低于早熟“宫川”等品系，由此引种尚未成功。

柚类，1997年，奉贤县农委组织去浙江考察常山“胡柚”，该品种曾被评为全国优质柚，具有较强的抗寒性，并且丰产，果实耐储藏，汁多味佳、甜酸可口，但尚未规模化引种。

金橘，作为优良的观果类盆栽植物，也有小片种植，但数量不多，品种有“金橘”“金弹”，可以鲜食。

2．技术进步

奉贤柑橘种植为柑橘的北缘地区，除选择抗寒性强的中早熟品种和设置防风林外，还应选择有良好的水体保护环境。

繁殖育苗。据上海县志记载，明代、清代和民国时期，柑橘都是实生繁殖，清同治县志记载，“种出福建，邑产弃核而生，其结实者味带酸，不如原产”，实生繁殖品质易退化。60年代后期，齐贤、新寺、青村、钱桥等公社果园种植柑橘，都从浙江黄岩地区引入，并聘请橘农指导，开始嫁接育苗，采用砧木为枳壳，又名“枸橘”，它具有树冠矮化、抗寒、抗线虫、早结果、丰产，果实品质好等优点。

1976年，浙江黄岩橘农罗昌友夫妇在钱桥海边村租田6亩，种植柑橘并培育柑苗。自己采集砧木枸橘，选用早熟丰产品种宫川作为接穗，每年8月下旬至9月下旬自己嫁接，初期采用“T”字形芽接法，后期采用贴皮芽接法，从早到晚，他一个劳动日能嫁接1500余株橘苗，嫁接成活率达95%以上。夫妇俩一年嫁接10余万株橘苗，除供应县内种植外，还供应金山、松江、闵行、南汇等区县种植，他的柑橘育苗技术带动了全县果园的育苗技术水平的提高。

抗寒栽培。柑橘栽培，在遭受数次冻害的教训下，才找到抗寒栽培的几种方法，一是选择“温州蜜柑”等抗寒性强的早、中熟品种；二是坚持深沟高畦的种植方法，多雨季节田间不涝，寒潮来临时，灌水增温；三是营造防风林带，并且形成“E”字形，以减轻寒风侵袭，同时在栽培管理上采用密植栽培和严格控制晚秋梢，促使枝梢老熟越冬。

生长调节剂的应用。50年代后期开始，上海先后生产的赤霉素（920）、乙烯利等生长调节剂，在柑橘生产上于5月下旬喷赤霉素水溶液，有利于提高柑橘座果率，应用乙烯利进行柑橘果实的催熟，有利于提早上市，应用2-4-D涂果蒂有利于果实保鲜，应用多效唑（PP333）可抑制柑橘夏梢生长，但对树势较弱的不宜使用。

柑橘病虫防治与检疫。柑橘栽培中病虫害种类繁多，虫害发生主要有螨类、蚧类、橘蚜、吉丁虫以及蛾类，病害发生主要有脚腐病、疮痂病、炭疽病等，防治工作需正确掌握这些病、虫的发生特点，有机而合理地将农药、生物、化学和物理等防治手段综合应用。促进有益生物群体和昆虫的繁衍，尽可能减少化学农药的使用，严格苗木检疫，防止危险性病虫害传播蔓延，是柑橘安全生产的一项重要保证。区内柑橘病虫害，主要检疫对象有橘大实蝇、瘤壁虱、溃疡病、黄龙病。

1985—2015年奉贤区柑橘生产情况表

表4-9

年份	面积（亩）	产量（吨）	年份	面积（亩）	产量（吨）
1985	1756.5	213	2001	7875.0	13455
1986	2770.5	175	2002	8025.0	13584
1987	2695.5	775	2003	8185.5	15904
1988	2710.5	533	2004	7191.0	10382
1989	2527.5	1100	2005	6598.5	6381
1990	2869.5	1350	2006	6301.5	7383
1991	3064.5	1341	2007	6069.0	6891
1992	3592.5	1923	2008	5659.5	7806
1993	3765.0	4531	2009	4644.0	5568
1994	4240.5	3415	2010	3390.0	4747
1995	4638.0	4802	2011	1153.5	1623
1996	5511.0	6521	2012	994.5	1813
1997	6013.5	9126	2013	1473.0	1832
1998	6394.5	7456	2014	1032.3	1837
1999	7096.5	12815	2015	470.7	883
2000	6780.0	10329			

五、其他果树

奉贤的果树除桃、梨、葡萄、柑橘四大树种构成果树生产栽培的主体，占果树总面积的90%，还有一些通过自然选择和地方特色树种的长期保存与利用，以及引育国内外的新兴小水果，如柿、枣、梅、李、石榴、枇杷、猕猴桃等，但多数作为“四旁”栽培，庭院点缀。近年来，随着种植业结构的调整和上海建成生态型国际大都市的市场需求，这些特色小水果品种在庭院经济中发挥着特殊的作用，成为发展特色农业经济的重要补充，优化了地区果树生产结构，有利于增加农民收入，而且其生态效益也十分显著。

1．柿

奉城无核小方柿在上海享有誉名。奉城镇永益村现保留着近百年的柿树两株，列为市古树名木后续资源保护。永益村二组叶妙才家单株柿树冠幅80平方米，年产柿果450千克，称为“柿树王”。相传由江苏启东“婚嫁”而落户奉城永益村，家家户户、宅前屋后种植方柿，庭院“柿子村”由此而成名。

方柿

80年代后，农村在推进种植业结构调整和

发展农村经济的政策指引下，镇政府依据永益村方柿种植的历史，拓展“一镇一品”的特色农业，鼓励农户走出庭院发展适度规模种植，对种植方柿面积1亩以上的农户经验收合格，每亩由政府补助300元。1992年，列入上海市科技兴农丰产基地建设项目，方柿种植向全镇推广进入高潮期。1996年，全镇规模化种植发展280.5亩，镇政府给予补助8.4万元。1999年，全镇种植达到484亩，总产818吨。2000年为631.5亩，总产999吨。随着方柿产量的急剧递增，柿果销售难的问题年趋凸现，尤其是果品市场的变化，新兴水果的涌入，群众对水果消费的变化，加上柿果储运难度高，销售价格波动大，从最初的销售价5元/千克～7元/千克，到2002年，销售价不到1元/千克。是年后，方柿面积骤减，改种桃、梨、葡萄等果树。2013年，全镇成片方柿种植仅涉及7个村，面积28.5亩，就连有“柿子村”誉名的永益村成片方柿仅保留5亩，庭院种植也逐年减少。

在方柿种植高潮期间，涌现了方柿种植示范户和部分育苗专业户。奉城镇永益村三组村民黄俊新，他专心钻研方柿栽培技术和育苗方法，购买了许多版本的果树栽培技术书籍，依照科技书籍中的理论指导，在自己的方柿栽培园实验，并引育了国内外柿树的优良品种和培育柿苗的砧木君迁子，经选育的优良品种有“小方柿”“大方柿”“朱砂红”，从国内果树科研院所引入的品种有“铜盆柿”“磨盘柿”，甜柿品种有“富有”“次郎西村早生”等，在自己的栽培园内对各方柿品种进行丰产性能的鉴别，并对优良品种进行育苗嫁接。从80年代后期到90年代，共培育柿苗30余万株，村周边农户仿效他在自留地上广种柿苗，形成该村柿果柿苗为主要的副业收入。1984年，该村柿果柿苗收入60余万元，全村人均增收485元。至2003年，全村育苗户达60余户，累计培育优良种苗突破4万株。柿苗除供应区内各镇的种植外，并销往浙江慈溪、安徽、江苏、山东等地。黄俊新为全镇众多农户走上致富道路做出贡献。1997年被评为上海市劳动模范，1999年被评为上海市农村致富能手。是年，被上海市肢残人协会评为自强明星。2001年，该村又荣获上海市十佳生态之家，奉贤区、镇最佳庭院。

2. 枣

枣在奉贤栽培历史悠久，农户在宅前屋后广为种植，品种为“白蒲枣”，“白露到，枣子熟”，肉质脆、味甜、品质上等，丰产性强，是适合奉贤栽培的“南枣”中的优良品种。四团镇红卫村5组仍保留着百年枣树1株，树高10米，枝叶繁茂。奉城镇永益村农户在宅前、屋后保留的“白蒲枣”树较多。但成熟期恰遇台风多发季节，落果较为严重，因此，尚无成片种植。

枣

枣分为南枣和北枣，清乾隆《湖州府志》载“枣多北地所宜，今土人亦种之……”，作为木本粮食栽培，除鲜食外，烘制枣干，常年上市。

1998年，奉贤从陕西省礼泉县引种陕西“梨枣”，县林业站在塘外镇卫季村租用农田100亩，筹建奉贤大枣生产示范基地。1999年起，陆续引进了“葫芦枣”“茶壶枣”“龙须枣”“磨盘枣”“辣椒枣”“胎里红枣”“壶瓶枣”“冬枣”“脆枣”“大王枣”“园铃枣”“金丝小枣”等10余个品种。是年，奉城镇高桥村从河南南阳大王枣研究所引进成年大枣树40株，酸枣根1.5万株（砧木），种植枣树苗5640株，面积47亩，并与上海市农业科学院园艺所签订了《大王枣育苗与早期栽培技术的研究》协议，列入上海市科技兴农攻关项目，市农委领导曾多次到基地考察，并扶持资金36万元，2001年，通过科委部门的验收。

其间，奉贤掀起了种植北方枣的高潮，奉城镇永益村黄俊新从山东引种山东大枣，并进行嫁接育苗。庄行镇芦泾村发动村民，联户种植梨枣200亩。钱桥申隆生态园种植冬枣250亩。周陆村种植梨枣30亩。柘林镇夹路村在夹塘内种植梨枣30亩。海湾旅游区种植梨枣51亩。不少农户购买大枣苗在宅前屋后种植，全区种植面积达1530亩。

2000年，在市、区林业主管部门及有关单位的支持下，成立奉禾特色果业有限公司，以大枣研究为重点，范围扩至青村镇李窑村，基地面积达到1050亩，其中种植大枣面积500亩，建造连栋大棚1.03万平方米。该项目被列为市级林业重点工程项目，投资1680万元，是一个集小水果引种、选育、生产示范、技术推广、休闲旅游为一体的科研基地。2002年9月被国家林业局授予“全国特色种苗基地”。基地根据市场需求，年产60万株优质小水果品种苗木。为市内外小水果生产发展提供优质品种资源。

经几年来的引种推广和生产实验，由于奉贤地区梅雨季节较长而北方枣品种群的开花期恰遇这一时期，开花后，结实率低，尤其是冬枣结实率更低，产量每亩在0.4吨～0.5吨，经济效益偏低。

2010年起，北方枣品种群不再推广，栽培面积逐年减少，高桥村大王枣全部砍伐，芦泾村梨枣也全部砍伐。2015年，全区种植面积仅存480亩，年产鲜枣130.15吨，果品产值263.7万元。

3．**梅**

梅，在解放前种植较为普遍，农户在宅前屋后庭院种植较多。柘林乡奉海村“张家梅园”有梅园12亩。萧塘乡公谊村有梅园而得名“梅园头”。抗日战争期间，梅园被摧残殆尽。1957年，全县农民零星种植桃、梨、梅

梅子

等果树3.18万株。

梅果实偏酸，含有多量的枸橼酸、苹果酸、琥珀酸、酒石酸等有机酸。古有“望梅止渴”之说。梅果实初夏成熟，农户有腌制梅坯、熬制梅酱的经验。咸梅能解热、防风寒。乌梅干能治肺热久咳、腹泻、胆囊炎等症。梅汁可治肠炎。干花可治肝胃不和、心烦不宁等。叶、根和核仁等都可入药。

梅分果梅和花梅两类，果梅以青梅品种为主。至60年代，县内还有少量引种，但未有成片栽培。

梅花，傲雪开放，花朵素雅，为庭院绿化和制作盆景的重要树种。

花梅品种繁多。区境内上海海湾国家森林公园，2014年“优倍”首届上海梅花节成功举办。梅园总规模2000亩，从国内各地引种梅花品种126个，种植梅花3.5万余株，更添稀有梅花盆景百余盆，并有珍稀品种“墨梅”“早花绿萼”“铁骨红”“白须朱砂”等构成一个以梅为主题，聚焦梅文化与自然和谐共生高品位的国家级梅园。

4．**李**

清同治《上海县志》记载“邑祇有黄姑李，味甘甜”。民国《南汇县志》载“李，邑产者青、红二种，实小而味甜”。新中国成立后李仅作“四旁”零星栽培。1957年，奉贤生产杂果梅、李等143吨。李，又一种叫“麦李”，形如樱桃，麦熟时红，故名“麦李”“郁李”“棠棣”等。

李子

1980年，全县李栽培面积44亩，分布于青村和中果园、齐贤园艺场、青村桃园场、江海九华村果园、四团果园、奉城果园等小规模栽培，品种是黄姑李、红心李。2003年，四团镇种植李子30亩，产量10吨，2004年李子产量达到72吨，后逐年下降。

2003年，头桥花厅村曾向市农科院引种布朗李，品种为黑宝石。布朗李又称为“西洋李”，是中国李与欧洲李杂交而成，得到美国农业部的登记，故又称“美国黑李”。引种后至2007年，经五年的栽培考查座果率低于本地黄姑李和红心李，产量不高，于2008年砍伐。

李在农村宅前屋后、四旁零星的种植数量较多。2015年，全区栽培面积仅为15亩，年产李果5.2吨，果品产值5.8万元。

5．**石榴**

石榴，是中国中秋时节的应时果品，民间常视为吉祥、喜庆的象征。榴果实有“榴孕百籽，千房同膜，千籽如一”，象征着中华民族、同宗同祖、团结统一的亲情厚意。

石榴，株丛矮小，叶秀花艳，花期绵长，是绿化和美化庭院的优秀树种。清同治《上海县志》载“石榴邑产白子居多”，优良品种有陕西临潼的粉红石榴、天红蛋石榴，安徽怀远的玉石籽、青皮石榴，陕西乾县的御石榴，山东峄城冰糖石榴等。

石榴

新中国成立后，石榴仍有少量零星栽培。80年代，县内结合庭院经济的发展，许多农户在庭院中种植石榴，作为绿化观赏用。

1999年，奉禾特色小水果基地，从浙江省江山市引种青皮石榴，从安徽怀远县引种玉石籽、玛瑙籽石榴，从山东平阴县引种蒙阴红石榴。新寺骑塘村六组梁文龙也同期引入上述品种。2015年，全区栽培面积110.7亩，年产石榴果2.4余吨，果品产值1.9万元。

6．**枇杷**

枇杷，是农村庭院水果的主要树种之一，果肉柔软多汁，甜酸适度，可鲜食及加工罐头。果初夏成熟，正值水果淡季，可以调节市场。其叶制品是传统的止咳化痰、清热、健胃和利尿良药。四季常青，树姿优美，也是重要的绿化树种。

枇杷

枇杷在奉贤栽培历史较早。乾隆年间（1736—1795年），今柘林金海村东方红三组栽培枇杷3亩，就有“陆家枇杷园”而誉名。由于产量偏低而逐年淘汰。1984年胡桥镇法华村俞家桃园俞伯华从江苏苏州引进优良品种白沙、白玉、大红袍栽培，果实大且色泽白、黄，品质上等。每年自己嫁接500余株，很受周边农户欢迎。新寺果园、青村桃园场、齐贤园艺场等镇级果园及果农，每年都嫁接500株～1000株枇杷苗。

1958年，平安平海大队第九生产队集体种植枇杷，到2003年仅保存5亩，产枇杷3.5余吨，亩产量0.7余吨。

2001年，头桥镇在和平、朝阳、建国、北宋村种植枇杷3563株。2005年，浙江嘉兴谢建平在庄行浦秀村，租赁土地80亩，建立奉贤区宏瑜枇杷园。2006年2月，从四川泸州引进早熟改良型白玉和桂玉两个品种，种植枇杷75亩。果实比苏州东山枇杷大，可溶性固形物达14%～15%。果品除在区内销售外，还销往浙北市场，嘉兴和杭州两地。应邀参加浙江塘栖枇杷节。特级枇杷每千克销售价120元。2013

年投产枇杷面积 23 亩，因受枇杷灰斑病侵害，烂果比较严重，销售鲜果仅为 7500 千克。

迄今，全区农户零星、宅前屋后庭院种植枇杷有 10 万余株，但随着城镇化建设的进程，庭院种植有逐年减少的趋势。2015 年，全区枇杷种植面积 182 亩，年产鲜果 53.96 吨，年上市销售收入 164.57 万元。

7．猕猴桃

猕猴桃原产中国，是一种古老的野生植物，同时也是一种新兴水果。果实营养极为丰富，维生素 C 含量居所有水果之首，并含有人体不可缺少的钙、钾、铁、镁等矿物质和多种氨基酸，还含有单丁、蛋白水解酶，可谓是人体的“营养金矿”，其营养价值和医疗保健作用愈来愈受到市民的重视。

猕猴桃

奉贤于80年代后期引种栽培。1988年，头桥镇花厅村三组村民黄玉海、黄庆年，从山东泰安市果树研究所引进品种魁蜜（79-1），因管理不善，没有成活。1989 年，又从江苏江都地区引种栽培，猕猴桃从此在花厅村扎根落户。是年，村干部朱建荣与镇农科站领导到市农科院再次引进种苗。1992 — 1993 年，花厅村有 11 户农户种植猕猴桃，面积 30 亩，有中华猕猴桃品种魁蜜（79-1）、金丰（79-3），美味猕猴桃品种海沃德、米良 1 号、秦美，初产期亩田 100 千克～150 千克，盛果期稳定在 500 千克以上。1995 年，花厅村猕猴桃种植列为头桥镇科技计划项目。2003 年，全镇种植面积 181.5 亩，产量达 90 吨。2010 年，因管理难度大，销售困难而改种油桃。2013 年，种植面积仅存 6 亩。

1993 年，钱桥镇罗神村种植猕猴桃 32.25 亩。

1995 年，上海园林科技有限公司在邬桥镇灵芝村租赁土地，种植猕猴桃 75 亩，1999 年产果 30 吨，2003 年达到 50 吨。

2010 年，市农科院种植试验场，在庄行现代农业园区，种植猕猴桃金魁、徐香 21 亩。

2011 — 2012 年，南桥镇杨王村、金汇镇陆家村农户种植红阳、徐香等猕猴桃品种，面积 51 亩，结果后红阳品种果型偏小，但糖度较高，适口性好，每公斤售价达 50 元。

2012 年，上海鼎康果蔬种植专业合作社（位于四团镇拾村）种植猕猴桃 20 亩。

至 2013 年，全区猕猴桃种植面积 116 亩，年产鲜果 18.6 吨，鲜果上市收入 94.62 万元，每公顷产值达到 12.24 万元。

8．油桃

油桃，果实光滑、亮丽，无茸毛，果实硬溶质，较普通桃耐储运，是西方国家桃栽培中的主要品种。20 世纪 90 年代初期，县里曾组织江海、新寺、齐贤、青村等果园技术人员去中国科学院郑州果树研究所考察、引种，因引种栽培没有建立示范区，种植分散，结果后，果实酸度浓重，不适应本地区市民的口味，由此淘汰。

2003 年，区内上海双张果业种植专业合作社，从上海市农科院引种，由市农科院选育的沪油 002、沪油 004、沪油 018 等 3 个甜味油桃新品种，种植面积 57 亩。2005 年结果后考查，沪油 002、沪油 004 油桃属早熟桃，果实生育期 75～80 天，6 月中旬成熟，果皮光滑鲜艳、黄肉型、硬溶质、肉质致密脆嫩、风味甜香，无裂果表现，可溶性固形物 10%～12%，沪油 018 桃属中熟桃，果实鲜艳，单果重 120 克～180 克，最大单果重达 230 克，每 0.067 公顷产果 1200 千克～1500 千克，产值 6000 元～8000 元，2005—2009 年曾作为桃中珍品选送到北京中南海。2009 年在市优质果品评比中获得金奖，并列为世博特供果品。

油桃外观华丽，肉质脆嫩是 21 世纪各桃树生产国迅速发展的热点种类之一，沪油 002、004、018 等 3 种桃综合表现性状优良，是具有推广前景的新品种，近年已向金山、松江、浙江嘉善等地推广，普遍反映良好。2014 年，全区种植面积 149 亩，总产量 200 吨，总产值 180 余万元。

9．无花果

无花果，落叶亚乔木，性喜近水，叶略如梧，不花而实，似乌头，外部为花托，花隐基中，中如米粒，熟则紫色，软烂味甘。县内在解放后，“四旁”种植不少，树供观赏，果为家庭自食，无上市供应。

无花果

现代医学认为无花果具有明显的抗癌和增加人体免疫功能的作用。临床医学证明，无花果具有养胃、顺肠、敛痔的特殊功效和降血压、清肿解毒、治疗咽喉痛、驱虫、明目、生肌、提高血红蛋白、抗衰老的功能。

无花果繁殖容易，结果早，适应性强，病虫害少，栽培容易，枝叶茂盛，对灰尘、二氧化硫、氯气等有害气体有很强的抗性，是适用于绿化和庭院经济的优良树种。

无花果在庭院种植较多。区内种植规模较大的有上海老邬无花果种植专业合作社，成立于 2011 年 7 月。该社位于四团镇渔墩村五墩 1129 号，社员 19 人，其中出资社员 7 人，种植面积 67.5 亩，年平均亩产量 1500 千克，年平均亩产值 15000 元。2013 年，总产值达到 105 万元。合作社主要任务：建设种苗和生产示范基地，开展科技研究和技术推广应用，做好品牌包装、产品推介等。

四团镇小农场（上海御珠桃种植专业合作社）将原有120亩水蜜桃园进行老果园更新工作，2014年3月新种无花果80亩。

庄行镇上海金源果蔬种植专业合作社有无花果5亩。青村镇上海申亚农业科技有限公司有无花果10亩。奉城镇永民村永益育苗专业户朱宝官、上海老邬无花果种植专业合作社、上海御珠蜜桃种植专业合作社年育无花果苗合计5600余株。主要品种有玛斯义陶芬、亚细亚、布兰瑞克等。

至2014年7月，全区1亩以上无花果种植面积185亩，年产值250万元。

10．**苹果**

苹果，新寺蒋文麟在30年代初试种失败。1958年，公社果园兴办期间，新寺果园、青村桃园场、庄行公社果园，从山东烟台引种“黄蕉”“红蕉”“国光”“祝光”“红玉”“黄魁”等品种，种植面积79亩。因苹果喜寒冷干燥的气候环境，而上海地区温暖多湿，病虫为害颇多，产量低、品质差而逐渐淘汰。1997年，新寺南宅村、齐贤园艺场又从辽宁省引进早熟品种，“辽伏”，从湖北省引进“甜黄魁”，虽然这两个品种基本能适应上海的气候条件，病虫害较少，能结实，果实色泽鲜艳，但品质与北方苹果相比，相差较大，2000年起又逐渐淘汰。至2006年，全区苹果种植面积减至36亩，年产苹果1.8吨。

11．**火龙果**

2012年5月，山东人张雪莲在四团镇拾村租地65亩，建造连栋大棚2个、小棚25个，从台湾引进1.5万株火龙果苗种植，共投资250万元。2013年开始结果，由于2013年持续高温40余天，棚内温度达到摄氏50多度，果实烂掉5000公斤，但仍收到1万公斤果实，当年产值15万元，并自己培育苗木3万余株。

火龙果

火龙果是南方热带水果，其生物学特性不详，从引种栽培观察，生长结果表现良好。主要病害有软腐病、黑斑病、溃疡病，主要虫害是蚜虫。2012年成立上海鼎康果蔬种植合作社，2013年经市有关部门认证为“无公害产品”。

火龙果在大棚内栽植，5月初始花，果实7月初上市，果实生育期约60余天。火龙果花，随新梢生长陆续开花，花期持续期长，果实自7月上旬至11月采收完毕，单果350克～600克不等。

2014年，区内上海申亚农业科技有限公司，从福建引种火龙果苗2200株，种植面积3亩。全区种植面积68亩，年产鲜果38.4吨，年果品销售收入61.4万元。

12．**板栗**

板栗食用，香糯可口，味甜，在菜谱中应用也颇多，栗子肉、栗子鸡，可谓上等菜肴，历史悠久。

板栗

1995年，泰日镇林业站从浙江引种，南方“魁栗”4050株，由9位农户种植，其中，国光村张国兴种植3亩，其余农户大田种植1.5亩~2.25亩不等，也有庭院种植，全镇合计种植45亩。

魁栗为优良的栗子品种，种植后第三年结果，果形奇特、果实外壳带刺、球形，果实成熟时，果壳开裂，内有1~2粒果实，采收后不能暴晒，阴干贮藏。

经结实观察，单株结实不均匀，少数单株能结实10千克，按亩折算产量不足200公斤，产量偏低，经济效益不明显而逐年淘汰，仅在宅前屋后种植。

第二节 复合经济

2003年6月，《中共中央国务院关于加快林业发展的决定》颁发，提出了强化科教兴林，林、农复合经营的指示。

奉贤区林业工作中开展的复合经营，是以林地资源为基础，以科技为支撑充分利用林地自然条件，开展合理的种、养业，丰富林地生物的多样性，形成良好的循环经济，从而成为农林经济新的增长点，为农业增效、农民增收开辟新路子。

至2012年，全区开展林地复合经营的单位共26家，涉及林地区域面积33263亩，已利用林地开展复合经营的面积7813.6亩，主要是在经济林地、苗圃地、生态公益林地，开展林下种植、林下养殖、森林休闲旅游等项目，从业人员602人，全年创产值1.12亿元。

一、林下种植

奉贤农村农民素有“寸土似金”的习俗，在经济果林尚未投产前，以间作套种瓜、果、蔬菜，既减少田间杂草丛生和土壤板结等不利于经济果林生长的因素，又可以取得亩产上千元的经济收入。林下种植的品种有青毛豆、榨菜、芥菜、青菜、洋葱、橄榄菜、甜瓜、草莓等。

60年代起，县内各公社果园建立后，在确保经济果林正常生长的前提下，开展多种多样的林下间作和套种。年度内套种的项目有：在果园中套种蚕豆，在鲜蚕豆采摘完毕后，作为绿肥，改善土壤的理化性状并提高土壤肥力，继而播种瓜类，品种有甜瓜、雪瓜、凉瓜、黄金瓜、西瓜、冬瓜等，待瓜熟采收结束后，接着播种蔬菜，品种有大白菜、雪菜、芥菜、榨菜、青菜、洋葱等，除满足农户的自食外，并少量上市。新寺果园队、齐贤公社园艺场等各公社果园于60～70年代在果园中套种榨菜，每亩套种榨菜产量达30多担。是期，从浙江海宁斜桥地区，聘请菜农指导，开办榨菜加工场，腌制榨菜后，供应市区各蔬菜市场，每亩果园的间作收入500余元。

70年代后期至80年代初，本县各果园推广种植厚皮西瓜，钱桥公社、石桥大队，开办了刮皮西瓜加工场，年度内从各果园收购厚皮西瓜上千吨。1979年，石桥大队、海边大队共种植厚皮西瓜990亩，年加工成西瓜皮300吨，由上海益民食品厂收购，制成西瓜酱出口，年产值10万元，持续到1984年。

薄荷。1970年，奉城公社陈桥大队六、八、九生产队，高桥大队四、三、八生产队种植薄荷。一年两季，头季产量高，双季次之，种植管理方便，病虫害较少，成熟后生产队用锅炉煎油，一般每亩薄荷煎油十二三斤，好的十五六斤，每斤油价14～16元。1984年，收获薄荷油136公斤，总收入4371元。

青毛豆。是90年代经济果林未投产前春季播种的主要品种。1995年，钱桥镇在果园播种青毛豆30亩，品种有“开育10号”“8157”，亩产量250公斤，亩产值600元。青毛豆是市民非常喜欢的早春菜肴。

青菜。2015年，地处奉城镇塘外社区的上海双张果业合作社，在更新的桃、梨果林28亩林下播种“新场”青菜，12月下旬起陆续上市，由批发商代销，每公斤青菜收购价2.6元，平均亩上市青菜1500公斤，亩产值3900元，创收7万元。

草莓。上海绿怡水果产销专业合作社成立于2012年，地处柘林镇金海村，以种植大棚葡萄为主业，面积22亩。每年秋季，在葡萄采收后套种草莓，并加设小环棚增温，除葡萄架占地面积外，每年种植葡萄，面积16.52亩。从12月中旬起草莓果实上市，至翌年5月采收完毕，年上市草莓0.83万公斤，上市价格由每公斤40元到60元不等，年增收产值30余万元。

铁皮石斛。2015年，上海申隆生态园成立上海申石斛农业科技有限公司，注册资金510万元，主要从事仿野生铁皮石斛的种植。公司从技术合作方浙江省新昌县宇王农业科技有限公司，引进3个“软脚铁皮石斛”品种，种植点选择在香樟林地，面积30亩，该林地树龄15年，郁闭度达90%，香樟树主干直径均在15厘米左右，用胶布将铁皮石斛种源固定在香樟主干上，林地间加设间歇喷雾设施，营造阴凉湿润的气候环境，现处于试种、试验阶段，经考查年内铁皮石斛生长正常。2016年，公司拟扩大试种规模250亩。

生长在香樟树主干上的铁皮石斛

奉贤区林下种植项目，还有盛名的青村港大蒜、奉城高桥村天花粉、邵厂社区的中草药种植等。

二、林下养殖

奉贤区林地复合经营中，林下养殖项目有鸡、鸭、珍禽以及蛋鸡等。2015 年，林下养殖面积 640 余亩，遍布于奉城、四团、青村、庄行、柘林等镇村果园，年林下养殖产值 6100 余万元。

林下养鸡

朗德鹅

2002 年，庄行镇姚泾村唐雪梅等 11 户果农，在梨园林下养鸡，梨园中的虫、草养肥了鸡，鸡粪又肥了梨树，“梨园鸡”又在市场上大受欢迎，每亩梨园增收产值 1500 元。镇政府推广养殖的有“茶花鸡”“林鸡”“三黄鸡”等品种，并列为生态型管理的示范基地。庄行镇潘垫村潘南一组费玉章在 2000 年种植上海蜜梨 62 亩，2002 年起，开始在梨园中养鸡，每次放养鸡2000羽，幼鸡先在饲养室养殖60天～70 天后放养在梨园中，散养期 5 个月左右才上市，一般每羽鸡重 2 公斤～2.5 公斤。林下养殖亩产值 6400 余元。综合餐饮、养鸡、买蛋以及梨果上市，年产值 500 余万元。2013 年，区农委将青村、庄行两镇在桃、梨林下开展林禽、林果、林菜、林药复合经营列为奉贤区林下复合经济示范点。

四团镇小荡村大团蜜露桃种植户沈耀忠，每年 8 月上旬桃果实采收后，开始养三黄鸡 1000 羽，经过百余天的饲养，正适逢节假时间上市，卖了个好价钱，并且很受消费者欢迎。鸡卖光后，又在果园中种植蔬菜，用不着施肥，因鸡粪是很好的有机肥，绿色有机蔬菜又是市民喜爱的菜肴。每年在 10 亩桃园中循环经营，增加了 5 万余元的收入。他的这种复合经营模式，在全镇果园中推广。春季蔬菜上市后，又套种花生，这在奉贤东片乡镇较为普遍。花生作为菜肴，或水煮、或炒吃，花生种植的品种有小铃果、麻节头、大壳花生等。

上海宏妹珍禽养殖合作社，位于四团镇五四村，2005 年始租用林地 63 亩，在 30 亩林地中散养七彩山鸡、贵妃鸡、火鸡、草鸡等品种。2010 年成立珍禽合作社，每亩林田下每批次放养 100 羽左右。2015 年，上市珍禽 1 万羽，年创收净利 65 万元。2014 年，经区农委考核确认其为区示范合作社。2010 年，曾被上海市特种养殖业行业协会授予优秀企业称号。

第三节 竹 林

奉贤种竹历史悠久。乾隆年间（1736—1795年）已有记载，多见于农民宅旁、屋后栽种竹子，逐年成竹园。农谚“家有一竹园，子孙吃鱼肉”。农户把“竹园”子代相传作为家族长盛不衰的象征。抗日战争期间，日本侵略军“清乡”大肆砍伐农户竹园，构筑检问所，结篱笆数十里，砍竹147万余支，竹园多数被毁。抗战胜利后，全县尚存竹园3860亩。解放后，人民政府为鼓励农民种竹作出规定，竹园不作耕地面积，谁种谁有，推动了农民发展种竹的积极性。1957年，竹园面积达5307亩，基本恢复抗战前的水平。

1958年，公社化运动中，由于受“一平二调”的“共产风”影响，竹园又遭严重破坏。到1960年，竹林面积仅存3660亩，以致竹材严重紧缺。1959年，庄行镇从江苏宜兴引进毛竹苗610株，种植在庄行冷泾港高坡，地属庄行三大队第八生产队，由于管理细致，毛竹生长良好，至1981年已产毛竹1500余株，至今仍兴盛不衰，成为区内唯一的毛竹园。其间，四团、平安从浙江引进毛竹苗、淡竹苗等20余万株，种植面积约600亩，当时竹子长势良好，最大直径超过5寸，曾获得中央农业部的奖励。但到1987年，因管理与经济效益等原因，逐渐衰落及至砍伐。泰日镇畜牧场因引种毛竹成园而得名“毛竹园”。邬桥镇牛桥村小林场也种植毛竹，保存至1990年。

1965—1967年，县境内很多竹园的竹子普遍开花而衰败，面积大减。1968—1978年，市拨款17万元，向浙江、江苏引进台竹、红竹、光竹苗15万余株，种植在8个公社，面积532.53亩。平安红庄大队第五、六生产队，种植的竹子，生长茂盛，农户受益，竹材自给，竹园长期保留。至今四团地区百年以上竹园存9户，三团港村2组郁家老竹园0.41亩，距今130年。红庄村3组徐宅种有竹园2亩，距今110年。四团镇长堰村7组邵桂荣老竹园面积扩展到6亩，距今150年。长堰村5组方鸿岐家老竹园3亩，距今130余年。四团夏家村7组颇有名气的“沈家竹园”，面积3.75亩，距今也有130余年。1982年，江海公社对树园大队农户种竹情况进行过调查。1944年，种竹户占全村总户数的26%，1957年种竹户占全村总户数的89.82%，1982年种竹户占全村总户数下降至13%。

至2013年，全区竹林面积5645亩，以杂竹为主。杂竹面积5637亩，占99.86%，散生毛竹6.06万株，毛竹林面积8.85亩，占0.14%。杂竹总数1209.24万株。

一、竹品种

本区内竹品种诸多，有燕竹、早园竹、雷竹、哺鸡竹、蔑竹、黄金竹、刚竹、台竹、红竹、光竹、斑竹、孝顺竹、凤尾竹、水竹、箬竹、淡竹、佛肚竹、紫竹、毛竹等，以笋材兼用，绿化用为主。笋用竹中以燕竹种植最多，素以春燕归来时出笋而得名，肉薄而味鲜美。王十朋题燕竹诗“闻讯东墙竹，佳名始乃知，龙孙初进发，燕子正来时”。燕竹属早竹类，同类还有雷竹、早园竹，因其出笋早、无虫害，是当地市民的上佳菜肴。

哺鸡竹是继燕竹之后的主要笋用竹，它发笋力强且粗壮，如鸡之孵卵，故名哺鸡竹，又因其叶茂多荫，常植于屋后的居室旁边，所以又称“护居竹”。哺鸡竹有白、乌、红、青、花、毛、三合、铜鞭8个品种，区内种植以白哺鸡竹和乌哺鸡竹较多，由于哺鸡竹出笋多，味鲜美，而且成林快，栽后3年，即可蔓延成园，加上哺鸡竹又是农具“柄”用的主要材料，具有根浅、节密、坚实、“脑头”好的特点，所以深受农户欢迎，种植面积仅次于燕竹。

蔑竹，竹材细小，节疏而坚，皮韧，竹笋细小，味鲜，主要用途是制作竹器，也是蔬菜等栽培中不可缺少的支架用材。

孝顺竹，又名慈竹，杆多丛生，细而节匀，作帐竿及押纱棒用，夏则笋生丛内，秋凉后则笋出丛外。

列为绿化观赏用的有凤尾竹、紫竹、箬竹。凤尾竹株矮、丛生、叶形美丽。紫竹属观杆型，杆细、紫色。箬竹株丛矮小、叶宽厚是制作盆栽耐荫观叶植物，也可以用来包粽子，俗称“茶箬”。

毛竹，杆圆、直、挺拔、厚而坚韧，可用作梁、桅杆，作脚手架，劈蔑，是竹器制品的主要材料，笋期3～5月，可鲜食，亦是制作笋干的主要品种。

二、竹林建设

1．竹港竹林带建设工程

1998年，经县政府批准，由县农委立项建设竹港竹林带生态工程，北起黄浦江，南至杭州湾出海口，全长20.64千米。竹港是贯通县境南、北的一条主要水上通道，途经西渡、江海、邬桥、庄行、新寺、柘林6个镇和南桥地区。也是区内西部人民重要的生活、饮用水源地。工程由县林业站负责实施。是年3月起，在竹港两岸各营造15米～20米宽的竹林带，造林总面积816亩，从浙江安吉、余杭两地，引进“早园竹”13.63万株，从整理河坡、整地、种植及至养护，列为年度林业工作的重点，经检查、验收成活率达到85%。该项目于1999年提前完成，总投资252.7万元，是当年上海市林业生态示范工程。竹

竹港竹林带工程

港两岸营造经济林，既保护水源，改善水质，又创造良好的生态坏境，使竹港成为名符其实的“竹港”，被誉名为“造福工程”。

2．海湾世纪林竹林工程

1998年9月，经县政府批准，撤销奉新镇设立海湾旅游区，并建立海湾旅游区绿化管理服务中心与海滨森林管理服务大队，在旅游区管委会的领导下，筹建“海湾世纪林”并规划150亩为竹林旅游区。从1999年起，引进种植了雷竹、毛竹、黄金竹、红竹、慈孝竹等竹类品种，20余万株，并在竹林中建造竹楼茅屋等休闲游乐场所，总投资31.43万元。竹林种植养护管理由旅游区绿化管理服务中心负责实施，各项养护工作到位，竹林成活率达到90%以上。2014年，因旅游区规划变动，竹林搬迁。

三、竹子利用

竹子与人们的生活关系十分密切，北宋苏轼《东坡集》载，“庇者竹瓦，载者竹蔑，书者竹纸，戴者竹冠，衣者竹皮，履者竹鞋，食者竹笋，饮者竹薪。真可谓不可一日无此君也”，一语道出了竹子与人们生活的休戚关系。

四团镇方鸿岐家保留至今百余年的竹碗橱

竹子日用品的种类繁多，大致可归纳为生产用具、家庭生活用具以及建材用途三大类。农业生产用的有竹扁担、农具柄、簸箕、五爪耙、谷筛、谷圈、蚕架、蚕匾、扫把等；捕鱼用的有钓鱼竿、渔帘、渔栅、倒须笼等；狩猎用的有竹吊、竹夹、竹轮、竹箭；交通运输用的有竹桥、竹筏、竹轿、竹篙等。家庭用具种类更多，主要有竹椅、竹沙发、竹榻、竹床、竹凉席、帐竿、竹园桌、竹架、竹茶具、竹茶几、蒸笼、菜罩、茶筒、筷、勺、瓢、洗帚、竹签、竹热水瓶壳、竹饭篮、竹碗橱、竹门、竹窗帘、竹衣架、晒竿、各式竹篮、竹梯、竹手杖等生活用具，以及竹笛、竹刀、水轮等儿童玩耍用品。文体卫生用品有标轮竿、羽毛球拍、胡琴、笙、箫、笛、筝、笔杆、算盘、桥杆、竹花架、竹麻将坯等。建筑方面用的有竹房子、脚手架、脚踏板、搭建农村简易房屋用的竹梁、桁条、椽子、竹石筐等。

当地农民素有编制各种菜筐、竹匾的经验。农业生产用具中的柄竹，选择哺鸡竹、黄筋竹。60—70年代，农村建房时用的竹椽子，除部分自己采挖外，很大一部分从浙江引进，由县供销社和镇竹木经营部营销。

第四节　蚕　桑

桑树是古老的经济树种，明代朱元璋即位后，提倡“农桑立国”的旨意，形成“以桑为业、以蚕代耕”的局面。清乾隆十九年（1754年）《重修奉贤县志》记载，“清咸丰末，有浙西江宁人来奉贤种桑饲蚕”。民国八年（1919年），《江苏实业视察报告书》记载，“全境约二百亩桑其著称者，萧塘范姓种四十余亩，年产蚕茧七百担”。民国14年（1925年）种桑较多，养蚕分布甚广，西部地区尤多，萧塘镇挨户养蚕，青村、庄行有户养百匾蚕者，南桥区砂积乡姚刘村刘佰松在20年代家靠“三子”（茧子、菜子、梅子）糊口。20年代是奉贤桑蚕兴盛期，全县开蚕行3家，南桥有横泾滩1家（今上海缝纫机分厂），南廊棚1家（今公安局），奉城1家，其余集镇设收购点，鲜茧烘干后运市区丝厂缫丝。其中以横泾滩茧行规模最大，组织健全，分工较细，有茧行行长，设事务、财务、烘茧、评茧4个组，每组工作人员3～5人，每年收购鲜茧3000担左右。抗日战争时期，由于粮价暴涨，粮、茧比价不合理，农户砍桑种粮，蚕桑生产急趋萧条。新中国成立后，人民政府制定了扶持蚕桑生产的政策措施。1956年，政府免费供应桑苗，鼓励农民种桑养蚕，农业集体化后蚕桑发展转向大队、生产队牧场、果园、苗圃等集体单位，同时在植树运动中，重点育桑、嫁接、推广优质桑树的种植，使蚕桑生产得到更好发展。1956年，全县共有桑树2900万株，饲养蚕种4218张，蚕茧产量达到9.06万公斤，为奉贤蚕桑生产历史上的最高水平。

1962年后，在贯彻中共中央关于国民经济“调整、巩固、充实、提高”的方针，减少了粮食统购任务，增加了对种桑化肥的供应，加强桑园的肥培管理。

1970年起，桑树逐年被毁，饲养量逐年下降。至1974年，全县仅存桑树45万株。1975年，县政府又向浙江省采购桑苗10万株，种植在庄行穗轮、杨溇大队。80年代初，蚕桑生产基本稳定。1983年，全县种植重点单位有庄行公社穗轮、杨溇大队、奉城公社南街大队、新海公社4个单位，桑田面积240亩，饲养蚕种135张，总产蚕茧3149公斤。

1983年后，在农业产业结构调整中，奉贤境内逐步扩大经济林果树的种植，蚕桑生产就此止步不前。至80年代末，境内已无蚕种饲养。

一、栽　桑

奉贤栽桑历史悠久。至2015年全区列入市古树名木保护的百年桑树6株。原萧塘镇陈湾9组（今金海社区），有古桑树3株，树龄百年，树高14米～16.3米，胸围1.7米～1.9米，冠幅14米～17.2米，生长良好。柘林镇新塘7组，有古桑树2株。树龄百年，树高10.5米～13米，胸围1.28米～1.92米，冠幅8.8米～12米，奉城镇盐行11组，有古桑树1株，树龄百年，树高14.9米、胸围1.6米、冠幅9.2米，还有列入市古树名木后续资源保护的古桑树1株，位于柘林镇金海村4组，树龄80年，生长仍很茂盛。全区成片栽植的桑树，随着蚕桑生产的日趋萎缩而逐渐减少。2015年，桑林面积仅存5.43亩。

新寺镇新塘七组百年桑树

1. 桑树品种

奉贤的桑树品种有湖桑、荆桑、鲁桑都来自浙江，原习惯上用实生桑养蚕，但产叶量低，鲁桑甚少叶圆大而丰厚，荆桑甚多叶小边缘具锯齿，蚕农在实践中逐步总结了养蚕依赖桑叶，栽种实生桑效益低，必须选择嫁接后的优良品种，以荆桑为本，接以鲁桑之种，根固叶茂。1958年，奉贤始育桑苗75亩，进行嫁接并作示范推广。60年代，培育桑苗面积占林业育苗的三分之一。嫁接桑苗达百万株。培育的品种有湖桑32号、湖桑197号、湖桑199号，这些品种都具有生长旺盛、产叶量高、叶质优良、适应性强等特点。

2. 栽桑技术

解放前，桑树的种植均为高干稀植，每亩栽桑480株左右，每株桑树主干高度在0.7米以上，主干上留3～4支，三年成形，这种栽植方法一直延续到解放后。60年代，为了提高桑叶产量，改良桑树栽植方法，开始推广密植，低干栽植方法，并提出每亩栽桑千株的标准，达到万根条、百斤茧的生产目标。低干，即主干高度在0.15米，便于修剪、治虫和桑叶采摘，提高了桑叶的产量，并节省了劳动力。

3. 桑田管理

桑田管理的好坏，直接影响着桑叶的产量。管理好的亩田桑叶全年的产量可达750公斤，是管理差的3倍之多。从60年代起，县内蚕桑生产由林业工程师闻琴娣主管，制定了《桑树栽培管理技术操作规程》，提出了桑园施肥，一年中要春施催芽肥、夏施伐条肥、秋施长叶肥、冬施养条肥，并讲究施肥中氮、磷、钾三要素比例要合理，还规定每年5月底到6月初春蚕饲养结束后进行伐条，促使桑枝长粗、多产叶，对桑园的松土和防治病虫害等都提出了细致的要求和措施，通过这一技术操作规程的推广和实施，提高了奉贤桑田的管理水平，桑叶产量明显提高，平均亩田桑叶产量达到2500公斤。

二、养　蚕

奉贤蚕茧生产是和桑园同步发展的，虽然历经曲折起伏，但从蚕种的改良到养蚕技术的提高和饲养设施的改善都是不断进步的。

1．蚕种改良

40年代前的养蚕，都是蚕农自留的土种，茧形小、茧层薄、产量低，一年仅养一次春蚕。1956年起，开始饲养改良蚕种（一代杂交种），并由过去1年只养1期春蚕，增加到春、夏、秋、晚秋4期蚕，取得显著成效。

50—80年代蚕种演变表

表4-10

年代	春用品种	夏秋品种
50年代	华九×瀛汗	华十×瀛文
60年代	苏17×苏16	306×华十
70年代	华十×东肥	东34×603
80年代	苏5×苏6	（苏3×秋3）×苏4

改良蚕种具有生命力强、病毒少、蚕质好、产量高的优点。1965年，奉贤县苗圃饲养的春蚕，茧层率达到23.2%，每斤茧200粒，茧丝长1076米，单产41.5公斤，茧丝长度创市郊十县最高纪录。

县内未设蚕种场，也不生产蚕种，所饲养的杂交蚕种，靠江苏蚕种公司提供。

2．蚕种催青

解放前的蚕种催青方法落后，方法是由蚕农将蚕种揣入怀中，或放在棉衣、棉被内，使其保暖孵化。解放后，奉贤以社、乡为单位，建立催青室，在养蚕技术人员指导下进行，用人工调节温度和湿度，使孵化时间整齐，减少损失，设施比较简单。到1990年，市和金山县两级投资，新建本市唯一的规模较大的现代化催青室，一次可以容纳20000张蚕种孵化，并且装备了空调器、补湿器等设备，可自动控制温、湿度，使蚕种催青基本上实现了现代化。

种桑养蚕

3．养蚕方法

解放前的养蚕方法比较落后，一般都用竹制圆匾养蚕，每天给桑12次之多，劳动强度大，费工、费时，经济效益低。解放后，养蚕方法不断改进，小蚕的饲养方法主要采用塑料薄膜覆盖育和炕床育，这两种饲养方法都具有消毒方便、彻底、保温、保湿性能好的优点，每日给桑3～4次，可保小蚕健康成长，大蚕的饲育方法是采用蚕台饲育，这样可以降低成本，提高工效，减轻劳动强度。

第五章　种苗　花卉

奉贤植树绿化的树种，解放前主要有桑、榆、槐、悬铃木、苦楝、杨、柳、榉、朴、松、柏、桧、银杏、皂荚等20余种，没有育林苗圃。民国八年（1919年），《江苏省实业视察报告》中述“奉贤县苗圃现拟筹办”。民国二十一年（1932年），计划育苗10亩。民国三十三年（1944年），奉贤县政府呈江苏省农业改进所汇报：“本县暂无公地育苗，呈请暂缓设置苗圃。”民国三十七年（1948年），国民政府又重提“计划筹建苗圃”但始终未建成。农村植树造林，仍以收集乡土树种、根蘖野生苗种植。

中华人民共和国成立后，奉贤县人民政府重视林业生产发展。1952年9月，利用吉安公墓墓地和“新寺大操场”荒地，建立奉贤县防风林苗圃，育苗面积52.5亩，职工21名，主要为绿化里护塘、人民塘和黄浦江江堤造林提供苗木。1956年春，改名为奉贤县苗圃。1958年，县苗圃迁移至胡桥乡红旗大队，北与庄行公社柴塘大队接壤，西邻金山县欢庵镇，土地面积600亩，职工144名，后69名职工转为固定职工，培育林、果、桑等26个品种，后扩建果园17亩。1959年11月，划归海滨（今星火）农场领导，改名海滨果林大队，苗圃地改种水稻30亩。1963年，苗圃地归还给胡桥公社红旗大队250亩，育苗面积减少。1964年，仅存62亩。1965年，又改名为水稻良种场，育苗任务转交县林场。

县林场创建于1959年11月，由徐苗根、闻琴棣、周焕成3人组成筹备组，主要营造沿海防护林。造林范围第一阶段营造里护塘、人民塘和土塘之间的夹塘田，地段漴缺—西湾。造林规格，林带宽50米，株距1尺5寸，行距4尺，品种有苦楝、乌桕、枫杨、臭椿，夹塘田种板栗120亩。及臭椿、梨163亩。林场场址在胡桥公社公平村，土地总面积1500亩，聘用临时工161名，实行计件工资制。3个月造林1100亩，植树105.52万株，后45人固定为林场职工。

1962年，县林场的200余亩夹塘田归还给胡桥公社朱家大队，以及盐场的冯桥、夹路、营房大队，林地面积减至910亩。是年，根据“以粮为纲、林粮兼作，开展多种经营”的方针，除幼林抚育管理外，兼养蚕、兔、猪，林下套种蚕豆、黄豆、山芋等农作物。1966年，林场在低洼地，开拓苗圃面积150亩，列为全县“四旁”植树育苗以及引种试验、推广示范育苗基地。

1956年，随着农业合作社发展，集体植树增多，县林场的育苗，根本不能满足植树的需要，根据江苏省政府提出的“以国营育苗为主，大力发展农业合作社集体育苗”的精神，县内青村、江海、邬桥首先建立集体苗圃3个，育苗面积40亩，作为全县农业合作社育苗的示范。1959年，公社育苗进一步发展，全县有苗圃11个，育苗面积597亩，育苗种类有刺槐、苦楝、白榆、榉、朴、女贞、椿树、合欢、枫杨、皂荚以及果树品种桃、李、梨、板栗等20余个。1962年，因受自然灾害影响，部分苗圃改作粮田，育苗面积又减少至105.3亩。1963年，11个公社苗圃，保存苗圃田71亩。1966年，苗圃面积恢复到489亩。1976年，全县社、队苗圃有86个，育苗面积103亩，苗圃专管员有133人。1979年，奉贤县设立了绿化股，主管全县植树造林组织工作。从植树造林的基础工程——种苗着手，重视社、队育苗的组织、管理和发展。是年，社、队小苗圃发展到93个，苗圃面积286亩。1980年，社队小苗圃有128个，育苗256亩。1981年，社队育苗面积增至525亩。1982年，社队小苗圃增至173个，育苗面积465亩。1983年，社队育苗增至670亩，年出圃苗木约36万株。1952—1983年，全县共培育出圃苗木3000余万株。80年代初，国家对集体育苗实行补助，每年每亩50元，至1984年育苗补助金计9.89万元。1985—1990年，全县育苗面积基本稳定在500亩～850亩之间。1991年起育苗面积呈现快速增长。其中，1992年突破2000亩，达2137.5亩。进入21世纪，全区育苗面积迅速发展。其中，2003年突破4万亩，达4.02万亩。至2015年，全区育苗面积还保持在万亩左右。

第一节　种　苗

一、引　种

根据境域地处杭州湾，易遭台风侵袭，以及农村植树造林逐年扩大的需要，从外省市引进良种树木筛选试种并进行推广。

刺槐　1952年，县防风林苗圃从山西省长治县引进刺槐种子，播种育苗，共培育成苗44万株，除部分供应社员种植外，大部分提供县林场，营造海塘防风林。引种表现，刺槐耐盐碱，耐瘠薄，适应性强。

乌桕　1955年春，县团委在组织团干部培训班期间营造青年林，在柘林盐场种植乌桕2000余株。乌桕是区内的乡土树种，又是优良的绿化树种，有“春来青翠欲滴，秋时红艳如丹，籽果洁白如玉”的观赏价值，又是国内特有的木本油料树种，曾有“一棵桕树三年粮、一亩桕树千斤田”的比喻。

毛竹　1959年，从江苏省宜兴县引进毛竹苗610株，种植在庄行公社冷泾港两侧，至今毛竹园保存完好，生长茂盛。

香樟　60年代起，县林场采集种子播种育苗。由于对香樟的移栽技术尚未熟悉，初期，移栽实生种苗，成活率很低，又由于当时白榆、水杉、池杉已成为主栽树种，因此香樟的种植推广较迟。至70年代，县林场从浙江省海宁市、江苏省吴江县桐罗地区引种直径2厘米的苗截干培育，在实践中掌握了育苗、移栽、种植的技术要素，逐渐扩大育苗。1975年，县林场成功培育香樟壮苗6340株。1977年，培育香樟壮苗6550株。从80年代初起，石化园林管理所在石化城区绿化中，将县林场所培育的香樟、雪松及一些花灌木列为供苗基地，共提供石化地区绿化的苗木10万余株。据《奉贤县建设志》载，县公路管理所1984年在奉城苗圃开始培育香樟、女贞等常绿树苗木。80年代底，各公社、社队小苗圃的育苗也开始增加了香樟这一树种。2003年，县内从浙江海宁地区引进香樟1龄种子苗10万余株截干定植育苗。自此，香樟的育苗和种植成为奉贤县平原绿化的主栽树种。2003—2004年，奉贤现代农业园区以及华昌集团欧美亚生态园、申隆生态园在造林工程中，种植胸径4厘米～5厘米的香樟逾50万株。欧美亚生态园从湖南引进胸径20厘米的香樟2万余株，培育骨架香樟，其间欧美亚生态园、上海柚森绿化公司从湖南、江西引进胸径30厘米～50厘米大规格香樟培育，为加快奉贤地区城建与单位绿化建设成效起到了推动的作用。香樟的引种栽培，证实了该树种耐修剪、速生、抗病虫害、抗风害，是庭院绿化、行道树种植的优良树种，唯在土壤含盐量偏高的盐碱地区种植，易产生黄化病，生长势弱、成活率低、生长期耐修剪、耐移栽，但秋、冬季节移栽，易遭冻害死亡。

席草 1965年，从浙江省鄞县引种席草，全县栽植80亩。1984年，又引种席草60亩。是年起，席草由新寺公社新日塌塌米织造公司收购并加工制品。

桉树 1966年，从福建引进种子，在县林场试种，萌芽率高，幼苗生长良好，但进入冬季，即遭冻害，甚至死亡。故不耐寒，尚未推广。2003年，申亚生态园种植桉树1000余株，年年冻死，尚存多株，胸径已达20厘米。

柑橘 1967年，齐贤公社从浙江省黄岩县引进温州蜜橘品种（尾张和早熟宫川）建立县内第一个橘园，面积42亩，后陆续扩大到全县各公社，直至90年代，仍列为奉贤县水果生产和农村庭院种植的主栽品种之一。

杞柳 1969年，从河北省清河县、安徽省颍上县引种杞柳，栽植在江堤河坡，面积100亩，生长茂盛，对堤坡水土保持作用显著。80年代起，县内兴办柳条加工场，开展柳条编织业，并取得一定的经济效益。

水杉 1970年，从湖北省引进水杉小苗，在县林场种植。水杉具有耐水湿、速生、抗病虫害、耐移栽的优良性状。1971年，从浙江引进水杉枝条扦插。1972年扦插繁殖成功，后推广至各公社社队苗圃种植，扩大扦插育苗。1974年，江海公社社队小苗圃扦插1万株。1975年，全县扦插水杉70万支，成活率达到65%。1984年，育苗面积扩展至94亩。当年扦插苗，其中优势苗高生长达70厘米～100厘米。第二年苗高生长达到2米～2.5米。第三年出圃造林，其树干挺拔，树型为圆锥形，树冠较窄，胁地影响小。从80年代起，成为县内农田林网造林的主要树种。1981年，县林业站组织各镇林业专管员、镇骨干苗圃管理员赴湖北省利川县考察，引进水杉种子和1龄水杉实生苗，建立实生苗采穗圃，扩大繁育。是年，全县扦插水杉100万支以上。此后连续多年，由市林业站统一向湖北省林木种苗公司购进1龄水杉实生苗和水杉种子，扩大繁育与推广。至1989年，全县水杉树保存数逾300万株。每年“四旁”植树任务中，种植水杉这一树种占80%以上。至2014年，全县各乡镇还保留着许多水杉片林。

白榆　1972年，从河南省尉氏县引进白榆种子，在县林场播种育苗。因速生和良好的材质，以及容易繁育的生物学特征，70年代，成为县内“四旁”植树的主要树种，后由于刺蛾危害严重而逐渐淘汰。

池杉　树冠窄、极耐湿、抗风，是平原水网地区优良的防护林树种。1972年，由市林业站调拨引种，并在县林场、社队苗圃扦插繁殖。1975年起，与水杉一样列为“四旁”植树的主要树种。1981年，又从湖北省采购种子200公斤进行繁育推广。至今，池杉在全区植树造林中应用普遍。沿海防护林也大片种植。引种表现，池杉极耐水湿、耐移栽、速生、抗病虫害。2008年，海湾国家森林公园在河坡沼泽地种植，在多雨季节浸泡在水中仍能正常生长。

泡桐　1972年，从河南省兰考县引进泡桐根，种植甚多，后因受传谣“泡桐树含有致癌物质”而停止引种，现存泡桐主要在机关、学校等庭院中。原畜牧局庭院内有1株泡桐，树龄9年，胸径40厘米。

欧美杨　奉贤县于1980年11月，由县绿化股组织到江苏省泗阳县考察欧美杨栽培技术。1981年3月，引进欧美杨苗木2.55万株，品种有杨树无性系品种214杨、63杨（哈佛杨）、69杨（鲁克斯杨）、72杨，选择庄行镇长堤村、邬桥镇西校村、肖塘镇洪宝村为试种示范点，并定期考查观察。经过3年的引种实验，63、69、72、214杨，均适应奉贤境地种植，并且速生、丰产，在全县推广育苗和种植。1996年起，县内新高潮木业集团大面积推广种植欧美杨，作为加工制板的原料基地。欧美杨是美洲黑杨，以及美洲黑杨同欧洲黑杨杂种无性系的统称（别称“意杨”），是林业部原副部长梁昌武于1972年从意大利杨树研究所引入，由南京林产工业学院与江苏省泗阳县多种经营管理局合作实验与繁殖推广。2000年3月，在营造世纪林活动中，海湾旅游区种植欧美杨5万余株。2002年起，新高潮木业集团逐渐衰落，欧美杨推广与种植也很快压缩。同时，由于县境台风侵袭频繁，引起断枝倒伏的事故频发，欧美杨种植推广就此停顿。

葡萄　新寺果园、齐贤园艺场曾引种“北醇”“北红”酿酒品种，因果粒较小而淘汰。70年代，奉贤县农村种植的葡萄品种，以金皇后、白香蕉为主。1978年始，新寺镇新塘大队第三生产队，全队36户社员，户户种植庭院葡萄，年产量7.5吨。由此，镇政府加强了庭院葡萄的种植和推广，并引育巨峰系葡萄新品种。1982年起，在市农科院指导下，在新寺镇养殖场建立巨峰系新品种示范基地。在北宅村8组建立巨峰系葡萄新品种繁育基地，先后从市农科院、浙江省金华市农科所、浙江省海盐县农科所、浙江上虞县盖北乡等引种，引育巨峰系葡萄新品种有巨峰、先锋、黑奥林黑罕、红伊豆、红瑞宝、高宝、高墨、伊豆锦、红富士、龙宝、国宝、京亚、京玉，并每年培育良种苗10万余株。1998年，新寺镇（上海玉穗特种葡萄种植有限公司）从金华引进大粒藤稔、夏黑、醉金香、巨玫瑰等品种，从山东平度引进美国红提、青提等欧亚种葡萄品种60余个，以及5BB优质砧木等品种15个，并成立上海葡萄研发中心，扩大种苗繁育基地，为奉贤葡萄生产的发展提供优质种苗。2015年，奉贤区葡萄栽培面积达到1.95万亩，年产量达到2.75万余吨。全区葡萄栽培的良种有欧美杂交种，如夏黑、京亚、醉金香、巨峰、巨玫瑰、藤稔、甬优1号、红富士、金手指等，欧亚种葡萄有维多利亚矢富罗莎、里扎马特、红亚历山大、红地球、白罗莎里奥等。

梨枣 1998年，从河南省礼泉县、山西省临绮县引进，试种在县小水果基地，面积5亩，露地栽培。物候期考查，始花期5月下旬，果实于9月成熟，果实大，20克～25克，亩产量500公斤。果实要比本地栽培种“白胡枣”大，肉质松、脆，县内农民因罕见其果实大而庭院零星种植较多。庄行镇芦泾村种植42亩，但长年来产量始终偏低，经济效益不显著，于2010年全部砍伐。

冬枣 1999年，县小水果基地从山东威海引进，露天种植。始花期6月，果实成熟期10月，由于花期正遇梅雨季节，座果率低，甚至无结果，故尚未推广。

印度大枣 1999年，从福建引进，设施栽培。5月始花，花期持续期长，9月果实陆续成熟，直至11月。果实松脆、肉质细嫩、风味上优，由于产量不稳定和设施栽培成本略高，尚未推广。

樱桃 2006年，从山东泰安引进樱桃品种9个，种植在区小水果基地。区内上海申亚农业科技有限公司、庄行农科院基地、奉城镇高桥村、南桥镇光明村、杨王村等单位也引进种植。综合各种植点考查结论，座果率低，果形小，果品质量较差，尚未推广。

无花果 2012年，从金山区引进品种布兰瑞克、波姬红、麦斯义·陶芬。是年，四团镇渔墩村成立了老郘无花果生产合作社，面积117亩，果实成熟持续期长。金汇镇也有小面积种植。存在的问题，果实包装和保鲜，以及蛀干害虫天牛和鸟类危害，因此，宜作为庭院栽培的优良品种。

东方杉 2014年3月，区内引种东方杉6350株，种植在团结塘北钦坎，东至中港水闸，西至南门港，种植株行距2米×3米，亩栽111株。该地段原种植欧美杨，因土壤偏碱，生长较弱，并且由于天牛危害，在沿海塘坡种植遭风害折断。经引种观察，种植地段pH值8.5，含盐量3.5%，东方杉种植后，成活率高，长势良好，年生长量达到60厘米高度，胸径粗生长年平均0.6厘米。引种证实，东方杉耐盐碱，抗风性强，是适合沿海造林的优良树种，在加强护育、管理条件下，生长势会更旺盛。

木兰科植物引种 木兰科植物，区内种植历史较长，是优良的庭院观赏树种，各企事业单位绿化都有白玉兰、紫玉兰点缀。2003年，奉贤区引种红运玉兰、飞黄玉兰、云山白兰，均为落叶乔木。其中，红运玉兰、飞黄玉兰树形优美，开花早，花量大，一年能开3次花，除每年的春季展叶前开1次花，花朵繁茂、花色艳丽，此后在夏季7—8月，秋季9—10月各开1次花。引种点浙江，引种后推广范围较广，生长表现良好，适应性强。

二、采 种

历史上县内植树造林多采集野生苗木，根蘖进行培养。民国三十七年（1948年），《奉贤民众报》载，南桥镇推行群众性植树，征集苗木1000株，无采种记述。1956年7月，林业部召开了第一次全国林业种子工作会议，提出了“自用、自采、积极支持缺种地区”的方针和建立种子基地等一系列种子生产的要求，积极发动群众性采收林木种子。1959年，农业“大跃进”时代，县内从外省地区引进有刺槐、枫杨、臭椿、青桐、杉木、松树、香榧、苹果、海棠、文旦、橘子、柿子、生梨、石榴、银杏、板栗、茶、漆等20多个品种种子（果树种子占80%），育苗1138亩。但多数品种试种失败，苗圃亏本。1961年后，连续遭受三年自然灾害，国家实行“调整、巩固、充实、提高”的八字方针，育苗工作贯彻“自采、自育、自栽”的原则，县内采集乡土树种种子有苦楝、刺槐、榆、榉、女贞等品种，进行繁育，并培养了一批苗木。

苦楝 县林场及社队苗圃在70年代采集苦楝种子，脱皮后贮藏于沙床内，翌春播种，发芽率较高，当年苗高1米～1.5米，第二年春萌芽前截干至根基部，（两年根一年干）使其根基部萌芽粗壮，树干通直，4年生楝树苗径达4厘米以上，可出圃造林，是优良的乡土树种，但在育苗期易受天牛危害。

香樟 奉贤县于80年代开始采集该种子，每年冬季采集，奉城、塘外等育苗户较为普遍，种子处理贮藏和苗木培育方法类同于苦楝，但香樟1龄的实生苗必须重新断主根定植，促进其须根发达，方能提高以后移栽的成活率。

女贞 是优良的乡土树种，有大叶女贞和小叶女贞两类，大叶女贞别名“冬青树”，常绿乔木，耐盐碱、耐瘠薄、耐移栽、适应性强，种子采集和培育方法类同于苦楝。小叶女贞，落叶灌木，萌芽率强。在绿化上，用途较多，可作绿篱用，也可培养成女贞球，同时它又是嫁接桂花的优良砧木。

三、组培育苗

花卉组织培养育苗，即“克隆”苗，是20世纪80年代后兴起的无性繁殖育苗新技术，因其在室内诱导培育试管苗，亦称为“工厂化育苗”。1988年，县农业技术推广中心组建组培中心，设置组培室近3000平方米，对月季、玉簪进行组培育苗，年培育玉簪苗30余万株，第一批出口荷兰，第二批出口日本。组培育苗延续至1996年，其中，脱毒草石蚕在生产上的应用开发，脱毒芋艿的开发研究，在1991年获县科技成果奖。组培香蕉苗60余万株运往广西。组培苗的成功开拓，是奉贤县种苗培育标准化生产的新模式。

上海星辉种苗有限公司生物技术中心（原为五四农场农科所）。1992年，成立植物组培实验室，开展对金线莲、玉簪、情人草、满天星、非洲菊等花卉苗木的组培技术研究。1996年，非洲菊组培苗开始批量生产，走上市场，年生产组培苗10万株。2001年，隶属于上海市农工商现代农业园区管辖，新建了1000平方米组培楼，非洲菊组培苗年生产量突破100万株，并逐年增加成品苗销往全国各地，先后承接了100万株美国红罗宾红叶石楠组培苗订单，康乃馨20万株组培苗订单，并开发生产金雀花、矮生红叶石楠、彩色马蹄莲、百合、康乃馨、洋桔梗等花卉组培苗。

组培育苗

2013年，组培中心配置了搅拌灌装一体化的培养基灌装机、大型高压灭菌器、组培纯水机等，培养室和接种室安装了空气净化装置和臭氧消毒器，培养光照引进了飞利浦组培专用LED灯400根，还安装了远程监控系统。

非洲菊组培苗的年生产量达到350万株，非洲菊优良品种30多个，可带动和提供全国各地花农种植非洲菊面积1000亩以上，受到各地客户好评。至2014年，对美国红枫、蝴蝶兰、钻石花的组培苗培育成功，2015年起批量生产，并继续开拓杜仲、铁皮石斛、草莓、多肉类等10多种植物的组培技术研究，为丰富植物组培苗生产种类，奠定产业化生产基础。

四、种苗示范基地

1996年11月，上海市园林科学研究所在奉贤县郜桥镇吴塘村租赁土地216亩，作为上海市园林新品种的引种、繁育、中试和科研推广示范基地（地处大叶公路1250号）。基地生产设施先进，建有韩国产联栋塑料大棚2400平方米，棚内配置温、湿调控功能。基地建成后，繁育新品种600多个，累计繁育和推广新品种种苗1000万株（芽）。其中，从美国引进的红花槭、元宝槭是优秀的园林观赏树种，尤其是构成美丽秋景的色叶树种，已选育并推广的有“夕阳红”“十月红”“秋之火”3个品种。另有从欧、美、日等多个国家引种的花叶马褂木、紫叶、加拿大紫荆等，以及园艺种乔木、花灌木、地被植物新品种的引种、繁育推广，已成为上海市特色基地，在国内具有较大影响，并带动奉贤区在美丽贤城创建中，增添了园林亮点。

第二节 育 苗

80年代前，育苗以集体为主，全县社、队小苗圃在1983年有173个，育苗面积670亩。随着农村家庭联产承包责任制全面推行和人民公社体制的终结，社、队集体苗圃陆续解体或承包给个人经营。同时，由于育苗品种过于单一，加之江苏、浙江地区廉价苗木的进入，导致本地苗木积压、滞销，价格大幅度下跌，全县育苗面积不稳定。1990年，全县育苗面积仅存610亩。90年代起，随着城乡绿化建设步伐加快，县内苗木供应重新回升。1992年，全县育苗面积增加到2137.5亩。1997年，长江流域遭受特大洪灾后，国家把植树造林提到国土安全的高度，奉贤县政府把绿化育苗列入重要的议事日程，对新增育苗面积给予一次性补助亩田1000元，调动了企业、个人育苗的积极性。1998年，苗木生产进一步推进。1999年，育苗面积达到7776亩。2000年，县委、县政府组织开展“万家富”工程，把“小苗圃”列入“九小”项目之一，支持农民经营“小苗圃”，走致富之路。2000—2001年，全县“小苗圃”户数为172户，户均收入分别达到1.78万元。至2001年，全县育苗面积猛增到2.91万亩。2003年达到4.02万亩，创历史新高。2015年，全区存有苗圃57家，育苗面积9999亩。

1985—2015年奉贤区育苗面积情况表

表5-1　　单位：亩

年份	育苗面积	年份	育苗面积	年份	育苗面积
1985	850	1996	1466	2007	9629
1986	560	1997	3943	2008	7828
1987	540	1998	6378	2009	8413
1988	438	1999	7776	2010	7681
1989	433	2000	7350	2011	9628
1990	610	2001	29140	2012	12696
1991	1883	2002	15915	2013	11804
1992	2138	2003	40169	2014	9953
1993	1467	2004	29970	2015	9999
1994	1212	2005	27825		
1995	1212	2006	9573		

一、育苗方法

林木育苗方法总的分两大类：一是有性繁殖，即用林木种子播种育苗；二是无性繁殖，即用林木的枝、根、芽等部分组织进行繁育。

有性繁殖 县内采用有性繁殖的造林树种有刺槐、白榆、水杉、池杉、棕榈、银杏、苦楝、女贞、香樟等树种。用砧木繁育的品种有毛桃、君迁子、棠梨、山玉兰、女贞、枸橘等。

有性繁殖育苗的关键是良种，品种纯正，种子达到该品种应有的成熟度采集，采集后的种子需经过处理后贮藏，如香樟、女贞、苦楝种子，需脱皮后砂藏，贮藏期需保证其该品种的贮藏条件（温、湿度）。贮藏方法有干藏、湿藏、冷藏、沙藏等。进入播种期要经过必要的处理，如棕榈种子以酒精浸泡10小时即可播种，刺槐种子需热水浸泡后播种。其次是育苗的苗床准备，要求土质松、散，土壤通气性良好，以及必要的土壤消毒。种子播种方法有撒播、条播、点播等，播种后的覆土厚度为种子直径的2倍为宜，细粒种子播种后，可用细土或黄沙覆盖，大粒种子播种后，可铺稻草后加细土覆盖，然后灌水以确保土壤与种子的密接。

无性繁殖 无性繁殖的方法有扦插、嫁接、压条、埋根等。县内运用扦插育苗的种类较多，历史上有“倒插杨柳”的习俗，说明杨柳扦插极易生根，习惯上应用硬枝扦插较多，农村农民在宅前用木槿扦插绿篱较为普遍。1972年，县林场水杉硬枝扦插成功，并在全县推广。80年代始，推广绿枝扦插，扦插的品种有珊瑚、黄杨、菊花、茶花、花石榴、栀子花、月季等花、灌木品种。1984年，县林场推广全光喷雾育苗，应用电子间歇喷雾装置，品种扩大到雪松、柳杉、龙柏等多种较难生根的树种。为了提高扦插育苗的成活率，70年代始应用吲哚丁酸、萘乙酸生长激素，对插穗进行浸泡（蘸根）处理促进生根。80年代起应用中国林业科学院研制的ABT生根粉，用于插穗的浸泡（蘸根）处理，难生根的树种用ABT生根粉1号处理，一般树种用ABT生根粉2号处理，使扦插育苗的树种扩大到几十种，成活率提高20%～30%。

嫁接育苗 奉贤果农在30年代就有嫁接果苗的习惯。50年代由林业部门组织果、桑嫁接技术，推广嫁接育苗方法的技术培训。至60年代，嫁接育苗技术已普及全县社、队果园技术员，嫁接的方法有芽接、枝接、根接、靠枝接等。80年代起，全县在调整农业产业结构中，着力发展具有区域特色的经济林生产，光明镇发展以锦绣黄桃为主导产业，选用优质毛桃作为砧木，嫁接锦绣、锦香、白凤、大团蜜露等优良桃品种，每年可出圃的桃苗30万～50万株，除供应县内和兄弟县的引种栽培外，并外销浙江、江苏、山东等外省地区。奉城镇以无核方柿为特色，选用砧木君迁子育苗、嫁接小方柿、大方柿等优良品种，每年培育成苗30万～40万株。在嫁接方法上，除延续传统的“T”字形芽接和枝接外，推广贴皮芽接技术，并达到“速成成苗”的技术，全县涌现了一大批嫁接能手。1993年，新寺镇果农张金华“桃贴皮嫁接技术推广”荣获上海市奉贤县群众性科技成果一等奖。

埋根育苗 埋根育苗适用侧根粗壮、萌芽力强的树种。1972年，奉贤县林场从河南省兰考县引进泡桐根，将粗度1厘米以上的侧根截成10厘米～15厘米长的小段，按一定的株行距埋在苗床里，培育面积12.24亩，共培育成苗出圃1.33万株。

2015年奉贤区各镇（社区）苗圃及育苗面积情况表

表5-2

镇（社区）	苗圃（户）	育苗面积（亩）
合计	57	9999
海湾镇	9	6400
四团镇	10	611
庄行镇	1	207
柘林镇	7	636
金汇镇	10	737
青村镇	9	820
奉城镇	5	259
金海社区	2	180
南桥镇	4	149

说明：此表仅为办理林业植物产地检疫的苗圃及面积

二、育苗大户

1. 方柿育苗大户

奉城镇永益村是奉贤的无核方柿生产示范村。1985年起，在农村产业结构调整和发展区域特色经济果林的形势下，奉城镇无核方柿生产规模迅速扩大，同时也带动了育苗工作。永益村三组村民黄俊新，任村赤脚医生，他从老家崇明带回了多个柿树品种种植，发现其中一个品种无核、果实大、甜分足，便以其为当家品种进行育苗。他悉心钻研柿树育苗技术，购买科技书籍，同时又拜当地果农为师学习嫁接技术。每年嫁接季节，他从早到晚把肢残的左脚跪在地上，从“T”字芽接、方块形芽接，到贴皮芽接，提高了嫁接速度，每天能完成嫁接1200株。从80年代到90年代，共培育、嫁接无核方柿苗木30余万株，育苗收入120余万元。由此也带动了一批育苗专业户，全村育苗户有60余户，累计培育柿苗逾千万株，除供应区内外，还外销山东、安徽、浙江、江苏等地。1994年，该村柿苗、柿果收入160万余元，全村人均增收485元，户均增收1174元，成为村民的主要副业收入。2000年后，由于柿果贮运保鲜难度较大，同时又由于果品市场新品种水果丰富，销售价格波动，方柿生产规模开始下滑。至2015年，仍有10余户育苗专业户。永益村村民朱宝官仍坚持柿苗育苗，面积6亩，全年嫁接柿苗、桃苗、橘苗6万余株，年均育苗收入15余万元。

2. 黄桃育苗大户

奉贤黄桃之乡青村镇光明社区是奉贤黄桃栽培的始源地。在黄桃果实一系列优良性状下，生产规模不断扩大，果实品质曾屡次获得上海市果品评比金奖，由此外省市众多单位前来求购种苗，为黄桃之乡在发展育苗生产，赢得了市场，也涌现了一大批育苗专业户。1985年，金汇港外贸果园光明基地，始培育“沪401”桃苗3万余株，此后因自身发展和市场的需求，逐年增加育苗数量。1999年，光明镇成立上海新光农贸实业公司，组织果农培育桃苗，年生产优质苗木70万～80万株，其中友谊村一组是育苗专业户集中的地方。其中，何木均、何海均两兄弟是育苗大户，每年嫁接桃苗出圃各10万余株。育苗专业户遍及友谊、西胡、湾张、褚家、光明和钱桥西张村等20余户，引种单位遍布浙江、江苏、山东、安徽、四川、湖北、云南、吉林、广西、重庆、湖南等11省市，30余个地区推广面积2.8万余亩。

嫁接的优质桃苗有锦绣、锦香、锦园、锦花、大团蜜露等品种，育苗户年平均亩产值万元以上，育苗大户年育苗收入最高逾50万元。

2004年，浙江省嘉善县姚庄镇引种黄桃建成面积5200亩。2006年，江苏省苏州市镇湖引种黄桃种植面积2500亩。2007年，浙江省嘉善县魏塘镇引种黄桃建成面积2100亩。2008年，浙江省嘉善县西塘镇引种黄桃建成面积1200亩。2007年，江苏句容市引种黄桃2100亩。2008年，浙江省宁海市岔路镇引种黄桃建成面积1200亩。2011年，浙江省宁海市越溪镇引种黄桃种植面积350亩，安徽省霍邱县引种黄桃种植面积2300亩。2014年，江苏盐城市东台地区引种250亩，扬州市江都县引种150亩。

2004—2015年外省市到奉贤引种奉贤黄桃推广情况表

表5-3

引种年份	引种地区	品种	数量(万株)	推广面积(亩)
合计	全国11省市30余个地区		112.20	27980
2004	浙江嘉善 山东平邑	锦绣	24.00	6000
2005	湖南 浙江嘉善 温州东清	锦绣	11.50	2850
2006	贵州遵义 四川宜宾市	锦绣	2.00	500
2007	浙江西塘 江苏苏州 重庆 江西萍乡 宜兴	锦绣	9.50	2400
2008	四川 江苏无锡 苏州 浙江宁波 台州	锦绣、锦香	10.50	2600
2009	浙江丽水 宁海 浦江 江苏盐城 温岭市	锦绣、锦香	5.20	1300
2010	湖南张家界 怀化 浙江浦江 贵州余庆县	锦绣	2.30	580
2011	浙江宁海 鄞县 安徽六安 寿县 安庆 陕西礼乐县 湖北赤壁市	锦绣	7.30	1850
2012	江苏镇江 江阴 云南红河 湖南郴州	锦园	4.40	1100
2013	江苏东台 湖北 湖南 浙江 河南商丘市 新疆乌鲁木齐	锦绣	9.00	2250
2014	江苏南通 吉林 贵州 湖南 浙江	锦绣、锦园	13.00	3200
2015	四川 广西 安徽 吉林 湖南 湖北	锦绣	13.50	3350

3．橘苗及经济苗木育苗大户

1976年，浙江省台州市路桥区橘农罗昌友王玲玉夫妇俩在钱桥镇海边村承包橘园72亩，另租赁6亩土地培育橘苗，从浙江采集枸橘种子作为育苗砧木，选育优良的早熟柑橘品种宫川为接穗，每年嫁接橘苗20余万株，为奉贤柑橘生产发展和农户庭院种植提供了大量的苗木。1983年，搬迁到钱桥镇西张村，租地21亩，专门培育绿化类苗木，嫁接育苗的品种有广玉兰、白玉兰、红运玉兰等木兰科植物，以及桂花、红叶李、红枫、海棠等花灌木，播种繁殖的砧木品种有枸橘、小叶女贞、山玉兰、君迁子、毛桃等，扦插繁殖的苗木有黄杨类灌木、珊瑚、雪松、栀子花、月季等花灌木10余种，采种繁殖的有香樟、女贞。夫妻俩走南闯北，艰苦创业，引良种、通销路，拥有众多销售渠道，并逐年扩展种苗培育。至2014年，育苗面积增至84亩，年育苗产值逾80万元。自80年代始，奉贤县林业系统曾多次在其苗圃召开现场会，推广其育苗技术方法和管理经验，并由此带动全区林、果的育苗工作。

三、种苗生产管理

1989年5月1日，《中华人民共和国种子管理条例》颁布，该条例规定的“种苗生产许可证”和“种苗经营许可证”制度，为规范林木种苗的有序生产提供了法律依据。奉贤区依据上海市农林局2003年印发《上海市林木种子生产经营许可证管理办法》的通知和上海市农林局2003年第1号公告，凡从事林木种子、种苗生产经营的单位和个人必须在2003年6月30日前申请取得“林木种苗生产许可证”和“林木种苗经营许可证”，逾期不办的按照《中华人民共和国种子法》第六十条规定处罚。区林业行政主管部门于2003年6月在区农委设立办证窗口，负责区内申请、审核、审批和办理林木种苗生产和经营许可证，区林业署负责对种苗生产单位实施种苗产地检疫制度，每年度分春秋两季进行现场检验，并签发植物产地检疫合格证。至2014年，全区经审核签发的“林木种苗生产许可证”和“林木种苗生产经营许可证”单位共34家，育苗面积9953亩。

第三节　花　卉

奉贤花卉栽培历史悠久，种类较多，但多置于富家豪宅的庭院之中，今遗存在古树名木保护中，就有“江南第一梅”（蜡梅），距今150余年。至解放前夕，县境内曾有花园14个。柘林城东门外，在明朝建庙宇1座，庭院内有各类花木。今青村镇陶宅村，在明代建有“陶溪八景”。庄行镇庄氏筑“秋水山庄”，内植牡丹等名贵花卉。邬桥镇吴塘村原明代大书法家董其昌所写“瑞旭堂”和赠送的牡丹，现为“江南第一牡丹”树龄400余年。胡桥镇法华桥镇的原“清白堂牡丹”。民国二十五年（1936年），南桥陈良宜创办农场（原畜牧水产局处），内设花圃11亩，专种除虫菊、白兰花等出售。居民及农民种花者，普遍种植凤仙花、鸡冠花、菊花之类的大宗草花。50年代初，全县仅存“一邱园”和“沈家花园”。“一邱园”在南桥南石桥东侧，面积40亩，原为明初陈氏宗祠，乾隆年间（1736—1795年）大学生陈东山修复，取名“一邱园”，清代添置亭台楼阁、假山曲径，又称“南园十景”，解放战争期间被毁，至1958年，园中只存古银杏1株。“沈家花园”今区政府2号院，至今花木繁茂。

解放后，花卉生产得到逐步发展，但在1966年开始的“文化大革命”期间，种花养草被当作“封、资、修”进行批判。中共十一届三中全会后，花卉生产逐步恢复和发展。1978年，县林场建温室120平方米，培育花卉盆景有60余个品种。1984年，县公路管理所奉城苗圃建温室2幢，面积196平方米，培育西洋鹃、茶花、五针松等温室花卉，品种100余个。全县各机关、学校、工厂、医院等单位，普遍发展种植观赏类花木，城镇居民购买盆栽花卉，摆设家庭阳台。农村农民庭院绿化亦逐渐增多。四团公社秦树大队退休职工黄源深，于1983年起培植木本花卉41种，草花40种，菊花园艺种有236种。

1984年，奉贤县花卉协会成立。至2010年，协会进行过3次换届选举。是年，协会有正副理事长7人，理事12人，会员200余名。协会每年组织春季花卉盆景展、秋季菊花展。1984年5月，南桥镇花卉协会在县体育中心举办首届花卉盆景展，参展品种有14种5000余盆，观赏者上万人。2015年，四团镇花卉协会举办镇第十届菊花展览会，展出绿荷、绿牡丹、绿衣红裳、墨荷、帅旗、十丈珠帘、黄石公、玉堂春、凤凰振羽、西湖柳月等佳品名菊。是年，花卉协会会员黄源深收藏菊花园艺品种263个，花径最大的黄石公超过12.7厘米。

1986年春和1987年秋，上海市先后举办两次荷兰花卉展览，奉贤县林业部门组织各乡镇林业战线干部和职工前去参观，目睹了荷兰花卉的新品种、栽培的新技术和花卉生产的现代化设施，给奉贤林业战线的干部职工开阔了花卉生产的视野，激发了花卉生产向国外学习新科学技术的紧迫感。从1986年起，县政府指示调整林业内部结构，实行“林、果、花”一起上，其间县林场从江、浙等地引育五针松、西洋鹃、君子兰、茉莉花等众多名贵的花卉盆景，从南方广州等地引育苏铁、米兰、九里香、金橘等盆栽植物，还有国外品种日本大阪松、

非洲菊生产基地

真柏等盆景，花卉品种不断丰富。

1983年，胡桥公社永革村村民沈金川辟土地7亩，建立花木苗圃。1992年，扩展办起了四季春花木场，面积200亩，培育茶花、西洋鹃、月季等园艺新品种，并进行嫁接繁殖，添置了2000平方米的连栋大棚，引种南方观叶类植物以及苏铁等品种上百种。1995年起，以永革村为中心开始种植鲜切花。至2000年，胡桥镇的林业形成了三大基地，双桥村草坪基地1000亩，永革村花卉基地600亩，大树村苗木基地500亩。

1994年3月，金汇镇金星村村民王永兵，在自己生产队租土地30亩，投资15万元建立金兰园艺场，以培养草花为主，并外购观叶类盆栽植物，开展为单位摆花服务。观叶类植物有苏铁、发财树、散尾葵、巴西木、棕竹、箬叶、南洋杉、袖珍椰子、绿萝等，培育的草花有雏菊、瓜叶菊、一串红、圣诞花、万寿菊、金盏菊等，木本花卉有山茶花、杜鹃、海棠花、黄杨类，竹类盆栽植物有凤尾竹、佛肚竹、水竹，年摆花收入逾50万元。摆花涉及单位有奉贤电视台、悦华大酒店、金叶商厦、奉贤中医医院、金汇镇卫生服务中心等，并兼做绿化工程，常年吸纳农民工10余人。

90年代起，随着市场经济体制的逐步完善，农产品流通渠道的进一步畅通，促使农民根据市场信息，发展各具特色的农产品生产，花卉生产迅速发展。1991年，光明镇解放村马炎龙3兄弟合股发展鲜切花生产基地，先后建造30余个塑料管棚，成为全县最早的鲜切花生产专业户。

1999年，钱桥镇西张村大力发展花卉生产，种植面积600余亩，占全村耕地面积的30%以上。是年，上海欣昌花卉有限公司落户柘林镇，面积100亩，总投资1800万元，拥有法国多跨连体温室、荷兰冷库等国外先进设施，专业生产红掌、凤梨、郁金香、百合花等30余个高档出口花卉。2002年2月2日，奉贤现代农业园区和上海欣昌花卉有限公司提供500盆，共1500余株蝴蝶兰、仙客来、红掌、凤梨、郁金香等名贵花卉，从浦东国际机场空运送往中南海，摆放在国务院办公区，这是奉贤花卉首次进入中央机关。

2000年后，在“万家富”工程的推动下，全县花卉生产继续稳步发展，至2001年，全县共有花卉场29个，面积4836亩，年产值3627万元，成为奉贤农业的又一项新兴产业。

2015年，奉贤区现有各类花卉栽培面积5672亩，其中鲜切花2170亩，盆栽类植物274亩，草坪3229亩，年花卉总产值8512.72万元。其中，鲜切花年产量2.4亿支，产值5155万元；盆栽植物120万盆，产值1281万元；草坪生产面积3229亩，年销售量323万平方米，产值2076万元。

一、花卉种类

1．木本花卉种类

桂花（金桂、银桂、丹桂、四季桂）、海棠（贴梗海棠、垂丝海棠、木瓜海棠）、玉兰（广玉兰、白玉兰、紫玉兰、红运玉兰）、紫薇、木槿、木芙蓉、锦葵、花桃、蜡梅、红梅、茶花、紫荆、樱花、花石榴、牡丹、月季、玫瑰、杜鹃、紫藤、凌霄、合欢、茶梅、扶桑花、榆叶梅等。

2．草本花卉种类

芍药、兰花、菊花、一串红、鸡冠花、凤仙花、指甲花、雏菊、金盏菊、瓜叶菊、玉簪、八仙花、茉莉花、大理菊、万寿菊、千日红、金鱼草、牵牛花、美人蕉、圣诞花（一品红）、昙花、荷花、睡莲、水仙花、太阳花、鸢尾等，其中菊花品种繁多，形成了大家族。

3．鲜切花

奉贤大棚生产的鲜切花品种主要是扶郎花，占整个鲜切花生产量的90%。2001年，全县鲜切花生产面积1600亩，年产值1372万元，其中扶郎花产量占上海扶郎花总产量50%，其他鲜切花品种有鹤望兰、百合、香石竹、菊花、唐昌蒲、月季、满天星、马蹄莲、天门冬、银柳等。

4．盆花及观叶植物

盆花主要有菊花、圣诞花、蝴蝶兰、仙客来、郁金香、红掌、兰花、君子兰、米兰、凤梨等，观叶植物主要有巴西木、发财树、橡皮树、鸭脚木、南洋杉、散尾葵、鱼尾葵、袖珍椰子、海枣、绿萝、文竹、水竹、棕竹、箬叶、蕨类、蒲葵等。

5．盆景

主要有榆桩、雀梅桩、苏铁、五针松、罗汉松等，多肉植物类的盆景有金虎、龙骨木等。

二、鲜花经销

随着改革开放的不断深入，花卉在农业种植业结构调整中，地位也越来越显著。奉贤区（县）依托上海国际型大都市，形成了全国重要的花卉生产、消费和集散中心，在为农业增产、农民增收、农村稳定中发挥着优势作用。

据统计，2001年年底，奉贤花卉生产年产值达到3600余万元，产后销售作为生产终端，是广大花农获取辛勤回报的唯一手段，关系到农民的利益、产业的兴衰。2004年10月，建立上海鲜切花园艺合作社，以青村镇解放村马炎龙3兄弟为主，由131户花卉种植户出资50万元，注册资本100万元，带动周边农户456户，辐射3个镇、10个行政村。2006年，上市鲜切花3.05亿支，占上海市场份额的58%，年销售额5800余万元，社员种植亩产值1.25万元，亩净利7500余元。鲜切花销售直送上海花卉交易中心、曹安花卉市场以及上海精文花市。合作社建立了销售服务体系，一是建有300平方米的鲜花收购、分级包装车间，作为花农前来交售花卉的集散中心；二是购置4辆面包车，把鲜花包装后，运往市区鲜花市场；三是按月与花农结账1次，合作社提留5%列为管理费、运输费、公益金、风险金等支出，年终公示透明，体现了合作社为社员服务的宗旨。

鲜切花

2004年6月，上海胡桥扶郎花花卉合作有限公司成立后，与上海大地园艺种苗有限公司合作，依托大地园艺种苗公司和荷兰Schveurs公司（世界最大的非洲菊品种拥有公司和产品供应商），签订了品种专利转让协定和拥有在中国及亚洲地区其品种繁育、销售及成品花生产的权利，通过其产前种苗供应、技术培训、信息服务、产中病虫害防治、产后跑市场等服务，提高花卉的产、质量，拓展销售渠道，以永革村、团泾村为中心，建成非洲菊鲜切花出口生产基地，带动农户1000余户，走上标准化、规模化的生产渠道。鲜花进入日本、中国香港、东南亚以及俄罗斯等市场。2004年4月首次出口日本，20万支扶郎花创汇3万美元，年出口产值6000万元，与国内销售相比，净增1000万元。胡桥扶郎花花卉合作有限公司在完善产品包装标准化的同时，建立了以上海精文花卉市场合作社批发门店为中心的国内销售网络，每天有6万～8万支扶郎花鲜切花由公司送往精文花市流向市场。

上海海上花园艺有限公司位于柘林镇农业园区，常年生产由荷兰安祖花公司提供种苗的红掌、凤梨、大花蕙兰、鲜切花和盆花。公司在不断发展国内市场的同时，积极开拓海外市场。2002年11

盆花栽培基地

月，正式取得进出口经营资格权。公司在上海的曹家度花卉交易市场，新桥市场都设有门店，提供的服务还有电话订花、网上订购等销售服务。

奉贤的花卉销售，除了依托实力雄厚的花卉企业外，在南桥城区、各镇集镇经营鲜切花的门店也似雨后春笋般地诞生。2001年，南桥镇菜场路、南中路形成花市、花店上百家，日均销售花篮上百只，盆花上千盆，鲜切花上万支，日均销售额超万元。南桥镇浦南运河北侧形成大运河花卉盆景集市，盆花品种逾百种。

2000年起，奉城镇先后开办馨芸、袁缘、鸿恩、皇朝花店4家，业务范围有喜庆送花、会议插花、开业花篮、各类花束、仿真摆花、花瓶等，鲜花品种有玫瑰花、百合花、非洲菊、香石竹、菊花、满天星、红掌、富贵竹等40余种，盆花、鲜切花除当地花农供应外，部分从曹家渡鲜花批发市场进货。2005年，馨芸花店全年销售鲜切花逾50万支，销售额200余万元。2007—2008年，店主龚毅被共青团奉贤区委员会、奉贤区青年联合会评为“奉贤区十大杰出青年创业先锋”。

三、摆花服务

1987年，县林业站在新寺乡骑塘村租用土地50亩，创办林果实验场兼养花卉盆景，开始对企事业单位摆花服务，摆花单位有县保险公司、海关办公楼区、柘中分厂等8家。1991年，县林业站退休干部周焕成在江海镇人民村租地养花，并开展摆花服务。1995年，其子周虹光创办绿虹园艺场，面积30亩，建有8栋管棚，引进南方观叶植物，吸纳劳动力40余人，专营租摆花卉业务。至2015年，摆花业务扩展到区会议中心、圣淘沙大酒店等100余家单位，年摆花业务营业额逾300万元。柘林镇退休医生张崇文、新寺镇春兰苗圃曹国民、南桥镇退休干部沈旭如、金汇镇金星村村民王永兵等在区内上百家单位经营摆花业务。

摆花盆栽基地

四、生产规模

至2015年，奉贤区花卉生产规模化企业有上海海上花园艺有限公司、上海博露草坪有限公司等7家，花卉栽培面积2219.6亩，年产值1270万元，从业人员101人。鲜切花合作社有上海鲜切花园艺专业合作社等4家，从业人员425人，面积1430亩，年产值3700万元。在企业和合作社带动下，另有种植鲜切花、草坪的农户共58户，生产面积2083亩，年产值3472万元，从业人员279人。

花卉生产中，2015年，拥有设施栽培的温室面积42.5亩，其中盆栽植物类面积40.5亩，食用和药用花卉（铁皮石斛）栽培面积50亩，塑料大棚栽培面积2303亩，其中用于鲜切花生产的2170亩。露地栽培面积3387亩，以草坪栽培为主。

鲜切花生产的主要品种有菊花、非洲菊和向日葵。其中，菊花种植面积275亩，年产菊花2002万支，产值1008万元；非洲菊种植面积1884.5亩，年产鲜切花2.4万支，产值3751.5万元；向日葵切花种植面积110亩，产花264万支，产值396万元。

草坪生产面积3229亩，主要品种有百慕大、高羊茅、果岭草等，年产量323万平方米，产值2076万元。

盆栽植物主要品种有凤梨、观叶芋类，多肉植物类及其他。其中凤梨种植面积72亩，年产21.62万盆，产值338万元；观叶芋类种植面积35亩，年产29.8万盆，产值436.8万元；多肉植物种植面积131.43亩，产量1730万盆，产值398万元，其他盆栽植物30亩，产量56.74万盆，产值93.52万元。

2010年起，金汇镇新强村、金建村、百曲村、沿港村，兴起了多肉植物盆景的栽培热潮，至2015年，从事多肉植物盆栽、繁殖、销售的种植户14户，面积131.43亩，年产值398万元。

苗圃内多肉类植物盆景展示室

新强村11组潘菊华种植多肉植物25亩，聘用邻居10人，经营多肉植物类引种繁殖、网上销售，已引育繁殖的多肉植物品种有83个，繁殖材料有国外进口的营养土，以及金山区生产的珍珠岩，年扦插各种多肉植物数量逾10万盆，年销售额40余万元。2014年，被区妇联授予区“双学双比”示范基地。

附：

潘菊华从福建、山东以及荷兰、韩国等地引育的多肉植物品种名称

锦晃星	天狗之舞	塔松	茜之塔	紫珍珠
吉娃娃	白凤菊	黑王子双头	初恋	黑法师
玉珠帘	秋丽	虹之玉	黄丽	黑王子
白花小松	冬美人	霜之朝	白牡丹	红缘莲花
小人祭	绒针	蓝松	星美人	子持莲华
观音莲	爱染锦	胭脂莲	黄金丸叶万年草	卧地延命草
蓝石莲	紫牡丹	大株白凤	蛛丝卷绢	红边散月
红叶祭	球松	筒叶花月	蒂亚	静夜
荷叶莲	圆佛珠	玄月佛珠	黑兔耳	天使之泪
钱串	姬星美人	毛海星群生	德州景天	蓝黛连
特玉莲	花月夜	巧克力方砖	熊童子（无根）	蓝粉台阁
大株蓝株台阁	雅乐之舞	小野玫瑰	虹之玉锦	银星
白姬之舞	紫羊绒	女雏	大和锦	光棍树
马库斯	火祭	白马王子	赤鬼城	格林
丘比特	比安特	黑爪	粉红女郎	艾伦
奥利维亚	纸风车	厚叶蓝鸟	天剑座	墨西哥雪球
红边灵影	冰梅	月影		

五、生产企业选介

1. 上海海上花园艺有限公司

1999年12月9日，上海海上花园艺有限公司成立。公司位于柘林镇农业园区，占地面积250亩，总投资4800万元。建有从法国引进的穆地克莱9600型多跨温室和国产温室30亩，配套设施有进口冷库，育苗组培室等，另在上海东海农场建有45亩红掌切花和盆花种植大棚基地，在云南昆明也种植大花蕙兰基地。

公司种植的高档花卉，有荷兰安组花公司提供种苗的红掌切花和盆花、凤梨、大花蕙兰，在上海及其周边地区的花卉市场有相当的占有率。2002年11月22日，公司正式取得进出口经营资格权，积极开拓海外市场。是年，公司总资产达8058万元。种植鲜切花43.5亩，产花185万枝，产值1480万元；盆花32.7亩，育花22万盆，产值1100万元；花圃40亩，育苗2.94万株，产值2837万元。2006年11月，公司联合哥伦比亚大使馆和哥伦比亚（五大农场）在上海展示来自异国的高档花卉，将国外花卉引进上海市场。

公司还开展绿色植物的租、摆业务，在市内的大型写字楼、金融机构、机关事业单位均有该公司提供的绿色植物及高档花卉，并承接上海F1大赛的大型绿化工程。公司提供的服务，还有电话订花、网上订购业务。此外，在上海的漕家度花卉市场、新桥市场都设有门店。

上海海上花园艺有限公司红掌生产基地

公司拥有一流的园艺科研人才，进行花卉新品种的研发工作，严格实行科学管理，确保花卉一流的品质上市，获得ISO9001和ISO1400体系认证。2014年，公司迁移至区境外。

2．**上海博露农业有限公司**

1992年12月，上海博露草坪有限公司成立。2014年，变更为上海博露农业有限公司。公司初创时占地250亩，5万元启动资金起家，建成集草坪科技、生产、销售、建坪、养护、咨询、服务为一体的专业化草坪公司。公司先后加入了国际草坪学协会（lTs）、国际草坪生产者协会（TPl）、中国草坪学术委员会。

公司成立之初，从美国首家成功引种常绿冷季型高羊茅草坪，塑造了“博露草坪”的良好品牌，改变上海以及华东地区仅有暖季型草坪的单一结构，使这些城市的草坪冬天也绿了起来。草坪系列主要有高羊茅系列，多年生黑麦草系列，草坪主要品种有高羊茅、高档百慕大、果岭草、马尼拉、结缕草、马蹄筋等。

公司地处海湾镇（原五四农场果园一连地段）。2015年，公司拥有草坪基地面积3000余亩，员工35名，具有中、高级技术职称人员8名。同时为上海草坪生产技术推广和草坪生产的拓展输送了一大批人才。员工为公司累计创造利润逾3500万元。曾创造出年销售草坪428万平方米，利润401万元的历史纪录。从1995年起，连续被评为上海市文明单位，成为中国草坪业的领军企业。

公司先后承建了上海太阳岛高尔夫球场、上海（协和）高尔夫球场、上海光明高尔夫球场、上海侨泰高尔夫球场、上海延中绿地、静安公园大草坪、浦东新区新里城小区绿化、上海大同中学足球场、江苏通州市高级中学足球场、上海东郊宾馆草坪、复兴公园大草坪等众多上海市重点绿化建坪工程。公司承建的静安公园大草坪建坪工程，荣获上海市建筑行业协会最高奖项。

2013年，博露公司以“诚信、敬业、创新”为经营理念，开拓崇明长兴岛草坪基地315亩，江苏海丰农场草坪基地540亩，加大产业提升，积极为城市绿化做出更大贡献。2015年，博露公司实现经营收入1669.35万元，净利润88.77万元。

3．上海鲜切花园艺专业合作社

2004年10月，上海鲜切花园艺专业合作社成立，出资成员131户，出资总额50万元，注册资本100万元。以青村镇解放村马炎龙3兄弟为主，地域涉及3个镇、10个行政村，花农456户，以种植非洲菊（扶郎花）鲜切花为主。合作社建有鲜切花示范基地256亩，拥有标准化连栋大棚100栋。2006年，上市鲜切花3.05亿支，年销售额5800余万元，占上海市场份额的58%，社员种植亩产值1.25万元，亩净利7500余元。

合作社规范管理制度，健全种苗引种、科学种植管理、病虫防除等的技术指导服务，完善销售服务体系。2015年，种植面积200亩，上市鲜切花0.42亿支，年销售额600万元，亩产值3万元，亩净利润1.5万元。

4．上海胡桥扶郎花花卉合作社

2004年6月，上海胡桥扶郎花花卉合作社成立，由原胡桥镇农业服务中心和上海大地园艺种苗有限公司合作，由从事扶郎花种植的58户农户为主体组成，种苗由上海大地园艺种苗有限公司生产的组培苗提供，在团泾村建立示范基地100亩，建有先进的鲜花包装、保鲜的冷库和完善的熏蒸、杀菌除虫系统等设施。

合作社建立起以上海精文花卉市场批发门店为中心的销售网络，每天合作社有6万～8万支鲜切花流向市场。2004年，出口日本的扶郎花有20万支，创汇3万美元，产品在日本市场得到了良好反映。

合作社引育了“北极星”“太阳黑子”“金黄初年”“粉佳人”“红色妖姬”等扶郎花国际优良品种30余种，加以培育和推广50余万株，种植面积达到2000亩，并制定了“非洲菊生产和包装技术规范”，实行统一包装、统一品牌，按照标准化生产技术规程规模化经营，品牌化销售，加快了奉贤区扶郎花生产技术与国际接轨的步伐。2005年，成为上海市首家非洲菊产业示范区，并被列为上海市科技兴农重点项目。

第六章　古树名木

古树名木是历史的见证，是活的文物，是国家的瑰宝，是民族文明的象征。1983年10月，上海市人民政府颁布施行《上海市古树名木保护管理规定》，2002年7月，又修订颁布《上海市古树名木和古树后续资源保护条例》。

古树定义为“树龄在100年以上的树木”，名木是指“国内稀有的以及具有历史价值和纪念意义及重要科研价值的树木”。古树后续资源是指“树龄在80年以上100年以下的树木”。其中，名木以及树龄在300年以上的古树为一级保护；树龄在100年以上300年以内的古树为二级保护；古树后续资源为三级保护。

古树名木既是重要的自然资源和遗产，也是宝贵的历史文化财富，对优化城乡自然环境、丰富城乡人文环境具有重要作用。

1984年，奉贤县经普查报上海市古树名木保护工程办公室认定，奉贤县第一批古树名木共36株。1999年10月，对全县古树名木和后续资源（树龄80年以上）再次进行普查，2001年报上海市古树名木保护工程办公室认定第二批古树名木29株，后续资源21株。是年，奉贤区依法得到保护的古树名木共有65株，后续资源21株。65株古树名木共有14个品种，其中银杏30株、榉树14株、桑树6株、枣树4株、桂花1株、柿树1株、梓树1株、黄杨2株、国槐1株、黄连木1株、罗汉松1株、广玉兰1株及牡丹1株、蜡梅1株。其中树龄300年以上及特别珍贵的树种定为一级保护的19株，树龄100～300年二级保护的46株。

2015年，奉贤区有古树名木64株，其中名木1株，一级保护古树19株，二级保护古树44株。古树后续资源21株。分布于全区各地。

第一节　古树名木种类　分布

一、科　类

奉贤区古树名木分布于14个科类。其中，银杏科、榆科的古树名木最多，分别为30株和26株。数量排名前五位的科类还有桑科、鼠李科和柿科。

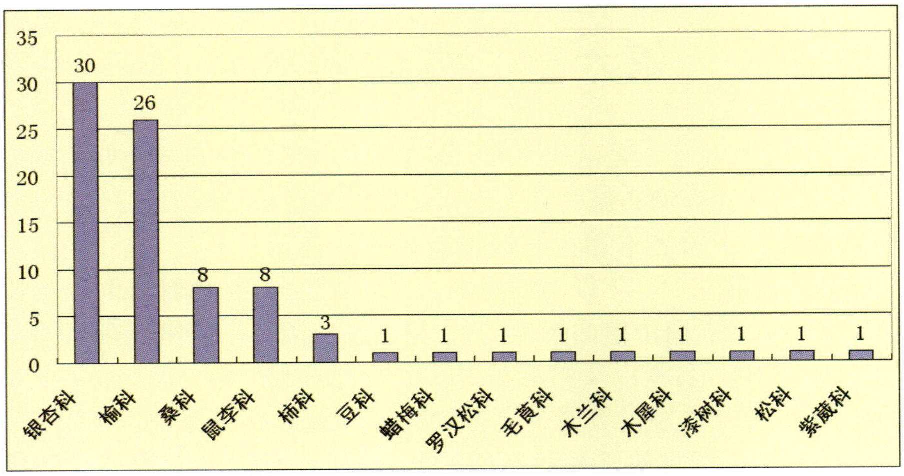

图 6-1　奉贤区古树名木科类数值图

二、属　类

奉贤区古树名木分布于 15 个属类。其中，银杏属、榉属的古树名木最多，分别为 30 株、24 株，数量排名前五位的属类还有桑属、枣属和柿属。

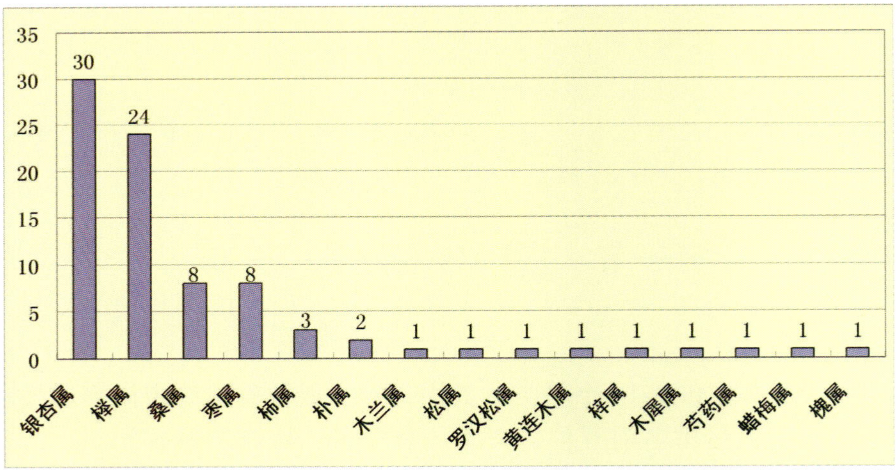

图 6-2　奉贤区古树名木属类数值图

三、种　类

奉贤区古树名木包含 15 个树种。其中，银杏、榉树为最多，分别为 30 株、24 株，数量排名前五位的树种还有桑树、枣树和柿树。

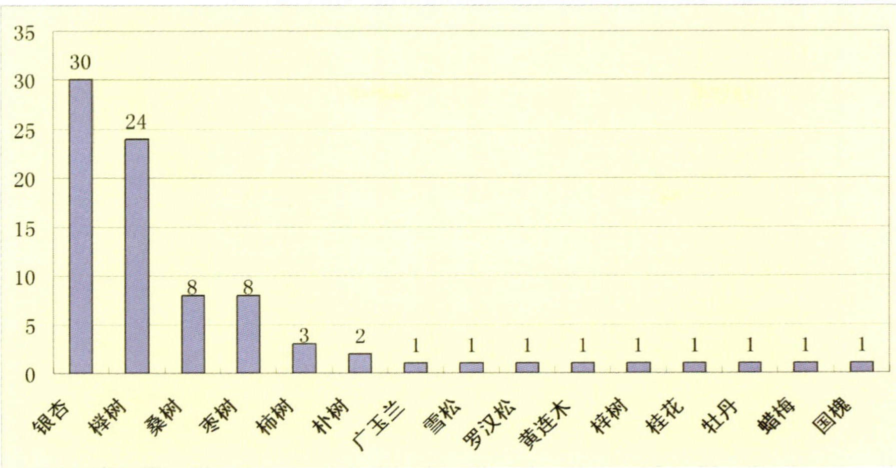

图 6-3　奉贤区古树名木树种数值图

四、分　布

奉贤区古树较集中分布的有青村桃园场、奉城镇永益村 3 组及奉城镇卫季村 14 组 3 家单位。

青村桃园场有古树名木 8 株，全部为二级保护古树；奉城镇永益村 3 组有古树名木及古树后续资源 6 株，其中二级保护古树 3 株，古树后续资源 3 株；奉城镇卫季村 14 组有古树名木 5 株，全部为二级保护古树。

第二节　古树名木名录

一、银　杏

银杏，属银杏科银杏属，落叶大乔木。叶像一把精致的小扇子。从宋代开始，白果列为贡品，进贡者据其果形、色泽给他取名“银杏”。银杏，经济价值高，既是优良的用材树种，又是著名的观赏、药用树种。银杏寿命长，据记载，国内有树龄 3000 余年古树，还年年结实。

至 2015 年，奉贤境内有 100 年以上古银杏 30 株，其中，有 1000 年古银杏 1 株，600～850 年古银杏 8 株，300～550 年古银杏 8 株，100～220 年古银杏 13 株。

刘港村古银杏与古桥

2015 年奉贤区古银杏名录（30 株）

表 6-1

编号	树种	树龄（年）	树高（米）	胸围（米）	冠径（米）	生长状况	所在地点及所有者（或原属单位）
0007	银杏	1000	18.0	9.35	27.5	良好	柘林镇新塘村　通津桥
0010	银杏	850	17.0	4.53	13.8	一般	西渡街道　觉善庵
0011	银杏	800	18.9	3.94	10.3	一般	金汇镇金汇十一组　禅林
0012	银杏	800	20.7	3.55	9.8	一般	金汇镇金汇十一组　禅林
0015	银杏	740	20.6	3.34	10.3	一般	南桥镇沪杭支路 4 号　三女岗
0018	银杏	700	14.7	4.13	8.5	衰弱	金汇镇堂富东路资福村　资福寺
0031	银杏	620	20.5	4.36	12.5	一般	四团镇天鹏路 62 号　选佛堂
0034	银杏	600	20.3	4.93	18.6	良好	南桥镇沪杭公路 1749 号　二严寺
0035	银杏	600	17.8	3.05	12.3	良好	南桥镇沪杭公路 1749 号　二严寺
0053	银杏	550	18.7	4.28	12.9	一般	金汇镇白沙八组　白沙庙
0145	银杏	550	10.5	4.12	12.0	一般	柘林镇沪杭公路 3274 号　慈悲庵
0088	银杏	400	22.0	4.60	12.2	良好	青村镇钟家村牧场沿钱公路 4366 号　赐子庵
0095	银杏	400	19.0	4.05	17.6	良好	南桥镇刘港十组　园庵
0112	银杏	400	21.4	4.17	19.2	良好	奉浦社区吴塘一组　蒋家祠堂
0151	银杏	300	18.0	3.25	8.5	濒危	南桥镇萧玻路 9 号　龙母庵
0152	银杏	300	15.0	3.00	14.0	濒危	南桥镇萧玻路 9 号　龙母庵
0154	银杏	300	9.8	3.35	8.0	一般	南桥镇古华南区 887 号　一邱园
0237	银杏	220	14.5	3.04	8.7	良好	南桥镇红星十六组　青龙庵
0238	银杏	220	11.6	2.26	7.6	一般	南桥镇红星十六组　青龙庵
0344	银杏	180	19.7	2.40	4.8	一般	庄行镇邬桥上海无纺布厂　集体
0378	银杏	150	14.0	1.70	10.0	一般	南桥镇萧塘解放路 74 号　西庙
0379	银杏	150	15.5	2.50	8.8	一般	南桥镇萧塘解放路 74 号　西庙
0387	银杏	150	14.2	2.13	6.5	良好	青村镇草庵二组钱桥路 315 号南侧　草庵
0407	银杏	150	19.6	1.80	8.5	一般	汤臣臻苑　茶亭
0408	银杏	150	19.6	1.80	8.5	一般	汤臣臻苑　茶亭
0409	银杏	150	19.3	1.72	8.0	一般	汤臣臻苑　茶亭
0410	银杏	150	19.0	1.90	10.5	一般	汤臣臻苑　茶亭
0413	银杏	130	18.3	1.56	7.2	衰弱	南桥镇发展六组　华庵
0414	银杏	130	14.0	1.75	6.6	衰弱	南桥镇发展六组　华庵
1470	银杏	100	12.6	2.00	9.1	良好	金汇镇南行村　送子庵

二、榉　树

属榆科榉属，落叶大乔木。一般长于溪边，村庄四周也常见其踪。耐水湿，瘠薄土壤，树冠浓密。

至 2015 年，奉贤境内有 100 年以上榉树 14 株，其中 200 年以上有 1 株。

2015年奉贤区古榉树名录（14株）

表6-2

编号	树种	树龄（年）	树高（米）	胸围（米）	冠径（米）	生长状况	所在地点及所有者（或原属单位）
1402	榉树	200	8.2	1.31	11	一般	四团镇秦树村六组　黄炳根
1471	榉树	100	9.3	1.32	6.7	一般	青村镇桃园场　集体
1472	榉树	100	10.8	1.35	6.8	一般	青村镇桃园场　集体
1473	榉树	100	9.6	1.46	7.0	一般	青村镇桃园场　集体
1474	榉树	100	9.3	1.50	6.8	一般	青村镇桃园场　集体
1475	榉树	100	10.5	1.40	6.0	一般	青村镇桃园场　集体
1476	榉树	100	9.8	1.26	6.3	一般	青村镇桃园场　集体
1477	榉树	100	9.8	1.26	6.4	一般	青村镇桃园场　集体
1478	榉树	100	10.8	1.77	6.8	一般	青村镇桃园场　集体
1479	榉树	100	15.4	1.38	11.2	一般	四团镇长埝八组　宋书祥
1480	榉树	100	12.2	1.48	12.5	良好	四团镇张家十组　朱玉仙
1481	榉树	100	12.2	1.43	10.5	良好	奉城镇卫季十四组　范佰清
1482	榉树	100	16.2	1.54	12.0	良好	青村镇吴房二组　顾林珍
1483	榉树	100	11.0	1.75	8.0	一般	金海社区　集体

青村镇“世外桃源”8株百年榉树之一

塘外镇盐行村十四组百年桑树

三、桑　树

桑树为落叶乔木，叶子是蚕的饲料，嫩枝韧皮纤维可造纸，果实桑葚可吃，嫩枝、根皮、叶和果实均可入药。我国古代即提倡“农桑立国”，史载“清咸丰末年，有浙西人来奉贤种桑养蚕”。新中国成立后，政府制定政策，鼓励蚕桑发展，1962年全县桑树达2900万株，蚕茧产量达9.06万公斤。20世纪70年代后期，随着乡镇企业发展，劳力进厂务工，蚕桑产业逐年萎缩。至2015年，奉贤境内百年以上桑树尚存6株。

2015年奉贤区古桑树名录（6株）

表6-3

编号	树种	树龄（年）	树高（米）	胸围（米）	冠径（米）	生长状况	所在地点及所有者（或原属单位）
1484	桑树	100	14.2	1.70	14.1	一般	金海社区陈湾九组　陈国忠
1485	桑树	100	16.0	1.88	14.0	一般	金海社区陈湾九组　陈耀官
1486	桑树	100	13.0	1.28	12.0	一般	柘林镇新塘七组　王秀芳
1487	桑树	100	10.5	1.92	8.8	衰弱	柘林镇新塘七组　沈仁囡
1488	桑树	100	16.3	1.90	17.2	一般	金海社区陈湾九组　陈耀忠
1489	桑树	100	14.9	1.60	9.2	良好	奉城镇盐行十一组　张春天

四、其他古树名木

至2015年，奉贤境内还存有100年以上的枣树4株、瓜子黄杨2株（尚未注销）、国槐、黄连木、柿树、梓树、牡丹、蜡梅、桂花、广玉兰、罗汉松各1株。

2015年奉贤区其他古树名木名录（13株）

表6-4

编号	树种	树龄（年）	树高（米）	胸围（米）	冠径（米）	生长状况	所在地点及所有者（或原属单位）
1226	牡丹	400	1.6	丛树（17）	2.4	一般	奉浦社区吴塘村　瑞旭堂
0879	蜡梅	130	4.9	丛树	5.8	一般	南桥镇新建中路88号　曹志高
0897	国槐	210	3.55	1.41	3.1	一般	金汇镇白沙恒苑　康吉生
1490	黄连木	100	12.4	1.40	8.0	良好	奉城镇卫季十四组　范佰清
1491	梓树	100	13.6	1.15	9.1	一般	奉城镇八字三组　孙保祥
1492	枣树	100	8.8	0.67	5.2	濒危	金汇镇资福二组（东）　张德明
1493	枣树	100	8.0	0.89	—	濒危	金汇镇资福二组（中）
1494	枣树	100	10.0	0.83	—	濒危	金汇镇资福二组（西）
1495	枣树	100	6.5	1.03	11.5	良好	四团镇长埝三组　徐龙平
1498	柿树	100	6.6	0.83	7.1	一般	奉城镇永益八组　朱德明
1497	桂花	100	8.2	0.88	5.7	一般	奉城镇卫季十四组　范金财
1634	广玉兰	100	15.5	1.52	15.6	良好	南桥镇解放中路502号　集体
1702	罗汉松	100	5.1	0.95	4.5	一般	奉城镇中心小学　集体

五、后续资源

2015 年，奉贤境内有 80 年以上的古树后续资源 21 株，其中榉树 10 株、枣树 4 株、朴树 2 株、桑树 2 株、柿树 2 株、雪松 1 株。

2015 年奉贤区古树后续资源名录（21 株）

表 6-5

编号	树种	树龄（年）	树高（米）	胸围（米）	生长状况	所在地点及所有者（或原属单位）
26-001	榉树	80	10.0	1.22	一般	柘林镇王家圩村七组　金贵洪
26-002	雪松	80	12.0	1.52	良好	庄行镇一新街 160 号影剧院　集体
26-005	榉树	80	12.0	1.35	良好	柘林镇原道院小学（东）　集体
26-006	榉树	80	11.0	1.20	良好	柘林镇原道院小学（西）　集体
26-010	朴树	80	9.0	1.35	一般	奉城镇卫季村十四组　瞿妙根
26-011	榉树	80	8.0	1.30	一般	奉城镇卫季村十四组　瞿妙根
26-012	桑树	80	11.0	1.36	一般	奉城镇盐行村十一组　钱国章
26-013	榉树	80	10.0	1.35	一般	奉城镇盐行村十一组　张士龙
26-014	榉树	80	15.0	1.39	良好	奉城镇永益村三组　张乍一
26-015	枣树	80	8.0	0.80	一般	奉城镇永益村三组　沈炳石
26-016	枣树	80	8.0	0.87	一般	奉城镇永益村三组　沈炳石
26-017	枣树	80	8.5	0.90	良好	奉城镇永益村三组　黄小弟
26-018	枣树	80	8.0	0.93	良好	奉城镇永益村三组　黄小弟
26-019	柿树	80	3.5	大分叉	良好	奉城镇永益村三组　沈炳石
26-020	榉树	80	13.0	1.20	一般	柘林镇新塘村十一组　张明光
26-021	榉树	80	8.0	1.15	良好	柘林镇新塘村十一组　张志根
26-022	榉树	80	8.0	1.36	良好	柘林镇新塘村一组　张明龙
26-023	榉树	80	8.0	1.30	良好	柘林镇王家圩村七组　金贵洪
26-024	桑树	80	10.0	1.35	良好	柘林镇金海村四组　邢欢林
26-025	朴树	80	8.0	2.00	良好	柘林镇王家圩村七组　金贵洪
26-026	柿树	80	5.2	1.06(根围1.13)	良好	金海社区韩树村树园 629 号西侧

第三节　古树名木之最

一、千年古银杏

位于柘林镇新塘村。据清嘉庆《松江府志》载，该树为南宋嘉定九年（1216 年）建火神庙时所栽。但据 20 世纪 80 年代上海市古树名木保护工程办公室检测，树龄已在千年以上，为上海市目前仅存的 8 株千年古银杏之一，编号为“上海市古树名木 0007 号”。据此，此树种植当在建火神庙以前。该树于清光绪年间（1875 — 1908

年）遭遇雷击，树干开裂为三。2015年树高18米，胸围9.35米，遮阴面积200多平方米，为全市之冠。1987年由县林业部门加砌围墙养护。2003年10月，市、区两级林业部门，出资5万余元，为古树安装了30米高的避雷塔，并在此前后，对开裂裸露的树心涂抹了防腐剂和桐油，在根部壅土施肥、清除杂草，确定当地1位村民进行日常养护管理。2008年7月，将保护区由16平方米扩大为529平方米，围墙加高加固。这株历经千年雷电风霜磨砺的古银杏枝繁叶茂、郁郁葱葱，其右侧是一座宋代通津桥，奉贤最长寿的植物与最古老的建筑物交相辉映，形成奉贤一处观光胜景。

柘林镇新塘村千年古银杏

二、江南第一牡丹

位于奉浦社区吴塘村。这株品名“粉妆楼”的牡丹，系明代杰出书画家董其昌赠给吴塘村乡绅金学文的礼物。据《奉贤县志》及《邬桥志》记载，董其昌（松江人），少年时就读于松江叶榭水月庵，与吴塘村金学文为同窗好友。明万历年间（1573—1620年），金家新居落成，正值董升任礼部尚书，临赴任前亲笔手书匾额《瑞旭堂》及“粉妆楼”等两株牡丹相赠，其中1株绿牡丹在清末弟兄分家时移植而枯死。金家世代视“粉妆楼”牡丹为宝，历22代精心养护，牡丹年年绽蕾吐艳，粉红色花朵大如碗口，至今有400多年历史。其间中外客商豪富多次高价求购，金家不为所动。20世纪90年代金家老宅动迁，1995年9月12日，将古牡丹和匾额捐赠给国家。市、县政府出资30万元，在原处围地1600平方米，修建了“明代牡丹苑”，建造角亭、围墙等设施，并在古牡丹四周种植数十株牡丹、芍药，委托金氏后人金书林管理。1995年春，邬桥镇政府从山东荷泽等地引进牡丹3000余株，创建“牡丹镇”。1996—2003年，每年在“谷雨”时节举办“牡丹文化节”。据市古树名木管理部门鉴定，该“粉妆楼”牡丹为上海地区所存最古老的牡丹，且极具历史人文价值，誉之为“上海古树名木之最”和“江南第一牡丹”。

吴塘村400年牡丹

三、江南第一梅

奉贤南桥东街蜡梅

古蜡梅位于南桥镇新建中路88号。1996年，据80多岁高龄的主人曹志高介绍，这株蜡梅为他家曾祖父所植。曾祖父为清同治年间（1862—1874年）的举人，距今已有140多年历史。与一般蜡梅都是一蓬丛生的枝条不同，它有一棵粗大的主干，据说原来有两层楼高，1956年遭遇台风袭击，刮断了上半截，剩下现在5米左右主干，又从根部萌发出一丛新枝，梅干状如虬龙，树型奇特，胸围有0.95米，根围有1.04米，冠幅4.5米。它的花形较大，花心纯黄色，花瓣椭圆形，清香中带着甜香，品种为“荷花梅”，属净素心蜡梅，为蜡梅中之上品。上海市古树名木保护管理部门将它列入“上海古树名木之最”，誉为“江南第一梅”，每年蜡梅盛开时，远近慕名前来观赏者络绎不绝。

四、稀有古国槐

原齐贤李家村200多年古国槐在大居动迁中，投资17.4万元，将地标抬高4米，原地保护

金汇镇李家村六组村民康吉生家国槐，树龄210年，树高3.55米，胸围1.41米，冠径3.1米。国槐为北方树种，过去南方种植甚少，该树为上海地区最古老国槐，由上海市古树名木保护工程办公室定为“上海名木”“上海市一级保护古树”。2010年，该树所处地块为南桥大居建设用地，古国槐树于2012年采取标高整体抬高措施予以保护。

五、树形奇特的黄榉树

该树在四团镇长堰村秦树五组黄炳根家，为清乾隆年间（1736—1795年）所植，已有220余年树龄，现树高8米、蓬径12米，枝叶茂盛，苍老遒劲。相传100余年前的一个夏天，该树遭受雷击，树干自根至梢一劈为二，中间有两条粗若酒盅口的秃尾蛇，已经烧焦。后来被劈开的两爿树干，树皮分别向木质部分伸展包拢，形成树干似两条虬龙相对而舞。1997年在《上海市古树名木保护管理规定》颁布15周年时，上海市古树名木保护工程办公室因该树树形奇特，将其列入“上海古树名木之最”纪念磁卡中。

四团奉树村五组黄炳根家220多年的古榉树，雷劈后一分为二，如虬龙对舞，树形奇特

六、公孙树

金汇镇金汇村十一组旃檀禅院两株古银杏，植于南宋淳熙年间（1174—1189年）禅院始建时，树龄已近840年。其中西侧1株高20.7米，胸围3.94米，根围4.65米，冠径9.8米，在树干离地面3.34米的树怀中，长出1株朴树，据年已70多岁的禅院住持释愿成师太讲，她小时候就已看到这株寄生在银杏树中的朴树，至今朴树胸径已达8厘米，犹如公公怀抱孙儿，成了名符其实的“公孙树”。

七、古树群落

金海社区树园村十二组原“茶神庙”旧址（又称“茶亭”，现为汤臣臻苑），4株古银杏，树龄160年，每株高约19米，胸围1.8米，冠幅8米左右，间距3米，东西并列，蔚为壮观。

青村镇桃园场8株古榉树，树高10米，胸围1.3米，冠径7米。桃园场旧称吴家驳岸，民国十九年(1930年)当地人吴泗渔创办“延陵桃园”，所产“驳岸里水蜜桃”闻名遐迩，榉树就在“延陵桃园”内。“延陵桃园”解放后转为集体性质的“桃园场”。2015年，据桃园场第一任场长吴桂荣（现85岁）和当地村民宋百福（现84岁）反映，在他们幼年时，这些榉树就已经很高大，应当是种植在“延陵桃园”创办之前。

奉城镇原曙光中学（1927年奉贤县委旧址）的200多年古罗汉松

八、见证革命历史的古树

1. 中共奉贤县委旧址罗汉松

奉城镇中共奉贤县委旧址的1株罗汉松，树高

5.1米，胸围0.95米，冠径4.5米，为清代所植。该地原为“真武庙”，清乾隆四十三年（1778年）建，咸丰十一年（1862年）毁于战火。后在“真武庙”旧址建造“潘公祠”。民国十六年（1927年）八月，共产党员刘晓与李主一等，在奉城“潘公祠”内创办曙光中学，同年秋在曙光中学建立中共奉贤县委员会，1928年春又在这里建立中共浦东县委员会，掩护革命力量，培育革命青年，组织农民协会，发动盐民暴动，使曙光中学成为奉贤和浦东地区革命斗争的指挥中心。在这里屹立了100余年的罗汉松，见证了这段革命历史。

2．赵天鹏烈士就义处古银杏

四团镇天鹏路古银杏，为元末建“选佛堂”时所植，至今已有680余年树龄，树高20.5米，胸围4.36米，冠径12.5米。1928年7月2日，中国共产党党员赵天鹏在这株银杏树下英勇就义。烈士鲜血，浇灌了这株古银杏。赵天鹏烈士（1903—1928），曾参加北伐战争和南昌起义。1928年6月奉组织之命，赴四团处决大恶霸张沛霖后不幸被捕。解放后，政府在这株银杏树下，建立了赵天鹏烈士纪念碑和烈士塑像。碑上镌刻着战友周大根当年的悼念诗句：网儿虽大，捕不完东海鱼虾；钢刀虽快，杀不尽天下平民。

四团镇赵天鹏牺牲处古银杏

第四节　湮没的古树名木

奉贤原有古树名木较多，但至今仅剩下65株，除了老病衰亡、雷击、旱涝、台风自然灾害等原因外，有相当一部分是由于人为伤害，仅据四团镇统计，境内原有古银杏15株，其中6株解放前被砍，8株在解放后砍掉，至今仅存1株。许多堪称国宝的“绿色古董”灰飞烟灭，令人十分惋惜，下列几例仅是其中一部分。值得庆幸的是上海市在1983年和2002年先后发布《上海市古树名木保护管理规定》和《上海市古树名木和古树后续资源保护条例》，使古树名木保护有了法律的保障，市民的生态环境意识和古树名木保护意识也日益增强，幸存的古树名木因而得到了有效保护。

一、唐代柘林古银杏

该树原在柘林镇柘林村七组方广寺旧址。据南宋绍熙四年（1193年）成书的《云间志》记载，唐咸通六年（865年）侍郎蔡赞在柘林舍宅建方广寺。银杏当在建寺时所植。清嘉庆二十三年（1818年）编成的《松江府志》记载：“古银杏在柘林城内，大数十围，根蟠一城，凡海艘收口，望以为的。”在杭州湾海面上，船在一二十里外就能看到此树，出海渔民以此作回归航标。1951年，当地关帝村为补助困难农民和村民夜校灯油经费，由村长何士良经手，将已生长1086年的古银杏，以18石5斗大米（折1387.5公斤）代价卖给亭林商人王香文，经挖土刨根，树干倒下后，丈量主干高达34米。

二、宋代清白堂古牡丹

柘林镇法华村法华寺内旧有牡丹4株。法华寺原为“清白堂”，由宋代宋姓绅士捐充寺院。据《民国奉贤县志稿》（1948年）记载，“法华镇西法华寺俗呼‘清白堂’，镇以寺著，阖浦闻名之清白堂宋代牡丹即植于此，清白堂原植有牡丹4株，即姚黄、魏紫、玉楼春、小桃红，皆为宋时物。现时姚黄已萎亡，其余3株每届盛开时节，犹含华怒放，四方之来观赏者，络绎于途”。至1966年，花坛尚存，有玉楼春、小桃红两株牡丹开放，“文化大革命”中毁寺建厂，牡丹也散失到法华小镇居民家中。本世纪初法华小镇有10余家居民种植牡丹，有“牡丹村”之称，现在尚存5家。村民黄雪林庭院内1株名为“小桃红”的牡丹，株高1米，冠径2米，2000年4月，市、区古树名木保护管理部门人员前去考察时，开花74朵，桃红色的花朵大如碗口，清香扑鼻，在春日阳光下，显得雍容华贵，娇艳欲滴，当时年已82岁的黄雪林老人介绍，这株牡丹是祖上在清嘉庆年间（1796—1820年）建新房后，从当地法华寺移植而来，老屋正梁上尚存“大清嘉庆五年上梁大吉”（1800年）字样，老人于2003年86岁时逝世，2010年牡丹主干枯萎，近年从根上又萌出了新枝。

三、清代六墩古牡丹

南桥镇六墩村九组倪士君家1株古牡丹，系太平军到南桥前20年（清道光中期，1840年左右）倪家祖上建房时，到浙江平湖购运木材，在木排上带回，于庭院中筑花坛种植。牡丹高1.5米，根径5厘米，花为复瓣紫红色，花蕊嫩黄色，花径12厘米。据传，20世纪20年代，沈家花园主人沈梦莲曾看中这株牡丹，愿用12亩土地调换未成。1983年倪氏后裔宅基搬迁，原庭院成为建筑材料堆场，对牡丹疏于管理，风雨侵损，花坛坍塌，1989年这株生长了150年的古牡丹终于萎亡。

四、清代李窑古紫藤

青村镇李窑村李世文家竹园内，原有古紫藤1株，20世纪中期树干根部直径已有50厘米左右，攀援在沿河一排榉树上，春日开花时，形成一道四五十米开阔、十多米高的紫色花墙，观者叹为观止。据李世文回忆，老祖父（1984年逝世时86岁）曾说，他幼年时此树已经攀满沿河。1978年发现树干被人从根部锯断，公社派出所与大队干部前去调查，未有结果。后根部也腐朽而死。

五、清代庙泾古杨梅

南桥镇庙泾村二组俞义珍家原有古杨梅 1 株，系她的公公王秋相在清咸丰年间（1851—1861 年）从浙江引进，每年春秋两季施猪塮10 担，解放初树高已达 3 米多，胸径 50 多厘米，冠幅达 10 米，每年 3 月开花，6 月上旬果实成熟，一般年成能收杨梅三四担，盛年可收五六担。1958 年因缺乏管理而衰亡。

六、清代刘港、三角洋瓜子黄杨

南桥镇刘港村二组谢仁明家的 1 棵瓜子黄杨，2001 年普查时已为百年以上古树，树高 4.9 米，胸围 0.68 米，冠径 5 米。2006 年，谢家翻建住房后，导致房基高于地基引发积水，使古树根系腐烂而逐渐衰弱，虽经多次抢救保护，但无法回天，于 2015 年认定死亡。2016 年申请注销。奉城镇三角洋村二组闵佰弟家的 1 棵瓜子黄杨，2001 年普查时也为百年以上古树，树高 8.7 米，胸围 0.98 米，冠径 5 米。2012 年 8 月 8 日夜间，古树遭遇强台风“海葵”侵袭倒伏。区林业署组织力量进行多种保护措施，但 2013 年夏季又遭遇连续高温，古树急速衰退。2014 年，老叶脱尽，树皮开裂，确认死亡。2015 年申请注销。

第五节　保护与管理

一、古树名木普查

1984 年与 1999 年进行了两次古树名木普查，共认定古树名木 65 株和后续资源 21 株，进行了统一登记、编号、造册、建档，并树立保护标志，以资识别和保护。

二、古树名木管理网络

以区、镇（社区）林业部门古树名木管理技术人员为主，建立了一支古树名木管理队伍，组织学习培训，提高业务管理和专业技术水平，定期开展巡视工作，及时掌握古树名木生长现状，及时解决存在问题。每株古树名木确定养护责任人，加强日常管理，避免人畜及污染伤害，及时清理古树周边杂草，松土施肥，保持排水通畅，做好病虫防治，遇到不能解决的问题，及时上报。每年年终进行养护工作考核。

树木坐标及控制线纳入区规土局信息数据库。在控规编制阶段以基础要素底版式提供给规划编制单位，在土地收储阶段将控制要求纳入土地出让合同，从源头上避免规划建设与古树保护的矛盾。

三、三区划定一树一议编制图则

2013 年 11—12 月，奉贤区林业署根据奉贤区每株古树的实际情况，落实空间坐标，分析生长状态，划定保护区、控制区和影响区，并提出近远期规划保护建议。委托上海市城市规划设计研究院，对每株古树绘制立地环境现状图、生存状态分析图和保护规划控制图，整理汇集奉贤区古树名木及后续资源名录。2015年，编制印行《奉贤区古树名木及后续资源保护规划》，形成“三图一表”管理文档。

四、保护措施

地坪标高调整。控制区内及邻近控制区由于人为抬高或降低地面标高造成古树所在区域排水不畅，相应调整地坪标高。保护区范围内鼓励种植有益于古树生长的地被植物，如兰科地被。保护区或控制区临近道路、广场、建筑入口等人车流活动密集区域种植矮灌木，避免穿越性交通影响古树生长。控制区范围内不透气性地面区域实施地坪改造，铺设植草砖等透气性地面，改善土壤透气性。建立和落实围栏设置、避雷针设置、支撑设置和排水保畅设备等防护设施。

五、经费保障

市、区政府设立古树名木养护专项经费，用于古树名木和后续资源的抢救、复壮和保护设施的建设等，以及承担对养护经费有困难的补助。2009—2015年，共计下拨经费246.94万元。

六、濒危古树抢救

1984—2015年，共抢救濒危古树5株。如2013年投资21万元，对南桥镇萧玻路2株古银杏、庄行镇无纺布厂1株古银杏、柘林镇新塘村1株古桑树进行危树抢救。南桥镇萧玻路9号2株300年古银杏，在石木玻璃制品公司厂区内，生存环境狭窄，土层混杂碎砖乱瓦，古树枝叶衰败，生长不良。在抢救中，扩大了保护区，修建保护围栏，采取修枝复壮、桐油防腐、加土施肥、开沟排水等措施，改善了生长环境，现在已重新恢复了生机。

柘林镇沪杭公路旁1株600余年古银杏，在古树东侧有1幢三楼三底楼房，墙壁距古树仅0.8米，严重影响古树生长空间，致使靠近楼房一边的多根树杈日渐枯萎，更有一些人在树下焚香点烛，烤黑了半边树干，使古树面临火患危险。2001年，市、县林业部门投入经费15万元，与有关单位多次协商，拆除了树旁三上三下楼房，对大树进行了松土施肥开沟等护理，并扩大保护区，在周边建造一片绿化庭院，加建围栏，指派专人负责日常管理。

七、示范点技措建设

至2015年，全区技措建设共18处31株，其中示范点10处13株。柘林镇新塘村古银杏，为上海市仅存的8株千年老寿星之一，因树干高大、四周空旷，于清光绪年间（1875—1908年）遭遇雷击，树干开裂为三，20世纪50年代又遇雷击引发大火，烧焦了树心。为保护古树安全，2003年市、区出资5万余元，为古树安装了30米高的避雷针，并采取配套养护措施。2012年又进行了防腐、修枝、复壮、修建围墙等技术保护措施。全区为新塘、刘港、资福、北新村的4株古银杏安装了避雷针。

南桥二严寺2株600年古银杏

南桥镇沪杭公路东侧二严寺前2株古银杏，已有600余年树龄，但树南相隔数米即为搭建的店铺、工厂，古树生长环境十分仄窄。2004年在奉贤创建园林城区中，区农委与创建办共同规划，实施景观工程与保护工程并举，出资50余万元，为明代古银杏伉俪营造宽敞优美的生存环境。经多次动员协商，动迁树南4家小店及1家加工厂，拆除简易建筑300余平方米，将古树保护面积增加到752平方米，第二期工程又扩大到2000平方米，建成“银杏园”。

八、城镇化建设中的古树名木保护

国槐原是北方树种，过去南方极少种植。金汇镇李家村6组200余年树龄的国槐为上海地区唯一的古国槐，由市定为“上海名木”，属“上海市一级保护古树”。2010年，古树所在地块划为南桥大型居住区的J3-3居住区，古树处于3幢高层建筑的包围中，整个居住区地面高度设计为吴淞标高6米，而古树原地高仅为3.5米，如不采取措施，势必造成积水危及古树。经市、区林业专家与建设施工部门现场勘察、共同协商，实施了紧急抢救保护措施。由大居施工单位投入17.4万元，将古树及周围土地整体抬高4米。在施工中，围绕古树根部开挖直径4米、厚度2米的大土球，树穴基坑铺设渗水排水系统和滤水井，回填土中拌入80吨由透水颗粒珍珠岩与有机肥混合成的土壤，达到预定高度后，用2台50吨大吊机，将古树大土球放回树穴定位填土，在根部使用进口复活素，树干及叶面滴注和喷洒进口复壮剂，在古树北侧种植3排2.5米高的绿篱，以减弱高层建筑弄堂风带来的影响，装置可移动遮阳网，适时浇水施肥，加强病虫防治，由大区施工单位负责养护4年后移交林业部门。该工程于2012年春天施工，经过2个冬夏，特别是2013年夏季特大高温干旱考验，目前生长正常。

金海社区树园村十二组，有4株150年银杏构成的古银杏群。2012年年底，该地区开始建设“汤臣臻苑”房地产开发项目。为保护古银杏群，由区林业署与建设施工单位项目负责人共同组成古树保护小组，建立例会制度和古树保护日志。确定了以树冠垂直投影外5米为古树保护范围，搭建临时保护围墙，设置保护标识，完善排水设施。在2015年项目完成后期，将围绕古树原生态环境保护进行设计和施工，建成古树景观园，与周边绿化环境融为一体，完工后由施工单位担负养护管理工作2年。

为千年古银杏装上避雷塔

南桥镇东街有株古蜡梅，为清代同治年间所植，至今已有150多年历史，树干清奇古朴，入冬繁花满枝，经上海市古树名木管理部门鉴定，列入“上海古树名木之最”，誉为“江南第一梅”。1996年南桥旧区改造，该地区要成片拆迁，规划改建新的居民住宅区，这株古梅也在范围之内，当时一些关心古树的市民十分着急，向新闻媒体反映，在《奉贤报》《新民晚报》等报刊上登载了《百年幽香能否延续，江南第一梅命运难卜》的报道，引起社会重视，县人民代表和政协委员纷纷提案要求保护，后来县政府决定修改规划，在该旧区改造中少建5套住房，将古梅周围100平方米土地，划为绿化园区，原古梅主人住房仍安排与古树相邻，以利悉心养护。2000年元旦，旧区改造完成后，《新民晚报》又在一版报道“改造老城，保护古树，江南第一梅傲寒怒放”，并配上一张古梅繁花满枝的彩色照片。那年春节前，我国著名笛子演奏家陆春龄特地从市区赶到奉贤，在盛花的古梅树下吹奏乐曲《梅花三弄》，上海电视台拍摄电视艺术片《古梅迎春》，在春节期间播放。

九、古树名木景观点

在原曙光中学古罗汉松所在地建立了“中共奉贤县委旧址陈列馆”。在四团中学赵天鹏烈士就义的古银杏下建立烈士塑像和纪念碑。该两处被定为“奉贤区爱国主义教育基地”。在古牡丹所在地建立“明代牡丹苑”。在二严寺2株古银杏所在地建立2000余平方米的“银杏园”，该园四面有透绿围墙，园内四季花草错落有致，曲径通幽，两株明代古树相依相偎，矗立在沪杭公路东侧南桥镇北大门口，苍劲古朴，雄伟壮观，成为奉贤一景。

十、严格执法

2002年12月，奉贤现代农业园区陈湾村九组村民陈某某所有的1株百年榉树，未经批准，擅自以1200元出售并移植至农业园区平川水产养殖中心。奉贤区林业署发现后，进行了批评教育，处以罚款3万元，并提出3点养护措施，责令移植单位加强养护，后来多次检查，该古树生长正常。

第七章　野生动植物与湿地保护

奉贤北临黄浦江，南靠杭州湾，有13.7公里江岸线，31.6公里海岸线，区内地势平坦，属于长江三角洲冲积平原，常年平均气温16.1度，气候温和、日照充足、四季分明、雨水充沛。较为优越的地理位置、自然条件，以及较高的森林覆盖率和湿地资源，形成了比较舒适的人居环境，也为野生动植物栖息繁衍提供了有利条件。

据2007年进行的野生动物调查、2015年野生植物调查和2013年湿地资源调查，奉贤共记录到野生动物241种，其中两栖类7种、爬行类10种、鸟类209种，兽类15种；野生植物有42科98种；湿地总面积近17.91万亩，其中近海与海岸湿地、沼泽湿地为4.28万余亩。

改革开放以来，奉贤在野生动植物和湿地管理保护方面做了大量工作，2001年11月，建立了奉贤区野生动物保护管理站。2013年2月，奉贤区被划定为野生动物禁猎区。按照《中华人民共和国陆生野生动物保护实施条例》，广泛开展宣传教育，加强检查，严格执法，并积极开展野生动物生态修复和人工驯养繁育，使奉贤区成为全国六大特种经济动物养殖基地之一。人工繁育的绿头鸭、环颈雉等珍禽苗种和商品供应，在全国养殖行业有较高知名度。据2013年统计，一年向全国供应的珍禽苗种约1500万羽，珍禽商品约2000万羽。

第一节　野生动物

一、野生鸟类

据2006年3月至2007年6月，区林业署进行的18次野外鸟类和水鸟调查，并综合零星鸟种观察记录，共记录奉贤地区鸟类209种，分属17目、41科（见奉贤区鸟类调查名录）。属国家级保护鸟类15种，其中一级保护鸟类1种，为东方白鹳；二级保护鸟类14种，为黄嘴白鹭、鸳鸯、苍鹰、赤腹鹰、松雀鹰、普通鵟、鹗、游隼、燕隼、红脚隼、红隼、小杓鹬、小鸦鹃、长耳鸮。属上海市重点保护鸟类12种，为四声杜鹃、白头鹎、棕背伯劳、黑枕黄鹂、八哥、灰喜鹊、喜鹊、乌鸫、震旦鸦雀、日本对莺、寿带鸟、大山雀。属濒危野生动植物物种国际贸易公约（CITES公约）附录等级的有14种，其中一级有东方白鹳、游隼、小杓鹬3种；二级有花脸鸭、苍鹰、赤腹鹰、松雀鹰、普通鵟、鹗、燕隼、红脚隼、红隼、长耳鸮、画眉11种。

根据调查到的209种鸟类按照季节型来划分，奉贤鸟类的季节分布为，留鸟31种，占总数的14.8%；夏候鸟26种，占12.4%；旅鸟92种，占44.2%；冬候鸟60种，占28.7%。候鸟的种类共178种，是留鸟的5.7倍，占奉贤鸟类的85%。说明奉贤鸟类区系组成特点是候鸟为主导。

白鹭

奉贤鸟类的空间分布，海湾国家森林公园、杭州湾岸线、师大奉贤校区、星火农场为奉贤4个鸟类重要栖息地；黄浦江涵养林奉贤段、海湾旅游区林地的鸟种，为前4名的一半左右；庄行潘垫经济林、金汇申亚生态片林、青村申隆生态片林、奉贤现代农业园区生态林、古华公园鸟种在16～40种之间。鸟情较好和这些地区的植被组成有直接关系，除了乔木层茂密外，还有密度较大的灌木丛分布，秋冬季浆果的种树吸引众多雀鸟前来取食。由于候鸟有沿海岸迁徙的习性，南侧靠近海岸线的林地鸟种更为丰富。

2007年奉贤区鸟类调查名录

表7-1

序号	动物名称	数量	分布		保护级别
			地理型	季节型	
一、䴙䴘目					
（一）䴙䴘科					
1	小䴙䴘	常见	广	留	
2	黑颈䴙䴘	罕见	古	冬	
二、鹈形目					
（二）鸬鹚科					
3	普通鸬鹚	少见	古	冬	
三、鹳形目					
（三）鹭科					
4	苍鹭	常见	广	留	
5	绿鹭	罕见	东	夏	
6	池鹭	常见	东	夏	
7	牛背鹭	易见	东	夏	
8	大白鹭	易见	东	夏	
9	白鹭	常见	东	夏	
10	黄嘴白鹭	罕见	东	夏	国家二级
11	中白鹭	易见	东	夏	
12	夜鹭	常见	广	夏	
13	黄苇鳽	易见	东	夏	
14	大麻鳽	罕见	古	冬	

续表 7-1

序号	动物名称	数量	分布		保护级别
			地理型	季节型	
（四）鹳科					
15	东方白鹳	罕见	古	旅	国家一级、CITES 一级
四、雁形目					
（五）鸭科					
16	针尾鸭	罕见	古	冬	
17	绿翅鸭	易见	古	冬	
18	花脸鸭	罕见	古	冬	CITES 二级
19	罗纹鸭	少见	古	冬	
20	绿头鸭	少见	古	冬	
21	斑嘴鸭	少见	古	冬	
22	赤膀鸭	少见	古	冬	
23	赤颈鸭	少见	古	冬	
24	白眉鸭	少见	古	旅	
25	琵嘴鸭	少见	古	冬	
26	红头潜鸭	罕见	古	冬	
27	凤头潜鸭	少见	古	冬	
28	鸳鸯	罕见	古	冬	国家二级
五、隼形目					
（六）鹰科					
29	苍鹰	罕见	古	旅	国家二级、CITES 二级
30	赤腹鹰	少见	东	夏	国家二级、CITES 二级
31	松雀鹰	罕见	古	旅	国家二级、CITES 二级
32	普通鵟	易见	古	冬	国家二级、CITES 二级
33	鹗	易见	东	冬	国家二级、CITES 二级
（七）隼科					
34	游隼	少见	古	冬	国家二级、CITES 一级
35	燕隼	罕见	古	旅	国家二级、CITES 二级
36	红脚隼	罕见	古	旅	国家二级、CITES 二级
37	红隼	易见	古或广	冬	国家二级、CITES 二级
六、鸡形目					
（八）雉科					
38	鹌鹑	罕见	广	冬	
39	雉鸡	易见	古	留	

续表 7-1

序号	动物名称	数量	分布		保护级别
			地理型	季节型	
七、鹤形目					
（九）秧鸡科					
40	红胸田鸡	罕见	广	夏	
41	白胸苦恶鸟	易见	东	夏	
42	黑水鸡	常见	广	留	
43	骨顶鸡	少见	古	冬	
八、鸻形目					
（十）雉鸻科					
44	水雉	少见	东	旅	
（十一）鸻科					
45	灰斑鸻	易见	古	旅	
46	金〔斑〕鸻	罕见	广	旅	
47	长嘴剑鸻	罕见	古	冬	
48	金眶鸻	易见	古	旅	
49	环颈鸻	常见	古	旅	
50	蒙古沙鸻	易见	古	旅	
51	铁嘴沙鸻	易见	古	旅	
（十二）鹬科					
52	小杓鹬	罕见	古	旅	国家二级、CITES 一级
53	中杓鹬	易见	广	旅	
54	白腰杓鹬	罕见	古	冬	
55	大杓鹬	少见	广	旅	
56	黑尾塍鹬	罕见	广	旅	
57	斑尾塍鹬	罕见	广	旅	
58	鹤鹬	少见	古	旅	
59	红脚鹬	少见	广	旅	
60	泽鹬	少见	广	旅	
61	青脚鹬	常见	广	冬	
62	白腰草鹬	易见	古	冬	
63	林鹬	少见	古	旅	
64	矶鹬	易见	古	留	
65	灰尾漂鹬	少见	古	旅	
66	翘嘴鹬	易见	古	旅	
67	翻石鹬	少见	广	旅	
68	半蹼鹬	罕见	广	旅	
69	大沙锥	罕见	古	旅	
70	扇尾沙锥	常见	古	冬	

续表 7-1

序号	动物名称	数量	分布		保护级别
			地理型	季节型	
71	丘鹬	罕见	古	冬	
72	红腹滨鹬	罕见	广	旅	
73	大滨鹬	少见	广	旅	
74	红颈滨鹬	易见	广	旅	
75	长趾滨鹬	少见	广	旅	
76	青脚滨鹬	少见	广	旅	
77	尖尾滨鹬	少见	广	旅	
78	黑腹滨鹬	常见	广	冬	
79	弯嘴滨鹬	少见	广	旅	
80	三趾鹬	罕见	广	旅	
81	阔嘴鹬	少见	广	旅	
（十三）反嘴鹬科					
82	黑翅长脚鹬	易见	广	旅	
83	反嘴鹬	罕见	古	旅	
（十四）燕鸻科					
84	普通燕鸻	罕见	东	旅	
九、鸥形目					
（十五）鸥科					
85	黑尾鸥	少见	古	冬	
86	海鸥	少见	古	冬	
87	银鸥	易见	古	冬	
88	渔鸥	罕见	古	冬	
89	红嘴鸥	少见	古	冬	
90	黑嘴鸥	罕见	古	冬	
91	须浮鸥	少见	广	夏	
92	白翅浮鸥	少见	古	旅	
93	欧嘴噪鸥	少见	广	旅	
94	白额燕鸥	少见	广	旅	
十、鸽形目					
（十六）鸠鸽科					
95	山斑鸠	常见	广	留	
96	珠颈斑鸠	常见	东	留	
97	火斑鸠	少见	东	夏	

续表 7-1

序号	动物名称	数量	分布		保护级别
			地理型	季节型	
十一、鹃形目					
（十七）杜鹃科					
98	鹰鹃	罕见	东	旅	
99	四声杜鹃	罕见	广	夏	上海市级
100	大杜鹃	少见	广	旅	
101	中杜鹃	罕见	东或广	旅	
102	小杜鹃	罕见	广	旅	
103	小鸦鹃	少见	东	夏	国家二级
十二、鸮形目					
（十八）鸱鸮科					
104	长耳鸮	罕见	古	冬	国家二级、CITES 二级
十三、夜鹰目					
（十九）夜鹰科					
105	普通夜鹰	少见	古	旅	
十四、雨燕目					
（二十）雨燕科					
106	白腰雨燕	少见	广	旅	
十五、佛法僧目					
（二十一）翠鸟科					
107	斑鱼狗	少见	东	留	
108	普通翠鸟	常见	广	留	
109	蓝翡翠	少见	东	旅	
（二十二）佛法僧科					
110	三宝鸟	少见	东	旅	
（二十三）戴胜科					
111	戴胜	少见	广	旅	
十六、鴷形目					
（二十四）啄木鸟科					
112	蚁鴷	罕见	古	旅	
十七、雀形目					
（二十五）百灵科					
113	云雀	易见	古	冬	
114	小云雀	易见	古	旅	
（二十六）燕科					
115	崖沙燕	少见	古	旅	
116	家燕	常见	广	夏	
117	金腰燕	易见	广	夏	

续表 7-1

序号	动物名称	数量	分布		保护级别
			地理型	季节型	
	(二十七)鹡鸰科				
118	山鹡鸰	罕见	古	旅	
119	黄鹡鸰	常见	古	旅	
120	灰鹡鸰	易见	古	旅	
121	白鹡鸰	常见	古	夏	
122	田鹨	易见	广	旅	
123	树鹨	易见	古	冬	
124	红喉鹨	少见	广	冬	
125	水鹨	易见	古	冬	
	(二十八) 山椒鸟科				
126	灰山椒鸟	罕见	广	旅	
	(二十九) 鹎科				
127	领雀嘴鹎	罕见	东	留	
128	白头鹎	常见	广	留	上海市级
	(三十) 太平鸟科				
129	小太平鸟	罕见	古	冬	
	(三十一) 伯劳科				
130	虎纹伯劳	罕见	古	夏	
131	牛头伯劳	罕见	古	冬	
132	红尾伯劳	少见	古	旅	
133	棕背伯劳	常见	东	留	上海市级
	(三十二) 黄鹂科				
134	黑枕黄鹂	少见	东	夏	上海市级
	(三十三) 卷尾科				
135	黑卷尾	少见	东	旅	
136	灰卷尾	罕见	东	旅	
137	发冠卷尾	罕见	东	旅	
	(三十四) 椋鸟科				
138	丝光椋鸟	易见	东	留	
139	灰椋鸟	常见	古	冬	
140	黑领椋鸟	少见	广	留	
141	八哥	常见	东	留	
	(三十五) 鸦科				
142	灰喜鹊	罕见	古	留	上海市级
143	喜鹊	少见	广	留	上海市级

续表 7-1

序号	动物名称	数量	分布		保护级别
			地理型	季节型	
	(三十六)鹟科				
144	红尾歌鸲	罕见	古	旅	
145	红点颏	少见	古	旅	
146	蓝歌鸲	罕见	古	旅	
147	红胁蓝尾鸲	易见	古	冬	
148	鹊鸲	罕见	东	留	
149	北红尾鸲	易见	古	冬	
150	红尾水鸲	罕见	东	留	
151	黑喉石䳭	罕见	古	旅	
152	蓝矶鸫	少见	古	旅	
153	白眉地鸫	罕见	古或东	旅	
154	虎斑地鸫	少见	古	旅	
155	灰背鸫	易见	古	旅	
156	乌灰鸫	罕见	东	旅	
157	乌鸫	常见	东	留	上海市级
158	白腹鸫	易见	古	冬	
159	白眉鸫	少见	古	旅	
160	斑鸫	易见	古	冬	
161	画眉	少见	东	留	CITES 二级
162	棕头鸦雀	常见	东	留	
163	震旦鸦雀	易见	东	留	上海市级
164	日本树莺	少见	东或古	夏	上海市级
165	强脚树莺	罕见	东	夏	
166	东方大苇莺	少见	古	夏	
167	褐柳莺	罕见	古	旅	
168	巨嘴柳莺	少见	古	旅	
169	黄眉柳莺	易见	古	旅	
170	黄腰柳莺	易见	古	旅	
171	极北柳莺	易见	古	旅	
172	双斑绿柳莺	罕见	古	旅	
173	灰脚柳莺	罕见	古	旅	
174	冕柳莺	少见	古	旅	
175	冠纹柳莺	罕见	古	旅	
176	戴菊	少见	古	冬	
177	棕扇尾莺	常见	东	留	
178	褐头鹪莺	常见	东	留	

续表 7-1

序号	动物名称	数量	分布		保护级别
			地理型	季节型	
179	白眉〔姬〕鹟	少见	古	夏	
180	黄眉〔姬〕鹟	少见	古	旅	
181	鸲〔姬〕鹟	少见	古	旅	
182	红喉〔姬〕鹟	少见	古	旅	
183	白腹姬鹟	少见	古	旅	
184	乌鹟	少见	古	旅	
185	灰纹鹟	少见	古	旅	
186	北灰鹟	少见	古	旅	
187	寿带〔鸟〕	罕见	东	旅	上海市级
（三十七）山雀科					
188	大山雀	常见	广	留	上海市级
189	黄腹山雀	易见	东	冬	
190	红头长尾山雀	易见	东	留	
（三十八）攀雀科					
191	中华攀雀	少见	古	冬	
（三十九）绣眼鸟科					
192	暗绿绣眼鸟	易见	东	夏	
（四十）文鸟科					
193	〔树〕麻雀	常见	广	留	
194	白腰文鸟	常见	广	留	
195	斑文鸟	易见	东	留	
（四十一）雀科					
196	燕雀	易见	古	冬	
197	金翅雀	常见	广	留	
198	黄雀	易见	古	冬	
199	黑头蜡嘴雀	罕见	古	冬	
200	黑尾蜡嘴雀	常见	古	冬	
201	栗鹀	罕见	古	旅	
202	黄喉鹀	易见	古	冬	
203	灰头鹀	易见	古	冬	
204	栗耳鹀	少见	古	冬	
205	田鹀	易见	古	冬	
206	小鹀	易见	古	冬	
207	黄眉鹀	少见	古	冬	
208	白眉鹀	易见	古	旅	
209	苇鹀	少见	古	冬	

附：

奉贤黄浦江水源涵养林鸟类调查

摘要：2010年8月至2011年4月，在奉贤区黄浦江水源涵养林进行4次野生鸟类的调查。调查中共记录到鸟类44种，分属7目17科。其中，留鸟14种（31.8%），冬候鸟16种（36.4%），旅鸟7种（15.9%），夏候鸟7种（15.9%）。调查中共记录到鸟类707只，其中留鸟308只（43.6%），冬候鸟344只（48.7%），旅鸟25只（3.5%），夏候鸟30只（4.2%）。迁徙鸟类的种类占68.2%，数量占56.4%，这一结果与上海市鸟类记录以迁徙鸟为主的情况相一致。调查期间还记录到上海市重点保护鸟类4种88只。

1．奉贤区黄浦江水源涵养林概况

奉贤区黄浦江涵养林位于奉贤区西北角，坐标为北纬30° 58′ 68″ ～31° 92′，东经121° 21′ 31″ ～121° 28′ 96″，呈狭长带状，北临黄浦江，东接金汇港，西接松江区叶榭镇，涵养林江岸线长度13.7千米，宽度0.2～0.5千米，总面积1.88平方公里。该涵养林地处北亚热带南缘，东亚季风盛行，气候温和湿润，四季分明，夏季炎热湿润，冬季寒冷干燥。平均气温为15.5℃，最高温度38.4℃，最低－10.1℃。海拔高度2～3米，地势平坦，为冲积平原，雨量充沛，年均降水量1062毫米，土壤为黏质土。奉贤区黄浦江水源涵养林总面积为2815亩，分布在2个镇6个村，分别为庄行镇渔沥、叶家、浦秀村和南桥镇鸿宝、南渡、北新村，其中庄行镇面积为1785亩，南桥镇面积为1030亩。整条林带宽度在200米范围内造林1966亩，200～500米范围内造林849亩。

本文调查区域为庄行镇渔沥村沙港水闸东侧的黄浦江涵养林（北纬30° 59′ 8.4″，东经121° 23′ 27.8″），主要林分为杜英纯林、栾树纯林和香樟×重阳木混交林等。

2．调查时间及方法

调查时间跨度为1年，2010年8月和10月分别进行了夏、秋季调查，2011年1月和4月分别进行了冬、春季调查。

每次调查2～3人一组。在调查区域内以每小时1～2公里速度行进，一名调查人员利用双筒望远镜进行观察计数，另一名调查人员记录并辅助观察。对听到和看到的鸟类予以记录，每个个体只记录一次，能够判明是飞出又飞回的鸟不进行计数。

3．结果与分析

3.1 种类与数量

调查期间共记录到鸟类44种707只，分属7目17科（具体见附表）。其中鸊鷉目鸟类1种2只，鹳形目鸟类4种21只，鹤形目鸟类2种22只，佛法僧目鸟类1种2只，雀形目鸟类33种631只，雀形目鸟类在种类和数量上占优势。水鸟8种52只，林鸟36种655只，林鸟在种类和数量上占主导地位。

3.2 居留类型

从物种的居留类型上看，共记录到鸟类44种，其中留鸟14种，占31.8%；冬候鸟16种，占36.4%；旅鸟7种，占15.9%；夏候鸟7种，占15.9%。共记录到鸟类707只，其中留鸟308只，占43.6%；冬候鸟344只，占48.7%；旅鸟25只，占3.5%；夏候鸟30只，占4.2%（具体见表1和表2）。迁徙鸟类共有30种399只，分别占总数的68.2%和56.4%，这一结果与上海市鸟类记录以迁徙鸟类为主的情况一致。

表1　不同居留鸟类种类及数量

调查时间	4月		8月		10月		1月		合计	
	数量	种类	数量	种类	数量	种类	数量	种类	数量	种类
合计	129	28	69	15	151	17	358	27	707	44
冬候鸟	17	7	1	1	94	4	232	14	344	16
留鸟	89	12	58	9	47	7	114	9	308	14
旅鸟	5	4	1	1	7	5	12	4	25	7
夏候鸟	18	5	9	4	3	1	0	0	30	7

3.3 重点保护鸟类

调查共记录到上海市重点保护鸟类4种88只。

表2　记录到的保护鸟类

中文名	学名	保护级别	记录总数量（只次）	单次最高数量（只）
白头鹎	Pycnonotus Sinensis	上海市重点保护	69	30
棕背伯劳	Lanius schach	上海市重点保护	11	5
八哥	Acridotheres Cristateiius	上海市重点保护	1	1
大山雀	Psrus major	上海市重点保护	7	2

4. 结论与讨论

4.1 与2006—2007年期间调查相比，鸟类种类和数量有一定的增加。

根据2006—2007年期间对该地区的鸟类调查（《奉贤区野生动物资源调查报告》，奉贤区林业署，2008年2月），当时调查到的鸟类36种414只，分属7个目17个科。本次调查与2006—2007年期间调查相比，鸟类种类和数量有一定的增加，种类增加了11种，数量增加了293只，增加的种类有小䴙䴘、黑水鸡、牛背鹭、普通翠鸟、山斑鸠、乌鸫、灰鹡鸰、灰椋鸟、棕扇尾莺、暗绿绣眼、远东树莺等11种鸟类。同时比照上次调查，本次调查中没有发现乌鸦和鸥类。

本次调查期间，我们还发现涵养林地枯落叶厚度较前几年有所增加，林地中有不少鸟类在林间翻捡落叶觅食。可以初步确定奉贤区黄浦江涵养林经过近几年的培育，林地的林分结构逐步稳定，林地质量有所提高，林地植被有所增加。黄浦江涵养林森林环境的变化为野生鸟类的栖息提供了有利的条件，因此鸟类多样性也随之而提高。

4.2 丰富鸟类栖息地类型

从本次调查结果来看，水鸟 8 种 52 只，林鸟 36 种 655 只，调查区域的鸟类以雀形目的小型鸟类为主。说明该调查区域中的植被吸引了相当数量的鸟类栖息，目前，植被层次还不够丰富，种类也不是很多，这与林地的定位有关。

调查中我们观察到了一定数量的水鸟，显然与调查区域中有一定的小型水域面积有关。说明今后在生态公益林营建过程中，可以因地制宜，充分利用原有的水体环境条件，将可以起到事半功倍的作用，最大限度地发挥涵养林林地的生态效益。

4.3 提高林地植被空间异质性

生态公益林是鸟林栖息的主要场所，对林地的规划，应充分考虑树种群落结构，树种搭配，要营造混交林、乔、灌、草结合，避免出现大片的单一树种的纯林，通过树种搭配丰富性来提高鸟类多样性水平。

对目前已建成的水源涵养林林地，可以结合森林培育目标和林地日常养护工作，适当增加水源涵养林林下植物的配置，以进一步增加植物种类的多样性。尽量多选择一些造型美观，经济实用，同时又能够招引鸟类（如能为鸟类提供食物的乔木和灌木）的物种。对于目前已建成的绿化带，应逐步加以更新，在降低现有树林密度的情况下，补植中下层灌木，并适当增加浆果类树种的数量，以吸引更多的鸟类在此栖息。（原载《上海林业科技》2014 年 6 月第二期）

作者：薛耀英　顾国林　叶黎红　汤纪红　顾保龙　杨志栋

二、野生兽类

据历史记载，奉贤曾有狐、貉、小灵猫等野生兽类存在，20 世纪 30 年代以前，甚至还有獐等体型较大的动物。随着大规模经济建设和社会发展，兽类栖息地逐渐消失，一些兽类已不复存在。野生兽类是宝贵的社会资源，对维护健康的生态系统具有重要意义，在大城市郊区野生兽类更为稀少，尤其显得珍贵。

狗獾

据 2007 年野生动物资源调查，奉贤现存野生兽类有：(1) 食虫目，有刺猬、臭鼩、灰麝鼩和大麝鼩 4 种；(2) 啮齿目，有小家鼠、褐家鼠、黄胸鼠、黑线姬鼠 4 种；(3) 兔形目，有华南兔 1 种；(4) 翼手目，有普通伏翼（蝙蝠）1 种；(5) 食肉目，有黄鼬（黄鼠狼）猪獾、狗獾、豹猫（狸猫）、水獭 5 种。

刺猬

2007 年奉贤区野生哺乳动物调查名录

表 7-2

序号	动物名称	调查结果			保护级别			濒危级别	
		1	2	3	国家级	市级	CITES	红色名录	IUCN
1	大麝鼩	✓						VU	
2	灰麝鼩	✓						LC	
3	臭鼩	✓						LC	
4	刺猬	✓				✓		LC	
5	华南兔	✓						LC	
6	小家鼠	✓						LC	
7	黑线姬鼠	✓						LC	
8	褐家鼠	✓						LC	
9	黄胸鼠	✓						LC	
10	伏翼	✓						LC	
11	狗獾	✓						NT	
12	猪獾	✓				✓		NT	
13	黄鼬	✓						NT	
14	豹猫	✓				✓		VU	
15	水獭	✓			二级			EN	

三、两栖及爬行动物

2006 年 6 月至 2007 年 12 月，奉贤区野生动物保护管理站开展陆生野生动物资源调查，调查组邀请奉贤养蛇、捕蛇专家徐金龙、丁德根、康德兴一起到野外实地观察调查及走访、座谈，在奉贤区境内发现的两栖动物有中华蟾蜍（癞蛤蟆）、无斑雨蛙（地方名青格端）、饰纹姬蛙、泽蛙（地方名格端）、黑斑蛙（地方名田鸡、青蛙）、金线蛙（地方名水雀）虎纹蛙（地方名江北郎）7 种。

爬行动物有多疣壁虎、蓝尾石龙子、赤链蛇（地方名火赤链，无毒蛇）、白条锦蛇（地方名岸水蛇，无毒蛇）、红点锦蛇（地方名青水蛇、水蛇，无毒蛇）、黑眉锦蛇（地方名秤星蛇、家蛇，无毒蛇）、赤链华游蛇（地方名红肚水蛇、水赤链，无毒蛇）、乌梢蛇（地方名扁担蛇、青壳蛇，无毒蛇）、短尾蝮（地方名土飞蛇、草上飞，毒蛇）、中华鳖（地方名甲鱼）10 种。

青蛙

根据近几十年记录，两栖动物种类虽然没大变化，但在数量上锐减，夏夜田野已难现“听取蛙声一片”的生境，体型也在逐渐变小。爬行动物中以往调查有记载的乌龟和中国石龙子，在该次调查中没有发现。爬行动物中除多疣壁虎、赤链蛇数量变化不大外，其余品种数量已全面下降，生存受到严重威胁。

2007年奉贤区两栖及爬行动物调查名录

表7-3

	动物名称	调查结果			保护级别			濒危级别	
		1	2	3	国家级	市级	CITES	红色名录	IUCN
两栖纲无尾目	一、蟾蜍科								
	1. 中华蟾蜍	√				√		LC	
	二、雨蛙科（树蟾科）								
	2. 无斑雨蛙					√		LC	
	三、姬蛙科								
	3. 饰纹姬蛙	√				√		LC	
	四、蛙科								
	4. 泽蛙	√				√		LC	
	5. 黑斑蛙	√				√		NT	
	6. 金线蛙	√				√		LC	
	7. 虎纹蛙	√			二级			VU	
蜥蜴目	一、壁虎科								
	1. 多疣壁虎	√				√		LC	
	二、石龙子科								
	2. 中国石龙子		0						
	3. 蓝尾石龙子	√				√		LC	
蛇目	三、游蛇科								
	4. 赤链蛇	√				√		LC	
	5. 白条锦蛇	√				√		LC	
	6. 红点锦蛇	√				√		LC	
	7. 黑眉锦蛇	√				√		VU	
	8. 赤链华游蛇	√				√		LC	
	9. 乌梢蛇	√				√		VU	
	四、蝰科								
	10. 短尾蝮	√				√		VU	
龟鳖目	一、淡水龟科								
	11. 乌龟		0						
	二、鳖科								
	12. 中华鳖	√						VU	

说明：《中国物种红色名录》（红色名录）和世界自然保护联盟（IUCN）中：EX——绝灭；RE——地区绝灭；CR——极危；EN——濒危；VU——易危；NT——无危；LC——无危；DD——数据缺乏；NA——不宜评估

第二节　野生植物

根据《第二次全国重点保护野生植物资源调查上海市人工栽培资源调查名录》（下称《二调名录》），2014—2015年，奉贤区野生动物保护管理站进行了资源调查，奉贤区有人工栽培野生植物42科98种。属《二调名录》中所列植物有樟、水杉、红豆杉、银杏、鹅掌楸、大叶榉、喜树、杜仲8种。在海湾国家森林公园中还有沉水樟、舟山新木姜子、黄檗、连香树等18种国家珍稀濒危树种。

在2014—2015年调查中，统计非重点保护植物有37科90种，分别存在于绿林地和苗圃中。绿林地中栾树、杜英、广玉兰、女贞、无患子、雪松和白玉兰为栽培数量较多的树种，其数量均超过10万株。而苗圃中，以桂花、杨柳、女贞、广玉兰、龙柏和栾树为数量较多。总的状况是，常绿树多于落叶树，阔叶树多于针叶树。

奉贤野生药材十分丰富，奉贤诸志中，《邵厂志》记载较详，计有72种：蒲公英、银花藤、野菊、鱼腥草、鸭舌草、半枝莲、垂盆草、马齿苋、芦根、龙葵、灯笼草、马蓟莓、葎草、蛇莓、紫花地丁、马蓝根、开金锁、白花蛇舌草、虎耳草、紫苏、荆芥、葱白、桑叶、浮萍草、薄荷、瓜蒌皮、天浆壳、鼠曲草、旋夏草、枇杷叶、柴苑、竹菇、苍耳草、络石藤、臭梧桐、扦口活（接骨木）、桑枝、白毛藤、泽兰、益母草、虎杖、马薇草、茅根、大蓟根、仙鹤草、侧柏、蓝莱花、旱莲草、地锦草、槐花、藕芦、连钱草、车前草、马蹄金、降添、苔菜、玉米须、葵花、藿香、佩兰、杨橘梨、楝树、薤白头、铁扁担、牵牛子、碎米荠、石菖蒲、大狼把草、苍耳子、边血草、蚕豆花、杜仲。

野生药材

一、国家重点保护野生植物资源

至2015年，奉贤区有国家重点保护野生植物资源42科98种植物，其中包括樟、水杉、红豆杉、银杏、鹅掌楸、大叶榉、喜树、杜仲共8种《二调名录》中所列植物。奉贤区内樟树的数量远远高于其他树种，种植数量为196.5万株，面积为13537.5亩，在林绿地和苗圃中数量均非常高。水杉数量也处于较高水平，达到46.7万株，栽培面积为3472.5亩，大部分存在于林绿地中，苗圃数量则较少。红豆杉的数量为31.1万株，栽培面积为1246.5亩，但其在苗圃中的数量占总数量的98.85%，远高于绿林地中。银杏、鹅掌楸和大叶榉则是种植数量相对较少的3种植物，且绿林地数量低于苗圃数量。喜树和杜仲的种植在绿林地和苗圃中的数量均很少。

二、人工栽培重点野生植物资源

根据《二调名录》，奉贤区有8种重点野生植物人工栽培，其中数量最多的为常绿树种樟，其在奉贤区广泛栽培，尤其以林地、公园为主要栽培地点，因其市场需求量大，易于栽培和成活，所以苗圃中也存有大量的樟树幼苗。因此，无论是林地、苗圃和公园，樟均为优势植物。

落叶乔木树种水杉在林地中栽培数量也较多，其一般存在于水边或通道区域，株形优美，在林地营造中使用较多。

银杏、鹅掌楸、喜树、红豆杉和大叶榉均为落叶树种，其在林地中的数量和比例较低。苗圃中红豆杉数量相对较多。红豆杉为落叶乔木，但其生长缓慢，价格较高，2011年有过一个种植高峰。

三、非重点保护植物

至2015年，奉贤区有37科90种非重点保护植物，其多样性和丰富度远远高于重点保护植物，分别存在于林绿地和苗圃中。

林绿地中的非重点保护植物为47种，其中常绿植物为16种。各树种之间数量差距明显。其中栾树、杜英、女贞、广玉兰、无患子、雪松和白玉兰为栽培数量较多的植物，其数量均超过10万株，其比例均大于林绿地植物的2%。林绿地在营造过程中，林业部门在这些植物的选择中具有较为明显的倾向性。在这些植物中，常绿植物为杜英、广玉兰和雪松，而落叶植物为栾树、无患子和白玉兰，结合数量最多的重点保护植物樟，表明林绿地的营造，虽然落叶树种较多，但是在大量种植的植物选择上，林业部门还是更多地倾向于常绿植物。

在47种植物中8种为针叶植物（占林绿地植物数量比例4.45%），而阔叶植物为39种（占林绿地植物数量比例为49.98%），阔叶植物的数量比例为针叶植物的11.2倍。在林绿地的营造过程中，林业部门更多地选择阔叶植物，针叶植物只是点缀其中。

苗圃中的非重点保护植物为22科，50种，其中常绿植物为13种。各树种之间数量相差明显，其中桂花、杨树、女贞、广玉兰、龙柏和栾树为数量较多的植物。苗圃经营者在植物种苗的选择上，具有强烈的倾向性，其中女贞、广玉兰和栾树正是林绿地营造过程中使用较多的植物。在非重点保护植物中，针叶植物为9种（数量占比7.38%），而阔叶植物为41种（数量占比41.29%），是针叶树种的5.6倍。苗圃植物中的非重点保护植物以落叶阔叶植物为主，而常绿植物的数量则较少。

附：

奉贤区野生植物资源名录

科 / 种		拉丁名
柏科		Cupressaceae
	蓝冰柏	Cupressus Biue Ice
	中山柏	Cupressus Iusitanica cv ZhongShanbai
	龙柏	Sabina chinensis Kaizuca
	圆柏	Sabina chinensis(Linn) Antonie
大戟科		Euphorbiaceae
	重阳木	Bischoffiajavanica
	乌桕	Sapium sebiferum（L.）Roxb.
豆科		Leguminosae sp.
	合欢	Albizia julibrissin Durazz.
	国槐	Sophora japonica Linn
	金枝国槐	Sophora japonica L. cv. Golden Stem
	盘槐	Sophora japonica Linn. Var. japonica f. Pendula Hort.
	皂荚	Gleditsia sinensis Lam.
	紫荆	Cercis chinensis Bunge
杜英科		Elaeocarpaceae
	杜英	Elaeocarpus decipiens Hemsl
杜仲科		Eucommiaceae
	杜仲	Eucommia ulmoides Oliver
红豆杉科		Taxaceae
	红豆杉	Taxus chinensis（pilger）Rehd
胡桃科		Juglandaceae
	枫杨	Pterocarya stenoptera C. DC.
黄杨科		Buxaceae
	瓜子黄杨	Buxus sinica（Rehd. et Wils.）Cheng
金缕梅科		Hamamelidacae
	枫香	Liquidambar formosana Hance
	蚊母	Distylium racemosum Sieb. et Zucc.
锦葵科		Malvaceae
	木槿	Hibiscus syriacus Linn.
壳斗科		Fagaceae

	栎树	Quercus Linn
苦木科		Simaroubaceae
	臭椿	Ailanthus altissima
蜡梅科		Calycanthaecae
	蜡梅	Chimonanthus praecox（Linn.）Link
蓝果树科		Nyssaceae
	喜树	Camptotheca acuminata Decne.
楝科		Meliaceae
	苦楝	Melia azedarach
罗汉松科		podocarpaceae
	罗汉松	Podocarpus macrophyllus
	竹柏	Podocarpusnag
木兰科		Magnoliaceae
	鹅掌楸	Liriodendron chinense（Hemsl.）Sarg.
	含笑	Michelia figo（Lour.）Spreng
	乐昌含笑	Micheliachapensis
	醉香含笑	Michelia macclurei Dandy
	白玉兰	Michelia alba DC.
	广玉兰	Magnolia Grandiflora Linn
	紫玉兰	Magnolia liliiflora Desr
	光叶拟单性木兰	Parakmeria nitita
木犀科		Oleaceae
	对节白蜡	Fraxinus hupehensis Chu, Shang et Su.
	丁香	Syringe Linn.
	桂花	Osmanthus fragrans（Thunb.）Lour
	女贞	Ligustrum lucidum
漆树科		Anacardiaceae
	南酸枣	Choerospondias axillaris (Roxb.) Burtt et Hill.
槭树科		Aceraceae
	五角枫	Acer mono Maxim
	红枫	AcerpalmatumThunbf
	鸡爪槭	Acer palmatum Thunb
	三角枫	Acer buergerianum Miq.
千屈菜科		Lythraceae
	紫薇	Lagerstroemia indica L.

茜草科		Rubiaceae
	栀子	Gardenia jasminoides Ellis
蔷薇科		Rosaceae
	梨	Pyrus spp
	紫叶李	Prunus Cerasifera Ehrhar f. Atropurpurea（Jacq.）Rehd.
	枇杷	Eriobotrya japonica (Thunb.) Lindl
	垂丝海棠	Malus halliana Koehne
	红叶石楠	Photiniaxfraseri
	石楠	Photinia serrulata Lindl.
	桃	Amygdalus Persica L.
	梅	Armeniaca mume Sieb.
	杏梅	Armeniaca mume var. bungo Makino
	杏	Armeniaca vulgaris Lam.
	樱花	Cerasus ssp.
忍冬科		Caprifoliaceae
	珊瑚	Viburnum odoratissinum
桑科		Moraceae
	构树	Broussonetia Papyrifera
杉科		Taxodiaceae
	柳杉	Cryptomeria fortunei Hooibrenk ex Otto et Dietr
	池杉	Taxodium ascendens
	东方杉	Taxodium mucronatum XCryptomeria Fortunei
	落羽杉	Taxodium distichum（L.）Rich.
	水杉	Metasequoia glyptostroboides Hu&W.C.Cheng
石榴科		Punicaceae
	石榴	Punica granatum L.
柿科		Ebenaceae
	柿	Diospyros Kaki Thunb.
鼠李科		Rhamnaceae
	枣	Ziziphus jujuba Mill.
松科		Pinaceae
	白皮松	Pinus bungeana Zucc.
	黑松	Pinus thunbergii Parl.
	火炬松	Pinus taeda L.
	马尾松	Pinus massoniana Lamb.

	湿地松	Pinus elliottii
	五针松	Pinus Parviflora
	雪松	Cedrus deodara（Roxb.）G. Don
卫矛科		Celastraceae
	丝绵木	Euonymus maackii
无患子科		Sapindaceae
	黄山栾树	Koelreuteria bipinnata Franchet
	栾树	Koelreuteria Paniculata
梧桐科		Scrophulariaceae
	青桐	Firmiana simplex（L.）W.F.Wight
	梧桐	Firmiana Platanifolia（L.f.）Marsili
玄参科		Scrophulariaceae
	泡桐	Paulownia Sieb.
悬铃木科		Platanaceae
	悬铃木	Platanus
杨柳科		Salicaeae
	垂柳	Salix babylonica
	杨	Populus
杨梅科		Myricaceae
	杨梅	Myrica rubra（Lour.）S.et Zucc.
银杏科		Ginkgoaceae
	银杏	Ginkgo biloba L.
榆科		Ulmaceae
	大叶榉	Zelkova serrata（Thunb.）Makinoz
	朴树	Celtis sinensis Pers.
	榔榆	Ulmus Parvifolia Jacq
	榆树	Ulmus Pumila L.
芸香科		Rutaceae
	柑橘	Citrus reticulate Blanco
	香泡	Citrus medica
樟科		Lauraceae
	樟	Cinnamomum camphora（L.）presl
棕榈科		Palmae
	加拿利海枣	Phonenix canariensis
	中东海枣	Phoenix sylvestris

华盛顿棕榈　Washingtonia filiferaLinden.Wendland
布迪椰子　Butia capitata（Mart.）Becc
棕榈　Trachycarpus fortunei（Hook.）H. Wendl

第三节　湿　地

奉贤区位于上海市南部，杭州湾北岸，因其“滨江临海”的优越自然地理区位，湿地资源极其丰富。随着奉贤区经济社会的不断发展，湿地资源体现了其重要的经济、生态价值。中华人民共和国成立以来，湿地资源特别是近海和海岸湿地，为奉贤的经济发展提供了大面积的土地资源，为工农业生产和城市建设提供了广阔的发展空间；同时又为候鸟迁徙提供重要栖息停歇地，为防洪、海岸侵蚀以及风暴潮防护起到至关重要的作用；湿地又是生物多样性和生态文明建设的载体，全区 70%～80% 的野生动植物种类生活在湿地中；湿地也为奉贤提供了丰富的湿地产品，以及航运、排水、污水净化、景观、休闲旅游等经济和生态服务。

滨海湿地

一、湿地资源

2013 年，奉贤区林业署在华东师范大学河口海岸科学研究院的帮助下，进行第二次湿地资源调查。奉贤湿地总面积为 17.91 万亩，占全区国土面积的 16.7%，占上海市湿地面积的 2.56%。奉贤区湿地类型丰富，包括 3 个湿地区、4 个湿地类、8 种湿地型。3 个湿地区包括杭州湾北岸湿地区、黄浦江湿地区、奉贤区零星湿地区；4 种湿地类，包括近海与海岸湿地、河流湿地、沼泽湿地和人工湿地；8 种湿地型包括浅海水域、淤泥质海滩、潮间盐水沼泽、永久性河流、草本沼泽、库塘、运河、输水河以及水产养殖塘。

此次调查，采用 3S 技术，特别是采用最新高分辨率遥感影像进行精细判读和现地验证作业，首次全面准确地查清了奉贤区面积不少于 75 亩、河流宽度 10 米以上、长度 5 公里以上的全部湿地。调查结果，奉贤区共有 4 个湿地类，8 个湿地型（不含水稻田湿地）。区划湿地区 3 个，面积在 75 亩以上的（含 75 亩）湿地斑块 532 块，总面积 17.91 万亩（不含水稻湿地）。所有湿地类中，人工湿地面积最大，为 13.2 万亩，占全区湿地面积的 73.72%。

2012年奉贤区湿地分布图

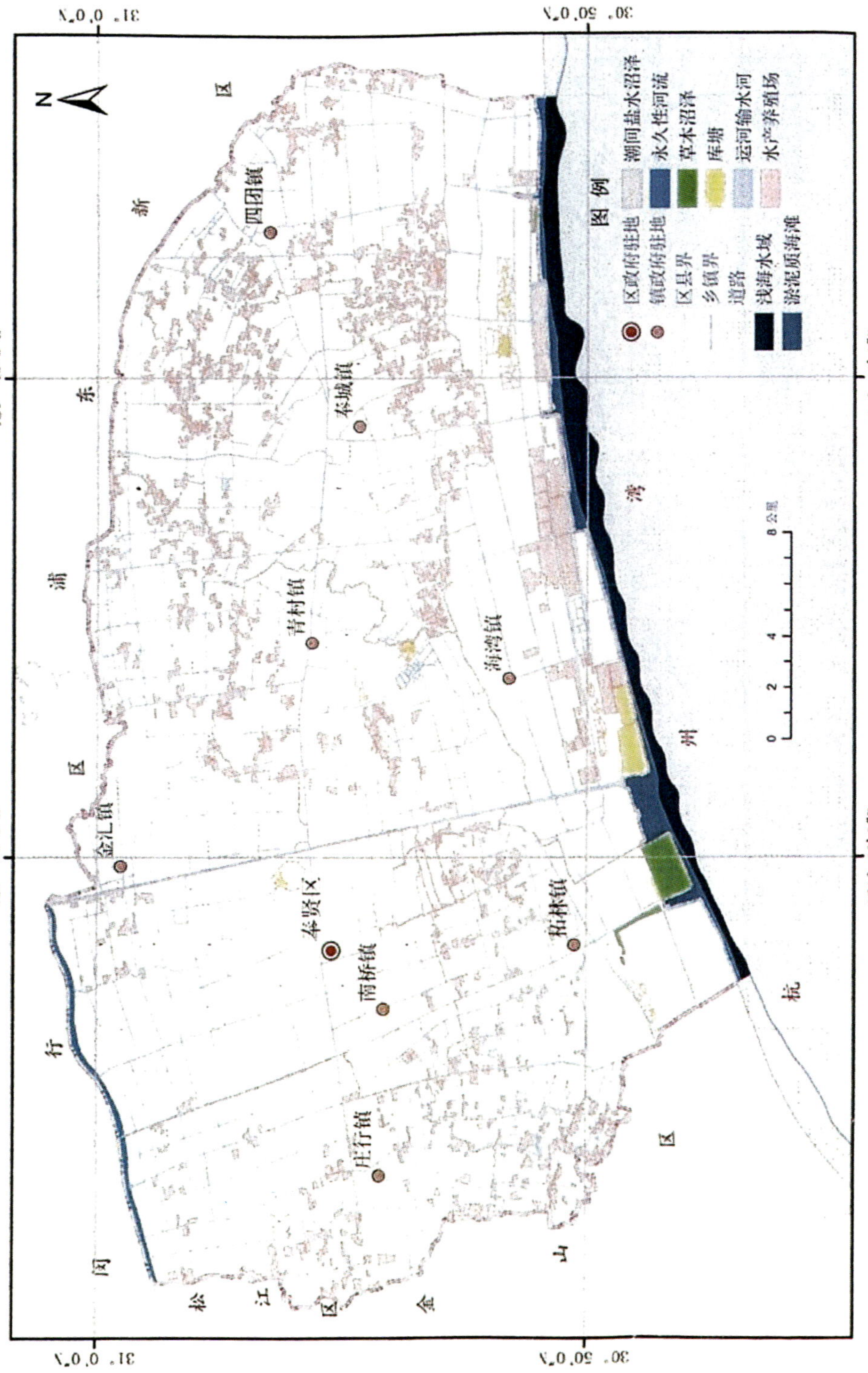

2012 年奉贤区湿地类型、分布及面积情况表

表 7-4　　　　　　　　　　　　　　　　　　　　　　　　　　单位：亩

类代码	湿地类	湿地型	主要分布	湿地面积	占区湿地面积比例（%）
1	近海与海岸湿地	浅海水域	杭州湾北岸	38567	21.54
		淤泥质海滩	杭州湾北岸，海湾镇、柘林镇沿岸一带		
		潮间盐水沼泽	杭州湾北岸、海湾镇沿岸一带		
2	河流湿地	永久性河流	黄浦江	4234	2.36
3	沼泽湿地	草本沼泽	海湾镇、柘林镇	4268	2.38
4	人工湿地	库塘	南桥镇、青村镇、海湾镇、柘林镇	131986	73.72
		运河、输水河	贯穿全区		
		水产养殖塘种植塘	全区覆盖		
合计				179055	100

二、湿地类型及面积

根据《上海市第二次湿地资源调查技术实施细则》，经调查，奉贤区近海与海岸湿地、沼泽湿地、河流湿地和人工湿地面积比例为 22∶2∶2∶74。其中人工湿地面积占奉贤区湿地总面积比例最大，为 73.72%；其次是近海与海岸湿地，占湿地总面积的 21.54%；河流湿地和沼泽湿地则分别占湿地总面积的 2.36% 和 2.38%。

三、各湿地类湿地型及面积

奉贤区包括 8 种湿地型，全区近海与海岸湿地类中，潮间盐水沼泽面积 389.25 亩，占全区湿地面积的 0.22%；淤泥质海滩面积 1.21 万亩，占全区湿地总面积的 6.76%；浅海水域面积 2.61 万亩，占全区湿地总面积的 14.56%；河流湿地中包括永久性河流，其面积 4233.9 亩，占全区湿地总面积的 2.36%；沼泽地中包括草本沼泽，其面积 4267.8 亩，占全区湿地总面积的 2.38%；人工湿地中，库塘面积 6281.25 亩，占全区湿地总面积的 3.51%；运河、输水河 4.44 万亩，占全区湿地总面积的 24.78%；水产养殖塘 8.13 万余亩，占全区湿地面积的 45.42%。

四、各湿地区湿地类及面积

根据《上海市第二次湿地资源调查技术实施细则》，奉贤区涉及 1 个零星湿地区和 2 个单独湿地区，分别是奉贤区零星湿地区、杭州湾北岸湿地区、黄浦江湿地区。

奉贤区零星湿地区包括 3 种湿地类，即人工湿地、沼泽湿地和部分河流湿地，多零星分布。人工湿地面积 1.32 万亩，沼泽地面积 4267.8 亩，部分河流湿地面积

163.35 亩。在奉贤区零星湿地区中，人工湿地面积所占比例最大，占奉贤区零星湿地总面积的 96.75%，占奉贤区湿地总面积的 73.72%。

杭州湾北岸湿地区包括近海与海岸湿地，其面积 3.86 万亩，占奉贤区湿地总面积的 21.54%。

黄浦江湿地区仅包括黄浦江一条永久性河流，也是上海市最大的一条河流。其湿地面积 4070.55 亩，占奉贤区湿地总面积的 2.36%。

五、各流域湿地类及面积

根据《全国湿地资源调查技术规程》中水利部全国一、二、三级流域分类规定，奉贤区涉及 2 个一级流域、2 个二级流域、2 个三级流域。

一级流域包括长江区和滨海湿地，二级流域包括太湖水系流域和滨海湿地，三级流域包括黄浦江流域滨海湿地。

长江区：长江区在奉贤区涉及 1 个二级流域：太湖水系；1 个三级流域：黄浦江流域。奉贤区所属一级流域长江区、二级流域太湖水系、三级流域黄浦江流域的湿地类包括河流湿地、沼泽湿地以及人工湿地，分布广，覆盖全区。所属长江区太湖水系黄浦江流域湿地面积 1.41 万亩，占奉贤区湿地总面积的 7.87%。

滨海湿地：滨海湿地在奉贤区涉及 1 个二级流域：滨海湿地；1 个三级流域：滨海湿地。奉贤区所属一级流域滨海湿地、二级流域滨海湿地、三级流域滨海湿地的湿地类包括近海与海岸湿地，分布于奉贤南部沿海一带，湿地面积为 3.86 万亩，占奉贤区湿地面积的 21.54%。

六、各行政区湿地类及面积

上海市奉贤区有 8 个镇，分别是南桥镇、庄行镇、金汇镇、青村镇、奉城镇、四团镇、柘林镇和海湾镇。镇级区划内包括三大湿地类，即河流湿地、沼泽湿地、人工湿地。

2012 年奉贤区各镇湿地类及面积情况表

表 7-5　　单位：亩

行政区	河流湿地	沼泽湿地	人工湿地	合计
奉城镇	—	—	23977.65	23977.50
海湾镇	—	264.60	28617.60	28882.20
金汇镇	—	—	11219.85	11219.85
南桥镇	2583.15	—	8654.40	11237.55
青村镇	—	—	11580.60	11580.60
四团镇	—	—	18268.95	18268.95
柘林镇	—	4003.20	16992.30	20995.50
庄行镇	1650.90	—	12674.70	14325.60
合 计	4234.05	4267.80	131985.90	140487.75

七、近海与海岸湿地

奉贤区近海与海岸湿地总面积3.86万亩，占本区湿地总面积的21.54%。包括浅海水域、淤泥质海滩、潮间盐水沼泽3种湿地型。其中浅海水域湿地面积2.61万亩，占近海与海岸湿地类总面积的67.62%；淤泥质海滩湿地面积1.21万亩，占近海与海岸湿地类总面积的31.37%；潮间盐水沼泽湿地面积为389.25亩，占该湿地类总面积的1.01%。

八、河流湿地

奉贤区河流湿地总面积4233.9亩，占全区湿地总面积的2.36%。奉贤区河流湿地类仅包括一种湿地型，即永久性河流湿地。永久性河流湿地指一年中只有季节性（雨季）或间歇性有水径流的河流。全区平均宽度10米以上、长度5公里以上的永久性河流主要以黄浦江为主。

奉贤区河流所属一级流域为长江区，所属二级流域为太湖水系，所属三级流域为黄浦江流域。

全区3个湿地区中，96.41%的河流湿地分布于黄浦江湿地区，3.59%的河流湿地分布于奉贤区零星湿地区。

全区8个镇级行政区，黄浦江作为奉贤区唯一的永久性河流，仅分布于南桥镇和庄行镇。南桥镇河流湿地面积2583.15亩，占全区河流湿地面积的61.01%；其次是庄行镇，河流湿地面积为1650.9亩，占全区河流湿地面积的38.99%。

九、沼泽湿地

奉贤区沼泽湿地仅有草本沼泽一种湿地型。奉贤区草本沼泽的面积等于奉贤区沼泽湿地总面积，其湿地面积4267.8亩，分3个斑块统计，占上海市沼泽湿地总面积的3.06%，占全区湿地总面积的2.38%。

奉贤区沼泽湿地所属一级流域：长江区；所属二级流域：太湖水系；所属三级流域：黄浦江流域。区所属黄浦江流域湿地总面积1.41万亩，草本沼泽湿地面积仅占区所属黄浦江流域湿地总面积的3.04%。

沼泽湿地

全区3个湿地区中，沼泽湿地分布靠近杭州湾北岸湿地区，属于奉贤区零星湿地地区。奉贤区零星湿地区湿地总面积1.36万余亩，沼泽湿地占该湿地区湿地总面积的3.13%。

全区8个镇行政区中，沼泽湿地仅分布于海湾镇和柘林镇两个沿海区，沼泽湿地面积4267.8亩，占区行政面积的0.4%。分布于柘林镇的沼泽湿地面积最大，沼泽湿地面积4003.2亩，占全区沼泽湿地面积的93.8%，占区行政面积的2.8%；分布于海湾镇的沼泽湿地面积264.6亩，占全区沼泽湿地面积的6.2%，占区行政面积的0.17%。

十、人工湿地

奉贤区人工湿地包括库塘、运河、输水河和水产养殖塘3种湿地类型（不包括稻田），覆盖全区。其湿地总面积13.2万亩，占全区湿地总面积的73.77%。其中水产养殖塘所占人工湿地比例最大，面积8.13万亩，占人工湿地总面积的61.62%；其次是运河输水河，其湿地面积4.44万亩，占人工湿地总面积的33.62%；库塘湿地面积6281.25亩，仅占人工湿地的4.76%。

奉贤区人工湿地所属一级流域：长江区，二级流域：太湖水系，三级流域：黄浦江流域。

人工湿地面积占奉贤区所属黄浦江流域湿地总面积的93.95%；水产养殖塘湿地面积占区所属黄浦江流域湿地面积的57.89%；其中运河、输水河湿地面积占区所属黄浦江流域湿地总面积的31.59%；库塘湿地面积占区所属黄浦江流域湿地总面积的4.47%。

人工湿地属于奉贤区零星湿地区，占该湿地区湿地总面积的96.75%，多零星分布。其中水产养殖场/种植塘面积最大，占该湿地区总面积的59.62%，其次运河、输水河湿地面积占该湿地区总面积的32.53%，库塘占该湿地区总面积的4.6%。

全区8个镇行政区中，海湾镇人工湿地面积2.86万余亩，占全区人工湿地总面积的21.68%，面积比例位居第一；奉城镇人工湿地面积2.4万亩，占全区人工湿地面积的18.17%，面积比例位居第二；四团镇人工湿地面积1.83万亩，占人工湿地总面积的13.84%，面积比例位居第三。

奉贤区运河、输水河河网密布，海湾镇运河、输水河面积8185.95亩，占全区输水河总面积的18.45%；奉城镇运河、输水河面积6710.7亩，占运河、输水河总面积的15.12%；南桥镇运河、输水河面积为5479.65亩，占运河、输水河总面积的12.35%。

水产养殖场/种植塘依傍河流所建，零星分布于奉贤各镇内。其中占水产养殖场/种植塘湿地型比例最大的是奉城镇，其面积为1.72万亩，占全区水产养殖场/种植塘湿地总面积的21.12%；其次是海湾镇，其面积为1.55万余亩，占全区水产养殖场/种植塘湿地型总面积的19.1%；第三是四团镇，其面积为1.38万亩，占全区水产养殖场/种植塘湿地型总面积的16.96%。

库塘分布较前两种湿地型较少，该湿地型仅涉及5个镇，按面积占该湿地型比例由大到小依次分布于海湾镇、青村镇、柘林镇、南桥镇、奉城镇。其面积分别为：4893.9亩、537.15亩、423.75亩、344.7亩、91.2亩，其分别占全区库塘湿地型的77.91%、8.40%、6.75%、5.49%、1.45%。

奉贤区各镇行政区人工湿地面积情况表

表7-6　　单位：亩

行政区	人工湿地	库塘	运河、输水河	水产养殖场/种植塘
合计	131985.60	6290.70	44376.00	80788.80
奉城镇	23977.65	91.20	6710.70	17175.75
海湾镇	28617.60	4893.90	8185.95	15537.75
金汇镇	11219.85	—	4278.00	6401.85
南桥镇	8654.40	344.70	5479.65	2830.05
青村镇	11580.60	537.15	5159.70	5893.20
四团镇	18268.95	—	4477.20	13791.75
柘林镇	16992.30	423.75	5384.55	11184.00
庄行镇	12674.70	—	4700.25	7974.45

十一、湿地植物与植被

1．湿地植物物种

奉贤区地处北亚热带南缘东亚季风盛行的滨海地带，属海洋性气候，四季分明，降水充沛，光照较足，温度适中，适于植物的生长。奉贤区不仅湿地面积所占比重大，而且湿地类型多种多样，为多种不同生境需求的湿地植物提供了丰富多样的生长空间。植物区系成分较为复杂，种类丰富多样。

2012年，对奉贤区范围内的各类湿地进行全面调查，共设置各类调查斑块532个。经统计，共有湿地维管植物47科98属123种（恩格勒系统）。其中被子植物43科93属118种（含变种），裸子植物1科2属2种，蕨类植物3科3属3种。被子植物是奉贤湿地植物的主要组成成分。

2．国家保护野生植物

调查发现，奉贤区湿地植物中有国家级重点保护湿地植物4种，其中水杉和莲均为人工引种。

外业调查发现的重点保护野生湿地植物情况表

表7-7

中文名	拉丁学名	保护等级	备注
水杉	Metasequoia glyptostroboides Hu et Cheng	国家二级	人工引种
中华结缕草	Zoysia sinica Hance	国家二级	
莲	Nelumbo nucifera Gaertn	国家二级	人工引种
野菱	Trapa incise Sieb.et.Zucc.var.quadricaudata Gluck	国家二级	

说明：保护等级中一、二级表示1998年国务院公布《国家重点保护野生植物名录》中的种类及保护级别

3．湿地植被类型及分布

经调查，奉贤区湿地的湿地型有 8 种类型，湿地总面积 17.91 万亩，其中湿地植被面积 1.12 万亩，占湿地总面积的 6.24%。其中植被面积最大的湿地型是水产养殖场，其次是草本沼泽和运河输水河。草本沼泽植被覆盖率是所有湿地型中最高的，植被覆盖率为 75.69%。

2012 年奉贤区湿地型与植被面积情况表

表 7-8

序号	湿地型	斑块数量	面积（亩）	面积比例（%）	湿地植被面积（亩）	植被面积组成比例（%）	植被覆盖率（%）
	合计	532	179054.10	100.00	11166.45	100.00	6.24
1	浅海水域	1	26078.55	14.56	—	—	—
2	淤泥质海滩	1	12098.70	6.76	1410.00	12.63	11.65
3	潮间盐水沼泽	1	389.25	0.22	270.60	2.42	69.52
4	永久性河流	2	4233.90	2.36	19.65	0.18	0.46
5	草本沼泽	3	4267.80	2.38	3230.10	28.93	75.69
6	库塘	9	6281.25	3.51	285.45	2.56	4.54
7	运河、输水河	148	44375.85	24.79	2145.90	19.22	4.84
8	水产养殖场 / 种植塘	367	81328.80	45.42	3804.75	34.06	4.68

经调查，奉贤区湿地植被群系共分 4 个植被型组，包括针叶类湿地植被型组、灌丛湿地植被型组、草丛湿地植被型组和浅水植物湿地植被型组；8 个植被型，分别为暖性针叶林湿地植被型、盐生灌丛湿地植被型、莎草型湿地植被型、禾草型湿地植被型、杂草类湿地植被型、漂浮植物型、浮叶植物型和沉水植物型；23 个植物群系。

2012 年奉贤区不同类型湿地植被面积情况表

表 7-9

湿地类	湿地面积（亩）	湿地组成比例（%）	植被面积（亩）	植被组成比例（%）	植被覆盖率（%）
合计	179054.10	100.00	11166.30	100.00	6.24
近海与海岸湿地	38566.50	21.54	1680.60	15.05	0.59
河流湿地	4233.90	2.36	19.65	0.18	0.46
沼泽湿地	4267.80	2.38	3230.10	28.93	75.69
人工湿地	131985.90	73.71	6235.95	55.84	4.72

十二、湿地动物

据上海水产学院在奉贤进行海涂资源调查，境内沿海潮间带生物平均每平方尺 42.92 克，其中软体动物 41 克、甲壳动物 0.89 克、多毛动物 0.75 克、腔肠动物 0.22

克、其他生物0.06克，调查鉴定生物种类有125种，分属35科、48属。

动物是湿地生态系统中的有机合成者，栖息在沿海滩涂的动物资源主要有底栖动物、鱼类和鸟类等。

奉贤杭州湾北岸滩涂湿地动物按潮上滩、高潮滩和低潮滩呈区域分布，底栖动物在潮上滩以甲壳类为主；在高潮滩以软体动物为主；在低潮滩以贝类和多毛类为主，这正是鱼类和鸟类的饵料。同时，滩涂湿地又是咸淡水鱼类的栖息处，是洄游性鱼类产卵和索饵的场所，还是海洋鱼类在生殖洄游或索饵洄游至近海时入内的场所。

奉贤杭州湾北岸4.46万亩的近海与海岸湿地和沼泽湿地，以及附近的库塘、养殖塘等人工湿地，还是候鸟迁徙过程中的“驿站”，鸻鹬类和雁鸭类是迁徙候鸟的最主要两个代表类群，为候鸟提供了优良的栖息环境和丰富的食物资源。据观测，在此居留的夏候鸟和冬候鸟有178种。

第四节　保护和管理

随着建设和社会事业的发展，适宜野生动植物的生存环境日渐萎缩，导致野生动植物的品种和数量不断下降，有的处于濒危甚至灭绝，湿地也存在过度开发和遭受污染等问题。

党和国家把生态文明建设纳入社会主义现代化建设的总体布局，放到至为重要的地位，野生动植物和湿地保护也日渐引起各级政府和人们的重视。奉贤从观念上、组织上、制度上和措施上，不断加强对野生动植物及湿地的保护和管理。

一、建立管理站　实施禁猎区

在区政府统一领导下，协调环保、规土、绿化、海洋、工商、公安、农业等各有关方面力量，齐抓共管，依托区农委下属区野生动物保护管理站，加强对野生动植物和湿地的管理和保护。2013年2月，奉贤区人民政府发布《关于奉贤区划定为野生动物禁猎区的通告》，成为全市首家全区性划定“野生动物禁猎区”区县。

附：

上海市奉贤区人民政府关于将奉贤区划定为野生动物禁猎区的通告

沪奉府〔2013〕12号

根据《上海市实施〈中华人民共和国野生动物保护法〉办法》第十条规定，奉贤区人民政府决定将奉贤区划定为野生动物禁猎区，据此，奉贤区境内的任何单位和个人严禁猎捕任何野生动物，若违反者将按照下列法律法规给予处罚：

一、依据《中华人民共和国野生动物保护法》第三十二条规定，在禁猎区、禁猎期或者使用禁用的工具、方法猎捕野生动物的，由野生动物行政主管部门没收猎获物、猎捕工具和违法所得，处以罚款；情节严重、构成犯罪的，依照刑法第一百三十条的规定追究刑事责任。

二、《国家林业局、公安部关于森林和陆生野生动物刑事案件管辖及立案标准》

（一）违反狩猎法规，在禁猎区、禁猎期或者使用禁用的工具、方法狩猎，具有下列情形之一的，应予立案：

1．非法狩猎陆生野生动物20只以上的；

2．在禁猎区或者禁猎期使用禁用的工具、方法狩猎的；

3．具有其他严重破坏野生动物资源情节的。

（二）违反狩猎法规，在禁猎区、禁猎期或者使用禁用的工具、方法狩猎、非法狩猎陆生野生动物50只以上的，为重大案件，非法狩猎陆生野生动物100只以上或者具有其他恶劣情节的，为特别重大案件。

三、本通告自发布之日起实施。

举报电话：67189220 67193591

上海市奉贤区人民政府

2013年2月19日

二、加强宣传　严格执法

从20世纪80年代开始，每年的2月2日“世界湿地日”、3月12日“植树节”、4月4—10日“爱鸟周”、9月的青蛙野放活动和“三下乡活动”，以及奉贤创建上海市园林城区、全国文明城区等活动中，都采取多种形式开展野生动植物和湿地保护的宣传教育活动。设定“野生动物禁猎区”后，深入乡镇、社区、学校、集市开展了较大规模的专题宣传教育活动。同步加强检查严格执法，组织力量，对区内重点林地、滩涂、湿地等野生鸟类、野生动物主要栖息地，定期加强巡查。2013年中，区野生动物保护管理站联合区工商、城管等执法单位，开展联合执法检查，出动执法车辆125辆次，重点检查沿海滩涂15次，各镇农贸市场摊位162次，大小饭店酒家131次，大卖场10家次，花鸟市场3家次；捣毁用于捕捉野鸭等候鸟的窝棚30个、拆除翻网94张，收缴青蛙58公斤、蟾蜍5公斤、蛇4公斤；拆除林地中各种迷网110张1335米，收缴各种活鸟36羽、死鸟13.5公斤。2014年，区野生动物保护管理站联合区工商、公安等单位重点执法检查沿海滩涂12次，大型林地68个次、各镇农贸市场62个次、大小饭店75家次、大卖场3家次、花鸟市场3家次，收缴青蛙26公斤、蟾蜍23公斤、蛇类3公斤、刺猬6只；拆除林地各类捕鸟网50米，收缴活鸟16羽、死鸟2.5公斤，救助国家二级保护野生动物及市重点保护动物11只。2014年

4月1日，奉贤公安分局民警在金汇镇齐贤社区浦星公路边一农田处，抓获正在用浸过毒药的谷物毒杀麻雀的张某某，当场查获已毒死的麻雀468只。据交代，查获张已销至松江区荣华西路戴某某处毒死的麻雀和红隼1572只，并查明先前还向戴销售毒死麻雀3000余只，都作为食品加工后销售。依据《中华人民共和国刑法》第144条等条款规定，判处张某某有期徒刑4年，并处罚金1万元，戴某某有期徒刑3年，缓刑3年，并处罚金1万元。

三、驯养繁殖　经营利用

奉贤野生动物驯养繁殖业始于20世纪80年代。随着改革开放的深入，野生动物养殖业迅速发展，在十余年时间里，奉贤发展为全国六大特种经济动物养殖基地之一，人工养殖的绿头鸭、环锦雉等苗种及商品供应在全国养殖业中有较高知名度，每年向全国各地供应的珍禽种苗有1500万羽，商品有2000余万羽。

2007年调查统计，全区有一定规模的各类野生动物饲养场26家，养殖的国家级保护野生动物有白鹇、红腹锦鸡、白腹锦鸡、白冠长尾雉、鸳鸯、东方白鹳、梅花鹿、猕猴、食蟹猴、小熊猫等，养殖最多的是绿头鸭、环锦雉，其次有黑天鹅、蓝孔雀、鹧鸪、鸵鸟等。

天鹅

鸳鸯

红腹锦鸡

2007年奉贤区野生动物驯养繁殖单位情况调查表

表7-10

单位	地址	法人代表	从业人数（人）	固定资产（万元）	驯养繁殖动物名称	饲养数量（头、只）
上海市奉贤区五四珍禽养殖基地	上海市五四农场	袁红梅	10	200	白鹇、红腹锦鸡、白冠长尾雉、斑头雁	200、300、30、30
上海星源试验场	浦卫公路7608号	姚为民	2	180	黑天鹅、红腹锦鸡、孔雀、鸵鸟	90、4、20、2
上海新兴养殖场	庄行镇南亭公路2892号	唐雪良	3	50	白腹锦鸡、红腹锦鸡、白鹇、蓝孔雀、鸳鸯	50、60、15、100、100
上海新兴野禽养殖场	新寺镇南宅村	刘兴龙	3	15	白鹇、红腹锦鸡、鸳鸯	10、12、20
金汇镇南陈村7组	金汇镇南陈村7组	宋林祥	1	3	梅花鹿	7
伟民特种禽类养殖场	青村镇工农村3组	张伟明	4	40	孔雀	50
上海泰股家禽养殖有限公司	金汇镇光辉村	殷宝国	1	25	孔雀	24
洪庙镇鸵鸟场	洪庙农业园区	张光明	1	45	鸵鸟、鹿	48、85
洪庙镇养鹿场	洪庙镇洪武路1号	瞿庆华	2	60	梅花鹿	146
上海林华绿头鸭养殖场	奉城镇卫季村	邵林华	10	300	绿头鸭	12000
上海奉唐七彩山鸡养殖合作社	奉城镇卫季村	唐建章	3	300	绿头鸭、七彩山鸡	5000、10000
上海奉贤区红艳珍禽场	奉城镇卫季村	袁红艳	5	200	七彩山鸡	11000
奉城镇岳弟孵化场	奉城镇卫季村	蒋岳弟	4	150	七彩山鸡	8000
青村镇芳芳珍禽养殖场	青村镇姚家村	顾玉芳	2	1	鹧鸪	2000
青村镇方墩珍禽养殖场	青村镇方墩村406号	徐林峰	4	15	七彩山鸡	3000
青村镇伯生珍禽养殖场	青村镇于庄村	邵伯生	3	6	七彩山鸡	1500
青村镇元英特种养殖场	青村镇城乡路	肖其元	2	1	鹧鸪	2000
上海天和畜禽有限公司	胡桥种子场	朱天林	40	200	绿头鸭	15000

续表 7-10

单位	地址	法人代表	从业人数	固定资产(万元)	驯养繁殖动物名称	饲养数量（头、只、尾）
上海鹿林特种养殖场	庄行镇烟墩村	王明铎	2	50	梅花鹿	30
申隆生态园	青村镇朱蒋村	姚建国	22	500	孔雀、红腹锦鸡、白鹇、白鹳、猴子、小熊猫、大雁	40、10、6、1、10、4、16
上海本庄生物科技有限公司	农业园区汇丰北路 888 号	任宝妹	20	2228	食蟹猴、猕猴	80、10
上海奉贤欣荣昆虫养殖中心	四团镇桐桥村 150 号	周志忠	6	40	蝴蝶	
徐明龙	四团镇新桥村 12 组	徐明龙	3		绿头鸭	10500
李高军	四团镇四名村 2 组	李高军	3		绿头鸭	16400
赵德昌	四团镇大桥村 6 组	赵德昌	3		绿头鸭	16000
胡中信	四团镇张家村 6 组	胡中信	2		绿头鸭	13500
华乐养蛇场	齐贤白沙村	徐金龙	2		蝮蛇、眼镜蛇、银环蛇	30000～40000

2014 年奉贤区野生动物驯养繁殖单位情况调查表

表 7-11

序号	单位名称	地点	单位性质	面积(亩)	批建年份	饲养动物情况			固定资产(万元)	从业人员
						种数	总数量	主要动物		
1	上海申隆生态园	青村申隆一村	国有企业	60	2004	7	6	鹦鹉	600	8
							6	黑天鹅		
							2	小熊猫		
							8	天鹅		
							4	鸬鹚		
							20	大雁		
							28	孔雀		
2	上海本庄生物科技有限公司	汇丰北路 888 号	民营	1	2004	1	10	猴	200	3
3	上海新兴珍禽养殖场	庄行镇长堤村五组	民营	20	2001	4	1200	黑天鹅	500	7
							50	孔雀		
							50	红腹锦鸡		
							20	白腹锦鸡		

续表 7-11

序号	单位名称	地点	单位性质	面积(亩)	批建年份	饲养动物情况			固定资产(万元)	从业人员
						种数	总数量	主要动物		
4	新寺兴新野禽养殖场	柘林镇南胜村南宅406号	民营	1	1990	5	40	白天鹅	60	6
							60	翘鼻麻鸭		
							80	花脸鸭		
							40	绿翅鸭		
							600	鸳鸯		
5	奉贤区青村镇康保鳄鱼养殖场	青村镇竹筱村352号	民营	50	2011	1	235	鳄鱼	600	7
6	上海良持水产养殖合作社	柘林镇夹路村翁家8组	民营	20	2011	1	7.5	黑斑蛙	30	3
7	涵春鹿场	洪庙农业园区	民营	26	1998	1	60	鹿	200	2
8	五四珍禽场	四团镇五四村七古1组	民营	40	2014	6	200	鸳鸯	600	8
							100	红腹锦鸡		
							20	白腹锦鸡		
							150	黑天鹅		
							1200	孔雀		
							1500	贵妃鸡		

2014年奉贤区七彩山鸡、绿头鸭养殖场所调查表

表 7-12

序号	单位名称	地点	单位性质	面积(亩)	批建年份	饲养动物情况			固定资产(万元)	从业人员
						种数	总数量	主要动物		
1	上海天和畜禽养殖专业合作社	柘林镇胡桥种子场	集体	30	2008	1	25000	绿头鸭	250	15
2	上海宏妹珍禽产销专业合作社	四团镇七古村	集体		2010	2	3500	绿头鸭、七彩山鸡	100	8
3	上海红艳山鸡孵化合作社	奉城镇卫季村	股份	37.5	2009	1	40000	七彩山鸡		
4	陈生福场	奉城镇陈桥村	私营	1.5	2010	1	3600	七彩山鸡	10	3
5	潘国兴场	奉城镇陈桥村	私营	1.5	2010	1	3600	七彩山鸡	10	3
6	奉贤峰林珍禽孵化场	青村镇吴中村406号	私营	3	2005	2	10500	绿头鸭、七彩山鸡	15	5
7	胡中兴场	四团镇大桥村张家5组	私营	30	2007	1	21000	绿头鸭	150	7
8	上海凌华绿头鸭养殖合作社	四团镇四名村1543号	集体	30	2009	1	68000	绿头鸭	260	15

续表 7-12

序号	单位名称	地点	单位性质	面积(亩)	批建年份	饲养动物情况			固定资产(万元)	从业人员
						种数	总数量	主要动物		
9	蔡友勤场	四团镇海港开发区三一重工内	私营	1.5	2009	1	10000	绿头鸭	5	2
10	杨道为场	四团镇海港开发区三一重工内	集体	1.5	2007	1	10000	绿头鸭	5	2
11	杨尚友场	同上	股份	1.5	2011	1	6000	绿头鸭	5	2
12	从善龙场	四团镇三坎村景禾	股份	1.5	2008	1	10000	绿头鸭	5	2
13	彭兆军场	同上	私营	1.5	2004	1	6000	绿头鸭	5	2
14	王仁刚场	金汇镇光辉村 3 组	私营	6	2006	1	6000	七彩山鸡	50	3
15	邵佰生场	青村镇于庄村 5 组	私营	0.75	2010	1	1400	七彩山鸡	10	3
16	朱永福场	同上	私营	0.75	2011	1	600	七彩山鸡	5	2
17	谢金才场	同上	私营	1.5	2012	1	3100	七彩山鸡	15	3
18	俞根龙场	金汇镇北丁村行南 10 组	私营	3	2009	1	600	七彩山鸡	5	2
19	盛爱国场	金汇镇明星村国光 4 组	私营	0.75	2009	1	600	七彩山鸡	5	2
20	董明旗场	同上	私营	0.75	2005	1	500	七彩山鸡	5	2
21	金雨祥场	奉城镇陈桥村	私营	0.75	2008	1	400	七彩山鸡	5	2
22	吴伟国场	奉城镇路口村	私营	0.75	2007	1	400	七彩山鸡	5	2
23	季兴权场	奉城镇陈桥村	私营	1.5	2009	1	1500	七彩山鸡	15	3
24	金秀莲场	奉城镇陈桥村	私营	0.75	2010	1	300	七彩山鸡	5	2
25	朱永明场	青村镇于庄村 3 组	私营	1.5	2010	1	1500	七彩山鸡	15	3
26	于桂明场	同上	私营	4.5	2010	1	5500	七彩山鸡	20	4
27	陶坤根场	同上	私营	0.75	2011	1	300	七彩山鸡	5	2
28	王秋明场	金汇镇面丈村 1 组	私营	3	2005	1	2000	七彩山鸡	20	3
29	路龙昌场	奉城镇路口村	私营	0.75	2009	1	400	七彩山鸡	5	2
30	高姐场	奉城镇路口村	私营	0.75	2007	1	300	七彩山鸡	5	2
31	裴福均场	奉城镇路口村	私营	0.75	2012	1	500	七彩山鸡	5	2
32	于玉仙场	青村镇朱店村	私营	0.75	2012	1	400	七彩山鸡	5	2
33	于桂龙场	青村镇朱店村	私营		2012	1	300	七彩山鸡	5	2
34	李金楼场	青村镇丁夏村	私营		2012	1	300	七彩山鸡	5	1
35	盛红莲场	青村镇王家村	私营	0.75	2011	1	100	七彩山鸡	3	1
36	蒋岳弟场	奉城镇卫季村 4 组	私营	0.75	2009	1	500	七彩山鸡	5	2
37	秦太春场	金汇镇乐善村木行 10 组	私营	1.5	2008	1	900	绿头鸭	5	2

在经营利用方面，野生动物驯养繁育成为奉贤一项特色产业，既有利于野生动物繁衍延续，又为农民开创了一条致富的道路。海湾国家森林公园、申隆生态园的野生动物野生鸟类观赏，成为奉贤农林旅游一大特色。野生动物产品如鹿产品、蛇毒等，主要应用于生物医药产业。来自四川的熊胆粉，是生产非典专用药“痰咳清注射液”的主要原料。原齐贤白沙村养蛇专业户徐金龙夫妇的华乐养蛇场，每年饲养蝮蛇、眼镜蛇、银环蛇3万～4万尾，生产蛇毒粉50余公斤，由国家药材部门收购，生产用于治疗脑血栓、心血管病及肿瘤康复的药物，“蝮蛇878胶囊”在美国肿瘤药物博览会上获得金奖。

四、放养增殖　生态恢复

为了完善野生动物栖息地的物种结构，提升区域生物多样性，这些年奉贤抓了蛙类放养增殖和狗獾的种群恢复工作。2010年，区野生动物保护管理部门，在市野保部门帮助下，从湖南引进了300对黑斑蛙种群，经过一年培育，繁殖了4万只后代。2011年，野保部门从中挑选1万只幼蛙，在奉贤海湾国家森林公园放生。至2015年已连续5年在黄浦江涵养林、申亚生态林、申隆生态园和庄行水稻种植区等处，每年放养幼蛙1万只。据跟踪观测，这些地区的蛙类都有明显增长。

2006—2007年，奉贤在野生动物资源调查中发现庄行镇东风村竹林中有狗獾踪迹。奉贤区野生动物保护管理站与华东师范大学生物系师生，经过伏点日夜观察，摸清该地有两个狗獾种群，一群6头，一群4头。市野保站经全市调查确定，这是目前发现的上海仅存的狗獾种群，是上海地区体型最大的野生动物。现在狗獾已被认定为“上海市重点保护野生动物”，并被列入《国家重点保护陆生野生动物名录》。考虑到庄行野生狗獾种群数量较少，近亲繁殖使其处于极度濒临境地。2007年开始，先后从山东、浙江等地引进野生狗獾24头，在区域面积3800亩的申亚生态林中，选择在一处三面环水、林深树密、约有80亩的半岛上，营造狗獾的模拟栖息环境，实施“2013—2015年极小种群物种恢复与野放项目”（狗獾项目），完成了5套“井”字形、“回”字形“嵌入式”狗獾巢穴系统，地上种植了竹林、红薯、玉米、甜瓜，放养蚯蚓、昆虫等狗獾喜爱的食物。营造了适合狗獾种群生存和繁衍的栖息地，到2015年已形成5个家族种群，成功繁殖幼獾10头。

五、严密监测　防控疫病

根据《中华人民共和国动物防疫法》和国务院颁布的《重大动物疫情应急条例》，以及市林业局颁发的《陆生野生动物病源疫病监测防控管理办法》等文件精神，奉贤加强了野生动物疫源疫病监测防控。区建立了监测防控队伍，确定海湾国家森林公园和沿海边滩为市级监测点，依托园内3个养护作业班进行巡察；海岸沿海运用区海塘管理所、海湾旅游区、柘林镇3个区级站进行巡塘监测，海湾旅游区和柘林镇运用镇林业养护社进行巡查，各镇和区内各大型片林，要求各养护社列入日常巡查。开展了野生动物疫源疫病防控知识业务培训，以及突发疫情应急演练，提高监测疫病业务素质和应急处置能力，严密监测野生鸟类特别是候鸟的动态情况，做到对野生动物疫源疫病“勤监测、早发现、早报告、严控制”。

湿地野生动植物天堂

森林生态氧吧

第八章　林业经营

中华人民共和国成立后，随着农村经济体制的变革和发展，奉贤林业生产经营也跨入了一个新的历史纪元。特别是伴随着改革开放的步伐，改革林业经营体制，放宽林业用地等政策，搞活林业经济，调整林业产能结构，发展生态效益林业，从而给奉贤林业的生产经营带来了新的生机和活力。

竹林经营。奉贤境内，自古以来，非木产地，需用木材，大都靠商界从外地运销至奉。据民国《奉贤县志稿》载："输入方面，首推洋布、食糖、南北货品、竹木制品、木材等建筑材料"。早在光绪二十六年（1900 年），奉贤已有木作行业。

抗战胜利后，奉贤境内牛车棚（灌溉稻田之用具）较多，每年逢春必换一次，沿海一带盐民晒盐之用盐板更换频繁。再则农村修建住房的需要，商家感到木材有路可销，有利可图，木行开设逐渐增多。 至民国末年，全县有木作店 110 家。主要制作木器、寿器、箍桶、桶器、农具等，出售给当地群众。

中华人民共和国成立初，因木材来源困难，经营萧条，木行逐渐关闭。据 1952 年合资登记，全县仅存 8 家木行。

奉贤木行之最，首推青村镇"大兴"木行，俗呼西木行，创设于民国三十五年（1946 年）九月，业主冯国均，初创资金五石米。经销旺季，河中停放木排里许，至 1950 年，营业额 5 亿余元（旧币）。1952 年，资本 3.6 亿元（旧币），折米 1800 余石。

奉贤木行木材之来源，主要从上海、杭州、平湖等地批发而来。经营品种以杉木为主，少量松木（以松板为主，厚度有七分、一寸、一寸二分，多数用来装修地板）。

上海南市一带木行，自备建木货源，专供客商采购。杭州一带的复兴木行、大冈木行、皖南木行所供木材，统称杭木（浙江、福建、江西、安徽产），山客来货，由木行居间向水客推销，从中取佣金，水客购后由该木行负责过码交运，直送水客所在地。规模较大店家，木材周转量一般在 400 两～500 两（两：即木材计量单位，1 两约现在 1 立方米不到）最多时有千余两，销售对象主要是农民和盐民修造房屋，制作农具、盐板等，少量批发木作店制作木器具作人民生活用品。木材销售春、秋两季为旺。当时店家批发，8 尺进、6 尺出售，量材计算方法，采用"龙泉码"核算，将一根 6 尺长木尺（实际长度竹尺打八折）从根量起，再用竹篾尺按木材中间围腰测量，而后按周园尺度按照码子，以两、分、钱、厘为计量单位，一般围园从 6 寸起最大为 3 尺，进位采用跳码。

福建广木，俗称建木或桶木，可作屋梁、屋柱。长梢木亦称杭木、西木、广木。按材质分，建木、广木较好，西木稍次，杭木更次。另一种俗称子木，直径六七厘米，一般用于农村建造牛车棚等。

奉贤境内非毛竹产地，自古以来，亦靠商界从外地运销至奉。农村宅基地竹园较多，生长竹头最粗直径为6厘米～7厘米，细则如指粗。粗的竹头编制竹器等生活用品，亦作晒衣、廊竿，细的作篱笆之用。1952年，全县有竹行14家。

奉贤县1952年合资登记竹木行情况表

表8-1

行址	竹器行名称	业主	创设年份	固定资金（万元〈旧币〉）	从业人数（人）
南桥	大南木行	金达人	1941	2256	4
	德丰竹行	张雪林	1941	2341	5
	益大木行	张海曙	1942	1693	3
青村	益顺竹行	王品仁	1938	1423	5
	大兴木行	冯国均	1946	5石米起家	13
	公战界竹行	唐生初	1929	2812	4
	李合兴竹行	李锦章	1946	2357	4
奉城	利荣竹行	张志一	1918	2000	7
	公太竹行	金根章	1947	417	3
	同兴竹行	庄顺祥	1942	1404	3
三官	王永兴竹行	王瑞亭	1946	610	4
头桥	光华木行	江鑫培	1948	3418	5
	胡义隆竹行	胡永根	1949	688	4
泰日	振太竹行	陈悦庭	1947	306	2
柘林	陆永顺竹行	陆进财	1940	135	1
新寺	金永记竹行	金秋奎	1931	603	3
庄行	潘万兴木行	潘椿一	1929	3756	3
	瑞丰木行	乔关福	1948	6337	3
	周文纪竹行	周文甫	1947	402	2
胡桥	茂昌木行	张守仁	1948	1124	1
	王恒半木行	王雪根	1948	962	2
	王恒盛竹行	王志荣	1950	726	1

奉贤竹材来源，抗战前从闵行、新场镇进货，后逐渐从浙江吴兴县埭竹镇、德兴县（原名吴康县）排头镇，余杭县平窑镇，安吉县梅竹镇等地批发而来。山间行家，为方便买主，专请撬排师傅将毛竹扎成帖（也称坨），经水路直运奉贤境内。竹质大腊割的最佳，白露割的稍次，秋天割的更次。

解放前奉贤竹行，生意做得最大的数青村“公盛升”“益顺”两家，全年进货约千余帖。

中华人民共和国成立后，木材成为国家计划物资，由县供销社所属木材公司经销。1963年1月归口县物资局木材公司经营。1953—1984年，全县共供应木材33万立方米，平均每年1万余立方米。木材供应紧缺，县物资部门积极采购计划外木材，协作单位有广东、广西、江西、福建、黑龙江等省自治区的林场。1978—1983年，共采购计划外木材1.58万立方米，平均每年2631立方米。1981年，县组建农房核供小组，对符合无房户、草房户、危房户、特困户条件的农村住户，每幢（上下各一间约60平方米），凭证供应木材0.5立方米。

竹材供应，也由县供销社组织货源负责经营，各集镇设农资供应部。1953—1983年，全县共供应毛竹377.65万支，平均每年12.59万支，作为农村建材用。同时，全县还供应柄竹，1965—1983年，平均每年供应柄竹7.64万支，作为农村生产工具之用。

50年代奉贤把家庭小作坊，民间闲散木匠、篾匠、箍桶匠等组成手工业生产合作社，归口县手工业社管理。各合作社加工制作桶、桌、凳、简易被絮柜、碗橱等。改革开放前，由于受"左"的路线影响，有一技之长的闲散木工，不敢搞小工业，不敢经商。直至80年代初家具行业才得以发展，主要集中在县境东部地区的奉城、头桥、洪庙等地，其中，头桥家具业发展最快。

实行市场经济后，木竹经营由计划供应为社会市场化经营。

中华人民共和国成立后，奉贤林业生产经营，经历了"普遍护林，重点造林""谁造谁有，民造公助"的全民植树造林活动。改革林业经营体，放宽林业政策，搞活林业经济；调整林业产能结构，发展生态效益林业等阶段。（1）兴建一批林场、苗圃、果园。其中，1952年，建立奉贤县防风林苗圃。1956年，防风林苗圃扩建为奉贤县苗圃。1959年，建立奉贤县林场。1960年，建立奉贤县公务所苗圃。1984年，建立燎原苗圃。1993年，建立奉贤县园林所苗圃。1998年，建立奉贤特色果苗种场。各镇（公社、乡）、村（大队、生产队）也纷纷兴建苗圃、果园。（2）推行林业生产经营联产承包责任制。进入80年代后，随着农村家庭联产承包责任制的全面推行，奉贤的林业生产经营体制也随之而变革。各社、队果园、苗圃的经营实行专业队集体承包，队长负责制；统一经营联产到组（劳）责任制。扶持了一批林果经营专业户、重点户、联合体。（3）放宽林业用地政策，搞活林业经济。1988年，奉贤县政府下发《关于深化改革，振兴奉贤林业实施意见》，明确提出允许农户在承包田、什边地上种植经济果林等经济作物，从而加快了奉贤经济果林及苗木花卉业的发展。（4）培育扶持发展林业生产经营新经济组织。农村土地延包政策的落实，有效地促进了土地承包经营权的有偿流转，奉贤林业也呈现规模化生产，集约化经营的新经济组织。（5）标准化生产，品牌化经营。制定标准化生产操作规范，实施无公害、绿色、有机果品质量认证和品牌化营销战略，提高了林果产品的产量质量和经济效益及生态效益。

第一节　林业经营体制变革

农村经济随着生产力的发展，生产关系得到不断变革和发展。奉贤农业经济体制和全国农村一样，经历了个体生产、农业生产互助组、初级农业生产合作社、高级农业生产合作社、人民公社和在集体经济基础上实行的农业生产家庭联产承包责任制，土地承包经营责任制、土地使用权出让、流转等多次变革。林业生产经营，基本上是以农业经济体制变革为转移的。在不同时期的国家林业生产经营政策的引导下，出现了与林业生产经营相适应的新的组织形式和体制机制。

一、谁造谁有　民造公助

1950 年 5 月，中央人民政府政务院发布《关于全国林业工作指示》，提出“普遍护林，重点造林”的林业生产方针。翌年，奉贤县开始组织群众合作造林和公私合作造林，采取“谁造谁有，民造公助”的办法，发动和组织群众开展造林运动。1953—1955 年，在农业生产互助组和初级社时期，林业生产号召开展群众合作造林，带动个体造林。在集体土地上造林，林权属公有，在农民宅前屋后自留地上造林，林权归私有。公私合作造林，林权公有，收益分成。1955 年春，奉贤由防风林苗圃无代价供应种苗，平均每户 5 株，全县植树 79 万株。是年，共青团奉贤县委举办团干部培训班，组织 200 余名学员赴柘林海塘一线营造青年林，种植乌桕树 2000 余株，林权归国有。1956 年，农村经济体制步入高级农业生产合作社后，主要是依靠合作社在集体土地上造林，林权归集体。果树入社统一经营，组成果园队管理。1958 年，人民公社化后，林业生产一直以社、队集体造林为主。人民公社化初期，实行“一大二公”，全盘公有化。经济核算实行三级所有，队为基础后，林业政策规定“社造社有、队造队有，社员在屋前房后植树归个人所有”。这一时期的植树造林组织形式为县、社、队办林场、苗圃、果园和开展全民义务植树。

二、联产承包经营

1981 年，中共中央、国务院发布《关于保护森林发展林业若干问题的决定》，明确指出在全国开展林业生产责任制的林业“三定”工作。奉贤县委、县政府遵照《决定》精神和上海市委、市政府的具体要求，制定政策，在全县农村对各种农作物全面推行联产承包责任制。各社、队的苗圃、果园的经营由此而出现专业队承包、统一经营联产到组、到劳和分田到户，个人承包经营等形式。

1983 年，钱桥公社海边、石桥、花角 3 个大队的果园队，采取核定基数，超收分层的集体承包、队长负责制，提高了果园队开展一业为主，多种经营的积极性，在林下种植雪菜、刮皮西瓜等，同时办起了糖果厂、刮皮西瓜加工场、塑料制品厂等，既壮大了集体经济，又提高了果农的收入。

1984年，青村公社桃园场，实行果林分田到户，果农自主经营的联产承包责任制，打破了社办事业单位的“铁饭碗”。

1986年，光明乡政府全面推行果农承包经营责任制，调动了全镇果农的积极性，黄桃种植面积迅速扩大。这一时期奉贤县委、县政府还制定激励政策，鼓励和培育“两户一体”（专业户、重点户、联合体）。1985年，奉贤县委、县政府召开“两户一体”代表会议，表彰先进典型12个。

三、林业用地改革

1988年，奉贤县政府下发《关于深化改革，振兴奉贤林业实施意见》，进一步放宽林业用地政策，允许农户在口粮田、承包田、什边田上种林果，搞活林业经济。1989年，新寺乡有5920户农户种植葡萄，果树种植户占总户数的96%，其产值占全乡副业产值的20%，成为闻名遐迩的“葡萄之乡”。1992年，光明乡种植黄桃2985亩，实现黄桃产值607.5万元。至1993年，奉贤果树种植面积达1.51万亩，成了农业经济新的增长点。

四、林业经营新经济组织

随着农村土地承包经营权的流转，奉贤着力培育和扶持规模化生产，集约化经营的新经济组织。奉贤林业生产经营也涌现了一批规模化经营的专业户，园艺场、专业公司和专业合作社等。

1991年，光明乡解放村马炎龙三兄弟合股发展鲜切花生产，建造30余个塑料大棚，成为奉贤最早的鲜切花规模化生产的专业户。1993年，上海农工商绿化有限公司成立，为奉贤最早的以绿化设计、工程施工、绿化养护，草坪、草种、苗木生产与销售为一体的造林绿化专业公司。1994年，金汇镇金星村王永兵，在村里租地30亩，建立金兰园艺场，栽培花草及观叶类盆景植物，并开展摆花服务，成为奉贤最早的民营园艺场。2004年1月，上海奉叶蜜梨种植专业合作社成立，为奉贤改革开放后的第一家果林生产经营合作社。至2015年，奉贤区有造林绿化专业公司（资质企业）22家；有果林专业合作社37家；有大型花卉市场2个、花卉经营门店180余家。

2000年西张村建“大树仓库”

奉贤林业经营体制的不断变

革与发展，促进了奉贤林业经济的快速发展。2015 年，全区林业产值达到 7.42 亿元。

第二节　场圃经营

中华人民共和国成立后，奉贤先后建有奉贤县防风林苗圃、奉贤县林场、奉贤县园林所苗圃、奉贤县公务所苗圃、燎原农场苗圃和奉禾特色小水果基地等区（县）级层面的苗圃场。

一、奉贤县苗圃

1952 年，奉贤县防风林苗圃建立，育苗面积 52.5 亩，它标志着奉贤林业场圃经营的开始。苗圃经营的宗旨是为绿化里护塘、人民塘造林和黄浦江江堤造林提供苗木。1953 年，奉令停办苗圃。1956 年春，原苗圃恢复，改称奉贤县苗圃，有职工 5 名，负责苗木养护管理，植树季节雇用临时工。1958 年 11 月“全民大炼钢铁”，部分苗圃地被炼钢小高炉占用，县苗圃迁移至胡桥公社红旗大队北与庄行公社柴塘大队接壤处，西邻金山县欢庵镇，苗圃面积增至 600 亩，有职工 144 名。建立时借用民房 15 间，建造草房 10 间，设备简陋，职工生活艰苦，交通又不方便。不久，72 名临时工辞退，留 69 人转为固定职工。苗圃地种植林、果、桑等 26 个品种，扩建果园 17 亩。1959 年 11 月，划归县海滨农场，改名海滨农场果林大队，苗圃地改种水稻 30 亩。1963 年，因三年自然灾害的影响，苗圃地归还给胡桥公社红旗大队 250 亩。同年，海滨农场归口市农场局领导，果林大队仍按原体制恢复奉贤县苗圃之名，但苗圃面积减少。1964 年为 62 亩。1965 年，经县人民委员会批准改为水稻良种场，育苗职能转县林场负责。

二、奉贤县林场

1959 年 11 月，奉贤县林场建立，场址胡桥公社公平村。建场时土地面积 1500 亩。有临时工 161 名，借民房，睡地铺，职工自带工具，实行计件工资。时冬季节，3 个月造林 1100 亩，植树 105.5 万株，品种有桑树、刺槐、乌桕等，以桑为主。后 45 人为固定职工，其余临时工辞退。1962 年，贯彻“以粮为纲、林粮间作、多种经营”的方针，县林场将 200 余亩夹塘田归还给胡桥公社朱家大队及盐场的冯桥、夹路、营房大队，面积减至 910 亩。林场经营除幼林抚育管理外，兼养蚕、养兔、养猪，种植黄豆、蚕豆、山芋、蓖麻等农作物。1966 年，林场对低洼柴塘地整治，开拓苗圃面积 150 亩，列为奉贤县林木引种、育苗、实验、示范、推广基地。其间，县林场的经营方针是贯彻县政府的指示，在搞好防护林的育苗、抚育、造林任务的前提下，开展农林间作，在幼林林地抚育期间种杂粮；因地制宜开展养鱼、种菜、养猪等副业生产项目。1978 年以后，为贯彻国家以经济建设为中心的方针，林场生产实行生态经济、社会效益并重，林业结构进行调整，在完成营造防护林培育造林苗木的前提下，增加城市绿化树种和花灌木的培育，特别是雪松、龙柏、广玉兰、桂花等常绿树苗和杜鹃、茶花等花卉品种的培育，发展较快。1985年，组织嫁接龙柏、地柏、花柏上万株，扦插黄杨、珊瑚、杜鹃、茶花、月季等4万余株，并且提高了育苗技术，如油茶芽苗砧嫁接技术的应用推广，全光喷雾育苗的推广增加花卉盆景的培育，特别是县林场培育的花卉苗木近50%是由上海石化总厂城市绿化所需用，经济效益有了大幅度提高。自1959年建场至1985年的27年中，市、县两级财政拨款总额57.34万元，而林场实有资金66.54万元，在解决职工工资、福利之外，盈余9.2万元。1980年，被林业部评为全国模范林场。

1987年，随着农村经济体制改革的逐步深入，林业生产责任制的进一步落实，林场的经营管理，实行"以林为主、多种经营、以短养长、长短结合"的办场方针，先后办起金属制品厂、木器厂、冲件厂、电器厂、烘漆厂，开挖渔塘80亩，新建猪舍500平方米，养鸭场200平方米，鸡舍200平方米，利用低洼地，建成牛蛙池2亩，走"以副补林"的路子，既增加了场的经济收入，又改善了职工的生活福利。

1989年，组建绿化工程队，开展绿化服务工作，获得很好的赞誉。

1990年，根据林业部《关于加强国有林地权属管理几个问题的通知》和市农林局的有关精神，奉贤县林场对林场现有林地登记造册、确权领证。林场总土地面积782亩，其中钦公塘林地面积265.91亩、外土塘林地283.2亩、东林场31.6亩、林场场部苗圃地等面积201.29亩。经县政府批复发放林权证。

至1999年，县林场林地总面积774亩，木材蓄积量2096立方米。2001年1月，整建制划给上海化学工业区奉贤分区管理。

三、奉贤园林所苗圃

1990年，奉贤县园林管理所成立，归口奉贤县建设局领导。为适应南桥城区绿化建设和发展，提升城区园林绿化的品位，并带动乡、镇绿化工作的发展，丰富城乡绿化内涵。1993年，在市绿化局支持下在奉贤县钱桥镇西张村租地120亩，建立奉贤县园林所苗圃，培育园林绿化树种有花灌木品种50余种。

四、奉贤县公务所苗圃

1960年，奉贤县公务所苗圃建立。原系五四农场种子连，后划归奉贤公路管理所。苗圃占地105亩，市公路处投资22万元，建道路、围墙。至1984年，培育香樟、水杉、悬铃木、重阳木、白榆等3万余株，专供公路绿化所用行道树，另建温室两栋，计200平方米，培育名贵花木，五针松、山茶花、西洋鹃等100余种500余盆。

1996年，整建制划转给上海市公务所管理处，并改建为奉贤奉城会务中心，成为提供大、中、小型会议，休闲度假，疗休养，教育培训的基地。会务中心环境优雅，设施齐全，以中、西结合的建筑风格，独特别致的花园景观，绵绵草地，茂密的森林构成天然氧吧。扩建后面积118亩，所有建筑被绿树簇拥，花木扶疏，尤似中国古典庭院，集亭、台、楼、榭、池于一体，曲廊雕梁，小桥流水，一派江南园林风光。原址现为奉贤区奉城镇奉干公路1号桥。

五、燎原苗圃

1984年，建燎原苗圃。建圃前为“五七”农业大学，后由县政府拨款175万元，调拨市公路管理处，由县公路管理所育苗。苗圃占地170亩，建园投资50万元。1984年，培育悬铃木、水杉、重阳木等幼苗13万株，是市内公路绿化重要的苗木基地。

六、奉禾特色小水果基地

1998年3月，奉贤县林业站在塘外镇卫季村租用农地100亩，筹建奉贤特色果苗总场。经过3年建设，选育出一批优良特色果树品种，主要有枣树品种10余个，日本甜柿品种3个，美国布朗李品种4个、美国树莓2个、水蜜桃品种4个、早熟梨品种3个、巨峰系优良品种4个，以满足全县果农种植户对果树新、优、特品种的需求。2001年，县委、县政府决定在奉贤特色果苗总场的基础上，扩建奉贤特色小水果品种基地，并经市农林局、财政局审核列入市财政预算，纳入上海千亩经济林苗木基地的项目建设任务，成为一个市级特色小水果品种基地，范围扩至青村镇李窑村950亩，基地总面积达到1050亩，总投资1214万元。基地设有种质资源区、中试区、种苗生产区和生产示范区，建成连栋大棚1.03万平方米，道路绿化及防护林带50亩。基地先后从陕西、山东、浙江、福建等地区，引进各种小水果品种有枣、枇杷、龙眼、蜜柚、猕猴桃、甜柿、石榴、李、树莓、梨、桃等新优品种98个。其中，印度大枣、翠冠梨、吉田脐橙、甜油桃、日本甜柿、猕猴桃等新品种，结果上市，颇受消费者欢迎。基地根据市场需要，年产60万株优质果苗，为全市小水果生产的发展，提供优质品种资源。2001年正式成立上海奉禾特色果业有限公司。2002年，由国家林业局授予全国特色种苗基地。2013年，基地转资给南桥镇光明村。列为生态旅游、休闲园。

花果山百枣园开业

第三节 镇村场园

1956年春，发展农业合作社育苗，先后在青村、江海、邬桥等地建立3个集体苗圃，面积40亩。至1959年，全县建有11个社队苗圃，面积597亩。1983年，面积增至670亩。社队苗圃、小林场的迅速发展，为奉贤的植树造林奠定了良好的物质基础。

1958年，江海、庄行、新寺、青村、奉城、四团先后建立8个公社果园。其间，青村朱店大队、胡桥立新大队、江海九华大队、萧塘程河浜大队、塘外墩外大队、平安平海大队九队等相继办起大队、生产队小果园。是年，全县公社、大队、生产队果园增至66个，面积2113.9亩。本志选择4个曾在奉贤历史上有较好影响的果园作介绍。

一、江海公社牧场果园

民国三十六年（1947年），南桥镇医生张信履，从周浦顾家桃园引种蟠桃和杭州“建国桃”，在曙光村西南部树浜4队，建曙光果园，面积14.8亩。1958年10月，果园划归南桥镇人民公社，次年改为江海人民公社，果园交给公社畜牧场经营管理，又增加种植桃树，面积扩至98亩。至1985年，桃品种不断更换。“雨花露”桃，6月中旬上市，果皮鲜艳、品质上等，是县内早熟桃品系中的优良品种，先后在县内各公社果园引种推广。1988年，开挖横泾港南段，砍伐桃园8.3亩。1994年9月，镇政府投资240万元，将牧场迁址六墩副食品基地，果园面积逐渐被江海轻化机械厂、显隆公司等征用。1995年，已无果园，剩下6.5亩建花卉苗木绿化公司。

二、青村桃园场

青村桃园场的前身是延陵桃园，早在民国十九年（1930年），镇东北边吴家宅驳岸，吴泗渔辟地9亩，创办延陵桃园。从浙江奉化引进桃苗，品种有玉露、五月早，经奉化王姓果农传艺，吴氏家人认真栽培，9亩桃果硕累累。收获季节用礼盒包装（每盒2只），包装盒上印有延陵桃园4字，雇船装运，远销上海、天津等地市场。民国二十九年（1940年），延陵桃园扩展至32亩，并不断地从外地引入优良品种，有白凤、红露、黄桃、太仓桃、冈山早生、白花桃、六林桃等9个，年上市鲜桃达1.5万公斤。“驳岸里水蜜桃”与“龙华水蜜桃”一并誉名上海市场。民国三十五年（1946年），南桥九华村顾寅宾来场引种桃苗8亩，青村镇西北处翁进富，引进玉露桃2亩，后扩展成面积100余亩和中桃园。

解放后，延陵桃园种植规模日趋发展。1955年，合作化后，延陵桃园转为青村公社副业场，改名为青村桃园场，总面积365亩，其中桃种植面积222亩。品种进一步优化，以玉露水蜜桃为当家品种，另有白凤水蜜桃、雨花露、红露桃、杭州桃、湖景蜜露、春花、白花等优良品种，桃果实成熟期从5月下旬起至9月上旬止。果品由上海市果品公司指定青村供销社委派专职人员收购、定级，并调运至上海市区各果品市场。

1984年，桃园场实行联产承包责任制，果林分田到户，果农自主种植、销售，局部产生了产量太高、质量下降的负面因素，并由于土地流转等因素，桃种植面积逐年减少到150亩。

1998年，青村桃园场为适应农村经济发展的新形势，创新管理体制搞活经济，场长周伯庆利用桃园场的悠久历史和自然风光，开发建设村级旅游观光项目（世外桃源），设竹筏漂流、高坡滑草、放飞风筝、踏青观花、园林采摘等10余个活动项目，成为上海市教育委员会指定的青少年科普教育基地和东方少儿影视基地，成为奉贤区农业特色观光旅游点之首。

三、齐贤园艺场

齐贤园艺场于1958年筹建，亦称齐贤公社园艺场，初建区域面积360余亩，其中种植果树面积274.8亩，果树品种以桃为主，另有李、梅、梨、枇杷、核桃、枣树等。1968年，公社因开办船厂，占用园艺场土地138.4亩。1978年，金汇港疏浚后，园艺场区域面积扩展到800余亩。

桃品种较多，有大白桃、五月桃、白凤桃、玉露桃，以玉露桃品质最佳。1980年后又引种蟠桃、黄桃、春蕾、春花桃、油桃等。梨种植以上海蜜梨为主，品种有二宫白、铁头梨、真榆等。1969年，从浙江黄岩和嵊州引进柑橘品种，有宫川、兴津、尾张、朱红橘等，种植面积42亩，为奉贤最早的橘园。枇杷产量偏低，但农民喜爱在宅旁庭院种植。梅树、核桃产量低，品质差而逐年淘汰，1972年曾引种苹果，也因果品质量差而砍掉。

园艺场生产的水果由上海果品公司派购，齐贤供销社经销运往市区，因果品质量上等，得到市果品公司的赞誉，并由市农业局、果品公司先后在园艺场召开现场会，推广园艺场果品生产管理技术。

1981年起，园艺场贯彻“以工富场”的农村工作精神，先后办起了制匣厂、皮鞋厂、五金加工厂、轻工机械厂、橡胶制品厂等，年工业产值逾200万元。

1983年，园艺场果树种植面积173亩，果品总产量190吨，年果品产值36.9万元，职工209名，人均收益1765元。

1992年，由镇统一规划，将北场130余亩土地流转给柘中厂。至1998年，场办工厂全部转制。2007年，并入南行村由村委会管理。

2010年，奉贤区大型居住区工程启动，园艺场区域全部纳入这一规划，所有果树按政策补偿给果农，区域内果农按政策转为镇保，原住宅全部拆迁，按政策分配，到大型居住区商品房居住。

四、新寺果园队

30年代初，新寺乡新塘村蒋文麟从日本青山农业大学学成回家后，辟建蒋家桃园，面积22亩。合作化后，新寺公社以蒋家桃园为基础，办起了集体果园（后为公社果园队）面积132亩。60年代初，公社果园队首次种植生梨，先后引进铁头梨、苹果梨、二宫白和新世纪4个品种。1972年，引进无核早橘。1975年，从浙江引进黄岩蜜橘。1978年后，先后引进红露桃、白香露、雪香露、冈山早生、万象早黄等优良品种。1983年，又从上海农科院引进早熟新品种沪005（春蕾桃）、春花桃、蟠桃、油桃等。

60年代初，果园队种植葡萄，品种有白香蕉、金皇后，后逐渐为农户喜爱而引种栽培，果园队地处的新塘3队36户农户，户户在庭园中种植葡萄，成为奉贤盛名的“葡萄村”。80年代初，从上海市农科院引种巨峰系葡萄新品种，并改传统的棚架栽培模式为篱架密植栽培，种植株行距1米×2.5米，亩栽266株，当年种植翌年就收获亩田1吨葡萄果实。由此，巨峰葡萄的引种推广成为镇农业工作的热点，果园队一级农民技术员蒋士章推广巨峰系葡萄品种，绿枝嫁接技术，利用“5BB”砧木，选择巨峰系品种先锋、藤稔、国宝、龙宝、红瑞宝、高宝、高墨等的优良株系作为接穗进行绿枝嫁接，加速繁衍葡萄新品种，带动“新寺葡萄乡”的形成，起到了示范推广作用。

五、其他林场　果园

庄行镇　1958年，庄行公社有集体果园5个，面积92亩。其中，公社副业场75亩、烟墩村6亩、长浜村4亩、牛溇村2亩、柴塘村5亩。由公社副业场从江苏、浙江等地引进桃、橘，从河北唐山引进梨。1962年，53亩桃树产果10.6吨。1963年，44亩梨树产果99.5吨。果品自产自销，引导全公社农户庭院种植柑橘、梨、桃等果树品种。

邬桥镇　1973年起，邬桥公社兴办小林场13个，培育的树苗有水杉、杨柳、香樟、女贞、欧美杨等品种，除满足公社植树造林之需要外，并外调其他公社、大队造林。1979年，全公社“四旁”树木保存数37.03万株，按耕地面积每亩平均有树12株，列为全县之首。1984年，张塘、张云、牛桥、渔沥和汇安等大队（村），新建集体果园195亩，其中，橘树115亩、桃树80亩。

胡桥镇　民国二十一年（1932年），潘家角潘笏君试种水蜜桃3亩，小关帝庙俞伯华种植7亩，建立苗圃培育果苗。民国三十四年（1945年），方伯涛在胡桥镇东种植果树5亩，聘人管理。1958年后，全公社先后有立新大队，光明大队，窑桥大队5队、3队、4队、6队，法华大队6队，永革大队5队及牧场等8处建立集体桃园，面积45亩。品种有早白凤、白凤、太仓、玉露、黄桃、杭州水蜜桃等，经济收益高于粮棉作物1倍以上，后因贯彻“以粮为纲”的政策影响，先后砍伐，现仅存立新、胡滨果园，面积17.5亩。立新果园种植桃、梨为主，并培育桃苗、橘苗、柿苗、枇杷苗，深受农户庭院种植所喜爱。

四团镇　解放前四团地区种植面积较大的有秦树村的秦锡其，种植奉化水蜜桃4亩，日军入侵后荒废。民国二十三年（1934年），秦树村7队邵进福种植桃树2亩，兼种梅树、柑橘，至解放前夕停种。解放后，1957年，四团中学种植玉露桃1亩。1958年，公社创办苗圃（今长堰村南）。1962年，隶属公社畜牧场，种植果树45亩，以桃、梨为主，品种有白凤、太仓、玉露桃，梨品种有菊水、金春秋。1972年，产果40吨，果品自销收入1万余元。1984年，果园有柑橘15亩、生梨14亩、桃15亩、葡萄1亩，年果品产量48吨。1958年，四团公社苗圃面积30亩。60年代初，为了扩大粮棉作物，育苗面积减少。1981年，公社苗圃育苗面积仅有6亩。1982年，成立绿化组，育苗面积16亩。1978年起生产队小苗圃开始发展，至1984年，全镇有四名大队、张家大队、秦树大队、拾村等4处办起小苗圃，面积5.9亩，培育水杉、女贞、香樟等绿化树种。

头桥镇　解放前，分水墩王氏野园栽植桃5亩，品种有黄桃和玉露水蜜桃，品质上等，运销上海，后发展到分水墩河南共10亩。1959年，各生产大队辟果园57亩，以桃为主，有玉露、黄桃、蟠桃。至1965年，陆桥、花厅、红旗3个大队牧场，尚存果园36亩，以后增加梨树种植，一般每亩果园产值500余元，间作瓜菜收入200余元。1984年，36亩果园共产果48吨。

光明镇　庙泾王浦相在清末民初曾种植梅树数十棵，所产梅子销售县内。民国二年（1913年），褚家枇杷园（今褚家4队）阮炎石，雇用刘炎和筹建枇杷园，占地3亩～6亩。日常管理由阮炎石的妾和妹夫王来生负责，内有用棕须盖顶的四角形望亭3个，各亭之间有曲折小路相通，兼种少量梅树，所产枇杷多数装箱、外运，色味俱佳、颇有名气、褚家枇杷园由此而名。

牌楼桃园（今牌楼6队）。民国三十年（1941年），由该村张信照创办，初建时1亩余，种植桃树品种有黄桃、白凤、迎庆、蟠桃、红玉露。1954年，转为大队集体果园。1971年，由牌楼大队牧场兼管，时有果园面积10亩，并兼种梨树，果实年产桃10吨，最高年产桃21.5吨，产值5000元。1980年，因果树衰老、更新不及，管理不善而废园。

石家桃园（今石家一队）。由该队胡洪逵创办，初建时8亩，种植桃品种有红玉露、太仓、白桃、黄桃、蟠桃，均从青村驳岸里引进。1958年转为大队集体果园。由石家牧场兼管，时桃园面积11亩，并间作西瓜和蔬菜。水果的产、供、销全部纳入计划。该园于1977—1979年，连续3年大丰收，年产量7.5吨，年产值2250余元。

金汇港外贸果园光明基地。位于闸钦公路西侧，金汇港开挖后，沿河两岸，南北纵长4.8公里，两旁高亢田宽60米。1979年3月建园，总面积432.98亩，由公社管委会副业组分管，下设西胡、友谊、光明、张弄4个村级果园，管理人员145人，基地所种植以桃、橘为主，同时夹种枇杷、梨、金橘，并插种外贸西瓜和外贸雪菜，并建有望棚16处、加工场2处、大粪池59个，基建投资7万余元。基地初建时，直接与上海市农科院挂钩，由该院研究员庄恩及、叶兰香等科研人员，每周到果园作种植、栽培、管理、病虫防除、修剪等技术辅导，所涉及村果园队配备1名技术员。并聘请浙江柑橘种植老农和萧塘镇桃种植能手各1名，直接参与新建果园的技术指导，确保科学管理措施的有序实施。其间，由县政府牵头，直接与上海市轻工食品公司签订果品定购协议，由在奉的泰康食品厂收购，并加工外贸产品销售，保障果品产后无后顾之忧。1983年初产桃90.2吨，橘282.05吨，总产值5.3747万元。1984年8月20日，由上海电视台到果园摄制桃、橘丰收的电视纪录片。1986年起，随着农村人民公社体制的终结，与联产承包责任制的全面推行，改由果农承包经营，同时县政府把果树生产列为种植业结构调整的重要项目，光明镇镇政府洞察黄桃市场看好，经济效益显著，农民争相种植的趋势，提出全镇农民普遍种植黄桃，户均1亩的号召，并免征农林特色税，由此黄桃种植面积迅速扩展。至2001年，全镇黄桃种植面积5667.5亩，总产量8169.5吨，产值2816.28万元。金汇港外贸果园基地的稳步发展，为“奉贤黄桃”产业的形成，奠定了奉贤果树生产健康发展的基础。

塘外镇 1962年，始在墩外3队建有果园10亩。种植桃、梨、葡萄等果树。

奉城镇 1959年，公社于今启民大队南端创办了公社苗圃，培育树苗。其中，80%是果树苗。1961年11月改称公社果园，初期仅10户人家，90亩桃树、16亩生梨、10亩苹果。60年代后期增种柑橘、李子、葡萄，并在果树下扦种山芋、西瓜、甜瓜、蔬菜等，其间职工82名，土地总面积扩至300亩，种植桃树200亩，梨树70亩，苹果、李子逐年淘汰，柑橘也处于淘汰中，果品大部分由上海果品公司销售。1979年，总收入11万元，1983年减至4.82万元。是年，创办新亚仪器设备厂。1984年，全园收入20.48万元，其中果品收入仍在4.8万元。

钱桥镇 解放前商品果树甚少，仅戚潆墩外（今桃园3队），袁姓植有桃树5～6亩。农业合作社时，社办集体果园，有胜利三社（今桃园4队）种桃树5亩，勇进二社（今海边大队）栽桃树5亩～6亩。公社化时，农业中学亦栽种桃树10亩，品种有玉露、蟠桃等，后并入星火农场。1963年，罗神大队第7生产队（今5队），种梨树15亩，4900株，品种上海蜜梨，由于管理不善，风灾、虫害，产量产值不高，1974年改种粮棉。1979年，金汇港开挖后，沿河两岸高亢田，有海边、石桥、花角3个大队建成村级果园，面积624亩，种植桃、橘、枇杷等果树。1983年投产，总产72吨，产值33.39万元，其间间作西瓜、蔬菜。石桥果园队又办起了刮皮西瓜加工场，1979—1984年，刮皮西瓜300吨，送外贸公司收购并加工出口，年加工产值10万余元。

第四节　林果专业合作社

步入21世纪，在全国社会经济欣荣发展的形势下，中央对农村工作的指示中强调，“中国要美，农村必须美”。全面深化农村改革，构建新型农业经营体系作为一项重大部署。上海市委、市政府在贯彻中央指示精神下，研究实施全面深化农村改革，加快农业现代化步伐的政策，依据土地经营适度规模的普及，为提高科技生产力与林业科学管理水平，实现林业的可持续发展，有利于林业科技创新，实施林业科技战略性项目，推进科技成果的转让，推广林果标准化生产，达到生产高效、资源节约、产品安全、环境良好的社会主义新农村建设目标，培育懂技术、善经营、会管理的新型农民。根据农民自愿的原则，引导农民承包经营权向愿意种植林、果的专业大户流转，组建林、果生产合作社，构建新型的农村经营体系。至2015年，奉贤区有林田14.71万亩，其中，公益性涵养林10.16万亩。经济果林4.4万余亩。林果合作社37家，入社户3702户，合作社经营特色果林生产面积2.23万亩，年产值达2.17万余元。本志选5家专业合作社作典型介绍。

一、上海口之缘蜜桃种植专业合作社

2005年5月，上海口之缘蜜桃种植专业合作社成立。合作社位于四团镇新桥村，理事长陈玉龙。2015年，有入社果农105户，种植桃面积624亩，年产值1067万元。合作社带领和依靠全社果农，坚持桃标准化生产规程，推进品牌建设战略，投资400万元，在小荡、蒲基、张家3个村建立500亩生产示范基地。公司有高级、中级技术人员4人，从业社员95人。合作社实行合作社+基地+农户的经营方式，整个生产过程遵循GB/T19001-2000《质量管理体系要求》和Q/VABN-2005质量技术执行标准。按照ISO9000质量保证体系，结合《安全卫生、优质水果生产技术操作规范》的要求，严格各项监管措施，实行统一供药、供肥、统一指导管理、统一品牌、统一包装，将果品推向市场，使蜜桃产业越做越优。2005年度“口之缘”蜜桃通过农业部农产品质量安全中心“无公害”农产品认证。

2006年，镇政府积极扶持合作社生产，在新桥村征用1.8亩土地，建造了四团镇蜜露桃交易市场；对合作社引进新、优品种进行苗木差价补助；实行果树保险。是年7月受台风影响，桃农受损，上海安信农业保险股份有限公司对投保的79户果农305亩果树，按受损程度发放理赔金额7.66万元。

合作社生产的新凤蜜露、大团蜜露、湖景蜜露桃，单果重200克～250克，可溶性固形物在12.5%～16%。2010年，评定为上海市世博会优质桃金奖。2011年，上海口之缘蜜桃种植专业合作社生产的蜜露桃被认定为绿色食品。2013年被评定为上海市安全优质信得过果园。

2008 年 3 月，由国家工商行政管理总局，颁发上海口之缘蜜桃种植专业合作社“口之缘”商标注册证。是年，又被认定为“中国著名品牌”和重点推广单位。

2008 年，陈玉龙被奉贤区农业委员会评定为奉贤区农民专业合作社“十佳理事长”和奉贤区农业标准化工作先进个人。

二、上海锦香桃业种植专业合作社

2007 年 9 月，上海锦香桃业种植合作社成立，地址为奉贤青村镇南奉公路 5601 号（上海农产品黄桃交易市场内），理事长刘福良。

2015 年有入社果农 150 户，并带动周边农户 1000 户，种植规模 3000 亩。以锦香、锦园、锦绣、锦花黄桃为主，年产鲜桃 3000 余吨，年产值 4000 余万元。是奉贤乃至上海最大的黄桃生产示范基地。

合作社依托上海市农科院林果所、奉贤区林业署为技术指导，在青村镇解放、湾张、工农、吴房 4 个村建立示范基地 500 亩，列为奉贤黄桃生产科研、品种选优育苗示范区。组织合作社社员参与生产管理 6 提高。（1）参与全镇黄桃擂台赛，提高宣传力度；（2）参与市、区指定的果品生产“三品一标名牌”规程，提高黄桃品牌的知名度；（3） 组织合作社社员参与黄桃生产保险，规避自然灾害风险；（4）果品统一包装，统一标志，提高品牌形象；（5）积极开展黄桃生产科研项目，提高黄桃生产科技水平，提高经济效益；（6）加强科技合作，开展科技交流，不断提高黄桃产业发展水平。

合作社每月编印《奉贤黄桃信息》，介绍每月技术管理要事，按月分发到社员及全国各省、市引种单位。至 2015 年已编印 140 期。

合作社理事会有 8 人组成。理事会紧密围绕为农服务宗旨，工作中贯彻 6 个化目标。（1） 加强建设力度，保障合作社工作规范化；（2）加大品牌生产力度达到产品包装品牌化；（3）加强科技生产指导力度，实现栽培技术科学化；（4）不断推进优质生产力度，实现生产规范标准化；（5）加强生产管理服务工作，达到四季活动专业化；（6）提高科技生产应用力度，达到品种结构合理化。

2008 年，合作社被奉贤区农委评为奉贤区农民专业合作社先进集体。

是年，由中国科学技术协会授予全国科普惠农兴村先进单位。

2009 年，合作社选送的黄桃获上海市迎世博优质桃评比金奖。是年，被上海市农委评定为上海市农民专业合作社示范社。是年，合作社被列为奉贤区科普教育示范基地。

2015 年，合作社生产的果品被评定为全国互联网地理标志产品 50 强。

2016 年，通过农业部地理标志登记。

三、上海绿穗葡萄种植专业合作社

1998年，浙江上虞人沈玉良在新寺镇东方红村（后更名金海村）租田50亩，成立上海玉穗葡萄种植场。2000年8月，沈玉良出资135万元，其弟沈玉建出资15万元，注册成立上海玉穗特种葡萄种植有限公司。2005年6月，联合公司周边葡萄种植户80户，成立上海绿穗葡萄种植合作社。合作社地域涉及新寺镇金海、新塘、前胜3个村，以种植葡萄为特色，面积650亩。合作社场址在金海村。

初建时葡萄种植以欧美杂交种藤稔、巨峰、京亚、夕阳红为主。2007年起，增加欧亚种葡萄，有无核白鸡心、矢富罗莎、红地球、里扎马特、京玉、红亚历山大等品种，并采用大棚避雨栽培的新模式。2008年，合作社从浙江金华引进夏黑、醉金香、巨玫瑰种苗1.5万株，其间又引种黄花、翠冠蜜梨、大团蜜露、奉贤黄桃锦香、锦绣、新凤蜜露等优质桃品种。

绿穗合作社是奉贤区葡萄种植的龙头企业。2004年，被奉贤区农业委员会评定为奉贤区农业工作先进集体。2005年，被评为区林业工作先进集体。2009年，由上海市农业委员会评为上海市农民专业合作社示范社。

合作社依托上海农学院、中国农学会葡萄分会专家的科技指导。2005年11月，由合作社承办的“葡萄根域限制栽培及观光葡萄园建设学术研讨会”在奉贤召开，来自全国各地150余位葡萄科技工作者参加会议，会上由中国农学会葡萄分会副会长修德仁等为设立在玉穗葡萄园内的中国农学会葡萄分会上海葡萄研发中心揭牌，这是奉贤区果树生产领域唯一的国家级研发中心。

2001年，注册“玉穗”牌商标。2004年，“玉穗”牌早熟、中熟葡萄由上海市农产品质量认证中心授权使用上海市安全卫生优质农产品标志。2005年7月，通过上海市质量技术监督局评审，成为奉贤区首家市级农业标准化示范区。2007年7月“玉穗”牌葡萄通过A级绿色食品认证。2009年12月，被评为上海服务世博会果品供应基地。

2004—2011年，合作社生产的“玉穗”牌葡萄，在全国果品评比中，获得全国早、中熟葡萄评比金奖1项、优质奖2项，在上海市优质葡萄评比中获铜奖1项、银奖2项、优秀奖3项。

2012年3月，经过协商，上海玉穗特种葡萄种植有限公司被奉贤区南桥镇杨王村农商会收购，合作社林果生产经营、认证等业务保持不变。

四、上海奉叶蜜梨种植专业合作社

2007年，庄行镇上海奉叶蜜梨种植专业合作社成立。至2015年，有入社社员87户，种植面积2000余亩。首任理事长宋桂昌。

在发展蜜梨生产中，合作社带领全体果农，坚持标准化生产规程，使庄行蜜梨越种越好，年亩均产值保持在1.5万元左右。2008年，被认定为上海名牌产品；2011年，通过国家绿色认证；2015年，通过农业部地理标志保护产品登记。

合作社坚持实施“产业组织化、产品品牌化、销售市场化”战略，推动全镇蜜梨产业做大。发挥龙头作用，认真开展“技术指导、品牌使用、质量把控、绿色认证”等一系列措施，使全镇蜜梨产业逐步凸现经营规模化、生产标准化、销售市场化、服务社会化，精准提供产前、产中、产后服务。

合作社从产品质量着手，树立品牌产品形象，聘请果树专家成立生产技术指导小组，对果农定期授课，并结合田间现场指导，根据上海市相关认证要求加强生产管理。2004年，注册“奉叶”商标。2015年，注册的“奉叶”商标被评为上海市著名商标。

合作社举办庄行蜜梨营销推介会，邀请上海市果品协会、上海农产品批发市场、上海山华果品市场等与会，并达成与蜜梨种植村、种植合作社签订销售协议，并组团前往无锡朝阳果品批发市场、嘉兴农产品批发市场洽谈合作，从而开拓了长江三角洲销售市场。

2015年，合作社借助20余名大学生村官，组成临时销售队伍，开展为期1个月的“庄行蜜梨进社区”营销推介活动。村官们以小组为单位进市区的居民小区、商店、农展会等直接面向市区居民宣传庄行蜜梨的优质品性，借助市民的口碑相传，提升庄行蜜梨的知晓率和美誉度，并以专业配送到家的服务模式，深耕市区市场，提升销售业绩。

合作社加强与市农委农产品销售信息平台和苏宁易购等著名电商企业的沟通，并将庄行蜜梨种植基地打造成庄行镇首家网络销售基地，从而依托网络平台，拓宽蜜梨销售渠道。

合作社建立标准化蜜梨采摘园，以庄行镇伏羊节为平台，吸引游客走进田头，走进梨园，体验乡村农家休闲游的生态风光，促进蜜梨销售。

上海奉叶蜜梨种植专业合作社多次获得市、区级荣誉。2003—2005年，被评为奉贤区林业工作先进集体。2007—2009年，被评为奉贤区先进集体。2008年被评为迎世博上海市优质果品奖。2010年，获上海市优质梨评比优质奖、上海市服务世博果品供应基地上海市奉贤区“十佳”合作社等。

五、上海黄艳霞葡萄种植专业合作社

2012年4月，上海黄艳霞葡萄种植专业合作社成立，地处南桥镇西渡社区北新村。合作社创始人黄艳霞，湖北襄阳人，1998年毕业于武汉理工大学建筑管理专业。2007年12月，她毅然辞去上海一公司采购主管的白领工作岗位，放弃上海城市的繁华生活，开启了她向往的农村田园创业之门。

合作社以创建“城市果园”为理念，以“安全、卫生、优质”生产为宗旨，以

"绿色、生态、有机"的管理模式指导生产，健全管理制度，科学制定质量管理、产品准出管理、产品检测制度、田间生产档案等一系列管理制度，确保产品在市场竞争中的美誉。合作社经多年的栽培和筛选，主栽葡萄品种为巨玫瑰、夏黑、醉金香、金手指、阳光玫瑰，果实可溶性固形物均达到16%～18%，最新引进的优质品种有早阳光、妮娜女皇、金桂香等。

黄艳霞葡萄种植合作社，推广的简易大棚葡萄标准化栽培管理技术，列为奉贤区葡萄生产的典型示范基地，并对接基地周边和湖北、安徽、云南等外省市数十家葡萄园近1000亩葡萄种植户，提供免费技术咨询和服务，带动果农一起发展。合作社利用裂果、差果，经过科学发酵，配制成"葡萄酵素"浇灌葡萄，经试验能有效提早葡萄成熟期5天～7天，糖度提高0.5度～1度。

2015年，合作社生产面积130亩，入社农户30户，年产葡萄100多吨，产值200万余元。合作社拥有本科生2名、专科生2名，其中中级技术职称人员1名，经过技术培训的技术人员5名，是上海市乡土专家种植园。2016年参与创建上海市水果生产标准园，并列为市小水果研究所示范基地，同时又是上海市农科院林果所葡萄试验基地、上海交大农业与生物学院大学生实习基地、奉贤区科委立体观光草莓实验与示范基地、南桥镇妇联小薇之家。

合作社创始人黄艳霞，2013年度被奉贤区妇联评为巾帼建设先进个人。2014年合作社开展"葡萄园配套设施改良"科研项目获奉贤区"双学双比"实事项目竞赛活动先进；2015年黄艳霞被奉贤区妇联评为女性创业"十佳"先进个人；2016年，获奉贤区女性创业大赛优秀创业项目一等奖。2016年，她和她的爱人倪景广开创的"葡萄叶茶及其制备工艺和加工方法"获国家知识产权局专利证书。

第五节　品牌化经营

一、产品商标注册

1999年7月28日，光明镇上海新光农贸实业公司申请黄桃注册"锦绣"牌商标获得成功，为奉贤区果品营销的第一个注册商标。随后，在经济林果标准化生产、品牌化经营的策略引领下，又成功注册"玉穗""奉叶""上禾""田甜"等林果产品商标。至2016年，全区果品方面有有效商标26个。其中，"锦绣"黄桃、"奉叶"蜜梨商标，被市工商局连续6次评为上海市著名商标，连续4次被市质监局评为上海名牌产品。

2015年奉贤区果品部分商标情况表

表8-2

序号	商标持有人	注册商标	商标样式
1	上海新光农贸有限公司	锦绣JXH	
2	上海奉叶农副产品配送有限公司	奉叶	
3	上海奉禾特色果业有限公司	上禾	
4	上海花厅果林发展有限公司	田甜	
5	上海口之缘蜜桃种植专业合作社	口之缘	
6	上海市奉贤区头桥陆桥小水果种植园	申冠SHG	
7	上海玉穗特种葡萄种植有限公司	玉穗	
8	上海市奉贤区朱勤种植园	宏蜜	
9	上海奉贤金冠蜜梨种植园	潘垫园	
10	上海申亚农业科技有限公司	盛姆	
11	上海汇群葡萄种植专业合作社	汇群	
12	上海润庄农业科技有限公司	RZNK	
13	邵志荣	神圣	

续表8-2

序号	商标持有人	注册商标	商标样式
14	上海金源果蔬种植专业合作社	老伯伯	
15	上海市奉贤区锦绣黄桃业协会	奉贤黄桃	
16	上海蜜缘鲜果种植专业合作社	密缘	
17	上海锦乡农产品产销专业合作社	锦乡	
18	上海时义果树种植专业合作社	奉果	
19	上海潘南蜜梨种植专业合作社	潘南	
20	上海双张果业种植专业合作社	侨友	
21	上海奉叶农副产品配送有限公司	庄原	
22	上海锦香桃业种植专业合作社	锦桃永福	
23	上海杨黄果蔬种植专业合作社	杨王	
24	上海黄艳霞葡萄种植专业合作社	Chengshiguoyuan	chengshiguoyuan
25	上海景广果园种植有限公司	城市果园	城市果园
26	海景广果园种植有限公司	图形	
27	上海藤丰葡萄种植专业合作社	藤盛	藤盛

"高标准高品质"
GAOBIAOZHUNGAOPINZHI
中 国 优 质 产 品
ZHONGGUOYOUZHICHANPIN
重点推广产品
ZHONGDIANTUIGUANGCHANPIN
荣 誉 证 书
编号：AA09041269R
经审定，上海新光农贸有限公司生产的 锦锈牌 黄桃（3kg/箱）产品在中国商品学会开展的中国优质产品推广活动中，获得优质产品荣誉证书（优质质量指标见"公告证书"）。
特颁此证。
签发日期： 2009 年 04 月 22 日
有效期至： 2011 年 04 月 21 日
允许使用徽标
中国商品学会

中国优质产品

锦锈
黄桃
上海新光农贸有限公司
被推荐为 二〇〇八年度
上 海 名 牌
上海市名牌产品推荐委员会
有效期至：二〇一〇年十二月三十一日

上海名牌产品

二、地理标志产品

2010年4月6日，国家质检总局发布公告，批准"奉贤黄桃"等农产品实施地理标志产品保护。2015年7月22日，农业部发布公告，将"庄行蜜梨"纳入2015年第二批地理标志登记。2015年11月5日，农业部又发布公告，将"奉贤黄桃"纳入2015年第三批地理标志登记。

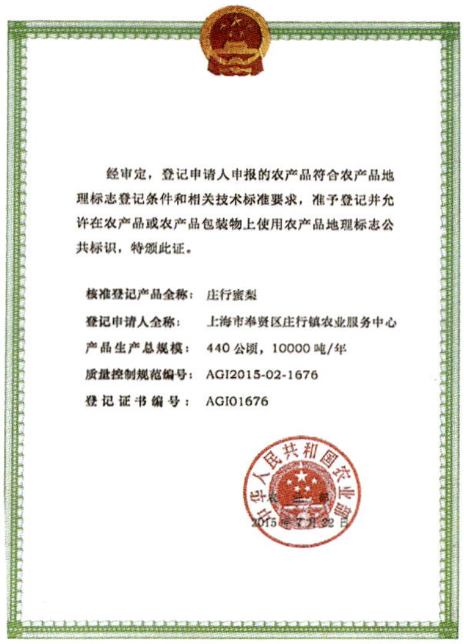
经审定，登记申请人申报的农产品符合农产品地理标志登记条件和相关技术标准要求，准予登记并允许在农产品或农产品包装物上使用农产品地理标志公共标识，特颁此证。
核准登记产品全称：庄行蜜梨
登记申请人全称：上海市奉贤区庄行镇农业服务中心
产品生产总规模：440公顷，10000吨/年
质量控制规范编号：AGI2015-02-1676
登记证书编号：AGI01676
中华人民共和国农业部
2015年7月22日

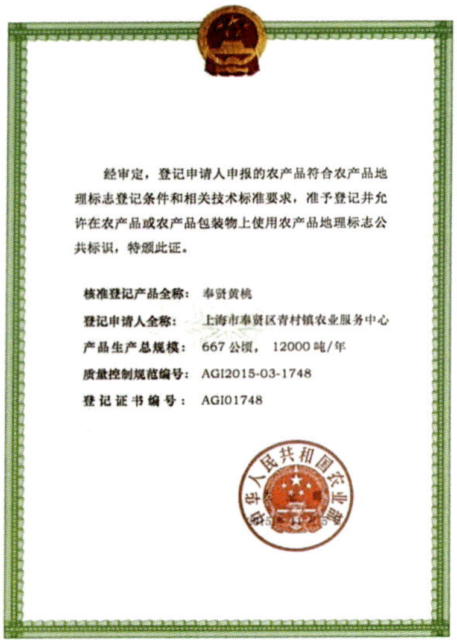
经审定，登记申请人申报的农产品符合农产品地理标志登记条件和相关技术标准要求，准予登记并允许在农产品或农产品包装物上使用农产品地理标志公共标识，特颁此证。
核准登记产品全称：奉贤黄桃
登记申请人全称：上海市奉贤区青村镇农业服务中心
产品生产总规模：667公顷，12000吨/年
质量控制规范编号：AGI2015-03-1748
登记证书编号：AGI01748
中华人民共和国农业部

农产品地理标志登记证书

三、农产品认证

2004年前，奉贤区的“玉穗”葡萄、“奉叶”蜜梨、“锦绣”黄桃等果品，通过上海市农产品质量认证中心的“上海市安全卫生优质农产品”认证，后该认证停止实施。各果园转而申请农业部的“无公害农产品”“绿色食品”认证以及国家环保总局有机产品认证中心的“有机产品”认证。2005年，上海花厅果林发展有限公司的“田甜”牌油桃成为奉贤区内首个“无公害农产品”认证的果品。是年，上海市农工商现代农业园区开发有限公司的“心心”牌葡萄、梨为奉贤区内唯一的中国“有机产品”认证。2007年上海玉穗特种葡萄种植有限公司的“玉穗”牌葡萄成为奉贤区首个“绿色食品”认证的果品。至2015年，奉贤区计有“绿色食品”认证果品11个，批准产量1640吨，面积1470.02亩；“无公害农产品”认证果品58个，批准产量3.77万余吨，面积2.77万亩；“有机产品”认证果品2个。

四、推优评优

2008年起，奉贤区林业部门精心组织优质果品参加全国性和上海市优质果品评比，并取得好成绩。2009—2012年，在参加市果品质量评比中共获得15次金奖、18次银奖、4次铜奖、47次优秀奖。其中，“锦绣”黄桃和“心心”牌有机葡萄连续五届获得金奖。

第六节　林业经营企业选介

进入90年代后，奉贤区（县）政府加大扶持力度，进一步放宽政策，发展林业生产经营新经济组织，呈现一批规模化生产、集约化经营的绿化造林企业。至2015年，奉贤区有绿化造林专业经营公司（资质企业）22家。本志选择4家具有一定经营规模、服务技能较强，经济效益较好的绿化造林企业作介绍。

一、上海农工商绿化有限公司

上海农工商绿化有限公司是光明集团旗下的绿化设计、工程施工、绿化养护、草坪、草种、苗木生产与销售为一体的专业公司，原名上海市农工商绿化总公司，创建于1993年5月，总经理张佳，经审定为上海城市园林绿化企业壹级资质，并属于上海市园林绿化行业协会常务理事单位。公司总部设于上海共和新路1346号通用大厦9楼，注册地奉贤奉浦开发区。

公司成立20余年来，先后承建数百个景观绿化工程，承建的市重点工程有上海浦东机场机场大道、浦东世纪大道、上海八万人体育场草坪、海湾国家森林公园等，承建的住宅类景观绿化工程有上海万科城市花园、万邦都市花园、天安别墅、无锡太湖金色水岸、星河世纪城、绿地逸湾苑、崇明大道东滩段、松江大学城、立信会计高等专科学校、锦江饭店、上海市委党校、江西省委党校、赣南医院等。其中，进才中学、松东花园、五四机关绿地、苏堤春晓、东方帕堤欧及金球怡云6个项目，分别荣获1998年、2003年、2005年、2006年、2010年和2011年上海市“园林杯”优质工程奖。同时，公司还承建生产与休闲旅游相结合的“瑞华菜园”“都市菜园”等生态园艺型公园的设计与施工。

公司在做好主营业务园林绿化工程的同时，还承建崇明北横引河、太湖流域红旗塘、光明集团农场的水利工程与绿化以及海丰、五四、长江等农场和海湾国家森林公园等单位万余亩的造林工程建设。其中，崇明北横引河一期工程荣获上海市水利工程建设质量“优良”等级，长江防护林被评为2009年市级造林样板工程。

公司下属上海博露草坪有限公司，是上海乃至全国最早的草坪生产和草种经营单位，拥有草坪和苗木生产基地5000余亩，年销售草坪300余万平方米，生产和销售的草坪已遍及上海、杭州、南京、合肥、南通等华东重要城市的公共绿地、道路、广场、足球场和高尔夫球场等。

公司下属子公司上海大华绿化工程有限公司，创建于1984年，是奉贤县最早从事园林绿化工程施工企业之一。公司在原五四农场内有500余亩苗圃基地，培育各类园林树种，开展景观绿化的规划设计与施工、绿地养护。30余年，先后承接了市光三村外高桥海滨村、竹园新村、田林十四村、上海冶金专科学校、上海旅游专科学校、奉贤体育中心、滨海古园、上海东郊宾馆、东方绿舟等绿化工程项目，并开辟了大树进城的先河。公司为市、区环境绿化做出贡献，曾多次受到市政府有关部门的嘉奖和表彰。

二、 上海奉贤园林绿化工程有限公司

1992年7月上海奉贤园林绿化工程有限公司成立，注册资金2000万元，公司以“经营、管理、创业、创新”的理念列为企业宗旨。经过多年拼搏，于2009年1月认证为城市园林绿化壹级资质企业，并拥有风景园林工程设计乙级资质，房屋建筑工程叁级资质，市政工程施工总承包叁级资质，河湖整治工程专业承包叁级资质为一体的综合性企业。公司下属子公司新明公司具有城市园林绿化贰级资质，浦南公司、景奉公司具有养护能力认定证书。公司于2002年12月通过ISO9001：2000质量

管理体系认证，2012 年 9 月实现质量、环境、职业健康安全“三体合一”认证。

公司拥有较强的技术底蕴，有管理人员 66 人。其中，一级建造师 5 人、二级建造师 15 人、高级工程师 8 人、中级职称 17 人、绿化技师 7 人、中高级绿化工 30 人。2015 年，公司年产值达 2.8 亿元，公司承担着奉贤区城镇、公园、广场、绿地、小区、校园等绿化景观工程的设计、施工与指导，先后承建的古华公园东区整治改造工程，上海数字电视产业基地厂房扩建项目，荣获上海市“白玉兰”奖。航头基地三号地块 1.2 标段，经济适用住房绿化工程，迎宾大道（A4 出口—金海路）景观绿化工程，荣获上海市“园林杯”金奖。上海国际医学园区、生物医药服务基地四期绿化工程，荣获上海市“园林杯”优质工程。中邦置业 MOHO（无锡）一期景观绿化工程，荣获无锡市园林绿化优良工程。2009—2012 年，公司连续 4 届被评为上海市文明单位。2013 年，获得上海市企业文化建设示范基地、上海市平安单位、上海市青年文明号、上海市重合同守信用 AAA 级企业、上海市绿化市容行业劳动竞赛先进集体、上海市五星级诚信创建企业、上海市绿化先进集体、上海市重点工程实事立功竞赛园林绿化赛区先进集体等称号。

公司自 1992 年成立至 2015 年，总经理先后由 10 人次担任。

三、上海树园盆景花木有限公司

2000 年 10 月，上海树园盆景花木有限公司成立。经理曹吉芳，地处南桥镇运河路 20 号，是集园林绿化施工和养护，花木盆景出租，苗木生产栽培于一体的综合性园林企业，拥有住房城乡建设部批准的城市园林绿化贰级资质和绿化养护资质认定，在柘林、青村、江海等建有苗木基地 260 亩，拥有各类专业技术管理人员 36 人。其中，高级工程师 4 人，专业技术工人 70 人，年吸纳劳动力 112 人。

公司下设总工程师室、行政管理部、经营计划部、工程技术部、养护管理部、安全设备部。2006 年，增设上海芳坊园林景观工程有限公司（城市园林绿化叁级资质），经理沈旭如。十余年来，公司在园林绿化工程建设养护管理等业务不断拓展，先后承接和完成上海海湾旅游区公路绿化、上海世纪星城广场绿化、上海奉浦四季园绿化工程、上海奉贤区青村镇北唐苑广场绿化、上海海湾渔人码头广场绿化、闵行区莘庄南郊别墅绿化工程、浦东新区华钜御庭别墅绿化工程、奉贤区解放东路景点绿化改造工程、奉贤区时代广场绿化工程、正阳世纪星城广场绿化、五四中港绿地广场景观绿化工程等，年均工程业绩逾 2000 万元。

四、上海锦簇绿化工程有限公司

2007 年 6 月，上海锦簇绿化工程有限公司成立，其前身是奉贤新寺春兰苗圃公司。成立后作为一家园林绿化施工与养护为一体的专业绿化工程公司，经理曹界杰。公司位于奉贤区南桥镇江海路 58 号，设有工程部、技术部、财务部、养护部、综合管理部、经营部和苗圃 7 个部门，有高级技师及绿化高、中、初级专业人员 30 余人。公司董事长曹国民。

公司于 2010 年 1 月取得上海市城市园林绿化叁级资质企业证书。

1993 年，创办春兰苗圃，面积 50 亩，种植花灌木等绿化树种。承接镇区居民小区、企业、学校的绿化工程，秉承着认真负责的踏实作风，工程质量优良，受到社会的好评，承接的工程也由小变大。先后承建的江海镇区道路、江海新村、海湾旅游区景观大道、奉浦苑、正阳世纪星城一、二、三期工程等许多项目，均被有关部门评为优秀绿化工程。由此，也成为奉贤农民私企绿化的佼佼者。至 2015 年，苗圃扩展到 300 亩，员工从起初的不到 10 人，发展到 100 余人。公司年产值保持在 3000 万元以上，曹国民致富后，不忘回报乡亲，经常为村里百姓做善事，给 60 岁以上的老人送上冬被，为老年骑游队送物资，在村民中享有良好的口碑。

果品市场

缤纷花市

第九章　林业旅游

20世纪80年代后期，奉贤林业的快速发展，显著改善了生态环境，丰富了市民生活，提高了农民收入，同时也推动了林业旅游事业的发展。

1998年奉贤的农林旅游，从“青村世外桃园”起步，到2015年，全区有对外开放的农林旅游景点58家，各类农林旅游点206个。通过整合资源，串珠成线、连线成片，形成了一日游、两日游精品农林旅游线路10余条，初步形成庄行生态与低碳农林旅游集聚区、青村科技与创意农林旅游集聚区和新农园现代农林服务业旅游集聚区，以及沿杭州湾、黄浦江和金海路农林旅游带，打造了上海梅花节、申亚春桃节、奉贤黄桃节、蜜梨采摘游、有机葡萄节等林业节庆旅游品牌。建成了国家AAAA级景区3家，AAA级景区2家，全国农业旅游示范点4个、全国休闲农业与乡村旅游示范点1个、全国休闲农业与乡村旅游星级企业4家、市农业旅游推荐单位7个、世博观光农园14家、上海市美丽乡村示范村2个、上海十大“我喜爱的乡村”3个、市三星级农家乐6家。

奉贤农林旅游经历了自发起步、快速发展和示范管理3个阶段。2005年，奉贤区成立了上海市第一家农业旅游协会，2006年，区农委内设旅游办，并形成了区、镇农林旅游的行政、行业和产业等3条管理服务主线，制定了《奉贤区农林旅游十二五规划》《奉贤农业旅游景点考评细则》等3个考评管理文件，不断提高农林旅游景点的服务水平。建立了“奉贤农业旅游在线”网站，加强了农林旅游的宣传和索引。

奉贤市民绿色之旅

农林旅游有效促进了农业结构的调整、生态环境的改善、农民的创业增收和社会主义新农村建设。据《奉贤年鉴》记载，农林旅游游客2013年为277万人次，2014为296万人次，2015年为345万人次；农林旅游收入2013年为7.32亿元，2014年为7.8亿元，2015年为7.72亿元。

第一节　森林休闲游

森林休闲游景点主要有上海海湾国家森林公园、申隆生态园、海湾旅游区“海湾世纪林”、申亚生态片林、申亚乡村度假农园等。据统计，2006—2015年，森林休闲游接待游客357.41万人次，实现旅游收入2.09亿元，带动其他产业收入4969万元。

一、上海海湾国家森林公园

上海海湾国家森林公园，位于奉贤区海湾镇（原五四农场）境内，1999年开始建设，十年造一园，于2009年9月28日试开园，2010年“五一”前夕正式开放。经过16年的建设和发展，曾经是“潮来一片汪洋，潮退一片荒凉”的荒海滩，形成1.6万亩面积的集农林观光、生态旅游、文博展览、休闲度假于一体的大型人造森林公园。该园由光明食品（集团）有限公司与上海城市建设投资开发总公司共同出资建设，总投资8.65亿元。

公园根据滨海特殊立地条件，探索性地引入近自然林理念，探索人工营造近自然混交林。通过合理的地形处理，开挖水域面积2582.42亩，其中百鸟湖面积580亩、探香湖面积172亩，蜿蜒曲折的河道10公里，沿河都是森林，营造林在水边、水在林中、林水相融的生态景观，挖河取土堆造地貌形态不一的土丘185座，形成以湖泊、河流、丘陵、坡地、湿地相结合的多生境格局。缀以亭台楼阁、长廊曲桥，相映成趣。

园内林地面积6000余亩，植树420余万株，植物种类达79科342种，其中沉水樟、舟山新姜子、黄檗连香树等18种，为国家珍稀濒危树种。翠竹有26种30余万株。辽阔的水域、茂密的森林，引来无数飞禽走兽在此繁衍生息，园内现有野生兽类6种，野生鸟类10目30科161种，主要品种有野鸡、野兔、刺猬、黄鼠狼和绿翅鸭、凤头潜鸭、斑咀鸭、白头鸭、罗纹鸭、赤膀鸭、夜鹭、白鹭、牛背鹭、灰掠鸟等。植物、动物和微生物的生态链逐渐形成。

林木四季有景，尤以春花秋叶为最，花有梅花、牡丹、樱花、荷花、桂花，秋天以观叶树为主，成片火红的乌桕、火棘，金黄色、古铜色的无患子、落羽杉，与波光粼粼的水面倒影相映衬，构成醉人秋景，凸显公园迷人的自然风韵和生态华彩。大片森林充分显现“天然氧吧”功能，经测定公园空气每立方厘米含负氧离子2520个。

公园实现自然生态、游乐休闲、海派人文融为一体，打造了生态休闲区、游乐活动区、水上活动区、文化观赏区等旅游功能区。

园内主要景点和活动项目有：

赏。文化博览园内有中国文化博物馆、汤兆基美术馆、越窑青瓷馆、延怀汝窑馆、四海陶艺馆、旺家根雕馆、影蛟盆景馆、中州家居馆、纯园家具馆、恐龙展示馆、昆仑奇石屋等13座文博展示场馆。

游。春夏秋冬，四季有景，有百鸟湖畔、水木风华、夹岸樱花、寒绯春华、国色牡丹、粉墨森林、荷塘月色、天籁港行、浓情红叶、水天一色10景。

食。有鱼味馆、餐丰农家菜、梅林春晓餐厅、森林烧烤、森林休闲吧等。

玩。有游乐园、森林卡丁车、森林跑马场、自行车自助游、游船游艇、大草坪露营等。

展。花展有梅展、樱花展、牡丹展、荷花展等。

各类花展中以梅展规模最大。梅园占地2000亩，为华东地区最大梅园，经过不断完善，到2015年有梅花126个品种、4万余株，还有蜡梅5000余株。梅园内水系蜿蜒，地形起伏，以172亩的探香湖为核心，构成一湖、三岭、七道湾的格局，分为寒香岭、暄妍岭、春归岭，沿着赏梅驿道，越岭跨桥，由西向东漫步，以不同品种梅花命名的垂龙湾、绿萼湾、江梅湾、宫粉湾、朱砂湾、洒金湾和春后湾，先后展现在眼前，其间有唐梅厅、探香桥、楚梅阁、宋梅厅等景点，有36株百年古梅组成的梅花丛林，古梅梅王梅后、唐梅（使者）、宋梅（使者）均来自浙西、皖南深山，树龄都在200年以上。楚梅阁是全园制高点，游客登高可望尽梅岭春色，唐梅厅有精品梅桩百余件、盆栽梅花300盆，梅花字画和梅花摄影等梅花文化精品，在此全方位展示。2014年首届梅花节，游园人流达60万人次以上。

在长廊曲桥上观梅赏景，心旷神怡

每年梅花节以后，举办牡丹文化艺术节。牡丹文化园占地2万平方米，拥有牡丹70种、芍药21种共4800余株，精品盆栽牡丹500件。牡丹节中开展“探寻牡丹雅韵，弘扬国粹文化”的牡丹文化活动，有少儿牡丹写生赛、牡丹绘画作品展及“我和牡丹有约”摄影活动，插花艺术展和牡丹诗歌朗诵会等。“五一”假日，举办海湾森林捕鱼节，开展湖畔垂钓、观赏捕鱼和品尝鱼鲜等活动。还有樱花游、赏荷游等，在举办节庆游同时，开展海湾森林生态音乐会、风筝会等系列民俗文化活动。并与海湾地区各旅游资源合作，形成精品森林游路线。

海湾国家森林公园先后被评为国家AAAA级旅游景区、上海市文明公园、上海市科普教育基地、上海世博观光农园和全国休闲农业与乡村旅游五星级园区及国家森林生态旅游示范区等。

二、申隆生态园

申隆生态园位于奉贤区青村镇，区域范围1.18万亩，与海湾旅游区毗邻，从市区经卢浦大桥沿浦星公路至申隆生态园40分钟车程即可到达。

申隆生态园创建于1999年，2006年全面完成开发，是集生态、休闲、旅游观光为一体的绿色生态森林公园。园内植树400余万株，350余个品种，150株百年银杏拔地参天，林木花卉争芳斗艳，果树有葡萄园、桃园、橘园、梨园、枣园、草莓园等，春华秋实，供游客观赏、采摘和品尝。

园中水面积2649亩，河道纵横、水网密布。申隆湖中有猴山、野兔林、乌龟岛、鸟语岛等9个小岛，游客可乘竹筏、游艇，在湖泊、河道中穿行，享受湖光山色，浏览小岛和两岸风光。

百鸟园中有上百种珍稀禽鸟，可观赏莺飞燕舞、孔雀开屏、鸟类表演。

农耕文化馆展示了世间已销声匿迹的农家传统生产、生活用具和种桑养蚕、纺纱织布、春种秋收的农家技艺。

儿童乐园有滚珠滑梯、勇敢者道路、水上步行球、快乐蹦蹦跳、拉巴毛毯、风滚绳、海盗船、骑木马等10余种少儿游乐项目。

申隆生态园年均接待游客18万人次。先后被评为上海市文明单位、世博观光园、全国农业旅游示范点，国家AAAA级旅游景区。

2014年11月，上海奉贤城市推介会金融专场宣布：申隆生态园将依托现有生态林地，着力打造金融小镇，逐步建成上海国际金融中心的重要组成部分。

三、海湾世纪林

海湾旅游区海湾世纪林，是市政府重点扶持规划建设的上海市五大人造森林之一。地处原奉新5号塘内，占地面积530亩。从1999年3月至2001年3月，连续3年举行万名市民营造“海湾世纪林”活动。该活动由上海市文明办、绿化办、农林局、绿化局、市总工会、团委、妇联、市文联、市体育局和奉贤县政府等联合发起和组织，有535个单位的全国和市劳动模范、“新长征突击手”“三八红旗手”，解放军指战员、作家、文艺界人士、新婚夫妇和奉贤党政干部、各界人士等3万余人次参与，其中还有数百位外国友人，共植树20余万株。

海湾世纪林共分3个板块。一是竹林，有雷竹、毛竹、红竹、黄金竹等10余个品种，占地160亩；二是枣林、柿林、观赏林及各类果树几十个品种，占地180亩；三是林中小屋，风筝绿地，占地190亩，还有科技游乐区，包括兵马俑陈列馆、沙滩艺术馆、海螺馆、龙宫、海塘、卡通乐园等。其中海螺馆为上海著名海洋贝类收藏家郑根海所举办，有采集来自世界各大洋的1000余种1万余枚海螺精品，其中有鹦鹉螺、镶珠隐螺、玉米螺、威尼斯海螺、黄金宝螺，以及仅0.31毫米、打破吉尼斯世界纪录的乳白微型螺等稀世珍品。

在世纪林中，还收集了散落在奉贤各地的1座古桥、2匹石马、3座牌坊等文物。“海湾世纪林”5个石刻大字，由原市领导龚学平所题写。开放以来，每年接待游客5万～6万人次。

2014年起，因建设学校、医院等公益性项目需要，原世纪林板块中心路以北迁移重置，仅留中心路以南地块190亩。

四、申亚生态片林

申亚生态片林建设于2003年1月，位于奉贤区金汇镇泰日社区境内，西靠浦星公路，南接南航公路、大叶公路，区域面积3800余亩，其中大型片林2300余亩。林中建设的“申亚瑞地怡园”，是以绿色旅游为主体，集林野娱乐、农家餐饮、科普教育与体育活动为一体的生态休闲基地。

申亚生态片林是一个天然氧吧，2300亩生态林，既结合了原始地形地貌，又融入现代园林创意，起伏的丘陵、蜿蜒的河流、错落有致的绿化，有180余个树木品种，40余万株，其中果树有20余个品种。

在申亚大型片林中，建立了森林昆虫标本馆，收集陈列的昆虫标本有六大纲目、61个种类、320余个品种、4000余头昆虫，有些品种为上海地区稀有品种。

从2008年起，林内建立了上海本土稀有野生动物狗獾养殖园，占地60亩，由上海市野生动物保护站、奉贤区林业署、华东师范大学生物系、亚绿投资公司等合作兴办，营造了适合狗獾繁衍生息的自然环境，从山东、江苏等地引进狗獾，近年已开始繁殖后代，2015年已有狗獾31头，其中在园内繁殖了8头。

五、申亚乡村度假农园

申亚乡村度假农园位于奉贤区青村镇，西靠浦星公路，南临平庄公路，与“申亚生态片林瑞地怡园”同属上海申亚房地产公司投资建设的“姐妹园”。

该园成立于2004年，是一个集科技农业、种植观赏、生态养生、蔬菜品尝、农家休闲于一体的乡村度假农庄，面积1015亩，设有游客服务中心、谐园（包括香草园茶吧、果吧、餐饮等）蔬菜种植园、盛姆桃园、自助种植区（果林认养、农活体验）、景观渔庄（农家垂钓、棋牌）、多肉、观叶植物种植观赏区、珍稀果蔬种植园（艺术南瓜观赏与采摘）、有机蔬菜农园、向日葵观赏大道等景点。

申亚乡村度假农园主要从事产业化科技开发，珍稀果蔬种植园培育各类观赏性、实用性瓜果植物100余种，其中仅形状各异、色彩丰富的南瓜、葫芦品种就达50余种。盛姆桃园进行桃、杏、樱桃、火龙果、无花果、猕猴桃、草莓等果蔬新品种、新技术的研究种植，开展特色农业观光旅游、主栽品种为“盛姆”品牌桃，面积330亩，有“特早红”（盛姆春桃）、“夏之梦”“南国花”等品种。其中尤以“盛姆春桃”最具特色，每年5月中旬即可上市，以成熟早、果形大、紫红艳丽，在上海独享美誉。

第二节 果品采摘游

果品采摘游的主要形式有：举办上海奉贤黄桃节，打造黄桃“黄金采摘线”；举行上海蜜梨采摘游，品庄行蜜梨、吃羊肉烧酒；还有申亚春桃节、五四有机葡萄节以及青村世外桃园、花果山百枣园、玉穗绿苑等果品采摘旅游景点。

一、上海奉贤黄桃节

上海奉贤黄桃节自2010年起每年举行。2013年开始，同时举行“桃文化节”。黄桃节由奉贤区人民政府主办，青村镇人民政府承办，区农委、科委、旅游局、市农科院林果所协办，以青村镇为中心活动区。活动主题为：品奉贤黄桃、观农村新貌、游田园风光。

首届上海奉贤黄桃节开幕式

奉贤黄桃从1979年起首先在光明地区规模种植。2014年，奉贤全区种植黄桃1.43万亩，其中青村镇8968亩，成为闻名遐迩的“中国黄桃之乡”。奉贤黄桃成为地区的名特优农副产品、青村镇的农业支柱产业、桃农增收致富的“摇钱树”，先后获得上海市科技进步一等奖、中国优质产品、中国著名品牌、全国标准化示范区和国家地理标志保护产品等数十项全国和上海市荣誉。

建于2010年的“南上海特色农产品交易（黄桃）市场。面积1.67万平方米，设置600余个摊位，集黄桃田头研究所、田头超市、田头课堂、黄桃及地区特色农副产品的销售、批发于一体。设在市场内的“奉贤黄桃展示馆”，图文实物并茂地展示了奉贤黄桃的发展历史、产品特色、黄桃文化和获得荣誉等内容，每届黄桃节都举行隆重的开幕仪式。2013年起，每年黄桃节同时举行桃文化节。

黄桃节期间举行黄桃擂台赛，由各黄桃种植示范户选送优秀样品，市、区林果专家根据黄桃外观和内质评比标准，逐项打分，评出金奖、银奖和铜奖，在黄桃节上展示获奖产品并颁奖。

为满足市民要求，打造黄桃“黄金采摘线”，青村镇从申亚农园到解放村及沿钱公路至南奉公路、浦星公路沿线建立采摘园、采摘点14个，并与镇内的申隆生态园、花果山百枣园、申亚农园、世外桃园、果乡度假村等景点连线，让市民采优质桃、游农家景、住农家屋、吃农家菜，充分观赏田园风光，共享丰收喜悦。

二、庄行蜜梨采摘游

庄行镇种植庄行蜜梨5270亩，是上海最大的优质梨生产基地。主栽品种为翠冠、黄花梨、早生新水等。

该镇规模种植蜜梨，从1998年开始，由市农科院林果所和浙江林果部门提供优质种源及技术，在市林果所和区林业署帮助下，蜜梨面积不断扩大，栽培技术不断改良，产品质量不断提高，经市林果部门专家检测验定，认为庄行蜜梨果形美、品质好、风味佳，抗病性明显优于传统品种，先后通过国家A级绿色食品认证。奉叶牌庄行蜜梨获上海市著名商标。

2009年开始，庄行镇以节促农，走一产、三产融合发展之路。“菜花节”期间，正值梨花盛开，形成遍地菜花金黄、梨花如雪的美妙景观，夏季“伏羊节”正是蜜梨成熟季节，庄行镇运用优质蜜梨、羊肉烧酒和水乡风光的丰富资源，将三者结合，开展“羊肥梨香醉农家——庄行农家风情游”活动，在美食广场旁边建立果品市场3200平方米，并设立40余个标准化蜜梨采摘园，开展蜜梨采摘游，形成蜜梨产地市场。部分梨农发展林下经济，在梨园中养殖梨园草鸡，生产梨园草鸡蛋，因其生态营养、吃口鲜嫩极受市民青睐。

每逢蜜梨成熟季节，游客们纷至沓来，品庄行蜜梨、吃羊肉烧酒、体验农家风情，酒足菜饱以后，漫步梨园，采摘个大味甜、脆嫩多汁的蜜梨，带几箱蜜梨及梨园草鸡、草鸡蛋回去和家人及亲友共享。

三、申亚春桃节

2008年起，每年5月中旬举办“申亚春桃节”，与园区内10余项乡村游活动结合，平均每届接待游客1.2万人次，营业收入200万元，带动农产品销售50万元。

申亚乡村度假农园“盛姆”品牌鲜桃，种植面积330亩，有“特早红”“夏之梦”“南国花”等特色品种，其中“盛姆”春桃，引种于以色列，别处桃树刚刚开花，这里已经结桃，在5月中旬即可采摘上市，比一般水蜜桃早2个多月，以成熟早、果形大、色泽紫红艳丽，在上海独享美誉。

四、五四有机葡萄节

从2007年开始，五四葡萄有机栽培基地每年7—9月举办“五四心心牌有机葡萄节”。

该基地隶属光明集团五四有限公司的农工商现代农业园区，成立于2000年，是集科研、生产、示范、休闲、观光为一体的有机果品生产企业，拥有果树栽培面积480亩，主要生产有机葡萄，建立“五四有机葡萄研究所”，注册“心心”牌商标，评为“上海市著名商标”，所产葡萄获得国家有机产品认证。

基地拥有国内外优良鲜食葡萄新品种如夏黑、里扎马特、美人指、罗兰玫瑰、阳光玫瑰等60余个、优良砧木品种15个，产品连续多届获得上海市优质果品评比金奖。

基地与周边农林旅游景点及商业部门联动，互利共赢。2013年，与第一食品公司联合开展“心心相印、农商对接”有机葡萄节，8个周末游客达5000人次，采摘销售有机葡萄1.25万公斤，比常年增加产值80万元。2014年，联合海湾国家森林公园、小木屋休闲农庄推出“赏千亩荷花、采有机葡萄、住芬兰木屋”的仲夏清凉月主题活动，每个周末接待游客近2000人。

五、青村世外桃园采摘游

奉贤农林生态休闲游1998年从青村镇“世外桃园”起步。“世外桃园”在青村镇东北2公里，占地450亩，古名“吴家驳岸”。早在80多年前就以“驳岸水蜜桃”名闻遐迩，如今分布在园内的8株高大挺拔的百年以上古榉树，就向人们展示了这里悠久的历史。1998年，青村桃园场在农业产业结构调整中，场长周伯庆和场员们利用桃园场百年果园和江南水乡自然风光的优势，在桃园场开辟以生态风光趣味活动、果树采摘为主线的农林旅游，与市、区旅游部门挂钩，逐步开发建设适合青少年趣味活动的10余项旅游项目，有竹筏漂流、高坡滑草、风筝放飞、踏青观园、手拉水车、蔬果采摘，骑马乘车、弓箭射击、栽种盆花、学农田园、野餐垂钓、勇敢道路、捕鱼捉鳅等项目，吸引了由旅行社组织的中小学生及家庭亲子团来游玩，成为上海市教委确定的“青少年素质教育基地”和“东方电视台少儿影视摄制基地”。每年接待游客12万人次，并推动了当地餐饮和农副产品销售，增加了农民收入，为市民提供了自然生态亲子游的好去处，“小桃园”做活了农林游大文章。

青村镇世外桃园农林旅游

六、花果山百枣园采摘游

上海花果山百枣园前身为奉贤特色小水果基地，初建于1998年，地跨青村镇李窑村与奉城镇卫季村，全园占地面积750亩。分为种质资源区、品种中试区、种苗生产区和生产示范区4个区域，是市级水果引种、选育、生产、示范、技术推广基地，国家林业局授予“全国特色种苗基地”。该园引进国内外40余个优质水果品种如布朗李、美国提子、日本甜柿、印度大枣，以及大果型枇杷、葡萄及梨枣等，经过栽培试验，选育适合本地栽种的品种，进行中试，然后大面积推广。

百枣园是上海最大的鲜枣生产基地，有枣林460余亩，品种有金丝枣、龙须枣、茶壶枣、葫芦枣、磨盘枣、辣椒枣、胎里红、冬苹果等30余种形态各异的鲜枣品种。

每年6—12月，园内鲜果不断，年产各类鲜果1000余吨，还为区内外果农提供特色果树苗20余万株。

2000年，扩建休闲农林旅游项目，开发水果世界漫游与识别、采摘与品尝、蔬菜瓜果认种，小动物认养和水上船吧、休闲垂钓、烧烤野炊、驴车漫游等项目，还建立了农家乐餐厅、果林小木屋、茶室、长廊和凉亭等配套设施，更名为“花果山百枣园”。

七、玉穗绿苑采摘游

玉穗绿苑在柘林镇新寺社区东方红村金海公路西侧。1998年由浙江上虞人沈玉良租地，成立上海玉穗特种葡萄种植场，后扩建注册为上海玉穗特种葡萄种植有限公司。2005年6月，联合周边80户农户，成立上海绿穗种植专业合作社。

玉穗以种植特种葡萄为主，引进无核白鸡心、京玉、里扎马特、马斯卡特、皇家秋天、美人指、粉红亚都蜜等80余个提子类品种和藤稔、巨峰、夏黑、醉金香、巨玫瑰等多个欧美杂交种，面积150亩，全部采用大棚避雨设施栽培。同时还有桃、梨、枣、橘等果树35亩。2001年成功注册“玉穗”牌商标。

2004年、2005年、2007年，在由中国农学会葡萄分会与中国经济林协会主办的第三、第四、第六届中国优质葡萄擂台赛上，先后获得欧美亚种组无核品种优质奖，2010年8月在中国农学会葡萄分会主办的全国早中熟优质葡萄评比中获金奖。

2005年11月，由中国农学会葡萄分会、奉贤区人民政府主办的“全国葡萄根域限制栽培及观光葡萄园建设学术研讨会”在奉贤召开，为设立在玉穗葡萄园内的“中国农学会葡萄分会上海葡萄研发中心”揭牌。2007年7月，玉穗牌葡萄通过A级绿色食品认证。

玉穗绿苑利用林果特色资源，积极发展农林旅游，苑内设有200米长的吐鲁番葡萄长廊和葡萄酒作坊、葡萄采摘游，以及森林迷宫、高坡滑草、竹排荡桨、农家茅舍、农家乐等20余个活动项目，通过旅行社接待市区中小学生春秋游，成为上海市科普教育基地，并通过国家旅游局现场考核，成为全国农业旅游示范点，AAA级旅游景区。2007—2009年，每年接待游客10万～15万人次。

2012年3月，玉穗公司被南桥镇杨王村整体收购，业务内容不变。

第三节 园林观光游

据史载，奉贤在宋元时已有园林，以住宅与庭院结合居多。明清时代，造园之风兴盛，境内所建园林查有实据的有18座之多，均为私家园林，造园手法与江南园林一脉相承。清末民初，又出现几处中西合璧的园林。遗憾的是，奉贤地处滨海，历史上战乱频频，不少园林毁于战火，至今仅留沈家花园1座。奉贤籍的方志专家姚金祥，撰有“奉贤园林话旧”一文，介绍奉贤旧有园林情况，附录于本节后面。

改革开放后，奉贤兴建公园。1986年，古华公园建成开放。1996年江海镇在开发“江海小区”中建成奉贤第一座镇级公园——“望春园”。2008年，奉浦四季生态园建成开放。进入21世纪后，“一镇一园”建设在全区推开，到2015年，已建成开放的镇级公园有5座、社区公园6座，为市民提供了憩息、游览、娱乐、健身的场所。

一、古华公园

古华公园位于奉贤区南桥镇解放中路，1984年动工兴建，1986年正式对外开放，后又分别于1997年年初和2003年4月，两次对公园进行了改造扩建。公园面积160余亩，其中绿地面积为63%，水体面积为22%。水域分为东湖、西湖和四周环河，挖湖堆山，形成碧水环园、青山滴翠、丘陵起伏的大环境。在青山绿水间，明清建筑风格的亭台楼阁错落有致，花草树木点缀其间，更有22座形态各异、大小不等的石桥串联，形成一座大型综合仿古式公园。

园内树木品种繁多，有乔木80余种2500余株，花灌木40余种3000余株，地被植物120种，近3.5万平方米。树木根据不同景区功能要求意境构思进行品种设置，力求与建筑景点融为一体，春花秋叶，季相分明，构成景色各异的游赏景点。主要景点有言子来奉传学照壁、三女冈、兴园、秋水园、晚晴园、东海亭、南塘第一桥、继芳桥、双亭桥、百姓大舞台、儿童乐园、百态根雕、琳琅奇石、亿年硅木等。公园三面环水，2003年公园二期改造时拆除围墙，使公园与周围街道围而不隔，园林与城建融为一体，成为开放式公园。

公园在园林中包孕着丰富的奉贤人文历史，同济大学建筑园林教研室在承担公园规划设计工作中，得到著名园林专家陈从周的具体指导，体现了他的设计观念：园林与文化历史相结合，文化历史赖以保存，园林借以丰富多彩，两者相辅相成，体现出有古今文化的社会主义中国园林。时任《奉贤县志》主编的姚金祥，从奉贤历代志书等史料中，整理了一份奉贤历史典故、传说、园林、名胜、古迹等详细的书面资料，供建园参考。园林建筑的主持者与设计者从善如流，因而古华公园有了一批体现奉贤特色的人文历史景点。如展现言子讲学的照壁浮雕，春秋时期吴王葬三女的“三女冈”景区，再现奉贤古园林精华的“兴园”“秋水园”“晚晴园”。有了清代遗存文物“南塘第一桥”，有了传颂“廉石还乡”故事的“东海亭”，有了多座与奉贤古桥同型同名的园内石桥，当游客漫步园林欣赏景点的同时，可以聆受到历史的启迪、文化的熏陶、先贤人生哲理的教诲，先人奉献桑梓的爱心，形成了古华公园的特色。

在古华公园金黄色的秋林中湖上泛舟

古华公园努力提高公园的文化内涵，亭台楼阁及仿古石桥都邀请上海书法名家书写题名。在奉贤文化人士中开展古华园景点征联和书法活动，用传统木雕工艺制成抱柱楹联，布置在园内14处景点。实施歌咏戏曲、健身操舞、阅览画廊、摄影书画、科普保健“五进公园”。节日期间与有关部门联办“元宵闹春”“五月放歌”“古华秋韵”等广场文艺活动，使公园充满浓浓的文化气息。

2010年起，公园每年接待游客100余万人次。2005—2014年，公园连续多届获上海市文明单位称号。2007年，荣获上海市平安单位；2008年年初，成功创建为上海市五星级公园；2009年，由市绿化市容局定为上海市文明示范公园。

二、一镇一园

1．南桥镇望春园

1994年，原江海镇在贝港河东江海二村地段创建奉贤县第一座镇级公园“望春园”。工程自1994年10月设计和施工，至1996年春天建成，同年8月7日正式对外开放。公园占地面积12.6亩，建筑面积5735平方米，由江海置业公司承建，镇政府投入资金450万元。

望春园为江南古典园林格局，建有石屏风、六角亭、九曲桥、荷花池、假山、长廊、花架、茶室和书场、小卖部，并设有健身器材。园内绿化面积320平方米，种植乔灌树木垂柳、池杉、榉树、罗汉松、山茶、马尾松、冬青、红枫、铁树、女贞、青桐、翠竹和梅花、桂花、玉兰、月季、杜鹃、黄馨等，草坪为百慕达。

望春园成为受周边居民欢迎的休闲和健身场所。书场1997年11月16日开业，有120个座位，艺人有上海、苏州、无锡、常州等地评弹团演员，半个月一本书，剧目有《杨家将》《包公》《乾隆下江南》等，开业至今，没有停过，入座率在90%。

江海社区居民和附近农民在优美环境中开展文化体育活动，身心十分愉悦。上世纪90年代镇级公园很少，当时到奉贤视察工作的市老领导陈国栋、汪道涵、胡立教，市领导黄菊、徐匡迪、韩正、龚学平、左焕琛、金炳华等都曾到望春园考察。

2．奉城镇兰布拉公园

奉城镇兰布拉公园2004年10月动工兴建，2007年12月建成，总投资9580万元。公园位于兰博路中央绿化带内，西起奉新公路，东至协新路，占地面积11.4万平方米，其中建筑面积7262平方米，绿化面积1.5万平方米。

兰布拉公园具有原汁原味的西班牙风情，有热带风情的西班牙室外休闲景观，西班牙山地种植园的自然风光，西班牙山地特色风貌，西班牙市井生活画面，西班牙古老城堡与现代休闲生活的结合。

公园核心区域为兰布拉广场，占地面积7.24平方米，由戈兰湖、虹美剧场、外语吧、水上运动乐园等景点组成，由上海市地名办命名。

戈兰湖水域面积1.51万平方米，常水深2.48米，湖内养殖各种鱼类，供人观赏垂钓，湖内分布着戈虹栈桥、龙泉、望湖石、荷花岛、湖亭、游艇码头、湖心亭等景点。

戈虹栈桥，位于戈兰湖内，桥梁全长543.88米，宽3.8米，蜿蜒曲折。龙泉为音乐喷泉，三大一小圆形的喷泉组合，有点、线、面、圈等各种水柱造型，最高喷程达30余米，喷泉时佐以明快悠扬的音乐。

虹美剧场为仿古希腊竞技场半圆形建筑，沿湖而建，建筑面积1522平方米，设座椅595席，有贵宾包房、化妆室、音响室等设施，是奉城镇各类大型活动、集会的重要场所。

3．海湾镇海城绿地公园

海城绿地公园位于海湾镇五四社区，海域小区东北，占地2.5万平方米，建于2007年，主要景观设施有人行长廊、科普画廊，主要活动设施有篮球场、羽毛球场、网球场、塑胶跑道、休闲座椅、健身场地与器材等。还种植香樟、银杏、栾树、杜英、合欢、木槿、桂花、草坪绿地等花草树木，郁郁葱葱，为当地居民休闲、健身、娱乐胜地。

4．海湾旅游区慈慧公园

2012年5月，海湾旅游区修建慈慧公园。慈慧公园位于东海观音寺之南，规划总面积42.25亩，其中建筑面积1105.27平方米，道路场地面积8179.73平方米，水体面积4984.68平方米，绿地面积1.33万平方米，工程总投资1560万元。

慈慧公园布局以慈慧钟为中心，通过大吉祥石、如意桥、吉祥大道、东海牌楼、慈慧广场等景，形成1轴2区6景，1轴是从南面大吉祥石起到东海观音寺前慈慧广场止的中央景观轴；2区是位于南北两侧的文化感知区和休闲健身区；6景包括绿茵金钟、双龙汇锦、如意拱桥、塔影落辉、慈航普渡和大吉祥石。

东海宝塔是整个公园的标志性景观。塔为八角重檐宝塔，地面9层，地下1层为地宫。宝塔体径13米，高63米，塔内各层共供奉观音像9999尊，金碧辉煌。塔可登临，为俯览海湾美景的绝佳观景点。2013年10月竣工开放，供广大游人参观游览。

5．海港行政中心绿地

海港行政中心绿地位于海港开发区海杰路新四平路口，绿化面积10万平方米，于2007年5月竣工。该绿地以其恢弘的气势、合理的配置、美好的景观成为奉贤东部地区新的标志性绿地。绿地保留了原有河流系统的自然景观，将它们组织进入开放空间和绿地系统，以及城市轴线，确保居民共享和与周围环境的融合。

公园布局重点在于突出建筑同环境的和谐统一，从北面中横河引入活水，在整个地块中自然形成大型生态水体，并以此水体作为主线，在沿岸错落有致地布局四座单体建筑，使每座建筑都享受优美的水景，建筑依水而建，营造近水楼台的效果，使每座建筑同其水中的倒影成为整个景观体系的一部分，形成建筑同景观的互动。

三、社区公园

1．奉浦四季生态园

四季生态园坐落于奉贤工业综合开发区，南靠团南公路、北临八字桥路、东依S4高速、西傍韩谊路景观大道，总面积为16.9万平方米，于2008年2月1日正式对外开放。生态园内水域广阔、小河弯弯、土地起伏，园内有多幢具有欧美及阿拉伯古典风格的建筑物，独具异域风情。园内共分11个区可供观赏，如水园、稀有品种园、现代园、雕塑园、法兰西园、伊斯兰园、百鸟园、风车园、菊花岛、兰花岛等。园内还建造了3座活菌循环生态公共卫生间，运用生态菌种进行粪便处理，经过层层过滤，处理的污水达到国家排放标准。

园内还有品种丰富的植物，有奥地利石竹、光蜡树、花叶蔓、垂枝桃、薰衣草、龙桑、海枣、菩提椰子、日本冷杉、醉鱼草、小判草等名贵树木、花灌和宿根花卉上百种之多。达到四季有色、月月有花，绿地覆盖率70%，水域面积达5万平方米。

四季生态园构思独特，小桥流水间，亭台楼阁密布，花草树木相缀，给人以古朴、现代、典雅、清静、舒适、优美相统一的形象，是市民休闲健身、陶冶情操的好去处。该园由奉浦社区管理，但已列入镇级公园名录。

2014年，又在园内建设了“贤园”——贤文化教育基地。有“忆贤壁”、言子像，展示贤文化的起源和发展过程；“诵贤墙”在奉贤历史上的能人贤士中，选取了22位名人，浮雕在“诵贤墙”上和以雕像分布在贤园四周；“百米文化长廊”和“讲贤堂”有图文并茂的“新二十四孝”和介绍奉浦社区部分居民的“好家训、好家风”。

2．西渡社区公园

西渡社区公园定位为以公共运动健身为主要功能的开放式绿地。2012 年 5 月建成开放。公园总面积为 2.63 万平方米，其中绿化种植面积为 1.03 万平方米，水体面积 233 平方米，景观建筑面积为 344 平方米，道路、场地面积为 1.02 万平方米、运动场面积为 5263 平方米。西渡环卫所承担日常环境保洁工作，盛涵市政设备公司负责绿化养护。

3．西渡江边公园

西渡江边公园 2011 年建成开放，位于西渡沿浦路北，轮渡口东侧，黄浦江南岸，面积 6000 平方米，分为入口景观区、休闲活动区、滨水游憩区、植物造景区几个功能区，休闲活动区是绿地的人流集聚处，三片广场可供市民晨练、跳舞、棋牌、休息等活动，滨水景观区充分利用滨临黄浦江的地理优势，建成临水平台，使居民享受临江景色。在植物配置上形成春景秋色景观。在公园建园之初，就充分征求社区居民对公园建设管理意见，为三位一体管理的模式奠定了基础。

4．星火碧野情深公园

碧野情深公园位于奉贤星火开发区东南部邻近杭州湾海域，集生态观光、旅游度假、休闲娱乐等于一体，2010 年建成开放，面积 6 万平方米。公园内各类树木品种丰富、苗木结构配置合理，四季有花、四季有景，很多树木档次高、树龄长、造型美，绿化覆盖率达到 75%。园内公建配套设施齐全。分娱乐区、休闲区、体育竞赛区，设有迷你马术场、标志性景观塔楼等，成为当地居民休闲娱乐健身的理想之地。

5．正阳体育公园

公园位于 G1501 公路北侧、S4 公路西侧，占地面积 6 万平方米，由正阳小区建设用地和道路带征绿地组成。公园配有篮球场 2 个、网球场 1 个、小型足球场 1 个和儿童游乐设施等，显示了体育公园的生态、运动、休闲的精神与特色，将景观风貌与休闲健身、陶冶情操有机融合，体现运动在林中、运动在水际、运动就在小区旁、运动融于大自然中，为市民营造一个理想的生态娱乐运动区。

6．正阳中央景观公园

正阳中央景观公园是由树阵广场、人工湖、假山、缓坡草坪组成的欧美式花园的中心绿地，面积 2.8 万平方米，2005 年 5 月竣工投入使用，其设计手法主要通过湖水泛波、草坪起伏、曲径通幽、多彩群体的和谐组合，烘托了在繁华的小区里以人为本、回归自然、典雅幽静的生活空间。入口处以和谐乐章花卉景点为引导，进入树阵广场和旱喷泉小广场，以鲜艳草花作为点缀，与周边植物群体的季相变化构成节奏上的韵味，达到情景转换的效果。楼宇间各种不同的乔灌木错落有致的组合，既是中心绿地自然浓郁的背景，又形成了相对独立但又互有关联的共享空间，纵观整个绿地，给人以动静结合、步移景异、远近呼应的自然观感。

附：

奉贤园林话旧

姚金祥

提起上海郊区的园林，人们总会想到松江的醉白池，嘉定的汇龙潭、古漪园、秋霞圃，青浦的曲水园等名园。至于奉贤，一般人都认为没有园林。其实，奉贤不仅有园林，而且数量还不少。根据地方志记载，奉贤的园林查有实据者计达18座之多。其中，建于明、清时代的有14座，包括南园（元末明初建，位于今青村王家村）、刘氏花园（明永乐时建，位于今钱桥乡花角村）、北园（明建，位于今萧塘乡鸿宝村）、后圃（清初建，今址待考）、白沙小谷（清乾隆九年建，今址待考）、兴园（清乾隆年间建，位于今邬桥乡境内）、秋水园（位于今庄行镇区）、一邱园（清乾隆年间建，位于今南桥镇）、曹家花园（清初建，位于今胡桥乡花园村）、孙家花园（清时建，位于今胡桥乡孙桥村）、兰桂厅（清时建，位于今胡桥镇，前后均有花圃）、谢家花园（清时建，位于泰日桥镇）、顾家花园（清时建，位于柘林镇）、朱家花园（清末建，位于泰日桥镇）。建于民国时期有4座，包括遂园（清末民初建，位于金汇桥镇）、野园（民国初建，位于头桥乡联工村）、沈家花园（民国年间建，位于南桥）、张家花园（民国年间建，位于齐贤镇北）。

这些园林，现在只有1座，且已移作机关之用。其他的，或规模不巨，声名不著；或年代久远，无从细考。但也有的曾经名扬一方，遐迩皆知，有的至今为人们津津乐道。遗憾的是奉贤地处滨海，历史上战乱频频，这十几座园林中，不下三分之一毁于侵略者之铁蹄。现从中择取南园、兴园、一邱园、遂园、野园及沈家花园6处作些简要介绍。

（一）南园　位于元、明代松江府的东南沿海重镇陶宅。园主人陶舆权是元末松江府八大富豪之一，他的祖先陶宣车首先由别处迁来此处面流而居，于是门前的小河取名“陶溪”，其宅也被称作陶宅。明洪武六年，专设陶宅巡检司于镇东。据乾隆《奉贤县志》记载：“陶饶于资，北宅千灶，珠履三千，钟鸣会食，击鼓传更。”到陶舆权时，“树表迎鹤，筑馆求仙，园锁烟云，湖集歌舞，建修梁而通化泾，举渔火以清市尘”。于是，“遐迩游观者骈臻于是”。元末有里人姚汝嘉、无锡华文瑾、天台杨仁寿、冀北李暲四个文人，不满朝政，结伴隐居于陶宅，常互相唱和，有七律八首，总题为《陶溪八咏》，赞叹了“西湖晓色”“南园霁景”“道院幽栖”“园桥纵步”“东庵华表”“北宅故墟”“市港渔灯”等陶宅八景，其“园桥”“西湖”等即为陶舆权所建园林的主要景物。明初监察御史、著名诗人袁凯的故居“贯泾别业”在陶宅西北仅四五里路，他常常乘兴去陶舆权家饮酒赋诗，有《陶舆权之所两首》等诗作，一时传为佳话。明初大书法家张弼（东海）也是陶宅人，他有《陶溪八景总咏》一首，当时脍炙人口。其诗曰："曈昽旭日照西湖，光映南园霁色多。仙馆百年高大卧，园桥三月丽人过。东庵鹤去空华表，北宅春来长绿莎。听击黄昏楼上鼓，隔溪渔火对渔歌。"可惜如此一个繁华秀美之地，明代嘉靖年间被倭寇占据作为大本营之一，不久就毁于兵燹。时隔四百余年后的今日，仅园湖（现称花园沟）尚存，另有残碑一块，明代古井圈一个，其余荡然无存。

（二）兴园 在今邬桥乡叶家村第十四生产队境内，旧址名为"陆典桥"。此园乃清乾隆年间岁贡生顾绂所建。乾隆《奉贤县志》载，此园方广二十余亩，有秋水廊、读书草堂、小弧山、赠春亭、紫薇冈、美鱼矶、溪口亭、养正书屋、狎鸥滩、度鹤亭、竹林青闷、宝穑轩、五老峰、藏密坞、致远台、小山招隐亭等景观。五老峰上镌有隶书，其中四峰分别冠以"独秀""舞仙""抟云屏""藏燕谷"等名。华亭县人王永祺曾专门写了园记。

（三）一邱园 在今县城南桥镇东南角。明代原为陈氏宗祠，至清乾隆三四十年间，由曾任四川打箭炉同知的陈文锦弟兄及其父陈安仁重建，面积四十亩，因建于南桥镇，也称"南园"。园中置有亭台楼阁，假山幽径，合称"南园十景"：祠堂前过山洞上山为"友松岭"；山顶建有"济鸟台"；顺石级而下至"涤砚池"；岸旁有吟诗赏月之处名"迎月轩"；轩之西面为"阅耕楼"（乾隆《奉贤县志》所载无此楼，但另有"留云塔"一景），登楼可观望园外耕耘村景；楼下沿池长岸桃柳间植，名"小桃源"；后河有泉日夜不息，谓"日月泉"；泉端是"锦鱼池"；登上"镜心亭"，可观赏池鱼戏水；背面有沿溪长轩，窗缝细密，好比一线透光，故称"一线天"。历代地方文人对一邱园颇多吟咏，如清嘉庆间秀才汝霖有《至一邱园登阅耕楼喜成一绝句》曰："且喜登临豁醉眸，园林裙屐畅清游。鸟声唤客忽移树，花气熏人欲入楼。"此园至解放战争时开始衰颓，到1958年完全废圮。目前，园中旧物唯存古银杏一株，耸立在江海中心小学内。

（四）遂园 位于金汇桥镇上，占地约四十亩，系民初众议院候补议员孙炽昌（寅伯）及孙心叔昆仲所建，园名取"遂其初志"之意。园分三部，北部为菜圃，墙门上镌"北门管钥"四字，西侧有四角亭；中部为棣萼轩，俗称花厅，中西合璧式结构，梁椽大门均精雕有花卉人物，庭院中满置盆景，轩旁植有修竹、松柏、藤槐，有"迹野亭"一座，可酌酒赏月；南部为长廊，书有"遂园"园名。此园建成后，1938年1月18日（农历丁丑年十二月十七日），日本侵略军疯狂焚烧金汇桥镇，大火燃烧两日不息，遂园遂毁。唯棣萼轩劫后余生，但经兵匪抢掠，雕刻尽损。至1965年棣萼轩也被拆除，改建公社礼堂。

（五） 野园 位于今头桥乡联工七队境内，由王玉书、王玉振兄弟创建于民国之初，占地四五亩。园内苍松翠柏，有三角"岁寒亭"、三曲桥、了求庐、慈云阁、三王画室、菊石图书馆等建筑物，栽有紫藤棚、百年黄杨等草木。三曲桥下有白鹅河。园中有一对联云"白鹅河边白鹅咏；了求庐里了求居。"三王画室中有画家刘海粟所书“真善美”匾额。值得一提的是野园建成后，王玉书通过画家张聿光，搞了一次“野园征诗”，参与吟诗题词者有于右任、黄炎培、叶圣陶、刘海粟、丰子恺、徐悲鸿、陶行知等人。事后曾印过32开本的《野园征诗文选》两辑，第一辑200本，当时凡吟诗题词者均赠一册。可惜目前县内已无此书。如今野园已无踪可寻，复为一片绿畴。

（六）沈家花园 位于县城南桥，建于20世纪20年代，是奉贤全县留存至今唯一的一座园林。园主沈梦莲本是一名船夫，靠走私贩盐发迹，后受清廷招抚，先后任水师缉私营管带、松江军政分府统领、江苏省水上警察厅厅长等职。民国末期所编《奉贤县志稿》记载，此园系“沈梦莲游宦归后建，北为宅舍，凡三重，为新型西式建筑；南为园，花木繁茂，石凳并列，为游览胜地”。沈氏为营造此园，当时觅地24亩，建造砖窑烧砖自用，奉贤民间有山歌传唱此事。沈在上海帮会中有一定势力，因此，花园住宅落成不久，其女儿结婚，在园中大设酒宴，杜月笙等上海阔人也来祝贺。1937年“八一三”抗战中，国民党第八集团军司令张发奎坐镇南桥，主持浦东防务，常常在卫兵的伴同下，前往沈家花园洗澡，因沈家自备有小水塔供水，据说抽水的马达即是杜月笙所赠。同年8月下旬，郭沫若、夏衍、田汉等结伴到南桥时，张发奎又特意向郭沫若作了推荐。对此，郭老在《到浦东去来》（见1958年版《郭沫若文集》第八卷）一文中有明白的记述：“向华（张发奎）有意留我在他那儿多住一下。他说，有一家宏大的西式房子可以供我住，设备一切都完全，洗澡间不用说是有的。”这儿所谓“有一家宏大的西式房子”即指沈家花园中的主楼。这座房子不仅规模宏大，而且布局奇特。一般园林中的亭子通常建造在地面或山上，唯独沈家花园中有两座歇凉亭，却建在主楼三层楼的东南和西南两只角落，从而使整座主楼乃至整个园林显得新颖灵秀。1937年11月15日，日机曾对这座建筑进行过轰炸，所幸一颗炸弹只炸毁了主楼北侧的几间平房，另一颗炸弹也只将主楼西侧的祠堂屋顶炸穿。1939年间，国民党忠义救国军曾放火烧去主楼屋顶，只得用稻草覆盖，因此民间有“塌皮当老爷（指日伪时南桥镇伪镇长徐晋三），楼房盖稻柴”之谚。但整座主楼基本无损，解放后沈家花园成了中共奉贤县委和奉贤县人民政府的所在地，虽屡经修缮、改建，但仍基本保持原有的园林特色。园中遍植蜡梅、雪松、玉兰、月桂、柑橘、芭蕉、牡丹、月季、芍药等花卉树木，成了镶嵌在整个县城建筑群中间的一颗绿色珠宝，吸引着来来往往的行人时时驻足观赏。

（原载上海社会科学院出版社1988年9月出版的《历史文化名城——上海》一书）

第四节 农林旅游精品线路

奉贤农林旅游，1998年从创建境内第一家农林旅游景点“青村世外桃源”起步，到2010年，全区有各类农林旅游景点206个。通过整合资源，串珠成线，至2015年，形成一日游、两日游精品旅游线路7条。

一、田园风光一日游

申隆生态园—花果山百枣园—世外桃源

二、回归乡村一日游

金源果蔬—生态逸趣园—农科庄园

三、亲近自然一日游

都市菜园—海湾国家森林公园

四、农业科普一日游

现代农业园区—菌菇博物馆—申亚瑞地怡园昆虫馆

五、悠闲果香二日游

玉穗绿苑—申亚乡村度假农园—申隆生态园—花果山百枣园—世外桃源

六、悠然田园二日游

农耕园—金色观光田园—绿地梨缘—金源果蔬—农科庄园—生态逸趣园

七、特色农家二日游

申亚瑞地怡园—南城休闲农庄—申亚乡村度假农园—香豪小镇—星源农庄—东篱园

第五节　农林旅游组织与森林旅游效益

一、奉贤区农委农业旅游办公室

2006年奉贤区农委农业旅游办公室成立，是上海市唯一一个在区级层面成立的内设专业职能科室，对上接受市农委相关处室的业务指导，对下指导和服务各镇农业服务中心的旅游服务。主要负责全区农林旅游发展的规划、市级农林旅游项目的申报和验收、农业部关于休闲农业的年检等工作。2015年年初，归并于区农委科技信息科。

二、奉贤区农业旅游协会

2005年9月，奉贤区农业旅游协会成立，是由区内农林旅游景点、农家乐、旅行社等法人单位自愿组成的非盈利性、具有独立法人资格的社会团体，是上海市第一家农业旅游专业协会。

协会拥有会员单位35家，其中会长单位1家、副会长单位3家、理事及会员单位31家。协会代表和维护区内本行业的共同利益和会员单位的合法权益，主要为会员单位提供农林旅游宣传、推广、策划、培训等服务。协会坚持协调、沟通、配合、服务等宗旨，整合区内农林旅游优势资源，培育特色旅游，串点成线设计旅游线路，建立“奉贤农业旅游在线”网站，加大宣介力度。每年培训服务人员100名左右，积极推动奉贤农林旅游行业发展，努力发挥党和政府联系景点企业间的桥梁和纽带作用，同时在“协会”这个平台上，会员单位紧密联系、团结合作，真正担当起推进区内农林旅游产业排头兵的责任，为促进奉贤农林旅游的发展作出贡献。

三、森林旅游效益

奉贤区森林旅游逐年发展，经济效益也不断显现。2006—2015年，全区累计接待游客357.41万人次，森林旅游收入达2.09亿元，同时带动其他产业收入4696万元。

2006—2015年奉贤区森林旅游效益情况表

表9-1

年份	接待游客数（人次）	森林游收入（万元）	年份	接待游客数（人次）	森林游收入（万元）
2006	109437	469.6	2011	417380	2958.1
2007	204634	1000.8	2012	418886	3243.9
2008	184267	1227.0	2013	398408	3256.7
2009	410000	1703.1	2014	277592	2882.0
2010	475960	2073.2	2015	677956	2078.0

第十章　林业科技

自古以来，奉贤林业基本以传统方式进行，没有专门机构开展林业科研活动，但也早有一些有识之士，总结民间林业生产经验，著书立说，加以推广。明弘治年间（1488—1505年）华亭白沙人（今奉贤邬桥地区）宋诩、宋公望父子，编著《竹屿山房杂部》一书，共5部32卷，其中树畜部、植部，都是有关林果种植方面的著述，明刻本入“四库全书”，现藏北京国家图书馆；明清至民国时代，奉贤较具规模的园林有18座之多，奇花异木与山水亭榭相映成趣；历史上民间积累的大量林业谚语，也总结了植树种果的丰富经验；民国期间，奉贤民间建立多个果园，青村镇吴家驳岸“延陵桃园”，精心培育“驳岸里水蜜桃”，年产1.5万公斤，与“龙华水蜜桃”同为上海市场最有名果品。

1952年，奉贤建立防风林苗圃。1954年全县广泛开展春季植树造林活动。1959年建立县林场，各公社建立公社果园，部分大队也建果园，引进新品种新技术。1982年3月，奉贤建立县林业站。1991年建立县林学会。1992年，建立县林业科技推广站，林业科研工作逐步展开。2007年区、镇两级林业站通过国家林业局的标准站验收，全区形成以区林业署、区林业科技推广站、区森林病虫防治检疫站为龙头，各专业研究所（协会）为骨干，镇（开发区）林业站为基础的具有较为完善的基层林业科技体系，林业科研工作蓬勃展开。2011年，奉贤区被林业部评为“全国林业科技示范区”，署长褚可龙被评为“全国优秀林业科技工作者”。至2015年，奉贤林业共实施国家及市、区（县）科技项目47项，完成研究科研课题22项，获得各级奖励的林业科技成果24项，制定标准化操作规范6件。一些先进实用的科技成果在奉贤林业生产建设中得到推广应用，为奉贤林业发展提供了强有力的技术支撑，取得良好的经济效益、社会效益和生态效益。科技育林、科技护林、科技兴林，全区林业科技成果转化率达44%，林业科技贡献率达47%。

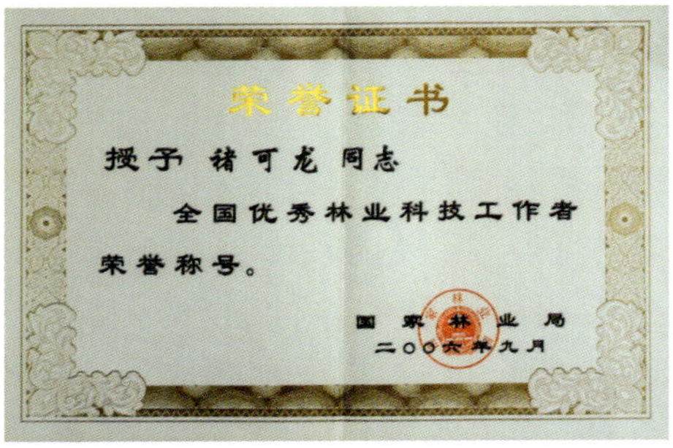

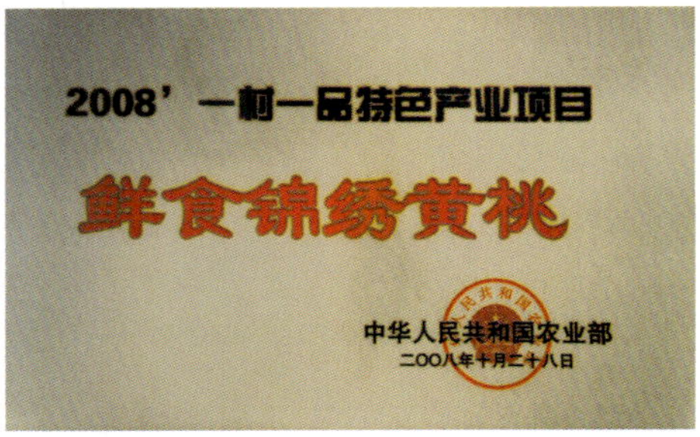

第一节 科技组织

一、林业科技推广机构

1982年，奉贤县建立县林业站，编制5人。林业科技推广工作由林业站具体负责。1992年4月6日，建立奉贤县林业科技推广站，与县林业站合署办公。各公社设林业专（兼）职干部，1984年，撤社建乡后建立乡林业站，乡的林业科技推广工作由乡林业站负责。2001年，奉贤撤县建区，县林业站和县林业科技推广站更名为奉贤区林业站和奉贤区林业科技推广站。2003年7月，区林业站更名为区林业署，编制18人。2003年11月，奉贤行政区划调整，由16个镇调整为7个镇，并建立海湾镇（筹）。自此，南桥、庄行、青村、奉城、柘林、四团、金汇7个镇建立镇级林业站，海湾镇、海湾旅游区、金海社区、奉浦社区等各配备林业专管员，共同负责全区林业科技推广、指导、技术培训、技术咨询和技术服务。区林业科技推广站和各镇林业站具有完善的基层林业科技工作体系。2007年，各镇林业站通过国家林业局的标准站验收。

二、林业科技学会

1979年9月26日，成立奉贤县园艺学会，下设林业组、果树组。

1991年成立奉贤县林学会，园艺学会终止。林学会是由区（县）内林业技术骨干组成的社会团体。2001年撤县建区后更名为奉贤区林学会。2015年，有正式会员41名。主要从事林业、果树和花卉方面的理论研讨、经验交流、传递交流信息和技术协作。学会理事会任期4年，有理事11名，其中理事长、副理事长和秘书长各1名，均为兼职。学会成立以来，紧紧围绕科技兴林，强农富民，扎实有效地开展学会的各项活动。

为农民、专业合作社开展技术咨询和科技指导服务，重点围绕果树修剪、病虫害防治、无公害农药使用、有机肥施用、果品安全生产、花卉生产的土壤消毒及新品种推广应用、新栽培技术的推广示范；根据全区10个林业病虫测报点（4个市级、6个区级）的测报数据，对危害影响大的病虫害进行重点监测，分析病虫发生趋势，预测病虫危害期，抓住防治适期，科学用药，及时编发《森防简讯》；经常组织技术人员下田头进行技术指导，组织现场会议，编辑奉贤林果信息，及时下发给各专业合作社。

为农民、专业合作社进行林业技术人才培训。重点对果树的疏花疏果、果实套袋、新型无公害农药的使用、果树的夏季修剪和冬季修剪，以及如何建立果园田间档案等进行培训。

为专业合作社提供林业科技信息及相关服务，指导产地及产品认证，指导果品的无公害优质生产，组织花果农参加各类果品、花卉的评比和展示、推介活动，组织参加各类学习考察活动。

帮助专业合作社与有关科研院所及大学建立联系，参加有关课题研究，取得帮助和指导。

三、专业研究所

1．上海市小水果研究所

2007 年 3 月，上海市小水果研究所成立，由上海市林业总站、奉贤区林业署、上海奉禾特色果业公司共同举办，是从事非营利性社会服务活动的社团组织，以奉禾特色果业公司的小水果基地为实验基地，土地面积 750 亩。

研究所是以提供诚信服务，接受社会监督，信守职业道德，遵守诚实信用、公平竞争原则，研究并推广小水果的新品种和先进技术为宗旨。

其业务范围为引种生产、筛选试验、技术研究、咨询服务、组织培训、示范推广。

研究所有专职及兼职工作人员 15 人。其中，高级技术职称 4 人，中级技术职称 6 人，初级技术职称 3 人。

2007—2009 年，推广枣树品种冬枣和梨枣，实施安全优质高产综合技术，通过高接换种，加快优良品种更换速度。开展技术培训，主要内容为修剪和清园、病虫害综合防治、整形修剪、施肥等技术。

2008 年，开展实施“上海果树产业发展的技术障碍因子分析及增效技术研究”课题，该课题为 2008 年上海市科技兴农重点攻关项目，实施时间 2008 年 10 月至 2012 年 10 月。

2010 年，开展实施“冬枣设施栽培关键技术研究推广”课题。该项目为 2010 年上海市科委农业专项研究课题。实施时间 2010 年 1 月至 2012 年 6 月。初步形成上海地区冬枣实施栽培技术体系，建立冬枣联栋设施示范基地 5 亩，聘请山东、河北鲜食枣主产区枣树专家，开展 5 期鲜食枣栽培技术培训，为示范基地培养专业技术人员 3 人、熟练操作技术员 10 人，培训鲜食枣种植果农 500 人。协助实施“上海果业产业技术体系梨树省力化栽培专项”课题。实施“蚯蚓有机液肥在果树上的示范应用”课题。该课题为上海市科技兴农推广项目，主持单位是上海市林业总站，小水果研究所通过 2014 年、2015 年在黄桃、蜜梨上的应用试验，总结出蚯蚓液肥在黄桃、蜜梨上的应用方法。2015 年，在全区推广使用蚯蚓液肥 8000 多亩次。

2015 年年初，上海市小水果研究所在南桥镇江海村建立小水果基地，一期工程 20 亩，进行黄桃、蜜梨、枇杷、李、杏、枣、猕猴桃、柿、无花果、樱桃、橘、柚等新品种的引种、培育和筛选，推广 44 个品种。

2．奉贤黄桃研发中心

2006 年 8 月，奉贤黄桃研发中心建立，由上海市农科院和奉贤区农业委员会共同组建。由青村镇农业服务中心、奉贤区林业署及上海市农科院林果所组成的科技团队联合实施，研究人员 12 人。其中，中高级职称 9 人，技术人员 3 人。研发中心是以农民专业合作社、农业科研单位、农业技术推广服务部门、黄桃科研示范基地、种桃大户为主体搭建的产学研服务平台。主要任务是通过黄桃安全、优质、高效的栽培技术研究开发，走出一条建立黄桃科技支撑、推广应用科技成果，提高黄桃栽培水平、增加桃农经济效益之路，促使黄桃经济成为当地农民致富的一大特色优势产业。

奉贤黄桃研发中心，开展了黄桃系列化品种研发，提升了产业发展水平。在市农科院支持下，以“锦绣”黄桃原种性状为基础，制定统一的选优标准、病虫害防治、采收等生产技术标准，从产地范围、地域环境特点、生产技术规范、质量要求、检验方法、检验规则、标志、标签、包装、运输与贮存等方面参与制定了《奉贤黄桃上海市地方标准》。

开展科学化生产技术研发，提升黄桃质量水平。实施标准袋套果，提高果品品质；实施经济果林“双增双减”，保障用药安全；施用地面铺设反光膜，增加养分积累；推广增施钾肥，提高果品内在质量；采用合理疏果和修剪技术，促进果实增大。

同时，针对生产上出现的突出问题，进行重点攻关，如供水设备不配套，桃园更新中连作障碍的克服，流胶病、褐腐病、炭疽病、桃蛀螟等病虫害的有效防治，建立在生长发育和土壤特点上的平衡施肥方法，黄桃的冷链贮运技术等，提高产区管理技术水平，促进黄桃质量进一步提升。

3．奉贤庄行蜜梨研究所

2015 年，奉贤区以庄行镇为主种植蜜梨近万亩，是上海郊区最大的蜜梨生产基地。2010 年 11 月，由上海奉叶农副产品配送有限公司出资 200 万元，与庄行镇农业服务中心共同筹建奉贤庄行蜜梨研究所，于 2011 年 3 月 23 日正式成立。研究所主要职能是从事蜜梨新品种引进、筛选，新技术示范应用推广，贮存保鲜技术研究，苗木果品销售，为农民提供科学种植蜜梨技术。研究所在上海农科院林果所和区林业署指导下，重点开展绿色优质蜜梨栽培技术操作规程示范推广；蜜梨果实多种纸质套袋示范推广；推广应用梨小性诱剂、杀虫灯、黄板等生物防治病虫技术；推广科学疏枝、疏花、疏果技术；进行技术培训服务。

4．上海葡萄研发中心

2005年11月27日，中国农学会葡萄分会上海葡萄研发中心（又名奉贤玉穗葡萄研究所），在上海玉穗特种葡萄种植有限公司揭牌成立。

上海葡萄研发中心科技成员由市农科院、交大农生院、区林业署、柘林镇林业站和玉穗葡萄种植公司的相关技术人员组成，并聘请中国农学会葡萄分会的一批研究员、教授为顾问，日常工作由上海玉穗特种葡萄种植有限公司总经理沈玉良负责。

2005年11月，由上海葡萄研发中心承办的全国葡萄根域限制栽培及观光葡萄园建设学术研讨会在奉贤召开，来自全国各地的150余位葡萄科技工作者及种植户代表参加。

2008年6月，上海葡萄研发中心组织奉贤区30余名葡萄种植户赴浙江上虞参观葡萄设施栽培，重点学疏果控产、设施栽培等技术。2009年6月，研发中心接待上虞地区20余名果农回访，主要参观葡萄园建设及新品种试种情况。

2008年12月，上海葡萄研发中心组织长三角地区葡萄新品种研讨会，邀请南京农业大学教授陶建敏，浙江省农科院研究员吴江，上海市农科院研究员李世诚、副研究员金佩芳，上海交大农生院教授王世平等专家学者出席。经与会专家讨论，选出夏黑、醉金香、巨玫瑰等数种适宜上海地区栽培的葡萄新品种。

2006—2008年，承担上海市科委科研课题“适宜长三角地区种植玉穗特种葡萄的配套设施及关键技术示范”，于2008年8月通过验收。

2009年3月31日，上海葡萄研发中心被奉贤区农业委员会命名为“三星级田头研究所”。

2011年下半年后，随着上海玉穗特种葡萄种植有限公司的变革，上海葡萄研发中心逐渐停止运营。

第二节　林业科技队伍

至2015年，全区有林业技术人员64人。其中，推广研究员2人，副高职称10人，中级职称23人，初级职称29人。

一、林业科技人员

至2015年，区林业署在职科技人员17人。其中，推广研究员1人，副高职称4人，中级职称6人，初级职称 6人。全区镇级科技人员37人。其中，推广研究员1人，副高职称4人，中级职称10人，初级职称22人。

二、林果乡土专家

2011—2015年有7名果农经上海市林业总站审批，评聘为“上海市林果乡土专家”。评聘为梨树生产乡土专家的有：庄行镇杨溇村梨农陆林章、潘垫村梨农夏仁火、存古村梨农冯水龙。评聘为桃树生产乡土专家有：奉城镇花厅村果农张建忠、青村镇解放村桃农丁士良、青村镇新张村桃农顾甘清。2014年5月，建立“上海市林果乡土专家生产示范园”。2015年年底，南桥镇的上海景广果园种植有限公司倪景广被评聘为葡萄生产乡土专家。

三、林业养护与病虫害监测报队伍

2015年，全区建立森林病虫害测报点10个，监测点26个，配备专职测报员40余名。全区有林业养护社20个，养护人员861人，养护面积27291亩。每个养护社成立森林病虫害、森林防火、野生动物保护“三员”巡查队伍。

第三节　科技推广

一、新品种引进推广

从种源入手，做精做优林果产品。至2015年，共引进林果新品种54个，其中果树新品种21个，分别是枣系列5个、桃系列5个、梨系列5个、其他小品种6个。针对奉贤锦绣黄桃品种单一，区林业署与青村镇多次邀请专家研讨，寻找黄桃品种改良对策，与市农科院林果研究所联手成立“上海鲜食黄桃产业技术联合会”，陆续引进林果所培育成功的“锦香”“锦园”早中熟黄桃品种，既提升了黄桃品质，又拉长了成熟上市期，林业署并协同青村镇农业服务中心，建设锦绣品系黄桃提纯复壮优系母本园和繁育苗圃，形成年产优质黄桃种苗20万株的能力。锦香、锦绣、锦园黄桃品种在青村镇成功推广，并辐射到上海地区及江浙一带。2009年，区林业署与市农科院林果所共同开展“优质早熟油桃选育”课题，通过早熟黄肉父本“五月火”和异质白肉母本“25-10”杂交，借助离体胚胎挽救技术，培育成功南方地区首个优质早熟新品种“甜油桃002”，通过了上海市及国家的新品种权审定，大面积推广，填补了6月份上海地区地产水果的空缺，获得上海市人民政府颁发的“上海市科技进步三等奖”。

至2015年，引进推广绿化新品种30余个，有东方杉、中山杉、金叶水杉、墨西哥落羽杉、北美枫香、喜树、娜塔栎、湿地松、马褂木、深山含笑等。白玉兰是上海市市花，早春时节就繁花满枝、美观典雅、清香远溢，可美中不足的是，白玉兰花期短暂、色彩单一。为解决这个缺陷，区林业署申报启动“木兰科植物引种筛选和扩繁技术”课题。课题主持人褚可龙携项目组人员引进原产于长江流域的19种木兰科树种，建立104亩实验基地，进行栽培实验。课题组人员不畏寒暑，在基地苦战了6个春秋，终于筛选出适应上海地区生长，且花叶美观的飞黄玉兰、红运玉兰、大叶云山玉兰、新含笑、深山含笑、乐东拟单性木莲6个木兰新品种，使玉兰观赏期从15天增加到春夏秋三季，色彩由单一白色增加到黄、红、白、紫多种，为大地增色添彩，已推广到全区和全市各地。总结的“木兰科树种的繁育与栽培技术”，经市专家组验收和市科技情报研究所检索，认为其成果国内领先，获得上海市人民政府颁发的“上海市科技成果三等奖”，其论文在上海交大学报上发表，其技术成果获第七届中国花卉博览会组委会颁发的“科技成果技术研发类优秀奖”。

飞黄玉兰

上海市科学技术奖

证 书

为表彰上海市科技进步奖获得者，特颁发此证书。

项目名称：优质早熟甜油桃新品种沪油桃002的选育

获 奖 者：褚可龙

奖励等级：三等奖

上海市人民政府

2009年11月27日

奉贤沿海地下水位和土壤碱性偏高，一般树种难以适应海堤防护林要求。区林业署经过多年试种，总结出东方杉、中山杉、墨西哥落羽杉、弗吉尼亚栎、娜塔栎、湿地松等具有速生、抗风、耐盐碱、耐水渍等特性，且景观效果好，适宜用作海堤防护林。

二、新技术引进推广

至2015年，区林业署先后开展了“蜜梨优质高效种植技术示范”“黄桃高效栽培技术推广应用”“非洲菊高效栽培技术推广应用”“林果病虫害无公害防治技术”“葡萄避雨栽培”“桃褐腐病防治”“梨小食心虫防治”等47项国家星火计划及市科委、市农委科技兴农项目。建成了中部黄桃、西部蜜梨、东部水蜜桃、小水果，南北部葡萄等“一镇一品”的经济果林。“奉贤黄桃”和“庄行蜜梨”获得了“国家地理标志保护产品”。庄行蜜梨原来以黄花梨为主的晚熟梨品种占70%，成熟时正逢台风多发季节，且北方梨大量来沪上市，遭遇自然与市场双重风险，严重影响产量和效益。庄行镇在区林业署帮助下，2006年开始着手调整梨品种结构，提高早熟优质梨品种比例。但当时梨农普遍顾虑调换新品种要3年才有收成，担心影响当年收入。区林业署推广“蜜梨高接换种技术”，即在老树上端嫁接早熟品种，不影响老树当年生产，新接果树次年就能产果。区林业署向市科委申报了“蜜梨高接换种科技推广课题”。2005年10月，组织一批技术骨干到浙江向同行学习高接换种技术，请求市农科院林果所和浙江省果树研究所支持优质早熟蜜梨的接

桃树冬季管理指导

穗。在2006年春，分南北两片在庄行镇潘垫、姚泾村示范基地，召开“蜜梨春季高接换种现场培训会”，由各蜜梨种植村分管农副业的副主任带队，368位果农参加培训，课题组人员对高接换种原理、方法作详细讲解，现场操作示范，并发放技术资料400多份。会后，技术人员和示范户跟踪上门指导，手把手教会果农掌握高接换种技术。2006年，实施梨树高接换种1628亩；2007年又完成1550亩；2008年完成290亩。连续3年的高接换种，使庄行早熟优质蜜梨品种比例由30%提高到70%以上。优化了蜜梨品种结构，并配套实施先进管理技术，使蜜梨平均亩产值由5000元提高到8000元左右。

青村镇土壤气候等条件非常适合黄桃的栽种，可是随着时日的增加，桃树不断出现新的病害和虫害。2002年，曾经发生的桃潜叶蛾为害，一度使当地桃农陷入绝收的境地，区、镇林业部门开展了“上海地区桃潜叶蛾发生规律及其综合防治技术的研究及应用”“桃梨根癌病防治技术研究”等科技课题研究，解决了当地桃农在生产中遭遇的技术难题。

扶郎花是奉贤的优势产业，青村、柘林等镇种植面积曾达5000余亩。但由于扶郎花为草本植物，在一个大棚里重复连作，土壤中残留的盐分增高，病菌、线虫等病虫害轻则影响产花率，重则引起根腐病，导致植株萎蔫倒伏而死亡。2007年，区林业署联合市园林科研所，开展扶郎花土壤消毒技术研究，经反复实验，使用“隆鑫”“康地雷得”“护根宝”等消毒剂，进行土壤消毒，取得较好效果，新苗移栽后的成活率达80%以上，且花苗生长健壮，产花率高。

三、课题研究

至2015年，区林业署与市农科院林果所、交大农生院、市林业总站、市农技推广中心等林业科研部门合作，以林果业发展和生产中遇到的问题为导向，开展了一系列林业科研课题的研究，有“安全优质黄桃科技服务与示范”“庄行蜜梨品种结构优化和品质提升关键技术研究与示范”“非洲菊高效丰产抗灾关键技术研究与示范”“露地葡萄主要病害防治技术”“黄浦江涵养林造林模式研究”“上海地区

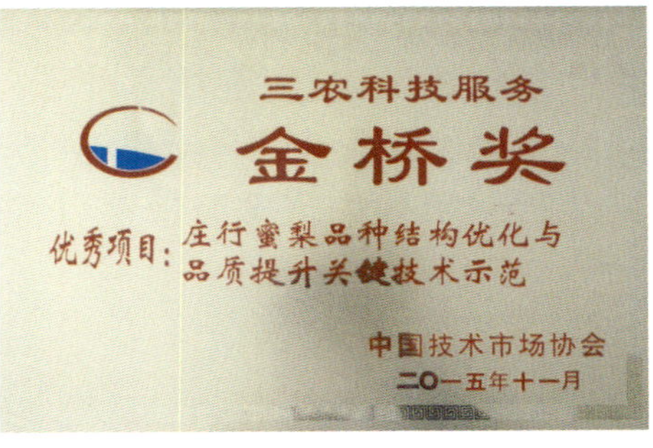

耐盐碱树种的筛选”“鲜食大果型枣树优质高产技术示范”等30余项，累计争取上级科研经费700余万元，因为课题针对性强，实用性大，受到林果农的普遍欢迎，取得成效明显。

2014年，上海市小水果研究所的“蚯蚓液肥在黄桃、蜜梨上的示范应用”获市科委农业星火富民工程项目立项，获扶持资金10万元。

2015年，围绕科技强农富民惠民，推进林果先进技术的应用与示范。上海奉禾特色果业有限公司的“无花果新品种及有机栽培生产与技术”课题获市科委星火计划项目立项，获扶持资金20万元。上海市农工商现代农业园区开发有限公司的“葡萄新品种阳光玫瑰高效栽培技术集成示范与推广”项目获市科委农业科技成果转化项目，获扶持资金40万元。

四、技术操作规范

区林业署还与市林业科研部门合作，先后制定了“黄桃（鲜食）生产技术操作规范”“蜜梨生产技术操作规范”“梨枣生产技术操作规范”“油桃生产技术操作规范”和“非洲菊栽培技术操作规范”5个技术操作规范。并编印出版了《奉贤黄桃》《庄行蜜梨实用技术》和《非洲菊花卉栽培技术》等技术书籍。使林果农有章可循、标准明确、技术操作规范。

五、林果专业合作社

至2015年，全区建立果树种植合作社（公司）37家，入会社员与带动果农近6000户，从业人员1.3万人，经营面积3.23万亩，年产值2.17亿元。通过合作社组织，为农民提供优质种苗、栽培技术、品牌包装、产品营销等系统服务，提高林果产品附加值，合作社成员亩均收入较入社前增长20%以上。

六、病虫测报防治检疫

2015年，全区有林果花病虫测报点10个，其中4个为市级测报点、6个为区级测报点，并设立林业有害生物监测点26个。实现森林病虫监测测报全覆盖，年发布《奉贤森防简讯》15期，病虫防治资料5万余份，及时预报病虫情报，准确提出防治意见，全区无公害防治率达82%。林业检疫从种苗抓起，设立“奉贤区森林病虫防治检疫站”，规范林木种子、种苗经营行为，每年对5亩以上的苗圃进行产地检疫，确保优质苗木自给率达86%以上。加强对绿化工程的复检和调运检疫，有效减少因使用外来苗木而带来有害生物的危险。

附：

奉贤黄桃（鲜食）栽培技术操作规范

1　范围

本标准规定了奉贤黄桃的育苗、整地建园、种植、幼树整型、修剪、栽培管理、病虫害防治等栽培技术。

本标准适用于奉贤区奉贤黄桃生产，也适用于上海市郊区奉贤黄桃生产。

2　品种特性

2.1 亲本是白花和云暑一号。

2.2 属晚花型，不易受晚霜和早春低温为害，果实发育期133天。

2.3 长势中等，树冠开张，新梢生长始于4月上中旬，下旬生长迅速；5月上旬至6月中旬旺盛生长期，副梢5月中旬萌发，结果以副梢、长果枝、中果枝结果为主。

2.4 复花芽，大花型，粉红色，花粉量多，能自花结实。

2.5 果实圆形，顶平圆，平均果重200克，果形匀称，果肉金黄色，肉质厚，核小、粘核，近核处微带红晕，可溶性固形物13%～18%。

2.6 耐炭疽病能力强于其他桃品种。

3　育苗

3.1 砧木选择野生毛桃种子秋季采集后，砂藏层积贮藏。

3.2 育苗地选择前茬未栽植桃等同类果树园地。苗床土壤需经冬天充分风化，播种前一周对园土进行消毒。

3.3 播种

2月上旬播种，覆土的厚度为种籽直径的1.5倍。

行床播、密播，苗床上架设小环棚，覆聚乙稀膜增温育苗，温度控制在18℃～25℃，白天温度超过25℃需揭膜通风。

真叶显现三叶后，需喷70%甲基托布津1：800～1000倍防苗木立枯病。

3.4 移栽与定植

砧苗生长至10厘米～15厘米时进行移栽，时间为4月上中旬，定植株行距15厘米×30厘米。

3.5 嫁接

3.5.1 嫁接方法

芽接采用贴皮芽接法，枝接采用切接法。

3.5.2 嫁接时间

芽接：6月上中旬，当年可形成速成成苗。8月下旬至9月中旬，当年形成芽苗，翌年形成成苗。

枝接：3月上中旬，当年形成成苗。

3.5.3 嫁接苗管理

及时剥除砧蘖，保护接芽生长，接芽生长至50厘米摘心，防风害、病虫为害，移栽前去除绑扎带。

3.5.4 苗木出圃标准

根系丰满，无根瘤病，芽苗接芽饱满愈合良好，成苗主干明显，粗度0.8厘米以上。

4　整地建园

4.1 建园地选择

桃不耐水湿，建园地必须选择地势较高，排灌方便、交通便利、周围无污染源的地段。

4.2 建园规划

建园应科学规划，种植园地块大小整齐、道路网格、排灌沟渠与防风林带。

4.3 整地

种植园地土壤应深翻风化。开挖好三沟，畦间行沟深40厘米，横沟深50厘米～60厘米，围沟深60厘米～80厘米，畦面呈龟背状，形成深沟高畦的原则。

5　种植

5.1 种植密度

株行距4米×4米或4米×4.5米，每666平方米种植40株或37株。

5.2 种植时间

从落叶后到春分前的时期间均可种植，但以早栽为宜。

5.3 种植要求

种植区完善三沟配套，土壤经风化后，团粒结构良好。种植穴挖宽80厘米，深60厘米，每穴底施腐熟有机肥25千克～50千克，和土壤拌匀上覆20厘米细土后堆土种植，种植时苗木根系应充分向四方舒展，种植后应立支柱，种植深度埋土以露出根颈部为限。

5.4 肥水管理

种植后应浇透水一次，确保细土和根系密结。久旱不雨要及时灌溉，生长期需勤施薄肥，促进新梢生长。

6　幼树整型（自然开心型）

6.1 主干

主干定高40厘米与地面垂直。

6.2 主枝

种植后，第一年管理的目标是培养好三大主枝，主枝分布在主干高度20厘米、30厘米、40厘米各留养一主枝。三主枝分布间的夹角120°左右，主枝与主干的基角为45°左右，主枝伸长至60厘米～70厘米时摘心，促其粗壮。

6.3 副主枝

每一主枝需配置2～3个副主枝，第一副主枝需在主枝离主干50厘米处留养，与主枝的基角40°～45°。第二副主枝在主枝与主干100厘米处留养，依次扩展树冠。

6.4 侧枝的养成

侧枝着生于主枝及副主枝的周围，是发生新枝开花结果并营养树体的枝群。为使生殖生长和营养生长平衡和树体内部的通风透光，侧枝的留养应疏密得体，尤其是严格控制直立枝条的发生。

7　修剪

7.1 修剪方法和时间

夏季修剪自5月中旬起至7月中旬。

冬季修剪自桃落叶后至翌年萌芽期，但以早修为宜，伤口易愈合。

7.2 夏季修剪

7.2.1 摘心

主要适用于侧枝，对留养的侧枝视生长势强弱生长至15厘米～30厘米进行早期摘心，促发二次枝，在当年可形成结果枝。

7.2.2 除萌

及时抹除不需要利用的萌芽。萌芽主要有主枝或副主枝短截后，剪口芽下一次发生的多量芽；直立性徒长枝短截后剪口萌发的多量芽；主干和主枝附近发生的密集芽；侧枝上发生的瘦弱芽。

除萌宜早进行，可节约树体养分消耗，改善通风透光条件。

7.2.3 扭梢

当年新梢达半木质化程度，将新梢扭曲，抑制其生长，促使其形成优良的结果枝。

扭梢时间：5月中旬～6月上旬。

7.2.4 拉枝

拉枝在新梢生长达半木质化程度时进行。按自然开心形的树型操作。目的为培养丰产的树形和减缓枝条的营养生长，使枝条生长充实。应用于：幼树树形的培养和扩展。抑制直立性枝条的生长势，促进花芽分化。

7.3 冬季修剪

7.3.1 幼树冬季修剪宜轻，以培养树形和扩展树冠为中心，逐年构成三大主枝，6～9只副主枝，主枝和副主枝分布合理。

种植后第一年培养出三大主枝，回缩至50厘米～60厘米。

种植后第二年在每一主枝上延伸50厘米～60厘米，培养出第一级副主枝，回缩至50厘米。

种植后第三年主枝继续延伸，并培养出第二级副主枝。

7.3.2 侧枝的处理

在逐年扩展树冠中，侧枝数不断增多，应考虑光照和通风，酌量疏删或短截，促其形成良好结果枝。

7.3.3 疏枝

对直立徒长枝，除留作更新外一概疏除。疏除过密的交叉枝，疏除下垂枝，疏除衰弱枝、纤细枝、病虫枝。

7.3.4 回缩和短截

对各种长短不同的结果枝，宜适当短截其长度的1/3，对主枝的扩展每年要回缩、弯曲延伸。

对主枝的逐年延伸，为保留紧凑和适当的树冠，应适当回缩和更新。

8 栽培管理

8.1 土壤管理

8.1.1 勤松土除草，保持土壤疏松，田间无杂草。

8.1.2 每年冬季应对土壤深翻，改善地下部土壤的通气性能。

8.2 肥水管理

8.2.1 基肥：9—10月秋施，以有机肥为主，确保吨果吨肥的原则，占全年总肥量的80%。

追肥：追肥在生长期进行，全年分为花前肥、座果肥、膨果肥三次。以钾肥为主体加少量速效性氮肥，在果实硬核期和成熟期不可多施氮肥。

8.2.2 桃对肥料三要素的比例为氮10：磷6：钾为10～11。

8.2.3 桃极不耐水湿，除种植地选择高地势外，田园内沟系应清理好，不应积水，尤其在梅雨季节，沟系排水必须通畅，出梅遇干旱后适当沟溉，防止土壤干湿的骤变。

8.3 果实管理

8.3.1 疏果

疏果分两次进行，第一次开花后20天宜疏去发育不良果、畸形果及着生位置不当的果。

第二次在生理落果完毕后进行，即在5月中下旬，结合定果在套袋前完成留果量。以单果重200克为标准，每667平方米产量1500千克。计算单株留果量，一般长果枝2～3个，中果枝1～2个，短果枝可不必每枝都留果。

8.3.2 套袋

套袋时间：5月下旬至6月上旬。

套袋材料：套袋的纸以白色能透光者为宜，或以桃专用纸袋套袋。

套袋前对果实需认真喷10%阿米西达1500倍加2.5%氯氟氢菊酯3000倍药液。

8.3.3 采收

果实发育期127～139天，8月中下旬视成熟度分批采收。撕去套袋袋底，观察本品种具有的色泽，手触果实，略感柔软即为果实的发育已经到了最佳的食用期阶段，即应采收。果实采收宜轻，防堆压。

5月中旬和6月上旬新梢旺盛生长期，喷2×10^{-4}生长抑制剂B9，能增加色素一级，提早3～4天采收。

9　病虫害防治

9.1 采取以防为主，防治结合原则

9.2 病害防治

9.2.1 病害防治以桃缩叶病、炭疽病、桃疣皮病、桃根瘤病为主。

9.2.2 桃缩叶病以防为主，春季萌芽前需认真喷波美3°～5°石灰硫磺合剂防治。

9.2.3 桃炭疽病：发病盛期5月中旬，防治原则：清除枯枝僵果等越冬病原，药剂防治在开花前后喷60%百泰1000倍或10%博邦2000倍防除。

9.2.4 桃疣皮病：枝干病害，5—6月间连续喷5次50%多菌灵1000倍或4%南宁霉素500倍药液防治。

9.2.5 桃根瘤病：根部病害，定植前用k84菌液浸根，对已发病的植株，切瘤后用k84菌液浇根。

9.3 虫害防治

9.3.1 虫害防治以桃蚜虫、桃斑蛾、刺蛾、桃天牛等为主。

9.3.2 桃蚜虫：早春虫害，防早除少，发现后用10%吡虫啉2000倍或1.8%阿维菌素3000倍喷药防除。

9.3.3 桃斑蛾：早春虫害，为害桃芽、桃花和嫩叶。药剂防治于3月幼虫初发期喷50%杀螟松1000倍或20%除虫脲3000倍药液连喷两次。

9.3.4 桃刺蛾：桃刺蛾发生期始于7月下旬，可用高效、低毒、低残留的杀虫剂2.5%氯氟氢菊酯3000倍或25%灭幼脲1500倍。

9.3.5 桃天牛是桃主干虫害，发现后用铁丝钩杀或药棉注塞。

9.3.6 每年冬季修剪后，应用石灰硫磺合剂波美3°～5°对主干、主枝刷白，减少病虫越冬源。

黄花梨栽培技术操作规范

1．范围

本标准规定了黄花梨的育苗、整地建园、种植、幼树整形、修剪、栽培管理、病虫害防治等栽培技术。

本标准适用于奉贤区黄花梨生产，也适用于上海市其他邻近郊区黄花梨生产，其他相近的品种如翠冠、清香、新世纪等可参照执行。

2．规范性引用文件

下列文件中的条款通过本标准的引用而成为本标准条款。凡是注日期的引用文件，其随后所有的修改单（不包括勘误内容）或修改版均不适用于本标准，然而，鼓励根据本标准达成协议的各方研究是否可使用这些文件的最新版本。凡是不注日期的引用文件，其最新版本适用于本标准。

GB/T18407.2 农产品安全质量 无公害水果产地环境要求

DB31/T252 安全卫生优质农产品（或原料）产地环境标准

3．品种特性

3.1 亲本是以日本黄蜜梨为母本，浙江三花梨为父本。

3.2 属晚花型，不易受晚霜和早春低温危害，果实发育期135天。

3.3 树势强，树冠开张，树冠圆锥形，新梢生长始于4月上中旬，下旬生长迅速，5月上旬至6月下旬旺盛生长期，副梢5月中旬萌发，以短果枝结果为主，腋花芽也有一定的着果能力。

3.4 复花芽、大花型、淡白色、自花结实差。

3.5 黄花梨是高度自花不实品种，故在建园时必须配置亲和力强、花期相近、花粉量大的授粉品种，如翠冠、清香、新世纪等。授粉树与黄花梨配植比例在1∶4左右。

3.6 果实圆锥形，果皮黄褐色，果心中等，平均果重250克，果形匀称，果肉白色，肉质细脆，汁多味甜，有香气，可溶性固形物12%～13%。

3.7 树体抗逆强，适应性广。

4．育苗

4.1 砧木选择野生砂梨秋季采集后，沙藏层积贮藏。

4.2 育苗地选择地势高燥，土地平整，土层深厚肥沃，排灌容易的砂壤土。苗床土壤需经冬天充分风化，播种前一周对园地进行消毒。

4.3 播种

2月上旬播种，覆土的厚度为种籽直径的1.5倍。条沟粒播，株距5厘米，行距20厘米。真叶显现三叶后，需喷70%甲基托布津1∶1000倍液防幼苗猝倒病。

4.4 嫁接

4.4.1 嫁接方法

芽接采用贴皮芽接法，枝接采用切接法。

4.4.2 嫁接时间

4.4.2.1 芽接

8月下旬至9月上旬，当年形成芽苗，翌年形成成苗。

4.4.2.2 枝接

2 月中旬至 3 月上旬，当年形成成苗。

4.4.3 嫁接苗管理

及时剥除砧蘖，保护接芽生长；为防止新梢被风吹断，应插支柱，引缚新梢直立生长；防风害、病虫害，移栽前去除绑扎带。

4.4.4 苗木出圃条件

根系丰满，无根瘤病，芽苗接芽饱满愈合良好，成苗主干明显，粗度 0.8 厘米以上。

5．整地建园

5.1 建园地选择

建园地必须选择地势较高、排灌方便、交通便利、土壤及环境符合 GB/T18407.2 和 DB31/T252 的有关规定。

5.2 建园规划

建园应科学规划，种植园地块大小整齐，道路网格，排灌沟渠与防风林带齐全。

5.3 整地

种植园地土壤应深翻风化。开挖好三沟，畦间行沟深 40 厘米，横沟深 50 厘米～60 厘米，围沟深 60 厘米～80 厘米，畦面呈龟背状，形成深沟高畦的园地。

6．种植

6.1 种植密度

株行距 2 米 × 3 米，每 666.7 平方米种植 111 株。封行后，再间伐一株，变成 4 米 × 3 米，每 666.7 平方米 55 株。

6.2 种植时间

从落叶后到 2 月下旬均可种植，但以早栽为宜。

6.3 种植要求

种植区完善三沟配套，土壤经风化后，团粒结构良好。种植穴挖宽 80 厘米，深 60 厘米，每穴底施腐熟有机肥 50 千克～100 千克，和土壤拌匀，上覆 20 厘米细土后堆土种植，种植时苗木根系应充分向四方舒展，种植后应立支柱，种植深度埋土以露出根颈部为限。

6.4 肥水管理

种植后应浇透水一次，确保细土和根系密结。久旱不雨要及时灌溉，生产期需勤施薄肥，促进新梢生长。

7．幼树整形

树形采用疏散分层形，树冠内有一个明显的中心干，全树共有主枝 8～10 个，分层排列于中心干上，第一层主枝 3～4 个，第二层主枝 2～3 个，第三层主枝 3～4 个。

8．修剪

8.1 修剪时间

夏季修剪自5月下旬起至6月上旬。冬季修剪自梨树落叶后至翌年萌芽前，但以早修为宜，伤口易愈合。

8.2 夏季修剪

8.2.1 摘心

4月下旬至5月上旬当梢长20厘米～30厘米时，对长势旺，树高2米以上部位的长梢进行摘心，有利于下部枝梢的生长及幼果的膨大。

8.2.2 抹芽除萌

在芽刚萌发时，抹除不打算形成枝条的芽；旺树疏枝后的锯口，也应注意抹芽。

8.2.3 拉枝

拉枝时间5月下旬至6月上旬。在新梢生长达半木质化程度时进行，按疏散分层形的树形要求，目的培养好第一层分布均匀的三大主枝，使开张基角合理。

8.3 冬季修剪

8.3.1 成年树修剪主要以调整树势，合理分配养分为目的。幼树修剪宜轻，以培养树形和扩张树冠为中心，逐年形成三层主枝，主枝与副主枝分布合理。

a）种植第一年，在主干50厘米～60厘米处定干。

b）种植第二年，选留分布均匀的3～4枝作主枝，开张基角，于饱满芽处短截，培养第一层主枝。中心干在延伸50厘米处重截。

c）种植第三年，在距第一层主枝以上80厘米～100厘米处主干重剪，培养第二层主枝，在主枝上选留副主枝。

d）种植第四年，在距第二层主枝以上50厘米～60厘米处主干重剪，培养第三层主枝。每年在各主枝上选留第二、第三个副主枝，每个副主枝上配备一定数量侧枝。

e）种植第五年基本形成疏散分层形树冠。

8.3.2 侧枝的处理

在逐年扩展树冠中，侧枝数不断增多，应考虑光照和通风，酌量疏删和短截，促其形成良好的结果枝。

8.3.3 疏枝

对直立徒长枝、病虫枝、衰弱枝、交叉枝、轮生枝、竞争枝及影响主枝生长的辅养枝一概疏除。

9．栽培管理

9.1 土壤管理

9.1.1 勤松土除草，保持土壤疏松，田间无杂草。

9.1.2 每年冬季应对土壤进行深翻，改善地下部土壤的通气性能。

9.2 肥水管理

9.2.1 基肥：9～10月秋施，以腐熟有机肥为主，每666.7平方米施基肥2500千克，占全年总肥量的80%。

追肥：在生长期进行，全年分为前肥、膨果肥和采后恢复肥三次。每次每666.7平方米施氮、磷、钾复合肥50千克～100千克。

9.2.2 梨对肥料三要素的比例为氮8：磷6：钾8。

9.2.3 梨树极不耐水湿，除种植地选择较高地势外，田园内沟系应清理好，不应积水，尤其在梅雨季节，沟系排水必须通畅，出梅遇干旱后可适当沟灌，防止土壤干湿的骤变。

9.3 果实管理

9.3.1 疏果

疏果分两次进行，第一次在谢花后15～20天，疏去发育不良果，畸形果及着生位置不当的果。第二次在生理落果完毕后进行，即在5月上旬，结合定果在套袋前完成留果量，五年生树以单果重250克为标准，每666.7平方米产量2500千克计算，单株留果量在90个左右。

9.3.2 套袋

套袋时间为5月上旬。套袋材料用外层为深褐色，里表为黑色的梨果专用纸袋。套袋前对果实需认真喷70%百菌清800倍加25%噻嗪酮可湿性粉剂1500倍液。

9.3.3 采收

果实发育期135天，9月初视成熟度分批采收。撕去套袋袋底，观察本品种具有的色泽（果皮黄褐色，有香气）即果实的发育已经到了最佳的食用阶段，应及时采收。果实采收宜轻，防堆压。

10．病虫害综合防治

10.1 培育无病虫的接穗和苗木，引进苗木严格检疫。

10.2 选育抗病虫品种。

10.3 加强果园管理、深翻改良土壤，开挖排水沟，增施有机质肥料，合理施肥、灌水，增强树势，提高树体抗病虫能力。

10.4 合理修剪，改善园地通风透光条件。

10.5 及时套袋，保护果实。

10.6 物理防治利用黄板粘虫，杀虫灯诱杀成虫，性诱剂、糖醋液诱杀成虫。

10.7 使用高效、低毒农用抗菌素，昆虫生长调节剂。

10.8 科学用药，严格遵守《农药安全使用标准》和《农药合理使用准则》。

黄花梨主要病虫害防治历见表

表10-1

日期	物候期	药剂	防治对象
3月上旬	芽鳞松动	波美5度石硫合剂	黑心病、黑斑病、梨锈病、轮纹病、梨木虱、红蜘蛛、蚜虫、星毛虫
3月中旬	开花前	25%粉锈宁1500倍加10%吡虫啉2000倍	同上，兼治梨大、梨茎蜂、梨象虫、梨花蕾蛆
4月上旬	花谢3/4时	25%粉锈宁可湿粉剂2000倍，80%大生M-45可湿性粉剂800～1000倍，加1.8%阿维菌素3000倍	同上，兼治梨锈壁虱、梨小、花网蝽
4月中下旬	新梢伸长期	10%苯醚甲环唑2000倍加25%吡虫啉（一遍净）8000倍	黑星病、黑斑病、轮纹病、蚜虫、梨小、吉丁虫
5月上旬	套袋前	80%大生M-45可湿性粉剂800～1000倍，10%吡虫啉（一遍净）2000倍加25%除虫脲3000倍	同上
5月下旬	套袋后	60%百泰1000倍加1.8%阿维菌素3000倍	黑星病、黑斑病、轮纹病、梨木虱、锈壁红蜘蛛、星毛虫、吉丁虫
6月上中旬	长枝停梢	80%大生1000倍加10%吡虫啉2000倍	黑星病、黑斑病、轮纹病、梨木虱、锈壁梨小、吸果夜蛾、梨大、星毛虫、吉丁虫刺蛾
6月下旬	果实膨大	70%甲基托布津可湿性粉剂1000倍加2.5%氯氟氰菊酯1500倍	黑星病、黑斑病、轮纹病、梨木虱、梨小、梨大、刺蛾
7月中下旬	出梅后	80%大生M-45可湿性粉剂1000倍，加20%除虫脲3000倍	黑星病、黑斑病、轮纹病、叶炭疽病、梨小、刺蛾、花网蝽
8月中下旬	采收后	50%甲基托布津可湿性粉剂800倍，20%杀灭菊酯4000倍	叶炭疽病、花网蝽、梨小
9月下旬	—	40%百菌清可湿性粉剂1000倍，20%虫螨净乳油1000倍	黑星病、黑斑病、叶炭疽病、梨小、刺蛾、花网蝽

第四节　技术培训与示范村（户）创建

一、技术培训

以课堂授课、现场会议、示范推广、大篷车下乡、科技结对、科技入户等不同形式，以电视、广播、报纸、网络、技术资料等不同载体，开展林业技术教育，每年开展各类培训30～40期，培训林果花农4000～5000人次。至2015年，共培养种植能手500人、技术骨干200人。

2015年，共举办林果技术培训、林木病虫监测防治培训、护林员技能培训43期，受培训果农及职工4166人次。其中包括：区农民科技教育培训中心举办林果实用技术培训8个班，受培训人员322人，训练内容为蜜梨、黄桃、水蜜桃种植与管理技术；护林员4级考级技能培训，2个班，受培训61人，完成4级护林员理论和实际操作考核；林业有害生物监测培训，共6期，其中2期为市林业总站组织，时间在3月至11月，受培训117人；果农田头课堂培训，全年共举办27期，其中市组织培训2期，到浙江、江苏现场考察果树栽培技术3次，内容为各个农时季节的果树管理，新农药、新材料的运用，病虫害的绿色防控，小型林业机械的使用等。方法采取技术讲座与现场操作示范相结合。受培训果农3666人次。

二、示范村　示范户创建

开展林业科技示范村、示范户建设，区、镇两级林业技术单位广泛开展林业科技示范村、示范户活动，采用科技结对、科技入户、组织培训等多种形式开展技术服务。建立林业科技示范村30个、示范户220户。建立桃、梨、葡萄、扶郎花等生产示范区10个、示范基地50个。其中，7个重点基地被上海世博会组委会列为2010年上海世博果品特供候选基地。在“创绿色家园，建富裕新村”活动中，青村镇解放村被评为“全国绿色小康村”，邵志荣、夏仁火等20户示范户，获“全国绿色小康户”称号。

1997年，光明镇被评为全国百家特产乡镇

第五节 科技成果

一、科研项目

至2015年，奉贤林业战线共承担国家星火计划及市科委、市农委科技兴农项目及区（县）科研项目39项，获奖项目26项，其中，国家部委3项，市政府4项，市级部委17项，区（县）级2项。

1991—2015年奉贤区（县）林业科研项目情况表

表10-2

序号	课题名称	课题来源	主持人或主持单位	主要参与者	年份
1	上海地区水杉引种推广	市农委	县林业站	吴可宗、王新民、周焕成等	1991年
2	柑桔潜叶蛾的危害和控制方法研究	县科委	县林业站	顾保龙、马纪章、张均强等	1991年
3	ABT生根粉系列研究和推广	国家科委	县林业站	周焕成等	1992年
4	锦绣黄桃丰产稳产栽培技术与推广	市科委	县林业站	陈铭橥、张均强等	1993年
5	桃贴皮芽接技术推广	县科委	县林业站	张金华、陈铭橥、蒋士章等	1993年
6	优质桃梨品种高产栽培技术	市科委	县林业站	陈铭橥、张均强等	1994年
7	无核方柿的优质高产技术	市科委	市林业总站、夏琼	陈铭橥、刘晓平等	2002年
8	上海地区桃潜叶蛾发生规律及其综合防治技术的研究及应用	市农委	市林业总站	褚可龙、王新民、张秀龙等	2003年
9	鲜食大果型枣树优质高产技术示范	市农委	市林业总站、夏琼	褚可龙、张秀龙、王新民、马以萩等	2004年
10	墨西哥落羽杉优良种源的引种筛选	市农委	市林业总站	褚可龙、顾保龙、王新民等	2004年
11	优质蜜梨科技服务体系	国家星火计划	区林业署、褚可龙	张秀龙、王新民、陆志兴、赵娟等	2005年
12	设施农业数字化技术应用研究与开发	市科委	市农工商现代农业园区	顾巧英等	2006年
13	桃梨（树）根癌病防治技术研究	区科委	区林业署	叶黎红、裴峰、张秀龙、陆志兴、王新民等	2006年

续表10-2

序号	课题名称	课题来源	主持人或主持单位	主要参与者	年份
14	上海生态林重大病虫害预测预报和综合防治技术研究	区科委	叶黎红	张秀龙、王新民、裴峰、陆志兴、汤纪红、王新民等	2006年
15	果树高接换种技术推广应用	市科委	区林业署、褚可龙	陆志兴、王新民、张秀龙、叶黎红等	2006年
16	香柏等品种选优及快繁新技术引进	国家林业局“948”项目	区林业署	褚可龙、顾保龙、陈继鸣等	2006年
17	生态林带立地适应性树种选育与推广	市科委	区林业署	张秀龙等	2006年
18	水蜜桃和葡萄有机型栽培技术	市科委	市农工商现代农业园区	顾巧英等	2007年
19	黄桃、扶郎花优质高效种植技术综合示范	国家星火计划	区林业署、褚可龙	马以菘、裴峰、顾保龙、赵娟等	2007年
20	蜜梨优质栽培技术推广	市农委	区林业署、褚可龙	张秀龙、叶黎红、陆志兴、王新民、赵娟等	2007年
21	上海地区狗獾种群生态修复	市绿化局	区林业署、褚可龙	赵娟、蒋文忠、薛耀英、顾保龙、顾国林等	2007年
22	露地葡萄主要病虫害综合防治技术研究	区科委	区林业署、褚可龙	叶黎红、裴峰、陆志兴等	2007年
23	非洲菊高效种植技术示范推广	市农委	区林业署、褚可龙	裴峰、张秀龙、叶黎红等	2008年
24	经济林主要有害生物检测、无公害防治技术研究	区科委	区林业署、王新民	张秀龙、叶黎红、陆志兴、裴峰等	2008年
25	优质早熟甜油桃新品种沪油002的选育	市农委	市农科院、叶正文	褚可龙、骆军、陆志兴等	2009年
26	庄行蜜梨品种结构优化和品质提升关键技术研究与示范	市农委	区林业署、褚可龙	张秀龙、叶黎红、张林山、陆志兴、胡翠红等	2009年
27	非洲菊新品种的开发和推广	国家林业局	市林业总站、孙强	褚可龙、裴峰、王新民等	2009年
28	非洲菊高效丰产抗灾关键技术集成示范	国家星火计划	区林业署、褚可龙	裴峰、叶黎红、张秀龙等	2009年

续表 10-2

序号	课题名称	课题来源	主持人或主持单位	主要参与者	年份
29	珍珠菜、蜜梨等珍稀蔬果的选育与示范应用	市科委	市农科院、骆军	陆志兴、张秀龙、王新民、叶黎红等	2009年
30	安全优质黄桃科技服务与示范	国家星火计划	区林业署、褚可龙	马以菘、张秀龙、陆志兴、王新民等	2009年
31	奉贤生态林主要病虫害预警与防治关键技术研究	区科委	区林业署、叶黎红	张秀龙、王新民、裴峰、陆志兴等	2009年
32	上海地区甜樱桃新品种引种筛选与示范	市科委	区林业署、张秀龙	褚可龙、叶黎红、陆志兴等	2010年
33	木兰科植物引种与筛选	市科委	区林业署、褚可龙	叶增基、顾保龙、马以菘、裴峰等	2011年
34	甜油桃设施栽培关键技术集成与示范	区科委	区林业署、陆志兴	叶黎红、张建中、瞿洁	2011年
35	梨小食心虫发生规律、测报和防控技术研究与示范	区科委	区林业署	张秀龙、王新民、叶黎红、陆志兴、裴峰等	2012年
36	桃潜叶蛾监测及无公害防治技术应用推广	区科委	王新民	叶黎红、裴峰、陆志兴等	2013年
37	上海市五种林业重大害虫监测和无公害防治技术推广	市农委	市林业总站	王新民、叶黎红、张秀龙、裴峰等	2013年
38	蚯蚓液肥在黄桃、蜜梨上的示范应用	区科委	区林业署、张林山	陆志兴、许磊等	2014年
39	马褂木新品种的繁育技术研究及应用示范	区科委	区林业署	褚可龙、马以菘、顾保龙等	2015年

说明：本表内第十二、第十八项获上海市人民政府颁发的“上海市科学技术奖二等奖”；第二十五、第三十三项获上海市人民政府颁发的“上海市科学技术奖三等奖”；第二十六项获中国技术市场协会颁发的“全国三农科技服务金桥奖”；第三项获国家科委“科研成绩一等奖”，第七项获农业部颁发的“全国农牧渔业丰收奖三等奖”

二、著作　论文

至2015年，奉贤区林业科技工作者著述林业科技书籍4部，在市级及以上专业刊物发表林业科技论文30篇，其中获奖论文4篇。编制印发技术操作规范7件。

2002—2014年奉贤区（县）林业科研著作情况表

表10-3

著作题目	作者	发表单位	发表时间
《万家富农业实用技术》(林业部分)	张秀龙、顾保龙、陈铭槃	上海科学技术文献出版社	2001年
《花卉栽培技术》(非洲菊)	褚可龙、马炎龙、顾保龙、马以菘	上海市农委编	2007年
《奉贤黄桃》	刘福良、叶正文	上海科学技术出版社	2011年
《庄行蜜梨实用技术》	奉贤庄行蜜梨研究所	上海奉贤庄行蜜梨研究所	2013年

2002—2014年奉贤区（县）林业科研论文发表情况表

表10-4

序号	论文题目	作者	发表单位	发表时间
1	异色瓢虫的过冷却点测定及其对棚栽蔬菜蚜虫的防治效果	孙兴全、仇红柳、褚可龙、顾保龙、张秀龙、陆志兴、刘小平	上海交通大学学报	2002年
2	上海地区危害月季的豆毒蛾生物学特性及防治初步研究	孙兴全、周丽娜、陈晓琳、褚可龙、顾保龙、张秀龙、陆志兴、刘小平	上海交通大学学报	2002年
3	玉带凤蝶生物学特性及防治的初步研究	顾保龙等	上海师范大学学报	2002年
4	上海地区月季叶蜂生物学特性及其防治	顾保龙等	上海交通大学学报	2002年
5	转基因及转基因花卉	王新民、周建辉、张建如	上海林业科技	2002年
6	上海地区木兰科植物引种与筛选	褚可龙、马以菘、顾保龙、彭述道	上海交通大学学报	2007年
7	上海地区杨小舟蛾生物学特性及其防治	孙兴全、褚可龙、夏如铁、裴峰、顾国林、叶黎红、赵娟	上海师范大学学报	2007年

续表10-4

序号	论文题目	作者	发表单位	发表时间
8	4个木兰科树种的繁育与栽培技术	褚可龙、顾保龙等	上海林业科技	2007年
9	上海地区淡金庭蛾发生规律及其防治	顾保龙、孙兴全、钱进、裴峰、叶黎红、顾国林、陆志兴	上海师范大学学报	2007年
10	杨分月扇舟蛾、杨扇舟蛾发生危害和防治技术研究	汤纪红、孙兴全、顾国林、裴峰	安徽农学通报	2008年
11	油橄榄在上海地区的引种及其扦插繁殖	马以菘、褚可龙	上海农业科技	2008年
12	柑橘凤蝶饲养方法初探	叶黎红、孙兴全、孙越、吴淑芳、顾国林、蒲泓俊	安徽农学通报	2008年
13	玉带凤蝶发生规律及其人工饲养技术	叶黎红、孙兴全、孙越、蒲泓俊、孙译羽、秦文权	安徽农学通报	2008年
14	上海地区杨树害虫杨扇舟蛾的药剂防治及天敌调查研究	孙兴全、裴峰、叶黎红	安徽农学通报	2008年
15	EM有益生物菌防治果树黄化病技术	张秀龙等	上海果树	2008年
16	梧桐木虱生活习性及室外防治研究	蒋文忠等	上海林业科技	2008年
17	梨树冠瘿病的药剂防治	王新民等	上海师范大学学报	2008年
18	樟翠尺蛾的发生规律及其防治研究	裴峰等	安徽农学通报	2008年
19	上海郊区狗獾活动规律的初步研究	郝辉、褚可龙、裴恩东、徐宏发	上海交通大学学报	2009年
20	植物提取液对丝绵木金星尺蛾的生活习性影响	顾国林、孙兴全、孙越、陆军、叶黎红、代光辉	江苏农业科学	2009年
21	丝带凤蝶的人工饲养初探	孙兴全、汤纪红、叶黎红、裴峰、顾国林、孙越	安徽农学通报	2009年
22	上海奉贤蝶类资源调查初步名录	孙兴全、叶黎红、裴峰、汤纪红、顾国林、孙越	安徽农学通报	2009年
23	奉贤非洲菊设施栽培土壤盐分累积变化规律研究	褚可龙、裴峰、张琪、李跃忠、蔡崇法	华中农业大学学报	2010年

续表 10-4

序号	论文题目	作者	发表单位	发表时间
24	上海地区“翠峰”品种引种报告	褚可龙、赵娟、许文平、金佩芳、张才喜、李清、卢红、王世平	中外葡萄与葡萄酒	2010年
25	5种植物提取液对甘蓝小菜蛾生活习性的影响	顾保龙等	山东农业生物学报	2011年
26	马兜铃害虫红珠凤的生活习性及防治研究	顾保龙等	安徽农学通报	2011年
27	提高上海地区枣树坐果率的有效措施	顾保龙、夏琼等	上海林业科技	2011年
28	上海奉贤区生态林病虫害发生及危害调整研究	叶黎红、裴峰	安徽农学通报	2011年
29	大力推进标准化示范区建设，有效实施“奉贤黄桃”地理标志保护	刘福良	中国特色社会主义理论研究丛书	2012年
30	奉贤黄浦江水源涵养林鸟类调查	薛耀英、顾国林、叶黎红、汤纪红、顾保龙、杨志栋	上海林业科技	2014年

说明：本表内论文第二十九项获中国区域经济发展研究院“2011—2012年度中国社会经济发展优秀成果特别奖”；第二十二项获市林学会“2009年学术年会优秀论文一等奖”；第六项获市林学会、市园艺学会“2009年度学术年会优秀论文一等奖”；第十项获市园艺学会“2010—2011年度学术年会论文三等奖”

检验果品质量

第十一章　林业管理

林业管理机构和管理队伍随着林业兴衰而发展变化。民国期间，县设建设科，兼管林业。至30年代中期，内忧外患加剧，林业日渐衰落。解放前夕，全县几无公共林木，仅存农户家前屋后种植零星树木。1949年，全县林业产值仅8.6万元，占农业总产值的0.32%。1949年5月14日奉贤解放，成立县人民政府，沿用旧政府"建设科"名称兼管林业。是年8月，改为生产建设科，统管农、副、工业生产建设。1951年4月起，先后设立县农林科、农林局、农业局、畜牧水产局、农业管理站，分管林业工作。1978年，在县畜牧水产局中设立绿化股。1982年5月，县政府建立县绿化委员会。1982年3月，建立区林业站，设立林业专管机构。1992年，成立县林业科技推广站，并先后建立县森林病虫防治检疫站、野生动植物保护管理站，与林业署（站）合署办公。各镇在70年代末设立专管员，80年代设林业助理。90年代初，建立乡（镇）林业站，逐步形成一个比较完备的林业管理、教育、科研、规划和森林保护的组织体系。

自1953年起，奉贤区（县）政府以及林业主管部门，制定年度林业工作计划，林业五年发展规划、专项规划、林地功能区划，以及中长期林地利用规划等，并在规划引导下，落实年度计划，保持规划的连续性，实施规划的严肃性。在整个林业管理实践中，加大林业法规的宣传力度和贯彻落实的深度。加强森林资源调查和动态监测，形成资源管理台账制、网格化。抓好林地管理，落实林地保护发展目标责任制。加强林政队伍建设，加大林政执法力度，实施林业行政审批制度。注重林木保护，健全有害生物测报点，细化病虫害防治和病虫检疫规则，强化森林防火工作，加强林业养护社建设，完善林业养护管理。加强林业资金管理，确保林业有效投入，形成由政府、企事业、个人投资林业的新格局。

第一节　机构　队伍

一、奉贤区林业署

民国期间，县设立建设科，兼管林业。1949年5月奉贤解放后，县政府沿用建设科名称，兼管林业。1951年4月，县政府设农林科。1952年6月，农林科改为农林建设科。1954年，农林建设科改名为农林水利科。1956年，农林水利科分设农业科、林业科、水利科。1958年，建立奉贤县农林局。1963年，农林局改名为农业局，林业工作由农业局主管。1966年4月，林业工作由农业局划归县畜牧水产局主管。1969年7月至1971年，县农业、副业、水利、农机4局合并为农业管理站，林业工作由农业管理站主管。1972年，恢复农业局，林业工作由农业局主管。1974年6月，恢复畜牧水产局，林业工作由农业局划归畜牧水产局主管。1978年，县畜牧水产局设绿化股。1982年3月，建立奉贤县林业站，隶县畜牧水产局。2001年底，奉贤撤县设区后，奉贤县林业站更名为奉贤区林业站。2003年7月，奉贤区林业站更名为奉贤区林业署，机构级别由行政副科级提升为行政正科级。2003年7月起，林业署设内设科室。2015年，林业署内设科室为“4科1室”（办公室、财务科、建设科、业务科、资源管理科）。1951—1958年，奉贤县林业工作隶属县政府直接管理。1958年，隶县农林局。1963—1969年，先后隶县农业局、畜牧水产局（副业局）。1969—1972年，隶县农业管理站。1972—1974年，隶县农业局。1974—1997年，隶县畜牧水产局。1997—2015年，隶县（区）农业委员会。1982—2015年，林业署（站）上级主管部门分管林业的主要领导曾有刘惠霖、王文才、李杏桃、蒋永石、诸银涛、方炳权、何文光、李伯才、吴四军、夏根龙等。

1982—2015年，奉贤区（县）林业署（站）行政负责人先后由6人次担任。

表11-1

负责人姓名	起讫日期	负责人姓名	起讫日期
王月仙	1982年3月—1985年4月	褚可龙	2001年4月—2003年11月
周兆建	1985年4月—1986年12月	袁明光	2003年12月—2007年6月
王月仙	1987年1月—2001年3月	褚可龙	2007年7月—

二、镇（街道、社区、开发区）林业站

20世纪70年代，一般在公社副业组内设1名林业干部，80年代乡镇副商公司配备1名林业专管员，后经培训考核，设乡（镇）林业助理、林业技术员。1991—1992年，各乡镇相继建立林业站，一般设站长1人，工作人员1～2人；2001年撤县设区，林业站划入镇农业服务中心。

2015年，根据市农委《关于进一步加强基层农业（林业）公共服务队伍建设的意见》，及奉贤区编委《关于在各镇农业服务中心增挂林业站牌子的批复》，在7月底前完成了镇林业站站牌增挂工作，启用林业站公章、有条件单位开设银行账户或专户，配置不少于60平方米的固定办公用房及必要办公设施。各林业站不少于3名专职管理及技术人员，林地面积超过1万亩，不少于4名。林业站长由农业服务中心主任兼任。至2015年年底，全区镇（开发区、社区）林业站工作人员共35人。

镇（开发区、社区）林业站职责为：承担辖区内林地、湿地和野生动植物资源的管理工作，协助区林业主管部门和镇人民政府制定并落实林业发展规划，承担本辖区内森林防火、有害生物防控、疫源疫病监测、公益林养护管理、野生动植物保护、古树名木保护及林果等新品种、新技术、新标准的推广示范工作。

三、特设机构

1．奉贤区（县）绿化委员会

为适应林业绿化事业的蓬勃发展，并根据国务院和市人民政府指示精神，县人民政府决定成立奉贤县绿化委员会，1982年5月，奉贤县首届绿化委员会建立。

绿化委员会至今已历8届，1至6届主任由区（县）政府分管农业的副区（县）长兼任，第7届由分管建设的副区长兼任，第8届由区长兼任。副主任先后由区（县）畜牧水产局、农委、建委、财政局、水务局、绿化市容局等相关政府部门领导兼任。下设办公室，办公室主任先后由县畜牧水产局、区农委、区绿化市容局主要领导兼任。

首届县绿化委员会，由副县长陈秀娟兼任主任，刘惠霖、孙安起、周锦惠兼副主任，刘惠霖兼办公室主任，起讫时间为1982年5月至1984年9月；第二届由副县长唐雨林兼任主任，李杏桃、方群平、李志信兼副主任，李杏桃兼办公室主任，起讫时间1984年9月至1987年8月；第三届由副县长沈云章兼任主任，蒋永石、严志君、谢世禄兼副主任，蒋永石兼办公室主任，起讫时间1987年8月至1990年2月；第四届由副县长姜金余兼主任，蒋永石、陆治平、谢世禄兼副主任，蒋永石兼办公室主任，起讫时间1990年3月至1998年3月；第五届由副县长张根舟兼主任，蒋永石、张春华、谢世禄兼副主任，蒋永石兼办公室主任，起讫时间1998年4月至2002年3月；第六届由副区长俞凯丰兼主任，李伯才、陶建雄兼副主任，李伯才兼办公室主任，起讫时间2002年3月至2010年2月；第七届由副区长徐剑萍兼主任，宗斌、吴四军、卫永明兼副主任，宗斌兼办公室主任，起讫时间2010年2月至2014年7月；2014年7月，第八届由区长庄木弟兼主任，陈华文、缪京、顾耀明兼副主任，瞿军兼办公室主任。

2．奉贤区护林防火办公室与区森林火灾应急处置指挥部

区护林防火办公室2010年成立，设在区农委，是本区应急管理工作机构之一，作为本区处置森林火灾的责任单位，承担森林防火的日常管理工作。

一旦发生重大或特大森林火灾，区政府根据应急处置需要，视情成立区森林火灾应急处置指挥部，组织各相关部门力量，统一指挥火灾应急处置工作。应急行动结束，指挥部解散，转入常态管理。

3．奉贤区林地保护利用规划编制领导小组

2011年5月成立，为贯彻《国务院关于全国林地保护利用规划纲要（2010—2020年）的批复》精神和上海市政府的要求，开展奉贤区林地保护利用规划（2010—2020年）编制工作。组长由副区长俞凯丰兼任，副组长由农委主任吴四军兼任，成员由区发改委、财政局、规土局、农委、水务局、建交委相关领导组成，区林业署署长褚可龙兼办公室主任。

4．奉贤区保护发展森林资源目标责任制工作领导小组

2012年12月成立，组长由副区长陈勇章兼任，副主任由农委主任吴四军兼任，成员由区发改委、农委、建交委、规土局、财政局、绿化市容局、水务局相关领导组成。区农委副主任夏根龙兼办公室主任。

四、事业机构

1．奉贤区（县）林业科技推广站

1992年4月建立奉贤县林业科技推广站。2001年12月，更名为奉贤区林业科技推广站。主要职责职能为：推广林业科学技术，开展区内林、果、花技术指导、技术培训、技术咨询和技术服务等林业社会化服务，为林农提供产前、产中和产后服务。

2．奉贤区野生动物保护管理站

2001年11月，建立奉贤区野生动物保护管理站。其职责职能为宣传与贯彻执行野生动物和湿地保护的方针、政策及法律、法规；开展野生动植物资源调查，掌握区内野生动植物物种动态变化情况；依法保护野生动植物及湿地资源，查处破坏资源的案件。开展森林资源调查，掌握区内森林资源消长情况；协助林业行政主管部门管理全区林木的采伐、砍伐、迁移等工作。

3．奉贤区森林病虫害防治检疫站

2004年9月，建立奉贤区森林病虫害防治检疫站。其职责职能为宣传与贯彻执行森林保护的方针、政策和法律、法规，森林病虫害防治工作。负责全区各类绿化苗木的检验和检疫工作，防止外来有害生物的入侵；配合林业主管部门做好全区林木种子、种苗生产和经营许可证的受理、发证和监督工作。

上述3个站与奉贤区林业署合署办公，为4块牌子、1个班子，3个站各有专人分工负责。

4．奉贤县林场

1959年11月，奉贤县林场成立，场址在胡桥公社公平村，沿沪杭公路及奉柘公路海塘沿坡植林育苗。建场时土地面积1500亩，工作人员2名，临时工161名，后固定职工为45人。主要职能是做好沿海防护林的造林、育苗和养护工作，后又增加绿化苗木的苗木培育等业务。历任场长先后为徐苗根、王金荣、沈锦春、张雪均、朱其林、钱金龙、秦纪龙、夏剑平、徐国勤、张志梅、何新龙。2001年1月，林场整建制划入上海化工区奉贤分区。

五、党组织

1．奉贤区（县）林业署（站）党支部

2015年，奉贤区林业署党支部共有党员20人，其中在职党员12人，退休人员

中党员5人，托管上海怡绿造林工程有限公司党员3人。

奉贤区（县）林业署（站）党支部书记更迭情况表

表11-2

党支部书记	起讫年月	备注
王月仙	1982年3月—2002年9月	1982年至2003年6月，区林业站（署）为联合党支部，2003年7月后林业署为单独党支部
翁大刚	2002年9月—2003年11月	
褚可龙	2003年11月—2007年6月	
袁明光	2007年6月—2008年6月	
方卫星	2008年7月—2014年11月	
黄军平	2014年12月—2015年12月	
费国良	2016年1月—	

2. 奉贤县林场党支部

奉贤县林场党支部书记先后有徐苗根（兼场长）、王金荣（兼场长）、沈锦春（兼场长）、凌学林、刘小妹、王月仙、卫仁志、柴春荣、叶兆峰、赵文龙、钱金龙（兼场长）、徐国勤（兼场长）。

六、林业队伍

1. 队伍构成

林业署在职行政事业人员 2015年共有在职人员19人。其中，本科12人、大专5人、高中2人；中共党员12人，农工民主党党员1人，民盟盟员1人；专业技术人员16人。其中，推广研究员1人、高级农艺师4人、农艺师及工程师6人、助理农艺师及助理工程师4人、高级工1人；行政正科2人、副科1人。

林业署（站）人员编制 1982年3月县林业站成立时，编制为5人，站长、副站长各1人，工作人员3人。1989年为8人，其中固定工6人，计划外用工2人；1992年4月，在站内建立林业科技推广站，编制增加为10名；1994年7月，调整为11名；1998年1月，调整为12名；2002年11月，由13名增加到18名。2001年11月成立区野生动物保护管理站。2003年7月更名为奉贤区林业署。2004年9月，增设区森林病虫防治检疫站。2010年编制增加到19名。2013年4月，编制增加到21名。2016年，原由林业署承担的林地登记职责划至不动产登记事务中心，按照编随事转原则，划转编制1名，林业署编制由21名调整为20名。

林业署（站）退休人员 至2015年年底，林业署（站）退休人员共11名，其中学历本科1人、中专6人、高中4人；职称工程师7人，助工1人、高级工1人；中共党员6人。11人中有2人已去世。

专业技术人员 奉贤林业系统1956年以前没有专业技术人员，1956年1名南京林业学校毕业生分配到奉贤从事林业技术工作。1958年有技术员1名，1960年有技术员2名，1981年有农艺师1名，1982年有农艺师1名、助理农艺师1名、技术员1

名。以后技术人员逐年增加，至2015年年底，全区林业系统共有专业技术人员64名，其中推广研究员2人、高级职称人员10人，中级职称人员23人、助理技术员职称人员22人、技术员7人。技术人员已退休的24人，其中高级职称人员1人、中级职称人员14人、初级职称人员3人、技术人员6人。

奉贤区林业专业技术人员情况表

表11-3

单位	技术人员数	其中						
		推广研究员	高级		中级		助理技术员	
			在职	退休	在职	退休	在职	退休
总计	64	2	9	1	9	14	20	9
区农委分管领导	2	—	2	—	—	—	—	—
林业署	25	1	4	—	6	7	6	1
南桥镇	3	—	2	—	—	—	1	—
庄行镇	3	—	—	—	—	—	2	1
奉城镇	12	—	—	—	1	2	2	7
青村镇	8	—	—	1	1	4	2	—
柘林镇	1	—	1	—	—	—	—	—
四团镇	3	—	—	—	—	1	2	—
金汇镇	2	—	—	—	—	—	2	—
海湾镇	3	1	—	—	—	—	2	—
海湾旅游区	1	—	—	—	—	—	1	—
奉浦街道	无	—	—	—	—	—	—	—
金海社区	1	—	—	—	1	—	—	—
化工分区	无	—	—	—	—	—	—	—

林业养护社 2004年起，根据林业发展的需要和“万人就业项目计划”，各镇建立林业养护社，按照每500亩公益林设1社，每20亩配备1名养护工标准建社和配备人员。经2004年和2008年两次发展，至2015年年底，全区共建立林业养护社20家，有养护社人员861名，养护林地2.73万亩。2013年，养护社实行属地化管理，由林业主管部门配合做好业务指导、人员培训与工作检查考核。养护社工作职能主要按照公益林养护技术规程要求，开展公益林养护，以及有害生物监测、森林防火和野生动物保护工作。

2．**队伍建设**

区林业署党支部以“抓学习、增素质，建制度、促规范，强服务、促发展”为目标，加强政治思想教育、行风廉政建设和工作效能建设，努力建设一支为民、务实、清廉的基层林业队伍。

思想政治教育。建立学习教育制度，坚持员工学习每月1次，党员学习双月1

次，以及员工业务培训每月1次。近年来，主要按照区委、区农委党委统一部署，认真学习十八大及历次中央全会文件和习近平重要讲话，先后开展了“服务世博争先创优活动”“落实中央‘八项规定’学习教育活动”“党的群众路线教育实践活动”“‘三严三实’专题教育活动”和“‘两学一做’活动”等学习教育活动；注重学用结合，强调理论联系实际，做到学有所思、学有所得、学有所用；健全党的组织生活、“三会一课”和民主评议党员等党内生活制度。2016年，区林业署被区农委评为“贤农先锋”先进班子，支部副书记、署长褚可龙由区农委授予“贤农先锋先进班长”称号。

行风廉政建设。建立区林业署党风廉政建设教育活动工作领导小组，开展行风廉政系列学习教育。理论学习辅以多种形式教育活动，如组织观看反腐倡廉警示教育片、瞻仰嘉兴南湖红船、参观廉政教育展览、重温入党誓言、上专题党课、学习杨善洲等先进典型、读《廉政家书》交流学习体会、召开服务对象座谈会、召开专题民主生活会等，提高党员干部廉洁自律的自觉性；加强廉政风险重点岗位排摸管理，如财务资金管理、专项工程项目管理、国家各项林业补贴管理等，采取相应防控措施；制定区林业署廉政建设十项规定，以署长为第一责任人、党支部参与实施、工会进行监督，财务实行把关，在党支部统一领导下，党政齐抓共管，部门各负其责，紧紧依靠全体员工支持与参与；实行党务、政务公开，让广大党员群众在了解中参与，在明白中监督，建立民主党派、党外人士、普通党员、群众团体参加的监督小组，听取基层群众意见，加强党内外、署内外监督；署领导与党员各作出廉政承诺书；签订党风廉政建设责任书。

工作效能建设。坚持把政治理论学习与担任的岗位职责相结合，与研究谋划推动林业署各项服务紧密结合；开展素质教育，建立爱岗敬业、诚实守信、办事热情、服务周到的优良作风；创建文明单位，开展“三优三满意”活动，创建文明优质服务窗口，在全区林业养护队伍中开展争创“星级养护社”、争当优秀“三员”活动；制定“署长岗位职责”“林业署工作职责”“办证工作人员守则”和树木林地管理、古树名木管理、野生动物保护管理等各职能管理部门条例，将服务内容、办事程序、法律依据等上墙公布，方便群众办事，接受群众监督；积极参与大篷车下乡和与林果农结对致富活动，与22家林果花卉合作社及12户残疾人林果种植户结对帮助；实行军民共建、社区联动，与驻军高炮营、南桥贝港三居委结对，达到优势互补、共同提高。

第二节 林业工作计划与规划

1951年4月，县政府建立县农林科。自1953年起，奉贤区（县）政府以及林业主管部门制订林业年度工作计划、五年发展规划、专项规划、林地功能区划以及中长期林地利用规划等，并配套相应的政策措施，使奉贤林业走上了可持续发展的轨道。

一、林业年度工作计划

1953年，奉贤县政府制订了年度林业生产计划（草案），提出："根据中央华东区、江苏省的要求，为保障农业生产丰收，适应国家建设需要，结合群众利益，在县内沿海受台风侵袭严重地区，积极做好防风林建设的一切准备工作，掌握重点，在互助合作基础上，发动群众合作造林，发展群众苗圃，并结合营造用材林和经济林为目的，进行宣传教育、贯彻林业政策。"具体任务：以奉城、青村、南桥为重点，公私合作造林1000亩；全县育苗82亩，并有重点地以互助组为基础，计划发动群众，以小型的合作苗圃作为典型、示范，总结经验，为今后大力推行"三自运动"打下基础；县设立防风林苗圃100亩，并在沿海地区，推行"三自运动"，做到群众自采、自育、自种。

1956年，在县农林科制订的绿化年度工作计划中指出：奉贤县气候温和、雨水充足、土壤肥沃，除建设防风林这一重点工作外，应种植多种经济林和果木，这对全县29万人民开辟生产门路，实行多种经营，增加收入，有着重大意义。提出对植树造林工作，不但要快造，而且要造好，要多栽树而且要栽活。要植树、造林、育苗、护林一起上。明确提出年度的林业生产任务是：钦公塘两侧营造防风林带，以苦楝、乌桕、桑树为主，计6.67万株。在萧塘、新寺、柘林等乡农业合作社试种桑树50亩，7.5万株，发展养蚕。在公路两旁种植杨树、苦楝，"四旁"植树72.8万株，育苗326亩。

1960年，县政府在贯彻党的鼓足干劲，力争上游，多、快、好、省地建设社会主义总路线的精神下，提出要广泛深入地发动群众，苦战三年，改变农村落后面貌。并下达了年度植树946万株，其中果树100亩，育苗2000亩的任务。

1959年冬—1960年春奉贤县各公社植树、育苗任务分配表

表11-4

社别	植树指标（万株）		1959年冬（万株）	1960年春（万株）	育苗（亩）	
	总计	其中果树			1959年冬	1960年春
南桥	8	2	5	3	5	7
江海	50	8.5	30	20	35	52
萧塘	50	8.5	30	20	30	45
新寺	63	10	33	30	55	82
庄行	40	6.5	25	15	35	52
邬桥	35	5.6	20	15	25	38
金汇	43	6.5	23	20	50	75

续表 11-4

社别	植树指标（万株）		1959年冬（万株）	1960年春（万株）	育苗（亩）	
	总计	其中果树			1959年冬	1960年春
泰日	40	6.5	25	15	25	38
头桥	35	5.6	20	15	25	38
奉城	60	9.6	30	30	55	82
四团	41	6.5	25	16	50	75
平安	40	6.5	25	15	55	82
青村	48	7.0	28	20	40	60
三官	25	4.2	15	10	30	45
钱桥	43	6.5	25	18	35	52
滨海农场	50	—	40	10	100	150
林场	260	—	110	150	150	227
公路	15	—	—	—	—	—
合计	946	100	484	412	800	1200

1985年，在县政府制定的林业工作计划中指出，全县群众性的植树造林积极性调动起来了，年年超额完成任务，但存在着成活率低、保存率低、质量差、经济效益低的问题。要彻底改变枉费人力、物力、财力，不讲究实际效益的形式主义。要加强领导，扎扎实实地做好组织工作，做到种一片，活一片，绿一片，防止绿化工作走过场。年度植树任务60万株，海塘造林100亩。

奉贤县1985年四旁植树任务分配情况表

表 11-5　　单位：万株

单位	四旁植树	单位	四旁植树	单位	四旁植树
胡桥	3.0	头桥	3.0	江海	4.2
庄行	4.2	奉城	3.6	萧塘	3.0
齐贤	3.6	四团	3.6	邬桥	4.2
金汇	2.4	平安	4.2	新寺	3.0
泰日	3.6	塘外	1.8	青村	3.0
钱桥	3.0	柘林	2.4	光明	3.0
奉新	1.2	海塘所	100（亩）		

1989年，奉贤县开展第三次森林资源普查。普查结果，全县林地面积8100亩，其中防护林900亩、经济林4300亩、竹林2400亩、苗圃500亩，森林覆盖率3.61%，对照1979年森林覆盖率增加0.64个百分点，林业建设成效还很低。根据市林业处的指示，编制“八五”林业发展规划。从1991年起，每年的林业工作计划，按照发展规划逐年深入、扎实开展。

1991年奉贤县植树造林工作意见（摘编）

1991年，是奉贤县实施“八五”造林绿化规划的第一年，因此，认真做好今年的植树造林工作，具有十分重要的意义。

指导思想：继续深化改革，加强林木资源保护，积极营造以海塘、江堤、骨干河道为主体的农田防护林体系，发展庭院经济，提高绿化覆盖率。大力开展全民义务植树运动，加快绿化步伐，及早把奉贤县的绿化达到春有花、夏有荫、秋有果、冬有绿的效果。

具体任务：1991年全县“四旁”植树任务100万株，沿海防护林100亩，保证森林覆盖率达到4.6%。

1991年奉贤县“四旁”植树任务分配情况表

表11-6　　单位：万株

单位	任务数	单位	任务数	单位	任务数	单位	任务数
江海	6.5	萧塘	4.8	胡桥	4.8	柘林	4.0
邬桥	6.5	庄行	6.5	新寺	4.8	奉新	2.0
塘外	3.1	青村	4.8	平安	3.5	头桥	4.8
钱桥	4.8	奉城	4.3	邵厂	3.0	泰日	5.6
光明	4.8	四团	4.8	洪庙	3.0	齐贤	5.6
金汇	4.0	县城镇	4.0				
合计	100						

工作重点：一是大力发展农田林网化建设。要求各乡镇在年内营造一个农田林网“样板村”，基础好的乡镇可发展3～4个农田林网化村，原则以河、渠、路为主体，统一规划。二是加快发展庭院经济，植树、栽花、种果，美化农村环境。各乡镇要认真总结在发展以果树为主的庭院经济中致富的经验，有计划、有步骤地建设各具特色的葡萄、柑橘、柿子、黄桃等专业村，并在发展过程中，以示范户为典型，带动示范组、村，走以点带面逐步升华的途径，进而遍及全镇。要加强引导和扶持，确保庭院经济稳步、健康发展。三是加快城镇绿化步伐。各乡镇要制定城镇绿化规划，各单位要积极参加全民义务植树活动，美化环境，植树、栽花、种草一起上，提高城镇绿化覆盖率。

主要措施：一是加强领导，进一步增强绿化意识。各级领导都要把植树造林工作列入重要的议事日程，深刻认识植树绿化在生态、社会、经济效益中的重大意义，动员各行各业重视和参与林业建设。二是多渠道筹措绿化资金。认真贯彻落实市农委《关于农村劳动积累制度实施意见》的精神，将绿化工日，用于林业建设，并采取多渠道、多层次、多种形式筹集资金，投入绿化建设。三是提高造林质量。贯彻科技兴林，扭转重造林、轻育苗、重数量、轻质量、重买苗、轻育苗的错误认识和做法，并加强检查督促，推动全县林业建设的健康发展。四是抓好乡镇林业站建设。乡镇林业站是林业生产的基层组织，担负着林业工作“组织、管理、指导、服务”的重要职能，是实现造林绿化规划的重要保证。全县各乡镇于1992年都建立了林业工作站，要完善制度，强化职责，以期更好地为林业建设服务，并发挥作用。

二、林业发展规划

国民经济恢复时期至国民经济调整时期（1949—1965年），奉贤县只有林业工作年度计划，未制定过“一五”“二五”林业绿化五年发展规划。自“三五”起，奉贤区（县）政府制定“五年”林业绿化发展规划。本志摘记“九五”至“十一五”林业规划实施情况。

1.“九五”林业发展规划

1996年，县政府与市政府签订了平原绿化达标责任状，紧密围绕林业部颁布的平原绿化达标县的要求，实施林业建设沿江、沿海、沿路、品牌化战术，生态环境战略化建设。全县各级领导把造林绿化工作列为实事项目来抓，积极开展创建平原绿化达标县活动。按照“九五”规划纲要，分年扎实开展。至“九五”期末，新增林田1.51万亩，“四旁”树木保存数达到630万株。农田林网控制面积35.93万亩，控制率达到87.5%。全县森林覆盖率达到8.37%，与“八五”期末相比，森林覆盖率又增长2.69个百分点。1997年，被上海市农林局表彰为市平原绿化先进单位。2000年，经市局验收评定为全国平原绿化达标县。

2.“十五”林业发展规划

进入21世纪，奉贤区政府围绕上海创建国家级园林城市，从实际出发，制定了“十五”林业发展规划，重点是紧密围绕建设比较完整的林业生态体系和比较发达的林业产业体系两大目标，坚持把发展林业作为推进农业结构调整，改善城乡生态环境。按照市政府指定的林业“六绿”（绿色项链、绿色屏障、绿色森林、绿色通道、绿色景点、绿色产业）建设规划，大力推进林业建设，营造森林组团，凸现规模效益，以大工程带动大发展，进入了建设生态片林为核心的新时代。2001年，造林1.23万亩。2002年，继续实施以林业示范工程、形象工程、“万家富”工程为抓手，重点发展千亩以上成片经济林，形成区域化、规模化发展特色经济林种。全年造林任务为：（1）净增有林地面积2.4万亩。其中，成片经济果林1.2万亩、海塘造林0.3万亩、水源涵养林0.1万亩、成片生态林0.8万亩。（2）重点项目是现代农业园区造林6000亩、海湾世纪林3000亩、光明黄桃2500亩、特色小水果2000亩、庄行蜜梨4000亩、邬桥生态园6000亩。2003年，全区完成退耕造林4.36万亩。以后逐年实施沿海防护林、黄浦江水源涵养林、通道防护林、防污染隔离林、申隆生态园、申亚生态园、海湾国家森林公园等市、区级林业重点工程建设项目。

3．“十一五”发展林业绿化规划

根据上海市绿化系统规划及奉贤区区域规划纲要的要求，按照人与自然和谐的原则，制定“十一五”林业发展规划。规划目标至2010年，全区的森林覆盖率达到9.97%以上。要求规划建设城乡一体、各林种衔接合理、生态功能完善、稳定的区域森林生态系统。林业建设以培育、发挥林地生态功能为核心，植物群落的设计和造林树种的选择等体现林地生态系统的层次性、整体性和稳定性。以落叶常绿树混交和乡土树种造林为主，促进森林的健康生长，群落层次完善。推进果树、花卉生产，提升产业档次，促进区域经济发展。结合农业产业结构调整，大力推进以光明锦绣黄桃、庄行蜜梨为主的经济林建设，推进以扶郎花为主的鲜切花生产，形成全区林、果、花产业的特色。

根据绿化生态效益优先，结合农业生产结构调整，根据奉贤实际，林地布局以经济林、生态片林及多种生态绿廊为主体，以沿海、江、河、路、铁道、高压线、镇、工业园区的造林绿化，构成全区“二纵三横十区”网络为重点的点、线、面相结合的奉贤区林业系统结构。

“二纵”是指金汇港河道两侧和头桥—奉城—世纪森林公园一线。

“三横”是指黄浦江水源涵养林、A30高速通道林、沿海防护林。

“十区”是指申隆生态园、现代农业园区、海湾旅游区、五四森林公园的生态片林，青村、光明的锦绣黄桃，庄行蜜梨，四团水蜜桃，奉禾特色小水果等经济林区以及柘林、青村的扶郎花种植区。

实施计划为：（1）生态片林。完善现有生态片林结构，至2010年，海湾国家森林公园、申隆生态园造林规模各自达1.5万亩以上，现代农业园区1万亩，海湾旅游区片林0.5万亩。（2）郊环A30通道林。规划两侧各500米森林带，至2010年初步建成宽50米～100米林带。（3）沿海防护林。规划宽度为200米～500米，至2010年，完成团结塘、一线塘、青坎、护坡的基干林带。（4）铁路护路林。至2008年年底，完成浦东铁路奉贤段两侧各25米的护路林。（5）道路绿化。高速公路两侧各规划100米林带，至2010年，A2、S4高速公路两侧，先种植25米～50米不等的林带；重要公路两侧各规划50米林带，次要公路两侧各25米。至2010年，完成浦星公路、南奉公路、南亭公路、平庄公路、新四平公路等两侧各20米林带。次要公路，根据条件，初步形成10米宽的林带。（6）河道绿化。市管河道两侧规划林带各200米，其他河道两侧林带宽25米～50米。（7）城镇工业区防护林带：市化学工业区（沪杭公路两侧）建成200米宽防污染隔离林带；奉浦工业区周边建成50米～100米防护林带；城镇周边各规划50米～100米的防护林。至2010年，建成南桥镇、奉城镇宽50米的环镇林带。（8）林果产业。形成青村黄桃、庄行蜜梨、四团水蜜桃3个万亩经济林生产区；积极开展果品无公害产地、产品认证，推进标准化生产基地建设。至2010年，制定果树生产操作技术规程8个，通过市认证中心认证的优质果品

6个，建成市级果树标准化生产基地2个，区级20个。建立果品安全卫生质量标准体系和监管体系；贯彻林、苗一体化的原则，控制苗圃的过度发展，禁止大量占用耕地发展苗木生产。（9）花卉产业。以青村、柘林的扶郎花生产为基础，大力发展鲜切花生产，培育公司加农户产销一体化的龙头企业，两镇形成各5000亩的鲜切花生产基地。加大研究开发，打破品种单一格局，增强市场竞争力和抗风险能力，逐步增加鲜切花品种月季、菊花、百合、鹤望兰等的种植面积。

三、林业专项规划

1. 林地保护利用规划（2010—2020年）

2009年，奉贤区政府按照《国家林业局关于编制省级、县级林地保护利用规划的通知》和《上海市林业局关于开展市、区（县）两级林地保护利用规划编制工作的通知》精神，成立以分管副区长为组长，区发改委、财政局、规土局、农委、绿化市容局、水务局和建交委等单位分管负责人为成员的规划编制领导小组，下设办公室，由区林业署署长任办公室主任，组织开展《奉贤区林地保护利用规划（2010—2020年）》的编制工作。

规划期限为2010—2020年，其中2009年为规划基准年，2010—2015年为近期，2016—2020年为远期。

规划目标。为建设生态奉贤、旅游奉贤的战略要求，全面贯彻落实《上海市林地保护利用规划》下达奉贤区的各项指标，总体目标是到2015年，森林覆盖率达到12.41%，到2020年，森林覆盖率达到15.89%的要求。为此，必须优化林地结构，严格林地用途管制，实行林地分级管理，引导节约、集约使用林地，切实保护林地资源，强化林地科学管理，充分发挥林地生产潜力，增强森林生态功能，提升林地综合利用效率。

2015年、2020年奉贤区林地保护利用主要规划指标情况表

表11-7

指标属性	规划指标	单位	2009年	2015年	2020年
约束性	森林保有量	亩	98520	127920	163815
	森林覆盖率	%	9.55	12.41	15.89
预期性	林地保有量	亩	125910	155160	191235
	林地生产力	立方米	38.03	50	60
	公益林比例	%	67.93	69.44	70.68
	商品林比例	%	32.07	30.56	29.32

2. 林地保护规划

依据《上海市林地保护利用规划（2010—2020年）》林地等级划分原则要求，结合区域生态区位特性，林地生产力以及现状林地的国土地类属性等指标，将全区林

地划分为一级、二级、三级和四级 4 个保护等级。

一级保护林地　以保护生物多样性、特有自然景观和重要水环境功能区为主要目的。奉贤区Ⅰ级保护林地主要为黄浦江南侧 200 米以内的林地 2385 亩，到 2020 年一级保护林地面积总量达到 2865 亩。

二级保护林地　以生态修复、生态治理、构建生态屏障为主要目的，包括一级保护林地外，具有历史性和具有特定意义的纪念地、军事禁区、沿海防护林基干林带、国家森林公园、郊环线两侧 500 米以内，以及国道、市道、高速公路两侧 100 米以内，市管河道两侧 100 米以内，大型生态片林等范围的管控林地和瞻仰景观休闲用地上的林地。全区现有二级保护林地 2.8 万亩，规划到 2020 年总量保持稳定。

三级保护林地　包括除一、二级保护林地以外的护路林、护岸林、环境保护林等公益林地。全区现有三级保护林地 5.51 万余亩，规划到 2015 年，达到 7.61 万余亩，2020 年达到 10.32 万余亩。

四级保护林地　未纳入上述一、二、三级保护范围外的各类林地。全区现有四级保护林地 4.04 万亩，规划到 2015 年达到 4.81 万余亩，2020 年增加到 5.71 万余亩。

奉贤区林地保护等级现状与规划情况表

表 11-8

项目	合计		一级保护		二级保护		三级保护		四级保护	
	面积（亩）	比例（%）	面积（亩）	比例（%）	面积（亩）	比例（%）	面积（亩）	比例（%）	面积（亩）	比例（%）
2009 年	125910	100	2385	1.89	28020	22.25	55125	43.78	40380	32.08
2015 年	155160	100	2865	1.84	28020	18.07	76140	49.07	48135	31.02
2020 年	191235	100	2865	1.50	28020	14.65	103245	53.99	57105	29.86

3．林地利用规划

合理调整林种结构。依据全区生态建设和经济社会发展的实际需求，在现有公益性商品林稳定的基础上，规划在集中建设区内，市级近郊绿环、市级生态廊道、区级生态间隔带和农田林带，新增林地资源以公益林为主，区级生态绿廊结合奉城、青村、四团、庄行镇特色经济林和花卉苗木基地建设，适当增加商品林。

到规划期末，全区特用林面积 7.42 万余亩，其面积比例由 2009 年的 42.98%，到 2020 年调整到 38.82%；防护林面积增加到 6.09 万余亩，其比例由 2009 年的 24.95%，到 2020 年，调整到 31.86%；经济林面积增加到 3.36 万亩，其比例由 2009 年的 18.94%，到 2020 年，调整到 17.55%；林苗一体化基地面积 2.25 万亩，其比例由 2009 年的 13.13%，到 2020 年，调整到 11.77%。

奉贤区二级林种现状和规划面积情况表

表 11-9

项目	林地（亩）	其中			
		特用林	防护林	经济林	其他
2009 年	125910	54120	31410	23850	16530
比例 %	100	42.98	24.95	18.94	13.13
2020 年	191235	74235	60930	33570	22500
比例 %	100	38.82	31.86	17.55	11.77

提倡营造复层混交林，增加色叶树种比重。全区现有森林，均以纯林为主，对抗御病虫害能力与生物多样性保护功能较差。因此，通过对现有林分的抚育改造，增加林地树种配置，形成常绿和落叶相结合，乔木与灌木、针叶与阔叶树种相结合的森林群落结构，提升生态公益林的生态防护功能、景观功能以及生物多样性的保护功能。规划到 2020 年，全区混交林比例由 2009 年的 27.5% 增加到 45.5%。

加快城镇森林景观化改造。城镇森林包括城镇环境保护林、国防林、风景林、名胜古迹和革命纪念林。在城镇森林建设中，注重植物的形态、意境和色彩，充分体现城市森林季相变化的景观功能，将城镇林地建设成为居民休闲、娱乐以及生态文明的教育基地。

提升“生态片林”生态服务功能。在不影响现有林地生态效益和林木生长的前提下增加公园元素，开发片林生产功能，挖掘片林文化，开发片林中林业旅游项目让市民亲身体验森林与人类的依存关系，寓教于乐，加深市民对生态功能、文化的了解，提升群众性的环境保护意识，推动全区生态旅游业发展。

拓展林业产业链。突出森林资源优势和区域特色，实施兴林富民工程，制定相应的政策措施，因地制宜地发展林、果、花卉和森林生态休闲产业，提高林地综合产出率。以海湾森林公园为中心，连接申隆生态园、青村世外桃源、申亚花卉科技园区、柘林绿都农业园、金海社区等森林生态景点，提升奉贤区具江南水乡特色的森林、生态、文化、游憩等功能，形成“林间花海果满枝，绿心氧吧享自然”的乐园。

保障重要生态区位绿化用地。一是确保沿海基干林建设用地，在现有沿海防护林田 8745 亩的基础上，到 2020 年，拓宽沿海岸线的基干林带至 1500 米，增加林田 2400 亩。二是确保重要通道两侧绿化用地，到 2015 年确保全区重点通道两侧绿化用地 3240 亩。三是确保城镇环境保护林用地 4.25 万亩的基础上，增加林田 1.11 万余亩。在城镇保护林建设中，注重植物形态美、色彩美和意境美，充分体现城市森林季相变化的景观功能。

2015年、2020年奉贤区森林保有量目标情况表

表11-10　　单位：亩

单位	国土面积	2009年	2015年	2020年
合计	1031085	98520	127920	163815
奉城镇	164865	7635	12075	13860
金海社区	28185	7860	7920	7935
庄行镇	104175	9990	12765	17220
柘林镇	143490	6420	11805	19935
南桥镇	113490	13185	16185	21570
金汇镇	106530	6600	8655	16605
青村镇	109290	16890	19950	20475
四团镇	104475	4470	6795	15120
海湾镇	119805	21390	27600	26490
奉浦社区	20310	750	840	1275
海湾旅游区	16470	3330	3330	3360

四、林业重点工程规划

沿海防护林建设工程。规划到2020年，全区建设规模达到1.22万亩，占全区林地面积的6.4%，比2009年增加3405亩。

经济林果工程。规划到2020年，全区经济林面积达到3.46万亩，占林地总面积的18%，比2009年增加1.08万亩，重点安排在青村、庄行、四团、奉城等镇。

2015年、2020年奉贤区林地保有量目标情况表

表11-11　　单位：亩

单位	国土面积	2009年	2015年	2020年
合计	1031085	125910	155160	191235
奉城	164865	10425	14985	16455
金海社区	28185	8970	9075	9135
庄行	104175	11565	14430	19170
柘林	143490	10845	15990	23220
南桥	113490	19275	21660	26070
金汇	106530	8295	10575	19425
青村	109290	20550	23340	23580
四团	104475	5610	8040	17205
海湾	119805	24900	31530	31080
奉浦社区	20310	1125	1185	1515
海湾旅游区	16470	4350	4350	4380

第三节　林地功能区划

奉贤区在《上海市林地保护利用规划（2010—2020年)》中的定位为“郊区森林生态网络建设区”，林地保护利用方向主要是以优先建设农田林网，重点突出沿海防护林、水源涵养林、污染隔离林建设为主体，凸现城市森林文化和经济林果。

根据奉贤区各区域主导功能，结合各类道路、河流、片林及特色经济林、苗木花卉和森林旅游等，确定林地区域布局，形成网格化的生态公益林和点面结合的优质商品林格局。

根据分区理念，结合林地分布现状和《奉贤区土地利用总体规划》等相关规划，将奉贤区划分为西部都市环境保护林区、中部现代森林果树林区、东北部农田防护林与优质经济林区、南部沿海防护林区4个功能区。

一、西部都市环境保护林区

该区涉及奉贤区的南桥、庄行镇以及金汇社区和奉浦社区，区域总面积26.62万亩，占全区土地面积的25.8%，林地面积4.09万余亩，占全区林地面积的32.5%，森林面积3.18万亩，占全区森林面积的32.3%，森林覆盖率11.94%。

林地发展方向应以服务、保障新城开发开放、现代服务业为重点，着力推进沿黄浦江南岸防护林建设为重点，营造和完善具有休闲特色的江岸防护林带、道路林网、河道林网及农田林网相结合的生态网络结构体系，适度增加区内的绿化规模，形成人与自然和谐共存、各种绿化衔接合理、生态功能完善稳定的城镇森林生态系统。

保护生态林，并进行片林调整和完善。完善生态补偿机制，结合新城建设，结合城郊生态间隔带，采用灵活的开发机制，规划郊野公园等功能性项目。赋予该生态空间以一定的功能，生态建设与城市公共活动相结合。

二、中部现代森林果树林区

该区涉及奉贤区的奉城、青村镇，区域土地总面积27.42万亩，占全区土地总面积的26.6%，林地面积3.1万亩，占全区林地面积的24.59%，森林面积2.45万余亩，占全区森林面积的24.89%，森林覆盖率8.95%。

以奉贤“黄桃”为建设重点，严格保护奉城片林等，加快建设浦南运河、航塘港等护岸林、G1501等护路林建设，合理安排农田防护林，形成路河林带、生态片林、重点经济林和城市森林相辅的生态网络，提高区域森林覆盖率。

三、东北部农田防护林优质经济林区

该区涉及奉贤区的四团、金汇镇，区域土地总面积21.1万亩，占全区土地总面积的20.5%，林地面积1.39万余亩，占全区林地面积的11.04%，森林面积1.11万亩，占全区森林面积的11.24%，森林覆盖率5.25%。

该区是奉贤区达到2020年林地保有量目标潜力最大的区域之一，应以G1501、S2等高等级公路为重点，大力发展护路林、护岸林，辅以农田林网建设，适当调整经济林种植规模和布局。

四、南部沿海防护林景观林区

该区涉及奉贤区的海湾、柘林镇和海湾旅游区，区域土地总面积27.98万亩，占全区土地总面积的27.13%，林地面积4.01万亩，占全区林地总面积的31.86%，森林面积3.11万亩，占全区森林面积的31.61%，森林覆盖率17.7%。

保护海湾国家森林公园，加快沿海防护林体系建设，完善以沿海基干林带为主体的综合防护林体系，实行田、路、河、渠、堤、林配套，带、网、片相结合，扩展和丰富沿海防护林、水源涵养林的规模和内涵。加大湿地保护和恢复力度，充分发挥森林及湿地对于抵御自然灾害、改善区域生态环境的作用，构筑一道结构稳定、功能齐全的生活屏障。发挥海洋生态系统功能，避免城市无序蔓延，保障城市生态安全。

第四节　资源管理

一、资源调查

1977年10月，农业部下发《关于在全国建立森林资源连续清查体系的通知》，要求以省（市）为单位于1980年前将森林资源连续清查体系建立起来，并作为一项制度定期进行复查。1979年，上海市开展第一次森林资源清查工作。清查目的是掌握全市森林资源现状及其生长状况，为制定和调整林业建设方针、政策，编制林业发展规划、计划，监督检查全市森林资源消长动态，为确立任期目标责任制提供依据。

奉贤县于1979年、1984年、1989年、1994年，连续开展4次森林资源清查工作。按照市农林局制定的森林资源清查工作细则，采用系统抽样调查的技术方法，以生产队为抽样点，将全县3243个村民小组（生产队）系统排列，抽样比例不少于20%，全县设定抽样队649个，县林业站成立由站长为组长的资源调查小组，外业调查由县林业站、镇林业站（林业专管员）以及抽样队的生产队长组成调查小组，将抽样队四至地域内的村庄、道路、河渠旁的所有树木，统一检尺、测量、记数。乔木按

径级检尺记数，绿篱以米记载长度，竹林、果林按面积测量。外业调查资料由县林业站汇总后交市林业站计算，并推算全县森林覆盖率以及木材蓄积量。为确保抽样调查的精确度，由市林业站组织市站人员和9县1区林业站技术人员分组抽样验收。奉贤县验收结果是，有林地面积精度＞90%，“四旁”树精度＞85%，活立木蓄积量＞85%，符合上海市资源调查质量标准。

1979—1994年奉贤县森林资源调查结果情况表

表11-12

年度	四旁树木保存数（万株）	有林地面积（亩）	森林覆盖率（%）
1979	499.58	9755.00	2.97
1984	257.26	7779.72	2.60
1989	462.89	7600.00	3.61
1994	492.00	22800.00	5.68

为了与全国森林资源连续清查体系统一接轨，1999年，奉贤开展第五次森林资源清查工作。按照上海市农林局《上海市第五次森林资源连续清查二类调查操作细则》，调查沿用抽样调查方法，划分大小“四旁”两个大类，8个树种组调查统计，林业用地则采用小班调查方法。

第五次森林资源调查标准高、要求严，奉贤县于1999年5月始至12月底结束，历时8个月。调查分为3个阶段。

1. **技术准备阶段**（1999.5—1999.6）

根据市农林局《关于做好上海市第五次森林资源连续清查工作通知》，奉贤县成立第五次森林资源连续清查工作领导小组，组建以县、镇林业站为主体的资源清查工作队伍100余人，依据市第五次森林资源连续清查二类调查技术操作细则，举办3天培训班，分设5个调查大组，组织镇、村开展清查工作。同时，由县农委召开各镇分管领导会议，要求各级领导重视并支持这一清查工作。县政府批拨20万元清查工作专项经费，做到清查工作早安排、早部署、早打算。

由于清查工作涉及面广，参加部门多，为搞好协同配合，县政府建立由县农委、水利局、建设局、园林管理所、公路管理所、海塘管理所、林场等有关单位参加的清查工作协调会议制度，统一行动步骤、统一调查方法、统一技术标准。鉴于为确保调查工作的精度和质量，在培训中采取调查细则的授课和野外实习相结合的方法，并进行技术考试。县级培训后，各镇也相应举办培训班，由县林业站技术员分头下乡讲课与实习样点辅导调查。依据调查技术细则，开展调查工作。

2. **外业调查阶段**（1999.6—1999.8）

外业调查工作6月初全面铺开，至8月底基本结束，农村“四旁”（大小四旁）共调查175个样本单元（总体单元3206个，抽样比5.5%）。为提高前后期调查数据的可比性，其中重复调查样点的比例占48%，在四旁树抽样调查结束后，紧接着对林分（果林、竹林）、城镇企事业单位绿化、农田林网、骨干河道绿化、道路绿化等专题调查，林业用地采用小班调查方法，逐块实测面积和通过标准地每木调查结果。为加强对外业调查的监督和管理，确保调查成果的准确性和可靠性，县林业站制定了外业调查质量的检查办法和评分标准，组织进行检查验收。

3．内业汇总阶段（1999.8—1999.12）

内业汇总工作包括调查资料整理，数据输入和处理、报表编制及撰写调查报告。首先对各镇样点的外业调查资料整理，县林业站复核后，递交市林业处审核。经审核后，将全部数据输入电脑留存，并按统计程序分类打印成表，按照市统一布局，对各镇统一编号，确保数据检索和查询。同时，各镇按万分之一比例的地形图，描绘农田林网、林分、骨干道路绿化、河道林带等林业资源分布现状图。

4．清查结果

第五次清查结果，全县林业用地面积7.67万亩，占全县土地总面积的8.37%。其中，有林地面积3.32万亩，占林业用地面积的43%。其中，林分0.5万亩，占有林地面积的15%；经济林2.06万亩，占62%；竹林0.76万亩，占22.9%，苗圃地面积0.66万亩。全县活立木总蓄积21.95万立方米。其中，林分蓄积量6.29万立方米，占28.7%；“四旁”树蓄积15.66万立方米，占71.3%；全县“四旁”树保存数629.84万株，人均有树12.1株。其中，农村“四旁”树498万株，城镇及企事业单位“四旁”树120万株，公路“四旁”树12万株。

全县森林覆盖率8.37%，比1994年的5.69%增加2.68个百分点。

全县耕地面积45.27万亩，宜林用地面积41.08万亩，农田林网控制面积35.93万亩，林网控制率87.5%。全县完整网格1.17万个，控制面积22.1万亩。其中，100亩以下完整网格902个；101亩～200亩的完整网格5484个；201亩～300亩的完整网格3778个；301亩～400亩的完整网格1555个；非完整网格974个，控制面积13.82万亩。

2004年，开展第六次森林资源清查工作，调查方法沿用1999年的森林资源连续清查二类调查操作细则。调查结果，全区林地面积10.88万亩，全区森林覆盖率达到9.21%。

2009年是上海森林资源连续清查体系建立以来的第二次复查，按照《国家林业局关于部署开展第八次全国森林资源连续清查和做好2009年清查工作的通知》要求，根据国家林业局颁布的《国家森林资源连续清查技术规定》及其补充规定，结合全市实际，制定上海市森林资源连续清查第二次复查技术方案，奉贤区在市林业局的统一部署下执行。

2009年，调查方法全面采用“3S”技术，外业调查利用近期分辨率0.25米的1：2000航空遥感像片作为工作底图。（航片由上海市城市发展信息研究中心提供，并经过正射校正处理)，小班勾绘以航空遥感图像数据为主要信息源，充分利用已有的森林资源调查成果，以实地调查为主，获得区森林资源空间信息、动态信息。

小班区划方法。小班区划最小面积为0.02公顷，按照小班区划条件、影像清晰程度及相关的基础资料，按照1：2000航空像片和区划对象，与地物的相互关系，现地确定各种界线的准确位置，逐块勾绘小班界线，勾绘困难时，结合GPS定位技术控制测绘。

小班调查方法。片林、带状林以地面调查为主，采用GPS技术，结合航空遥感图像数据判读，区划和定位的方法进行森林、林木和林地资源调查。片林蓄积量调查采用角规绕测方法，按断面积蓄积标准表进行计算，带状林采用设置段带样方方法，查一元材积表进行计算。

“四旁”树和城镇零星树木调查方法。对0.02公顷≤面积＜0.067公顷连续片（块）状“四旁”树，（包括单行林带）以地面调查为主，结合航空遥感图像数据判读，区划和定位的方法进行小班区划，调查因子调查项目记载与小班调查相同。对面积小于0.02公顷的零星“四旁”树，采用航空遥感图像数据判读，结合地面实地清点调查核对的方法。根据零星“四旁”树集中程度以小块状单位按树种组和径级组进行归并调查登记。样地调查采用GPS引导寻找固定样地标志进行复位调查，样地复位调查率达98%以上，实行每木检尺记录，对前后期样地每木检尺卡片、样木号、立木类型、树种、胸径等均填写完整。

调查按照《操作细则》要求进行实地调查，调查小班数字化和小组因子计算机录入，调查工作于2010年3月至4月23日结束，历时2个月。外业调查工作，经过各调查组全面自检、互检和项目组抽检，并经小组调查因子逻辑检查后，由华东林业调查规划设计院“3S”中心负责内业整理。分析统计、汇总并产生小班调查表、森林资源统计表、森林资源分布图等图表成果并撰写奉贤区森林资源规划设计调查报告。

这次调查面积103.11万亩，调查小班5.93万个。其中，林地小班2.66万个、“四旁”小班2.89万个、非林地小班3759个。完成零星“四旁”树点调查1.95万个。

调查结果全区林地面积12.59万亩，森林覆盖率9.56%，林木绿化率13.12%，活立木总蓄积26.61万立方米，森林蓄积18.86万立方米。

二、动态监测

为了更好地掌握奉贤境内森林、林木、林地和蓄积量年度消长动态变化情况，更新相关管理因子，准确了解自然因素和非自然因素对森林资源产生的各种影响，指导加强森林资源管理、培育、保护和利用，制订有效的计划和规划，为林业的可持续发展和经营及落实发展森林目标责任制提供决策依据。根据《上海市林业局关于开展2014年森林资源动态监测工作的通知》，奉贤区林业署组织开展2014年全区森林资源动态监测工作。

森林资源动态监测工作，根据国家林业局《森林资源规划设计、调查技术规程》《上海市公益林区划指导意见“试行”》和《上海市森林资源动态监测操作细则（试行)》(2014年）等有关技术规定，在GIS地理信息系数平台上，以2013年森林资源清查结果为基底，数据通过两期航片遥感影像图和相关资料比对判读，勾划出林地变化图斑，并将其矢量化，进行现地调查确认，记载相关调查因子。

监测工作由奉贤区林业署和国家林业局华东林业调查规划设计院工程技术人员共10人组成，其中高级工程师4名、工程师6名，奉贤区林业署署长褚可龙任组长。各镇（社区、开发区）林业站人员配合协同全面调查工作。

监测工作重点：森林资源面积消长动态变化情况，调查新增、减少林地小班，更新林地保有量、森林保有量、森林覆盖率等数据。建立森林生长模型，以数学模型更新年度监测，判读是否发生明显变化，小班中林木的胸径、树高、郁闭度、单位面积、株数和活立木蓄积量等林分因子。对森林资源连续清查的固定样地调查，并对二类调查成果和一类清查结果作数据融合处理，更新年度动态变化数据。更新森林资源管理属性信息。

监测工作人员由市林业局组织理论讲解和现地技术操作相结合的培训办法，对图斑调查更新，控制样地调查及有关软件操作技术等进行专题辅导，统一调查方法和技术标准，并熟悉和掌握遥感调查目视解释，进行操作实训。

动态监测工作，严格按照《上海市森林资源清查操作细则》进行，奉贤区林业署对各小组调查成果进行全面检查，上海市林业局对森林资源管理数据库航片判读，小班更新和控制样地调查成果进行抽检。国家林业局华东森林资源监测中心按照1.5%的比例对控制样地调查成果进行国家级检查，并抽查部分图斑调查更新成果。质量检查结果，样地调查合格率100%，航片判读质量为优，全区林地图斑变更调查合格率认定为优，森林资源管理数据库各项数据全部合格。

2014年，森林资源动态监测结果，全区土地总面积103.11万亩。其中，林地面积13.15万亩，占12.8%；非林地面积89.96万亩，占87.2%；全区森林覆盖率10.86%，动态变化结论，全区林地面积比2013年的12.88万亩增加2666亩，年增长率0.75%；森林面积11.2万亩，比2013年的10.28万亩净增9210亩，年增长8.22%，森林覆盖率比2013年的9.97%，增加0.89个百分点。

2014 奉贤区森林面积、森林覆盖率各单位动态变化情况表

表 11-13

单位	森林面积（亩）			森林覆盖率（%）		
	2014年	2013年	净增量	2014年	2013年	净增量
奉贤区	112020.00	102810.00	9210.00	10.86	9.97	0.89
奉城镇	9633.16	8377.91	1255.25	2.97	2.58	0.39
现代农业园区	6903.63	6885.11	18.52	85.07	84.84	0.23
庄行镇	10797.89	10404.68	393.21	10.37	9.99	0.38
柘林镇	10941.33	8567.48	2373.85	9.93	7.78	2.15
南桥镇	14203.32	8667.29	80.159	12.52	11.46	1.06
金汇镇	6827.76	6607.38	220.38	6.41	6.20	0.21
青村镇	17918.90	16648.83	1270.07	16.40	15.23	1.17
四团镇	5403.60	4949.13	454.47	6.20	5.68	0.52
海湾镇	6263.34	5954.76	308.58	16.32	15.52	0.80
奉浦工业区	1226.45	1019.60	206.85	58.40	48.55	9.85
光明集团	21900.44	20393.67	1506.77	79.91	74.42	5.49

2015 年度，继续开展奉贤区森林资源动态监测，监测工作沿用《上海市 2014 年森林资源清查工作方案》和《上海市 2014 年森林资源清查技术方案》。

监测结果，全区林地面积 14.71 万亩，比 2014 年的林地面积 13.15 万亩净增 1.56 万亩，增长率 11.87%；全区森林面积 12.78 万亩，比 2014 年的森林面积 11.2 万亩净增 1.58 万亩，年增长率 14.08%；森林覆盖率 12.39%，比 2014 年的森林覆盖率 10.86% 增长 1.53 个百分点。

2015 年奉贤区各镇（社区）森林覆盖率动态变化情况表

表 11-14　　单位：%

单位	2014年	2015年	动态变化
奉贤区	10.86	12.39	+1.53
奉城镇	2.97	7.11	+4.14
现代农业园区	85.07	26.45	-58.62
庄行镇	10.37	12.35	+1.98
柘林镇	9.93	9.28	-0.65
南桥镇	12.52	11.96	-0.56
金汇镇	6.41	8.33	+1.92
青村镇	16.40	19.03	+2.63
四团镇	6.20	6.14	-0.06
海湾镇	16.32	13.77	-2.55
奉浦工业区	58.40	19.69	-38.71
光明集团	79.91	29.15	-50.76

说明：由于2015年对各镇行政区划及控制面积作了调整，故各镇（单位）森林覆盖率比2014年出现较大变化

第五节 林政管理

一、林业法规

中国正式颁布《森林法》的历史虽然不到百年，但用法来调整和治理林业历史却源远流长，据《周书·大禹篇》记载“禹之禁、春三月、山林不登斧，以成草木之长”。《周礼》记载，在周朝“凡窃木者有刑罚”。秦始皇统一中国后制定《秦律》，在秦律18种中的《田律》，以法的形式对保护森林作了法规规定。但古代立法的特点是诸法合一，没有单一的森林法规。中国近代森林立法始于清朝末年，清宣统元年（1909年），农工商部《奏酌拟振兴林业办法摺》中提出，要调取各国森林专章，妥订森林法律。民国元年（1912年）5月，北洋政府农林部通令各省“凡国内山林，除已属民有者，由民间自营并责成地方官监督和保护外，其余均定为国有”。民国三年（1914年），北洋政府先后公布《国有荒地承垦条例》及《森林法》《狩猎法》。民国二十一年（1932年），民国政府重订《森林法》。民国三十四年（1945年）又作了修正。其中，还两次相应发布了《森林法实施细则》。但在民国时期，因战乱频繁，上述法规难以贯彻实施，收效甚微。

中华人民共和国成立之初，百废待兴，有许多地方出现乱砍滥伐林木的现象，中国共产党和人民政府重视森林立法。

1949年9月29日，中国人民政治协商会议通过的起临时宪法作用的《共同纲领》第三条规定“保护森林，并有计划的发展林业”，明确提出了中国社会主义林业建设的方针和任务是“以普遍护林为主，严格禁止一切破坏森林的行为”。1950年11月8日，华东军政委员会发布《华东保护山林、水利管理垦荒办法》，规定“各地人民政府应切实保护山林，并根据当地群众原有的护林习惯，订立护林公约，建立护林组织，防止破坏与盲目采伐”，并规定不论采伐公、私林木都要向人民政府申请，经批准后方可入林，砍伐木材须报请原批准单位查验后方可运输。1951年和1952年，先后发布《华东区森林采伐管理办法》《华东区木材管理暂行办法》，对木材实行全面统制政策。1953年7月9日，经政务院第185次政务会议通过，中央人民政府政务院发布《关于发动群众开展造林、育林、护林工作的指示》，在这个指示中，中央修正了木材统制管理的政策，改为“中间全面管理，两头适当放松”的政策，鼓励了群众造林、育林、护林的积极性，制止了私商破坏森林及木材私运行为。但由于在农业合作化运动中，没有贯彻“自愿互利”的经济政策，农民怕山林归公，又导致了盲目砍伐，破坏森林资源的严重恶果。

1963年5月27日，国务院颁布《森林保护条例》共7章43条，这是中华人民共和国成立以来，制定的第一个有关森林保护工作的最全面的法规。

1967年，中共中央、国务院发布的《关于加强山林保护管理制止破坏林木的通知》，其内容重申林权和健全管理严禁乱砍滥伐及严格计划采伐，严禁自由交易，这一文件对当时处于无政府主义思想的泛滥，破坏林木的现象得以遏止。

1979年2月23日，经第五届全国人民代表大会常务委员会第六次会议，原则通过公布了《中华人民共和国森林法（试行)》，同日大会通过了每年3月12日为中国植树节的决议。1981年3月8日，中共中央、国务院发布《关于保护森林发展林业若干问题的决定》。1984年3月1日，中共中央、国务院发布《关于深入扎实地开展绿化祖国运动的指示》。这一系列文件的发布为中华人民共和国的林业管理迈上了法治的轨道。《中华人民共和国森林法》于1984年9月第六届全国人民代表大会常委会第七次会议审议并通过，1984年9月20日由李先念主席命令公布，1985年1月起正式施行。这部《森林法》分总则，森林经营管理、森林保护、植树造林、森林采伐、法律责任、附则共7章42条，其基本内容强调了稳定森林、林木和林地所有权和使用权，保护所有者合法权益，确定林业建设必须实行以营林为基础，普遍护林、大力造林、采育结合、永续利用的方针，规定了对现有森林合理利用，实行限额采伐和对林业给予更多的经济扶持；并对森林保护、植树造林以及违法毁林应负的法律责任等作了规定。自《森林法》公布之日起，全国人民代表大会常务委员会、国务院、林业部等有关部门又相应发布了一批与之相配套的林业法规，主要有：1985年6月21日，国务院发布的关于《森林和野生动物类型自然保护区管理办法》；1986年4月28日，经国务院批准由林业部公布《中华人民共和国森林法实施细则》；1987年8月25日，经国务院批准由林业部公布《森林更新管理办法》；1988年1月16日，国务院发布《森林防火条例》；1988年11月3日，第七届全国人民代表大会常务委员会第四次会议通过的《中华人民共和国野生动物保护法》；1989年12月8日，国务院发布《森林病虫防治条例》；1992年2月12日，经国务院批准，由林业部发布的《中华人民共和国陆生、野生动物保护实施条例》；1992年5月13日，经国务院修正发布的《植物检疫条例》；1996年9月30日，国务院发布的《中华人民共和国野生植物保护条例》。

国务院与林业部及其他部委联合发布的规章有：关于《森林案件管辖范围及森林刑事案件立案标准的暂行规定》《木材运输检查监督办法》《木材检查站管理办法》《林地管理暂行办法》《森林公园管理办法》《关于陆生、野生动物刑事案件的管辖及其立案标准的规定》《植物检疫条例实施细则》《种子管理条例》《林木种子管理实施细则》《林业行政处罚程序规定》《林业行政执法监督办法》《林木、林地权属争议处理办法》《农药管理条例》《林业工作站管理办法》《退耕还林条例》《重大动物疫情应急条例》《中华人民共和国濒危野生动植物进出口管理条例》《林木和林地权属登记管理办法》《占用、征用林地审核、审批管理办法》《林木种子生产经营许可证管理办法》《林业标准化管理办法》《突发林业有害生物事件处置办法》《森林资源监督工作管理办法》。

为了保护、培育和合理利用林业资源，上海市根据全国人大常委会、国务院的有关规定，结合上海的实际情况，制定了一些地方性法规，主要有：《上海市植树造林绿化管理暂行办法》《上海市古树名木保护管理规定》《上海市植树造林绿化管理条例》《〈中华人民共和国野生动物保护法〉上海市实施办法》《上海市植物检疫实施办法》《上海市森林管理规定》《关于开展市、区（县）两级林地保护利用规划编制工作的通知》。

自《森林法》发布之后，国务院、林业部以及市人民政府、市林业局陆续制定并发布了一系列的林业政策、法律和法规，奉贤在区政府的领导下，认真贯彻和落实各项林业政策，使区的林政管理有章可循，林业管理各项工作更加规范化、法制化。

二、林地管理

解放前奉贤县的林地很少，一般为私人所有，所有者凭自己的契约进行产权管理。

中华人民共和国成立后，1950年6日，中央人民政府颁布《土地改革法》规定，“大森林大水利工程，大荒山、大荒地……等均为国有，由人民政府管理经营之”。1950年11月10日，政务院公布《城市郊区土地改革条例》规定“城市郊区所有没收和征收得来的农业用地，一律归国家所有，由市人民政府管理连同国家在郊区所有的其他可分的农业土地，交由乡农民协会，按照《土地改革法》十一条及十二条规定的原则，统一、公平合理分配给无地、少地的农民耕种使用”，凡使用土地从事耕种者，除依法向国家缴纳农业税外，一律不再交地租。但耕种者不得以国有土地出租、出卖或荒废。20世纪50～60年代，由于国家农村政策多变，林地管理权也不断发生变化，历经个体、农业合作社、人民公社集体化管理。按照《农村人民公社工作条例（修正草案）》的规定，重点是确定林木所有权，防止乱砍滥伐。1982年始，农村实行联产承包经营责任制，特别是《中华人民共和国森林法》颁布实行之后，林业、林地管理工作进一步得到加强，县级建立了县林业站，各乡（镇）也配备了专人负责林业工作，并开始执行林业“三定”，将国有的集体的林地划分为国有管理和集体管理，农民自留地、宅基地四周的林地由农户经营。

1993年，林业部发布《林地管理办法》，使林地管理走上了有法可依、有章可循的法制轨道。

2001年1月，国家林业局下发关于《占用、征用林地审核、审批管理办法》后，奉贤县政府依据市政府与市农林局指示，对林地管理作出如下规定：一是制定林地管理的实施细则和补偿标准；二是加大执法力度，维护林地、林权所有者的合法权益；三是加强林地规费的收缴管理工作；四是执行分级管理，严格审批权限，即区级10亩以下、市级10亩～200亩，200亩以上需上报国务院授权的单位审批，并开展了非农业用地的清查工作，一查建设用地是否符合规则；二查用地手续是否合法；三查土地利用是否充分；四查土地交易是否依法，并责成区农委严格执行奉贤区林地占用、征用、申报、审批及恢复植被的监督管理工作。2015 年，经审批共发放林木迁移许可证 9 份。

2000—2014 年部分年份奉贤区征占用林地、林木采伐迁移审批情况表

表 11-15

时间	征用单位	批复文号	征用面积（亩）	采伐数（株）	植被恢复费（万元）	还林面积（亩）
2000.10	上海化学工业区	沪农林 271 号	3.82	—	12.80	—
2000.12	齐贤、西渡镇	沪农林 282 号	4.00	—	6.00	—
2000.12	邬桥张塘村	沪农林 271 号	35.00	—	2.00	60.00
2001.10	新寺南宅村	奉农委 08 号	—	65	1.00	—
2002.2	奉城协新村	奉农委 18 号	—	7	—	—
2002.5	江海红星村	奉农委 11 号	—	16	—	—
2002.9	金汇港大修	沪农林 285 号	—	12	—	—
2002.9	光明友谊 1 组	奉农委 75 号	—	46	—	—
2002.12	泰日镇	奉农委 98 号	迁移	2559	—	2003.30
2014.5	奉城镇	沪林许 539 号	23.15	—	24.13	—

1979—2015 年部分年份奉贤区林地面积增长情况表

表 11-16　　单位：亩

年度	面积	年度	面积	年度	面积
1979	9755	1999	32200	2013	128838
1984	7780	2004	75625	2014	131503
1989	8100	2009	109351	2015	147118
1994	22800	2012	126172		

至 2015 年，奉贤区林地总面积达到 14.71 万余亩。其中，公益林林地面积 11.58 万余亩，占全区林地总面积的 78.74%。按事权等级划分，列为国家级公益林面积 6796 亩，占 5.87%；列为市级公益林面积 4.04 万亩，占 34.88%；列为区级公益林面积 3.57 万余亩，占 30.83%；其他公益林面积 3.29 万亩，占 28.4%；公益林的养护划分为部门自己养护 3.25 万亩，占 28.09%；由林业养护社负责养护的公益林面积 4.63 万亩，占 39.96%；由绿化专业公司养护 2.96 万亩，占 25.56%；由物业公司养护 6970.5 亩，占 6.02%；其他养护 426.9 亩，占 0.37%。全区商品林林地面积 4.4 万亩，占全区林地总面积的 29.91%，全区经济林林地的养护以果树专业合作社和承包户负责养护。

为认真贯彻国务院“要把林地和耕地放在同等重要的位置，高度重视林地保护”及“十分珍惜合理利用每一寸土地”的政策方针，按照《国家林业局关于编制

省级、县级林地保护利用规划的通知》和《上海市林业局关于开展市、区（县）两级林地保护利用规划编制工作的通知》，奉贤区委、区政府成立由分管副区长为组长，区发改委、财政局、规土局、农委、绿化市容局、水务局和建交委等单位分管领导为成员的规划编制领导小组，领导小组下设办公室，由区林业署署长任办公室主任。于2009年，组织开展《奉贤区林地保护利用规划（2010—2020年）》的编制工作，规划以奉贤区2009年林地资源现状为基数，围绕区国民经济发展和生态环境建设的需要，全面贯彻国家和市有关林地保护管理的方针政策，指导全区林地保护、利用、管理的措施，落实全区林地宏观调控，林地用途管制，生态环境建设所必需的规划目标。（规划内容详见本章第二节林业专项规划）

三、林地保护发展目标责任状

为全面贯彻落实科学发展，积极推进奉贤区生态建设，切实保护和发展森林资源，促进奉贤社会、经济更好发展，根据《中华人民共和国森林法》《森林资源监督工作管理办法》《上海市保护发展森林资源目标责任书》等法律及规定要求，奉贤区人民政府于2012年4月与上海市人民政府签订《2012—2015年奉贤区保护与发展森林资源目标责任书》，而后区政府与各镇人民政府相应签订各镇保护与发展森林资源目标责任书。

附：

奉贤区2012—2015年保护与发展森林资源目标责任书

（一）责任范围与责任时间

责任范围为奉贤区行政辖区，责任时间至“十二五”期末。

（二）责任目标

1．切实加强对林业工作的领导，加大公共财力对林业发展投入力度；加强区、镇（开发区、社区）林业队伍建设，林业机构健全，人员到位。

2．稳定与发展森林资源，完成年度造林任务，林地总量与森林面积稳中有升，至“十二五”末，全区林地面积达到14.7万亩，森林覆盖率达到12.4%。

3．建立并落实松材线虫病等林业重大有害生物预防目标责任制，确保无重大林木检疫性、危害性病虫害发生。

4．建立并落实森林火灾防控责任制，确保不发生森林火灾。

5．切实加强森林资源管理，充分发挥森林生态效益补偿金作用，发挥林业养护社作用，全面加强生态公益林养护，完成每年度生态林抚育任务，严格执行林地征占，林木采伐限额管理制度，无违法占用林地与采伐林木案件发生，加强林木种苗生产管理，引导全区林、果产业健康发展。

6．全面加强野生动植物与湿地管理保护工作，发生野生鸟类非正常性死亡或群体性死亡等异常情况的，确保不出现缓报、瞒报、漏报和错报；发生破坏野生动植物和湿地资源违法行为情况的，确保不出现严重负面影响的内部通报，媒体曝光和环保组织抗议。

（三）责任措施

1．加强领导

（1）建立落实保护和发展森林资源目标责任领导小组，明确各相关部门职责和协调机构。

（2）公共财力对林业投入每年有增加，用好生态公益林补偿资金。

（3）镇（开发区、社区）、林业管理部门职责明确，技术服务部门机构健全。

（4）镇林业管理部门有牌子、有公章、有不少于3名专职人员，开发区、社区要有专职人员。

2．保护与发展森林资源

（1）每年制订并完成造林计划（包括“四旁”树）。

（2）林地资源数据库完备、账实相符、动态变化档案明晰。

（3）严格执行林地征占和林木采伐限额制度，征占林地与采伐林木必须公示。

（4）加强林业养护社管理，做好生态公益林日常养护工作。

（5）每年制订生态公益林抚育计划，并按时、按质完成。

（6）加强林业种条“两证一签”管理。

（7）以实施“双增双减”为重点，全面推进林果产业标准化，规模化发展。

（8）配合区林业执法部门及时查处违法占用林地，违法采伐林木，违法猎捕（违法驯养繁殖、违法运输、违法经营）野生动物案件。

3．有害生物防控

（1）建立健全林业有害生物预警防控体系，层层分解落实有害生物防控目标责任。

（2）加强检疫队伍建设，种苗产地检疫达到核定指标，林业绿化工程苗木检疫全覆盖。

（3）有害生物监测预报正确，原始数据清晰，上传及时。

（4）组建除治应急队伍，具有一定药剂、药械储备。

4．森林防火

（1）建立森林防火工作组，明确日常工作机构。

（2）广泛开展森林防火宣传工作，在重点地区设置宣传牌。

（3）规划有序推进森林防火设施建设。

（4）重点时段、重点林地组织开展排查火灾隐患工作，发现隐患及时排除。

（5）制定应急方案，创造条件、组建以林业养护员为骨干的兼职防火队伍，加强与专业消防的联动工作。

5．野生动植物

（1）以湿地日、爱鸟周和保护月为载体，组织开展野生动植物和湿地保护的宣传教育活动。

（2）加强野生动植物及其栖息环境保护，配合区林业执法部门，依法查处破坏野生动植物和湿地资源的违法行为。

（3）加强野生动植物疫源、疫病监测防控工作，开展日常巡查观察，确保异常情况第一时间发现，第一时间上报并处置。

（四）考核与奖惩

1．考核　按照上海市和奉贤区制定的保护发展森林资源目标责任制检查办法执行。

2．奖惩　每年通报考核结果，对发生有责的违法案件和森林火灾的进行责任追究。

奉贤区保护和发展森林资源目标责任书签订后，奉贤区人民政府依照责任书确立的责任目标，强化责任书目标实施的组织体系，区政府主要负责人负责，并列为区政府、（镇）政府主要领导任期目标责任制考核的重要内容，把全面保护林地，节约集约使用林地，保护发展森林资源作为地方经济、社会发展评价的重要因素，建立并落实逐级考核体系和考核办法。围绕全区保护发展森林资源目标，科学制订年度计划，强化年度计划监督，将林地面积森林资源增长，分解落实到年度，落实到镇（街道）并进行年终评定，对超计划完成各项计划目标的镇（街道），进行通报表彰奖励，对完不成计划任务或违反责任书规划行为的单位给予相应的处罚。2013年制定奉贤区林地保护利用规划，建立林地保护利用投入机制，加大保护资金投入力度，对林地调查、监测、造林、管护、执法等给予财政补贴，完善公益林生态补偿制度，并强化“林业三防”（森林防火、林木有害生物防治、野生动物疫源疫病防控），确保了责任书各项目标如期完成。

2012—2015年奉贤区保护发展森林资源目标责任书完成情况表

表11-17

年度	林地总量（亩）	森林覆盖率（%）
2012	126172	9.65
2013	128838	9.97
2014	131503	10.86
2015	147118	12.39

附：

上海市奉贤区人民政府办公室关于成立上海市奉贤区保护发展森林资源目标责任制工作领导小组的通知

各镇人民政府，奉浦、金海社区办事处，各开发区管委会，区政府有关部门：

为切实有效保护和发展森林资源，促进奉贤社会经济更好发展，根据《中华人民共和国森林法》《中华人民共和国野生动物保护法》等法律法规以及《森林资源监督工作管理办法》和《奉贤区林地保护利用规划（2010—2020）》等相关文件的规定，决定成立奉贤区保护发展森林资源目标责任制工作领导小组，成员如下：

组　长：陈勇章　区政府副区长

副组长：吴四军　区农委主任

成　员：欧阳斌　区发改委副主任

夏根龙　区农委副主任

陶　立　区建交委副主任

王玲慧　区规土局副局长

石志红　区财政局副局长

徐新根　区绿化市容局副局长

陈　凯　区水务局副局长

领导小组下设办公室，由夏根龙兼任办公室主任。

特此通知。

2012年12月4日

附：

2013年奉贤区林业工作双百分考核细则

为了更好地发挥各镇林业站在建设生态奉贤、美丽奉贤中的基石作用，奉贤区林业署围绕奉贤区农委中心工作，根据当前林业工作实际情况，特制定年度林业工作双百分考核细则：

一、农田林网建设　100分

1．推进农田林网示范点建设　20分

建农田林网示范点2～3个，林网完整，控制面积达300亩以上，示范点内新植乔木1500株以上，得20分，每少建1个示范点，扣10分，扣完为止；

2．按时完成造林建设任务，质量达标，管理规范，林木绿化稳中有升　80分

完成上级下达的造林建设任务，且资料档案齐全，养护管理措施到位，苗木成活率符合造林标准，得80分，如完不成任务，则每下降15%，扣15分，扣完为止。

二、林业常规工作　100分

（一）注重生态安全工作，切实维护林业建设成果　55分

1．按时完成林业有害生物预测预报和防治工作，无重大病虫害发生的得25分，有重大病虫害事故的一律不得分。

（1）林业有害生物防控工作纳入年度重点工作，并有工作计划、有总结、有专人，能及时、准确上报各类报表和数据材料，并能针对本镇特色林果产业，编写森防简讯指导工作；　15分

（2）积极开展有害生物专项整治，确保有害生物的发生、蔓延、危害掌握在可控状态下；　5分

（3）“四率”指标达标得5分，有一项不达标扣5分。

2．有力推进各项保障措施，确保果品生产安全得25分，有果品质量事故的不得分。

（1）农产品安全监管工作得力，积极参与农产品认证和标准化建设。　5分

（2）果树“双增双减”推广率达70%以上，且程序规范，资料齐全准确，监管无缺失，得12分，推广率每下降15%，扣2分，扣完为止；推进区域优势，抓好经济果林规模化、标准化建设，积极参加各类果品行业评比，得3分，每缺一项扣1分。

（3）有“信得过”果园入选，能积极组织果农参加果品评比工作的得5分，取得金奖的奖1分。

3．深化“科技入户”与“科技结对”工作，倡导农业科技人员直接到户、良种良法直接到田，农机农艺有效配合；提升“田头研究所”成果中试推广能力；科技指导服务有力度、有效果。积极推广农业“四新”技术，发展种源农业，有效提高农业科技进步贡献率和农业实用技术成果转化率，得5分。

（二）加强森林资源管理，提升林地综合功能　45分

1．森林资源保护及果品安全监管工作到位，无缺失，资源动态更新及时完成，无非法毁林、占林及乱捕滥猎现象，得10分；如有森林火灾、果品安全事故及非法毁林、乱捕滥猎野生动物现象，造成恶劣影响的，一律不得分。

（1）按时完成林地抚育、林地基础设施建设年度计划，实施质量优良得2分；

（2）林木长势良好，林木成活率达标，林内无大型杂草，养护质量考核达优良的得3分；

（3）防火责任明确，防火意识明显，无森林火灾发生的得2分；

（4）加强森林资源管理，不发生未经许可的林地征占用、林木采伐事件的得3分；

2．古树名木日常巡查认真，养护质量优良，资料档案齐全，得5分，有古树名木毁损的不得分。

3．野生动物栖息地保护措施有力，驯养繁殖场所监管无缺失，禁猎区设置宣传到位，积极做好第二次野生动植物资源调查，能积极开展各项专项工作，按时上报疫源疫病情况，不发生非法驯养、重大疫源疫病及无乱捕乱猎事件的得20分，有非法驯养、重大疫病或乱捕猎等恶性案件的一律不得分。

4．养护社内部管理档案齐全、规范，三员队伍巡查工作得力，且林地养护质量达到优良级的得10分，队伍管理混乱，林地养护质量不合格的一律不得分。

奉贤区林业署
2013年2月

四、双增双减

2008年，按照《上海市人民政府办公厅转发市发展改革委、市财政局、市绿化局关于本市推进林业建设管理意见的通知》和《上海市绿化管理局、上海市财政局关于印发本市林业建设实施意见的通知》的要求，奉贤区对全区经济果林种植区，开展了“双增双减”项目宣传、布置和实施工作。“双增双减”即增加使用有机肥，增加高效低毒、低残留农药使用和果实套袋，减少使用化肥、减少高毒、高残留农药的使用，保障食品安全，提高果品质量，减少污染，保护生态环境，促进林果产业健康稳定发展。自2008年起，全区全面实施经济果林“双增双减”工作管理办法。

2008年，全区经济果林种植面积为5.22万亩，实施“双增双减”项目，无公害农药推广面积4.77万亩，购买无公害农药12种，计29.94吨，套袋面积0.46万亩，购买桃、梨、葡萄等专用套袋2925.79万只。经区林业署自查，购买无公害农药和专用套袋数量属实，项目管理卡、台账和签收单与果农实际申请物资数量相符。“双增双减”项目所供用套袋、农药均由果农在生产管理中使用，效果良好。经审核验收，区财政安排“双增双减”年度补贴资金572.28万元（其中套袋53.14万元、农药214.58万元、有机肥267.72万元、其他36.84万元）。

2013年，为进一步贯彻落实市政府办公厅批转市林业局、市财政局、市发改委《关于2013—2015年本市推进林业健康发展促进生态文明建设若干政策措施》推进“十二五”期间“上海市安全优质信得过果园”创建活动深入开展，保障食用农产品安全，在总结前几年“双增双减”和果实套袋项目实施经验的基础上，制定了《2013—2015年上海市林业建设管理办法的通知》共9项，其中1项为上海市2013—2015年经济果林“双增双减”和果实套袋项目。

奉贤区政府依据《上海市2013—2015年经济果林“双增双减”项目实施管理办

法》通知，由奉贤区农业委员会制定了《奉贤区经济果林“双增双减”工作暂行实施办法》，全区按实施办法组织实施。自2008年实施经济果林“双增双减”财政补助至2015年，全区对经济果林实施“双增双减”项目财政补助资金计7836.03万元。

2008—2015年奉贤区经济果林“双增双减”项目实施情况表

表11-18

年度	实施项目						财政补助（万元）
	农药		果品套袋		有机肥		
	面积（亩）	数量（吨）	面积（亩）	数量(万只)	面积（亩）	数量（吨）	
2008	47685	29.94	4603.00	2925.79	6091.12	12982.24	572.28
2009	—	—	—	—	—	—	—
2010	12462	35.22	18239.73	8498.96	10434.50	10434.50	600.37
2011	19196	27.16	19302.20	7837.94	42284.70	20169.50	1345.10
2012	26725	47.61	21594.80	9988.44	45100.00	20453.56	1511.37
2013	29090	60.79	19254.00	8998.95	42452.00	21225.55	1454.67
2014	27126	39.05	15581.00	7507.65	44996.00	15444.15	1309.91
2015	27188	38.91	17406.00	9366.60	38381.40	15053.94	1042.33

附：

关于《奉贤区经济果林“双增双减”工作暂行实施办法》的通知

各镇农业服务中心：

为减少经济果林生产中化肥、高毒高残留农药的使用，增加使用有机肥、高效低毒低残留农药和果实套袋，保障食品安全，提高果品质量，保护生态环境。根据《关于印发〈2013—2015年上海市生态公益林建设项目实施管理办法〉等9项林业建设管理办法的通知》（沪林〔2013〕34号）文件精神，对项目推广使用的农用物资实行财政补贴。现制定奉贤区经济果林“双增双减”工作暂行实施办法。

一、自2014年开始，奉贤区经济果林“双增双减”项目的补贴农资由上海奉贤农业生产资料有限公司组织实施，负责农资采购、合同签订和农资下发等供应工作。

二、镇（社区）林业部门做好宣传发动工作，让广大果农充分了解补贴政策；农户在项目规定申报时间内到种植所在村委会（社区）申报所需农资内容，一次性缴纳自付款，在收到农资后签字确认。

三、镇（社区）林业部门、村委会负责对农户种植的经济果林面积、品种进行核实；对农户申报的农资建立台账；及时收交果农自付款并缴付补贴农资供应单位；补贴内容汇总表应在村委会（社区）进行公示。

四、镇（社区）林业部门负责对辖区内各村申报的情况进行汇总、核实，确保准确、真实、规范、合法。汇总结束后及时上报区林业部门。

五、区林业部门负责项目的申报、监管、验收和补贴资金的申请；做好全区经济果林病虫情况发布、防治药剂选择和套餐配方确定等相关技术服务保障工作。

六、经镇政府（社区）农业主管部门核查，如有违法种植行为、承包经营田内有违章搭建和窝棚的单位或果农，可取消政策补贴资格，直至纠正；如发现随意乱扔废弃果袋和农药包装等现象，依据事件影响程度取消该单位或果农一年至三年补贴政策资格。

七、区农业主管部门将经济果林“双增双减”项目工作纳入镇级年度农业工作考核内容。镇、村有关部门应层层落实、规范程序、严格把关。对发现有弄虚作假、移作它用、多拿冒领补贴农资等违规非法行为的单位或果农，一律取消补贴资格；情节严重者依法处理。

上海市奉贤区农业委员会
2014年1月24日

五、林政执法

20世纪50～60年代，主要抓大规模植树造林后的林木管护工作，并按照《农村人民公社工作条例（修正草案）》的规定，确定林木所有权，防止乱砍滥伐。

1988年8月24日，林业部发出《关于全国林政人员佩戴统一标志的通知》，1989年3月林业部又印发《关于加强林业公安队伍建设事项的通知》，上海市农林局依据上海市社会、经济的发展，工业化、城镇化推进的新趋势，导致森林、湿地、野生动植物等林业自然资源的保护管理范围增大，任务重，乱砍滥伐、乱捕滥猎、乱采滥挖林木等林业行政案件屡有发生，违法占用、征用林地等行为屡禁不止，使林业资源遭受不同程度的破坏。为此，1994年，决定参照外省市林业公安的形式，组建林业行政执法队伍。奉贤县遵照市农林局的部署，组建林业行政执法队伍。县林业站人员参加市林业站组织的林业行政执法培训班后，组织乡（镇）林业站在编人员开展林业法律、法规的学

1994年奉贤县成立林业行政执法队伍

习，林业行政执法的许可、程序，林业行政处罚的规范程序的培训，并经市林业站考核合格后，依据林业部提供的式样由市农林局统一定制了执法服装、胸章（中国林政）、臂章，并颁发林政执法证。

1998—2002年查处的案件有江苏省吴江县八都乡地区多位农民经商者，在奉贤境内的金汇、泰日、齐贤等镇非法收购水杉，对农户村、宅旁的水杉，直径15厘米～25厘米廉价收购，运用油锯截成2米～4米长的断木，动用机动15吨位的水泥船装载，在傍晚后运回八都乡地区木材加工厂（制作包装箱），经查获7～8船次，收缴木材约百余立方米，没收油锯10余把，这一案件处理后，有效地制止了非法收购、滥伐木材，严重损害森林资源的现象再次发生。

2003年8月，在原林政执法队伍的基础上改建为奉贤区农业行政综合执法大队，下设执法科、审理科、办公室、林政、渔政、动检、农机、植检5个中队，统一编制、联动执法。2013年，区农业行政综合执法大队由事业编制转为参照公务员管理的事业单位后，林政执法职能划归区林业署。至2015年，共查处林政案件400余件，平均每年40余件，每年度出动执法检查500余人次，执法用车170余辆次。其中，参与部级行动7次，市级集中整治9次。发放林政宣传告知书2000余份，检查饭店、酒家2000余次，检查区（镇）集贸市场350余次，受理举报、投诉200余次，移交上级督办案件25起，移交公安刑事处理案件3起，检查木材加工场360场次，查处非法收购木材、无证运输案件150余起，查处盗伐林木案件12件，滥伐林木案件7起，无证迁移林木6起，非法占用林地19起，没收青蛙、蟾蜍900余公斤，蛇3600余条，野生动物制品500余公斤，收缴鸟类、野鸭800余羽、媒鸭1000余羽，捣毁用于捕捉野生动物（野鸭）窝棚200余个，拆除迷网600余张，收缴罚没款50余万元。

查处毁林案件

党的十八届三中全会提出，必须建立系统完整的生态文明制度，用制度保护生态环境。2013年，国家林业局森林资源案件稽查办公室编写出版了《林业行政执法实用手册》。奉贤区政府高度重视林业行政执法工作，各级林业行政案件举报、受理和查处工作不断加强，制度日趋完善，加上全民生态意识和法制意识不断增强，爱林护林逐步成为自觉行动，涉林案件数量逐年下降，依法治林、依法行政、保护和发展森林资源，为实现生态文明和美丽贤城目标共同努力。

六、典型案件

盗伐林木案 2006年4月15日，重庆市开县余某在庄行镇农业园区盗伐机耕路两旁的水杉95株，折合材积9立方米，并以1800元出售给木材加工厂周某。该案查获后余某犯盗伐林木罪，余某、周某均被刑事拘留。

无证占用林地案 2008年7月9日，上海碧海金沙投资发展有限公司综合服务大队承包的海塘管理所水杉林地，无证占用林地1.47亩，迁移水杉1100株种植蔬菜。该案确认为临时占用林地，给予行政处罚决定，罚款1.08万元，并责令于2009年4月30前恢复原状。

无证迁移林木案 2009年12月8日，奉贤海湾旅游区城镇规划建设中心在上海电力奉贤灰场置换工程建设中，擅自迁移团结塘2号塘北侧水杉198株和海塘青坎地上1927株。该案违反了《上海市森林管理规定》，作行政处罚，罚款8.44万元，并责令改正。

打击捕杀野生动物案件 2012年9月26日晚，松江泖港镇李某伙同其他4位村民，在庄行镇邬桥社区利用炮竹、摇铃鞭炮、捕鱼网，捕捉麻雀，当场查获麻雀1062只，并交代共两次捕获1762只。该案由公安局审理，李某犯非法狩猎罪判处拘役9个月，缓刑9个月。2014年4月1日，张某为非法牟利，使用剧毒农药呋喃丹浸泡谷物毒杀麻雀，并销售给松江某饭店戴某制作野味食品。在金汇镇金大公路、浦星公路东侧林地处，当场查获已毒死的麻雀472只，并在该饭店查获已毒死的麻雀、红隼共1572只。该案件移交公安局审理，张某犯捕杀野生动物罪判处有期徒刑4年，罚款1万元。戴某犯销售有毒食品罪，判处有期徒刑3年，缓刑3年，处罚金1万元。

七、林业行政审批事项

根据上海市机关内部行政许可职能归并改革统一部署，奉贤区机关内部行政许可职能归并领导小组，对全区行政审批事项进行了全面清理。区农委于2007年12月1日，确定对全区林业行政审批事项全部进驻区行政服务中心受理，具体事项如下：

序号	项目
1	核发森林植物调运检疫证
2	核发林木采伐许可证
3	征、占用林地审核、审批
4	核发非国家重点陆生野生动物经营利用许可证
5	核发非国家重点陆生野生动物驯养繁殖许可证
6	核发林木种子生产许可证

7	核发林木种子经营许可证
8	核发植物检疫证
9	核发植物产地检疫合格证
10	园林绿化和造林工程植物检疫核查
11	核发木材运输证

第六节　林木保护

一、林业养护社

解放前，奉贤的林业生产无专管机构，林地很少，林木所有者凭土地契约进行管理。1956年，县政府设林业科，人员4名。林业管理主要抓大规模植树造林后的管护工作。按照《农村人民公社工作条例》的规定，确定林木所有权，防止乱砍滥伐。20世纪70年代后，县、镇两级逐步建立起林业管理机构。1978年，县设立绿化股，1982年3月成立奉贤县林业站，各公社配备林业辅导员1名，各生产大队的绿化工作由副业干部兼管。自此起，县、公社、生产大队林业绿化工作的管理机构基本完善。同时，每年的植树造林工作结束后，推荐由老党员、老干部为骨干组成的护林队伍，并实行定地段、定人员、定职能的管护责任制，广泛宣传爱林、护林的全民意识。

20世纪80年代起，奉贤县广泛开展全民义务植树运动，保护古树名木、保护野生动物，贯彻《上海市植树造林绿化管理条例》等法规，使奉贤的林业管理逐步走上以法治林的轨道。

随着林业建设的深入开展，林地面积的逐年增长，林木管理工作列入了新的议事日程。2004年，奉贤区政府贯彻并落实上海市人民政府办公室《关于本市组织实施万人就业项目的试行意见》成立奉贤林业养护社，具体规定：(1) 每个乡镇每500亩生态公益林为基本单位，设立1个林业养护社，并核定每20亩生态公益林配备1名养护工。(2) 制定林业养护工的录用程序，实行一镇一报，由镇级对人员初筛后，报区林业署进行统一文化考试和面试，合格者参加上海市林业总站的上岗培训，并通过上海市劳动局理论知识和实训考核，成绩合格者进行体检，凡符合上述条件者方可录用。(3) 人员要求：本市户籍、农村富余劳动力，要求初中文化，身体健康，热爱劳动。(4) 凡录用人员工资福利和保障按市政府万人就业项目规定办理。(5) 各镇养护社设立办公场所，明确养护社责任范围，确定养护区域面积，制定岗位职责、考勤制度、用工制度，以及安全操作制度、考核和奖惩等制度。养护人员工资由市、区两级财政补贴，不足部分由镇财政或镇相关单位予以补足。享受市、区两级财政金额补贴的主要有：黄浦江水源涵养林、防污染隔离林、部分生态林以及奉浦通道林。

2004年奉贤区林业养护社情况表

表11-19

养护社名称	单位	成立时间	人数(人)	养护责任区域	面积（亩）
合计			579		18490
庄行渔沥养护社	庄行镇	2004年9月	95	黄浦江涵养林	1700
青村姚家养护社	青村镇	2004年9月	32	奉柘公社通道林	821
青村滕家养护社	青村镇	2004年9月	48	申隆生态园片林	5775
金汇明星养护社	金汇镇	2004年12月	91	申亚生态园片林	1964
奉城永益养护社	奉城镇	2004年1月	54	地中海片林	1116
柘林东海养护社	柘林镇	2004年11月	25	金海公路通道林	707
柘林营房养护社	柘林镇	2004年11月	18	营房片林	480
金海社区养护社	金海社区	2004年8月	119	金海公路通道林	1584
海湾南区养护社	海湾旅游区	2004年9月	72	浦星公路通道林	1761
化工区林业养护社	化学工业区	2004年11月	25	通道林污染隔离林	2582

2008年，区劳动政策改变，养护社长效管理职能由镇劳动部门和相关部门协同管理，养护社人员工资由全额和差额两部分组成，全额单位工资及养老金由市、区两级财政拨付，主要分布于黄浦江水源涵养林、防污染隔离林、生态片林三大类，差额单位工资由市、区、镇或单位三级组成，全额部分资金分配由区长办公会议通过。

2013年，奉贤区政府贯彻落实上海市人民政府《关于完善本市“万人就业项目”公共服务类队伍管理工作的指导意见》，进一步规范公共服务类队伍管理，并积极推动工作任务相近，管理模式相似的公共服务类队伍，进行有效整合，实行资源综合管理，明确镇、街道负责公共服务类队伍的人员管理，待遇、绩效考核等日常管理事项，区级有关行业主管部门配合做好业务指导、人员培训、服务质量、管理等相关工作。林业养护社的工作职能是按照生态公益林养护技术规程的要求，开展一年四季的养护工作，并包括林业有害生物监测和森林防火、野生动物保护等工作内容。

树木养护

区林业主管部门林业养护的主要职能：（1）制定全区林业养护百分考核制度，年中组织检查，年末考评养护质量等级。（2）组织开展养护社人员上岗和等级工培训工作，提高养护社人员的技术业务水平。（3）组织开展养护社人员技能比武，包括农药使用、林木修剪、移栽技术、病虫识别等内容。（4）各养护社完善

"三员"（森林防火员、病虫害监测员、疫源疫病监测员）队伍建设。(5) 开展公益林质量检查工作和考核制度。

经市林业局考核，奉贤区公益林养护质量连续多年取得全市公益林养护考核第一、第二等级。2007年，黄浦江水源涵养林北新段和金汇镇申亚地块，获得上海市公益林养护质量优秀示范标准段。2008年，在上海市优秀林业养护社评比中，奉贤区海湾南区养护社获"最佳养护社"称号，金汇镇申亚养护社和南桥镇黄浦江涵养林养护社被评为"优秀养护社"。2010年，在上海市星级养护社评比中，奉贤海湾南区养护社获得"二星级养护社"称号，金汇镇明星养护社及南桥镇黄浦江涵养林养护社获得"一星级养护社"称号。2013年，在全市标准养护社评比中，奉贤区庄行渔沥养护社、南桥镇林业养护社、奉城永益养护社获得"市级标准养护社"称号。

2006—2008年，奉贤区又相继成立了一批林业养护社。至2015年，奉贤区已建立林业养护社20家，养护社人员增加至861名，责任养护林地面积2.73万亩。

2015年奉贤区林业养护社情况表

表11-20

养护社名称	单位	成立时间	人数(人)	养护责任区域	面积（亩）
合计			861		27291
庄行林业养护社	庄行镇	2008年7月	50	庄行镇通道林	795
庄行渔沥养护社	庄行镇	2004年9月	96	黄浦江涵养林	1700
南桥镇林业养护社	南桥镇	2008年7月	50	南桥镇通道林	371
青村姚家养护社	青村镇	2004年9月	29	青村镇通道林	821
青村滕家养护社	青村镇	2004年9月	12	申隆生态园片林	5775
金汇明星养护社	金汇镇	2004年12月	74	申亚生态园片林	1964
金汇林业养护社	金汇镇	2008年7月	50	金汇镇通道林	815
奉城永益养护社	奉城镇	2004年1月	54	地中海片林、A4高速通道林	1116
柘林东海养护社	柘林镇	2004年11月	25	金海公路通道林	707
柘林营房养护社	柘林镇	2004年11月	12	营房片林	480
四团林业养护社	四团镇	2008年7月	31	四平公路通道林	1100
海湾镇林业养护社	海湾镇	2007年8月	47	海湾镇通道林	1231
金海社区林业养护社	金海社区	2004年8月	61	社区通道林	1584
奉浦工业区林业养护社	奉浦工业区	2006年1月	50	工业区通道林	1413
海湾南区林业养护社	海湾旅游区	2004年9月	71	旅游区通道林	1761
化工区林业养护社	化学工业区	2004年11月	25	化工区污染隔离林	2582
海港林业养护社	海港开发区	2008年7月	25	开发区通道林	343
奉贤绿化林业养护社	区绿化署	2006年1月	25	G1501通道林	1015
黄浦江林业养护社	南桥镇	2008年7月	55	黄浦江涵养林	1177
奉贤林业养护社	区林业署	2008年7月	19	沈陆通道林	541

二、病虫害防治

解放前，奉贤对林木、果树、花卉的病虫害记载甚少。解放以后，随着林业的发展，病虫害防治逐步受到重视。

林业生产上为害较大的虫害有刺蛾、天牛、吉丁虫、榆跳象、油桐尺蠖、樟巢螟、杨扇舟蛾、红蜘蛛、蚜虫等。20世纪60年代，奉贤推广种植的油料树种乌桕，由于受到刺蛾的严重为害而逐步淘汰。70年代，推广种植的白榆也因刺蛾的严重为害而淘汰。果树上的病虫害，据民国22年（1933年）6月编印的《上海之农业》记载，主要有缩叶病、果蠹虫、卷叶虫、象病虫。至70年代《上海农业志》记载的果树病害有桃炭疽病、穿孔病、白腐病、梨锈病、轮纹病、银叶病等13种，害虫有桃蛀螟、刺蛾、桑天牛、星天牛、红颈天牛、梨大食心虫、梨小食心虫、大衰蛾、梨网蝽、桑白盾蚧、蚜虫等16种。至80年代，奉贤果树为害较普遍的害虫有星天牛、桃蛀螟、梨大食心虫、梨小食心虫、金龟子、刺蛾、蚜虫、柑橘凤蝶、桑白盾蚧、锈壁虱、梨网蝽、桃斑蛾、透翅蛾、红蜘蛛等14种，主要病害有炭疽病、穿孔病、疣皮病、黑星病、锈病、黑斑病、轮纹病、溃疡病、疮痂病、灰霉病、黑痘病、霜霉病、白粉病、根瘤病等43种。

草花病害有香石竹叶斑病、荷花腐霉病、紫罗兰霜霉病、仙客来灰霉病、菊花黑斑病等96种；木本花卉病害有山茶炭疽病、脱节病、樱花根癌病、月季黑斑病等14种，害虫有黑尾叶蝉、紫薇绒蚧、大衰蛾、黄尾毒蛾、地老虎（金龟子）、贪夜蛾、烟夜蛾、粉虱等388种。至80年代后期，花卉病虫害进一步增多，主要害虫有红蜘蛛、蚜虫、非洲蝼蛄、花蓟马、麻皮蝽、绿盲蝽、梨网蝽、天牛类、刺蛾类等300余种；主要病害有叶斑病、炭疽病、黑斑病、轮纹病、白粉病、灰霉病、根腐病、叶枯病、镰刀菌病、盲芽病、锈病等140余种。

桑树上主要虫害有桑天牛、桑尺蠖、桑蓟马、桑毛虫、桑夜蛾、桑白盾蚧、红蜘蛛等20多种，病害主要有桑芽枯萎病。

对危害林、果、花、桑的各种病虫害，林业植保人员和广大农民开展了积极的防治工作，采取农业防治和化学防治相结合的办法，农业防治主要是每年冬季翻耕土壤，改变病虫越冬的生活场所，及时清园，降低病虫越冬基数；化学防治方法，在生长期发现病虫害及时喷药，务求除尽。当时喷洒的农药有烟草石灰水、六六六、二二三、敌百虫、西力生等，冬季熬制石灰硫磺合剂、波美3～5度喷洒。1978年，青村公社桃园场发生桃斑蛾危害严重，使用农药乐果喷药，控制了虫害的扩散。

1981年，利用寄生蜂（肿腿蜂）防治桃树的桃红颈天牛，利用红环瓢虫防治草履蚧壳虫。1983年起，利用害虫的趋光性，推广萤光、黑光灯诱杀金龟子、桃蛀螟、绿尾大蚕蛾等成虫，奉贤青村、齐贤、江海、庄行镇的果园，用黑光灯诱杀，每盏灯每晚诱杀金龟子成虫达10公斤，有效地控制了虫情。1985年，推广使用化学合成的性诱剂，诱杀梨小食心虫、葡萄透翅蛾，还在四周放置糖醋盆，诱杀地老虎成虫。对果园发生较普遍的桃疣皮病引起流胶而桃树早衰的现象，运用石硫合剂、多菌灵等药剂防治，抑制了病害的蔓延。对桃树的根癌病使用生物制剂K84进行防治，效果都比较显著。1989年，县内水杉林发生油桐尺蠖为害，用多角体病毒制剂进行防治，取得一次喷药，控制多代虫害的效果。这一时期使用的农药，已开始改用高效、低毒、低残留的杀灭菊酯类和氨基甲酸类农药。

进入21世纪，奉贤的林业建设进入了跨越式发展的阶段，森防工作也面临面广量大的新的历程，在市林业总站的指导下，紧密围绕奉贤林业绿化、生态安全的目标，坚持预防为主、科学治理、依法监管、强化责任的方针，全区病虫预测预报体系建设基本完善，森防队伍进一步壮大，病虫监测步入规范化管理。至2015年，全区已建成10个林业有害生物测报点，其中，市级测报点4个，区级测报点6个，并增设26个监测点，监测面积达到7.7万亩，占全区林田总面积的62%。监测设备也得到了充实，原先测报点上使用的黑光灯，现配备了先进的佳多频振式虫情测报灯，提高了测报准确率，市级测报点还配备了显微镜、解剖镜、电脑、打印机、传真机、档案柜、标本柜以及调查监测工具，各镇林业站电话、上网电脑、数码相机等办公设备齐全。全区22个林业养护社也设有兼职测报员，各测报点每年4月1日开灯，到11月15日关灯。测报员每天定时观察，分类整理，填写好记录表，并输入电脑，每周一上传至区林业署，区林业署对各测报点的监测结果进行汇总分析，并作出虫情发生与预防措施，编写《奉贤森防简讯》，下发各镇林、果生产和养护单位，保障了全区林、果生产的健康发展。

森林病虫害防治

列为市级测报点的奉贤区金汇镇申亚生态园测报点、奉城镇奉禾测报点建成标本室，已收集昆虫4个大纲、39个科、210种昆虫标本3000多只，教育并提高了区森防人员对昆虫生活习性、发生规律、危害特性的认识和对有害生物的预警防控能力。

2015 年奉贤区林业有害生物测报点情况表

表 11-21

测报点名称	主测对象	兼测对象	市级	区级
奉城镇小水果	枣锈病、梨小食心虫	桃潜叶蛾	√	
海湾森林公园	樟巢螟	小蜻蜓尺蛾	√	
金汇镇申亚	大粒横沟象刺蛾	重阳木锦斑蛾	√	
庄行镇蜜梨	梨锈病、梨小食心虫	梨瘿蚊	√	
青村镇黄桃	桃潜叶蛾、桃蛀螟	桃炭疽病		√
四团镇水蜜桃	桃蛀螟、桃褐腐病	梨小食心虫		√
南桥镇	黄杨绢野螟			√
柘林镇	葡萄炭疽病			√
海湾旅游区南方植物监测点	红棕象甲	黄杨绢野螟		√
申隆生态园	重阳木锦斑蛾	黄杨绢野螟		√

2015 年，奉贤区农业委员会与上海市林业局签订了 2015—2017 年林业有害生物防治目标责任书，将区域内松材线虫病、美国白蛾、亚洲型舞毒蛾等林业有害生物防控工作列为区林业重点工作目标，进一步加强全区林业有害生物监测预警，检疫御灾，应急防控能力，确保区域内无危险性有害生物成灾率在 3% 以下，无公害防治率达到 86% 以上，预测预报准确率达到 88% 以上，种苗产地检疫率达 99% 以上。

2000 年起，根据奉贤区林业有害生物的发生现状，落实上海市人民政府关于生态安全的指示，特别是林果食用农产品安全、卫生的要求，参照《NY/T393-2013 绿色食品农药使用准则》和《GB2763-2014 食品安全国家标准食品中农药最大残留限量》，农药的推广以广谱、高效、低毒、低残留为前提，使用的农药有矿物源农药基得（45% 石硫合剂结晶），美生（80% 代森锰锌可湿性粉剂），生物源杀菌剂翠贝，植物源杀虫剂苦参碱、依威，微生物杀虫剂苏云金杆菌等，以保持和优化生态系统为基础，建立有利于各类天敌繁衍和不利于病虫害孳生的环境条件，提高生物多样性，维持生态系统的平衡。

病虫害危害案例

桑椹菌核病　2006 年 5 月，奉城镇幸福村果桑种植户冯海平种植 50 亩桑椹颗粒无收，经区林业署考查，确认为“白果病”，又名“菌核病”，并立即制定防控措施，经过一年的跟踪服务，2007 年发病率降至 3%。

重阳木锦斑蛾　2005 年 9 月，黄浦江水源涵养林种植的重阳木，叶片被蚕食，仅存叶脉，区林业署现场调查，确认为重阳木锦斑蛾第三代幼虫为害，并立即制定防治措施，发布有效防治历期，次年至今，有效控制重阳木锦斑蛾危害迹象。

桃潜叶蛾　2002 年 6 月，奉贤区光明镇 12 个行政村，2268 户果农种植的黄桃，发生桃潜叶蛾的严重危害，受害面积 4497 亩。在市农委的指示下，由市林业总站、市科技兴农办立项开展“上海地区桃潜叶蛾发生规律，及其综合防治技术的研究”课题。经市、区植保专家会诊，制定防治措施，冬季严格清园工作，彻底清除病虫枯枝、僵果，全园喷洒波美5度石硫合剂；初花期用灭蛾灵（生物农药）1000倍，或菊酯类农药防治；套袋前用80%敌敌畏1200倍液喷药。通过课题组制定的上述综合防治措施，翌年树体生长势恢复，2004年达到正常年份产量。至2015年，基本杜绝了桃潜叶蛾的危害。

三、病虫检疫

1985年2月，上海市林业病虫防治检疫站成立，统一管理全郊区林业病虫的检疫工作，实施产地检疫，国内调运检疫，国外引种检疫，隔离种植观察以及林、果、花、桑病虫测报防治等，全市林业病虫防治和检疫工作纳入规范化管理。

为搞好林业病虫的检疫工作，市林业站从1985年起举办了多期林业植物检疫员培训班，奉贤区（县）林业署（站）负责林业植保的同志按期参加培训。到2015年，奉贤区林业署在职林业检疫员有褚可龙、张秀龙、顾保龙、叶黎红、赵娟、汤纪红、王新民、裴峰、陈继鸣。认真履行区林业植物病虫害的检疫防治工作职责。

病虫检疫案例

柑橘溃疡病 1986年，奉贤萧塘镇程河浜果园、泰日镇毛竹园、钱桥镇海边村果园从浙江省黄岩县引种温州蜜橘两年生苗，经检疫员查验，发现柑橘苗木带有细菌性溃疡病，为堵截该病在柑橘种植区的蔓延，县林业站会同县农业植保站按照检疫条例联动执法，将上述3个场所引进的橘苗，集中烧毁3万余株，并召开各镇林业站站长会议，禁止从疫区引种，对全县橘园全面调查，发现有溃疡病的橘树，砍伐重病枯树，夏秋两头剪梢，并辅以链霉素药剂防治，有效地控制了柑橘溃疡病的发生。

扶桑绵粉蚧 2012年8月，奉贤花卉种植区发生扶桑绵粉蚧危害，区林业署林业植物检疫员按照市林业病虫防治检疫站的指导，对全区重点道路、花坛、花卉生产基地进行全面调查，发生疫情点7个，面积902平方米，危害种类有百日草、半枝莲（太阳花）、秋海棠，疫苗引种点是浦东洪桂园艺场的太阳花，松江昌盛园艺场的百日草，浦东、上海源怡种苗有限公司的秋海棠，调查确认后，将染病花卉全部拔起，装入检疫专用袋，加盖检疫封条，送至上海源联木业有限公司集中烧毁共113袋，同时对染病发生地土壤施行药剂熏蒸消毒，对周边植物喷药防治3次，控制了虫害的发展。

红棕象甲 2006年9月26日，海湾旅游区林业站在“碧海金沙”景区内种植的一批加拿利海枣受虫害蛀食，区林业署接报后，立即赴种植区现场勘查，经查证，该苗由浙江绍兴徐某某从福建省漳浦县房某某处引进加拿利海枣1112株，茎粗35厘米～45厘米，调运时未到奉贤区林业署开具植物检疫要求书，经逐株检查，发现有红棕象甲危害的共46株海枣，施行就地烧毁，并挖坑深埋，对其余苗木分别用辛硫磷和氧化乐果药剂施行2次浇灌防治，经处理后，效果较好，未见症状发生。区林业署又召开专题会议，警示各镇慎重引种棕榈科植物（南方品种），并妥善办理检疫工作，加强复检复验，如发现有危害的植株，一律烧毁或隔离种植，用药剂防除。

2003年起，奉贤区林业署设立了奉贤区出省木材运输证、植物检疫证受理办证室，严格遵守市农林局2003年1号公告，凡在区范围内从事林木种苗生产的单位和个人，必须申领"林木种子生产许可证"和"林木种子经营许可证"，对全区从事育苗面积5亩以上均进行产地检疫登记，规范苗木基地的管理，全区年产地检疫面积1万亩以上，年举办林木种子种苗检疫员培训班1次，受训人数70余人，通过考核并颁发林木种子种苗检验员证书，年均办理林木种苗调运检疫证书，开具木材出省运输证各5000余份，并对区内每项绿化工程项目所用苗木复查、复检。从而确保在源头上遏制了病虫传播途径。

病虫害防治检疫

奉贤区森林病虫防治检疫站建立后，严格遵照国家林业局公布的林业检疫性重点对象是：松材线虫病、红脂大小蠹、椰心叶甲、松突圆蚧、杨干象、薇甘菊、苹果蠹蛾、美国白蛾、双沟异翅长蠹、猕猴桃溃疡病菌、松疱锈病菌、蔗扁蛾、枣大球蚧、落叶松枯梢病菌、杨树花叶病菌、红棕象甲、青杨脊虎天牛、冠瘿病菌、草坪草褐斑病菌、刺桐姬小蜂、枣实蝇共21种，以及上海市补充的检疫性对象，舞毒蛾、湿地松粉蚧、毛竹枯梢病、双条杉天牛、柑橘溃疡病5种。

在加强对林木检疫工作的同时，重点开展监测预报，完善林业有害生物监测报告制度，建立规范档案资料，抓好对有害生物联防联治工作，指导无公害防治技术。

四、森林防火

1988年以前，上海没有森林防火管理机构，奉贤历史上也未有森林火灾的记载。1987年5月，大兴安岭发生特大森林火灾以后，国家对森林防火极为重视。1988年1月16日，国务院颁布了《森林防火条例》，上海市根据《条例》的要求，于1988年12月，经市政府批准，由市农业局与公安局联合组成上海市护林防火办公室，隶属上海市防火安全委员会领导，接受国家森林防火总指挥部办公室业务指导，由市农业局林业处负责日常具体工作。根据上海市护林防火办公室的调查认定，上海市护林防火的重点区域主要在国营林场和国营苗圃、海塘防护林、生态林，并确定每年11月至翌年的4月为上海的护林防火期，7—8月为“四旁”树木和沿海防护林的重点防火期，每年进入10月后，上海市护林防火办公室都要召开市、县林业主管部门防火工作专题会议。

21世纪始，奉贤的林业建设迈上了跨越式发展的新里程，生态公益林、水源涵养林、污染隔离林、沿海防护林、通道林、生态片林等的建设每年以万亩递增。同时，随着林木的生长，林地郁闭度不断提高，林地内枯叶层不断加厚增多，增加了森林火灾的隐患，区政府也把森林防火工作列为重要的议事日程。2010年3月，奉贤区政府制定并印发《奉贤区森林火灾预防预警和应急工作的办法》。2012年3月，区政府成立了由分管副区长为总指挥的森林防火指挥部，下设办公室。2013年10月，区政府成立了以分管副区长为组长的森林防火领导小组，并明确区农委、区消防大队、发改委、财政局、教育局、卫生局等单位领导列为领导小组成员，按照工作职责进行分工，全面开展森林防火工作，并组建了1支由20人组成的区级专业防火扑救队伍。各镇、开发区也相应建立了森林防火组织机构，负责指导辖区内的森林防火工作。同时，强化森林防火工作的全民意识和宣传工作，全区在各生态公益林主要出入口安装70多块永久性的防火警示牌及100多块简易宣传牌。2013年印制5000册森林防火台历分发到机关、学校、社区、企事业单位。2014年，制作2000把森林防火宣传伞下发到乡镇林业站。通过多渠道宣传，提高了全区人民的防火意识。

2013—2015年投资1435.5万元，全区在黄浦江水源涵养林等几大片林内建成防火通道20多公里，方便于林地内消防车辆的出入，其中黑色路面1.5万平方米、白色路面2.6万平方米、沙石道路1.8万平方米。同时，修建水泥明沟1.05万米，安装防火隔离网3万米。市林业总站为黄浦江涵养林养护社、海湾南区养护社配置油锯、登高梯。奉贤区林业署于2013—2015年投资150万元，购置风力灭火机、油锯、水泵等防火设备30套，分发至全区各林业养护社。

奉贤区农委把森林防火工作列为林地养护的重要内容，对重点片林、重点林地进行重点防控，对全区各林业养护社建立日常巡查制度，发现隐患及时处置。2012年4月1日，区林业署在申隆生态园组织开展全区森林防火演练，市林业局和市林业总站先后组织森林防火技能比武。2016年10月31日在全市森林防火技能比武中，奉贤区林业署获得“消防队伍应急集合演练”二等奖。

第七节　林业资金

中华人民共和国成立后，奉贤区（县）林业建设的资金来源，一是国家财政拨款包括拨入的林业事业费，农村造林和林木保护补助费，支援农村合作生产组织造林，农业发展专项资金等；二是社会企业出资营造生态片林、森林公园、林业休闲旅游区；三是农民自筹资金营造经济果林、竹林。根据国家经济的繁荣发展和对林业生态环境建设的目标，不断加大对林业的投入。

一、林业事业费

林业事业费是由区（县）财政拨给营林、林业技术推广、林木良种引育、林木保护、林业资源调查、林业科学研究等林业事业单位的经费支出，在区（县）林业站（署）国营林场和苗圃的补助，均按隶属关系将其定编的人员经费、公用经费及正常的业务费支出，纳入各级财政预算，按规定编报事项成果和预算、决算，经核定后下拨。自1988年起至2015年，区（县）财政下拨林业事业费计2810.85万元。

1988—2015年奉贤区（县）财政下拨林业事业费情况表

表11-22　　单位：万元

年度	事业经费	年度	事业经费	年度	事业经费
1988	1.20	1998	26.00	2008	156.80
1989	2.90	1999	28.00	2009	149.35
1990	3.00	2000	30.00	2010	187.00
1991	3.76	2001	31.46	2011	211.00
1992	6.07	2002	40.00	2012	253.69
1993	7.30	2003	50.20	2013	332.55
1994	13.50	2004	58.21	2014	374.58
1995	18.00	2005	83.00	2015	439.19
1996	19.10	2006	110.00		
1997	23.00	2007	152.00		

1962年前，为加快农村造林运动的开展，从育苗着手，由县政府安排的林业事业费中划出一部分作为育苗补助，亩田20元，同时购买树苗，无偿拨给集体单位栽种。20世纪70年代，奉贤县各公社、镇配备绿化专管员，县林业站在林业事业费中，核定每一位专管员每年补助600元。1982年起广泛开展全民义务植树活动，全县开展宣传教育购买树苗。是年，重点植树计投入专项经费235万余元。1993年起至1999年，实施平原县绿化达标工程，大搞农田林网建设，全县投入林网建设补助经费325万余元。

2002年，贯彻国务院令《退耕还林条例》，全区在2002—2003年共完成退耕造林面积4.36万亩，市政府补贴退耕造林资金1305.9万元。

2004年，区政府将生态公益林建设列为工程化造林项目。至2014年，共实施林业重点工程建设项目62项，完成造林面积3.39万亩，市、区财政补助5.97亿元。

二、生态公益林项目建设费

生态公益林建设项目实施范围是沿海防护林、水源涵养林、通道防护林、防污染隔离林，简称“四类林”，建设项目由区林业署按年度编制公益林建设项目可行性报告书，经区发改委批复，上报市林业局审核后实施。2010年起，财政补助资金定额标准为：沿海防护林每亩1.2万元、水源涵养林每亩0.8万元、通道防护林每亩1万元、防污染隔离林每亩1.2万元。建设项目完成后，必须完善项目可行性报告、项目批复、行业设计图、工程预算书、小班卡片（实施地GPS点）、竣工图、工程结算、自查报告、审价、验收报告等系统资料，并归档。

1984—2013年，奉贤海塘造林完成造林面积2099.42亩，财政补助资金1960.33万元；完成水源涵养林建设面积2545亩，财政补助资金3931.82万元；完成全区通道防护林建设面积1.22万亩，财政补助资金2.43亿余元；完成化学工业区防污染隔离林建设面积3378亩，财政补助资金3666.06万元。（详见本志第三章奉贤区林业建设重点项目情况表）

三、经济果林规模化、标准化建设补助费

为推进经济林果产业发展，有效促进农民增收，突出区域特色产业和产业优势，奉贤区政府按照本市推进林业健康发展促进生态文明建设的政策措施，对区内计划建设的经济果林规模化、标准化生产基地，连片面积10亩以上的，经区林业署勘查（建设单位、建设地点、造林面积、实施地GPS点、经济果林作业设计图）并上报市林业局，经审核后下达建设项目审核意见书，对建设项目（基地）符合设计要求，苗木成活率达到95%，面积核实率达到100%，由市林业局组织验收后，下达经济果林建设补助费。自2002年起，市级资金实施定额补助，经济林每年每亩300元，连续补助3年。新建苗圃地，用材林每年每亩300元。奉贤区在2002—2005年中，新增经济林面积2.6万亩，财政补助2339.19万元；新增苗圃地1.87万余亩，财政补助562.11万元；新增用材林面积3288亩，财政补助98.64万元。

四、“双增双减”项目补助费

自2008年起，在全区经济果林生产中，全面推广商品有机肥，高效、低毒、低残留、无公害农药以及桃、梨、葡萄等果品专用套袋，编制全区“双增双减”项目实施计划和措施，由区林业署负责，按年度将实施单位（农户、企业）、品种、地点、面积、数量等审核后，报市林业主管部门，经市林业主管部门审批后实施。自2008年始至2015年，全区经济果林“双增双减”项目财政补助资金计7836.03万元。（详见本章第四节“双增双减”）

五、林业建设保护费

林业建设保护费，主要用于林业有害生物防治药品、防治器械购置、森林消防知识宣传、森林火灾的扑救、古树名木维护、野生动植物资源的驯养和保护、林木良种的引育等，由区林业署向市、区林业和财政部门审报，经核准后分项下拨给区、镇财政和林业有关部门。

自1990年起林业病虫害防治经费，在林业事业费中列支。1990—1997年，林业事业费累计投入14.6万元。2000年起大幅度增加林业病虫防治经费并列入专项资金。2000—2015年，全区林业病虫防治经费301.39万元，年均20余万元。

1983年，上海市人民政府发布《上海市古树名木保护管理规定》，奉贤区加强对古树名木的保护工作。1990—1998年，对全区古树名木挂牌、围栏保护计投入维护经费15.63万元。2002年7月，市政府又修订颁布《上海市古树名木和后续资源保护条例》，根据《条例》要求，奉贤区编制了古树名木保护名录，并针对每棵古树制订保护措施。自2003年起，专列资金逐年、逐株进行个性化保护。2003—2015年，计投入专项资金221.6万元。2010—2015年，市下拨奉贤林业扶持资金3413.8万元，市财政用于林业的各项资金逐年增加。

六、野生动物资源保护管理费

1993年10月，上海市第十届人民代表大会第五次会议，通过《〈中华人民共和国野生动物保护法〉上海市实施办法》，加强了野生动物资源的保护和管理。2001年11月，奉贤区建立野生动物保护管理站，贯彻落实野生动物保护实施条例，广泛开展宣传教育、加强检查、严格执法，并积极开展野生动物生态修复和驯养繁育。2005年起，拨入专项资金。2005—2015年，共拨入资金394.55万元。

2010—2015年奉贤区林业财政扶持资金情况表

表11-23 单位：万元

项目	年度						
	2010	2011	2012	2013	2014	2015	合计
合计							3413.81
林业病虫害防治	25.85	22.00	19.40	38.70	38.50	21.00	165.45
林业有害生物预防体系	—	3.80	18.00	—	—	—	21.80
古树名木保护	10.00	17.00	25.00	25.00	—	20.00	97.00
野生动物保护	51.90	26.50	50.00	45.00	80.50	36.50	290.40
林业新品种引育	10.00	10.00	30.00	40.00	20.00	—	110.00
林业资源调查经费	4.00	15.00	3.00	7.20	—	10.00	39.20
林业科研项目经费	192.64	100.50	147.64	21.90	118.48	43.80	624.96
黄浦江涵养林防火设施	100.00	—	20.00	—	—	—	120.00
生态补偿专项转移支付	—	622.50	—	550.00	185.0	587.50	1945.00

第十二章　林业文化

奉贤悠久的林业发展历史，孕育了丰富多彩的林业文化。早在明代，奉贤邬桥人宋诩、宋公望父子编著的《竹屿山房杂部》林业专著印行问世，民间小调12月花名风行各地，林业谚语丰富多彩。中华人民共和国成立后，林业有了迅速发展，尤其是20世纪80年代开始，党中央把保护环境列为基本国策，十七大提出要加强生态文明建设，十八大把大力推进生态文明建设列为中国特色社会主义建设的组成部分之一，同时大力调整农业产业结构，建设都市现代农业，林业更有了飞跃发展，林业宣传活动、媒体报道、文学创作、戏曲舞蹈、美术摄影、林业谚语等，也更趋丰富多彩。林业绿化的发展，为林业文化提供了丰富的创作素材；林业文化的活跃，又有力助推了林业绿化的发展。林业文化宣传了奉贤林业绿化的成就和作用，提高了人们对加强生态文明建设的认识，推动了全区造林绿化和生态文明建设的开展。

第一节　林业宣传

一、宣传活动

从20世纪80年代开始，每年植树节（3月12日）、爱鸟周（4月4日至10日）、世界湿地保护日（2月2日），和每年8月至9月，进行青蛙野放活动，以及奉贤区创建上海市园林城区、全国文明城区等活动；区林业绿化部门运用这些活动设点宣传、发放宣传资料和进社区、学校宣讲等方式，进行植绿、护绿、爱绿和爱护野生动物的宣传。2003年3月9日，全区开展“创建上海园林城区，共筑绿色美好家园”为主题的绿化宣传日活动。南桥地区在文化广场开展大型宣传活动，横幅、版面、发放资料、设摊咨询，区红领巾理事会向全区少先队员发出“为创建园林城区添绿”倡议书，千余市民参与活动，许多单位和市民纷纷捐款为园林城区添绿，宣传日当天共收到捐款16万多元。

2013年，奉贤区划定为野生动物禁猎区，林业部门印行《奉贤区人民政府关于将奉贤区划定为野生动物禁猎区的通告》600份，张贴在全区各镇、开发区和每个村委会、各镇农贸市场。印制20万份禁猎区宣传告知单，通过邮局，分送至全区每家每户。并印制10万份彩色宣传卡，通过区教育局派送至全区各学校中小学生，“小手牵大手”，加深市民保护野生动物意识，知晓保护措施和相关规定。

二、专版宣传

1978年改革开放后，奉贤的林业宣传步入了正确的发展轨道，特别是进入21世纪后，区林业主管部门加大与新闻单位的合作力度，充分利用市、区宣传媒体，广泛宣传奉贤造林绿化工作。

1999—2015年市、区报纸刊载宣传奉贤区造林绿化专版目录

表12-1

序号	专版标题	报刊名	刊登日期	版次
1	海湾春意浓——本市万名市民营造世纪林活动剪影	奉贤报	1999年3月18日	四
2	“建设生态城市　爱我绿色奉贤”绿化专版	奉贤报	2002年3月13日	九
3	创建上海园林城区　共筑绿色美好家园	奉贤报	2003年5月28日	十二、十三
4	“创建园林城区　播种绿色　播种文明”征文选	奉贤报	2003年12月3日	四、五
5	“绿在奉贤”摄影专版	奉贤报	2004年9月15日	八
6	创建园林城区专版	奉贤报	2005年3月23日	七
7	《绿色奉贤》摄影大赛获奖照片专版	奉贤报	2005年7月6日	七
8	“古华大地绿正浓”创建园林城区专版	奉贤报	2005年12月14日	七
9	奉贤林业为园林城区增光添彩	东方城乡报	2006年2月2日	B4、B6
10	古华公园建园20周年专版	奉贤报	2006年9月23日	三
11	绿化造林专版	奉贤报	2007年12月7日	七
12	特色水果花卉专版	奉贤报	2008年6月13日	七
13	青村黄桃专版	奉贤报	2008年8月29日	四
14	首届奉贤黄桃节专版	奉贤报	2009年4月17日	八
15	首届奉贤黄桃节专版	奉贤报	2009年5月19日	三
16	奉贤全力打造错位发展特色鲜明的农林旅游集聚区	东方城乡报	2009年7月16日	B4、B5
17	首届奉贤黄桃文化节专版	奉贤报	2010年8月20日	五
18	“让森林走进城市，让城市拥抱森林”绿化专版	奉贤报	2011年3月4日	五
19	“滨海奉贤　绿色家园”绿化专版	奉贤报	2012年3月6日	六
20	“小天地里有精彩——万新平和他的盆景园故事”	奉贤报	2013年9月6日	五
21	“我言秋日胜春朝”摄影“拍客”专版	奉贤报	2013年11月29日	四
22	“梅花香自苦寒来”摄影“拍客”专版	奉贤报	2014年2月28日	四
23	“牡丹·花缘大众真国色”摄影专版	奉贤报	2014年4月24日	八
24	“鸟语春色”——爱鸟周摄影“拍客”专版	奉贤报	2014年4月29日	四
25	“走近奉贤‘绿色古董’”“周末版”	奉贤报	2014年5月30日	周末版
26	“美丽乡村　千年潘垫”——全国生态文化村潘垫村	奉贤报	2014年10月31日	周末版
27	“江南春色看不尽”摄影“拍客”专版	奉贤报	2015年2月27日	四

续表 12-1

序号	专版标题	报刊名	刊登日期	版次
28	“春暖花开贤城美，植树造林绿意浓”——全民义务植树活动	奉贤报	2015 年 3 月 10 日	五
29	“建设大地绿化，打造生态奉贤”——专访奉贤区区长庄木弟	新民晚报	2015 年 6 月 30 日	十一
30	“爱鸟”摄影“拍客”专版	奉贤报	2015 年 6 月 30 日	四
31	“绿荫下”摄影“拍客”专版	奉贤报	2015 年 7 月 31 日	四
32	“体验不一样的桃园文化”宣传专版	奉贤报	2015 年 8 月 25 日	七
33	“荷韵”摄影“拍客”专版	奉贤报	2015 年 8 月 28 日	四
34	“奉贤区‘庄行蜜梨’荣获国家地理标志保护产品”	东方城乡报	2015 年 10 月 8 日	A3

三、编印台历

2013年，奉贤区林业署与上海市护林防火办公室共同编印“奉贤蓝天、绿树，弹奏人与自然和谐之曲”台历1本，每周1页，共54页，以图片为主，辅以文字，宣传了奉贤的生态林建设，经济果林花卉种植，森林养护和防火，古树名木和野生动物保护等方面内容，共印发5000册。

奉贤区林业署2013年印行“林业风采——奉贤蓝天、绿树，弹奏人与自然和谐之曲”台历 5000 册

四、媒体报道

据对 1995—2013 年不完整统计，在《奉贤报》宣传绿化造林的报道有 192 篇，在市级报刊上宣传奉贤绿化造林的报道有 128 篇。现选载其中部分。

四百年牡丹抽新枝

“谷雨三朝看牡丹”。植于奉贤县邬桥镇金家宅的一株近 400 年历史的“江南第一牡丹”，今年在谷雨前的一个星期又抽出六七条新枝，16 朵花绽笑吐蕊，花朵大如碗口，香气袭人，娇艳欲滴，与周围种植的“状元红”“葛巾紫”“玉版白”“二乔”等 3000 余株牡丹争奇斗艳，煞是好看。

百年牡丹抽新枝，吸引众多赏花客。市牡丹文化研究会，各区、县书画社成员及游客赶来观花，并以牡丹为题，吟诗作画。

这株古牡丹是明代书画家董其昌赠给邬桥镇金学文的。据《奉贤县志》及《邬桥志》记载，董其昌年轻时就读于松江叶榭水月庵与金学文为同窗好友。明万历年间，金家新居落成，正值董升任礼部尚书。董在赴任前将亲笔书匾“瑞旭堂”及一株名叫“粉妆楼”的牡丹赠给金学文。金家历代视花为宝，精心养护，每年冬春用猪肠煨汤浇施，至今近400年，古牡丹年年绽蕾吐艳。其间中外客商豪富多次以高价收购，金家不为所动。几年前金家老宅拆迁，将古牡丹和匾额捐赠国家。经市园林部门鉴定，这株牡丹为江南地区目前所存最古老的牡丹，被誉为“江南第一牡丹”。

邬桥镇利用这一文化资源，发挥古树名花效应，在古牡丹栽培处修建了“明代牡丹苑”，并从山东菏泽、河南洛阳等地引进种植3000多株名贵牡丹，建造牡丹亭，还栽种了12000余株芍药、大青梅、枣、栗，使邬桥镇成为上海市郊的“牡丹之乡”。

市园林研究所和上海绿地集团等最近在邬桥投资，建立了花卉苗木基地和花卉苗木交易市场。

（《解放日报》1997年4月20日第二版）

“夫唱妇随”种葡萄
——记奉贤一对葡萄迷

才交大暑，奉贤县庄行镇东风村葡萄专业户张小弟屋后的葡萄已进入成熟上市期。一串串玛瑙似的紫葡萄、翡翠般的青葡萄，在墨绿色的叶片下晶莹闪光，又是一个丰收年。

张小弟葡萄出了名 张小弟上市的葡萄颗粒肥硕、酸甜适口，串头大而均匀，在庄行和县城的瓜果市场小有名气。有一次他的妻子杨水英到县城卖葡萄，一位老主顾寻遍市场找不到张小弟，看到杨水英卖的葡萄也不差，就称了几公斤。他一边付钱，一边不无惋惜地说：“要是有庄行张小弟的葡萄就好了！”一起在卖葡萄的女伴笑着说“这位就是张小弟的娘子，卖的就是张小弟葡萄。”说得大家都笑了。

夫妻双双葡萄迷 张小弟生在奉贤第一个葡萄村——新寺镇新塘村，十多年前入赘到庄行东风村，带来了葡萄良种和栽培技术，在屋后建起了葡萄园。

在竞争十分激烈的瓜果市场上，有些果农因葡萄用工大、价格低、销售难而“鸣金收兵”，但张小弟的葡萄种植却长盛不衰。请教他有点啥诀窍？张小弟说，主要靠良种良育、科学技术，果品品质好，价钱卖得起，销售也不难。

张小弟是个葡萄迷，上镇必跑书店，见到葡萄栽培书必买，有葡萄栽培技术讲座必到，有时上厕所也手捧技术书，看得忘记了晨光。杨水英也和丈夫一样，一讲起种葡萄就眉飞色舞，滔滔不绝。

他俩都是高中生，每一项栽培管理措施，都是一起研究，共同实施的。他家的2.7亩巨峰葡萄，全部施用有机肥料，每年要到镇上运大粪，到畜牧场装猪塮，还要远上松江大江鸡场买鸡粪，去年单鸡粪就装运了十多吨。“坐果”以后夫妻俩又忙着疏果疏枝，去掉小粒弱枝。为了提早葡萄成熟期，他们曾使用过塑料大棚，但是遇到大风容易损坏，成本也太高。后来，他们研究采用了部分果串“环剥”新技术，使养分充分供应这部分果串，成熟上市期提早了半个月到20天。

入赘女婿的“嫁妆”　在东风村二组，村民们戏称张小弟带来的葡萄良种和栽培技术是入赘的“嫁妆”，还包括那乐于助人的热心肠。这份“嫁妆”婚后已成为夫妻的共同财产。可不是吗？张小弟夫妇为村民们提供优质葡萄种苗，传授了现代栽培技术，连“环剥”这样促使葡萄早熟优质的“独家秘方”也毫无保留地教给大家，帮助全组50家农户家家种植葡萄，户户高产优质，成为远近闻名的优质葡萄村。

（《新民晚报》1997年7月29日第17版）

锦绣黄桃锦绣路
——访“中国锦绣黄桃之乡”光明镇

从上海市区上四号线公路，驱车往南过奉浦大桥，约10分钟左右，“中国锦绣黄桃之乡”奉贤县光明镇就展现在您的眼前。

光明镇目前共种植黄桃8803亩，占耕地的55%。

光明农户历来喜爱种桃。40年代先后建有牌楼桃园与石家桃园，具有一定规模，所产黄桃、玉露、蟠桃等名闻遐迩。1978年奉贤开挖南北干河金汇港，河岸两旁堆土形成高亢地，适宜果树种植。光明人在上海农科院专家帮助下，引进了该院历经多年精心培育的“锦绣黄桃”，建立黄桃基地，连续4年黄桃总产超万吨。

光明锦绣黄桃果型肥硕，色泽金黄，汁多味甘，桃香浓郁。经上海医科大学营养研究中心及市卫生防疫站检测，锦绣黄桃较普通桃子有更丰富的抗氧化成分，是一种营养与保健价值都较高的水果。而且，黄桃成熟上市盛期在八月中旬至九月上旬，正是西甜瓜落市，秋果尚未登场的水果淡季，因此在水果市场上一枝独秀。

为适应家家户户种黄桃的状况，镇、村都极力于普及黄桃栽培技术。他们建立了“光明锦绣黄桃研究会”，研究黄桃优质高产技术，聘请市、县果树专家到镇村指导，使黄桃质量、产量的提高有了技术保证。1997年被农业部评为“全国百家农林特产乡镇”，并命名“中国锦绣黄桃之乡”。最近，该镇又给黄桃注册了“锦绣”商标。

光明镇黄桃将进一步向观光农业、创汇农业拓展，到2001年将发展到万亩黄桃。

（1999年7月30日《新民晚报》第二版）

“江南第一梅”花繁又飘香
改造老城保护古树

被市园林管理部门誉为“江南第一梅”的奉贤县南桥镇东街百年古蜡梅，虽遇申城连日寒潮，但在绿化园区中古蜡梅繁花满枝，近日正傲霜怒放。

78岁的曹志高老先生说，这株蜡梅是他曾祖当年所植，距今已有130年了。1996年被市园林部门确认为上海地区“古树名木之最”，“江南第一梅”之称由此而来。当时，奉贤老城区改造，这株蜡梅命运难卜，本报曾以“百年幽香能否延续”为题作过报道。奉贤县精心保护古树，少建5幢住房，专辟绿化园区，为蜡梅砌花坛，四周围建围墙。在古蜡梅树旁，曹老先生高兴地说，由于措施得力，才使古树在旧房拆迁中得到妥善保护，百年幽香如故。　(《新民晚报》2000年1月13日头版)

竹园也是摇钱树
——关于加强笋竹林管理的思考

前不久，上海科技兴农重点攻关项目办公室的专家们到奉贤县考察“庭院笋竹丰产课题”的实施情况，经对分布在泰日、齐贤、金汇、四团镇的7个丰产技术应用示范户及210亩丰产基地考查的结果表明，这些竹林比普通竹林出笋时间提早了1个月，产量提高1倍，经济效益增加2～5倍。泰日镇南陈村一组农户谈育才，对300平方米的老竹园采取松土除草、科学施肥、合理疏竹和冬季覆盖增温等管理措施，今年1月5日开始采笋，除自食和馈赠亲友外，产商品笋185.3公斤，销售收入1650元。

近年来，市郊竹林面积增加较快，仅奉贤县就有竹林7600余亩，其中老竹园新竹林各半。如果普遍推广丰产技术加强管理的话，农户将可增加一笔可观的收入，市场上也将有更多肉嫩味鲜的本地竹笋供应。

然而目前市郊大部分笋竹园处于疏于管理的状况，有的只收不管，每年春季市场上很少能见到本地笋，只能从外地运来大批黄泥笋应市。

如何提高笋竹林管理水平？笔者与农林部门及一些镇村干部、种植户共同探讨，大家认为，首先观念要转变。要改变那种认为“竹园不过是挖几根笋自己吃吃”的老观念，从干部到群众要把竹林作为一项产业、一种经济作物来抓，作为农民致富的一条生财之道来对待。改疏于管理为勤于管理。

其次抓典型示范。每镇每村抓几个示范户，大力推广他们的经验，使农民眼见为实，视竹园为摇钱树，自觉加强管理。

三是管理目标要量化。如浙江安吉竹农总结的笋竹丰产经验：“百担肥、海绵上、八百竹（每亩）、一寸粗、三三制（一至三年生的竹子各三分之一）、一吨笋”，效益好的可实现亩产“吨笋万元”，指标明确，可操作性强。我们也应根据本地实际情况在管理上提出量化标准。

四是健全管理机制。集体竹林要实行承包责任制，制订合理的分配和奖励政策。农户竹园要坚持三十年不变的土地承包政策。

五是加强技术指导。运用示范、讲课和发放技术资料、现场指导等行之有效的办法，使老竹园改造、新竹林管理的经验，为广大种竹户所掌握。

六是开拓竹子出路。现在竹筐、竹篮等生产、生活用具都已为塑料制品所取代，农户反映，竹头不派用场，管理得不偿失。要结合农业结构调整，推广用本地竹做蔬菜瓜豆棚架用竹，发展市场需要的竹编制品等，提高竹林的综合经济效益。

（《东方城乡报》2000年11月7日头版）

古银杏装上避雷针
——奉贤加强古树名木保护

在创建全国园林城市中，奉贤加强了古树名木养护管理，最近为一株千年古银杏安装了避雷针。

这株古银杏位于该区新寺镇新塘村，为宋初所植，至今已有1050岁高龄，是上海地区仅存的7株千年“老寿星”之一，树高28米，遮阴面积达200余平方米，为全市之冠。因四周空旷、树干高大，该树于清光绪年间遭遇雷击，树干开裂为三；上世纪50年代又遇雷击引发大火，烧焦了树心。为保护古树安全，今年10月，市和区林业部门斥资5万余元，为古树安装了30米高的避雷针。在此前后，对开裂裸露的树心抹了防腐剂和桐油，在根部壅土施肥，清除杂树，对原有的砖石围栏加高加固，还确定当地一位村民专人进行日常养护管理。目前这株历经千年雷电风霜磨砺的古银杏枝繁叶茂、郁郁葱葱，与右侧宋代通津桥形成奉贤的一处旅游景观。

该区现有古树名木65株，其中300年以上属市级保护的18株，将分批对主干在20米以上者逐步都装上避雷针，分别不同情况筑上围栏或驳岸，保护其原有的生态环境，并指定专人养护管理。（《新民晚报》2003年11月3日头版）

“上海蜜梨”重现沪上市场

久违的上海蜜梨又回来了！笔者近日从奉贤区庄行镇获悉，该镇共种植上海蜜梨7800余亩，今年有3600亩进入产果期，将有4000余吨优质梨供应市场。

80年代初，甜嫩的上海蜜梨曾经风靡上海市场，可是后来因为病害侵袭品种退化，逐渐在市场上销声匿迹，上海本地产优质梨一直是个空白。90年代后期，庄行镇从浙江引进翠冠、黄花梨等优质梨品种，采用多品种嫁接、花粉杂交等新技术，培育出优质蜜梨，平均果重200克至250克，果形圆整美观，肉质脆嫩多汁、香甜可口，肉厚核小，产品一上市就供不应求。近几年，面积逐年扩大，成为上海地区最大的优质梨生产基地。

去年，经本市林果专家们鉴定，认为该品种果型美、品质佳、风味优，达到优质梨要求，建议命名为“上海蜜梨”。随后该镇申请注册了“奉叶牌上海蜜梨”品牌，实行标准化生产、规范化管理、品牌化上市。今年年初，“奉叶牌上海蜜梨”获得了上海市农产品质量认证中心的“上海市安全卫生优质农产品”认证，并于7月下旬起开始正式上市，上市期预计将持续到10月中旬。

（《解放日报》2004年8月9日头版）

花果丛中百枣香
——奉贤花果山百枣园小记

游水果世界、玩船吧垂钓、尝农家菜肴、住枣园木屋……奉贤花果山百枣园经扩建改造，日前对外开园。

最近，笔者在枣园主人陪同下浏览园区，只见纵横交错的大道两旁，一望无边的果林，绿色的树丛中，满天繁星般挂满了鲜枣、蜜梨、大柿、石榴等鲜果，阵阵果香催人陶醉。总经理何保龙边走边介绍，果园建于1998年，共750亩，是特色水果引种、选育、生产示范、技术推广的市级科研基地。现有名特优果树品种70余种，每年6月至12月，鲜果不断，年产各类鲜果1000余吨，还为果农提供优特果苗20多万株。同类果树多样品种，李树有布朗李、黑布丁、黑琥珀、蜜思李，枇杷有大五星、解放钟，柿子有山富士、加州圆，梨子有翠冠、水晶，桃子有玉露、蜜露、蟠桃，还有杏、橘、石榴等，葡萄中的“巨玫瑰”，最近在市优质水果评比中荣获银奖。

鲜枣为果园主打品种，460余亩枣树有32个品种，为上海最大鲜枣生产基地。枣子营养丰富，民间素有“五谷加小枣，赛过灵芝草”“日食三枣，长生不老”的谚语。枣园当家品种为冬枣、梨枣，冬枣皮薄肉脆、细嫩多汁、鲜甜清香，糖度达20%以上，维生素C含量高于猕猴桃，并含人体所需的多种氨基酸，称为“鲜枣之王”，成熟期在岁末年初，正好供应元旦、春节市场，极受市民青睐。园内近年来增加冬枣种植，在已进入产果期的其他品种枣树上采用“高接”技术嫁接冬枣，当年座果，现在面积已达300余亩。进入多品种观赏枣园，人们看到了葫芦枣、茶壶枣、磨盘枣、辣角枣、金丝枣、龙须枣、冬苹果、胎里红等20余种形态各异的枣子品种，莫不叹为观止。

花果山百枣园前身为上海奉禾特色果业有限公司，地跨青村、奉城两镇，近年利用多树种、多品种果树资源，积极开展农林业休闲旅游，开发了“水果世界”漫游与识别、采摘与品赏，蔬菜瓜果认种、小动物认养和水上船吧、休闲垂钓、烧烤野炊、驴车漫游等项目，还建立了农家乐餐馆、果林小木屋、茶室等配套设施，今冬明春准备结合兴修水利，开湖泊、筑小山，在山上遍植花果，是以更名为“花果山百枣园”。

（《东方城乡报》2006年9月7日A3版）

车游申隆生态园

早晨的睡梦被一阵暴雨打断，在床上迟钝地回忆，才想到这是在奉贤海滨，耳听外面的骤雨已停止，起身走到露台，雨后的空气含着丝丝甜味，风不大，负氧离子开始发挥清醒大脑的作用，回身喊醒还在酣睡的同伴，“起来，起来，快去外面走走”。

这次上海业余无线电培训及考核是在星火农场附近的一个无线电监测中心，从地图上看，申隆生态园就在不远处，我们利用闲暇立即驱车前往。

从农工商大道转至奉柘公路，再转到南北向沿钱路，几分钟后，便来到森林大道。道路两边不仅有着树林，还被2条小河相伴，从车里往外看的感觉，有点像沿着一条堤坝前往某个岛屿呢。

这里到处能看到水，绿色更是不离眼帘，穿过一座座小桥，接待中心就坐落在天鹅湖畔。这个天鹅湖虽然不大，但充分利用了“豁然开朗”的视觉效果，一大片竹林之后，露出了一池湖水，第一个感觉就是“世外桃源”！水中的白天鹅和黑天鹅，大概以为这里是他们的家，根本不怕人。两只野鸭漫步在一座拱桥上，桥面上还留有雨水，反映出天色，桥畔星星点点的黄色迎春花在一片深绿色衬托下，充满着生气，河畔的垂柳静静地亲向水面，空气中的乡村气息仿佛从照片中悄然透出。

这里不仅适宜喜欢安静恬然气氛的朋友，喜欢活动的朋友也能找到自己一方天地。野兔林、土鸡岛、丛林小岛、百鸟园、滚球滑梯、滑草坡都有，各个活动场所之间以河水相隔，用各式小桥相连。喜欢动物的大小朋友们，可以在这里找到“猴山”，山里的小猴是馋嘴，记住带点好吃的给它们哦。

既是水多，水上项目不少，游艇码头就有几个，今后还要开设游艇俱乐部。园中的申隆湖可比天鹅湖大得多了。这次我们没有看到广场鸽的放飞，但脑海早浮现出在威尼斯圣马可广场喂鸽的开心画面。

没有想到的是，这里除了宾馆、别墅之外，还有学农基地、农耕馆等城里孩子未见识过的项目。看了园内设施，心中新的想法油然而生，以后带老人和孩子来住几天，因为谁会拒绝新奇愉快的感觉呢？　（《旅游时报》2008年3月25日第二版）

奉贤生态林引进远方客
山东野生狗獾千里“结姻缘”

这几天，奉贤区金汇镇申亚生态林里来了一批“远方客人”——8头山东野生狗獾，这是为了扩繁奉贤狗獾种群而引进的。

前些年，奉贤在野生动物资源调查中，群众反映庄行镇一竹林里有狗獾踪迹。奉贤林业署野生动物保护管理站和华东师大生物系师生、市野生动物保护站联手，开展观察调查，根据獾类昼伏夜出习性，晚上蹲点守候在獾类洞穴附近，用红外线夜间动物观察仪观察，第一周一无所获，第二周深夜终于出现。头型似狗，面部带白色条纹，通身灰黑，体形肥硕，成年獾体长约半公尺，体重五六公斤，还拍摄到了它们的照片。此后又弄清了它们共有两个种群，一群6头，一群4头，摸清了它们的生存环境、生活习性和活动规律。市野生动物保护站认定，这是目前为止发现的上海仅存的狗獾种群，是上海体型最大的野生动物。现在狗獾已被定为“上海市重点保护野生动物”，并被列入《国家保护陆上野生动物名录》。

据历史记载，奉贤曾有狐、貉、小灵猫、水獭等动物存在，20世纪30年代以前，甚至还有獐等体型较大的动物。随着大规模经济建设和社会发展，上海郊区兽类栖息地逐渐消失，许多兽类已不复存在。兽类是宝贵的自然资源，对维持健康的生态系统正常运转具有重要意义，在大城市近郊野生动物非常稀少，尤其显得珍贵。

奉贤野生动物管理站与合作单位一起，已经制订了野生狗獾的保护和扩繁计划，考虑到庄行的狗獾种群数量极少，近亲繁殖，处于极度濒危境地，遂从山东引进野生狗獾20头，在有3800亩面积的申亚生态林中，选择一处三面环水、林深树密、面积约有20亩的小岛，营造狗獾的栖息地，并种植红薯、玉米、甜瓜，放养蚯蚓、昆虫等狗獾喜爱的食物，现在先期运抵的8头山东野生狗獾已在这里落户，待时机成熟，将择日与奉贤狗獾配对“完婚”。

(《新民晚报》2008年10月10日第四版)

黄红紫色彩缤纷　春夏秋三季吐艳
奉贤育成三季开花的彩色玉兰

你以前在上海见过春夏秋都开花的玉兰吗？见过黄色、红色、紫色五彩缤纷的玉兰花吗？以前没有，可是现在有了，她的引进、筛选、繁育者，就是奉贤区林业署和该科研项目组组长、高级农艺师褚可龙。为此，不久前，他们获得了上海市人民政府颁发的“上海市科技进步三等奖”。最近，他们正抓住栽树植绿的大好时光，将繁育的8万多株彩色玉兰苗木，提供给各地栽种。

白玉兰是上海市的市花，早春时节就繁花满枝，美观典雅、清香远溢。可是白玉兰花期短暂、色彩单一。1987年毕业于上海农学院园林专业的褚可龙，多年前就在思考，怎样延长玉兰的观赏期，丰富玉兰花的色彩。经过外出考察和多年研究，2001年奉贤区林业署申报启动了“木兰科植物引种筛选和扩繁技术”科研项目，由褚可龙带领署内科技人员组成课题小组，引进了原产于长江流域的19种木兰科树种，建立了104亩实验基地，进行栽培试验。课题组人员不分寒暑、不避风雨，在基地进行持久的观察、记录、分析、研究，北风呼啸、天寒地冻，越是巨大寒流袭来的时候，他们越是要到寒风中去，一棵棵观察苗木露地越冬的生长情况；炎炎夏日，酷暑难当，也一连几小时观察苗木在高温下的表现。连续坚持不懈6个寒暑，终于筛选出上海适生、花叶美丽的飞黄玉兰、红运玉兰、大叶云山白兰、新含笑、深山含笑、乐东拟单性木莲6个木兰科的新品种，其中飞黄玉兰花色金黄，4月开花，花期长达一个月，为玉兰花中罕见品种；红运玉兰，花色鲜红，每年春夏秋各开一次；新含笑10月份还在开花。使玉兰花的观赏期从15天延续到200余天，颜色由单一白色增加到黄、红、白、紫多种色彩，6种“姐妹花”与白玉兰相依相伴，为大地增色添彩。课题组总结了“木兰科树种的繁育与栽培技术”，经市专家组验收和市科技情报研究所检索，认为其成果为国内领先，获得上海市林学会优秀论文一等奖。

他们在奉贤和青浦建立了玉兰花育苗繁育基地315亩，几年来培育和扩繁种苗148万多株，在奉贤现代农业园区、申隆生态林、黄浦江涵养林、申亚片林、A30高速通道林及市郊松、金、青和江浙等地，种植总量达万亩。

《新民晚报》2009年5月10日第三版）

海湾国家森林公园正式开园

在杭州湾北岸，本市奉贤区境内已悄然形成一座接近自然形态的森林公园，它的规模竟相当于3座崇明东平国家森林公园的面积。昨天，光明食品集团等有关方面宣布，历经10多年建设的上海海湾国家森林公园将于明天正式对外开放，“五一”期间，这座本市最大的人工森林公园将可接待游客。

公园规划面积1.6万亩，目前已建成近1.3万亩，园内植树达400多万株。今年3月，公园入选为上海世博会60家“世博观光农园”之一。一期开园规划经市政府批准，开园范围占地4500亩，分为5个板块，分别为游乐活动区、水上活动区、文化观赏区、湿地生态区、度假休闲区。　（《解放日报》2010年4月27日第五版）

注：相关报道并登载《新民晚报》《新闻晚报》《文汇报》、中国新闻社、《东方早报》《新闻晨报》等。

奉贤放归幼蛙万只，来年听取蛙声一片

日前，上海野生动物保护站在奉贤海湾森林公园野外放归万只拇指大的小青蛙，“一切顺利的话，这些可爱的幼蛙明年就将成年，生儿育女，集体在海湾森林公园上演‘合奏音乐会’。”据透露，森林公园野外放归成功后，本市野生动物保护部门将在稻田、农村自然水系甚至符合条件的城市公园、住宅小区放归蛙类。

据记载，本市分布的蛙类共有14种，但在1997—1999年上海地区陆生野生动物资源调查时，仅记录到8种，而在近几年开展的监测工作中，只发现7种，其中除虎纹蛙为国家二级重点保护动物以外，其余均为上海市重点保护动物。另外，有7种蛙类已经多年未在上海观察到。

自2005年以来，浦东新区、奉贤区、松江区、金山区、闵行区、宝山区、嘉定区等开展野生动物资源调查发现，泽蛙的数量仍然较大，但是黑斑蛙、中华蟾蜍的数量都有比较明显的下降，虎纹蛙仍是较少发现。“现在在农村，走在田埂上，只是偶尔能碰到一两只蛙从眼前跳过，5月、6月份蛙发情时，还能听到一些蛙声”，奉贤一位从事野生动物保护的专业人员告诉记者，“一些农场为培育有机稻米，只能从海南等地引进专门吃虫的蛙，但南方的蛙在上海很难过冬，需躲进大棚‘猫冬’，大大提高了有机稻米的生产成本”。

野保部门管理人员在奉贤海湾国家森林公园设了11个调查地点，仅记录到中华蟾蜍3只、饰纹姬蛙1只、泽蛙23只、黑斑蛙1只和金线蛙80只，经过分析计算后得出蛙类分布密度——调查范围内现有蛙类密度为0.014只/平方米，即1000平方米范围内只有14只蛙。

引进300对湖南种蛙。为让蛙类重新回归申城，完善申城野生动物重要栖息地的物种结构，提升区域生物多样性，去年，本市野生动物保护部门从湖南引进了300对黑斑蛙种蛙，“之所以从外地引进种蛙，是人工环境中繁殖、培育的种蛙，具有更好的适应性、繁殖性”。奉贤野生动物保护站有关人士说，“经过一年的放养、繁殖，目前，300对种蛙已繁殖了4万只后代。”

日前，野生动物保护部门从这4万只幼蛙中挑选出1万只，在奉贤海湾国家森林公园放归。因为这里是上海的野生动物栖息地之一，水系纵横交错、水草丰盛、水质好、水陆交界处植物茂盛，具有良好蛙类生存环境。

据介绍，以虫为主食的蛙类，对水质要求较高，同时，蛙是两栖类动物，水系要有天然的驳岸，才能方便蛙类随时上岸入河。

野生动物保护人员将跟踪研究这1万只幼蛙的生存状况，通过对关键技术的研究，探索适合上海本地的蛙类繁育技术，包括水质控制技术、浅滩环境营造技术，

水生植物种植及配比技术，食物丰富技术等，为今后更多蛙类回归野外提供技术支持。

（《新民晚报》2011年8月22日第三版）

新技术推广助奉贤水果“一镇一品”快速形成

入夏以来，奉贤水果“四大当家花旦”：葡萄、蜜梨、黄桃、小水果相继华丽登场。走进庄行镇潘庄蜜梨种植合作社的金冠蜜梨种植园，40多亩进入成熟期的蜜梨，硕果累累，压弯了梨树的腰，单果平均半斤左右，圆整美观、脆嫩多汁、甘甜爽口。该园蜜梨已通过“国家绿色食品认证”，园主夏仁火去年在庄行镇蜜梨评优推优“梨王”擂台赛中，产品荣获“梨王”称号。平均亩产值达1.2万元，今年如果后期天气正常，将可超过去年。

据该区林业署署长褚可龙介绍，奉贤区目前种植各类果树3.9万亩，2011年产值达4.03亿元，亩均产值突破万元。全区建立果树种植合作社37家，种植面积2.5万亩，占该区果林面积近70%，种植水果7大类68个品种。奉贤水果生产这些年来实施区域化布局、规模化种植，形成青村黄桃，庄行蜜梨，柘林葡萄，四团蜜桃，奉城、南桥、金汇小水果“一镇一品”，黄桃、蜜梨产量居市郊首位。

因城镇建设和工业开发，近年该区果林面积逐年减少，2011年比最高年少7400余亩，但总产值却增加1113万元，面积减、产值增，主要得益品种、品质、品牌的大幅提升。市林业科研教学部门和区镇林业科技推广部门，运用“田头研究所”、“田头学校”，开展科技入户，进行技术培训和指导，去年开展培训和举办现场指导会62次，培训3869人次，建立科技示范户150户。经过多年筛选，奉贤水果逐步确立了优良的当家品种，蜜梨以翠冠、清香、早生新水为主，黄桃种植锦绣、锦香、锦园，葡萄以巨玫瑰、醉金香、夏黑为主，并引进了春桃、油桃、樱桃、桑葚、无花果、猕猴桃和保持了方柿、柑橘等优新小水果品种。庄行镇蜜梨原来晚熟品种黄花梨占80%，上市时往往受到北方梨冲击，售价较低，2005年遭遇“麦莎”台风，几乎全军覆没。后来在市、区林业部门指导下，采用“高接换种”技术，在黄花梨老树上端嫁接翠冠、清香、早生新水等肉质细嫩的早中熟品种，几年中早中熟品种比例上升到80%左右，既规避了自然和市场双重风险，还提高了果品品质，获得“一举三得”的效果。

推广果树标准化种植集成技术，区林业署副署长张秀龙介绍，实施果林“双增双减”项目，去年共推广果实套袋7838万只、商品有机肥1.96万吨、高效生物农药2.7万公斤，并大力推广灭虫灯、性诱剂、杀虫板等病虫害绿色防控技术。开展“三品一标”认证，有15种果品通过无公害认证，8种果品通过绿色食品认证，“奉贤黄桃”获得“中国地理标志保护农产品”认证，有18家合作社的果品申办了注册商标，锦绣牌黄桃、奉叶牌蜜梨评为“上海市著名商标”。近两年在全国和上海市优质水果评比中，获得了5块金牌、9块银牌和18块铜牌。优良生态、优质果品，吸引大批市民前来观光旅游、采摘品尝，形成了“果品产地市场”，去年该区以林果为主的特色休闲农游景点，接待游客112万人次，门票、果品及餐饮收入9156万元。

(2012年8月9日《东方城乡报》第一版)

奉贤造林建绿凸显生态经济功能

春景秋果，花木飘香，出门见绿，四季常青，奉贤近年来大力开展绿化造林，为大地披上美丽绿装，已实现全区林木绿化率15.45%。奉贤将大力推进生态文明建设，打造美丽奉贤，到2015年，林木绿化率实现20%。

目前，奉贤已初步形成以大型经济果林、多种生态林为主体，以路网水系绿化为骨架，以城镇公共绿地和单位、居住区绿化为重点的城乡绿化体系。全区已建成绿地3.61万亩，林地12.98万亩，绿地建设达到城区内出门500米即有公共绿地。“一镇一园”工程已建成南桥、奉城、金汇、四团4个镇级公园和西渡社区沿江公园、社区公园。南桥镇古华路、南星路创建为“市级林荫大道”，古华公园创建为“五星级公园”。林地建设建成海湾森林公园、申隆生态林、申亚生态林及农业园区生态林四大生态片林和沿海防护林、黄浦江水源涵养林、通道防护林、防污染隔离林等生态公益林8.79万亩。建成中部黄桃，西部蜜梨，东部水蜜桃、小水果，南北部葡萄等经济果林4.19万亩。

造林建绿，凸显生态、经济、社会功能。造绿与治污等多措并举，生态宜居环境逐步形成，一年中空气质量二级或好于二级的天数达98.5%，成为全市空气质量最好的地区之一。去年全区林业生产总产值7.9亿元，上市各类水果5.26万吨，水果亩均产值突破万元，果林成为农民致富的“摇钱树”。优良生态、优质果品吸引大批市民前来观光旅游。2012年全区乡村游接待游客112万人次，门票、农产品销售及餐饮收入9156万元。奉贤相继被评为“市园林城区”“全国林业科技示范基地”。去年，区农委林业署被评为“全国生态建设突出贡献先进集体”，区绿化市容局绿化署获“上海市重大工程立功竞赛优秀集体”等荣誉。

2013年，区林业绿化部门努力为创建“全国文明城区”“国家环境保护模范城区”再创佳绩。加强林地绿地养护管理，加大政策扶持和林政执法力度，推进南桥新城中央公园前期准备、塘外化工区生态修复、大居结构性绿化工程，推进“一镇一园”建设。大力发展农田林网化建设，三年中新增林地1万亩；保护好沿海滩涂等湿地资源；大力发展立体绿化，年内建成立体绿化、垂直绿化1万平方米。

(《奉贤报》2013年1月4日头版)

“最美森林医生”的绿色生态梦
——记奉贤区金汇镇森防员李国胜

最近，国家林业局授予奉贤区金汇镇申亚森林病虫测报点森防员李国胜，为全国“最美森林医生”的荣誉称号。

当好“啄木鸟”　林业工程师李国胜，原任金汇镇林业站站长，2005年退休后，被聘为金汇镇申亚测报点森防员。上任不久，区内某公路两旁重阳锦斑蛾爆发，几天内数公里行道树叶子吃个精光，使他深深感到做好病虫测报防控工作的重要性。10年来，他坚持做到一年365天测报不断线，不管刮风下雨、高温酷暑，还是双休节假日，2台诱虫灯、15只性诱剂挂筒，每天监测一次，一只不漏，收集灯下害虫，多时一天达10多斤，然后分门别类，清点数量，做好记录。对下属3个监测点、4000余亩森林，每周按设计路线踏查一次，按时上报资料，再由区、市森防测报部门及时发出病虫情报。各类测报原始数据，每年都装订成册，至今已积累厚厚的档案资料10多本，为全区乃至全市林业病虫测报防控提供可靠依据。前年，申亚测报点升格为上海市市级标准化测报点。

天敌治虫害　李国胜积极配合市、区森防部门，认真做好森防课题研究，运用天敌防治虫害。天牛在树上打洞，钻在洞里产卵孵化，是森林的主要害虫。但消灭洞里的幼虫费药费力，效果还不理想。2009年实施肿腿蜂杀天牛幼虫实验，肿腿蜂进入树洞后，寄生在天牛幼虫体内，以天牛幼虫为食饵，消灭害虫，杀伤率较高。2010年实施噻虫啉治天牛成虫，去年又实验花绒寄甲杀灭大粒横沟象，李国胜摸索最佳防治效果，掌握基本数据，取得理想成效，证实利用天敌防治森林虫害，操作简便、省时省力，不污染环境，防治效果好。前些年，他先后获得了“上海市优秀测报员”和“全国优秀村级森防员”的荣誉。

创建标本馆　走进申亚测报点，整间房子的标本架上，一排排整齐陈列着一只只标本盒，蝶类、蛾类、甲虫类等各类害虫标本，琳琅满目。为了帮助人们识别森林害虫，了解其生活习性及危害程度，掌握其防治常识，李国胜在2007年创建起小型昆虫标本馆，在基本测报工作之余，就拿起捕虫网在申亚片林内捕捉各类昆虫。在他不懈努力下，目前标本馆内收集制作的昆虫标本有6大纲目、61个种类、320余个品种、4000余只昆虫。其中四星云蝶、丝带凤蝶、蓝眼蛱蝶、褐花蛱蝶等蝴蝶，市森防专家也认为是上海地区稀有品种。这里每年都吸引本区和兄弟区县的同行及学生等上千人前来参观。　　（《东方城乡报》2014年8月7日第六版）

上海有了新一代蜜梨代表
庄行蜜梨获国家地理标志产品保护

日前，奉贤区庄行镇获得国家农业部颁发的证书，批准对庄行蜜梨实施国家地理标志产品保护。庄行蜜梨成为该区继奉贤黄桃以后第二个获此殊荣的农产品。

庄行镇种植蜜梨，已有近20年历史。1998年庄行调整农业产业结构，开始规模化种植蜜梨，引进浙江和上海等农业科研单位培育成功的“翠冠”“黄花”“早生新水”“清香”等适合南方种植的梨品种，在市、区、镇林业科技人员指导下，成功应用品种嫁接、花粉杂交等新技术，培育出品质优良、抗病性强的优质蜜梨——庄行蜜梨。经过多年发展，全镇目前种植庄行蜜梨6600多亩，年产蜜梨10000多吨，平均亩产值达10000元左右，成为庄行镇农业的支柱产业，农民增收致富的重要资源，庄行、奉贤乃至上海的名特优农副产品。庄行镇也成为上海市最大的优质梨生产基地。

庄行镇在蜜梨产业发展起来以后，在加强示范培训提高果农素质，适度规模经营及提高管理水平的同时，革新栽培技术，实施“六改一推广”。“六改”即：一改传统整枝方法，正确整形修剪；二改传统用肥方法，增施有机肥料；三改传统病虫防治，推广绿色防控；四改梨园除草方法，推广地面适量生草；五改“多留果多收成”老观念，推广科学疏枝疏花疏果；六改果实早采习惯，掌握合适成熟度，实行分批采收。“一推广”即推广“高接换种”技术，增加优质早熟品种面积。经过科学管理和精心栽培，庄行蜜梨产业不断发展，品质不断提升。据市林果科研部门和专家检测，庄行蜜梨果型美、品质好、风味佳，整体品质超过昔日“上海蜜梨”，而抗病性明显优于传统品种，是新一代“上海蜜梨”的杰出代表。2015年7月，庄行蜜梨在全国早熟梨评比中，荣获银奖。

庄行镇目前正抓住庄行蜜梨获准国家地理标志产品保护的契机，研究采取多项措施，进一步提升庄行蜜梨的产业水平和果品质量，解决好新形势下的产品销售问题，认真贯彻地理标志产品保护条例，以维护“庄行蜜梨”的合法权益，为市民提供更优果品，让果农获得更多实惠。（《上海科技报》2015年9月30日第二版）

五、会　展

1. 花卉盆景展

1984年奉贤县花卉协会成立后，每年组织春季花卉盆景展、秋季菊花展。协会成立当年5月，在县体育中心举办首届花卉盆景展，参展花卉盆景5000余盆，观赏者上万人。泰日、头桥等地区和鼎丰酿造厂、古华公园等，都连续多年举办菊花展。四团镇自2005年以来，已连续举办十届菊展，其中不乏墨荷、绿牡丹、帅旗、凤凰展翅等名贵品种，会员黄源深种植的菊花有263个品种。

2．**根雕艺术展**

2003年4月古华公园二期工程完成后，开放了“根雕艺术展览馆”。根雕艺术创作的原料大多取自枯死的树根或施工开采遗弃的活树根，经过根雕艺术家慧眼识宝、巧妙构思、精心制作，把废材变成了独具风格的根雕艺术作品。制作中注重树根的自然效果，稍事雕琢，不求形全，力求神似，抽象性和意象性强，有含蓄和朦胧之美。该展馆面积265平方米，展出近百件根雕作品，由安徽根雕艺术家张正先生创意，上海天趣艺术品有限公司设计创作，曾荣获“上海大世界吉尼斯之最”，其中“八仙过海”“寿比南山”等堪称极品，一百零八罗汉更是个个神态逼真、栩栩如生。2014年5月由天趣公司移至他处展出。

3．**奇石盆景展**

古华公园与根雕艺术馆同时开放的还有奇石盆景馆，展览面积450平方米，有130余种矿物类晶体奇石，形态各异、玲珑剔透、色彩纷呈，融观赏性、知识性和趣味性为一体。2014年5月，由物主移至他处展览。

六、节庆活动

1．**黄桃文化节**

自2013年起，青村镇在每年举行黄桃节同时，举办黄桃文化节。

青村镇植桃历史悠久。民国19年（1930年）青村镇吴家驳岸吴泗渔创办“延陵桃园”，种植“玉露”“五月早”等蜜桃品种，经精心培育，“驳岸里水蜜桃”在上海市场上与“龙华水蜜桃”齐名，年上市15000公斤。1978年开挖金汇港，河滩两岸堆土成为高亢田，县委、县政府决策在光明地区高亢田上规模化栽种黄桃，逐年发展，形成万亩黄桃。

自2010年举办黄桃节，青村镇就在展销黄桃产品同时，开展摄影、刻纸、书画、文艺演出等活动，展示种桃的悠久历史文化内涵。

2013年青村镇在黄桃节同时，举办“桃香新韵”首届桃文化节，运用青村镇悠久的桃文化历史和优美环境、雄厚的产业优势、深厚的人文资源和多彩的民俗民风，打出自己有内涵的文化品牌，设立“奉贤黄桃展示厅”，详细展示青村桃文化渊源和奉贤黄桃发展历史、科技创新及有关桃文化的习俗、传说等；开展了多方面的桃文化活动，有“七彩伞花赞桃乡”少儿伞面绘画，“十年辉煌竞芳菲”摄影赛，“桃花盛会别样红”原创刻纸，“中国梦，我的梦”征文演讲赛，“桃乡韵律”群众文艺展演等。文艺展演演出了“百人桃花舞”，山歌剧小戏《老桃王拜师》，沪剧小戏《桃香曲》等。

2014年第二届桃文化节，开展了“桃之红”青村刻纸，“桃之韵”诗文篇章，“桃之彩”伞面绘画，“桃之乐”幼儿歌剧表演，“桃之梦”区、镇图书馆技能才艺展示大赛、“桃之赋”赛诗会等内容。由钱肖红、傅永祥、倪海英创作的大型刻纸《桃红柳绿又一村》，获得全国休闲农业创意精品大赛优胜奖。并与镇内的申隆生态园、花果山百枣园、申亚农园、世外桃园、果乡度假村等景点联线，开展休闲旅游，充分展示桃乡的自然田园风光。

2015年桃文化节，以“艺术、创意、书香”为主题，开展“农家书香”征文、“我和春天合个影”摄影赛、“桃叶旋律”手工贴画、“剪纸书签”和“桃园寻宝”等“八个一”系列活动。

2．邬桥牡丹文化节

1995—2003年，原邬桥镇充分运用镇内明代古牡丹的人文资源，创建“牡丹镇”，举办“牡丹花会”和“牡丹文化节”，有效推动了镇的精神文明建设、生态环境建设和经济建设。

明代古牡丹在该镇吴塘村，据方志记载，该古牡丹为明代礼部尚书、著名书画家董其昌赠给吴塘村同窗好友金学文的礼物，同时赠送的还有董其昌亲笔书写的“瑞旭堂”匾额1块，已有400余年历史，为上海地区现存最古老牡丹，市园林部门誉为“江南第一牡丹”。

1995年开始，邬桥镇启动“牡丹工程”，制定绿化、美化、优化邬桥的五年规划，以建设“牡丹镇”为中心，积极创建现代化生态园林镇，实施“一横三竖四个点”的绿化建设，从镇区绿化、道路绿化、庭院绿化、农田绿化入手，分期实施。在1997年建成了“明代牡丹苑”，在明代古牡丹四周，种植牡丹、芍药数百株，建起护卫栏、围墙、牡丹亭、花坛，并复制“瑞旭堂”匾额，供市民观赏。在镇区、工厂、学校及近百户家庭种植3000株牡丹和2000株芍药，在横贯全镇的叶大公路两边，种植6公里长、10余米宽的绿化带，在沿路河塘种植荷花100余亩。

1997年4月，成立上海市牡丹文化研究会邬桥工作委员会。1998年开始，举办“牡丹文化节”，种牡丹、赏牡丹、画牡丹、写牡丹、唱牡丹，举办牡丹诗会，成立牡丹国画班，开展“牡丹之声广场文化专场演出”，1998年演出5场，观众达3万余人次，镇文化站海派艺术团创作演出的表演唱《牡丹之乡风光好》，荣获县文艺创作演出一等奖，邬桥中学师生艺术团创作的《欢迎您到邬桥来》等自编自演以牡丹为主题的舞蹈、歌咏、说唱、独唱、戏曲等节目送到街头、农村，受到群众欢迎。邬桥中小学成立牡丹国画班，请市牡丹文化研究会的画家传授国画技艺。以邬桥中学为主体的国画班，60多位学员，基本掌握了国画牡丹工笔、写意画的技法，作画300余幅。市牡丹文化研究会的画家、诗人，在“牡丹诗会”上纷纷赋诗作画，牡丹画家叶彬彦诗云：“香光雅誉重南宗，栽赠牡丹华府东，四百余年书迹在，依然名播国色丛。”在“牡丹文化节”期间，镇内外市民前来赏花赶节者摩肩接踵。

上海绿地总公司、上海园林科研所、九汇公司等相继落户邬桥，种植花卉苗木500余亩。国内外厂商慕名到邬桥考察，对邬桥环境深表满意，先后到邬桥投资，兴办企业。

2003年邬桥与庄行合并，“牡丹文化节”遂停。

3．有机葡萄节

位于奉贤区海湾镇的上海市农工商现代农业园区“有机葡萄采摘园”，每年7月中旬都要举办“心心牌有机葡萄节”，自2008年开始，到2015年已连续举办8届。

“有机葡萄采摘园”有300多亩优质葡萄树，多年来引进多种优质新品种葡萄，从中筛选出7个适合本地生产的优质品种，并与交大农学院合作研究实施“葡萄根域限制栽培”、有机栽培、精量灌溉等新技术，生产的“心心”牌有机葡萄，2008年至2015年，连续多次在上海市优质果品评比中获得“金奖”，使该葡萄园成为南方地区首家由国家环保总局认证的葡萄有机栽培基地。

在有机葡萄节期间，他们与相邻的“都市菜园”“森林小木屋”等联手，推出农林一日游、亲子体验游、新人采摘游等系列活动。提供采摘、观光、餐饮、休闲一条龙服务。

4．申亚春桃节

每年6月初，青村镇申亚农业科技公司在申亚农园举办“申亚春桃节”。

水蜜桃一般要到7月份成熟上市，可是申亚农园的百亩特早红水蜜桃在6月初就上市让市民尝鲜了。他们从以色列引进并改良的特早红水蜜桃，采用保护地早期高产栽培技术，1月份开花，5月底6月初桃子成熟上市。2006年第一年亩产就达1500公斤左右，单果重250克～300克，果体艳红，口味香甜，肉质细腻，糖度16%左右，命名“盛姆春桃”，在市场极受欢迎。

申亚农园占地近千亩，经营珍奇果蔬、艺术南瓜、有机蔬菜、蔬果认种、休闲景观、餐饮服务等项目，从2008年起，每年举办“申亚春桃节”，与农林旅游相结合，推广林业科技、文化，为市民提供一个观光休闲的好去处。

第二节　文艺　美术

一、文艺作品（作者均为奉贤籍）

1．戏曲

山歌小演唱《老桃王拜师》（上海方言）

人物：火根，人称“老桃王”，50岁，简称“根”。

金秀，50岁，简称“秀”。

桃花姑娘6位，简称“桃”。

时间：2009年2月

地点：桃花园

幕启，6位桃花姑娘正忙碌在桃花盛开的桃林中。

唱：　桃乡春色暖融融，树树花开百里红。蜂飞蝶舞俏桃娘，揽得春光入园中。（根、秀上）

秀：　火根啊，你快点啊！

根：　嘿……，你老太婆真是越来越糊涂了。

秀：　啥？我糊涂？

根：　我问你，我是啥人？

秀：　啥人？你勿是我的老公——阿火根呀！

根：　缺脱顶顶重要的三个字。

秀：　呦，稀奇勿煞，人家全叫你：“老桃王”阿火根！

根：　哈哈哈，大清早你就拉我老桃王，啥叫啥去参观人家的黄桃园，亏你哪能想得出来的！

秀：　我看你不要开口闭口老桃王，我问你，我家桃园里的桃树长势哪能？

根：　蛮好嘛，一切正常！

秀：　还讲正常？我伲的桃树叶芽刚刚出，可是人家桃园里桃花都开了！

根：　啊？！瞎三话四，我种了几十年的桃子，桃花只在三月开，哪有二月开桃花？噢！要么人家在暖棚里种几棵小桃树，弄弄白相相格。

秀：　要是在桃园呢？！

根：　不可能的！难道我们不是同一片天？

秀：　我看你还是谦虚点……

根：　吼啥谦虚不谦虚，要是他们的桃园真在二月桃花开，我老桃王甘拜下风，拜他们为师。

秀：　真的？

根：　君子一言，驷马难追。

秀：　眼见为实，快点走吧。（圆场）

根：　（惊异地）啊……桃花……

伴唱：满园桃花红殷殷，惊得老桃王目瞪口呆呆瞪瞪（众姑娘上）

根：　（自言自语）不好意思……真是不可思议……

桃合：欢迎老桃王光临指教！

根：　啊？……（逐一细看，拖秀一旁）面孔好像熟来？

秀：　嗯，好像熟来噢？

根：　哎，姑娘们，哪能认得我？

桃合：诺——

唱：　三年前，黄桃评比摆战场，你的黄桃登上了状元榜，光灿灿金牌胸前挂，老桃王方圆十里美名扬。

根：　（得意地）嘿……这个是三年前的事，不必多谈……

秀：　火根哥啊，你还记得哇，就在你获得金牌的第二天，有6位大学生到我伲桃园来拜师学艺。

根：　（急看6位姑娘）噢……就是迭格6位大学生姑娘……

秀：　（责怪）你是架子大来，横不肯佬竖不肯，结果把人家……（赶的手势）

根：　你懂啥？！我几十年的种桃经验哪能可以轻易外传呢？再讲，她们是大学生呀，飞出去的金凤凰哪能可能飞回我伲农村这个穷地方？

秀：　今朝你看，她们的桃花开得介好介早，是勿是应该向她们……

根：　拜师学艺？

秀：　对，对。对！

根：　你在放……（打喷嚏）三年前她们要拜我为师，现在反过来我老桃王向她们拜师学艺？！你是在做个圈，要我钻！（转身想走）

桃甲：慢！老桃王既然到此，难道连意见都不肯提一点？

根：　要我提意见？（旁白）看来，今朝我不亮亮真本事，跟她们比一比，我老桃王的面子要塌光。我先拿施肥题考考她们，姑娘们，那听好。

唱：　休看那桃花盛开红艳艳，若谈丰收还远在天边，施肥难关倘若过不去，到头来水中捞月空欢喜。

秀：　姑娘们，那可要注意，施肥得当，产量朝上，施肥不当，全部泡汤！

根：　要你多讲点啥！

桃合：大伯大妈！

唱：　多谢你们来提醒，科学施肥是关键，广施复合肥，重施开花肥，补施壮果肥，巧施催果肥，普施采后肥，肥肥紧扣生产期，丰产丰收笃笃定定在眼前。

根：　哎呀，想不到她们把各种肥料不同用法回答得清清爽爽、头头是道。

秀：　火根哥啊，她们的科学施肥方法比你的土办法哪能？

根：　迭格……？

秀：　我看你还是……

根：　不！我还有一记绝招来考考她们。

秀：　绝招？！我晓得你的，春夏秋冬阿火根四季修剪法。

根：　迭格是我几十年练成的独门绝技，量她们这些毛头姑娘……嘿嘿（得意地笑）。

秀：　啥格独门绝技，不要自讨没趣。

根：　吪没问题，我心中有底。

秀：　姑娘们啊，伲火根要拿桃树修剪的独门绝技考考那，那要晓得桃树修剪不好，结出来桃子大大小小，修剪得好，只只桃子圆肚肚佬胖笃笃！其中的奥妙……

秀唱：修修剪剪似平常，其中丢卒保车藏玄机。

桃合众：独门绝技？不足为奇！请听好！桃树棵棵成行栽，及时修剪不忘记，冬季里来重重修，春暖花开要复修，夏日炎炎轻轻剪，秋风送爽要补剪，重剪、复剪、轻剪、补剪，剪出了优质桃林一片片。

根唱：啊呀呀，独门绝技顷刻之间摊了底，看来我，老桃王地位已危险。

秀：　火根啊，奈你还有啥闲话讲伐？

根：　我……

桃甲：火根大伯，我伲也想讨教一下老桃王。

桃唱：为啥早春二月桃花红，为啥昔日黄桃展新容，为啥金凤凰回田野中，为啥年轻姑娘世博会上能争雄。

根：　迭格……

秀：　快点讲呀？！（根语塞）（桃笑）

桃唱：精选优育早桃红，"四锦"黄桃展新容，新农村建设引金凤，科技创优世博会上舞东风。（根、秀茫然）

桃甲：大伯、大妈，那来看（众姑娘亮出牌子）

根、秀：2010年世博会特供果品"四锦"桃基地？！

根：　我种了几十年的桃子，迭格"四锦"黄桃……

桃甲：迭格"四锦"黄桃就是我伲基地培育出来的新品种！新品牌！

桃甲：早熟黄桃锦香开头炮，

桃乙：中熟黄桃锦圆跟着跑，

桃丙：晚熟黄桃锦绣抱住腰，

桃丁：迟熟黄桃锦花把龙梢，

桃甲："四锦"黄桃迎世博，

桃合：国际舞台大显身手竞风骚。

根：　不得了！不得了！想不到那几位年纪轻轻的大学生，短短三年就自创品牌，把小小黄桃送上了国际大舞台。

桃甲：大伯，你想不想听听其中的奥妙？

根：　请讲，请讲！

桃甲：我伲啊，严格按照世博会特供果品的标准要求，对每棵桃树全部实行计划生育。

桃合：独门绝技——优生优育法！

秀：　火根哥啊，光凭老经验不来三了，我伲农村就需要迭能年轻有为的大学生。

根：　对，对，对，我老桃王（忙改口）我阿火根甘拜下风，6位姑娘师傅……，我……我也想计划生育。

桃合：侬……（笑）（根自知失口，难为情）。

桃甲：大伯，我伲艰苦创业得到了镇农业中心和上海农科院专家的大力帮助，接下来我伲按照镇农业中心和农科院联合举办“四锦”新品种新技术培训班提出的要求，要向广大果农大力推广，你火根伯？

根：　我也参加！

桃合：欢迎你！（桃花姑娘手拿小剪刀、小花铲、小花锄，翩翩起舞）

幕后合唱：小小黄桃学问深，老桃王拜师传新闻，科技拓展致富路，新农村前景美似锦。

造型、谢幕。

（作者：钱国弟，乐曲：潘勇刚）

2．诗歌

白燕

（明）袁凯

故国飘零事已非，旧时王谢见应稀。
月明汉水初无影，雪满梁园尚未归。
柳絮池塘香入梦，梨花庭院冷侵衣。
赵家姊妹争相忌，莫向昭阳殿里飞。

陶溪八景总咏

（明）张弼

瞳眬旭日照西湖，光映南园霁色多。
仙馆百年高大卧，园桥三月丽人过。
东庵鹤去空华表，北宅春来常绿莎。
听出黄昏楼上鼓，隔溪渔水对渔歌。

题梅

（明）何良傅

仙人端合在瑶池，绿雾为鬟雪作肌。
一自阳关三弄彻，罗浮明月正相思。

题菊

（明）何良傅

摇落深秋见一枝，雨荒之径独开时。
最怜佳色依然生，不畏风霜向晚欺。

栽树歌

王海

小小树苗手中拿，挖个坑儿忙种下。
我对树苗悄悄说，看谁长得快又大？

有党就有我未来

王海

有日就有霞飞彩，有春就有花盛开，
有林就有鸟歌唱，有党就有我未来！

花香鸟语闹啁啁

王海

半是花木半是楼，花红树翠景色幽。
相约老城看新貌，花香鸟语闹啁啁。

千树万树梨花开

叶兴华

等等　季节
千树万树　含苞的蓓蕾
每一瓣洁白的绽放
把耳朵贴近树干
一首唐诗种植的意境
梨花知道　雪花也知道
一针一针地刺绣芬芳
尚未冷却的抒情
一声亲切的问候
带露的枝头　挂满
散发一缕缕体香
还未聊及丰收情节
还没有完全成熟
蓄满汗水
牵动一茬心事
倾听根和土地对话　回忆
岑参说过的话
蜂儿在一片雪景里
走出伏羊节的热烈　带着
走进八月
我与梨园拉近了距离
果农昨夜的梦
尝一口水灵灵的庄行蜜梨
心　早已甜蜜欲滴

鸟儿从远方归来

叶兴华

环境的退化
瘦小羸弱的躯体
少了绿荫庇护
被一阵风劫持

去了遥远的地方
天空少了灵动
过路的云
生态文明的推进
曾经失踪的鸟儿
和我做了邻居
我在地上宜居
他们的歌　歌唱天蓝地绿水清

我的头顶
看不到翅膀划出的弧线
感受沿途寂寞
传导一方绿色信息
结队归来
他们在枝头筑巢
我们心心相印
我的诗　赞美人美景美家乡美

鹧鸪天

游《奉浦四季生态园》

余荫椿

翠柳如烟花径幽，踏青赏景画中游。
水园草屋诗情美，文化长廊墨韵稠。
春永驻，绿长留，揽胜何用下扬州。
红情绿意奉浦好，满目芳华美景收。

小城春绿

余荫椿

碧空里甩落“布谷”声声
岸柳吐翠
地披绿被
庭院阳台染新绿
更喜春雨丝丝泼洒
绿色在春雨里漂浮舒展
呵　一杯绿色的生命之泉

小城里溅起绿波层层
街树泛青
墙骑紫藤
大街小巷传春讯
洗得小城铿亮透明
小城就像一杯清澄的香茗
比茅峰怡人　比龙井舒心

走在春光里

张建国

唱着春天的故事走进明媚春光，锦绣黄桃带给我们笑声朗朗。
多少风雨艰辛几多拼搏开创，绣出桃花艳丽的特色画廊。
告别了千年的贫穷落后，收获着富裕小康、繁荣兴旺。
生态田园尽情放飞希望，“农家乐”处处洋溢幸福脸庞。
科学发展唱响和谐天地，迎来了黄桃文化的灿烂辉煌。
花的世界，果的甜爽，勤奋的桃农向着太阳放声歌唱。

绿叶情

张建国

你把阳光融入生命，衬托繁花与大地相拥；
你是一片深情的绿叶，生生不息为了明天的五彩缤纷。
你无悔的追求是希望与力量的象征，让大地四季长青是你永恒的信念。
春天的花海是你挥洒的激情，盛夏的绿荫是你宽广的胸襟，
秋季的金黄有你灿烂的笑容，冬日的含蓄有你奋斗的期盼。

你以微笑与温馨点缀生活，无私奉献绿色的祝福；
你托起百花绽开盈盈笑脸，源源散发品质的高贵。
当片片花瓣在春风中倾吐芬芳，生活充满了甜蜜和笑声。

古华园四时杂咏

王伟民

春

新涨碧流绕曲廊，柳条已吐嫩鹅黄。
报春最是岸梅萼，疏影横斜浮清香。

夏

烂漫鲜花竞吐香，树丛归鸟啭宫商。
亭桥小坐观游艇，水面风来惬意凉。

秋

中秋才过又重阳，枫叶艳红篱菊黄。
盛世老翁腰脚健，来园信步赏晴光。

冬

鹅毛白雪借风飘，装点园林分外娇。
扶筇老叟来吟咏，且把亭桥作灞桥。

青村黄桃

吴金龙

春风又绿，细雨润酥，
青村大地，桃花夭夭，
犹如少女初长成，身披霞衣万重，
面带红晕，分外妖娆。
花褪残红，佳木繁阴，

桃果累累，宛如少女初恋，
略带，几分羞涩，几分腼腆，
悄悄地，躲进，绿叶闺房，格外妩媚。
金风乍起，秋高气爽，
桃果丰硕，恰似出阁的闺秀，
蕴含甘甜，散发芬芳，
黄桃节为她梳妆，送她上轿，
从容地，款款地，
走出奉贤，走出上海，
远嫁境内外，闻名遐迩，
啊，青村黄桃！

绿竹苑吟颂

裴紫英

一

我随阳光一起去拜访　泼出朴素之美的竹林
和啁啾的小鸟一样　呼吸生命流淌的翠绿
一杆杆凌空的志向　从不蹉跎岁月
活一天就要活出　坚石一样响当当的风骨
用春天的波涛　清洁我们困顿的灵魂
写下常青的四季之歌

二

在蓝蓝的天幕下轻轻地摇曳　柔柔的湖水也长出了青翠
当人们走入蝉鸣的季节　那自上而下宽阔的荫凉
就甘泉般喷洒人间　这宁折不弯的挺拔
和如梦似幻的圆满　从大地画上天空
连阳光都穿上了鲜亮的绿衣　而默默流芳的节节虚怀
和众志成城的成长岁月　早就一杆杆
留下了一座最精彩的世界……

有一个传说
——为奉贤黄桃节而作

金二新

成陆千年的浦南大地　或起伏　或坦荡
流淌数百载的金汇港　或直率　或蜿蜒

一个流传久远的传说　　或壮怀　或凄美
一个传说中的世外桃源　　或虚幻　或遥远
如今　新的世纪　　开启一个新的时代
梅娘与桃郎的家园　　赫然坐落在宽阔的金汇港畔
春风吹拂的季节　　天际是粉与红的云裳
炎炎烈日的时候　　大地是黄与绿的交响
一个美丽的传说　　正成为现实世界的正版
新时代的梅娘桃郎们　　正展露永不满足的笑脸

十二月花名歌（民歌）

正月梅花带雪开，二月杏花光灿灿，三月桃花红似火，四月蔷薇连藤攀，五月石榴树树红，六月荷花透水生，七月凤仙庭边红，八月桂花满园香，九月菊花篱边放，十月芙蓉朵朵鲜，十一月水仙白如雪，十二月蜡梅迎春来。

3．**散文**

上海海湾国家森林公园赋

任向阳

海湾大森林，万亩好远景[1]。植树四百万，海边四季林。小平铜像，笑对云白风轻，领袖风采，游人观瞻致敬。改革开放，重写中国命运，解放思想，海湾营造森林。

牡丹佳园，铜雕美在神情，花坛奇崛，黄石垒土培馨。汤兆基君，水墨牡丹出名，诗书画印，艺术创作倾心。天香媚人，风来芳姿微倾，丽质天成，花瓣朝露润盈。名种娇贵，择时吐露芳馨，众芳富态，园中处处花明。

坡地隆起，傲视广袤草坪，帐篷散开，草上安寨扎营。孩童冲锋，“打仗”一争输赢，老人相携，草丛踩出足印。碧草青青，海风来献殷勤，旷野舒舒，此起彼伏地形。

香樟西路，游乐区域通行，依势借形，项目巧布森林。碰碰快车，兜来绕去开行，海盗假船，冒险甲板登临，神州冲浪，浑身水浪冲淋，森林迷宫，出口线路找寻。恐龙岛上，故事有色有形，密林丛中，恐龙自成一景。森林卡丁，疾如赛车驰行，标准跑道，任君飞扬激情。森林跑马，马儿悟通人情，马步悠悠，领略草原风情。彩弹射击，宛若实战场景，弹出枪口，花色晕染衣襟。森林烧烤，安全烤位放心，滋味喷香，临湖美食过瘾。

百鸟湖中，水面微泛银鳞，白鹭展翅，湖区生机充盈。百亩鸟岛，鸟类在此繁衍，双珠子岛，佛家宝珠愿景[2]。红舫离岸，水巷伴随杉林，人在船上，恰似林中游巡。池杉挺水，青翠伸向树顶，秋光爽然，杉林红叶倒影，树木深深，盐碱水杉适应[3]，树顶尖尖，水巷串起茂林。满目红杉，湖南水立秀林，树色新美，湖中水波轻吟。鱼味可餐，湖畔待客细品，农家风味，临湖大众餐厅，经典品牌，罐头老牌梅林，味蕾记忆，梅林餐厅唤醒。

文化博览，荟聚海派精品，展馆雅集，生活艺术偕行。昆仑石屋，巨石奇异造型，自然造化，生发天地气韵。藏鲸有阁，奇珠异宝亮莹，菁华在柜，珍瓷贴金绘银。越窑青瓷，釉彩青润辉映，传承有序，工艺特征标明。汝窑展馆，贵在瓷色天青，器型俱全，茶瓷映照佛心。四海陶艺，业内传扬大名，藏壶制壶，紫砂凝聚才情。明清家具，纯园专辟展厅，精心仿制，入藏款式典型。旺家根雕，木材重获生命，形肖神似，想象之翼飞行。樱花湖畔，茶室共品香茗，临湖把盏，斟出绿波轻盈。古松遒劲，盆中绿苔沉静，园中盆景，摆出奇异身形。

海湾森林，四季变换好景，春华秋实，花开四季园林。早春梅开，探香展望年景，植树插绿，市民苗木认领，植树佳节，缘牵护绿之情，四月牡丹，国色粉妆丽影，仲春赏樱，河畔烂漫环林，夏日荷塘，千亩芙蓉文静，秋来风劲，水杉变身红林，秋园透景，丹桂点点芳馨，秋深花雅，傲霜共仰菊英，雪压冬枝，腊里寒梅素芯。

海湾赏梅，沪上连年盛行，湖岭相接，胜在七道湾景。梅园大道，穿越坡岭南行，民族花巷，朱砂分列迎宾[4]。五千尖兵，蜡梅春景先迎，四万佳卉，华东观梅胜景[5]。春归春岭，大唐气派梅厅，梅王梅后，东西两端对应。唐梅使者，老干铁骨钦敬，老树新枝，花红点缀疏影。梅王深紫，树干奇曲虬劲，梅后冷艳，素花坚守贞心。方林驿道，引向绿萼湾行，绿白相间，满目绿雪飞英。宋梅使者，香雪湖畔有亭，江梅湾口，花色古梅开竞。重瓣花型，宫粉湾头黄芯，梅园北路，淡粉玫红辉映。朱砂湾口，赤红枝干临津，铁骨绯红，时有墨梅为邻。洒金湾口，花瓣洒色鲜明，一树双色，枝条红白染印。春后湾口，团花围簇拢紧，花厚色淡，贵妃捧出瑶琳。垂龙湾口，花垂犹如龙行，花色乳白，树干柔中带劲。红香驿道，楚梅晋梅有亭，五福栈桥，游人移步赏景。唐梅花厅，缀布梅桩盆景，文化寄情，展出书画摄影。登楚梅阁，远观海潮退进，上探香桥，一览探香湖景。草坪广场，盆栽蜡梅造景，相映驿道，百株杏梅苍劲。芳林驿道，美人梅意娉婷，翡翠幽径，绿萼梅花杆挺。赏梅时节，游客应时观景，春光无限，花间万人穿行。

海湾森林，饱含海的豪情，海湾森林，洋溢自然芳馨。

注释：（1）公园全部占地面积16000亩，现有核心开放区6500亩。园内植树400多万株，共有79科属351种。（2）传说曾有一高僧在此云游时不意间念珠散落水中，一夜间原地冒出两个状如佛珠的小岛。（3）公园地处奉贤海湾镇原五四农场境内，因地处海湾，土地富含盐碱，水杉最适宜在此生长。（4）梅园入口有56株朱砂梅作为行道树，象征着56个民族的代表在这里迎接佳宾。（5）海湾梅园占地2000亩，植梅40000株，有126个品种，为华东地区赏梅新胜地。

生命的交响曲

汤朔梅

四月的乡村，应该是燕语呢喃的时候，更应该是蛙声一片的季节。在这个季节的夜晚，每每枯坐于窗前，晚风送来热闹蛙鸣，时如管弦，时如更鼓。不禁使人联想起“清明时节家家雨，青草池塘处处蛙”的诗句。那蛙鸣，一阵阵一声声，带着对生活的憧憬，流淌在童话般的星光里，印在乡村少年的心坎上。

而近些年，虽依然生活在市郊，但难得听到蛙声，所多的是汽车轮子的轰鸣声和远处都市的喧闹声；偶或听得几声蛙鸣，却是那样的寂寥，不成气候；河道港汊间，也少有一簇簇的小蝌蚪。

这倒使我记起小时候的情景了。

每当春雨初晴，我们背着箩筐，去河边割草，常常被漂浮于水面的银色带子所迷惑：那多像夏夜银河里星星呵！又多像飘在蓝天的风筝呵！回家曾问过奶奶，说是青蛙妈妈产的卵，会孵蛙宝宝的。于是，放学后，我们三五结伴，扔了书包去僻静的小河边观察。发现那银色的带子是缠着水草或芦苇丛的，青蛙妈妈是很细心的，唯恐自己的儿女被水流冲走。再细看，那乳白色的带子上，有芝麻般的小黑点，排列得很均匀，象串串无尽的省略号。那是未出世的小青蛙的眼睛吗？不然，为什么象在注视我们呢？几天后，那省略号就变成无数的逗号，就像乐谱上跳荡的音符——那不正是生命的音符吗？我们正为那神奇的变化纳罕呢！曾几回误了割青草，挨大人的责备。待我们再记起它们的时候，那银带再也不见了，取而代之的是满江满江的小蝌蚪。它们一会儿排成长龙，蠕动着，似乎玩着老鹰抓小鸡；一会儿簇成一团，挤兑着，似乎在玩过家家。它们在碧水青草间从流飘荡自由自在，无忧无虑。而我们却正为未见这梦幻般的蜕变而怅惘呢！

大约两个星期过去后，这些小蝌蚪长出了胳膊与腿，在戏耍中不知不觉的告别了童年的摇篮，在父母亲充满鼓舞的爱的歌声里，与童年的小伙伴挥别，去闯荡陌生的生活。春水像一个朴实的保姆，默默地把它们送得很远很远。生命的考验正等着它们。

在油菜花与紫云英烂漫的日子里，田垄间、机耕道上，到处都是它们幼小的身影。它们坚韧地跳跃着、爬着。拖拉机开过了，牛踩过来了；鸡鸭们正寻找它们果腹。道路上从此留下许许多多它们夭折的生命。但它们依然那样义无反顾地爬着，朝着广阔的田野爬去……

等到下一个春天来临的时候，它们就用嘹亮的歌喉，在小河边在田垄间的绿荫里歌唱了。

啊！那令人遐思的蛙声，唱出一个璀璨的丰收年！

酽酽的阳光里，随风飘来一两声耕者悠长的吆喝声和清脆的鞭声。那汗水顺着耕者的泥腿、耕牛的脊背流下来，流下来，流下来又一声不吭地跌进水田里。青蛙，你都看到了。于是你就像田边的乐队，奏上一曲，给辛劳的人们解乏鼓劲。

这时，那些耕者，会直了直累弯的腰，看看烈烈的太阳说："蛙在叫了，歇下来吸支烟吧！"

每到萤火明灭的夏夜，辛苦了一天的农民都回家了。那正是蛙们显身手的时候，它们就像忠实的老农，在田间巡逻，吃害虫护庄稼。同时组成一个庞大的乐队，在满天的星光里，演奏灿烂的交响曲。在这交响曲的旋律中，油菜在悄悄地鼓荚，麦子在欢畅地扬花。而农民的梦，就像新碾的面蒸的馒头，那样的甜，那样的香……

那是用生命唱响的旋律。青蛙是应该用自己的声音歌唱的，它们从一个小小的音符，蜕变成一只青蛙，这期间历尽了磨难，然而它们还是那样的乐观，歌声中没有一丝的忧伤与颓唐。这是怎样的一种生命呢？我想，只要你热爱生命，热爱生活，那你一定会热爱这歌声的。

前些日子，偶尔翻到一幅《小蝌蚪找妈妈》的漫画，看后心情沉重。小蝌蚪却是在人类的餐桌上，找到不再唱歌的妈妈的呀！

我想，假如没有蛙声，那夜该是多么的寂寞啊。还会有农民的梦吗？还会有孩子们的笑吗？还会有谁吟诵"稻花香里说丰年，听取蛙声一片"的诗句呢？

老杨树　老杨树

高明昌

老屋朝西走两百公尺，再朝南走一百米，那里还有些老杨树。前几年还有四棵，去年还有三棵，今年只剩下两棵了。这成了难得的金贵与稀奇。我每次回家，有一个自我规定的任务，那就是用上半个小时，一个人静悄悄地去看看这些老杨树，算是家乡人与家乡自然的亲切照面。

村里的老杨树，实在像村里的老人一样，正在一棵一棵地减少。

我看老杨树，心里一直涌起这种感觉，有点悲悯，因此看树时，总是悄然无声，对着树，木然。其实，这心境肯定不适合我，眼前的老杨树，虽然寂静无声，但是如果没有天灾人祸，存活在大地的年轮，一定超过吆五喝六的我们。

这是有事实可证的。

母亲告诉我，最先看到的那颗歪脖子杨树，是父亲的爷爷栽的。这棵树离地一公尺后突然向河中心转去，有点上翘。尽管如此，树冠仍有十几米高，这是个了不得的长度。母亲说，杨树长高了，肚子就空了，言下之意是杨树长不高的。事实也然，眼前的这棵老树，力气都长在树的根上了。你看，裸露在外的树根一是粗细不一，二是东倒西歪，真正的盘根错节。离树五米看树根，树根就像缠绕在一起的乌色蟒蛇。而那些探在水里的根须，一律白色的样子，不时随水上下波动，左右摇晃。

几根特别长的须棒，犹如白色飘带，不蔓不枝，悠悠地一直要伸到小河的中央。

树，为何是歪的？

母亲说，风刮的，水冲的，还有人弄的。

人弄的！这是我知道的事情。我们小的时候与树的接触几乎是每天的事情。其他不说，单是夏天里的浴身。中饭以后，我们五六个小伙伴就相约来到树下。在离树十多米时就开跑，到树下两脚倏地蹬地，是一个标准的跳高动作，我们上树了。就开始沿着树身向外走，要走到树根的最外梢，最先走到的就在树上来个蹲身的动作就可以休息。等待后面的伙伴上来，一个两个，三个了，四个了，五个了，树上蹲不下了，我们就迅速脱光衣服，光着屁股，依着次序，在一、二、三的口令下，一个一个跳下来，跳到水里、跳到河里。

树，一跳一个动，是人眼看不出的动，却是屁股感觉到的动，其实是惯性使然。我们那时不懂这道理，还以为树有弹簧了。树受力的反弹，是柔柔的，也是清静的，人感觉舒坦。所以，跳了一次后，还要重新跳一次，跳时两手前后拼命甩开距离，要跳到精疲力竭为止。有时，偶尔停跳，是因为我们看见了走过来的路人，如果是几个女人，或者一群女人，在河里的就干脆躲在河里了，露个头；没有下河的，拼命穿裤子，来不及穿的，就用布盖盖住了那身体的那个部位；在树上来不及跳的，干脆用双手扣住那地方。完后大家你望望我，我看看你，一脸尴尬的后面，开始出笑声了。

母亲说，今后别跳了。母亲的理由是：树已经够歪的了，树想站起来，你们一折腾，树跟人一样，要泄气的。

后来，母亲告诉我，这树与你父亲的爷爷一样长相，爷爷是背驼的，也是残疾，跟树一模一样。

这个爷爷与这个爷爷种的树之间有没有关系？我不得知，眼前的树没有与这个的爷爷一起归天，它还在生长，还在陪着我们玩，可这个爷爷呢？这个爷爷已经作古地下。现在连父亲也说不上这个爷爷的面孔是方形的还是椭圆形的了。

歪脖子树的寿命比人的寿命不知要长多少倍，这当中是否也寄存了爷爷的一点什么？

朝歪脖子树那里再朝西走五十米也有一棵大杨树。

这树在母亲的眼里叫叉子树，村里人叫丫丫树。说它是丫丫树，其实就是树的一副长相。丫丫树长得笔挺，树长三米长高的地方突分两路，形成倒写的一个八字，清清爽爽。丫丫树的树根比歪脖子树要粗一半，树冠高达二十多米，枝叶繁茂，严严厚厚地铺开出去有十来平方米的方圆，再长成一个三角形，远看就是一把硕大的撑天大阳伞。

不用说丫丫树如此茁壮是因为丫丫树的根一半扎水里，一半扎土里之故。所有的树都一样，它们绝不会悬在空中的。丫丫树的长势是丫丫树本身的事情。这棵丫丫树是长在隔壁村陈家的后院里，是种在硬地上的，到今天是真的深固难徙了。它离河边上有二十米之多。也听母亲说，陈家的大儿子与我父亲一般大，与父亲很要好，他告诉父亲，说这棵树也是他父亲的爷爷种的，也是一棵十足的老杨树。

都是父亲的爷爷，那时没有植树节，为什么会如此统一呢？

我想问：那个的爷爷残疾吗？

想来这也是无关紧要的，因为人没了，树犹在。我记得也是夏天，我们在歪脖子那里浴身好了以后，就要到丫丫树那边去白相。

丫丫树的下面是一个天然的纳凉胜地，十来平方米的大小，阳光被树叶挡住了，偶尔有碎光铺地，那是风动叶飘的结果。赤脚着地，就像踩在青石板上，不会有灼热的触觉。微风偶尔袭来，到树下就散开，匀匀地吹着人的脸，让人立时感觉酷热中的凉爽。

我们就搬起小板凳，有时也搬去桌椅，去老杨树下玩耍。这一玩耍就没个尽头，我们好像永远不会吃力，也永远不需要休息似的。到了老杨树下，我们就开始玩打弹子，弹子要玩到有人输光；后来玩翻纸牌，也要玩到有人输光。从中午一直玩到四五点钟的。身上没有东西玩了，就玩自己。我们就在树荫下比赛摔跤，是轮番甩摔跤，用现在的话叫做淘汰赛。摔倒最后，有人不服输了，我们开始打架了，要打到有人趴在地上站不起，赢的人摁住对方头脸喊服帖了吗？输的被摁住的人要喊服帖了才罢休。到傍晚了，天色不对了，我们必须要回到家里去，这才想起躺在地上的朋友，于是我们慢慢走过去，搀扶起被自己打趴下的伙伴，相互扶着回到家里去。

大人们知道我们在老杨树的事情后就禁止我们去那里，可这禁得住吗？禁不住，因为陈家买了台九寸的黑白电视机。陈家从自己家里的灶间里拖了根长长的电线，在那里放起了电视。这是个了不得的大事。每天，天还未暗去，电视机已经放好，陈家人就搬了靠背的椅子在那里坐等着电视机开播。没有几天，我们都知道了这件事，都生发出一个念头想去看看电视节目。大人想，小人更想，大人忙于干活，中午出工前就叮嘱孩子说，吃好晚饭后早点去，先把长凳放好。有一晚听说要放锡剧《珍珠塔》，我母亲就小声对我说，儿子，你今晚也先去把长凳搬去放好。我知道母亲眼馋了，想看《珍珠塔》了。

这样的事情要持续到 8 月底，有一个晚上，有人因为看电视，被树上掉下的刺毛虫狠狠地咬了一口，肿了好几天，用什么药涂也痛、也痒。大家才发现，老杨树到 8 月份要生虫的，这虫实在厉害，不要说咬了，掉下来只要在你手臂的皮肤上划过，这痒痒劲可以立马让你难受半个小时，这难过是钻心的。后来陈家喷农药除虫，也不顶用；后来人们就不到老杨树下边去了，陈家把电视机搬回到家里，看的人就少了。

老杨树又恢复了宁静，与歪脖子老杨树一样。

歪脖子树还在，丫丫树还在！但枝叶零落，树皮也是墨黑一般了。这跟村里的老人一样，他们现在喜欢在冬天的场角里晒太阳了。

绿化抒怀

——献给《关于开展全民义务植树运动的决议》实施三十周年

卫治民

混沌初开，生命萌芽，有了绿色植物，释放出氧气，诞生动物，乃至人类。人类的生存和发展，一刻也离不开哺育她的慈母——绿色大地。

树木花草，是天然的制氧机，高效的吸尘器，美妙的隔音板，强力的杀菌剂。

树木花草，是生命的摇篮，文明的象征。

绿色，是春天的颜色，青春的颜色，生命的颜色，动人的颜色。全世界邮政的统一颜色定为绿色，意味着绿色可以通行无阻地传递全世界的信息。

十字路口开绿灯，表示准予通行，意味着开放。

绿化、造林，是振兴中华的万年大业，是平衡生态的战略决策，是建设文明的重大举措，是造福后代的英明大计，是我们义不容辞的职责。造林，就是造氧、造水、造材、造福；造林，就是造粮棉油，造食用菌。栽树，就是栽下富根，栽下未来，栽下希望。

公元100—121年完成的中国最早字典《说文解字》一书，共收汉字9353个，其中以“木”为偏旁部首的有445个，以“艹”为部首的有464个，以竹为部首的有151个，由此可见，中华民族祖先与绿化的密切关系，也反映了我国古代花草树木之茂盛。

新中国诞生以来，党和国家一直很重视植树造林工作。毛泽东同志向全国人民发出“绿化祖国”的伟大号召；周恩来同志指示：“从中央到地方，每个负责同志，除年老有病的外，每年都要带头种树，要养成一种风气，并对此事作出相应的规定。”他还提出“以营林为基础，采育结合，越采越好，越采越多，青山常在，永续利用”的方针。刘少奇同志也曾经说过：造林栽树是个大工程，是改造自然的最基本的工程，是无可比拟的生物工程。在1981年年底召开的五届人大四次会议上，三千多名各族代表一致通过《关于开展全民义务植树运动的决议》，要求“凡是条件具备的地方，年满十一岁的中华人民共和国公民，除老弱病残者外，因地制宜，每人每年义务植树三至五棵，或者完成相应劳动量的育苗、管护和其他绿化任务。”这是一个伟大的创举，是绿化祖国、振兴中华的一项重大战略措施，是我们每个公民应该热情自觉完成的义务。这也是新中国最高权力机关对绿化祖国作出的第一个重大的、具有法律效力的历史性决议。三十年来，切实实施，年年大干，中华大地实现了绿化、美化、香化，生态环境日见优化。

春风已吹江南岸。三月天时，大家都来植树、栽花、种草，永葆我们的文明城市和广大农村山清水秀、鸟语花香、遍地皆绿，使美好的奉贤永远成为四海客商心目中最理想的投资经商的乐园。

树是有记忆的

谢根华

星期六早晨，我领着两个外孙——天旸、天晟，来到古华公园。

春回大地，公园风景如画。两个孩子仿佛受到大自然美妙的召唤，象两匹脱缰的小马驹，奔向草地，奔向树林。

望着孩子们欢快的身影，我的思绪神奇般地回到了30年前……

1986年春，位于南桥中心城区的古华公园开园之日，当地居民、市区游客蜂拥而至，还有不少媒体记者也闻讯赶来。这是上海南大门——奉贤第一座正规化的公园，而且由同济大学著名教授、闻名中外的园林设计大师陈从周集江南园林、奉贤特色景观之精华设计建造而成。时任上海市副市长宋日昌为公园提名。

当时，有人形容古华公园象南桥地区一颗绿色的明珠。你看，园内碧水围绕，带着奉贤历史，充满传奇色彩的22座形体各异、大小不等的桥梁连接全园，亭台楼阁、轩榭廊亭分布合理，其中水香亭、水明亭、水绿亭三亭名称，分别由全国著名书法家林仲兴、胡问遂、赵冷月题书。

笔者有幸采访了陈从周大师，请他谈谈公园的亮点和特色，大师笑着接过话筒，出人意料地话锋一转，认真地说："古华公园，不仅是南桥的公园、奉贤的公园，更是上海、全国广大游客的公园。我带头为古华公园捐一棵树苗。"当时，在场的领导、市民、游客纷纷响应。大师笑了，接着说，"今天的树苗，明天的故事。树是一种感恩植物，树是有记忆的，一定会回报你们子孙的。"

30年后的今天，当我领着外孙走进古华公园，沐浴着阳光，呼吸着新鲜空气，观赏着高大、挺拔的树木，深刻感受到大师的非凡远见和对子孙后代的责任！

奔啊、跑啊、叫啊，两个孩子玩累了，回到我面前，一边一个拉着我的手，来到一长排树前，指着书上挂着的一块块五颜六色的牌子问："外公，这树上挂着什么呀？"

"这是有爱心的人，种下的树和认领树的标记。"我认真地说。

"外公，你种了树吗？"两人不约而同地问。

"很久很久以前，外公种了一颗小树苗。"我如实回答。

"我们要看外公种的树。"

"它已经长大了，长得很高了。"我指着一大排高大的树说。

"外公，我们也要种树。"

"等你们长大了，赚钱了，再来种树。"

"我有压岁钱！"天旸话音刚落，天晟紧跟而上。

哦，阳光更浓了。

夏日炎炎话翠竹

高宗达

踏着晨光，漫步于竹林小径，那种烟光、日影、露气浮动于疏枝繁叶之间，此情此景构成了竹林独特的意境。竹林不同于松林的肃穆，不同于柳林的轻盈，更不同于桃林的娇艳。竹林自有它自己的特色——清幽。

古人说：竹之为物，非草非木。它既不同于凡草，也不同于俗木。它是介乎于草与木之间的一种令人爱慕的独特植物。人们爱竹，爱它那洒脱的风姿；人们爱竹，爱它那挺拔的气势；人们爱竹，爱它那节外无枝的操守；人们爱竹，爱它那刚柔相济的品德。然而，人们爱竹，更爱它那“依依君子德，无处不相宜”的性格。你看，这山有竹则山青，这水傍竹则水秀。你看，这几簇翠竹把个农家小院点缀得如此生机勃勃。你看，这数丛凤尾给这华贵的馆舍平添了一派高雅之气。竹是美的，长在哪里，便给哪里带来超凡的风韵；生在哪里，便给哪里染上脱俗的情趣。

啊！你看这窗下、阶前、房左、屋右、田头、路边、深山、野谷……竹美化着人们的生活。当你置身于这竹的世界，放眼四望，你会感到处处是一派蓬蓬勃勃、苍苍翠翠。当你置身于竹的世界，它会使你心旷神怡，忘却一切烦恼，它会使你心生一种透体的清凉。仿佛自己的身躯也化作了一竿翠竹，加入了这绿色的行列。竹是绿色的，它绿得那样的明净，那样深邃，那样富于生命力。身躯似碧玉妆成，叶片如翡翠裁就。它那绿色好像随时都可能从叶尖上滴落下来，无怪人们常说：“竹下品茶则绿色盈盏，竹下饮酒则翠色满杯。”

竹，不但有美的风姿，而且有美的心灵。

当你看到老人手中的竹杖、婴儿乘坐的竹车时，你是否意识到竹有一种扶老携幼的精神；当你看到农民肩上的扁担、船工手中的竹篙时，你是否联想起竹有一种助人为乐的品德；你看到工人休息的竹榻、遮风挡雨的竹笠时，你也许懂得了竹那种忘我的品质。

竹对待一切是平等的，它无贵贱之分，无高下之别。它不以作为清洁姑娘手中的扫帚而自卑，也不因作为画家手中的笔杆而自傲。它愿为一切喜爱它的人们而献身。竹既可做成精巧的工艺品，陈列于案头，供人欣赏，也可以做人们日常生活中必不可少的装米的竹篓与洗菜的竹筐。它不附高贵，不避贫寒，这是多么难能可贵的正人之德、君子之风。

诗人东坡，以竹为友，为好友，为知友。他说：“可以食无肉，不可居无竹，无肉使人瘦，无竹使人俗……”他诗中有竹，画中有竹，一方古老的石碑，刻下了他对竹深深的爱。历史上著名的诗人几乎都有咏竹的佳句，他们写竹的姿态，写竹的性情，借竹以抒怀，用竹以咏志。竹在诗词歌赋中充分展示了自己的风采。

扬州八怪之一的郑板桥爱竹成癖，须臾不离，“……风中雨中有声，日中月中有影，诗中酒中有情，闲中闷中有伴。”他曾“四十年来画竹枝”，为我们留下了大量的画卷和诗篇。“衙斋卧听萧萧竹，疑似民间疾苦声，些小吾曹州县吏，一枝一叶总关情。”爱竹之心，爱民之情，跃然纸上，融为一体。

古往今来，诗人、画家、摄影师都在以不同的艺术形式表达自己对竹的爱慕之情。由于光线、角度、景深的变化，翠竹在摄影师们的镜头里呈现出多姿多彩的画意。时而似水墨，时而如丹青，时而又是丹青间水墨，时而又变成了清晰的剪影。

竹，大自然的骄子，造物者的杰作。天地间的一切似乎对竹有些偏爱。太阳，给竹以光，给竹以热，给竹以无限生机，对竹有着父亲般炽热的爱。月亮给竹以宁静、给竹以抚慰，给竹以无限温存，对竹有着母亲般仁慈的爱。泉水，给竹以甘甜，给竹以滋润，总想让每一竿竹都依偎在自己的身边，甚至想把每簇竹的影子都紧紧地揽入自己的怀抱，泉水爱竹爱得形影不离。

古树魂

吴垂斌

东海之滨、杭州湾畔的四团镇上有棵古老的大树；是棵有着640多年寿龄的银杏树。悠悠六百多年，“路漫漫其修远兮”。

沿着团青公路，踏上四团镇头，老远就能看到这棵大树。她鹤立鸡群般耸立在一块无名高地上，像一只巨大的手臂，高高地向上鼎力托举这蓝天白云，喷薄着一股原始的、不可遏制的生命力，像贲张，像呐喊，震撼心灵。她是四团一宝、镇上一绝的“生命之魂”。

“山以高而秀，名因士乃传。”四团以银杏树而美丽，银杏树因古老而传魂。

“红树青山月欲斜，长郊草色绿无涯，游人不管春将老，来往庭前踏落花。”这是欧阳修在琅琊山上的一首诗，描绘山色美景。四团没有山没有亭，但有美丽的银杏树。银杏树美，美在古色中。

走近银杏树，像走进一条深深的古巷，古朴古韵、悠悠古风。那古老的树根深深地扎入地下，与大地融成一体，盘根错节，纵横地下，成为四团地下最古老的根。那刻满岁月的树干，粗壮得要三四人合抱，树身上斑驳凹凸处，写满古典古籍。虬枝逸态中展示古色古香的艺术造型，片片树叶里传来幽婉缠绵的古曲古调……好一派“秦松汉柏风骨，商彝夏鼎精神”的大家风范，令人肃然起敬。

站在银杏树下聆听古树心声，你的记忆会跟随她的脚步穿过沉寂，越过浩瀚，走向遥远的时光与地方，仿佛与六百多年前的那位栽树先民对话。他一手扶苗一手拿锄，栽下了这棵银杏树，那时的他哪里会想到六百多年后今日银杏树的景况；也许那时他只是下意识地为子孙后代造福，但他的行为确确实实已闪耀出“前人栽树后人乘凉”的人性中最美的火花，传承着民族传统美德。此时此刻面对古人，心灵激荡，灵魂化蛹为蝶，一种美好圣洁的情愫油然而生——爱，大爱无言成格言；

德，——厚德载物奉校训，爱，是古树之魂。

银杏树走过了长长的一条心路历程。她滥觞于元末，发轫于明清，沿着民国到如今，整整走过了六百多年时光和路程。如许光阴，如水东流，历历人与事，被无情时光一扫而光，像退去的潮水匆匆退出舞台成为历史；唯独银杏树幸运地活着，屹立在东方大地上，穿越时空，古今合鸣，成为时代的骄傲。历史，乃是古树之根。

银杏树也受了长长的苦，遭了深深的难。天灾人祸，生离死别，悲欢离合，六百多年的磨难砥砺成“隐于俗而显于雅，耐于贫而乐于守”的一种境界。“春风大雅能容物，秋水文章不染尘”的一种胸怀。“阅透人情识纸背，踏穿世路觉山平”的一种达观、淡然。像一缕风、一片叶，像一滴水、一抹光。“绚烂归平淡，真放本精微”，古树之性也。

一看到银杏树，马上会联想起先烈赵天鹏。天鹏烈士为国为民，忠魂侠骨，只因为四团人民除霸，不幸遭捕遇害，血溅银杏树，惊天地、泣鬼神！四团人缅怀先烈，“天鹏路”“天鹏街”“天鹏小区”，名垂千古；银杏树托情寄志，震古烁今更添传奇。

魂牵古树，梦绕千秋！

早春时节说说鸟

奚国兴

“春眠不觉晓，处处闻啼鸟”，一到春天，到处可以看到鸟活动的倩影，他们成群结队，婉转啼鸣。

鸟是大自然的宝贵财富，天空中有鸟，天就变得更高远；大海中有鸟，海就显得更博大；树林中有鸟，树林就显得更幽静；城市上空有鸟，城市就多了一道美丽的风景。

在文化艺术领域中，有食文化、茶文化、酒文化、竹文化、花文化，其实鸟文化也源远流长。

有关鸟的成语也不少，鹦鹉学舌、鸟语花香、鸦雀无声、鹏程万里、莺歌燕舞等。这些都告诉了我们一个个相关鸟的故事。

其实人们的爱鸟还体现在名字中，用自己喜欢的鸟的名称填入姓名，如凤、燕、莺、鹤、雁、鹏等，希望自己像鸟一样远走高飞，前途无量。

古代的不少文化人以鸟为对象，写出了很多优秀诗文，曹丕的《燕歌行》、司马相如的《凤求凰》等，杜甫的“两个黄鹂鸣翠柳，一行白鹭上青天”，白居易的“几处早莺争暖树，谁家新燕啄春泥”，这些诗句，至今读来还朗朗上口。

伟大领袖毛主席也在不少诗词中写到鸟，如“天高云淡，望断南飞雁”，“鹰击长空，鱼翔浅底”，“到处莺歌燕舞”，“长空雁叫霜晨月”等，语言平易朴实，让人得到美的享受。

鸟是人类的朋友，我们小区里有几个老同志爱好养鸟，鸟在枝上鸣，人在画中行，既丰富了精神生活，又陶冶了情操。然而，现在还有人手持弹弓，随处弹杀鸟类，弄得鸟无安宁之日。近日，电视台报道了非法捕鸟的事，提醒广大市民增强护鸟意识，保护野生动物。劝君莫打三春鸟，让鸟和人有一个和谐的生态环境。

在我们闻名遐迩的海湾地区，就有数不清的候鸟成为那里长久的“居民”，它们飞翔起来，真是分不清是贴水低掠还是振翅高飞，它们悠然自得的野趣和我们心旷神怡的探寻相互交融，鸟与人类长期生存在同一个自然空间中，建立了很好的感情。有人说，春鸟轻轻一声啼叫，可以唤醒一个轻轻的梦，书写一首清清的诗。的确，小鸟的“叽叽喳喳”声，让人感到悦耳快慰，似歌声一样令人神往。所以，哪里有鸟的鸣叫，哪里就有鸟的歌声。在蓝天白云间，在嫩芽鲜花中，在溪水河边上，在广阔田野里，鸟就是流动的诗，鸟就是五彩的画。

我们要给鸟奉献爱心，让燕子迎春，喜鹊搭桥，大雁传书，雄鹰展翅，让我们在群鸟齐鸣的大自然里，听到春天的童话，在欣赏和喜悦中，拥抱一份催人奋进的希冀。

又见蜡梅花开

狄海英

又是一年的最后一天了，处理完毕一大叠枯燥的公文，我好想舒展一下自己紧张的神经，轻松一下压抑的情怀，于是我在窗口偷得半点闲暇，揉揉干涩的眼睛，举目向外远眺，欣然发现窗下、墙角的素心蜡梅盎然怒放于枝头。

在万木萧条之际，素心蜡梅花鲜黄如蜡，点缀于萧疏的枝条上，恰似繁星闪耀。三九严寒，蜡梅花却傲然挺立在凛冽的寒风中吐艳怒放，展现出一派生机。

“墙角一枝梅，凌寒独自开。遥知不是雪，为有暗香来。”黄色的蜡梅花，晶莹光亮，香气浓郁，沁人心脾，让我感受到了春的脉搏，心里漾起阵阵暖意。

素心蜡梅在这深宅大院里“疏枝横玉瘦，小萼点珠光。”她也许比不上牡丹的娇艳、富贵，比不上玉兰的高贵、优雅，比不上紫薇的幽秘、纷繁。但是她“一朵忽先变，百花皆后香。欲传春消息，不怕雪埋藏。”蜡梅花冷挂枝条，她集高洁、秀雅、坚毅于一身，无论她的色、香、韵、姿俱佳，是寒风中的铮铮傲骨的铁娘子。

记得那场肆虐的“麦莎”台风，把那棵高大的桂花树给连根拔起，而低矮的素心蜡梅树安然无恙。到了寒冷的冬季，那些新移的花草在风霜雪雨的摧残下，已经枯黄衰败，而蜡梅花在萧条、荒凉的花坛里孤寂地盛开着。“众芳摇落独暄妍，占尽风情向小园”，蜡梅虽然缺少了浓郁飘香的桂花树陪伴，但在楼前窗下，在向阳的东南墙角下，在染霜黯然的冬青树叶的掩映下，显得分外妖娆妩媚。

看着这些素心蜡梅，我忽然升起了一种莫名的感叹，觉得人生好比树木，一岁一枯荣，素心蜡梅与我相邻了 12 年。岁岁年年花相似，年年岁岁人不同，淡淡的皱纹爬上了眼角，稀疏的白发悄悄地混入了黑发中，在这大院里，身边的同事也像这花草一样，换了一茬又一茬，不断地推陈出新。岁月匆匆，年年看着蜡梅花在寒风霜雪中盛开，在春天来临的时候黯然，在角落里暗自留香。

蜡梅花“香非在蕊，香非在萼，骨中香彻”，她与众不同，超越自我，尽展着一种精神。我好欣赏梅花的性情高雅，在凛凛风中馨香透彻，尽显铮铮傲骨。

“无意苦争春，一任群芳妒。零落成泥碾作尘，只有香如故。”纵然，蜡梅花最终不堪风雨摧残，她的香魂也不上云霄，愿永驻人间，但我欣赏她的孤高正直，操节自守，不随波逐流的品格。

2005 年从容而过，2006 年欣然来临，在这辞旧迎新之际，又见蜡梅花开了，愿在花的芬芳中迎来充满希望的新年！

二、美术作品

1．美术作品选

春到古华（水墨画）　　季仁葵　作

梅花香自苦寒来（国画）　　金仲江　作

桃红柳绿又一村（刻纸）

钱肖红、傅永辉、倪海英　作

环秀桥畔古银杏（油画）　　沈志权　作

2．摄影作品选

彩叶深处鸟类天堂　　潘益飞　摄

桃花盛开的地方　　方国政　摄

古树银妆　　池海波　摄

3．书法作品选

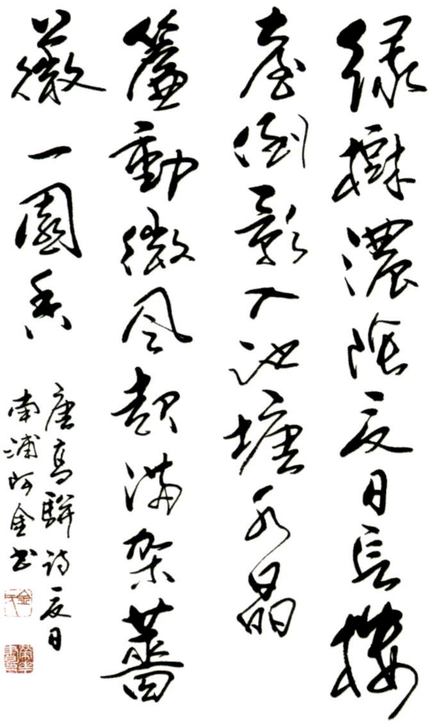

金荣华 书

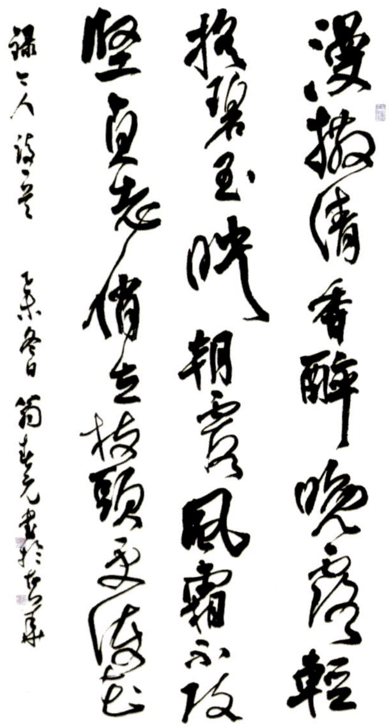

翁春元 书

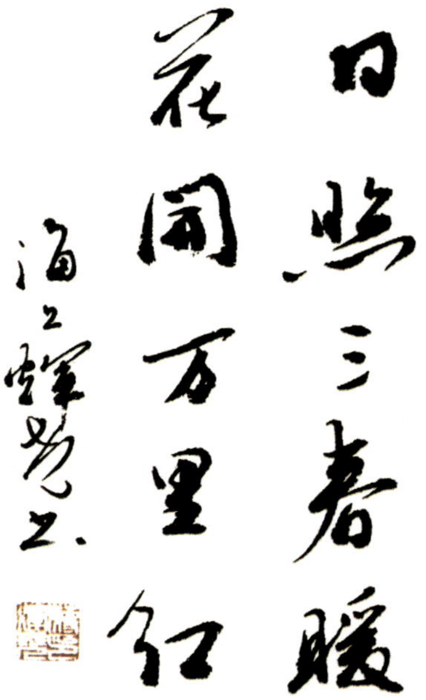

蒋辉尧 书

第三节　寓意林业的谚语　成语　歇后语　谜语　对联　传说

一、林业谚语

1. 森林与人类

植树造林，利国利民。
喂鸟不如多造林，林茂自有百鸟鸣。
造林即造福，栽树即栽富。
栽树忙一天，好处几十年。
水草肥美牛羊多，林木茂密鸟雀多。
乱砍树对不起先人，不栽树对不起后人。
处处树木长青，年年风调雨顺。
门前桃李后园竹，后代儿孙都享福。
家中富不富，先看屋边树。
养鱼不可缺水，种田不可无林。
种树成行，如开银行。
绿水青山，就是金山银山。
若要水长流，莫砍河边树。
要得河堤固，栽好河边树。
种田靠水，蓄水靠林。
无灾人养树，有灾树养人。
以林促农，林茂粮丰。
栽植桃梨柿和枣，环境优美生活好。
春插一枝柳，夏得一片荫。
春有花夏有荫，秋有果冬有青。
造活一片林，有个聚宝盆。
河边柳树路边杨，不等三年歇荫凉。
一年之计种稻谷，长远之计种树木。
公路两旁多栽树，又遮烈日又护路。
人要文化，地要绿化。
植好树林带，台风不用怕。
庄行蜜梨青村桃，奉贤水果称头挑。
传子千金万金，不如留片果林。
长远富多栽树，近期富种茶种桑种果树。

2. 科学种树

干不死泡桐，淹不死杨柳。
栽树莫要使树知，早春栽树正当时。
造林不整地，等于耍儿戏。
立冬栽竹，立春栽木。
春季造林成活高，大好时光莫放掉。
年尾栽竹枝枝绿，年头种树蔸蔸青。
植树措施千万条，不误农时第一条。
冬天种树树正眠，开春发芽长得欢。
春回大地阳气升，移花接木快造林。
秋栽树宜晚，要等叶落光。
栽树要想活，必须带泥坨。
随起随运随栽苗，种下成活一定高。
挖树不要伤了根，栽树要得坑子深。
树根晒一晌，树木难生长。
苗木晒了根，成活减三分。
挖好坑浇点水，水干再栽苗。
起苗不伤根，运苗不晒根，栽苗不露根。
栽树诀窍，深埋实捣。
杨柳条，洗洗澡，成活多来发芽早。
要想棕早剐，栽树垫片瓦。
人要心好，树要根牢。
过河先搭桥，种树先育苗。

3. 抚育管理

造林一时，护林一世。
爱花花结果，爱柳柳成荫。

前人种树后人乘凉，前人毁树后人遭殃。人护林木，林木养人。
三分种，七分管，光种不管打饭碗。要想幼树长得好，林地必须勤锄草。
种下树木精心管，胜过银行存现款。林中住群鸟，树木害虫少。
三年护林人养树，五年成林树养人。儿不教养不成人，树不抚育不成林。
栽得繁，管得松，栽到最后落个空。不让杂草过秋分，明年杂草断子孙。
人挪活，树挪死。春要壅根，秋要修杈。
种树容易管树难，措施到位责任担。植树不护，白费功夫。
要想树木长得快，除草松土灭虫害。春不砍竹，夏不伐木。
春砍竹子夏伐木，粉虫蛀个空壳壳。不打林中鸟，树木虫害少。
笋期伐竹，儿哭娘哭。造林不护林，等于白费劲。
有砍无栽，绝了后代。不剪病枝不治虫，长势再好也是空。
长堤要防老鼠洞，大树要防蛀心虫。一条毛毛虫，能把树蛀空。
森林森林，虫火无情。

4．**笋竹**

宅边种了竹，防风又保屋。今年笋，明年竹，肥料一定要上足。
要想竹栽活，娘家带泥坨。春栽竹，秋培土，一年四季青绿绿。
清明挖笋，谷雨长竹。门前桃梨后园竹，三代儿孙都享福。
立春栽木，冬至栽竹。要想出笋多，年年压细沙。
月月栽竹，赶勿上正月二十六。

5．**森林与生态**

植树栽花又种草，环境优美疾病少。栽好树，管好林，防旱防水又遮荫。
植树像建氧气厂，生产氧气把人养。栽树在田岸，防涝又防旱。
绿化成荫空气好，身体健康人寿高。金汇港滩好风光，绿树相伴环境爽。
树木葱茏，人寿年丰。房前屋后栽花草，身体健康疾病少。
要想风沙停，办法在造林。劝君莫打林中鸟，鸟是林中一个宝。
若要环境好，多种树、花、草。绿树成荫，空气清新。
地绿天蓝，益寿年丰。

6．**花卉管理**

鱼水肥，米水壮，自来水隔夜才无妨。干透浇透，棵旺花秀。
孕蕾多浇，开花少浇。草本多浇，木本少浇。
水多要烂根，肥多要焦头。开花时节施肥料，花蕾花瓣全烧焦。
盆花三忌，浓肥、热肥、坐肥。月季花落剪去蒂，花朵随放又鲜艳。
月季不剪枝，来年花朵稀。正月迎春金样黄，二月杏花粉样样。
三月桃花红千树，四月蔷薇靠矮墙。五月榴花红似火，六月荷花开满塘。
七月栀子头上戴，八月桂花遍地香。九月菊花初开放，十月芙蓉正上妆。

冬月水仙案上放，腊月寒梅斗冰霜。

陡长不施，新栽不施，盛暑不施，休眠不施。

7．**果树种管**

果树不嫁接，到老没出息。

剪枝修叶，果子肯结。

果树要丰收，勤把树枝修。

果树勤修剪，不分大小年。

不剪疯枝不治虫，长势再好也是空。

一树花，半树果，半树花，一树果。

春肥促花，秋肥促果。

冬至遇大雪，来年果不结。

上元日晴宜百果，元宵无雨一春旱。

三月三，起大风，十棵果树九棵空。

惊蛰晴，果成林，清明雨，百果损。

立春晴一日，果子压树枝。

苹果生来性喜寒，至死不到长江南。

梨树粗皮今冬刮，来年硕果把树压。

一棵果树抵头猪，一年种下十年收。

要使果树成活高，现挖现栽很重要。

移栽要记原方向，果木易活又肯长。

修剪如绣花，一针不能差。

疏果不如疏花，疏花不如疏芽。

暑前不觉热，果实难得结。

冬至天气晴，来年果木盛。

果畦宽，地通风，种果栽花要养蜂。

明年果子结不结，只看今年热不热。

雨后花鲜，霜后果甜。

可口的杨梅在下枝，好吃的李子在尖梢。

七月枣子八月梨，九月柿子红透皮。

勤整枝，多打杈，梨果结的一挂挂。

梨树刮皮虫没命，不刮树皮虫过冬。

嫁接的花卉开花艳，嫁接的果树结果甜。

二、以林业寓意的成语

拔牙寻根	铁树开花	百年树人	树大招风
罄竹难书	青梅竹马	势如破竹	胸有成竹
草木皆兵	枯木逢春	独木难支	花枝招展
落花流水	花好月圆	雾里看花	繁花似锦
百花齐放	锦上添花	奇花异草	昙花一现
朽木难雕	木已成舟	花团锦簇	郁郁葱葱

三、以林业相关语作比喻的歇后语

弄堂里搬木头——直来直去

石榴剥皮——点子多

竹筒倒豆子——爽快

一棵树只结两个果——无独有偶

一根扁担挑泰山——担当不起

八哥啄柿子——拣软的欺

八月的石榴——满脑子点子

三月的桃花——谢了
猴子爬竹竿——上蹿下跳
胡桃里的肉——不敲不出来
竹篮子打水——一场空
橄榄核垫凳脚——活里活络
嫩竹扁担挑水——担当不起
一根竹竿捅到底——不会转弯
八月的柿子——熟透
三月的杨柳——分外亲（青）
山沟里的杉树——直统统
开了花的竹子——短命
杨树开花——不结果
四月的梅子——多少带点亲（青）
百年松树五月芭蕉——粗枝大叶
吃香蕉剥皮——吃里扒外
竹筛子兜水——漏洞百出
盛夏的荷花——满堂（塘）红
塘里的莲花——根连根
牵牛花的本事——顺杆爬
枯藤攀大树——生死不离
南山上的松树——四季常青
黄连做的图章——刻苦
黄连树下唱小曲——苦中作乐
千年大树百年松——根深叶茂
杨梅加醋——酸得很
墙里开花墙外香——美名在外
莲子心——苦人（仁）儿
树叶落在河里——随波逐流
竹笋脱壳——层层剥
黄连木雕猴子——苦孙子
黄连水洗头——苦恼（脑）

四、寓意林业的谜语

爷也蓬头，娘也蓬头，养个儿子尖头。（打一物——竹笋）

一横一横又一横，一竖一竖又一竖，一撇一撇又一撇，一捺一捺又一捺。

（打一字——森）

树大如伞叶茂盛，长寿可活上千年，人人爱它做衣箱，香气扑鼻防虫蛀。

（打一树——樟树）

刚劲挺拔斗霜雪，叶儿脱尽才开花，平时花儿不乱开，开了花儿飘雪花。

（打一花——蜡梅）

池里有个俊姑娘，从小生在水中央，粉红笑脸迎风摆，只只绿船不划桨。

（打一花——荷花）

祖祖辈辈土中行，每逢春来添子孙，清白肥嫩一道菜，茁壮成长四季青。

（打一植物——竹）

小小红坛子，装满红饺子，吃掉红饺子，吐出白珠子。

（打一水果——橘子）

弯弯像月牙，短短像黄瓜，兄弟排排坐，个个甜又香。

（打一水果——香蕉）

五、寓意林业的对联

百花齐放　万木争春

十年树木　百年树人

红梅吐蕊　绿竹催生

红日照绿柳　白雪映红梅

梅花开五福　竹叶报三多

雪映丰收景　梅报百花香

红杏枝头春意闹　绿杨烟笼晓寒轻

榴花红献瑞　柏叶翠凝香

桃源深处农家乐　春柳水边村舍新

花开春富贵　竹报岁平安

柳枝初分绿　桃花相映红

一夜春风至　万树梨花开

青松昂首应佳节　蜡梅傲雪迎新春

松竹梅岁寒三友　桃李杏春暖一家

园丁呕心沥血　桃李斗艳争奇

爆竹声中催蜡去　寒梅香里迎春来

绿竹生嫩笋　红梅发新枝

六、林业传说

1. 古银杏恩怨分明

柘林镇新塘村一组下横泾北面一株千年古银杏，古代为一毒蛇所盘踞。清光绪年间，忽一日风雨大作、电闪雷鸣，将树身一劈为三，并引发大火，毒蛇跌出树外，死于非命。当地群众纷纷奋力扑救，将大火扑灭。古树虽裂为三株，但1000多年来生长茂盛，年年挂果满枝。据传当时大树遭受火患时，下横泾河南的群众隔岸观火，无人参与抢救，因而每年银杏成熟时，河南群众上树摘果，都会跌下树来，河北的群众采果甚至孩童爬树嬉戏时，却都安然无恙，因而当地群众认为古树颇通灵性，恩怨分明。

（摘自《新寺志》）

2．柘林渔民不吃竹笋

柘林渔民原有不吃竹笋的习俗，相传明代永乐年间，倭寇经常流窜东南沿海抢劫，渔民叫苦不迭。有一次，一艘倭寇船追赶柘林渔船，妄图抢劫，突然狂风大作，巨浪滔天，大小船只赶紧进港避风，倭寇船也混入其中，这时狂风不止，波浪掀起数尺，将贼船随浪冲入大海，倭寇也全部喂了鱼。可是一柘林的渔船，虽然用竹篾绞成的缆绳只断剩几根篾丝，但把渔船牢牢牵住，没有被狂风巨浪刮走。半天以后，风平浪静，渔民平安返航。回到港口，渔民将断剩的篾丝取下，设桌祭祀，大家说竹篾是根神篾、渔民的救星，篾来自竹，竹来自笋，爱笋如爱竹，从此柘林渔民不吃竹笋，成为当地渔民习俗。现在虽然渔民不再保留这个习俗，但柘林渔民不吃笋的传说，一直流传到如今。（摘自《柘林志》）

3．大香树的传说

西渡口西南原有一座顾母堂，相传是秦始皇南巡观海的行宫。早先这里庭院连片、香火旺盛，尤其是院子里长着一棵合抱粗的大树，人们称它为“朴榆树”，因为它枝秃叶稀，形如枯木，院子内外进进出出的人都不拿它当回事。

有一天，一位江西客路过这里，发现这是棵天下稀有的名贵大香树，就设下计谋想取走它。不久，这个人借庭院空房办了所义学，办学满三年后，即将离开，专门宴请当地乡绅和地保，当地人感谢他义务办学，纷纷要馈赠钱财酬谢，他推辞不受，说承蒙大家看得起我，我不敢要大家钱财，如果一定要酬谢，就把院中这棵枯树送给我。众人虽然不明白他的用意，但一棵枯树不值多少钱，就都同意了，宴席散后，大伙一起动手，翻树、砍枝、装船，送他走了。第二天，有几只网船的船家上岸拾柴，将江西客遗落的枯枝拣回去烧饭，炊烟四起，异香扑鼻，才知道这棵树原来是大香树，但江西客早已不知去向。当地人追悔莫及，“顾母堂里的朴榆树——富了外头人”这句歇后语，从此流传开来。（摘自《萧塘志》）

4．横泾滩上枣树不开花

沿横泾港东滩，一路上每隔几十步就有一棵枣树，但它从来不开花，不结果。传说这是孟姜女千里寻夫，扔下的枣核生长的。

秦始皇统一六国后，在北部边境修筑长城，孟姜女的丈夫范杞梁被征去服役。初婚的孟姜女一直怀念着丈夫，那年初冬，她带了为范杞梁缝制的寒衣，背起了路上充饥的干枣，离乡寻夫。一路上昼行夜宿，渴了捧一掬山泉河水解渴，饿了抓一把干枣充饥。并罚咒不见丈夫不回家、新长的枣树不开花。她翻山越岭、涉水渡河，沿着秦皇驰道一路走去，可越走田野越宽广，天气越暖和，一问当地人，才知走反了方向。

于是，她转身北上，待赶到筑长城的地方，范杞梁一个文弱书生早被繁重的劳役折磨死了。只见那里荒草丛生。尸骨遍野。孟姜女伤心透了，站在凛冽的寒风中嚎啕大哭，接连三日三夜，眼泪哭干了，喉咙哭哑了，哭得长城崩落了一只角，在悲愤饥寒交迫下，孟姜女再也没有回到家乡。

春暖花开的季节，孟姜女扔下的枣核在横泾滩边萌出了新芽，长出了新枝，可是岁岁年年枣树始终不开花、不结果，当地乡民都说，孟姜女寻夫不回家，枣树到老不开花。

（摘自《南桥志》）

第四节　竹木工艺

一、木器雕刻

奉城镇奉城木器雕刻厂　位于奉城镇东街，前身为奉城公社建筑工程队木器车间，1972年招收几位民间木雕工匠，从事少量金木雕刻生产。

雕刻奔马图

1982年8月，木器车间从建筑队划出，成立奉城木器雕刻厂，时有职工30余人。雕刻车间由有30余年木雕工龄的老师傅徐关心任指导。徐关心出生于1931年，16岁从上海城隍庙福民街著名木雕师傅朱福兴学习木雕艺术，建国后进上海木雕厂工作，公私合营后回老家奉城镇洪西村，1972年进奉城建筑工程队，主持木器雕刻，徐关心擅长佛像雕刻，其他木雕产品还有山水花鸟和人物、历史故事为题材的插牌、飞禽走兽墙屏，以及镌有百子闹春，吉祥如意等题材的白木细雕等。与上海外贸局工艺进出口公司签订合同，产品远销东南亚、日本、欧美等地。1987年，法国银行界、新闻界人士慕名到奉城木器雕刻厂参观，选购木器雕刻作品。90年代先后为上海龙华寺雕刻佛像，为上海玉佛寺玉佛配制高3米、宽2米的大型樟木神龛，饰有双龙盘柱。为扬州大明寺雕刻鉴真和尚象前供桌、整套道场法器、木雕琉璃宫灯、精雕六角宴会桌等。

1998年奉城木雕厂转制为民营企业。

二、木雕艺人

木雕兄弟徐华兴、徐华兵　奉城木器厂木雕老艺人徐关心之子徐华兴、徐华兵分别出生于1961年2月与1969年12月，先后于高中毕业后，进奉城木雕厂学艺，由于聪明好学，深得父亲真传。

徐家兄弟除佛像雕刻外，兼攻宾馆装饰，精通图纸设计、木工、雕刻、油漆、贴金等各道工序，参与了上海静安宾馆装饰工程、龙华寺方丈明旸法师讲学的圆明堂中双龙戏珠、佛像背光等雕刻，还曾承制了上海金门大酒店、上海海员俱乐部、衡山宾馆、上海国际网球中心、国际展览中心、中油大厦等建筑的各种木制装饰雕件。

1990年，兄弟俩离开木雕厂自主创业，徐华兵为上海社庄庙（道观）制作失传已久的道士专用书房，博得道教界好评，周浦王庙（道观）、上真道院等均来定制祖师像。1994年，参与洪福寺佛像雕刻，1997年，为青岛贵都大酒店雕刻孔子讲学、五岳独尊、青岛栈桥三座大型木质浮雕，参与云南松壮寺、余姚釜托寺、松江大方庵的佛像雕刻。这些年来，徐华兵广泛收集民间雕刻技术资料，并去上海工艺美术学校、上海美术设计公司学习工艺美术，雕刻工艺愈益精湛。奉城镇社会事业服务中心，专辟陈列室，展示徐华兵的作品。

上海市非物质文化遗产（木雕）传承人徐华兵

2005年12月24—25日，《上海日报》连续两期刊载了徐华兵木雕艺术的报道。

2010年5月奉贤电视台“滨海纪事”、8月闵行电视台“市郊专题”先后介绍徐华兵木雕艺术。

2010年5月4日，《新民晚报》以“古韵盎然新意迭出”为题，报道了徐华兵的木雕艺术。2010年4月，参与上海世博会工作，雕刻由澳洲UAP设计公司设计的以手拉手艺术木雕为主题的人物雕像（在美国馆门前广场）。2011年为松江东岳庙，雕刻九龙抱对，高6米，宽0.9米，制作匾额“厚德载物”“神威普佑”各1块，仿故宫九龙壁1块。

2010年12月，奉城木雕被奉贤区政府命名为奉贤区非物质文化遗产。2012年7月，奉城木雕被定为第三批上海市非物质文化遗产，徐华兵均为代表传承人。

竹艺兄弟杨银奎、杨银山 杨银山（1889—1941）今邬桥渔沥村人，兄弟俩继承祖业、手艺超人，劈篾均匀光滑，制作精美耐用。春节时所扎龙灯、狮灯及各式灯彩，生动逼真。制作轿子，式样美观，滴水不漏。在针线匾、竹席、床沿席上能编出山水、花木、人物、文字，精致细巧。曾在庄行举人汪桂馨家，花去22工，编成一针线匾，上盖图案为和合二仙，下底编出对称双喜，一时传誉。20世纪20年代，先后为松江滨浦花园、南桥沈家花园、闵行一处私苑等处装置牡丹亭、葡萄棚、曲廊栏杆、花窗、花门等，名闻奉贤西乡及松江、上海、南汇诸县。

竹器艺人钱海堂 钱海堂（1889—1949），原居萧塘镇，幼时家境贫困，随父迁至南桥，日军侵奉前居住今南桥镇曙光村一队张宅，12岁时当竹匠艺徒，满师后，手艺日精，劈阔篾、抽长丝，编制篾席、轿具、考篮、藏篮等各种方圆竹器，手工精巧，名闻奉贤西乡，常在南桥鼎丰、裕记、闵行万丰、浙江乍浦等地酱园编制蓬盖、漏斗、串白担（用竹篾编成的挑瓷工具）等竹具。曾为南桥修竹里陈家用芝麻花打垫，编成一条“和合二仙”图案的篾席，费时75天。1949年10月，他在南桥西街为人盖草房时，遇国民党飞机轰炸扫射，不幸中弹身亡。

木雕高手唐桂山　唐桂山（1877—1932）南汇新场刻佛作学徒出身，24岁时来南桥谋生，独资开设“唐祥泰刻佛店”，专营刻佛业务，工艺精细，佛像的容貌、姿态各不相同，南桥北街佛阁千手观音、西庙城隍、齐贤白沙庙照天候头像，以及南桥南庙道士所用书房（数百尊小佛象叠成的佛山）和忏牌等，均出自其手。

木工巧匠沈梅庭　沈梅庭（1857—1920），今金汇益民村人，木匠技艺精湛，金汇孙姓通转走马楼、花厅、祠堂，王家天主堂等，均由他设计建造。上海县塘湾一周姓财主的厅堂坏柱，多地木匠认为必须拆去屋面才能换柱，而主人因厅堂雕刻精美而不舍拆建。后请沈前往，换柱不拆屋，几天完工。南桥镇一富户，因墙基松实不匀造成房屋倾斜，当地木工认为只能暂时扶正，难以持久，沈将倾斜的墙基用木头轻撑，另一面挖深沟灌水，促其立正，至第七天，房屋扶正恰到好处，在墙基周围用灰砂三合土填实，使其保持永久。从此，名声更著。

“卫八仙”卫小弟　卫小弟（1903—1978），家居奉城北门，世代务农，家境清贫，从小学木匠，至中年技艺高超，尤以精工八仙桌著称。卫制作的八仙桌、八结档、龟爪脚、雌雄榫，均别具一格，将桌子倒置水面，桌面滴水不漏，桌面上放3石（225千克）白米，手抓一只台脚，拖移数丈，四角不会走榫，人称“卫八仙”。

周义顺圆作　清同治二年（1863年），南桥人周陶义在南桥镇北街开设“周义顺圆作铺”，专业制作圆作木器，前店后工场，自产自销，因为技艺精湛、质量考究，产品美观耐用，经过49年发展，生产不断扩大，进入民国时期，已成为浦南地区颇有名气的圆作铺，在现新建中路有3间门店铺和1个仓库，北街有6间木作工场和漆作工场，其产品有婚嫁用的脚桶、马桶、子孙桶；日常生活用的锅盖、木勺、水桶、吊桶、米桶、粉桶、浴桶、蒸饭桶；生产上用的粪桶、采菱桶、蘸布桶等，奉贤各乡镇和闵行地区，都来该铺采购。1956年，加入南桥镇手工业合作社。

三、盆景艺术

南桥镇育秀第二居委盆景艺术园　在2003年由本社区居民、花卉盆景爱好者万新平夫妇帮助社区创建，他们拿出自家多年培育的近百盆盆景，并先后投入80余万元，创建了这个小型盆景园，并自愿担任义务管理者，全天向社会开放。

盆景园占地400余平方米，原是社区变电房外的一片空地，在绿化、市政、供电、供水等部门支持下，改建为盆景园，经过十多年苦心经营，目前有罗汉松、大阪松、五针松、扁柏、刺柏、针柏、雀梅、赤梅、榆树等80余个品种共400余盆老树桩盆景，其中不乏百年刺梅、璎珞柏、钢皮铁骨等盆景珍品。十多年来，平均每年接待观众近万人。万新平还经常为居民传授盆景养护常识，为带病盆景“义诊”，带动了周边居民进行阳台绿化。

第十三章　人物　荣誉

奉贤林业事业的蓬勃发展，涌现了一批林业战线上的先进集体和先进人物。本志收集到自20世纪80年代中期以来，全区（县）受国家、省部级、市条线和区（县）级褒奖的先进集体有209个次，先进个人有307人次。现对先进集体作列表介绍，对先进个人中2位已故人物作传略记述，在世人物分别作人物简介或列表介绍。

第一节　人物传略

徐苗根（1917—2010）　奉贤区柘林镇冯桥村人。少年时即从事盐业劳动。民国三十二年（1943年）十月参加革命，民国三十三年（1944年）三月加入中国共产党。解放后长期从事林业工作。

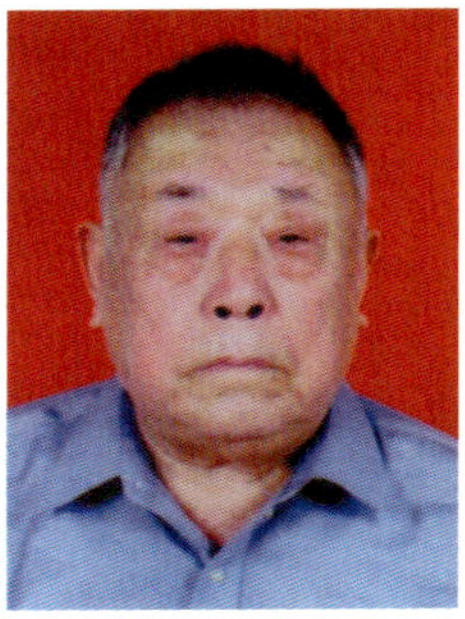

徐苗根

1943年10月起，徐苗根接受中共浦南工委路南区委领导，参加革命工作。1944年3月在柘林大沙村参加中国共产党。是年，成立中共大沙支部，担任支部副书记，1945年年初担任支部书记，直至解放。大沙支部在盐民中组织“弟兄会”“妇女会”，建立夜校，抗战期间，组织盐民进行反盐霸斗争，发动盐民反清乡，拆毁敌伪封锁线竹篱笆。解放战争期间，运送食盐支援党的武装斗争，输送党员参加浦解总队，帮助丁汤部队转移武器，策动自卫队反正。解放前夕，将数万担食盐分散转移在盐民家中，解放后交给人民政府。

解放后，参加扬州干部学校速成中学、南京林业干部学校学习，历任奉贤县民运部干事、松江军分区支前大队指导员、中共奉贤青村区委宣传科长。1956年春任县苗圃主任。1959年10月筹建奉贤县林场，任场党支部书记兼场长，直至1980年9月。

林场建场时土地1500亩，160多名职工，借民房、睡地铺，艰苦创业，3个月内造林1100亩，植树105.5万株。至60年代中期，林场主要担负育苗任务。1966年，林场对低洼柴荡地整治，开拓苗圃152亩，成为奉贤造林育苗和技术示范、推广基地。同时，开展林粮间作、养鱼、养猪、种菜等多种经营，取得显著成绩，被林业部评为“全国模范林场”。1980年9月，调奉贤县盐场工作。1982年10月离休。2010年6月因病逝世。

吴可宗

吴可宗（1936—2014）　上海市南汇人。1955年8月毕业于南京林业学校，同年参加工作。1960年9月，调任陕西省永寿县槐平林场。1983年1月调回上海，在奉贤县林业站工作。1996年

4 月退休。历任永寿县槐平林场场长、奉贤县林业站副站长、奉贤县林学会副理事长。1981 年 12 月被评为林业工程师，1988 年度被县政府记功一次。70 年代主持参与研究刺槐人工林生长规律及抚育间伐技术课题获陕西省林业科技三等奖。提高油松造林成活率的方法、抗旱造林的技术措施、漠北黄土高原的荒山造林技术等文章发表于《陕西林业科技》等有关杂志，并应用指导生产实践。1983 年回沪到奉工作后，分工负责“四旁”植树工作，在全民义务植树活动中，推行植树和管护一起抓，“四旁”植树成活率和年末保存率逐年提高。1984 年奉贤“四旁”植树年末保存数为 299 万株，到 1996 年提高到 721 万株，名列上海市郊前列。还主持 1984 年、1989 年、1994 年 3 次奉贤县森林资源普查工作。

2014 年 2 月因病逝世。

第二节 人物简介

人物简介中有享受国务院特殊津贴专家 1 人，全国绿化先进 5 人次，省部级劳动模范（先进工作者）2 人，高级职称人员 12 人次，终身或长期从事林业工作者 9 人次。

一、国务院特殊津贴专家

褚可龙

褚可龙 奉贤区林业署署长，1965 年 4 月生，奉贤区人，中共党员，2012 年被评为研究员，2015 年获国务院特殊津贴专家。1987 年毕业于上海农学院园林专业，先后在奉贤县林场及奉贤区林业站、林业署担任行政管理工作，长期从事林、果、花栽培技术研究与推广。多年来，承担国家星火计划和部级项目 9 个，市级课题 12 个，区级科研项目 5 个，解决多项重要林业技术难点，获得 12 项林业技术成果。发表论文及技术总结 27 篇，著书 2 册。其中，“飞黄玉兰、红运玉兰等栽培技术及种苗生产技术”和“优质早熟甜油桃新品种沪油桃 002 的选育”分获 2007 年度、2009 年度上海市科技进步三等奖，“非洲菊新品种选育及产业化开发”获 2015 年度国家林业局梁希林业科学技术二等奖。2005 年以来，针对奉贤晚熟梨偏多，易受台风侵袭受损，率先提出并在庄行地区由点到面大面积开展梨高接换种技术，使奉贤早、晚熟梨比例由原来 3:7 调整为 7:3，再辅以疏果控产、套袋拉技、无公害防治等先进技术，使梨平均亩产值由 5000 元提高到万余元。针对本土野生动物狗獾濒临灭绝现状，率先在国内开展狗獾生态恢复项目研究，使狗獾在奉贤大地繁衍生息。先后获得“全国优秀林业科技工作者”“上海市农村科普宣传带头人”“上海市绿化市容局特聘岗位专家”“奉贤区专业技术领军人才”“奉贤区滨海贤人”等多项荣誉称号。

二、全国绿化劳动模范和全国绿化奖章获得者

蒋永石

蒋永石 民国三十四年（1945年）四月生，奉贤区人，经济师，大专学历，1966年5月加入中国共产党，2001年获全国绿化劳动模范荣誉，2005年4月退休。1965年6月参加公社机关工作，先后担任塘外乡、庄行乡党委书记，县畜牧水产局局长，区（县）农委党委书记、主任。1987年8月至2002年3月，先后3届担任区（县）绿化委员会副主任兼办公室主任。任职期间，大力推进造林绿化建设。1999年调整林业面积2万余亩，在全长20.6公里的竹港两侧种植早园竹13.6万株；实施金汇现代农业园区绿化配套示范工程；力推奉贤“二横一纵”林带建设；启动申隆生态林、申亚生态林、黄浦江水源涵养林、现代农业园区片林等一批林业生态工程建设。积极发展经济果林，巩固提升光明镇“锦绣”黄桃，发展推进庄行蜜梨，并建立特种小水果基地，为奉贤林果业发展奠定基础。2002年全区果业面积发展到4.5万亩。先后被评为“上海市绿化先进个人”“上海市实事工程先进个人”，1999年获“全国绿化奖章”，2001年评为“全国绿化劳动模范”。

王月仙

王月仙 女，民国三十六年（1947年）八月生，奉贤区人，1962年5月起，在县苗圃、良种场务工及任半脱产干部。1972年5月参加中国共产党。1974年6月，转为脱产干部。长期从事林业工作，先后担任奉贤县林场党支部书记、县畜牧水产局党总支委员、绿化股股长及县林业站站长。中专学历，1996年5月评为林业工程师。2002年由区林业署退休。在担任县林业站站长期间，积极调整林业产业结构，为奉贤创建“全国平原绿化先进单位”和大力发展经济果林作出贡献。积极钻研和推广林业先进技术，在其主持的林业科技项目中，“桃、梨优质丰产栽培计划”获市科技星火计划二等奖，“水杉扦插育苗”获市科技成果二等奖，“黄桃丰产优质技术”获市科技成果三等奖。先后3次获县政府记大功，被评为“上海市农业科技推广先进工作者”，获得“全国林业丰收奖”“全国营造林先进工作者”和“全国绿化奖章”等荣誉。

吴四军

吴四军 1957年5月生，奉贤区人，中共党员，大专学历。2005年起先后担任奉贤区农委党委书记、主任。任职期间，积极探索现代农业发展新路，注重种源农业基础工程建设，抓好林木种苗引进、培育和推广，使奉贤区优质苗木自给率达86%以上。针对区内知名品牌“锦绣”黄桃品种单一且多年种植出现种性退化的现象，多次邀集专家进行研讨，寻求品种改良对策。2007年，

区农委与市农科院联手成立黄桃研究所，陆续引进“锦香”“锦园”等早、中熟黄桃品种，在全区成功推广近万亩。2010年4月，奉贤黄桃成功创建“国家地理标志保护产品”。通过合理规划，基本形成东部蜜露桃、南部葡萄、西部蜜梨、北部柑橘、中部黄桃果品生产布局。针对奉贤沿海地下水位和土壤碱性偏高，一般树种难以适应的问题，经反复调研，引进耐水湿、耐盐碱的东方杉，种植10万多株，成为沿海防护林的新树种。2013年，获评“全国生态建设突出贡献奖”“全国林木种苗先进工作者”。同年，荣获“全国绿化奖章”。

徐新根　1965年1月生，奉贤区人。1985年7月毕业于上海农学院园林专业。1998年加入中国共产党，2002年被评聘为高级工程师。1985年7月起从事公路绿化管理工作。1991年12月后从事公园管理工作。1992年7月起从事绿化施工企业经营管理工作。2003年1月始从事全区绿化管理工作，参与创建“上海市园林城区”。组织实施大叶公路、奉柘公路、平庄公路、S4高速公路等奉贤公路绿化建设；古华公园二期、三期工程建设；G1501南桥城市防护林、竹港生态林等项目建设。倡导并推进在市政道路隔离带进行绿荫工程，提高城市森林绿化覆盖率。倡导并推进老百姓身边的公园绿地建设，增强群众的获得感。2016年11月从事林业建设管理工作。曾发表《公路绿化苗圃的形式和基建办法初探》《上海城郊公路景观林带建设初探》论文，主持“古华公园二期工程”设计、“奉贤文化广场园林工程”设计等项目，主持编制《奉贤区2004—2020年绿地系统规划》《奉贤区2013—2020年绿地系统规划》，撰写《奉贤区国土绿化建设管理的实施意见》。获1999—2000年度“上海市绿化先进个人”，2006年市重点工程立功竞赛“建设功臣”。2007年获“全国绿化奖章”。

徐新根

三、省部级劳动模范、先进工作者

夏根龙　1965年10月生，金山区人。1986年7月上海农学院毕业，到金山县农业局工作。1990年12月调奉贤农业技术推广站工作。1994年8月至1997年7月，南京农业大学脱产攻读并获硕士研究生学位。1996年3月加入中国共产党。2004年12月被评为推广研究员。长期从事农业（林业）推广管理工作。2004年12月担任奉贤区农委副主任，2008年4月担任区农委党委委员、副主任。自2003年负责林业管理工作以来，抓住林业建设步伐加快的有利时机，组织推进大型经济林地和多种生态绿廊，牵头完成《上海市奉贤区林地保护利用规划（2010—2020）》编制工作。负责奉贤重点地区环境整治中的生态修复工作。获“2003年度上海十大杰出青年提名

夏根龙

奖”；2004年获上海市委、市政府颁发的“上海市优秀专业技术人才”证书；2005年由中国农学会授予“全国优秀农业科技工作者”；2012年12月，被人力资源社会保障部、国家林业局评为“全国林业系统先进工作者”。

黄俊新 民国三十六年（1947年）十月生，奉城镇永益村人。20世纪80年代初发展庭院经济，从老家崇明引进多种柿树苗，经过数年的刻苦钻研、辛勤培育，选育了一种无核、个大、甜分足的“无核方柿”为当家品种。从80年代中期到90年代初，为村民提供优质树苗30多万株，带动全村60多户村民种植方柿，面积达500余亩，成为远近闻名的“柿子村”。在科技人员配合下，培育的“无核方柿”，获农牧渔业部丰收奖三等奖。90年代初，又培育良种枣树，通过中国果树研究所与国内名枣产地联系，引进陕西大红枣、河北鸡心枣和山东金丝枣等优良品种，在上海农学院园艺专家指导下，经过6年嫁接培育，生产的大红枣每颗达30克左右，枣大赛过乒乓球，脆甜香美味可口，在市场上大受欢迎。其事迹在《解放日报》《新民晚报》《上海科技报》《东方城乡报》《奉贤报》等都作过宣传报道。1997年，被上海市人民政府授予“上海市劳动模范”称号，1999年被市农委评为“上海市农村致富能手”、被上海市肢残人协会评为“自强明星”，2011年其家庭被评为“上海市十佳生态之家”“奉贤区最佳庭院”。

黄俊新

四、高级职称人员（按职称评聘时间排序）

褚可龙 见本节第一目

徐新根 见本节第二目

顾巧英 女，1966年2月生，中共党员，青浦区人。1986年毕业于江苏农学院农学系，2003年聘任高级农艺师，2008年由光明食品集团上海五四公司聘任为总农艺师，2012年评聘为农业推广研究员。同年任市农工商现代农业园区开发公司总经理。30年来，积极引进推广果树和花卉新品种新技术，培育生产的“心心”牌有机葡萄，2008—2015年，连续在上海市优质果品评比中获得金奖。

主持科技部星火项目及成果转化项目5项，主持上海市课题10项，参与省部级项目9项，主笔完成有机葡萄生产技术操作规程及产品标准等3项，在核心期刊发表论文8篇、著书1册。领衔的科技团队获科技部“十一五星火计划执行优秀团队”称号。

顾巧英

主持“盐渍土低产田综合治理”“葡萄根域限制栽培技术研究与示范”等7个项目的科研成果，先后获教育部科技进步一等奖1项、上海市科技进步奖2项、科技部科技特派员农村科技创新创业大赛企业成长组二等奖1项，国家软件著作登记1项。个人还先后获“上海市青年岗位能手”“上海市三八红旗手”“上海市农业科技创新人”等荣誉，并被上海市科委聘为农业科技项目评审专家。

夏根龙　见本节第三目

薛耀英　女，1966年10月生，奉贤区人。1989年7月上海农学院农学专业毕业，到奉贤县庄行良种场工作。1991年4月调奉贤县农业技术推广中心。2003年7月到奉贤区林业署工作，担任奉贤区林业署党支部副书记、副署长，先是从事林果技术管理，后从事公益林养护管理、林地复合经营等管理工作。1998年6月加入中国共产党，2003年1月，被评为高级农艺师，2006年12月被评为高级工程师。主要论文有“奉贤区果树业的现状和发展对策研究”“奉贤黄浦江水源涵养林鸟类调查”，以第一作者在2006和2012年《上海农业学报》上发表。在2006年度郊区农民培训工作中被市农委评为先进教师。2009年在上海市林业总站林业养护等级工培训工作中获得先进个人。2011年、2013年和2014年获得上海市绿化和市容管理局“当好科学发展主力军、打好创新转型攻坚战先进个人”。

薛耀英

张秀龙　1962年12月生，奉贤区人。1984年7月毕业于上海农学院园艺系园林专业。1987年12月加入中国共产党。毕业后，分配在上海石化总厂园林管理所任技术员。1985年3月调到奉贤县建设局参与古华公园的筹建工作。1988年8月任公园副主任。1992年12月被评为工程师。1994年11月调奉贤县林业站任副站长。2004年1月被评为高级农艺师。2005年2月任奉贤区林业署副署长至今。长期从事果树栽培技术的推广示范工作，参与《上海林业病虫》《果树栽培》《万家富农业实用技术（林业部分）》的编写工作，开展多项科研课题，积极推行“四新”技术，在区农业结构调整过程中，极力推荐种植效益较高的林业经济作物，对形成青村镇万亩黄桃、庄行镇万亩蜜梨作出一定贡献；同时对农民进行果树栽培管理技术培训，尽快由“粮农”转变为“果农”。获得中国林学会劲松奖、先后两次被评为“上海市绿化先进个人”“上海市果树技术推广先进个人”，两次被评为“奉贤区经济林学科带头人”，被授予“奉贤区果树栽培名师工作室领衔人”。

张秀龙

顾永君

顾永君　1957年8月生，奉贤区人。1974年1月参加工作。1985年2月毕业于中央农业广播学校农学专业，中专学历。1989年7月加入中国共产党。南桥镇农业服务中心主任、副书记。2005年评为高级农艺师。从事农业组织领导工作36年，在做好常规农业生产服务的同时，努力提高南桥镇的森林覆盖率，改善城乡生态环境，完成区政府下达新增造林植树任务。根据区政府提出的沿江、沿河、沿路、沿线、宅前宅后、违章拆除后的复耕农田和充分利用废耕地建设林地的理念，全面梳理、深挖潜力落实种植面积，超额完成植树造林任务。同时还兼任南桥镇林业养护社社长，采取划片、划段的管理模式，建立健全各项养护管理和考核制度。由于规范运作，整个养护队伍稳定，林地养护质量不断提高，得到市、区业务主管部门认可。2010 年，南桥镇林业养护社被评为上海市先进养护社。2009 年、2011 年分获奉贤区绿化林业养护一等奖。

顾保龙　1964 年 6 月生，奉贤区人。1987 年 7 月毕业于上海农学院植物保护系，分配至奉贤县林业站，从事森林病虫害防治和果树病虫害防治。编写防治简报，指导果农及时防治，降低危害。1993 年主持研究“上海地区柑橘潜叶蛾为害防治方法研究”，列入奉贤县科技研究项目，得到专家肯定。2008 年 1 月，被评为高级农艺师。随着林业生态建设大发展，2001 年，从业务科科长转岗至造林建设科科长，负责生态林建设。先后完成黄浦江水源涵养林、申隆生态林、现代农业园区恢复生态林、化工区奉贤分区防污染隔离林等建设项目。2015 年，参与完成区政府重大实事工程万亩造林任务。在林业建设过程中，注重科技研究，参与市科委的课题《木兰科树种的引种筛选和扩繁技术》，获 2008 年度上海市科技进步三等奖；参与编写书籍 2 本；在核心刊物上发表论文 10 篇；获得市、区、条线奖项 14 项。被上海市绿化市容局聘为上海市林业建设（造林）项目评审验收专家。先后获得“上海市重大工程立功竞赛先进个人”“上海市森林资源建设管理先进个人”及获区政府记大功、三等功各 1 次。

顾保龙

沈绒雷　女，1966 年 6 月生，崇明区人。1989 年 7 月上海农学院农学系毕业。1995 年 11 月加入中国共产党。2008 年被评为高级农艺师。农学院毕业后，在南桥镇农业服务中心农科站工作。2007 年年底调南桥镇林业站工作，主要从事森林病虫害测报。2014 年，南桥镇林业测报点定为市级林业有害生物中心测报点。获得上海市林业总站颁发的“2013 年度上海市林业有害生物优秀测报员”、上海市林业总站、上海市林业总站工会组织的“2015 年度上海市林业行业技能比武、病虫害识别和标本制作项目”三等奖、上海市林业病虫防治检疫站颁发的“2015 年度林业有害生物防治工作优秀测报员”。

沈绒雷

夏如铁 1965年1月生，奉贤区人，中共党员，2008年12月被评为高级农艺师。2010年6月毕业于南京政治学院经济管理专业，本科学历。1983年3月至1995年8月任胡桥镇农业公司植保站站长；1995年8月至2001年7月，任胡桥镇农副业总公司副经理兼植保站站长；2001年7月至今，先后担任奉贤区胡桥镇、柘林镇（两镇合并）农业服务中心主任。参与规划柘林林业、发展绿色农业，增加林果花卉，2015年，全镇林地面积达11355亩，年产值5000余万元；创建胡桥扶郎花合作社，为全区扶郎花发展提供种子、种苗、生产技术、市场营销，为农户提供服务，提高花卉种植经济效益。扶郎花在上海市花卉市场占60%份额，同时引进新品种、推广新技术，创立品牌，使种植扶郎花亩收入从3000～5000元，提高到5000～8000元。获得2003—2005年度奉贤区林业工作先进个人荣誉证书；2008年荣获中国林学会第六届劲松奖。

夏如铁

刘福良 1955年12月生，奉贤区人，中共党员，高级农艺师。历任奉贤区（县）钱桥镇政府文教科技助理、农办主任、农业科长，青村镇农业服务中心主任，副书记等职。兼任上海市奉贤区黄桃协会会长、上海市奉贤区黄桃研究所所长、上海市鲜食桃业技术联合会副会长、奉贤区农联会副会长、上海市瓜果行业协会常务理事。主持完成奉贤黄桃国家地理标志、全国农产品行业（奉贤黄桃）最具影响力十大品牌、奉贤黄桃上海著名商标、上海名牌等申报工作；主持完成奉贤黄桃全国科普惠农兴村先进单位，农业部、财政部“一镇一品”示范镇，国家农业标准化示范区和上海市区域特色农产品基地建设项目。主持组织参与历届“桃王”擂台赛和黄桃节活动；与桃专家、市农科院叶正文研究员合著《奉贤黄桃》1书；主持参编国家地理标志奉贤黄桃上海市地方标准、质量技术要求、保护管理办法3部；论文《大力推进标准化示范区建设，有效实施奉贤黄桃地理标志建设》，荣获2011—2012年度中国社会经济发展优秀成果特等奖。当选为建区后第一届区人代会代表和第二届党代会代表，先后荣获奉贤区先进工作者和区人民政府记功嘉奖，2010年被评为“上海市标准化先进工作者”。

刘福良

陆志兴 1958年3月生，奉贤区人，大专学历。1989年5月正式参加工作。1998年3月起，先后在奉贤特种果苗总场、上海市小水果基地、庄行良种场和奉贤区林业署从事果树栽培技术推广工作。1991年10月加入中国共产党。2002年8月，任区林业署党支部委员。2016年12月，被评为高级农艺师。认真钻研和

陆志兴

推广果树栽培先进技术，参加“鲜食大果型枣树优质、高产技术示范”“桃梨（树）根癌病防治”等12项科研项目，有5项由市科委颁发“上海市科学技术成果”证书。结合工作实践，撰写了一批试验报告、技术总结、专题论述、培训讲义等技术性资料，主笔的“梨高接换种技术推广应用”等多篇论著，在《中国南方果树》《中国农学通报》等刊物发表。先后执笔编写《庄行蜜梨实用技术》以及甜油桃、黄桃、梨枣栽培技术操作规范，由区农委发布实施。做好果农技术指导及培训工作。在果树重点产区设立蜜梨、黄桃、水蜜桃等13个培训点，坚持每年按四季农事定期定点开班讲课，并通过现场示范、结对指导、多媒体远程培训，开展果树技术推广，有效地提高果农技术水平和果品产量质量。先后获得“上海市绿化先进个人”“上海郊区农民培训优质课评比综合优胜奖”和3次获得“上海市果树科技入户工程先进指导员”等荣誉。

五、终身或长期从事林业工作者（按姓氏笔画排序）

王新民　1955年7月生，奉贤区人。1977年南京林业大学毕业，曾任奉贤县林业站副站长、奉贤区林业署业务科长。1987年评定为林业工程师，2015年7月退休。长期从事林业工作，曾参与或主持1979—2000年6次全国林业资源奉贤区域的普查，并参与编写普查总结。主持撰写的“上海经济林有害生物监测及无公害防治技术研究”，获得市科委2009年“上海市科技成果证书”。参与“桃潜叶蛾监测及无公害防治技术应用推广”“非洲菊新品种开发和推广”等3项科研项目，获得“上海市科技成果”证书。获“1995—1996年上海市绿化先进个人”和中国林学会“第五届劲松奖”、国家林业局“全国森林病虫害防治工作荣誉奖章”，2009年获上海市林业局“从事林业工作三十年荣誉证书”。

王新民

平志光　1954年1月生，奉贤区人。1992年参加奉贤县林场工作，1994年调县林业站，负责站属林果实验场，2014年退休后继续聘用。林果实验场前期规模为50亩，进入21世纪后扩大到230亩，有固定职工12人，以培育绿化苗木、进行林果新品种实验为主，并为学校、工厂、企业、海塘进行绿化工程施工。带领职工做好苗木培育、养护工作，每年为社会提供大量苗木。1997年3月，被评为“1995—1996年度上海市绿化先进个人”，1998年获奉贤县人民政府记大功，2009年5月，被国家林业局和中国农林水利工会授予“全国优秀护林员”称号。

平志光

朱其林　民国二十七年（1938年）九月生，奉贤区人，1974年加入中国共产党。1961年毕业于江苏省苏州农校，分配在苏州地区林业试验站工作，1963年调配至甘肃省平凉地区林业局，搞荒山绿化造林，保持水土减少泥沙流入黄河。1981年调至平凉地区国营珍珠山林场，任林场场长、党总支书记，该林场为亚洲最大核桃林场，面积19.5万亩，种植核桃54万株。1985年12月调回奉贤，任奉贤县林场场长。任期中，建设沿海防护林带1000亩，苗圃平均每年提供3.3万株树苗。在林场开展多种经营，养猪养鱼，“以副养林”，取得成绩。1987年获县政府人事局记一等功，提一级工资，并当选为县党代表。1993年调县林业站工作，分管古树名木保护，摸清奉贤县古树名木家底，建立古树名木档案。1997年被评为“上海市绿化先进个人”。1998年退休。

朱其林

李国胜　民国三十七年（1948年）十二月生，奉贤区人。1983年加入中国共产党，1991年担任泰日镇林业站站长，1993年评为林业工程师。2003年退休后聘任金汇镇申亚森林病虫测报点森防员。10多年来，对点内的2台诱虫灯、15只性诱剂挂筒，每天检测不断线，下属3个监测点，4000多亩森林，每周按线路踏查一次，按时上报资料，供区、市及时发布病虫情报，认真积累测报原始数据，每年装订成册。认真配合市、区森防部门，做好天敌防治虫害试验，取得成果。为了帮助人们识别森林虫害，了解其生活习性和危害程度，掌握防治常识，创建小型昆虫标本馆，收集制作昆虫标本6大纲目、320多个品种4000多只虫体，每年都要吸引区内和兄弟区县同行及中小学生上千人前来参观学习。先后获“上海市优秀测报员”“上海市森林病虫防治先进个人”“全国森林病虫防治先进个人”和“全国最美森林医生”等荣誉称号。

李国胜

陈铭槩　民国三十二年（1943年）四月生，上海松江人。1963年7月毕业于上海松江农业学校园林绿化、果树蔬菜专业，中专学历，1963—1981年3月回乡务农。1980年10月参加上海市闲散科技干部考核。1981年4月进入奉贤县林业站工作。1983年5月，经市政府科技干部处录用为林业科技干部。1989年被评聘为园艺师，分工全县林、果、花生产和科技推广工作。1994—2003年，任奉贤县林学会秘书长，开展全县林、果生产技术交流、技术咨询、指导服务工作，主持并参与市、县级林果科技项目研究10余项，其中，“银杏人工授粉的技术研究与推广”获县科技成果奖，“无核方柿优质高产栽培技术”，获上海市科技成果奖，并报农业部获全国农、

陈铭槩

牧、渔业丰收奖三等奖。先后被聘为奉贤县青少年科技教育顾问团顾问、上海奉植园林有限公司顾问、光明镇果、林学会顾问，奉贤县妇联全国农村实用技术讲师。为《上海改革开放二十年系列丛书》奉贤卷撰写林业成果篇章。2001年5月，获奉贤县政府“农业科技推广先进工作者”称号。2003年，由国家林业局授予“全国林业系统第三个五年普法依法治理先进个人”荣誉。2002年，负责奉贤现代农业园区大型造林工程技术工作。退休后，受聘于现代农业园区欧美亚生态园从事大型造林工程技术工作，指导欧美亚生态园、上海柚森绿化有限公司、上海恒信源置业有限公司进行大树移栽，在《上海园林》杂志发表《大树移栽的技术关键》论文，制定并编著“锦绣黄桃（鲜食）栽培技术规范（2001年）”。2013年起，参与奉贤区林业志编辑工作。

周焕成 民国二十二年（1933年）二月生，江苏武进人。1956年4月毕业于江苏省南京农业学校，1986年评聘为林业工程师。1956年4月分配到奉贤县农林水利局，安排在县防风林苗圃工作。1959年11月，参加筹办奉贤县林场。11月5日林场正式成立，着手植树造林。到1960年春节，林场种树1500多亩，完成任务目标。为了增加收入，开荒育苗、种桑养蚕、建温室种花卉盆景、办木工场等，几年后林场自给有余，不需要财政补贴，受到上级的好评。1987年调奉贤县林业站工作，1993年退休，又留站工作8年。40年林业工作中，获得的主要荣誉有：1984年获中国林学会的劲松奖证书和奖章；同年，获林业部荣誉证书及奖章；1987年与1991年、1993年先后被评为“上海市绿化先进个人”；1991年因ABT生根粉系列研究与推广中成绩突出，获国家科委颁发的一等奖。

周焕成

闻琴棣 女，民国十三年（1924年）九月生，江苏宜兴人。1942年毕业于江苏省无锡市培本蚕桑职业学校，从事林业蚕桑工作40年。1956年10月加入中国共产党，1981年评为蚕桑农艺师。1985年9月从奉贤县林业站退休。1942年学校毕业后，先后在南京、无锡、徐州等地从事蚕桑技术指导工作。1958年1月，调入奉贤县，在县农业局主管林业。1978年12月，任县畜牧水产局绿化股副股长，1982年2月县林业站建立任副站长。任职期间，认真钻研蚕桑技术，对蚕种催青、稚蚕共育、蚕病防治等技术指导取得成果，并培养了一批蚕桑技术骨干。1958—1965年奉贤蚕茧单产总产一直处于市郊首位，获得市有关部门及兄弟县同行的好评。邻县兴塔公社连续两年发生严重蚕病，几近全军覆没，邀请闻琴棣前往指导后，杜绝了蚕病。20世纪80年代初，参与《奉贤县副业志》编纂工作。在《奉贤县志资料》上发表“奉贤县竹林种类略述”和“奉贤古银杏树”等文章。80年代初获林业部“林业科

闻琴棣

技推广工作25年”荣誉奖章和中国林学会的“劲松奖”奖章。

夏剑国　1964年8月生，奉贤区人。1981年7月毕业于四团中学。1982年11月至1987年12月在武警上海总队松江消防中队服役。1987年10月加入中国共产党。1988年1月在四团乡副商公司从事财务、统计、兼职林业工作。1998年8月，任四团镇林业站站长。2000年3月，评为林业助理工程师。在部队服役期间被武警上海总队消防处连续评为1985年度、1986年度先进个人。1990年度被奉贤县政府评为奉贤县植树造林绿化工作先进个人。2004年被评为“上海市森林资源调查工先进个人”。2007—2008年度被评为“上海市绿化先进个人”。2008年获中国林学会第六届劲松奖。任职以来，在全镇大力开展绿化造林。全镇公益林面积从2003年的550余亩，增加到2015年的2720余亩，森林覆盖率从2003年的2%到2015年增长为7.72%。经济林品种在种植水蜜桃的基础上发展无花果、蓝莓、火龙果等多种小水果。组织成立“口之缘”“鼎康”“优贤”“御珠”“老邬”5家林果合作社，生产的桃、蓝莓、无花果、火龙果都得到无公害认证。其中，上海口之缘蜜桃种植专业合作社生产的“口之缘”牌蜜露桃得到商标注册和绿色认证。经济林产值由2003年的1091万元上升到2015年的1610万元，上升47.57%。

夏剑国

钱耀生　1949年6月生，奉贤区奉城镇人，初中文化，1971年9月加入中国共产党，历任柴场村党支部书记、洪庙镇农业公司党支部书记、副经理，林业站站长。

1994年4月至2002年5月，担任洪庙乡（镇）林业站站长。配合政府建设洪庙新镇，制定林业绿化的长期规划，在洪庙镇区建设不同树种的香樟路、梧桐路、合欢路等，组织指导各村、企业事业单位的绿化工作，取得一定成绩，1999年洪庙全镇农田林网控制面积13600余亩，植林面积130余亩，苗圃面积250余亩，果林面积1060余亩，并配合公路部门抓好通道林建设，集镇绿化覆盖率38.95%。2000年，洪庙镇被上海市绿化委员会评为“上海市城镇绿化示范镇”，其本人被评为“上海市绿化先进个人”。2001年5月，被国家林业局授予“全国林业先进工作者”称号。

钱耀生

第三节 先进个人名录

列入先进人物名录的共307人次，其中获国家级荣誉的先进个人1人次，获全国绿化先进个人5人次，获省部级劳动模范（先进工作者）2人次，获省部级及部级条线先进个人47人次，获市级条线先进个人233人次，获区（县）级先进个人19人次。各按获奖年份排列。

一、国家级先进个人和省部级劳动模范（先进工作者）

1997—2015年，奉贤区（县）林业绿化战线上先后8人次获国家级先进个人荣誉和省部级劳动模范、先进工作者。

1997—2015年奉贤区（县）获国家级和省部级先进个人荣誉

表13-1

序号	获奖时间	获奖人	所属单位	获得荣誉	授奖单位
1	1997.5	黄俊新	奉城镇永益村	上海市劳动模范	上海市人民政府
2	1999.4	蒋永石	奉贤县农业委员会	全国绿化奖章	全国绿化委员会
3	2001.2	王月仙	奉贤县林业站	全国绿化奖章	全国绿化委员会
4	2001.4	蒋永石	奉贤县农业委员会	全国绿化劳动模范	全国绿化委员会、人事部、国家林业局
5	2007.3	徐新根	奉贤县绿化局	全国绿化奖章	全国绿化委员会
6	2012.12	夏根龙	奉贤区农业委员会	全国林业系统先进工作者	人保部、国家林业局
7	2013	吴四军	奉贤区农业委员会	全国绿化奖章	全国绿化委员会
8	2015.1	褚可龙	奉贤区林业署	国务院特殊津贴	国务院

二、省部级条线先进个人

1982—2015年，奉贤区（县）林业战线上先后有47人次获省部级及部级条线先进个人。

1982—2015年奉贤区（县）获省部级条线先进个人

表13-2

获奖时间	获奖人	所属单位	获得荣誉	授奖单位
1982	闻琴棣	奉贤县林业站	林业科技推广工作25年荣誉奖章	中国林学会
1984.9	周焕成	奉贤县林场	林业科技推广成绩显著荣誉证书及奖章	林业部
2000.12	陈铭槃	奉贤县林业站	全国林业三五普法先进个人	国家林业局
2000.12	王月仙	奉贤县林业站	全国营造林先进工作者	全国绿化委员会
2001.5	钱耀生	洪庙镇林业站	全国林业站先进工作者	国家林业局
2002	马士龙	光明镇解放村	全国农村青年创业致富带头人	共青团中央
2003.12	侯德明	奉贤区林业署	全国林业种苗行政执法和质量监督先进个人	国家林业局
2004	王新民	奉贤区林业署	国家森林病虫害防治荣誉奖章	国家林业局
2006	褚可龙	奉贤区林业署	全国优秀林业科技工作者	国家林业局
2007	叶黎红	奉贤区林业署	全国林业有害生物监测预报优秀测报员	国家林业局
2007.10	邵志荣、夏仁火等20户	奉贤区果农	全国绿色小康示范户	中宣部、国家文明办、全国绿化委员会、国家林业局
2009.5	平志光	奉贤区林业署	全国优秀护林员	国家林业局
2011	李国胜	金汇镇林业站	全国森林病虫防治先进个人	国家林业局
2011.7	叶黎红	奉贤区林业署	全国林业有害生物防控先进个人	全国绿化委员会、国家林业局
2013	吴四军	奉贤区农业委员会	全国生态建设突出贡献奖、全国林木种苗先进工作者	国家林业局
2014	李国胜	金汇镇申亚森林病虫测报点	全国最美森林医生	国家林业局
2015	褚可龙	奉贤区林业署	梁希林业科学技术奖	国家林业局、中国林学会
1984.11—2015.11	闻琴棣	奉贤县林业站	劲松奖	中国林学会
	王月仙	奉贤县林业站	劲松奖	中国林学会
	周焕成	奉贤县林业站	劲松奖	中国林学会
	褚可龙	奉贤区林业署	劲松奖	中国林学会
	方卫星	奉贤区林业署	劲松奖	中国林学会
	张秀龙	奉贤区林业署	劲松奖	中国林学会
	王新民	奉贤区林业署	劲松奖	中国林学会
	陆炎伯	奉城镇林业站	劲松奖	中国林学会
	顾益龙	南桥镇林业站	劲松奖	中国林学会
	夏如铁	柘林镇林业站	劲松奖	中国林学会
	夏建国	四团镇林业站	劲松奖	中国林学会

三、市级条线先进个人

1982—2016年，据不完全收集，奉贤区（县）林业绿化战线市级条线先进个人233人次。

1986—2016年奉贤区（县）获市级条线先进个人

表13-3

获奖时间	获奖人	所属单位	获得荣誉	授奖单位
1986.2	殷志明	泰日乡光辉村副业队长	1985年度上海市绿化先进个人	上海市绿化委员会
1986.2	俞林章	青村乡钟家村社员	1985年度上海市绿化先进个人	上海市绿化委员会
1986.2	吴育青	四团乡苗圃农民技术员	1985年度上海市绿化先进个人	上海市绿化委员会
1986.2	孙金川	胡桥乡立新村花卉专业户	1985年度上海市绿化先进个人	上海市绿化委员会
1986.2	宋金明	萧塘乡萧塘村党支部书记	1985年度上海市绿化先进个人	上海市绿化委员会
1986.2	蒋士章	新寺乡果园队队长	1985年度上海市绿化先进个人	上海市绿化委员会
1986.2	张均强	光明乡西胡村队长	1985年度上海市绿化先进个人	上海市绿化委员会
1987.2	汤妙金	塘外乡副商公司	1986年度上海市绿化先进个人	上海市绿化委员会
1987.2	何培根	光明乡副商公司	1986年度上海市绿化先进个人	上海市绿化委员会
1987.2	孙金川	胡桥乡立新村	1986年度上海市绿化先进个人	上海市绿化委员会
1987.2	殷荣华	泰日乡畜牧场	1986年度上海市绿化先进个人	上海市绿化委员会
1987.2	高焕荣	邬桥乡副商公司	1986年度上海市绿化先进个人	上海市绿化委员会
1987.2	郭根兴	钱桥乡副商公司	1986年度上海市绿化先进个人	上海市绿化委员会
1987.2	朱金明	肖塘乡副商公司	1986年度上海市绿化先进个人	上海市绿化委员会
1987.2	王文高	光明乡副商公司	1986年度上海市绿化先进个人	上海市绿化委员会
1987.2	周焕成	奉贤县林场	1986年度上海市绿化先进个人	上海市绿化委员会

续表 13-3

获奖时间	获奖人	所属单位	获得荣誉	授奖单位
1989.2	陈介平	平安乡副商公司	1987—1988 年度上海市绿化先进个人	上海市绿化委员会
1989.2	夏金荣	庄行乡潘垫村	1987—1988 年度上海市绿化先进个人	上海市绿化委员会
1989.2	黄俊明	奉贤县市政工程管理所	1987—1988 年度上海市绿化先进个人	上海市绿化委员会
1989.2	马纪章	钱桥乡农副业公司	1987—1988 年度上海市绿化先进个人	上海市绿化委员会
1989.2	倪品仁	头桥乡副商公司	1987—1988 年度上海市绿化先进个人	上海市绿化委员会
1989.2	朱其林	奉贤县林场	1987—1988 年度上海市绿化先进个人	上海市绿化委员会
1989.2	张国富	齐贤园艺场	1987—1988 年度上海市绿化先进个人	上海市绿化委员会
1989.2	周南林	奉城镇副业公司	1987—1988 年度上海市绿化先进个人	上海市绿化委员会
1989.2	金万泉	金汇乡金建村	1987—1988 年度上海市绿化先进个人	上海市绿化委员会
1989.2	金明华	邬桥乡张云村林场	1987—1988 年度上海市绿化先进个人	上海市绿化委员会
1989.2	张王国	洪庙乡副业公司	1987—1988 年度上海市绿化先进个人	上海市绿化委员会
1989.2	张秀龙	奉贤县古华公园	1987—1988 年度上海市绿化先进个人	上海市绿化委员会
1989.2	蒋士章	新寺乡副业公司	1987—1988 年度上海市绿化先进个人	上海市绿化委员会
1991.2	蒋永石	奉贤县畜牧水产局	1989—1990 年度上海市植树造林绿化先进个人	上海市绿化委员会
1991.2	张友根	塘外乡副商公司	1989—1990 年度上海市植树造林绿化先进个人	上海市绿化委员会
1991.2	顾国余	泰日乡光辉村	1989—1990 年度上海市植树造林绿化先进个人	上海市绿化委员会
1991.2	李伯才	萧塘乡政府	1989—1990 年度上海市植树造林绿化先进个人	上海市绿化委员会
1991.2	徐海琴	青村乡副业公司	1989—1990 年度上海市植树造林绿化先进个人	上海市绿化委员会
1991.2	陈介平	平安乡副商公司	1989—1990 年度上海市植树造林绿化先进个人	上海市绿化委员会

续表 13-3

获奖时间	获奖人	所属单位	获得荣誉	授奖单位
1991.2	顾正林	钱桥乡石桥果园	1989—1990 年度上海市植树造林绿化先进个人	上海市绿化委员会
1991.2	张财兴	洪庙乡农业公司	1989—1990 年度上海市植树造林绿化先进个人	上海市绿化委员会
1991.2	蒋士章	新寺乡副商公司	1989—1990 年度上海市植树造林绿化先进个人	上海市绿化委员会
1991.2	杨炎培	邬桥乡副商公司	1989—1990 年度上海市植树造林绿化先进个人	上海市绿化委员会
1991.2	杜银发	庄行乡烟墩村	1989—1990 年度上海市植树造林绿化先进个人	上海市绿化委员会
1991.2	高炎根	头桥乡副商公司	1989—1990 年度上海市植树造林绿化先进个人	上海市绿化委员会
1991.2	张利龙	齐贤乡副业公司	1989—1990 年度上海市植树造林绿化先进个人	上海市绿化委员会
1991.2	张均强	光明乡副商公司	1989—1990 年度上海市植树造林绿化先进个人	上海市绿化委员会
1991.2	黄俊明	奉贤县园林所	1989—1990 年度上海市植树造林绿化先进个人	上海市绿化委员会
1991.2	阮庆云	奉贤县市政工程管理所	1989—1990 年度上海市植树造林绿化先进个人	上海市绿化委员会
1991.2	马炎龙	上海旅游专科学校	1989—1990 年度上海市植树造林绿化先进个人	上海市绿化委员会
1991.2	郑安民	奉贤县古华公园	1989—1990 年度上海市植树造林绿化先进个人	上海市绿化委员会
1991.2	王仁均	江海乡副业公司	1989—1990 年度上海市植树造林绿化先进个人	上海市绿化委员会
1991.2	田爵曾	上海技术师范学校	1989—1990 年度上海市植树造林绿化先进个人	上海市绿化委员会
1993.2	钟国辉	新寺乡北宅村	1991—1992 年度上海市植树造林绿化先进个人	上海市绿化委员会
1993.2	李桂忠	齐贤乡李家村	1991—1992 年度上海市植树造林绿化先进个人	上海市绿化委员会
1993.2	朱伯官	金汇乡居委会	1991—1992 年度上海市植树造林绿化先进个人	上海市绿化委员会
1993.2	严富汀	泰日乡南陈村	1991—1992 年度上海市植树造林绿化先进个人	上海市绿化委员会
1993.2	宋伯葵	头桥乡政府机关	1991—1992 年度上海市植树造林绿化先进个人	上海市绿化委员会

续表 13-3

获奖时间	获奖人	所属单位	获得荣誉	授奖单位
1993.2	周南林	奉城镇副商公司	1991—1992 年度上海市植树造林绿化先进个人	上海市绿化委员会
1993.2	陈财根	平安乡种畜场	1991—1992 年度上海市植树造林绿化先进个人	上海市绿化委员会
1993.2	汤德祖	塘外乡政府机关	1991—1992 年度上海市植树造林绿化先进个人	上海市绿化委员会
1993.2	何宝龙	青村乡吴家村	1991—1992 年度上海市植树造林绿化先进个人	上海市绿化委员会
1993.2	杨士忠	光明乡林业站	1991—1992 年度上海市植树造林绿化先进个人	上海市绿化委员会
1993.2	马纪章	钱桥乡林业站	1991—1992 年度上海市植树造林绿化先进个人	上海市绿化委员会
1993.2	刘仁贤	柘林乡奉海村	1991—1992 年度上海市植树造林绿化先进个人	上海市绿化委员会
1993.2	张林楼	奉新乡林业站	1991—1992 年度上海市植树造林绿化先进个人	上海市绿化委员会
1993.2	朱亚明	洪庙乡政府机关	1991—1992 年度上海市植树造林绿化先进个人	上海市绿化委员会
1993.2	庄福弟	邵厂乡红卫村	1991—1992 年度上海市植树造林绿化先进个人	上海市绿化委员会
1993.2	沈宝国	奉贤县园林所	1991—1992 年度上海市植树造林绿化先进个人	上海市绿化委员会
1993.2	周文章	奉贤县中学	1991—1992 年度上海市植树造林绿化先进个人	上海市绿化委员会
1993.2	瞿志斌	四团乡园艺场	1991—1992 年度上海市植树造林绿化先进个人	上海市绿化委员会
1993.2	张天华	胡桥乡朱家村	1991—1992 年度上海市植树造林绿化先进个人	上海市绿化委员会
1993.2	杨梦熊	江海乡延安村	1991—1992 年度上海市植树造林绿化先进个人	上海市绿化委员会
1993.2	顾纪明	萧塘乡副商公司	1991—1992 年度上海市植树造林绿化先进个人	上海市绿化委员会
1993.2	高焕荣	邬桥乡副商公司	1991—1992 年度上海市植树造林绿化先进个人	上海市绿化委员会
1993.2	唐仁良	庄行乡烟墩村	1991—1992 年度上海市植树造林绿化先进个人	上海市绿化委员会
1995.3	陈基桃	奉贤县公路管理所	1993—1994 年度上海市绿化先进个人	上海市绿化委员会

续表 13-3

获奖时间	获奖人	所属单位	获得荣誉	授奖单位
1995.3	扶治安	—	1993—1994 年度上海市绿化先进个人	上海市绿化委员会
1995.3	彭金云	—	1993—1994 年度上海市绿化先进个人	上海市绿化委员会
1995.3	许庆春	—	1993—1994 年度上海市绿化先进个人	上海市绿化委员会
1995.3	瞿金福	—	1993—1994 年度上海市绿化先进个人	上海市绿化委员会
1995.3	薛世林	—	1993—1994 年度上海市绿化先进个人	上海市绿化委员会
1995.3	何文光	奉贤县农业局	1993—1994 年度上海市绿化先进个人	上海市绿化委员会
1995.3	褚可龙	奉贤县林业站	1993—1994 年度上海市绿化先进个人	上海市绿化委员会
1995.3	马云林	金汇镇林业站站长	1993—1994 年度上海市绿化先进个人	上海市绿化委员会
1995.3	李　忠	奉贤县林业站	1993—1994 年度上海市绿化先进个人	上海市绿化委员会
1995.3	王桂龙	庄行镇人民政府	1993—1994 年度上海市绿化先进个人	上海市绿化委员会
1995.3	马煌荣	泰日镇人民政府	1993—1994 年度上海市绿化先进个人	上海市绿化委员会
1995.3	蒋永石	奉贤县畜牧水产局	1993—1994 年度上海市绿化先进个人	上海市绿化委员会
1997.3	顾纪明	西渡镇农副公司	1995—1996 年度上海市绿化先进个人	上海市绿化委员会
1997.3	蒋士章	新寺镇林业站	1995—1996 年度上海市绿化先进个人	上海市绿化委员会
1997.3	高煜章	邬桥镇林业站	1995—1996 年度上海市绿化先进个人	上海市绿化委员会
1997.3	陆银佛	庄行镇人民政府	1995—1996 年度上海市绿化先进个人	上海市绿化委员会
1997.3	沈葵章	齐贤镇陆家村	1995—1996 年度上海市绿化先进个人	上海市绿化委员会
1997.3	王瑞良	金汇镇人民政府	1995—1996 年度上海市绿化先进个人	上海市绿化委员会
1997.3	邵志荣	泰日镇光辉村	1995—1996 年度上海市绿化先进个人	上海市绿化委员会

续表 13-3

获奖时间	获奖人	所属单位	获得荣誉	授奖单位
1997.3	朱建荣	头桥镇花厅村	1995—1996年度上海市绿化先进个人	上海市绿化委员会
1997.3	周梅龙	奉城镇市政工程管理所	1995—1996年度上海市绿化先进个人	上海市绿化委员会
1997.3	方劲松	四团镇林业站	1995—1996年度上海市绿化先进个人	上海市绿化委员会
1997.3	陈解平	平安镇林业站	1995—1996年度上海市绿化先进个人	上海市绿化委员会
1997.3	张正权	青村镇姚家村	1995—1996年度上海市绿化先进个人	上海市绿化委员会
1997.3	朱其林	奉贤县林业站	1995—1996年度上海市绿化先进个人	上海市绿化委员会
1997.3	张秀龙	奉贤县林业站	1995—1996年度上海市绿化先进个人	上海市绿化委员会
1997.3	尹启良	塘外镇林业站	1995—1996年度上海市绿化先进个人	上海市绿化委员会
1997.3	杨士忠	光明镇林业站	1995—1996年度上海市绿化先进个人	上海市绿化委员会
1997.3	薛根祥	钱桥镇周陆村	1995—1996年度上海市绿化先进个人	上海市绿化委员会
1997.3	刘国兴	钱桥镇南张村	1995—1996年度上海市绿化先进个人	上海市绿化委员会
1997.3	蒋楚云	柘林镇柘林村	1995—1996年度上海市绿化先进个人	上海市绿化委员会
1997.3	余炳汀	邵厂镇林业站	1995—1996年度上海市绿化先进个人	上海市绿化委员会
1997.3	姜祖方	洪庙镇人民政府	1995—1996年度上海市绿化先进个人	上海市绿化委员会
1997.3	黄俊明	奉贤县园林所	1995—1996年度上海市绿化先进个人	上海市绿化委员会
1997.3	沈菊芳	奉贤县农技推广中心	1995—1996年度上海市绿化先进个人	上海市绿化委员会
1997.3	王金贤	江海镇人民政府	1995—1996年度上海市绿化先进个人	上海市绿化委员会
1997.3	平志光	奉贤县林果试验场	1995—1996年度上海市绿化先进个人	上海市绿化委员会

续表 13-3

获奖时间	获奖人	所属单位	获得荣誉	授奖单位
1997.3	顾巧英	上海市农工商现代农业园区开发公司	上海市青年岗位能手	共青团上海市委
1999.3	吴水泉	江海镇林业站	1997—1998 年度上海市绿化先进个人	上海市绿化委员会
1999.3	谈育才	泰日镇南陈村	1997—1998 年度上海市绿化先进个人	上海市绿化委员会
1999.3	戴智春	金绿集团实业公司	1997—1998 年度上海市绿化先进个人	上海市绿化委员会
1999.3	汤竹山	胡桥镇林业站	1997—1998 年度上海市绿化先进个人	上海市绿化委员会
1999.3	徐建龙	西渡镇人民政府	1997—1998 年度上海市绿化先进个人	上海市绿化委员会
1999.3	高煜章	邬桥镇林业站	1997—1998 年度上海市绿化先进个人	上海市绿化委员会
1999.3	施国贤	庄行镇林业站	1997—1998 年度上海市绿化先进个人	上海市绿化委员会
1999.3	周建荣	头桥镇林业站	1997—1998 年度上海市绿化先进个人	上海市绿化委员会
1999.3	唐纪梅	新寺镇林业站	1997—1998 年度上海市绿化先进个人	上海市绿化委员会
1999.3	陈玉龙	四团镇小荡村	1997—1998 年度上海市绿化先进个人	上海市绿化委员会
1999.3	张梅芳	青村镇民安村	1997—1998 年度上海市绿化先进个人	上海市绿化委员会
1999.3	孙坤章	塘外镇林业站	1997—1998 年度上海市绿化先进个人	上海市绿化委员会
1999.3	王伯才	钱桥镇园通村	1997—1998 年度上海市绿化先进个人	上海市绿化委员会
1999.3	钱耀生	洪庙镇农业办	1997—1998 年度上海市绿化先进个人	上海市绿化委员会
1999.3	张均强	光明镇林业站	1997—1998 年度上海市绿化先进个人	上海市绿化委员会
1999.3	唐伯良	齐贤镇林业站	1997—1998 年度上海市绿化先进个人	上海市绿化委员会
1999.3	施育官	奉城镇人民政府	1997—1998 年度上海市绿化先进个人	上海市绿化委员会

续表13-3

获奖时间	获奖人	所属单位	获得荣誉	授奖单位
1999.3	夏云山	平安镇五四村	1997—1998年度上海市绿化先进个人	上海市绿化委员会
1999.3	王林龙	柘林镇自来水厂	1997—1998年度上海市绿化先进个人	上海市绿化委员会
1999.3	丁根龙	鼎龙公司	1997—1998年度上海市绿化先进个人	上海市绿化委员会
1999.3	曹连萍	奉贤县市政工程管理所	1997—1998年度上海市绿化先进个人	上海市绿化委员会
1999.3	黄俊明	奉贤县园林管理所	1997—1998年度上海市绿化先进个人	上海市绿化委员会
1999.3	张秀龙	奉贤县林业站	1997—1998年度上海市绿化先进个人	上海市绿化委员会
1999	邵志荣	泰日镇光辉村	上海市科技致富能手	上海市科学技术委员会
2001.3	孙坤章	塘外镇林业站	1999—2000年度上海市绿化先进个人	上海市绿化委员会
2001.3	顾益龙	江海镇林业站	1999—2000年度上海市绿化先进个人	上海市绿化委员会
2001.3	王士良	齐贤镇林业站	1999—2000年度上海市绿化先进个人	上海市绿化委员会
2001.3	张永明	西渡镇林业站	1999—2000年度上海市绿化先进个人	上海市绿化委员会
2001.3	张金才	钱桥镇西张村	1999—2000年度上海市绿化先进个人	上海市绿化委员会
2001.3	卫新华	四团镇长堰村	1999—2000年度上海市绿化先进个人	上海市绿化委员会
2001.3	邵志荣	泰日镇光辉村	1999—2000年度上海市绿化先进个人	上海市绿化委员会
2001.3	朱国平	平安镇七古村	1999—2000年度上海市绿化先进个人	上海市绿化委员会
2001.3	戴智春	齐贤镇农办	1999—2000年度上海市绿化先进个人	上海市绿化委员会
2001.3	宋宝龙	头桥镇农副业公司	1999—2000年度上海市绿化先进个人	上海市绿化委员会
2001.3	钱　进	光明镇农业服务中心	1999—2000年度上海市绿化先进个人	上海市绿化委员会
2001.3	蒋卫东	奉贤县园林管理所	1999—2000年度上海市绿化先进个人	上海市绿化委员会

续表 13-3

获奖时间	获奖人	所属单位	获得荣誉	授奖单位
2001.3	姚志辉	邬桥镇人民政府	1999—2000 年度上海市绿化先进个人	上海市绿化委员会
2001.3	顾墨兴	庄行镇人民政府	1999—2000 年度上海市绿化先进个人	上海市绿化委员会
2001.3	金德来	邵厂镇人民政府	1999—2000 年度上海市绿化先进个人	上海市绿化委员会
2001.3	曹国民	上海春兰苗圃	1999—2000 年度上海市绿化先进个人	上海市绿化委员会
2001.3	朱永飞	申奉绿化公司	1999—2000 年度上海市绿化先进个人	上海市绿化委员会
2001.3	李秀清	上海秀谷绿化工程公司	1999—2000 年度上海市绿化先进个人	上海市绿化委员会
2001.3	汤雪梅	南桥镇解放三居	1999—2000 年度上海市绿化先进个人	上海市绿化委员会
2001.3	胡永康	奉贤县卫生局	1999—2000 年度上海市绿化先进个人	上海市绿化委员会
2001.3	徐兴邦	奉贤县水利局	1999—2000 年度上海市绿化先进个人	上海市绿化委员会
2001.3	沈红阳	县教育技术装备站	1999—2000 年度上海市绿化先进个人	上海市绿化委员会
2001.3	龚龙根	县房土局服务中心	1999—2000 年度上海市绿化先进个人	上海市绿化委员会
2001.3	曹志高	县中石公司	1999—2000 年度上海市绿化先进个人	上海市绿化委员会
2001.3	徐新根	县园林绿化工程公司	1999—2000 年度上海市绿化先进个人	上海市绿化委员会
2001.3	陆志兴	奉贤县林业站	1999—2000 年度上海市绿化先进个人	上海市绿化委员会
2001	张均强	光明镇林业站	上海市农村实用技术奖	上海市农业委员会等
2003.3	顾保龙	奉贤区林业署	2001—2002 年度上海市绿化先进个人	上海市绿化委员会
2003.3	顾益龙	南桥镇林业站	2001—2002 年度上海市绿化先进个人	上海市绿化委员会
2003.3	陆炎伯	奉城镇林业站	2001—2002 年度上海市绿化先进个人	上海市绿化委员会
2003.3	潘贤明	青村镇林业站	2001—2002 年度上海市绿化先进个人	上海市绿化委员会

续表13-3

获奖时间	获奖人	所属单位	获得荣誉	授奖单位
2005.3	余　光	海湾旅游区	2003—2004年度上海市绿化先进个人	上海市绿化委员会
2005	夏剑国	四团镇林业站	上海市森林资源调查先进个人	市绿化市容局
2005	陈继鸣	奉贤区林业署	上海市古树名木保护工作先进个人	市古树名木保护工程办公室
2005	袁明光	奉贤区林业署	上海市重点工程实事立功竞赛园林绿化先进个人	市绿化市容局
2006	顾保龙	奉贤区林业署	上海市重大工程立功竞赛先进个人	市重大工程立功竞赛领导小组
2007.3	潘贤明	青村镇林业站	2005—2006年度上海市绿化先进个人	上海市绿化委员会
2007.3	夏林龙	金汇镇人民政府	2005—2006年度上海市绿化先进个人	上海市绿化委员会
2007.3	陈正元	四团镇政府规划建设科	2005—2006年度上海市绿化先进个人	上海市绿化委员会
2007.3	顾墨兴	庄行镇人民政府	2005—2006年度上海市绿化先进个人	上海市绿化委员会
2007.3	方妙华	奉贤现代农业园区	2005—2006年度上海市绿化先进个人	上海市绿化委员会
2007.3	汪为民	奉贤区水闸管理所	2005—2006年度上海市绿化先进个人	上海市绿化委员会
2007.3	张　煜	奉贤绿化园林工程公司	2005—2006年度上海市绿化先进个人	上海市绿化委员会
2007.3	余雪仁	奉贤教育保障服务中心	2005—2006年度上海市绿化先进个人	上海市绿化委员会
2007.3	陈纪忠	海湾旅游区管委会	2005—2006年度上海市绿化先进个人	上海市绿化委员会
2007.3	袁明光	奉贤区林业署	2005—2006年度上海市绿化先进个人	上海市绿化委员会
2007.3	高国秀	海湾旅游区林业绿化管理中心	2005—2006年度上海市绿化先进个人	上海市绿化委员会
2009.3	夏根龙	奉贤区农委	2007—2008年度上海市绿化先进个人	上海市绿化委员会
2009.3	张秀龙	奉贤区林业署	2007—2008年度上海市绿化先进个人	上海市绿化委员会
2009.3	夏剑国	四团镇林业站	2007—2008年度上海市绿化先进个人	上海市绿化委员会

续表 13-3

获奖时间	获奖人	所属单位	获得荣誉	授奖单位
2009.3	马国平	奉贤区发改委	2007—2008 年度上海市绿化先进个人	上海市绿化委员会
2009.3	潘平南	奉贤区海塘管理所	2007—2008 年度上海市绿化先进个人	上海市绿化委员会
2009.3	沈志军	奉贤区建交委	2007—2008 年度上海市绿化先进个人	上海市绿化委员会
2009.3	李永杰	南桥镇人民政府	2007—2008 年度上海市绿化先进个人	上海市绿化委员会
2009.3	陈建国	海湾旅游区管委会	2007—2008 年度上海市绿化先进个人	上海市绿化委员会
2009.3	朱益萍	奉贤区财政局	2007—2008 年度上海市绿化先进个人	上海市绿化委员会
2009.3	蒋益峰	奉贤区城管监察大队	2007—2008 年度上海市绿化先进个人	上海市绿化委员会
2009	李国胜	金汇镇林业站	上海市森林病虫防治先进个人	市绿化市容局
2009	汤纪红	奉贤区林业署	上海市森林病虫防控优秀检疫员	市绿化市容局
2009.12	薛耀英	奉贤区林业署	市林业养护工培训先进个人	市绿化市容局
2009	张建忠 马炎龙 陆林章 等 20 人	林果花种植户	上海市绿化小康示范户	市委宣传部、市文明办、市绿化委员会、市绿化市容局
2011	黄俊新	奉城镇永益村	上海市十佳生态之家	上海市农业委员会
2011	褚可龙	奉贤区林业署	2010 年度重大工程立功竞赛记功	市重大工程立功竞赛领导小组
2012.3	平海龙	海湾旅游区绿化市容所	2009—2011 年度上海市绿化先进个人	市绿委、市人保局、市公务员局、市绿化市容局
2012.3	沈海明	奉贤排水运行管理中心	2009—2011 年度上海市绿化先进个人	市绿委、市人保局、市公务员局、市绿化市容局
2012.3	张金明	青村镇绿化市容所	2009—2011 年度上海市绿化先进个人	市绿委、市人保局、市公务员局、市绿化市容局
2012.3	顾国林	奉贤区林业署	2009—2011 年度上海市绿化先进个人	市绿委、市人保局、市公务员局、市绿化市容局
2012.3	孙厚德	星火开发区绿化市容所	2009—2011 年度上海市绿化先进个人	市绿委、市人保局、市公务员局、市绿化市容局

续表13-3

获奖时间	获奖人	所属单位	获得荣誉	授奖单位
2012.3	沈军贤	奉贤国贤物业公司	2009—2011年度上海市绿化先进个人	市绿委、市人保局、市公务员局、市绿化市容局
2012.1	薛耀英	奉贤区林业署	上海市绿化行业竞赛先进个人	市绿化市容局
2012.9	褚可龙	奉贤区林业署	上海市农村科普带头人	市科学技术委员会
2013	方卫星	奉贤区林业署	上海市林业绿化行业竞赛优秀组织者	市绿化市容局
2013.3	叶黎红	奉贤区林业署	上海市林业工作先进个人	市绿化市容局
2016.3	平　燕	南桥新城建设发展公司	2012—2015年度上海市绿化先进个人	市绿化委员会、市人社局、市绿化市容局
2016.3	陆德兴	奉贤区教育保障服务中心	2012—2015年度上海市绿化先进个人	市绿委、市人社局、市绿化市容局
2016.3	毛建强	奉贤区绿化管理所	2012—2015年度上海市绿化先进个人	市绿委、市人社局、市绿化市容局
2016.3	戴成香	奉贤区公路管理所	2012—2015年度上海市绿化先进个人	市绿委、市人社局、市绿化市容局

四、区（县）级先进个人

1987—2013年，据不完全收集，奉贤区（县）林业战线区（县）级先进个人19人次。

奉贤区（县）级先进个人

表13-4

序号	获奖时间	获奖人	所属单位	获得荣誉	授奖单位
1	1987	张小弟	庄行乡东风村	奉贤县先进工作者	奉贤县人民政府
2	2001	陈铭檠	奉贤县林业站	奉贤县农业科技先进工作者	奉贤县人民政府
3	2005	顾保龙	奉贤区林业署	记大功	奉贤区人民政府
4	2006	顾保龙	奉贤区林业署	三等功	奉贤区人民政府
5	2007	张秀龙	奉贤区林业署	三等功	奉贤区人民政府
6	2009.2	刘福良	青村镇农业服务中心	奉贤区先进工作者	奉贤区人民政府
7	2009.3	褚可龙	奉贤区林业署	2008感动奉贤十大人物提名奖	中共奉贤区委 区人民政府
8	2009.3	薛耀英	奉贤区林业署	嘉奖	奉贤区人民政府
9	2010.3	马以崧	奉贤区林业署	嘉奖	区人力资源和社会保障局

续表 13-4

序号	获奖时间	获奖人	所属单位	获得荣誉	授奖单位
10	2010.3	顾国林	奉贤区林业署	嘉奖	区人力资源和社会保障局
11	2010.6	褚可龙	奉贤区林业署	2010年奉贤区专业技术领军人才	中共奉贤区委 区人民政府
12	2011.6	马以菘	奉贤区林业署	三等功	区人力资源和社会保障局
13	2011.6	叶黎红	奉贤区林业署	嘉奖	区人力资源和社会保障局
14	2011.6	张秀龙	奉贤区林业署	嘉奖	区人力资源和社会保障局
15	2012.6	马以菘	奉贤区林业署	优秀共产党员	中共奉贤区委
16	2012.6	张秀龙	奉贤区林业署	嘉奖	区人力资源和社会保障局
17	2013.6	顾国林	奉贤区林业署	三等功	区人力资源和社会保障局
18	2013.11	褚可龙	奉贤区林业署	“滨海贤人”领军人才	中共奉贤区委 区人民政府
19	2014.6	顾国林	奉贤区林业署	嘉奖	区人力资源和社会保障局

第四节 先进集体名录

列入先进集体名录的共209个次，其中获省部级先进集体的35个次，市条线先进集体的170个次，区（县）级先进集体的4个次。

一、省部级先进集体

1966—2016年，据不完全收集，奉贤区（县）林业绿化战线省部级先进集体35个次。

省部级先进集体

表 13-5

获奖时间	获奖单位	获得荣誉	授奖单位
1966	奉贤县林场	全国模范林场	林业部
1996.3	钱桥镇西张村	1995年度全国造林绿化千佳村	林业部
1996.3	邬桥镇张云村	1995年度全国造林绿化千佳村	林业部
1996.12	奉贤县人民政府	全国林业建设合格县	国家林业局
1997	光明镇人民政府	全国百家特产乡镇	农业部
1997	光明镇人民政府	全国锦绣黄桃之乡	农业部
1998.4	齐贤镇人民政府	1996—1997年度全国造林绿化百佳乡	国家林业局
2000	光明镇张弄村	1998—1999年度全国造林绿化千佳村	国家林业局

续表 13-5

获奖时间	获奖单位	获得荣誉	授奖单位
2000.12	奉贤县人民政府	1999—2000 年度全国平原绿化先进单位	全国绿化委员会
2001.2	奉贤县人民政府	全国平原绿化达标县	全国绿化委员会
2002.9	奉禾特色果业有限公司	全国特色水果种苗基地	国家林业局
2005.12	申隆生态园	全国农业旅游示范点	农业部
2006.12	玉穗绿苑	全国农业旅游示范点	农业部
2007	奉贤区各镇林业站	区镇林业站通过标准站验收	国家林业局
2007.12	青村镇解放村	全国绿化小康村	中宣部、国家文明办、全国绿委、国家林业局
2008.3	奉贤区林业署	全国妇女“双学双比”活动先进集体	全国妇联
2010.4	奉贤区人民政府	奉贤黄桃实行国家地理标志产品保护	国家质监总局
2010.12	奉贤区林业署	全国村级森防员培训工作先进集体	国家林业局
2011.1	青村镇人民政府	锦绣黄桃系列获“中国行业领先十大品牌”称号	中国国际品牌发展协会
2011	海港综合经济开发区	2010 年度全国绿化先进集体	全国绿委、国家林业局
2011	奉贤区人民政府	国家林业科技示范区	国家林业局
2012.8	奉贤区林业署	全国生态建设突出贡献先进集体	国家林业局
2012.9	庄行镇潘垫村	全国生态文化村	中国生态文化协会
2012.9	申隆生态园	全国休闲农业与乡村旅游四星级企业	农业部
2012.11	庄行镇潘垫村	全国一村一品示范村（庄行蜜梨）	农业部
2013	奉贤区人民政府	全国林权制度改革百个先进县	国家林业局
2013	奉贤区人民政府	全国休闲农业与乡村旅游示范点	农业部
2014.2	奉贤区人民政府	中国林业产业突出贡献奖	国家林业局
2015.3	庄行镇人民政府	庄行蜜梨为国家地理标志保护农产品	农业部
2015.6	青村镇人民政府	奉贤黄桃为国家地理标志保护农产品	农业部

续表 13-5

获奖时间	获奖单位	获得荣誉	授奖单位
2015	庄行镇潘垫村	中国最美休闲乡村	农业部
2015	南桥镇杨王村	中国最美休闲乡村	农业部
2015	柘林镇海湾村	中国最美休闲乡村	农业部
2015.11	奉贤区林业署	全国三农科技服务金桥奖	中国技术市场协会
2016.8	南桥镇杨王村	全国生态文化村	中国生态文化协会

二、市级条线先进集体

1984—2016年，据不完全收集，奉贤区（县）林业绿化战线市条线先进集体170个次。

1984—2016年奉贤区（县）获市级条线先进集体

表 13-6

获奖时间	获奖单位	获得荣誉	授奖单位
1984.2	光明公社副业场林业组	1983年度上海市植树造林绿化先进单位	上海市绿化委员会
1984.2	钱桥公社金王大队	1983年度上海市植树造林绿化先进单位	上海市绿化委员会
1984.2	奉贤县林场	1983年度上海市植树造林绿化先进单位	上海市绿化委员会
1986.2	齐贤果园	1985年度上海市绿化先进集体	上海市绿化委员会
1986.2	钱桥乡滕家村	1985年度上海市绿化先进集体	上海市绿化委员会
1986.2	曙光中学	1985年度上海市绿化先进集体	上海市绿化委员会
1986.2	庄行乡华严村	1985年度上海市绿化先进集体	上海市绿化委员会
1986.2	邬桥乡	1985年度上海市绿化先进集体	上海市绿化委员会
1987.2	奉贤县海塘管理所	1986年度上海市绿化先进集体	上海市绿化委员会
1987.2	奉贤中学	1986年度上海市绿化先进集体	上海市绿化委员会
1987.2	齐贤乡果园	1986年度上海市绿化先进集体	上海市绿化委员会
1987.2	新寺苗圃	1986年度上海市绿化先进集体	上海市绿化委员会

表 13-6

获奖时间	获奖单位	获得荣誉	授奖单位
1987.2	奉贤机械厂	1986 年度上海市绿化先进集体	上海市绿化委员会
1989.2	奉贤中学	1987—1988 年度上海市绿化先进集体	上海市绿化委员会
1989.2	奉贤县中医院	1987—1988 年度上海市绿化先进集体	上海市绿化委员会
1989.2	奉贤县公路所奉城苗圃	1987—1988 年度上海市绿化先进集体	上海市绿化委员会
1989.2	南桥水厂	1987—1988 年度上海市绿化先进集体	上海市绿化委员会
1989.2	青村造漆厂	1987—1988 年度上海市绿化先进集体	上海市绿化委员会
1989.2	光明乡副商公司	1987—1988 年度上海市绿化先进集体	上海市绿化委员会
1989.2	奉贤县林业站	1987—1988 年度上海市绿化先进集体	上海市绿化委员会
1989.2	邵厂乡人民政府	1987—1988 年度上海市绿化先进集体	上海市绿化委员会
1991.2	上海内燃机厂奉贤分厂	1989—1990 年度上海市植树造林绿化先进集体	上海市绿化委员会
1991.2	江海乡张翁庙村	1989—1990 年度上海市植树造林绿化先进集体	上海市绿化委员会
1991.2	奉贤县种畜场	1989—1990 年度上海市植树造林绿化先进集体	上海市绿化委员会
1991.2	新寺乡副商公司	1989—1990 年度上海市植树造林绿化先进集体	上海市绿化委员会
1991.2	凯托衬衫厂	1989—1990 年度上海市植树造林绿化先进集体	上海市绿化委员会
1991.2	金汇乡继光村	1989—1990 年度上海市植树造林绿化先进集体	上海市绿化委员会
1991.2	申丰镜业公司	1989—1990 年度上海市植树造林绿化先进集体	上海市绿化委员会
1991.2	庄行乡农业公司副业科	1989—1990 年度上海市植树造林绿化先进集体	上海市绿化委员会
1991.2	邬桥乡张塘村果园队	1989—1990 年度上海市植树造林绿化先进集体	上海市绿化委员会
1991.2	南桥污水处理厂	1989—1990 年度上海市植树造林绿化先进集体	上海市绿化委员会

续表 13-6

获奖时间	获奖单位	获得荣誉	授奖单位
1991.2	奉贤市政工程管理所	1989—1990年度上海市植树造林绿化先进集体	上海市绿化委员会
1991.2	奉贤中学	1989—1990年度上海市植树造林绿化先进集体	上海市绿化委员会
1993.2	江海乡树园村	1991—1992年度上海市植树造林绿化先进集体	上海市绿化委员会
1993.2	邬桥乡张云村	1991—1992年度上海市植树造林绿化先进集体	上海市绿化委员会
1993.2	新寺乡林业站	1991—1992年度上海市植树造林绿化先进集体	上海市绿化委员会
1993.2	庄行乡烟墩村	1991—1992年度上海市植树造林绿化先进集体	上海市绿化委员会
1993.2	上海内燃机厂奉贤分厂	1991—1992年度上海市植树造林绿化先进集体	上海市绿化委员会
1993.2	金汇乡新民村	1991—1992年度上海市植树造林绿化先进集体	上海市绿化委员会
1993.2	华日公司	1991—1992年度上海市植树造林绿化先进集体	上海市绿化委员会
1993.2	奉城镇永益村	1991—1992年度上海市植树造林绿化先进集体	上海市绿化委员会
1993.2	平安乡种畜场	1991—1992年度上海市植树造林绿化先进集体	上海市绿化委员会
1993.2	塘外乡四季空调机厂	1991—1992年度上海市植树造林绿化先进集体	上海市绿化委员会
1993.2	青村乡岳和村	1991—1992年度上海市植树造林绿化先进集体	上海市绿化委员会
1993.2	光明乡人民政府	1991—1992年度上海市植树造林绿化先进集体	上海市绿化委员会
1993.2	钱桥乡第一种畜场	1991—1992年度上海市植树造林绿化先进集体	上海市绿化委员会
1993.2	柘林乡船浜村	1991—1992年度上海市植树造林绿化先进集体	上海市绿化委员会
1993.2	奉新乡林业站	1991—1992年度上海市植树造林绿化先进集体	上海市绿化委员会
1993.2	奉贤县教师进修学校	1991—1992年度上海市植树造林绿化先进集体	上海市绿化委员会
1993.2	奉贤县林业站	1991—1992年度上海市植树造林绿化先进集体	上海市绿化委员会

续表 13-6

获奖时间	获奖单位	获得荣誉	授奖单位
1995.2	江海镇江海小区	1993—1994 年度上海市植树造林绿化先进集体	上海市绿化委员会
1995.2	奉贤县林业站	1993—1994 年度上海市植树造林绿化先进集体	上海市绿化委员会
1996.2	光明镇人民政府	1995 年造林绿化上海市双十佳镇	上海市绿化委员会
1996.2	钱桥镇西张村	1995 年造林绿化上海市双十佳村	上海市绿化委员会
1996.2	邬桥镇张云村	1995 年造林绿化上海市双十佳村	上海市绿化委员会
1997.2	江海镇延安村	1995—1996 年度上海市绿化先进集体	上海市绿化委员会
1997.2	申申实业公司	1995—1996 年度上海市绿化先进集体	上海市绿化委员会
1997.2	邬桥镇人民政府	1995—1996 年度上海市绿化先进集体	上海市绿化委员会
1997.2	新寺镇自来水厂	1995—1996 年度上海市绿化先进集体	上海市绿化委员会
1997.2	凯灵空调设备公司	1995—1996 年度上海市绿化先进集体	上海市绿化委员会
1997.2	联谊轻纺实业公司	1995—1996 年度上海市绿化先进集体	上海市绿化委员会
1997.2	齐贤镇李家村	1995—1996 年度上海市绿化先进集体	上海市绿化委员会
1997.2	金汇镇环卫所	1995—1996 年度上海市绿化先进集体	上海市绿化委员会
1997.2	泰日镇市政公司	1995—1996 年度上海市绿化先进集体	上海市绿化委员会
1997.2	奉城镇陈桥村	1995—1996 年度上海市绿化先进集体	上海市绿化委员会
1997.2	塘外镇人民政府	1995—1996 年度上海市绿化先进集体	上海市绿化委员会
1997.2	奉青房地产开发公司	1995—1996 年度上海市绿化先进集体	上海市绿化委员会
1997.2	凯拓制衣公司	1995—1996 年度上海市绿化先进集体	上海市绿化委员会
1997.2	奉贤县实验小学	1995—1996 年度上海市绿化先进集体	上海市绿化委员会

续表 13-6

获奖时间	获奖单位	获得荣誉	授奖单位
1997.2	奉贤县园林管理所	1995—1996 年度上海市绿化先进集体	上海市绿化委员会
1997.2	奉城医院	1995—1996 年度上海市绿化先进集体	上海市绿化委员会
1997.2	奉贤县市政工程所	1995—1996 年度上海市绿化先进集体	上海市绿化委员会
1997.2	庄行卫生院	1995—1996 年度上海市绿化先进集体	上海市绿化委员会
1997.2	奉贤机械厂	1995—1996 年度上海市绿化先进集体	上海市绿化委员会
1997.2	奉贤中学	1995—1996 年度上海市绿化先进集体	上海市绿化委员会
1997.2	奉贤县教师进修学校	1995—1996 年度上海市绿化先进集体	上海市绿化委员会
1997.2	南桥镇古华一、四村居委会	1995—1996 年度上海市绿化先进集体	上海市绿化委员会
1997.2	奉新镇敬老院	1995—1996 年度上海市绿化先进集体	上海市绿化委员会
1997.12	奉贤县人民政府	上海市平原绿化达标先进县	上海市绿化委员会
1998.1	奉贤县	1997 年县际绿化竞赛第一名	上海市绿化委员会、上海市园林局
1999.2	胡桥学校	1997—1998 年度上海市绿化先进集体	上海市绿化委员会
1999.2	奉贤现代农业园区	1997—1998 年度上海市绿化先进集体	上海市绿化委员会
1999.2	泰日自来水厂	1997—1998 年度上海市绿化先进集体	上海市绿化委员会
1999.2	奉贤通用电器厂	1997—1998 年度上海市绿化先进集体	上海市绿化委员会
1999.2	新寺中心幼儿园	1997—1998 年度上海市绿化先进集体	上海市绿化委员会
1999.2	奉贤宏宝汽车配件厂	1997—1998 年度上海市绿化先进集体	上海市绿化委员会
1999.2	青村中心幼儿园	1997—1998 年度上海市绿化先进集体	上海市绿化委员会
1999.2	邬桥镇西校村	1997—1998 年度上海市绿化先进集体	上海市绿化委员会

续表 13-6

获奖时间	获奖单位	获得荣誉	授奖单位
1999.2	洪庙镇协新服装机械厂	1997—1998 年度上海市绿化先进集体	上海市绿化委员会
1999.2	四团镇政府机关	1997—1998 年度上海市绿化先进集体	上海市绿化委员会
1999.2	奉贤县精神卫生中心	1997—1998 年度上海市绿化先进集体	上海市绿化委员会
1999.2	江海镇秀南村	1997—1998 年度上海市绿化先进集体	上海市绿化委员会
1999.2	光明镇政府机关	1997—1998 年度上海市绿化先进集体	上海市绿化委员会
1999.2	申申实业公司	1997—1998 年度上海市绿化先进集体	上海市绿化委员会
1999.2	奉贤平安涂料厂	1997—1998 年度上海市绿化先进集体	上海市绿化委员会
1999.2	曙光中学	1997—1998 年度上海市绿化先进集体	上海市绿化委员会
1999.2	环球塑料印刷厂	1997—1998 年度上海市绿化先进集体	上海市绿化委员会
1999.2	宝娇化妆品公司	1997—1998 年度上海市绿化先进集体	上海市绿化委员会
1999.2	柘林镇政府机关	1997—1998 年度上海市绿化先进集体	上海市绿化委员会
1999.2	奉贤县农业技术推广中心	1997—1998 年度上海市绿化先进集体	上海市绿化委员会
1999.2	奉贤县公路管理所	1997—1998 年度上海市绿化先进集体	上海市绿化委员会
1999.2	奉贤县园林绿化工程公司	1997—1998 年度上海市绿化先进集体	上海市绿化委员会
2001.2	邬桥生态绿色园区	1999—2000 年度上海市绿化先进集体	上海市绿化委员会
2001.2	雅艺园林绿化公司	1999—2000 年度上海市绿化先进集体	上海市绿化委员会
2001.2	美纳印刷公司	1999—2000 年度上海市绿化先进集体	上海市绿化委员会
2001.2	四团镇长堰村	1999—2000 年度上海市绿化先进集体	上海市绿化委员会
2001.2	胡桥镇农副业公司	1999—2000 年度上海市绿化先进集体	上海市绿化委员会

续表 13-6

获奖时间	获奖单位	获得荣誉	授奖单位
2001.2	奉贤县海滨集团公司	1999—2000 年度上海市绿化先进集体	上海市绿化委员会
2001.2	申奉绿化公司	1999—2000 年度上海市绿化先进集体	上海市绿化委员会
2001.2	洪庙镇集贤村	1999—2000 年度上海市绿化先进集体	上海市绿化委员会
2001.2	海湾世纪林管理大队	1999—2000 年度上海市绿化先进集体	上海市绿化委员会
2001.2	申申实业公司	1999—2000 年度上海市绿化先进集体	上海市绿化委员会
2001.2	金汇镇农办	1999—2000 年度上海市绿化先进集体	上海市绿化委员会
2001.2	头桥镇新北村	1999—2000 年度上海市绿化先进集体	上海市绿化委员会
2001.2	齐贤镇物业管理所	1999—2000 年度上海市绿化先进集体	上海市绿化委员会
2001.2	奉城医院	1999—2000 年度上海市绿化先进集体	上海市绿化委员会
2001.2	金汇中学	1999—2000 年度上海市绿化先进集体	上海市绿化委员会
2001.2	江海镇五星村	1999—2000 年度上海市绿化先进集体	上海市绿化委员会
2001.2	光明镇农办	1999—2000 年度上海市绿化先进集体	上海市绿化委员会
2001.2	南桥镇城西街道	1999—2000 年度上海市绿化先进集体	上海市绿化委员会
2001.2	申隆生态园	1999—2000 年度上海市绿化先进集体	上海市绿化委员会
2001.2	泰日镇市政公司	1999—2000 年度上海市绿化先进集体	上海市绿化委员会
2001.2	奉贤县园林绿化公司	1999—2000 年度上海市绿化先进集体	上海市绿化委员会
2001.2	奉贤县园林管理所	1999—2000 年度上海市绿化先进集体	上海市绿化委员会
2001.2	奉贤县林业站	1999—2000 年度上海市绿化先进集体	上海市绿化委员会
2001	洪庙镇人民政府	上海市绿化示范镇	上海市绿化委员会

续表 13-6

获奖时间	获奖单位	获得荣誉	授奖单位
2005.3	青村镇农业服务中心	2003—2004 年度上海市绿化先进集体	上海市绿化委员会
2005.3	金汇镇人民政府	2003—2004 年度上海市绿化先进集体	上海市绿化委员会
2005.3	四团镇政府规划科	2003—2004 年度上海市绿化先进集体	上海市绿化委员会
2005.3	庄行镇人民政府	2003—2004 年度上海市绿化先进集体	上海市绿化委员会
2005.3	奉贤现代农业园区	2003—2004 年度上海市绿化先进集体	上海市绿化委员会
2005.3	奉贤区水闸管理所	2003—2004 年度上海市绿化先进集体	上海市绿化委员会
2006	奉贤区林业署	2005 年度上海市重大工程立功竞赛园林绿化先进集体	市重大工程立功竞赛领导小组
2007.3	奉贤区林业署	2005—2006 年度上海市绿化先进集体	上海市绿化委员会
2007.3	南桥镇城镇建设科	2005—2006 年度上海市绿化先进集体	上海市绿化委员会
2007.3	奉城镇人民政府	2005—2006 年度上海市绿化先进集体	上海市绿化委员会
2007.3	工业综合开发区管委会	2005—2006 年度上海市绿化先进集体	上海市绿化委员会
2007.3	海港综合开发区管委会	2005—2006 年度上海市绿化先进集体	上海市绿化委员会
2007.3	奉贤区园林绿化公司	2005—2006 年度上海市绿化先进集体	上海市绿化委员会
2007.11	古华公园	上海市五星级公园	市绿化市容局
2007	海湾南区林业养护服务社	上海市最佳林业养护社	市绿化市容局
2008.2	奉贤区林业署业务科	2007 年度上海市重大工程立功竞赛园林绿化先进集体	市重大工程立功竞赛领导小组
2008.7	奉贤区林业署	上海市绿化信息核查工作优秀单位	市绿化市容局
2009.3	奉贤区农业委员会	2007—2008 年度上海市绿化先进集体	上海市绿化委员会

续表 13-6

获奖时间	获奖单位	获得荣誉	授奖单位
2009.3	金汇明星林业养护社	2007—2008 年度上海市绿化先进集体	上海市绿化委员会
2009.3	奉城镇林业站	2007—2008 年度上海市绿化先进集体	上海市绿化委员会
2009.3	奉贤区检察院	2007—2008 年度上海市绿化先进集体	上海市绿化委员会
2009.3	奉贤区建交委	2007—2008 年度上海市绿化先进集体	上海市绿化委员会
2009.3	奉贤区教育保障服务中心	2007—2008 年度上海市绿化先进集体	上海市绿化委员会
2009.1	南桥镇人民政府	上海市绿色小康示范镇	市委宣传部、市文明办、市绿委、市绿化局
2009.1	青村镇解放村	上海市绿色小康示范村	市委宣传部、市文明办、市绿委、市绿化局
2009.1	庄行镇潘垫村	上海市绿色小康示范村	市委宣传部、市文明办、市绿委、市绿化局
2009.3	奉贤区林业署	上海市 2008 年度“白玉兰”杯区际绿化林业竞赛优胜奖	市绿化市容局
2009.10	奉贤区林业署业务科	市迎世博加强市容环境建设和管理立功竞赛先进集体	市活动组委会
2009.10	奉贤区林业署业务科	上海市工人先锋号	市总工会
2009.11	奉贤区林业署	2009 年度陆生野生动物疫源疫病监察防治三等奖	市绿化市容局
2010.1	奉贤区林业署综合管理科	市绿化重点工程实事项目和迎世博城市管理竞赛先进集体	市绿化局立功竞赛领导小组
2010.5	海湾南区林业养护服务社	上海市二星级林业养护班	市绿化市容局
2011	庄行镇潘垫村	上海市十大“我最喜爱的乡村”	市委农办、市农委
2011	南桥镇杨王村	上海市十大“我最喜爱的乡村”	市委农办、市农委
2011.1	奉贤区林业署	上海市郊区迎世博工作先进集体	市委农办、市农委
2011.12	星火开发区管委会	2009—2011 年度上海市绿化先进集体	市绿委、市人保局、市公务员局、市绿化局

续表 13-6

获奖时间	获奖单位	获得荣誉	授奖单位
2011.12	海湾镇绿化市容管理所	2009—2011 年度上海市绿化先进集体	市绿委、市人保局、市公务员局、市绿化局
2011.12	奉贤区绿化市容管理局	2009—2011 年度上海市绿化先进集体	市绿委、市人保局、市公务员局、市绿化局
2012.1	奉贤区林业署综合管理科	2012 年度上海市重大工程立功竞赛优秀集体	市重大工程立功竞赛领导小组
2012.1	奉贤区林业署业务科	2011 年度市绿化市容行业劳动竞赛先进集体、市绿化市容行业工人先锋号	市绿化市容局局工会
2014	庄行镇潘垫村	上海市美丽乡村示范村	市委农办、市农委
2015	庄行镇新叶村	上海市美丽乡村示范村	市委农办、市农委
2016.2	奉城镇人民政府	2012—2015 年度上海市绿化先进集体	市绿委、市人保局、市绿化市容局
2016.2	柘林镇人民政府	2012—2015 年度上海市绿化先进集体	市绿委、市人保局、市绿化市容局

三、区（县）级先进集体

1988—2013 年，收集到奉贤区（县）级林业绿化战线先进集体 4 个次。

区（县）级先进集体

表 13-7

获奖时间	获奖单位	获得荣誉	授奖单位
1988	洪庙镇	奉贤县先进集体	奉贤县人民政府
1999	洪庙镇	奉贤县植树造林先进集体	奉贤县人民政府
2010.3	奉贤区林业署	2008—2009 年度奉贤区科技项目实施奖	奉贤区人民政府
2013	奉贤区林业署	2011—2012 年度奉贤区文明单位	奉贤区人民政府

专　记

奉贤黄桃

黄桃，属普通桃品种，果皮金黄色、带红晕、果肉黄色，属硬溶质桃，较水蜜桃耐贮运，是鲜食和加工兼用型品种。

20世纪20年代，奉贤就有青村、三官、钱桥、泰日等地栽种黄肉桃，面积约百亩。

20世纪70年代，由上海市农业科学院研究员庄恩及主持，利用含隐性基因的异质白肉水蜜桃杂交育成“沪401”黄桃。1979年，在奉贤县光明公社金汇港两滩沙涂上试种示范，种植面积102亩。1984年，“沪401”黄桃命名为“锦绣”黄桃。2003年，“锦绣”黄桃通过国家林木品种审定委员会审定，是奉贤黄桃的主栽品种。1997年，光明镇又从市农科院引进早熟黄桃“锦香”。2003年，上海锦光黄桃种植专业合作社，又从市农科院引进“锦园”和“锦花”黄桃。自此，奉贤黄桃的栽培品种有“锦香”“锦园”“锦绣”和“锦花”4个黄桃品种，成熟期从6月下旬到9月中旬，鲜果上市持续100余天。

1989年，光明乡被列为上海市名、特、优水果“锦绣”黄桃生产基地。1997年，农业部（中国特产之乡推荐宣传活动组委会）授予光明镇第66家“全国百家特产乡、镇”和“中国锦绣黄桃之乡”称号。2004年，“锦绣”黄桃通过上海市农产品质量认证中心“安全、卫生、优质农产品”标志认证。2009年，“锦绣”黄桃荣获“2009迎世博上海市优质桃评比（晚熟）金奖”。同年，“锦绣”黄桃又荣获“第七届中国国际农产品交易会”金奖。2010年，经国家质量监督检验检疫总局批准，奉贤黄桃获得“中华人民共和国地理标志保护产品”。2011年，经国家工商行政管理局批准，注册《奉贤黄桃》商标。

奉贤黄桃地理保护范围为奉贤区所辖8个镇，主产区为奉贤区青村镇，发源地为青村镇光明社区。

至2014年，全区黄桃种植面积14250亩，年产鲜果13419吨，产值1.26亿元，分别占全区桃树总面积、总产量、总产值的80.6%、78.7%、91.2%。

一、奉贤黄桃发展过程

1978年冬，奉贤境内最大的水利工程——金汇港开挖后，河道两岸的堆土成了高亢田，不宜种植粮、棉、油等传统农业作物。经奉贤县政府研究决定：将沿线的3个公社所辖区域高亢地种植经济作物，北起齐贤种植芦笋，中间光明种植黄桃，南端钱桥种植柑橘。形成“三花齐放香百里，金汇港两岸尽朝晖”的农业新经济带。

由于各种原因，南北两公社的特色种植业在市场经济中悄然淹没，唯有黄桃在科技力量的支撑下，从百亩黄桃起步，逐年向周边辐射。

1979年初，在种植百亩黄桃后，由县政府领导牵头，与上海市轻工食品工业公司、上海泰康食品厂签订产销合同，建立了金汇港外贸果园光明基地，依托上海农科院园艺所为科技指导。基地内有光明果园队28亩、西胡果园队29亩、友谊果园队18亩以及西胡11队22亩。初期种植的黄桃品种有“沪401”“丰黄”“明星”“橙黄”。1983年，首年投产黄桃90.2吨，部分水果上市，大部分由泰康食品厂收购，后加工制作罐头出口中国香港、新加坡等地，并曾指定为中国人民解放军在对越自卫反击战中的军需食品，当年产值5.95万元，每公顷产值6900元，亩产值460元。当时鲜果上市的黄桃价每公斤不足0.80元，但产值已明显高于粮、棉作物的产值，由此奠定和激发了桃农的种植积极性。1984年，黄桃总产量179.25吨，总产值19.64万元，其中出口罐装黄桃12.5吨，创汇6400美元。

1985年，中共光明乡委员会、光明乡政府出台了扶持发展种植黄桃的措施，减免农业税和免征农林特产税。到1990年，光明乡农户在承包田上种植黄桃面积达到1500亩。

随着国家经济的逐年振兴和市场经济的复活，黄桃销售的市场价也逐步上扬。1990年，市场销售价每公斤达到7元，亩产值达7000元以上，桃农收入丰厚。1991—1992年，牌楼村4组32户农户，除了4户老年人外，其余28户农户均以黄桃销售所得在南桥城区购置了商品房。

1992年，光明乡被确定为奉贤县农业发展十大农产品生产基地之一，当年又扩种黄桃2000亩，全乡累计种植黄桃达到4500亩。

1993年，光明乡种植黄桃5000余亩，总产量459.5万公斤，户均1021公斤，人均350.5公斤；总产值1109.1万元，户均2465元，劳均739.4元，总产值占全乡农副产品净收入的50%以上。

1997年，光明镇政府召开“调整农业结构，实现万亩果镇”三级干部动员会议，提出全镇按人均保留0.5亩口粮田外，其余承包田全部种植黄桃。当年规划种植黄桃8700亩。是年8月，光明镇镇长金星、副镇长吴金明首次在上海人民广播电台作发展黄桃之乡的情况介绍。从此，光明“锦绣”黄桃知名度闻名于苏、浙、沪等地区。

1999年，光明镇结合全国开展第二轮土地延包，对农户承包多余的土地继续推广种植“锦绣”黄桃，使全镇黄桃种植面积达万亩，为实现“一镇一品”的特色农业奠定了基础。

奉贤黄桃从试种、推广、发展并形成精品产业的30余年时间内，经历了由以加工为主转变为鲜食桃的精品良种，并成为誉名的品牌产品。从初期的“沪401”“丰黄”“明星”“澄黄”“罐五”等品种，经过长期的选育，形成了由“锦香”“锦园”

“锦绣”“锦花”黄桃为系列良种，并通过国家职能部门的审定。以最早种植奉贤黄桃的青村镇（光明镇划入青村镇）为例，全镇种植面积近万亩。涉及24个行政村，3000余个家庭成为专业种植户，万余人从事黄桃生产经营，建立黄桃专业合作社3个，注册品牌和商标3个，超万平方米的大型黄桃交易市场1个。

2010年，“锦绣黄桃”更名为“奉贤黄桃”。2014年，全区黄桃总面积14250亩（其中青村镇种植8757亩，总产量6797吨，总产值7917万元）。当地桃农都将“奉贤黄桃”作为增收致富的“摇钱树”。

二、奉贤黄桃产业发展

奉贤黄桃产业的发展依托了政府领导的决策和农村政策的扶持。中共奉贤区委、区政府确定其为奉贤地区农村经济发展的支撑产业，认定其具有“产品特色鲜明、竞争优势明显、品牌效应突出、经济效益领先、生态环境优越”的特点，各级政府和科技部门予以支持、指导，为奉贤黄桃产业的形成和发展奠定了扎实的基础，具体措施有：一是把奉贤黄桃生产区的青村镇列入社会主义新农村建设先行区范围，着力抓好奉贤黄桃生产环境的基础设施建设，仅2007年，投入资金1000余万元，重点建设桃园内的水利排灌设施和果园通道建设。之后多年中，市、区、镇各级政府也投入近4000万元，用于改造生产环境，促进黄桃产业集约化管理、标准化生产和规模化经营，优化生产管理条件，极大程度上提高了奉贤黄桃的生产能力。二是建立了13个为农综合服务站，对黄桃生产所需用的肥料、农药、农机具、果实套袋等生产资料实行统一采购、统一配发、统一使用，落实市、区政府对果树生产的物化补贴政策，推广“双增双减”，着力提升黄桃生产的“安全、卫生、优质、高效”的科学管理水平。三是提升奉贤黄桃营销服务。2010年投入800万元，建造了近1.7万平方米，可设630个摊位的奉贤黄桃销售市场，并设黄桃展示馆、田头学校，切实解决了果农产后的后顾之忧。四是实施项目建设聚焦产业的发展，10余年来，国家、上海市、奉贤区各级政府和林业生产主管部门、科研院校极大地关注，以实施项目为抓手，在各个层面上给予支持，促进了奉贤黄桃的产业化。

奉贤黄桃产业的发展是科技与生产完美结合的凸现。2006年8月，在奉贤区农业委员会的牵头下，由上海市农业科学院林果研究所、奉贤区林业署、上海市鲜食黄桃产业技术联合会共同组成，建立了“奉贤黄桃”研发中心，开展了黄桃品种提纯复壮和定向选优，建立了16.5亩的良种母本园和20亩种苗繁育圃，由科技人员组织指导、定向选优，每年培育提供优良种苗20余万株，为黄桃根正、苗壮和健康发展奠定了可靠的条件；建立了黄桃新品种的中试示范园50亩，筛选优新品种，延长市场供应期，形成了奉贤黄桃“锦香开头炮，锦园跟着跑，锦绣抢龙腰，锦花把龙梢”的品种布局，鲜果供应期长达100余天，不仅丰富了市场果品供应，并且也避免了熟期集中带来的销售风险。同时健全了黄桃优质、安全、卫生的栽培技术研发和技术指导推广工作的制度，科技人员经常性的出入田头调查研究，及时解决生产中用药、用肥、修剪，以及高产、控产、套袋的技术措施，促进了黄桃生产的标准化，开展了黄桃的冷链贮运和保鲜技术的研发，根据黄桃果实的生理特点，研发成功适时采收+冷链+充氮的冷藏保鲜技术，果实保鲜期可达30天左右。

2000年起，开展了科技进村入户的工作制度，在区农委的指导下，上海市农科院林果研究所、奉贤区林业署和青村镇农业服务中心委派科技特派员，常年驻桃区进行科学种桃的指导工作，在全镇6个奉贤黄桃生产村，精选出60个黄桃种植科技示范户，科技入户率为100%。“锦香”“锦园”“锦花”等优良品种新增面积2000亩。应用生长期修剪、花果管理、病虫害绿色防控、采后商品化处理等新技术，逐步地改变传统的种桃理念，提高了奉贤区桃农管桃的整体水平。

2001年，由奉贤区林业站陈铭槃主持起草的按国家D/B标准的锦绣黄桃（鲜食）栽培技术操作规范，规范了奉贤黄桃的标准化生产。

三、奉贤黄桃产业化建设项目

在奉贤黄桃产业化发展进程中，积极组织实施黄桃产业化建设项目，其中包括农业部、财政部“一镇一品”示范建设项目；科技部、上海市科委黄桃品种提纯复壮及基地建设项目；国家标准化管理委员会黄桃种植标准化示范区建设项目；上海市农委、市财政局万亩黄桃示范基地建设项目；上海市农委鲜食黄桃低温保鲜技术研发项目；上海市财政局鲜食黄桃基地、市场营销与技术培训项目；上海市质监局黄桃种植标准化推进示范区建设项目；上海市科委“锦”字系列鲜食黄桃，万亩亿元工程建设项目；奉贤区科委黄桃基地产品标准及操作规范项目。这一系列重大项目的实施，注入了科技创新的活力，夯实了奉贤黄桃规范化、标准化、产业化发展的基础。

1997年，落实优质早熟黄桃新品种“锦香”示范推广项目。此项目属市农委下达的科技推广项目，由上海市农业科学院林果研究所和青村镇农业服务中心共同承担，建立锦香母本园16.5亩，种苗繁殖圃20亩，项目总投资40万元，由市财政扶持。

2007年，实施奉贤黄桃特色农产品基地建设项目，该项目选址于青村镇解放村，东至朱店村，南至元通村，西至浦星公路，北至长浜港，栽培面积1200亩，项目总投资663.5万元，其中，市财政补助资金371万元，区财政扶持资金159万元，项目承担单位自筹资金135.5万元。

2008年，市级财政扶持农民种植专业合作社建设项目，该项目由上海锦香桃种植专业合作社承担，市财政扶持资金30万元，合作社自筹资金31.7万元。

2009年1月，实施名优经济林产业化基地建设项目。该项目选址于青村镇解放村和工农村，黄桃种植面积2200亩，总投资640万元，其中，项目单位投资30%，市、区两级财政扶持资金30%，镇财政拨款30%，锦光黄桃专业合作社自筹资金10%。

2011年，实施黄桃栽培全国农业标准化示范区建设项目。该项目选址于青村镇解放村、工农村、湾张村，示范区面积4500亩，示范区农户1800户，项目总投资95万元。其中，国家及市财政补助资金20万元，区财政补助资金60万元，镇财政自筹资金15万元。

2010年，上海市农业科学院林果研究所和青村镇农业服务中心共同承担优质晚熟黄桃（鲜食）新品种“锦花”推广项目，由市科委下达的重点科技攻关项目，市级财政扶持资金100万元，新选育的特晚熟黄桃（沪454）正在进一步中试筛选。

1979—2014年青村镇（光明）黄桃种植面积、产量、产值情况表

表1

年份	面积（亩）	产量（吨）	产值（万元）	年份	面积（亩）	产量（吨）	产值（万元）
1979	102.00	—	—	1997	5425.50	6960.50	3341.30
1980	129.90	—	—	1998	5457.00	7106.00	3553.00
1981	265.50	—	—	1999	9562.50	10234.00	5424.10
1982	400.50	60.80	4.01	2000	7407.00	10234.00	5628.70
1983	501.00	90.50	5.95	2001	6927.00	11433.00	6859.80
1984	675.00	140.30	19.64	2002	7758.00	17133.00	11136.40
1985	706.50	615.90	135.50	2003	8026.50	8170.00	6435.60
1986	1050.00	375.00	84.50	2004	5917.50	5803.00	4614.70
1987	1329.00	220.00	49.40	2005	6247.50	6780.00	5298.40
1988	1351.50	424.00	93.30	2006	6787.50	7352.00	5453.40
1989	1345.50	296.00	65.90	2007	7101.00	9606.80	7783.10
1990	1507.50	1030.00	226.60	2008	7840.50	9526.80	7612.00
1991	1621.50	1155.00	243.10	2009	8193.00	12460.00	10217.20
1992	2985.00	2943.00	607.50	2010	8410.50	9672.50	8028.20
1993	5010.00	4595.00	1109.00	2011	8008.50	8281.20	6873.40
1994	4504.50	6516.60	2280.90	2012	8352.00	7176.10	6027.90
1995	4492.50	6781.00	2702.40	2013	8757.00	6597.20	7916.70
1996	5395.50	7773.90	3383.30	2014	8968.50	8659.20	8226.20

四、奉贤黄桃所获得的荣誉

1986年，上海市人民政府授予黄桃新品种“锦绣”，上海市科学技术进步一等奖。

1991年，锦绣黄桃被评为上海市群众性实用技术和推广应用三等奖，并被列为上海市丰收计划。是年8月，光明乡果树技术员张均强荣获“上海市360行”种桃状元。

1997年，锦绣黄桃荣获“上海市科技星火二等奖”。

2001年，锦绣黄桃入编《中国果树志·桃卷》。

2006年，农业部中国村社发展促进会授予湾张村中国（锦绣黄桃）“特色村”荣誉称号，市人大常委会副主任刘伦贤为湾张村题词“果乡飘远”。是年11月，《鲜食加工兼用型早熟黄桃新品种“锦香”的选育与应用》荣获“上海市科技进步三等奖”。

2008年12月，锦绣黄桃被上海市名牌产品推荐委员会评为“上海市名牌”产品。是月，青村镇荣获全国科协、财政部“全国科普惠农兴村先进单位”及上海市万亩优质黄桃生态高效科技示范基地。

2009年4月，“锦绣”牌黄桃产品荣获中国商品协会高标准、高质量“中国优质产品”荣誉证书。是年6月，“锦绣”牌黄桃通过中国绿色食品发展中心，“绿色食品”标志认证。

2010年，上海锦光黄桃种植专业合作社被迎世博林、果产品评比推荐委员会评为“上海服务世博果品供应基地”。是年4月，经国家检验检疫总局批准，奉贤黄桃获得“中华人民共和国地理标志保护产品”，经中国农产品区域公用品牌价值评估，奉贤黄桃品牌价值为1.47亿元。2012年升值为2.5亿元。

2009—2014年，锦绣黄桃在上海市优质果品评比中连续获得金奖。

2011年，青村镇“奉贤黄桃标准化示范基地”被国家标准化管理委员会，列为第七批全国标准化示范区。

奉贤黄桃协会会长刘福良撰写的《大力推进标准化示范区建设，有效实施奉贤黄桃地理标志保护》一文荣获2011—2012年度中国社会经济发展优秀成果特等奖，由中国区域经济发展研究所、中国特色社会主义理论研究丛书编纂委员会颁发。

2014年，上海锦香黄桃种植专业合作社由中国国际经济技术合作促进会、中国管理科学研究院、世际人物杂志社、中国行业领先品牌企业推介活动组委会根据公众投票，行业权威信息比对，组委会专家经过各项考核后，认定该单位生产（经营）的“奉贤黄桃”产品在本次活动中荣获全国农副产品行业最具影响力十大品牌。

2015年，奉贤黄桃又通过农业部的农产品地理标志登记。

五、奉贤黄桃产业发展的历史考量

事物的发展总有其自身内在因素和外部环境所构成的特定规律，奉贤黄桃的培育也不例外。这里对奉贤黄桃成功的历史作一深层次的考量，将其中闪光的要素提炼出来评一番，作为经验也好，作为总结也可，可能对促进自身和其他品种桃产业的发展会有一点裨益。

特定的时代背景：1978年金汇港开挖后，两岸堆土形成高亢田，适逢那时刚好党的十一届三中全会召开。邓小平同志关于“实践是检验真理的唯一标准”“解放思想”“实事求是”等重要理论，对当时奉贤县委、县政府领导决策在光明地区的高亢田上规模化栽种黄桃，应该说是起到了形成这一决策的理论指导作用。如果没有这样一个历史性的机缘，奉贤黄桃尽管栽种年代悠久，也难以呈现出当今蔚为壮观的“奉贤黄桃现象”。在这个意义上我们可以大胆地论断，党的十一届三中全会的精神，是催生、培植奉贤黄桃的时代春风，亦是滋润奉贤黄桃发展壮大的阳光雨露。

特殊的政策聚焦：奉贤黄桃这一国优名果之所以能成为“产品特色鲜明、竞争优势明显、品牌效应突出、经济效益领先”的特色精品，这与政府特殊的政策聚焦是分不开的。

奉贤黄桃从1979年始规模化种植以后，历届中共上海市委、市人民政府，中共奉贤区（县）委、奉贤区（县）人民政府和镇（乡）党委、政府，以及国家和市有关部门的领导，都悉心关注奉贤的黄桃事业，并为之倾注了大量的心血。曾先后到奉贤视察黄桃产业发展的党和国家领导人有江泽民、朱镕基、吴邦国、黄菊等，市领导有孟建柱、韩正、冯国勤、胡延照等。

奉贤黄桃产业的发展也依靠了扶持政策的倾斜。这些政策中包括加强科技力量的投入；调整产业结构、扩大黄桃栽种面积；政府搭台、桃农唱戏，举办“奉贤黄桃节”和“奉贤黄桃擂台赛”；政府投入资金优化黄桃栽种结构和销售基础设施建设；构建奉贤黄桃研产销平台；发挥品牌效应，注册了“锦绣”“锦香”两个黄桃商标等。同时也依靠政策的扶持，黄桃产业服务水准得以提升。比如，开展了“奉贤黄桃四季技术服务行动”，即春季新品种推介行动、夏季安全技术服务行动、秋季市场对接行动、冬季技术培训行动；推广应用奉贤黄桃标准化栽培技术；出台“奉贤黄桃地理标志产品保护管理办法”等。

特强的科技研发的力量：传统的黄桃品种肉质浓酸，鲜食风味差，一般适用于加工罐装食品。奉贤黄桃品牌的形成和特色产业的发展，其核心的力量是靠科技支撑。20世纪70年代，上海市农业科学院庄恩及研究员通过现代育种技术将水蜜桃和黄桃的优良性状重新组合，使黄肉隐性基因成功显现，育成的奉贤黄桃首个品种“锦绣”具有多汁且甜多酸少、香味浓、外观金黄、成熟期晚于上海水蜜桃等特点，为奉贤黄桃的鲜销食用奠定了良种基础。由此可见，奉贤黄桃的诞生本身就是依靠科学技术的力量。

20世纪90年代，上海市农业科学院叶正文研究员等黄桃育种专家，针对奉贤黄桃的品种特性和市场鲜食黄桃的需求，又开展了黄桃品种的系统选育，并研发出专用果袋改善色泽、铺设银色反光地膜使果实均衡受光、添加必要微量元素调优口感、规范用药保障安全、疏果与合理施肥促进果实增大、深沟高畦合理供水避免果实开裂等技术，使奉贤黄桃“甜、大、圆、黄、香”的特色更加凸显。

2006年8月，上海市农业科学院与奉贤区联合在青村镇成立了“奉贤黄桃研发中心”，进一步为奉贤黄桃品牌产业做大保驾护航，并提供长期而有效的科技保障。

特创的运行机制：奉贤黄桃在自身产业化发展壮大过程中，探索出一整套行之有效的运行机制，其中包括政府搭建平台、产品研发、栽培技术与管理培训、统一奉贤黄桃外包装、打造销售绿色通道等，形成了“基地+合作社（协会、中心）+示范户（社员）”的黄桃产业运行模式，多管齐下推动黄桃特色产业又好又快地发展。政府投资了800余万元，建造了集黄桃销售、批发与奉贤特色农产品销售展示为一体的“南上海特色农产品交易（黄桃）市场”，在桃农与市场之间建立直销通道。产品研发环节，聘请了上海市农业科学院多位专家担任黄桃合作社技术顾问，科技入社有效提高了奉贤黄桃生产的科技含量和组织化程度，促进了产业增效和农民增收。此外，科、产双方合力还承担和完成了国家、市、区等黄桃相关扶持项目10个，如农业部、财政部“一镇一品”“一村一品”示范镇（村）项目；全国科协、财政部科普惠农兴村“黄桃科技示范基地建设”项目；上海市“万亩优质黄桃生态高效科技示范基地建设”项目等。

特技的桃农队伍：奉贤桃农是奉贤黄桃品牌缔造者中的主体。奉贤黄桃美名远扬，始终凝聚着桃农们天才般的智慧和辛勤的汗水，奉贤桃农是打造、营造、塑造奉贤黄桃新天地的真正英雄。或许是奉贤桃农血液中渗透着祖辈对黄桃的天然热情，因此奉贤桃农队伍对于黄桃产业的缔造有着极强的战斗力，充满着灵性。尤其在奉贤黄桃主产区青村镇，且不说有着万亩栽种规模的桃林，即便是庭院经济，数以万计的桃农同时也经营着自己的“小桃园”。以解放村为例，桃农们以黄桃产业为主体，利用各家各户的“小桃园”精心打造特色旅游业，从而提升科技农业、品牌农业、创意农业的水准。确切地讲，如今的奉贤桃农不再是传统意义上的桃农了，他（她）们要知识有知识，要技术有技术，具有鲜明的时代特性，种植科技化、产业规模化、质量品牌化、销售网络化、眼光全球化，这是现代桃农队伍成熟的表现，也是促进奉贤黄桃持续发展的根本保障。桃农们是辛苦的，一年四季精耕细作心系桃林；桃农们是幸福的，黄桃带给了桃农们多少荣誉和富足；桃农们是光彩的，自2005年以来，奉贤青村镇先后举办了10届黄桃“桃王”擂台赛，桃农们踊跃参加一展身手，尽显桃乡风流。“桃王”中，有的经营桃园亩均年产值超3万元，有的育出黄桃单果重达650克。“桃王”来自于普通的桃农，他们在黄桃王国里畅意驰骋，无可置疑地登上了黄桃栽种技艺的顶峰。

“奉贤黄桃”的栽培已有30余载历程，从当年只有光明一地的“待字闺中”的“小家碧玉”如今遍及奉贤全境的“大家闺秀”，华丽地登上了中国和国际舞台，成为“国家地理标志保护产品”的这支奇葩，亦开创了奉贤有史以来“国家地理标志保护产品”之先河，成为繁荣农村经济，致富农民的支柱产业。奉贤黄桃的喜人成果，也是上海农业科学院庄恩及研究员、叶正文研究员、奉贤黄桃协会会长刘福良以及市、区、镇等林果科技与管理部门紧密联合，精心协作的成果。

庄行蜜梨

至2015年，经过十多年的发展，庄行蜜梨已成为庄行镇农业的支柱产业，农民增收致富的重要资源，庄行蜜梨成为奉贤乃至上海地区的名特优农副产品，庄行镇也已成为上海市最大的优质梨生产基地。

一

我国是梨属植物的中心发源地之一。据《诗经》、《齐民要术》等古籍记载，我国梨树栽培的历史在4000年以上，不过多年来主要产地在北方。《诗经》记载“山有苞棣，隰有树檖”，据注释，“召之甘棠，秦之树檖，皆野梨也”。元代松江知府、词人张之谦也留有赞美梨花的词句，“冰姿玉骨，东风著意换天真,厖枝上雨，都是啼痕”。明洪武三年（1370年），诗人袁凯（青村陶宅人）的《白燕诗》中，就有“柳絮池塘春入梦，梨花庭院冷侵衣”之句，可见元明时期松江、奉贤已有梨树种植。

20世纪60～70年代，上海地区成功引种“廿世纪”“菊水”“黄蜜”等日本优良梨树品种，并较快发展，成为深受上海市民喜爱的“上海蜜梨”。当时主要种植在南汇、川沙、青浦、松江等县，奉贤种得不多，1961年全县仅83亩，其中庄行有42.8亩。这些品种对梨黑斑病、黑星病及轮纹病等病害抗逆性能较差。70年代后期，市郊梨树病害蔓延，种植面积逐渐下降。到80年代中期，传统的“上海蜜梨”在市郊基本销声匿迹，上海本地产优质梨由此一直是个空白。

上世纪90年代中期，粮食等主要农产品实现由长期短缺到总量基本平衡、丰年有余的历史性转变，中央及时提出我国农村经济发展进入新阶段的重要判断，作出了农村经济战略性调整的重大决策，上海地区开展城郊型现代农业建设，贯彻为城市服务、为市民服务的方针，农业产业结构不断调整优化。而大力推进生态文明建设的方针，更助推了兼具生态经济社会功能的经济林果的发展。1998年，奉贤县庄行镇镇长吴雅奎、副镇长顾墨兴等主要领导，亲自带领镇、村干部到浙江参观考察梨业生产。当时浙江、上海等农业科研单位，已先后培育成功“翠冠”“黄花”“早生新水”“清香”等适合南方种植的新一代优良梨果品种。庄行镇党政领导在认真分析了庄行地区气候、土质、光照、水量等自然条件后，觉得庄行地区适合梨果的生长发育，而上海水果市场也需要本地生产的优质梨果，于是作出了在庄行规模化发展梨果生产的决策。

1998年冬，庄行镇在县林业部门配合下，成立蜜梨栽培技术指导小组，从杭州果树研究所引进“黄花”“翠冠”等品种梨苗4.3万株，在潘南、姚泾2个村58户农户中试种梨树518亩，拉开了庄行镇蜜梨规模化生产的序幕。

2001年，梨树进入产果期，脆甜多汁的累累硕果，亩净收入达2000余元，点燃了庄行农户种植梨树的热情，是年冬天，发展到1200余亩。到2003年，全镇梨树种植已形成5940亩的规模。主要分布在杨存路、庄芦路、庄良路、姚存路、姚新路等道路两侧的潘垫，新华、东风、长堤、杨溇、吕桥、存古、芦泾、长浜等9个村。是年，成立了奉叶蜜梨种植合作社。庄行梨农在市、区、镇林业科技人员指导下，成功地应用品种嫁接、花粉杂交等新技术，选育出品质优良、抗病性强的优质蜜梨。

据上海农科院林木果树研究所专家检测认为，庄行蜜梨内外品质优良，具体表现在果形圆整，单果平均重250克～300克，果肉脆甜多汁、皮薄核小，含有丰富的糖分和人体必需的氨基酸、维生素和矿物质。据测定：含有机酸0.05%～0.09%，可溶性固形物11%～13%，维生素8.6毫克/千克；每百克果肉中含蛋白质0.1毫克、脂肪0.01毫克、核黄素0.01毫克、尼克酸0.2毫克、抗坏血酸3毫克、碳水化合物12克、钙5毫克、磷6毫克、胡萝卜素0.01毫克。这些含量使庄行蜜梨有止渴生津、祛热消暑、化痰润肺、止咳平喘等功能。专家们普遍认同，庄行蜜梨果型美、品质好、风味佳，整体品质超过昔日“上海蜜梨”，而抗病性明显优于传统品种，是新一代“上海蜜梨”的杰出代表。随后庄行镇申请注册了“奉叶”牌商标，并分别由市环境监测中心作了土质和水质等产地环境检测，由上海市食用农产品质量监督检验站进行产品检测，各项指标均已达标，从而获得了“上海市安全卫生优质农产品”认证。

2004年8月9日，《解放日报》一版发布新闻：“久违的‘上海蜜梨’重现沪上市场，奉贤庄行3600亩优质蜜梨上市”。《奉贤报》《新民晚报》《劳动报》《上海科技报》《东方城乡报》等也相继报道。

1985—2014年奉贤区庄行镇蜜梨生产情况表

表-2

年份	面积（亩）	产量（吨）	年份	面积（亩）	产量（吨）
1985	240	156	2000	1080	763
1986	225	129	2001	1125	1109
1987	195	71	2002	1860	1584
1988	144	190	2003	5940	2416
1989	135	60	2004	6000	2611
1990	150	85	2005	5715	3379
1991	135	93	2006	5550	6712
1992	131	72	2007	5280	7392
1993	144	104	2008	5505	6653
1994	150	102	2009	5460	6589
1995	162	74	2010	5490	6654
1996	180	99	2011	5241	7862
1997	165	162	2012	5271	7802
1998	518	225	2013	5271	7338
1999	900	317	2014	6600	10000

说明：2005年产量低因受“麦莎”台风袭击受损

二

庄行镇的蜜梨生产发展起来了，怎样进一步提升蜜梨生产水平？庄行镇政府分析了蜜梨生产的现状和存在问题，决定通过提高管理水平，优化品种结构和革新栽培技术，推进蜜梨产业和品种的不断提升。

他们看到，影响庄行蜜梨生产水平进一步提升的主要障碍是：

品种结构不合理，晚熟品种（黄花梨等）占70%，成熟时正逢台风多发季节，而且又遇北方梨大量上市，自然风险、市场风险的冲击较大。2005年“麦莎”“卡努”台风袭击，庄行即将成熟的黄花梨，受损60%～70%，更使庄行下决心调整品种结构。

规模种植时间较短，领导缺乏规模生产的管理经验，梨农缺乏蜜梨科学栽培技术，习惯的传统栽培模式，造成产量质量的不稳定，果树大小年明显。

果农对生产安全优质梨果的意识不强，质量标准不明确，大路货、劣质果比例较高。

针对以上问题，庄行镇政府以及农林部门采取了如下措施：

一、加强示范培训，提高果农素质

建立姚泾和潘垫两个百亩优质梨科普示范基地，成立庄行蜜梨研究所；在上海农科院林果所和奉贤区林业署帮助下，开展《庄行蜜梨品种结构优化与品质提升关键技术示范》和《绿色优质蜜梨栽培技术集成示范推广》等科研项目；编写了《庄行蜜梨实用技术》手册，印发3000本，做到全镇梨农户均1册。

以两个百亩优质梨科普示范基地为阵地，在蜜梨生产的每个关键时段，进行现场技术讲授和实地操作辅导，每年举办培训班近10次，培训果农400余人次；各蜜梨种植村以示范户梨园为“田头课堂”，现场操作示范，及时将栽培技术传授到每户梨农。并组织蜜梨种植能手参加上海市和浙江省举办的“蜜梨优质栽培技术高级培训班”；在市、区林业科技部门帮助下，先后举办五届庄行蜜梨品质评比暨“梨王”擂台赛，有夏仁火、王益龙、陆林章、唐雪梅等梨农评为“梨王”，通过多项措施，不断提高梨农种植优质梨的观念和技术水平，全镇80%梨农掌握了优质蜜梨栽培技术，涌现了一批种梨能手。牛溇村陆林章、潘垫村夏仁火、存古村冯水龙由市林业总站评聘为“上海市林果乡土专家”。如夏仁火，建立金冠蜜梨种植园，种植蜜梨40亩，研究成功“插花授粉”新技术，使梨树结果均匀，比人工授粉节省人工60%，获得市新技术开发奖。他大力采用新品种、新技术，两次在镇优质梨擂台赛中评为“梨王”，近年亩产值达1.2万元～1.5万元，所产蜜梨获市优质果品评比银奖，果园评为“上海市安全优质信得过果园”。他还带动11户种梨专业户，组建“潘庄蜜梨种植合作社”，帮助乡亲一起种好蜜梨。

二、适度规模经营，提升管理水平

全镇组建蜜梨种植合作社12家：2003年首家合作社奉叶蜜梨种植合作社成立，其后陆续成立潘庄蜜梨种植合作社、金源果蔬种植合作社、姚存蜜梨种植合作社、潘南蜜梨种植合作社、庄供蜜梨种植合作社、时义果树种植合作社、腾行桃梨农家乐合作社、奉艺果蔬种植合作社、家田果蔬种植合作社、群平果蔬种植合作社、梨园草鸡养殖合作社，适度规模经营，做好服务和管理，保证了技术规范和质量管理的实施。

制订《蜜梨栽培技术操作规范》和《质量管理手册》，规定了庄行蜜梨的种苗生产、种植、土肥水管理、整形修剪、花果管理、病虫防治、采收、商品化处理等生产技术标准和蜜梨产品的分等级标准等。开展标准化生产建设。普遍建立田间档案记录手册，对蜜梨种植过程中所使用的肥料、农药名称及施用方式、时间、数量，采收、销售等都作详细记录。

推进品牌化建设，梨果注册“奉叶”牌商标，对符合技术规范生产和符合质量标准的产品统一品牌，产品按标准分等级使用统一包装。

三、革新栽培技术，实施“六改一推广”

“六改”：一改传统整枝修剪方法，正确整形修剪，形成健壮树体骨架，合理分布各结果枝组，并推广拉枝技术，达到结果均匀、通风透光、优质高产；

二改传统用肥方法，控制氮肥施用量，增施磷钾肥，做到科学施肥；推广喷灌技术，确保肥水均衡供应，增施有机肥，减少化肥施用量；

三改传统病虫防治方法，建立林果病虫测报中心，设立病虫监测点，及时印发病虫情报，按病虫发生时间、程度，及时对症安全用药，控制农药使用量，提高防治效果，推广无公害农药，使用杀虫灯、粘虫黄板、性诱剂等绿色防控技术；

四改地面除草方法，推广地面适量生草（种植红花草等绿肥）、机械割草、减少人工除草成本，减少除草剂使用；

五改“多结果、多收成”的老观念，改变不规范套袋做法，推广科学疏枝、疏花、疏果技术，合理留果，实行控产，4年生梨树亩控产1100公斤，8年生梨树亩控产2200公斤，平均亩控产1600公斤，达到果实大小均匀，果品品质提高，避免果树大小年状况。适时套用果品专用袋，落实套袋专项补贴，发挥套袋防水、防虫、防污染功能，提高果实商品率。

六改果实早采习惯，临近成熟前15天～20天停止使用农药，采收前每3天测定一次果实品质，掌握合适成熟度，实行分批采收，先采向阳面大果，再采上中部果，后采向阴面果，适时采收，提高果品产量质量。

“一推广”：推广“高接换种”技术，优化蜜梨品种结构。引进和培育抗逆性能强、果实品质好、适合本地种植、适应市场需求的优良梨树品种。从市农科院林果所和浙江果树研究所引进“早生新水”“长寿”和“翠冠”等品种。建立优质品种筛选园10亩，选育良种。2006年开始调整蜜梨品种结构，提高早熟优质品种比例，但当时梨农普遍顾虑，调换新品种要3年才有收成，影响收入怎么办。区林业部门了解到浙江果树科研部门，采用“高接换种”新技术，在老树上端嫁接新品种，不影响老树当年生产，新接果树次年就能产果。于是，庄行镇政府在林业部门帮助下，组织一批技术人员到浙江向同行学习，并向市科委申报了“蜜梨高接换种科研课题”，请市农科院林果所在2007年春，分南北两片在潘垫、姚泾示范基地，召开“蜜梨春季高接换种现场培训会”，由各蜜梨种植村农副主任带队，368位果农参加，由课题组人员对高接换种原理、方法作详细讲解，现场操作示范，并发放技术资料400余份，技术人员及示范户又跟踪上门指导，手把手指导果农掌握高接换种技术。2007年春季，共完成1550亩高接换种。连续三年，使庄行蜜梨早熟品种比例提高到70%以上，大批优质蜜梨在7月中旬就可以上市，有效规避了台风多发季节和北方梨大量来沪对庄行蜜梨带来的冲击，拉长蜜梨上市时间，从7月中旬到9月上旬都有庄行蜜梨供应市场。

这些年，庄行蜜梨获得了多项荣誉：

2003年获得“上海市安全卫生优质农产品”认证；

2005年通过农业部“无公害产地，无公害农产品”认证；

2008年获迎世博上海市优质果品评比优秀奖；

2009年定为上海服务世博果品供应基地；

2011年通过国家A级绿色食品认证；

2011年、2013年，分获上海市优质果品评比银奖；

2012年11月潘垫村被农业部评为“全国一村一品示范村”；

2013年4月庄行蜜梨申报全国地理标志产品保护；

2014年度上海市著名商标；

2015年7月，庄行蜜梨获国家第一届“中华杯”南方早熟梨评比银奖；

2015年7月22日，庄行蜜梨获农业部批准实施国家农产品地理标志登记保护。是年，庄行蜜梨获中国园艺学会“中山杯”南方早熟梨评比银奖。

同时，庄行蜜梨产业的发展得到了上级领导的关心和支持，在2002—2003年上海城市经济发展报告中，提出今后将致力发展上海蜜梨等具有地方特色的果品种植区域。2007年8月29日，时任上海市委书记的习近平到庄行考察，特意品尝了庄行蜜梨，给予高度评价。时任市长的韩正、市委副书记刘云耕、副市长胡延照等市领导也先后到庄行蜜梨基地考察，对该产业充分肯定。

三

蜜梨产业兼具经济、生态与社会多重功能，既提供了市场需要的优质果品，又是梨农经济收入的重要来源。庄行镇党委、政府对此十分重视，为梨产业的发展和提升积极搭建服务平台，除上述的大量技术服务外，重点还抓了以下工作。

一、资金投入。市、区、镇财政几年中投资2000余万元，用于梨园的基础设施建设，为梨园修建运输路、采摘路7万余平方米，水泥明沟30公里，竹篱32公里和简易仓库100只，并建立300立方米冷藏库1座。

二、政策扶持。实施新种果树头三年每年每亩补助300元，实施果园农药、有机肥、套袋和果园农机具补贴等。

三、宣传推介。扩大庄行蜜梨的市场知晓度，每年蜜梨成熟季节，在上海果品商业协会的帮助下，召开蜜梨推介会，邀请上海十大果品公司经理、上海农科院专家，以及上海主流媒体参加，宣传推介庄行蜜梨，开拓销售渠道，让上海和奉贤市民能了解庄行蜜梨，购买庄行蜜梨，使庄行蜜梨在市场上市民中声誉日隆。

四、推进农林旅游。走一三产业融合之路。运用庄行大面积种植蜜梨的有利条件开展农林旅游。“菜花节”时，正值梨花盛开，形成遍地菜花金黄、梨花如雪的美妙景观；夏季“伏羊节”，正是蜜梨成熟季，开展“羊肥梨香醉农家”活动，在美食广场旁建立果品市场3200平方米，并设立40余个蜜梨采摘点，开展蜜梨采摘游，形成蜜梨产地市场。一部分梨园发展林下经济，在梨园中养殖梨园草鸡、生产梨园草鸡蛋，因其生态营养、吃口鲜嫩，极受市民青睐，每亩林地可增收1500元左右。

五、帮助梨农销售。2000年创办上海奉叶农副产品配送公司，采用配送这一新型流通模式，改变传统的商品购销方式，由生产方供货，经公司严格检测产品安全后，分级包装配送。2013年1月，成立上海庄原农产品营销公司，建立一支营销队伍、一个配送网络、一套企业管理制度，采用“走出去”“请进来”方法，组织梨果合作社、梨果种植村领导到市农产品批发市场进行购销对接，邀请果品批发市场和批销大户来庄行蜜梨基地现场考察，实行农超对接、农社对接。

2012年始，庄行镇以“市场化、市民化”为蜜梨营销主要导向，多方开辟渠道，帮助梨农销售：与上海市农产品销售中心批发市场、上海市山华果品销售公司、上海市果品协会等市级果品批发市场建立购销关系；镇政府组织镇有关部门20名工作人员，建立蜜梨销售队伍，实施农社对接，进社区销售；进农工商等大型超市、南桥大型菜场，设专柜销售；开发长江三角洲市场，进入无锡、嘉兴等江浙果品市场销售；走进网络，加强与市农委农产品销售信息平台和电商企业的沟通联系，依托网络平台，拓宽蜜梨销售渠道。

黄浦江水源涵养林

黄浦江是长江的最后一条支流，贯穿上海市大陆部分，具有引排、通航、供水等多种功能，是上海重要的水源地。黄浦江哺育着上海市人民，是上海的“母亲河”，其水质标准对上海市民的饮水卫生、安全起着极其重要的作用。

2002年，上海市农林局下发关于开展生态公益林建设文件及生态林建设导则，要求黄浦江水源涵养林建设宽度200米～500米，并将黄浦江水源涵养林奉贤区段列为市级重点林业工程化造林项目。建设黄浦江水源涵养林，奉贤区段全长13.06公里，200米范围内，沿岸区域面积3960亩，宜林地面积3200亩。

奉贤区段黄浦江水源涵养林坐南桥镇、庄行镇境域北端，呈狭长带状。北临黄浦江，东接金汇港，西接松江区叶榭镇，向南纵深200米～500米。总面积1.88平方公里。

2002年8月，经奉贤区委、区政府决定，建立由区政府分管副区长俞凯丰为组长，区农委主任李伯才为副组长，区林业站站长褚可龙，邬桥镇、西渡镇分管副镇长姚志辉、张伟民为组员的黄浦江水源涵养林建设项目组织领导体系。同时，由奉贤区林业站作为项目单位，委托上海成事林业规划设计有限公司对此项目作详细规划，种植设计和编制预算。

黄浦江水源涵养林规划设计理念是，以保护环境、涵养水源、减少地表径流、阻止污染物进入水源为主要目标，改善黄浦江上游及上海市区的原水水质，为人民生活和社会经济发展服务；遵循以人为本，人与自然协调原则，营造近自然生态林，加强生物多样性保护；建立以水源涵养为主，兼顾景观效果，结构稳定，具有较高的生产能力和生态效益的森林群落。

一、规划布局

由龙泉港至金汇港，在庄行镇段规划设计为5个区。

沿江生态防护林区：以体现森林的生态防护功能为主，因地制宜，适地适树；以乡土树种为主，起到水源涵养，改善景观的作用。该防护林区位于黄浦江南岸，南沙港与竹港之间，沿江宽约150米的林带。规划面积479亩。

景观生态林区：体现植物群落的四季变化，形成种群多样，结构配置合理，具有生命力和亲和力的自然景观。该景观生态林区位于沿江生态防护林区与沿路生态防护林带之间，东临竹港。规划面积1097亩。

景观区：以植物景观配置构成区域景观，形成四季变化分明，四季有花，水域宽广，水与植物融为一体。规划面积235亩。

游憩区：以休闲游憩为主要营造目的，利用自身的水系景观结合森林营造，形成一个供市民休闲娱乐的好去处。规划面积101亩。

沿路生态林带：主要起阻融作用，以规则式种植为主，形成一种封闭的生态林带。该林带位于北横路南北两侧，规划面积 304 亩。

二、基础设施建设

2003—2015 年，在保留和充分利用原有资源的基础上，实施基础建设项目。一是保留和充分利用原有的道路和路基，并充分利用沿江道路，规划建设宽度为 2.5 米～4.5 米的白色混凝土路面，总长度 12.84 公里，合计 5.14 万平方米；二是充分利用原有河道，疏浚主要河道，并将少部分断头河浜进行整理，形成河道网，规划开挖整理和疏浚河道 39366.34 立方米；三是浦秀村北横路建造黄浦江水源涵养林管理房 1000 平方米。四是防火隔离网

三、项目投入经费预算

2002 年 8 月，奉贤区农委、区财政局就黄浦江水源涵养林奉贤段项目作了项目经费预算。预算总投资 4521.61 万元。其中，苗木费 2957.05 万元，基础设施费 672.33 万元，整地费 51.6 万元，前三年土地流转费 260.42 万元，施工及其他费用 541.41 万元。在这一项目总投资中，计划市财政投入 3549 万元，区、镇财政配套投入 476.61 万元。这一预算未包括需要解决涉及农民的保障经费。

四、项目实施

2002 年 10 月，奉贤区林业署会同原邬桥镇政府及渔沥村、浦秀村村委会协商有关土地流转及青苗费补偿事宜。2003 年 1 月签订协议：土地流转费 480 元/亩年，青苗补偿费 100 元/亩。签协后，奉贤区首先在渔沥村、浦秀村 500 米宽的范围内造林。是年造林 1627 亩。其中，200 米范围内造林 778 亩，200 米范围外造林 849 亩。

2004 年，市农林局作了政策调整，要求黄浦江水源涵养林宽度控制在 200 米范围内。因此，2004 年造林 402 亩，都位于 200 米范围内。

到 2005 年年底，根据市级有关部门验收，认定奉贤区黄浦江水源涵养林造林面积为 2815 亩。其中，庄行镇 1785 亩，南桥镇 1030 亩；200 米范围内造林 1966 亩，200 米～500 米范围内造林 849 亩。项目总投资 1975.2 万元。其中，市财政投入 1351.2 万元，区财政投入 624 万元。

自 2003 年 1 月始至 2005 年年底，历时 3 年，完成黄浦江水源涵养林建设项目。涵养林主要分布于庄行镇新叶村、渔沥村、浦秀村；南桥镇灯塔村、南渡村、北新村。种植树种 47 个。其中，乔木 28 个，灌木 19 个，各类树木约 28.8 万株。

在项目实施过程中，需要解决涉及农民的保障人数 2929 人。其中，庄行镇 1812 人，南桥镇 1117 人。2010 年，落实解决保障所用资金 1.28 亿余元。其中，庄行镇 7169 万元，南桥镇 5670 万元。

五、造林配置模式

黄浦江水源涵养林群落配置造林模式主要有3种。

一是湿地生态型水源涵养。在低洼及湿地立地条件下，采用以耐水湿树种为主，实现湿地生态涵养功能的人工造林模式。群落配置为：水杉＋重阳木＋夹竹桃、池杉＋桤木＋海桐、垂柳＋水杉＋小叶女贞。

二是生态型水源涵养。主要体现水土保持，水源涵养物种多样性保护功能。群落配置为：香樟＋栾树＋栀子花、金合欢＋重阳木＋蚊母、杜英＋合欢＋小叶女贞、广玉兰＋喜树＋火棘。

三是生态经济型水源涵养。在体现水源涵养功能的基础上，注重植物的经济效益，实现生态、经济双赢。群落配置为：香椿＋女贞＋夹竹桃、银杏＋杜英＋石楠。

由于树种选择科学，有阔叶树类和针叶树类，有花木树类和异色树类，根据不同的立地条件进行树种的合理配置。黄浦江水源涵养林设计种植胸径3厘米～4厘米的乔木，至2015年平均长到12厘米以上，有的达到20厘米。树木群落配置合理，针叶树木与阔叶树木，落叶树木和常绿树木，喜光树类与耐阴树类等相互合理搭配，进行行间混交，充分发挥了树木的生态功能。由于在群落配置上多采用多树种混交种植，使病虫害发生危害较轻，基本上可以做到自动调节，节省了过多的人工防治。

六、项目建设效益

奉贤区黄浦江水源涵养林项目的建成，既保护了环境，又提升了水源涵养效能，改善了黄浦江上游及上海市区的原水水质，为上海市民众生活和经济社会发展服务。同时，由于兼顾了景观服务功能，从而提高了黄浦江南岸的景观生态环境，成就了居民休憩、游览、健身的场所。项目的建成，进一步增强了黄浦江南岸抗洪防涝的安全保障系数，同时又营造了一个和谐、安定、舒适的市民生活居住环境，促进生态与经济的可持续发展。

奉贤区黄浦江涵养林，经过近10年的培育，林地的林分结构逐步稳定，林地质量有所提高，林地植被得以增加，为野生鸟类的栖息提供了优越条件，因此鸟类多样性也随之而提高。

据2010年8月至2011年4月，对奉贤区黄浦江水源涵养林作了4次野生鸟类调查。在调查中记录到鸟类44种，分属7目17科707羽，其中留鸟308羽，占43.6%。冬候鸟344羽，占48.7%；旅鸟25羽，占3.5%；夏候鸟30羽，占4.2%。迁徙鸟类的种类占68.2%，数量占56.4%。调查期间，还记录到上海市重点保护鸟类4种88羽。本次调查与2006—2007年期间调查相比，鸟类种类和数量都有一定增加。记录到种类增加11种，数量增加293羽。调查结果记录到奉贤区黄浦江水源涵养林有水鸟8种52羽，林鸟36种655羽。

“全国生态文化村”——庄行潘垫村

奉贤区庄行镇潘垫村在新农村建设中，既保持了传统的水乡田园风貌，又营造了现代化的生活设施；既建设了现代家园，又妥善保护了历史文化遗存；既构筑了美丽乡村，又托起了强村富民产业，先后两次评选为上海市十大“我喜爱的乡村”，2012年评为“全国生态文化村”。2015年4月又被评为“上海市首批美丽乡村示范村”。

一

潘垫村位于庄行镇南3公里，是奉贤区14个新农村建设示范村之一。2008年庄行进行村级建制调整，原潘垫、潘南、柴塘3村合并为潘垫村，区域面积7.05平方公里，耕地6444亩，37个村民组，1140户，3689人。

2009年，在上海市第四轮环保三年行动计划中，潘垫村开展创建生态村行动，建立创建工作小组，由村支部书记邬粉娟、村主任王国凡担任正副组长。创建领导小组认真制订了符合村情民意的创建计划，以现有自然村落改造为基础，开展公共基础设施建设和村庄绿化建设，大力实施“河道净化、村庄绿化、道路硬化，墙面白化、环境美化”等“五化”和污水纳管等村庄改造工程。他们多渠道筹措资金，除市、区、镇、村出资外，还得到了市科委、市农科院、绿地集团、区供销社、金源公司、汉德公司等单位的帮助。至2012年，基本完成全村的绿化建设和649户自然村落的改造，进行现代化农业和现代生活设施建设。

河道净化。对村内倩舍塘、大寨河、杏泾等12条河道开展了清理整治，疏浚土方3.3万立方米，拆除河面上东倒西歪的杜瓜棚架1900平方米，建设小木桩生态护坡3400米、水桥300余座，统一布局河道绿化。

村庄绿化。绿化规划与村庄综合整治规划同步进行，村旁以黄杨、杜鹃为主，路旁、河旁以香樟、白花三叶草为主，宅旁以桂花、柑橘为主，并大力发展梨树等经济果林。全村共进行道路绿化2.5万平方米，河道绿化1.2万平方米，村宅绿化1.65万平方米，种植梨树1800亩，养护竹林25亩。

道路硬化。全部接通3村合并交界处路段，配套硬化道路7880平方米，村组道路拓宽到3米，主干和村宅道路硬化率100%。

墙壁白化。拆除违章建筑280平方米，修缮危房420平方米，整修刷白农舍墙体4.37万平方米。

环境美化。发动村民清除垃圾杂草，彻底整治露天粪坑和简陋厕所，全面推行中三格，设置公共垃圾箱110只，农户垃圾袋装化，每天由专人上门收集处理。农户实行畜禽粪便综合利用率100%，做好秸秆禁烧宣传，签订禁烧协议，在夏收、秋收期间做到田间不烧一把火，不冒一处烟。村内企业无违法排污。

污水纳管。完成723家农户污水纳管工程，并结合改造化粪池，农户可以和市镇居民一样使用卫浴设备，提高了农民生活质量。

村内配备了环境保洁员、河道保洁员和绿化养护员3支队伍，并发动村民定期开展家前宅后环境整治活动，保持“水长清、路长洁、景长绿、村长美”，重现江南水乡田园风光。

全村设立3个农家会所分所，医疗卫生、体育健身、文化娱乐、村民学校一应俱全。文化生活丰富多彩。村民反映：现在我们农家书屋看书报，周周免费看电影，农科热线聆信息，拳操舞蹈动不停，村民学校学技术，有线电视进家庭，过上了和镇上人一样的生活。

二

潘垫村原是一个有千年历史的古村落，东西向的倩舍塘和南北向的杏泾，已经在潘垫这片土地上流淌了上千年。据清乾隆《奉贤县志》记载，“潘垫又名潘店，唐乾元二年（759年）潘姓迁居倩舍塘畔、冷泾西侧，形成村落”。“五代十国时，前蜀丞相潘葛妻李氏墓，在潘垫北、杏泾左，碑上有‘天汉四年葬’，五字”，（天汉为前蜀年号）“杏泾，南接倩舍塘，北通南桥塘，相传五代时潘葛丞相夫人李氏性喜杏，葬地临泾，列植此树，故名，俗呼冷泾”。民国二十二年（1933年）墓被挖掘，墓内器物被搜一空，仅存石棺两具，一具毁于1958年，至今尚有一具留在杏泾河边。这具千年石棺由整块花岗石凿成，长2.6米，宽1.22米，高1米，厚18厘米。

潘垫在宋时形成集镇，明至清初极盛，传说镇区东西长3华里，南北有4华里，店铺林立，市面繁荣，常住居民有数百户，镇内有多处第宅园林、名人墓葬，并不乏文人义士。镇域庙宇众多，尤以红莲寺规模最大，传说乾隆年间（1736—1795）红莲寺僧侣在佛象前装设机关，奸掳进香美女，被松江白鹊寺禅师发现，告发官府，把红莲寺一把火烧毁。旧时流传甚广的章回小说和电影《火烧红莲寺》，据说原型就出于此。古镇由此受损，后来又几次遭遇战火，至解放前夕，仅剩集镇遗址了。

在新农村建设中，潘垫村不忘保护本地历史遗存，在村子东面和北面入口处，制作了两座精致的大型牌坊，村中心设立石碑，介绍潘垫的历史；全面疏浚整治倩舍塘、杏泾等古河道，沿河建造水桥300多座，重现水清岸绿水乡风光，在疏浚中沿河多处发现石驳岸、系船石等遗迹，对倩舍塘上的东陈行桥、西陈行桥和马王庄桥3座清代古石桥进行修缮，配齐了残缺的两块石阶和在残存的桥面石柱上装上坚固美观的木扶栏；村庄改造时，在三组村民高云山家屋后，发现了明清榨油坊遗址，共有3组石磨，大如圆台面，各重2吨左右，宅基下尚有若干小磨盘；三组一唐姓农家，还保存明清年代的1台青石古井，井台6尺见方，井圈呈圆形，高2.6尺，内径1.6尺，取“天圆地方、六六大顺”之意。多处还有抱鼓石、柱础、残碑等历史遗存，都完好地保存在农家院中，土布纺织、民俗文化、乡土菜点等非物质文化遗产，也得到很好的传承和弘扬。

三

潘垫村在建设美丽乡村中，托起强村富民产业，努力发展都市型现代农业，全村植有粮油作物2400亩，栽有庄行蜜梨等水果1800亩，养殖南美白对虾等水产1900亩，种有大棚蔬菜350亩。建起优质稻米、庄行蜜梨、南美白对虾和优质蔬菜4大特色农业。有实业型企业16家。2013年实现工业产值2.1亿元，税收1200万元，村可支配收入360万元。村庄绿化主抓经济林果发展，种植的蜜梨在林业科技部门帮助下，推广新品种、新技术。生产的“奉叶牌”蜜梨，果形圆整丰硕、肉质脆甜多汁，亩产值达1.2万元～1.5万元，被评为“全国一村一品特色村”。部分梨园发展林下经济，在梨园中养殖梨园草鸡、生产梨园草鸡蛋，生态营养、吃口鲜嫩，极受市民青睐。该村以特色农业、田园风光和千年古村的文化积淀，推进乡村旅游，依托庄行镇近年唱响的“春赏菜花，夏食伏羊，秋品新米、冬看民俗”的乡村旅游“四季歌”中心区都设在潘垫村的优势，走一三产融合发展的道路，村企合作办起“百果园”“采悠园”“创意园”和“农耕园”，农户办起“农家乐”18家，提供农家灶头菜，和粽子、青团、方糕、塌饼、菜卤蛋等农家点心，果蔬现摘现吃。市民们在这里游水乡田园风光，访古村历史遗存，品农家菜肴点心，采优质庄行蜜梨，赏乡村民俗风情，浓浓的乡风民俗，使游客们返田园、解乡愁，为之深深陶醉。

编后记

根据中共上海市奉贤区委、区人民政府批转《奉贤区史志工作十二五规划》的工作要求，2013年6月，奉贤区农业委员会成立《奉贤区林业志》编纂委员会及编纂室，启动《奉贤区林业志》编纂工作。

中华人民共和国成立后，奉贤林业有了较快发展，尤其是改革开放以来，党中央把保护环境列为基本国策，党的十八大又把大力推进生态文明建设列为中国特色社会主义建设的重要组成部分，奉贤林业更有了飞跃的发展，充分显示了林业在生态、经济、社会发展中的综合功能。对奉贤林业发展的轨迹，几代林业人所作出的努力，我们有责任把它全面、系统、真实地记载下来。

《奉贤区林业志》编纂工作遵循全面、系统、真实记述奉贤林业的发展轨迹，反映时代特征和奉贤特色，力求思想性、科学性、资料性和可读性统一的指导思想，以达到存史、教化、资治的目的。

这次修编的《奉贤区林业志》，是奉贤历史上第一部林业志，也是全市第一部区级林业志。为了认真做好林业志编纂工作，奉贤区农委成立了编纂委员会，下设《奉贤区林业志》编纂室，并在区林业署各科室及镇（开发区、社区）建立了一支资料采集队伍。

《奉贤区林业志》的编纂，始于收集奉贤林业现存资料，包括查阅相关林业的各类志书、各级档案，走访老林业工作者、老领导，收集报刊中有关奉贤林业的报道、有关林业的文件等；修编人员进行方志业务学习等； 编制林业志纲目，召开林业志纲目研讨会，反复修改补充，不断完善细化志书纲目；进行林业系统人员及资料采集员动员、培训，并按纲目分解落实任务；全面开展资料采集工作，编辑对基层逐一上门走访，并召开会议交流推动资料采集工作；编纂室选择部分章节进行试写，请区志办专家审阅指导；在采集员按纲目送交资料的基础上，编纂室人员转入以编辑文稿为主，完成初稿，并统稿总纂。在编写过程中，纲目又多次修正完善，最后形成为13章60节251目，及专记4篇，文字621千字，图片17幅，制表103份；照片240帧。初审、复审、终审、修改定稿。2017年8月，分2次邀请相关领导、方志专家参加的志稿评审会。通过评审后，上报区史志办终审，经修正后付印出版。

在编纂过程中，奉贤区农委志书编纂委员会领导，区地方志办公室领导、专家多次来林业志编纂室检查指导工作；市地方志办公室原副主任姚金祥，特约编审、区地方志办公室原副主任周生明从编制纲目、章节试写，到总纂统稿，都一一加以具体指导，并亲自动手参与编写修改；区政府办公室、区档案馆、区农委相关部门以及市绿委办公室、市林业总站等，在查阅资料上给予大力支持；林业署领导、各科室及各镇（开发区、社区）林业站密切配合及资料采集员辛勤工作；区摄影家协会、区作家协会及相关专业人士充分支持，尤其是民俗文化专家王士均为志书提供大量有价值的林业谚语、歇后语，区气象局顾品强为志书提供奉贤气象资料，区摄影家协会方国政为本志作封面设计。这些都充分体现了林业志的编纂出版，是众手修志的成果，是集体智慧的结晶。在此，向为本志编写出版做出贡献的单位和个人致以最诚挚的感谢。

由于林业志内容跨度较长，涉及面广，林业机构与人员变动较大，资料散失不全，故志书存在“断线”现象。加之编纂人员水平有限，本志疏漏、不足甚至差错之处，一定有之，恳请领导和读者批评指正。

《奉贤区林业志》编纂室

2017年10月8日